教育部经济管理类核心课程教材
高等院校经济学管理学核心课程教材

名家

国际经济学

第二版

郑甘澍　刘　莉　编著

INTERNATIONAL ECONOMICS

上海财经大学出版社
SHANGHAI UNIVERSITY OF FINANCE & ECONOMICS PRESS

图书在版编目(CIP)数据

国际经济学/郑甘澍,刘莉编著.—2版.—上海：上海财经大学出版社,2018.5

教育部经济管理类核心课程教材

高等院校经济学管理学核心课程教材

ISBN 978-7-5642-2958-0 /F·2958

Ⅰ.①国… Ⅱ.①郑… ②刘… Ⅲ.①国际经济学-高等学校-教材 Ⅳ.①F11-0

中国版本图书馆CIP数据核字(2018)第030627号

□ 责任编辑 张美芳
□ 封面设计 钱宇辰

GUOJI JINGJIXUE
国际经济学
(第二版)

郑甘澍 刘 莉 编著

上海财经大学出版社出版发行
(上海市中山北一路369号 邮编200083)
网 址:http://www.sufep.com
电子邮箱:webmaster @ sufep.com
全国新华书店经销
上海宝山译文印刷厂印刷装订
2018年5月第2版 2018年5月第1次印刷

787mm×1092mm 1/16 18.75印张(插页：1) 468千字
(习题集7.5印张 187千字)
印数：5 001—8 000 定价:55.00元

前 言

20 世纪 80 年代以来，由于科技进步、互联网革命以及贸易成本的降低，经济全球化在世界范围内得到广泛推进。凭借经济全球化和全球生产网络的建立，资源在更广泛和深入的层面得到更有效的配置，西方发达国家不仅摆脱了经济"滞胀"的困扰，而且借助其技术和资金优势以及在全球的生产网络中高端环节的生产优势，从经济全球化过程中获得巨大的收益。发展中国家也通过积极参与经济全球化和国际分工，为国内资源的充分有效利用寻找到稳定的渠道，进而获得了推进经济发展的动力。

但是 2008 年金融危机的爆发，全球化过程中带来的利益失衡、经济分层加剧，国内外协调治理机制的相对乏力，使经济全球化面临"反全球化"思潮和贸易保护主义的挑战。2016 年以来，英国脱欧，特朗普当选美国总统，跨太平洋伙伴关系协定停滞，全球范围内上演一连串逆全球化的事件。面对全球化逆转现象，中国坚信全球化是一个不可逆转的趋势，并通过世界贸易组织、G20 和区域一体化谈判等多层次、多渠道地推进我国的对外开放和一体化进程，并日益成为支持世界范围内一体化发展的重要力量。

全书正是在此背景下进行修订的。新版 13 章，第一章到第八章为国际贸易篇，主要介绍国际贸易理论与政策(贸易基础、贸易条件以及贸易利益的分配)、国际要素流动(资本和劳动力的国际流动)和贸易政策的国际协调。第九章到第十三章为国际金融篇，主要介绍汇率理论、国际收支理论与政策、开放的宏观经济均衡、政策的国际协调以及国际货币体制等。

新版在保持原有体系和通俗易懂风格的基础上，主要就以下方面进行了修订：对原有理论进行了梳理与修正；对数据进行了更新；根据现实情况的变化调整了案例，如"一带一路"和"TPP 与 RCEP"，力求与国际经济时代的发展更为契合，反映时代的变化趋势。希望读者能够通过经典国际经济学理论的学习，加深对世界局势的认识，积极把握国际经济变化的趋势和规律，正确认识贸易自由化和全球经济开放的意义。本书主要为高等院校经济贸易类、管理类专业的本科生学习之用，也可供经济贸易部门以及企业管理人员学习和参考。

本书写作的过程中，我们参阅了国内外大量文献资料，尽管书后附有参考文献，但由于篇幅的原因未能详尽一一列举，在此一并表示由衷感谢。

对于本书的付梓面世，首先要感谢上海财经大学出版社的编辑以及相关领导的大力支持和辛勤劳动。其次，要感谢未曾谋面的广西财经学院经贸学院罗永乐老师，正是由于罗老师对第一版教材的支持和鼓励才使得我们决定着手对本教材的修订。最后，要感谢厦门大学嘉庚学院陈颂副教授为本教材的再版重新编制了习题集，同时还要感谢陈玉春、吴怡璇两位研究生，他们为本教材的校对工作付出大量的精力和宝贵时间。

由于时间仓促以及编者水平有限，本书的缺陷和疏漏在所难免，恳请读者不吝批评指正。

编　者

于厦门大学白城

2018 年 5 月

目 录

第一章 国际贸易的古典学派

学习要点

1. 重商主义的贸易思想；
2. 绝对优势理论的主要内容；
3. 比较优势理论的主要内容；
4. 相互需求理论的主要内容。

第一节　古典学派之前的贸易思想

一、早期贸易思想

西方最早的国际贸易学说可以追溯到古希腊时代。古希腊著名的历史学家、哲学家和经济思想家色诺芬(Xenophon,前 431～前 354)就比较重视对外贸易,认为外国人来希腊从事贸易活动不但可以给本国带来各种各样的消费品,还可以给本国带来丰厚的税收,他设想把雅典建设成国际商业中心。柏拉图(Plato,前 427～前 347)尽管对商人存在鄙视的态度,但在他的理想国中,城邦内部和城邦之间存在着分工,因而也必然需要商品交换和城邦贸易。亚里士多德(Aristotle,前384～前 322)继承和发展了柏拉图的经济思想,对贸易和商人也持鄙视态度,但又认为贸易和商人是重要的。为限制商人的唯利是图和对货币无止境的追求,他还讨论了商品交换中的"正当价格"问题,对后世的经济学家产生了巨大影响。

古罗马的贸易学说与古希腊比较接近,认为农业是国家的经济基础,对商业和贸易持轻视的态度,但同时又看到商业和贸易是经济发展所必需的。如古罗马奴隶主思想家西塞罗(Marcus Tullius Cicero,前 106～前 43)认为罗马人最好的职业是农业,但他与古代思想家不同,西塞罗赞成大商业,反对小商业,认为奴隶主不应当从事卑贱的小商业,要从事商业活动就应当大出大进,扩大经营规模,通过大商业、大贸易不断积累自己的财富。

在整个中世纪,基督教会的思想统治着人们的意识形态,当时的基督教学者们对以赚取利润为目的的商业与贸易活动持否定态度,认为这是一种贱买贵卖的活动,其罪恶程度甚至超过盗窃。直到中世纪后期,商品交换日益增长,国际贸易开始大规模进行,继续坚持商业和贸易违反自然的态度维持不下去了。此时中世纪最重要的思想家阿奎那(Saint Thomas Aquinas,1225～1274)认为有两种方法可以使一国的财富增加起来:一种是利用肥沃的土地生产大量的必需品,另一种就是利用商业把必需的东西从各地运到一个共同的市场上。他甚至宣称"贸易是合法的,因为没有理由说明为什么不能直接为一些必要的甚至光荣的目的而赚钱"。他还对"公平价格"的问题进行了分析,认为公平价格由商品的供求决定。分析虽然有些混乱,比如公平价格不仅根据所卖出的物品来决定,而且还根据给卖者所造成的损失来决定,但其开创了西方经济学效用价值论和供求价值论的先河。

二、重商主义的贸易思想

虽然古希腊古罗马时期的经济学说就已经包含了有关对外贸易的内容,但人们公认的国际贸易理论起始于重商主义(Mercantilism)。重商主义盛行于 15～18 世纪初,是西欧封建制度向资本主义制度过渡时期受到普遍推崇的一种经济哲学,主要代表了商业资本的利益和要求。在商业资本加强的同时,西欧一些国家建立起封建专制的中央集权国家,运用国家力量支持商业资本的发展。为了扩大产品销路,商业资本不满足于国内市场,积极扩大对外贸易。随着商业资本的发展和国家支持商业资本政策的实施,产生了从理论上阐述这些经济政策的要求。重商主义又分为早期和晚期两种。早期重商主义以“货币差额论”为中心，代表人物是英国的威廉·斯塔福；晚期重商主义以“贸易差额论”为中心，代表人物是英国的托马斯·孟(Thomas Mun)，反映其重商主义思想的代表作是1664年出版的《英国得自对外贸易的财富》。

(一)重商主义的观点和思想

1. 认为贵金属(货币)是衡量财富的唯一标准

一个国家的财富必不可少的是贵金属，如金银等。财富就是金银，金银代表财富。一国是否富裕主要取决于该国所拥有的金银数量，一切经济活动的目的就是为了获取金银。除了开采金银矿以外，对外贸易是获取货币财富的主要途径。国内贸易不能增加一国的金银总量，要使国家变得富强就应尽量使出口大于进口。因为贸易出超才会导致贵金属的净流入，一国拥有的贵金属越多就越富有、越强大，因此政府应该竭力鼓励出口，不主张甚至限制商品尤其是奢侈品进口。只有通过对外贸易并保持顺差，才会使外国的金银流入国内。

2. 国家应管理对外贸易，对外贸易必须保持顺差，即出口必须超过进口

由于不可能所有贸易参加国同时出超，而且任一时点上的金银总量是固定的，所以一国的获利总是基于其他国家的损失，国际贸易是一种“零和游戏”。

早期重商主义产生于15～16世纪，在对外贸易上强调多卖少买，认为在每一笔贸易上都应多出口，尽量不进口或少进口，实现顺差。禁止货币输出，以此积累货币财富，贮藏尽量多的货币，因而又被称为货币差额论或重金主义。

晚期重商主义盛行于17世纪上半期。与早期不同的是，晚期重商主义认为国家应该将货币输出国外，以便扩大对外国商品的购买，国际贸易中既要多卖也要多买。不过在对外贸易中应谨遵的原则是购买外国商品的货币总额，虽不必苛求每笔业务都一定实现顺差，但必须少于出售本国商品所获得的总额，以保持总体上实现顺差，有更多的货币流回本国。因此，晚期重商主义者仍主张，对外贸易总体上必须做到输出大于输入，是典型的贸易差额论。晚期重商主义的主要政策主张包括：(1)为保证对外贸易中的顺差，国家要干预外贸，采取关税保护的政策。(2)对本国不能生产的进口原材料免征关税，对本国能够生产的制成品和原材料进行保护，并严格限制原材料出口。(3)实行殖民化和加强对殖民地贸易的垄断。如1651年和1660年的英国航海法案要求进口到英国或其他殖民地的物品必须用英国或其殖民地的船只运输，或者必须用原产国的船只运输。某些殖民地的产品只能卖给英国，而其他的一些产品在卖给外国以前也必须先运到英国。殖民地从外国进口受到严格限制或禁止，殖民地是低价原材料的供给者和英国制成品的进口者。(4)国家垄断进出口贸易。重商主义者希望尽可能地获得垄断特许权或排他的贸易特权，从而在实践中出现很多具有特权的贸易公司。(5)主张采取削减妨碍商品流动的各种国内通行费、税收及其他限制，促进技术移民，鼓励发展工场手工业，所以晚期重商主义又被称为重工主义。

(二)对重商主义的评价

早、晚期重商主义的差别反映了商业资本不同历史阶段的不同要求。重商主义强调了国际贸易的重要性，促进了商品货币关系和资本主义工场手工业的发展，为资本主义生产方式的成长与确立创造了必要的条件。它们在历史上曾起过进步作用，促进了资本的原始积累，推动

了资本主义生产方式的建立和发展。

但重商主义的局限性也是十分明显的。首先在于财富观。把货币当作财富的象征,把商业尤其是对外贸易视为财富的源泉。狭隘的财富观使得对社会经济现象的探索只局限于流通领域,停留在社会的表面,而未深入真正创造财富的生产领域。其次,对贸易顺差过分追求。一方面,如果对外贸易必须保持顺差,那么一国的获利总是基于其他国家的损失,国际贸易就是一种零和游戏,培养的必然是"以邻为壑"的狭隘的民族主义,不足以成为促进世界贸易普遍发展的基本指导思想;另一方面,顺差具有内在的不可持续性。大卫·休谟(David Hume,1711~1776)的物价-铸币流动机制(参见第十二章)指出,在金本位制度下,顺差造成黄金内流趋于扩大国内的货币供给,物价水平上涨,而物价上涨不利于出口、有利于进口,从而使盈余趋于消失,国际收支盈余也是不能持续的。再次,混淆了货币与资本、储蓄与投资的区别,简单地将两者等同起来。正是基于这样一个错误的认识,重商主义才轻率地把高水平的货币积累与供给等同于经济繁荣,并把贸易顺差与金银等贵金属的流入作为其唯一的政策目标。

第二节 绝对优势理论

真正意义上的国际贸易理论是从亚当·斯密开始的。由斯密创立并一直发展到20世纪50年代里昂惕夫之谜为止的国际贸易理论在西方国际经济学上被称为国际贸易的纯理论,意指不考察诸如汇率、国际收支、国际资本流动等货币价格和支付问题。国际贸易的纯理论可以分为四个阶段:古典理论阶段,包括斯密、李嘉图及穆勒的相互需求理论;新古典阶段,包括马歇尔、哈伯勒等人对比较优势原理的进一步解释;现代阶段,主要包括生产要素禀赋理论和里昂惕夫之谜及解释;国际贸易新理论,指第二次世界大战后出现的各种国际贸易理论。国际贸易纯理论的核心是比较优势论。

一、"看不见的手"与亚当·斯密的古典经济学

英国经济学家亚当·斯密(Adam Smith,1723~1790)是古典经济学光辉的缔造者。1776年发表了著名的《国民财富的性质与原因的研究》(*A Inquiry into the Nature and Causes of the Wealth of Nations*),简称《国富论》。《国富论》的出版不仅确立了斯密在经济思想史中成为最杰出的经济思想家之一的地位,同时开创了经济研究的新时代。在我国,最早由严复将《国富论》译成《原富》,但出版后没有引起很大反响。1931年,王亚南与郭大力将其译成《国富论》,1965年又由王亚南重新校订改为《国民财富的性质和原因的研究》。

《国富论》中,斯密继承了重农学派对重商主义的批判,认为财富不是金银,而是社会劳动每年再生产出来可供消费的商品。如何增加一国的财富呢?劳动分工具有重大意义。在《国富论》第一章的第一句,斯密就写道:"劳动生产率上最大的增进,以及运用劳动时所表现出来的更大的熟练、技巧和判断力,似乎都是劳动分工的结果。"劳动分工促进国民财富增加的机理可以通过图1-1加以说明。

斯密认为劳动分工刺激资本积累(箭头a)并且通过共同作用提高劳动生产率(箭头b和c)。劳动生产率的提高会增加整个国家的产出(箭头d),这会拓展市场,进一步推动劳动分工

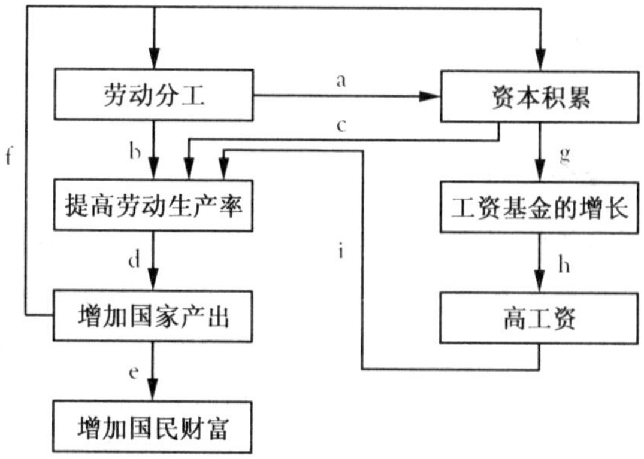

图 1—1　斯密的经济发展理论

和资本积累(箭头 f)。作为资本积累的一个结果,工资基金会增加(箭头 g),工资会上升(箭头 h)。高工资会激发更高的劳动生产率(箭头 i),国家的产出提高会增加消费品。按照斯密的观点,这些消费品构成了国民财富(箭头 e)。那么如何才能形成有效分工呢?斯密认为应通过竞争而不是政府干预。斯密指出,经济生活的参与者倾向于追求他们自己的个人利益,对个人利益的追求能更好地促进社会利益的实现①。如商人总是追求利润,但自由竞争的时候就受到其他同样想赚钱的生产者和商人的限制,隐藏在混乱的经济生活表面之下的是一种自然秩序,即每个人都会受到"看不见的手"的指引;当消费者希望得到最低的价格、工人寻找最高的工资、销售者希望得到最高的利润时,竞争会自发使经济运行充满效率,资源被运用到最有价值的方面,从而资本不断积累,经济不断增长。由于对自利的追求和竞争的限制,就产生了斯密所说的社会福利——最大产出和经济增长。这种利益的和谐意味着政府对经济的干预是不必要和不受欢迎的,对少数特权阶级赋予的垄断权利对经济增长也是有害的。因此,斯密理解的"看不见的手"的关键是竞争的概念,斯密也开创了竞争经济学。

依据自由竞争和分工的观点,斯密对重商主义者奖出限入的贸易思想进行了批评,猛烈抨击保护贸易理论,主张自由贸易才是世界各国的最优选择。这一主张的理论依据是他的绝对优势理论。

二、斯密的绝对优势理论的主要内容

(一)绝对优势理论(Theory of Absolute Advantage)的主要假设

(1)劳动是生产过程中唯一的成本。

(2)全世界只有两个国家,即 A 国和 B 国,它们都能生产两种产品。

(3)生产要素在两国之间不流动,但在一国范围内各部门间可以自由流动。

(4)两国的资源都得到充分的利用。

---

① 这里需要说明的是亚当·斯密在他的任何一部著作中都没有对自利的追求赋予一般意义上的优势,他并没有把经济发展建立在某种单一的动机(例如,自利)之上。现代西方经济学曲解了亚当·斯密关于人类行为动机与市场复杂性,忽视了他关于道德情操与行为伦理的分析。参阅[印度]阿马蒂亚·森:《伦理学与经济学》,商务印书馆 2003 年版。

(5)当资源从一个部门转移到另一个部门时,机会成本不变。

(6)不计运输成本或其他交易成本。

(7)产品在各国间可自由移动等。

(二)绝对优势理论的基本观点

亚当·斯密认为人类具有"交换"的天然倾向,而分工是交换倾向产生的结果。分工在斯密的理论中占有重要位置。分工在斯密的时代还是一个陌生的词汇,他认为劳动分工可以使劳动生产率得到极大的提高,而劳动生产率的提高是国民财富增长的重要途径之一。有关分工可以提高劳动生产率,他举了一个例子:扣针的制造者,如果一个人单独需要完成全部工序,也许一天甚至连一枚扣针也做不出来;但将扣针的制造分割为 18 道工序,分别由 18 个专门的工人承担,或者一人兼两三种操作,劳动生产率的提高将非常显著。为什么劳动分工可以提高劳动生产率?斯密认为有三方面原因:其一,每个工人在重复完成一项工作的过程中不断提高了熟练程度。其二,如果工人不需要从一个工作转换到另一项工作,就可以节省时间。其三,一旦各项工作由于劳动分工而被简化和程序化,就有可能产生有利于提高生产率的机械发明。总之,他认为要增加财富,就要提高劳动生产率,而分工可以更大地提高劳动生产率。

基于他对利益和谐和自由放任(Laissez-faire)的经济治理的观点,他倡导对国际贸易应该自由放任,反对少数特权阶级对贸易的垄断和政府对贸易的干预。他在《国富论》中提出,一个人所需要的东西,不要样样都自己生产,而应该利用其特长,集中力量生产最擅长的东西,然后通过交换取得自己所需的东西。这样做花费最少,最为有利。个人是如此,家庭也是一样。应按照分工的原则,各自集中生产具有优势的产品,然后进行交换。他说:任何一个精明的家长都知道,他家是裁缝,就不想自己去做鞋子,而向鞋匠去购买;而鞋匠也不想自己去做衣服,他会雇裁缝制作衣服。这是因为他们都知道,每个人应当把全部精力集中于比别人处于更优势地位的职业上,用自己的产品去交换别人的产品,会比自己生产一切物品得到更多的利益。

个人是如此,家庭是如此,那么国家呢?亚当·斯密认为:如果在每一个私人家庭的行为中是精明的事情,那么放到一个国家去考虑也不太可能是荒唐的。如果外国能以比我们自己制造还便宜的价格供应我们产品,我们最好就用我们有利的产业生产出来的物品的一部分同他们交换。也就是说,各国像个人和家庭一样,应该专门生产他们具有优势的产品,而后去交换其他国家具有优势的产品。亚当·斯密认为,优势有两种:一是自然优势,二是后天优势。各国拥有不同的自然资源和天然禀赋而形成的自然优势(如气候、土壤、矿产和其他相对固定状态的优势),一国在生产特定产品时所具有的自然优势有时是非常巨大的,以致其他国家无法同它竞争。除了这一自然优势外,还有后天优势(即通过自身努力掌握的特殊技艺)。一国的自然优势和后天优势是国际分工的基础。所谓的绝对优势是一国生产某种产品时,与他国相比所具有的自然优势和后天优势,因为这些优势可使一国生产某种产品的成本绝对低,在对外贸易方面就可以处于优势地位。

所以,亚当·斯密认为:为了更多地增加国民财富,各国应当按照各自的优势进行分工,生产和出口本国占有绝对优势、生产效率高的产品,进口那些本国处于劣势、生产效率低的产品,这样对双方都有利。这就是绝对优势理论的基本观点,斯密的绝对优势理论也被称为"地域分工论"。

可见,亚当·斯密是采用个人→家庭→国家的方法来论证他的绝对优势论的。从表 1-1

中可以更确切地理解这一理论。

表 1—1　　美、英两国生产两种产品所需时间表

	美国	英国
小麦(W)蒲式耳/劳动时间	6	1
布(C)码/劳动时间	1	3

注:1 蒲式耳(bushel)≈36 升,1 码(yard)=0.914 米。

从表 1—1 可知,在小麦的生产上美国与英国相比有绝对优势,在棉布的生产上英国比美国有绝对优势。因为美国小麦的生产效率比英国高,而英国布的生产效率比美国高。所以美国单位小麦的生产成本绝对低,具有绝对优势;英国单位布的生产成本绝对低,具有绝对优势。按亚当·斯密的主张,这种情况下美国应生产小麦,放弃布的生产;英国应生产布,放弃小麦的生产。这样的话,美、英的小麦和布的产量将得到增加,两国通过交换都可得到利益。

具体通过表 1—1 各国专业生产后交换,看是否可获得利益。如果美国用 6 个 W 与英国 3C 交换,美国可得到 2C 的利益,因为在美国国内 6W 只能换到 1C。而英国用 3C,获得了 6W,对英国来说得到 5W 的利益,因为在英国国内 3C 只能换到 1W。

总之,亚当·斯密的绝对优势理论认为:由于各国的地理条件、自然禀赋以及后天生产条件的差异,形成了某些产品生产成本的绝对差异。一国可集中生产效率高的产品,同另一国交换,这样贸易双方都可能获得最大的利益。他认为贸易的利益从专业化生产和贸易中获得。亚当·斯密把国内的专业化生产或分工与交换所产生的利益,运用到国与国之间的分工和交换上。对这种利益,亚当·斯密认为,政府对本国经济干涉得越少,这种利益越大;对国际贸易干涉得越少,贸易的利益也就越大。

斯密认为对外贸易的好处还在于,可以通过克服国内市场的狭隘推动更深程度的劳动分工。出口可以消化国内没有需求的剩余产品而带来有国内需求的产品。他倡导自由贸易,除了(1)对国防必要的国内产业;(2)通过对某种进口品征税,可以使国内该产业的税负均等化两种情形外,自由贸易都是合宜的。他也反对出口鼓励金(补贴),鼓励金会以两种不同的课税形式附加在人们身上:(1)为支付奖励金,人们必须纳税;(2)出口增加使国内市场供应减少而国内市场上这种商品价格提高,人们作为购买者需要支付更高的价格,也相当于对大众征税,并且比第一种税重得多。他反对政府对经济的干预,并对重商主义的观点进行了批判,但认为政府也有有限但却重要的作用,即保护社会免遭外来入侵,建立司法机构并建立与维护私人企业家不可能从中获得利润的公共工程和机构。

三、绝对优势理论的意义

斯密思想的核心是经济自由主义,主张自由竞争、自由贸易,依靠市场这个"看不见的手"来对市场的供求关系进行自发调节,维持均衡,控制社会利益,从而使社会获得进步和稳定。在经济自由主义思想的指导下,斯密对重商主义进行了批判。首先,斯密批判了重商主义的财富观;其次,批判了重商主义主张国家干预经济的论点;最后,批判了重商主义关于一国能持续积累金银财宝的观点,斯密认为,一国长期保持外贸顺差是不容易实现的。因此,他反对政府实行贸易保护政策,主张以自由贸易政策来扩大对外贸易。

在倡导经济自由竞争和维护自由贸易的总体思想指导下,斯密提出了绝对成本理论,认为一国在某种产品的生产上所花费的成本绝对低于他国,就称为“绝对优势”。如果这种绝对优势是该国所固有的“自然优势”或已有的“获得优势”,它就应该充分利用这优势,发展某种产品的生产,并且出口这种产品,以换回他国在生产上占有绝对优势的产品,使各国的资源、劳动力和资本得到最有效利用,并大大提高劳动生产率和增加物质财富。

因此,绝对优势理论和劳动分工、自由放任思想具有内在的统一,构成斯密理论的重要经济规律而对经济的进步和历史的发展做出了巨大贡献。但其理论有一个重要前提是一国必须在某种产品生产上有绝对优势,这也成为绝对优势论最重要的局限,就是将国际分工和贸易限制在绝对优势的范围内。

第三节　比较优势理论

一、比较优势理论产生的背景

1815 年,英国政府为维护土地贵族阶级利益而修订实行了《谷物法》。《谷物法》颁布后,英国粮价上涨,地租猛增,它对地主贵族有利,而严重地损害了产业资产阶级的利益。第一,昂贵的谷物使工人货币工资被迫提高,成本增加,利润减少,削弱了工业品的竞争能力。第二,昂贵的谷物扩大了英国各阶层的吃粮开支,而减少了对工业品的消费。第三,《谷物法》还招致外国以高关税阻止英国工业品对他们的出口。为了废除《谷物法》,工业资产阶级采取了多种手段,鼓吹谷物自由贸易的好处。而地主贵族阶级则千方百计维护《谷物法》,认为既然英国能够自己生产粮食,根本不需要从国外进口,反对在谷物上自由贸易。这时,工业资产阶级迫切需要找到谷物自由贸易的理论依据,这是李嘉图比较优势论产生的现实背景。根据李嘉图的比较优势论,英国在纺织品生产上所占的优势比在粮食生产上大,所以英国不仅要从外国进口粮食,而且要大量进口,专门发展纺织品生产,以其出口换取粮食,更可以提高商品生产数量。

亚当·斯密的绝对优势论固然具有十分重大的意义,但他只是解释了产生国际贸易的一小部分原因。绝对优势论无法解释事实上存在的所有产品都处于绝对优势的发达国家和所有产品都处于绝对劣势的不发达国家之间的贸易现象,而国际贸易中两个国家刚好具有不同商品生产的绝对优势的情况是极为偶然的。理论上也需要一个普遍适用的理论,为各国参与贸易提供一般的指导。正是在这些背景下,李嘉图的比较优势论应运而生。

二、大卫·李嘉图的比较优势理论

1817 年,英国的经济学家大卫·李嘉图(David Ricardo,1772～1823)在其《政治经济学及赋税原理》(*On the Principles of Political Economy and Taxation*)一书中论证了以比较优势(Comparative Advantage)为中心的国际贸易理论。这一理论至今仍有巨大的影响,在其后百余年的有关国际贸易理论的研究中,很大程度上是对李嘉图比较优势理论的补充、发展和修正。

李嘉图认为，假定一国与他国相比两种产品的生产都处于绝对劣势，双方也有可能进行贸易，并且双方均可获得利益。一国即使两种产品成本都比另一国高，只要成本高的程度有差异，那么该国就应该专业化生产和出口其中成本相对低的产品，该产品就是该国具有比较优势的产品。另外进口成本相对高的产品，该产品是该国比较劣势的产品。这就是李嘉图的“两优取重、两劣择轻”的分工和贸易原则，即比较优势理论。

(一)比较优势理论的主要假设

(1)两个国家两种产品，即 2×2 模型。

(2)自由贸易，没有关税等贸易限制。

(3)生产成本一定，不存在规模经济或规模不经济。

(4)生产要素(劳动)在国内完全自由移动，而在国际则不能移动。

(5)不计运输成本。

(6)没有技术进步。

(7)坚持劳动价值论，商品的价值取决于生产它所需要的劳动时间。

(二)比较优势理论的基本内容

前面介绍亚当·斯密的绝对优势理论时，我们说他的理论虽正确但只解释了国际贸易的一小部分原因。比如表 1—2 中的情况，用绝对优势理论就无法解释这两国能不能产生贸易。因为美国都处于绝对优势，英国都处于绝对劣势。但是，李嘉图的比较优势理论认为，这种情况下英国虽然在小麦、衣服这两种产品的生产上都处于绝对劣势，但与小麦相比，布的生产成本较低。因此，英国与美国相比，英国的布有比较优势，而小麦处于比较劣势。而美国的两种产品虽都占优势，但与英国相比，小麦的优势更大，成本更低。因此，美国与英国相比小麦具有比较优势，布处于比较劣势。美国出口小麦，英国出口布，双方进行交换，这样双方都可以从贸易中获得利益。本国“两优取重、两劣择轻”的产品就是具有比较优势的商品，也是比较成本低的商品。各国专业化生产并出口的商品就是具有比较优势的产品，进口的则是具有比较劣势的产品。

表 1—2　　美、英两国两种产品的单位时间产量

	美国	英国
小麦(W)(蒲式耳/劳动时间)	6	1
衣服(C)(码/劳动时间)	3	2

实际上我们对表 1—2 进行几种假设交换，看看是否双方都可从贸易中获得利益。

第一，如果美国用 6W 与英国交换 6C，那么美国通过贸易可获得 3 个 C 的利益(因为在国内 6 个 W 只能换到 3 个 C)。

第二，英国用 6C 换 6W，可获得 3 个 W 的利益(因为在英国国内 6C 只能换到 3W)，如果换算成 C 的话，英国可获得 6 个 C 的利益。

除了 6W 换 6C，即 1 ： 1 的交换比率可以使双方均获得利益外，还有许多交换比率也都可使双方获得利益，只是各自获得的利益大小不同。下面我们进一步考察其他不同交换比率下两国利益的变化以及交换的极限比率是多少。讨论以下三种交换情况:6W 换 9C,6W 换 3C,6W 换 12C。

第一种情况,如果美国与英国用 6W 换 9C 的话,美国可获得 6C 的利益。而英国得到 6W,付出 9C。没有贸易时,英国得到 6W 需付出 12C,所以英国获得 3C 的利益。这里的交换比率是 1 : 1.5,尽管按这一比率的交换所获得的利益与前面的比例有很大的不同,但双方还是可从交换中获得利益。英国 9C 在国内可换得 4.5W,如果与美国交换得 6W,则实际获得 1.5W 的利益,或折合成 3 个 C。

第二种情况,如果美国与英国以 6W 交换 3C 的话,这个交换比率与美国国内的交换完全一样,此时美国从中得不到任何利益。因此,如果交换的话,贸易中产生的所有利益(9C)全部归属英国,对美国来说这种贸易没有任何利益。这种情况多数发生在英国相对美国是个小国时。此时的国际贸易价格将主要由美国决定,但贸易利益将归英国所有。这是国际贸易中小国得益更多的主要缘由。

第三种情况,如果美国与英国是以 6W 换 12C 的话,那么美国将获得这次贸易的全部利益(即 9C)。而英国从这次交易中得不到任何利益(因为这种交换与英国国内是一样的)。当两国的规模相似时,英国也许不会同意进行这样的贸易。

从以上交换比例可以看出,如果美国以 6W 交换 3C 以下,那么美国将退出这场贸易。英国如果为获得 6W 而需要支付 12C 以上的话,那么英国将退出这场贸易。

因此,在这一例子中,要使双方从贸易中都获得利益,交换上限和下限是 3C<6W<12C,6W 必须在 3C 以上和 12C 以下这一范围内进行交换。6W 交换的 C 越接近 12C,美国从贸易中获利越大。另一方面,如果 6W 交换的 C 越接近 3C,那么英国从贸易中获利越多。

根据李嘉图的劳动是唯一的生产要素这一假设前提,我们也可以用劳动含有量来表示两国所生产的 W 和 C 的成本或价格。通过分析用劳动含有量表示的单位产品的成本或价格,同样也可以得知,两国的比较优势产品是什么,两国从国际贸易中都能获得利益的交换比率的界限是多少。由于用单位产品的价格或成本来分析国际贸易的基础、原因、利益更加贴近于现实,所以这里对表 1—2 稍作修改,把在美、英国生产的 W 和 C 的成本用劳动含有量表示。

表 1—3　　用劳动时间表示的两国产品成本

	美国	英国
生产 1W 的所需成本	1/6	1
生产 1C 的所需成本	1/3	1/2

通过表 1—3,我们可以进一步了解到,英美两国各自生产小麦和布的相对价格。我们用 P_C 表示布的价格,P_W 表示小麦的价格。那么美国在贸易前,$P_C=2P_W$,或写成 $P_C/P_W=2$。因为在美国生产 1 个 C 的劳动时间是生产 1 个 W 的 2 倍,这就意味着美国的 1 个 C 的生产成本或者 1 个 C 的价格是 1 个 W 的价格的 2 倍。而英国贸易前,生产 1 个 C 所需的劳动时间是生产 1 个 W 的一半。因此英国贸易前 $P_C/P_W=1/2$。贸易前美、英两国的产品存在价格上的差异,才是两国进行贸易的基础。

以上我们用劳动含有量来计算两国单位产品的价格,也可看出英国布的生产在成本或价格上与美国相比具有比较优势。而美国相反，在生产小麦方面具有比较优势。和前述例子的结果是一样的，只是用单位产品价格来分析比较优势、考察贸易基础，使问题更加清晰，更为简单，更贴近现实。

同样，我们通过美、英两国贸易前的 C 对 W 的相对价格，即美国是 $P_C/P_W=2$，英国是 $P_C/P_W=1/2$，可以知道两国都能从国际贸易中获得利益的界限是：$1/2<P_C/P_W<2$。换句话说，W 与 C 交换，1W 必须换到 0.5C 以上和 2C 以下；超出这个范围，其中一国将退出交易，国际贸易将中止。如果是按 $P_C/P_W=1$ 进行交易的话，那么在以上的范围内，双方都愿意进行贸易，都可从中获利。因为贸易前美国 $P_C/P_W=2$，而按 $P_C/P_W=1$ 进行交易意味着美国可以用比本国更便宜的价格从英国进口布，从中获利。换句话说，美国如果自己多生产 1C，那么相当于牺牲 2W，而按 $P_C/P_W=1$ 进行交易的话，美国只需付出 1W 就可获得 1C，所以美国愿意与英国进行贸易。而英国贸易前是 $P_C/P_W=1/2$，也就是说，英国如果自己多生产 1W 的话，相当于要牺牲 2C，而按 $P_C/P_W=1$ 与美国进行交易，英国只需付出 1C 就可获得 1W，所以英国也愿意进行贸易。

总之，李嘉图的比较优势理论为我们提出了这样一个启示，各国并不一定要生产出成本绝对低的产品，而只要生产成本相对低的产品就可以进行贸易。不管一国所有产品的生产成本绝对高或绝对低，只要存在比较成本差异，就可以进行两国间的贸易分工。比较优势理论的思想精髓就是对一国国内各种产品相对成本的比较。

三、比较优势理论的评价

李嘉图的比较优势理论揭示了国际贸易发生的原因和理由，阐明了国际贸易的利益之所在。各国根据“两优取重、两劣取轻”的比较优势原则进行国际分工，可使资源配置更合理，增加生产总额，对贸易各国都有利，建立了自由贸易的基本框架，被后人称为“国际贸易不可动摇的基础”。比较优势理论表明，不论一个国家处于什么发展阶段、经济力量如何，都可确定各自的比较优势。无论是发达国家还是发展中国家，按比较优势原则进行贸易，对所有的国家都有利。它的理论无疑为各国发展经济贸易关系提供了有力的论证，有助于整个世界贸易的扩大。

比较优势理论令人信服地证明了在世界市场背景下，在主权国家之间自愿的原则下，劳动生产率落后国家的生产者不仅不会因竞争而被淘汰，反而有可能从国际贸易和国际竞争中获得利益。比较优势理论还表明，通过国际贸易而使双方互利的程度实际上是在一定范围之内的，如前面的例子中，6W 必须交换 3C 以上或 12C 以下，或 1W 必须在 0.5C 以上和 2C 以下，只有在这一范围内贸易双方才都可获利。一旦超出这一范围，将有一方退出交易，国际贸易也就中止了。这说明互利和等价交换是不同的概念，互利与等价交换是有所区别的。互利是一个面的概念，而等价交换则是一个点的概念。互利并不能保证等价交换，不等价交换也并不一定对某方完全不利。

然而，李嘉图的比较优势理论并非完美无缺，它的重要假设前提之一的劳动价值论受到后来经济学家的激烈批评。尽管如此，在学术上它的理论根基并没有受到根本性的动摇。

第四节　约翰·穆勒的相互需求理论

一、约翰·穆勒及相互需求理论

李嘉图的比较优势理论存在的一个重要不足，即只说明了贸易中交换比率存在的区间，却没有说明国际贸易中商品的相对价格究竟如何确定，以及交换比率与贸易利益分配之间的关系。而穆勒的相互需求理论和国际需求方程式很好地填补了这一空白。约翰·穆勒(John Stuard Mill，1806～1873)1848 年出版的《政治经济学原理》(*Principles of Political Economy*)是 1890 年马歇尔的《经济学原理》出版前在经济领域具有统治地位的教科书。该书将先辈们的经济思想加以系统化和普及化，也对斯密和李嘉图的古典经济学中的一些概念进行了修改。比如用供给、需求以及用弹性来解释价格与劳动价值论已有很大不同。这些概念的调整也成为以马歇尔为代表的新古典经济学的思想基础之一，马歇尔在他的边际主义原理中进一步发展了这些概念。约翰·穆勒认为实际易货贸易的价格除了取决于国内成本外，还取决于国际交换时外国对每种产品需求的强度和弹性。这些观点是马歇尔绘制提供曲线的思想基础，实际上提供曲线就是对约翰·穆勒相互需求理论的另一种表示。所以，约翰·穆勒被称为最后一位杰出的古典学派经济学家，也是在古典与新古典经济学中承前启后的重要经济学家。

二、相互需求及国际交换比率的决定

在《政治经济学原理》的交换部分，约翰·穆勒探讨了价值与价格的问题。穆勒认为价格是以货币的形式表示的一种物品的价值(或价格)。一种物品的价值以它能购买的其他商品的总的能力来衡量。需求是价值的一个决定因素，同时需求数量又会随着价值或价格的变动而变动。市场价值通过供给与需求的相互作用而确定。一旦价值确定，需求数量随之确定。

穆勒还探讨了弹性对于价格的影响问题："让我们将需求一词理解为需求量，并记住需求量不是固定不变的，一般地说它会随同价值的变动而变动，然后假定，需求在某个时候超过供给，就是说，人们准备按市场价值购买的数量大于市场待售的数量。在这种情况下，买主会相互竞争，致使价值上升。上升多少呢？(也许有人会这样想：按不足的比例上升，即如果需求超过 1/3，价值也上升 1/3。绝非如此。因为当价值上升 1/3 时，需求仍可超过供给；即使价值已经上升，需求量仍有可能大于现有的数量，因而买主之间的竞争还会持续进行。如果这种物品是生活必需品，则人们宁愿以任何价格购买，而不愿放弃不买，1/3 的供给不足，可以将价格提高 1 倍、2 倍或 3 倍。或者相反，竞争在价值提高到与不足的程度成比例以前就有可能停止。价值上升不到 1/3，买主们就无法或不愿将这种物品买下。那么价值的上升将停止于哪一点呢？停止于使需求和供给均等的一点(无论这一点在哪里)，即停止于这种价格：它能消除多余的 1/3 需求，或者能招致另外一些卖主以满足多余的需求。这两种方法中的一种，或者这两者的相互配合，使需求得以和供给相等，而不超过供给时，价值的上升就会停止。”①

穆勒赞同李嘉图对建立在比较成本规律基础上的自由贸易的倡议。穆勒用他的产品需求、弹性与价格思想更进一步说明了国际贸易中价格的确定和贸易利益的分配。首先，穆勒提出了相互需求(Reciprocal Demand)的概念。何为相互需求？不考虑货币的国际易货贸易中，一个国家能够出售到国外的各种物品是它从其他国家购买物品的手段。也就是说，出口形成的收入是支付进口费用的来源。反过来，一件进口商品的价值就是出口用来支付它的那件商品的价值。国际贸易中出口商品的供给也是对方进口的需求，需求是决定价格的因素，因此，决定国际贸易相对价格的因素除了成本之外，就是双方相互需求的强度和弹性。

根据穆勒的经济思想，价格的变动会停留在使需求与供给相等的那点上，那么国际贸易中的相对价格也会如此。也就是在均衡价格上，商品各自的需求应与供给相等，即一国每种商品的需求(进口)与另一国的供给(出口)相等；同时，每个国家的出口总值又与进口总值相等，因此在国际均衡价格上，每个国家各自的出口总值与进口总值相等，这就是国际需求方程式。国际需求方程式被满足时，国际市场的均衡价格被确定。各国的需求量也随之被确定下来。

国际均衡价格是如何被确定的，我们可以举例加以说明。如英、美国两国等量的投入生产小麦和衣服两种产品的产量如表 1—4 所示。

表 1—4　　英国和美国两种产品的单位时间产量

	英国	美国
小麦(W)(蒲式耳/劳动时间)	15	20
衣服(C)(码/劳动时间)	10	10

表 1—4 中显示，同样单位的投入，比较而言，小麦是美国有比较优势的产品，而衣服是英国有比较优势的产品。根据比较优势原则，两国分别在这两种产品上进行专业化生产：英国专业化生产并出口衣服，美国专业化生产并出口小麦。两国进行贸易时的交换比率应介于贸易前两国两种产品的国内交换比率之间，也就是 10 单位布交换小麦的数量应在 15 单位和 20 单位之间。

那么究竟确定在哪点上呢？根据前面的分析，国际上商品的交换比率最后由国际需求方程式决定。交换比率的高低取决于对方对本国产品的需求程度。假如市场的价格是 10 单位衣服交换 18 单位小麦，小麦的价格相对便宜，英国对美国小麦的需求超过美国愿意供给的小麦的数量；衣服的价格相对昂贵，英国对衣服的供给超过美国需求的数量，于是小麦的相对价格上升。假如上升到 16 单位，此时美国愿意供给的小麦的数量超过英国对美国小麦的需求，而英国衣服的供给量小于美国的愿意量；小麦的相对价格下降，如到达 17 时，美国愿意供给的小麦的数量等于英国对美国小麦的需求，同时，英国衣服的供给量也等于美国的需求量。在这个价格上，两国满足国际需求方程式，即衣服的进口(出口)量×衣服价格＝小麦的出口(进口)量×小麦价格。

可见，两国对两种产品的进口需求是决定产品相对价格的因素。国际贸易中商品的市场价格是由供求双方的力量共同决定的。市场价格会自行调整，直到在某一贸易条件下，一国愿

① [英]约翰·穆勒：《政治经济学原理及其在社会哲学上的若干应用(上卷)》，商务印书馆 1991 年版，第 505～506 页。

意提供的出口商品的数量正好等于其贸易伙伴国在同一贸易条件下所愿意购买的进口商品的数量,或一国的出口总额恰为它愿意支付的进口总额。这一贸易条件就是均衡的国际交换比率。因此,商品的国际交换比率由两国相互的需求来决定,并且将确定在双方各自对对方产品的需求相等的水平上。在这样的贸易条件下,两国的进口需求与出口供给两两对等,国际贸易处于均衡状态。这就是相互需求原理。

基于一个国家向其他国家出口商品的意愿取决于它因此能从外国获得的进口商品的数量,那么一国的出口规模会随其国际交换比率的变化而变化。当国际交换比率确定时,各国出口规模也随之确定。国际交换比率即为净贸易条件。上述分析可总结为,国际贸易条件由两国间的相互需求决定,各国的出口规模既是引起贸易条件变动的因素,也是随贸易条件变动的变量。

三、国际交换比率与贸易利益的划分

国际交换比率与贸易利益的划分密切相关。穆勒认为在国际分工开始以前,两国存在各不相同的商品与商品的国际交换比例。进行国际分工和国际贸易后,两国国内的交换比例被在世界市场确定的单一交换比例即国际交换条件所取代。国际交换比率首先取决于相互需求强度,倘若外国对本国出口商品的需求高于本国对外国出口商品的需求,外国的相对需求强度较大,本国的相对需求强度较小,则外国在同本国的竞争中就不得不做出某些让步,本国就可以享有比较有利的国际贸易条件。

穆勒还提出国际交换比率还与对对方产品的需求弹性相关。对对方产品需求弹性大的国家,国际商品交换比例对该国就不利;反之,则有利。假设美国将制造小麦的效率提高了50%,同样的投入可以制造30单位的小麦。那么现在贸易条件会如何变化?如果以前10单位衣服可以换17单位的小麦,现在它们是否可以交换25.5单位的衣服?只有在英国对衣服是单位需求弹性的情况下才如此。但是如果英国对小麦的需求是有弹性的(需求价格弹性大于1),在它的价格下降到能够反映生产成本降低的全部数额之前,英国增加的购买量将会等于小麦增加的产出量,交换的比率可能是21,在没有上升到25.5之前就达到平衡。此时的交换比率对美国有利,会得到小麦生产效率提高的绝大部分好处。如果英国对小麦的需求是无弹性的,美国将不得不用多于25.5单位的小麦来交换10单位的衣服,这样英国可以得到绝大部分利益。可见,在双边贸易中,对对方出口商品的需求,以及贸易双方共同遵守的国际贸易条件,随着由各国消费者的消费偏好等因素决定的对对方出口商品的需求强度和弹性的相对变动而发生变化。

国际交换比率不同,直接影响双方贸易利益的划分。两国国内交换比例构成国际交换比例的上下限,等于或超过上下限的交换比例意味着一方获得全部利益,而另一方则损失了利益或未增加利益,国际互利贸易不会发生。上述思想可以用图1—2说明,现在的国际交换比率P_W介于在两国贸易前的相对价格($P_{美}$和$P_{英}$)之间。当10单位布交换小麦的数量为20时,国际交换比率和美国贸易前的价格($P_{美}$)相等,所有的贸易利益都由英国获得;当10单位布交换小麦的数量在15单位时,交换比率和英国贸易前的价格($P_{英}$)相等,所有的贸易利益都由美国获得。图1—2可以说明国际交换比率离自己贸易前的价格越远,所获得的贸易利益越多。在图1—2中,对于英国来说,根据国内的交换比,OA数量的棉花只能换回AB数量的小麦,按照国际市场的价格可以换回 AC 数量的小麦，贸易利益可以表示为 BC 数量的小麦；对于美国来说，根据国内的交换比，OA 数量的棉花需要 $OE(=AD)$ 数量的小麦进行交换，但是在国际市场上，OA 数量的棉花只需要用 AC 数量的小麦就能交换回来，贸易利益可以表示为 DC 数量的小麦。当 P_W 越接近 $P_{英}$ 时，BC 越小而 DC 越大，英国从贸易中的获益越少，美国从贸易中的获益越多。P_W 越接近 $P_{美}$，BC 越大而 DC 越小，英国从贸易中的获益越多，美国从贸易中的获益越少。

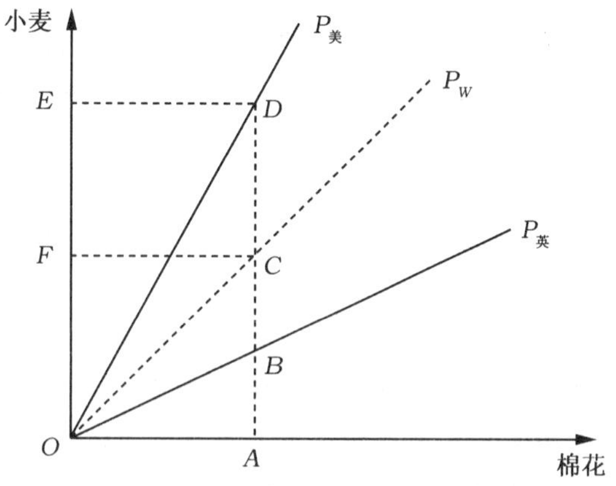

图 1—2　国际交换比率与贸易获益

具体来说，对对方出口商品的相对需求强度较小的国家，在贸易双方的相互竞争中占有较为有利的位置，最终决定的国际贸易条件比较靠近外国的国内交换比率，因而本国可以获得相对较大的贸易利益。简言之，贸易双方之间的相对需求强度决定着国际贸易条件的最终水平，进而决定了国际贸易总利益在交易双方之间的划分。穆勒用相互需求方程式说明贸易条件或国际交换比例决定的思想，后来被马歇尔用提供曲线进行了更清晰的说明。提供曲线是表示一个国家贸易条件的曲线，它表示一国欲交换的进口产品的数量与所愿出口的本国产品数量之间的函数关系，我们会在后面的章节中说明。

正如穆勒所说，国际贸易条件即用本国出口商品数量表示的进口商品的相对价格，其水平高低取决于两方面因素："其一，外国对本国商品需求的数量及其增长同本国对外国商品需求的数量及其增长之间的相对关系；其二，本国可以从服务于本国消费需求的国内商品生产中节省下来的资本数量。"因而，"在国际贸易中享有最为有利的贸易条件的国家正是那些外国对它们的商品有着最大需求，而它们自己对外国商品的需求最小的国家"。上述思想不仅是对古典理论思想重要的补充，同时也进入国际贸易利益分配的重要研究领域。

专题 1－1

重商主义理论的发展及影响

重商主义的主要观点早已被经济学家所否定，但其对国际经济的影响却是长远的，某些观点从未消失，即使在当今社会仍随处可见。如对国际贸易顺差的追求、经济民族主义等，在现今社会仍是普遍的观点。所以,重商主义的影响是相当广泛而深远的。

非常明显的事件包括20世纪30年代在席卷全球的大萧条时期,许多国家采取提高关税壁垒、竞争性的货币贬值等措施以限制进口和刺激出口。1936年,英国经济学家凯恩斯出版了《就业、利息与货币通论》,为一国追求顺差的政策从刺激就业、提高有效需求、治理经济萧条等宏观经济角度提供了新的理论依据,经济民族主义及国家干预主义又有了较为广泛认可的理论基础。20世纪70年代出现了"新重商主义"的名词来概括20世纪30年代大萧条时期出现的经济民族主义思潮以及凯恩斯超贸易保护主义。

"新重商主义"和传统的重商主义都具有贸易保护和经济民族主义的共同特征。尽管"重商主义"同"新重商主义"有着极相似的外贸政策,但是两者的立论基础是不同的。"新重商主义"的保护贸易政策措施也被称为超保护贸易政策,在保护的对象、保护的类型和保护的措施等多方面与"重商主义"具有不同的特点。比如保护的不仅是弱势产品,目的也不是培养企业自由竞争的能力而是维护自身的垄断能力,因此保护对象的范围广泛,成为一些国家进行新一轮贸易保护的借口。

当今社会重商主义仍有诸多表现。限制进口和促进出口的"奖出限入"做法自20世纪90年代以来不断变换着花样在发展。大多重商主义国家都千方百计对贸易进行保护,在对外贸易中实行限制进口以保护本国商品在国内市场免受外国商品竞争,并向本国商品提供各种优惠以增强其国际竞争力。反倾销的案件猛增,技术壁垒和绿色壁垒成为全球性的普遍现象,各国对进口产品的质量指标和要求越来越高,市场准入的条件越来越苛刻。从性质上看,无论是反倾销,还是技术壁垒和绿色壁垒,本身都具有双重的性质。问题往往不在规定本身,而在于它的滥用。

在限制进口的措施不断改换面目的同时,传统的鼓励出口的手段也出现一些新发展。传统的手段包括通过减免税和提供补贴等财政措施鼓励扩大出口:对出口商品减免有关的国内税、对出口收入实行减税;利用金融措施促进出口,诸如设立进出口银行等专门金融机构向出口企业提供优惠出口信贷,对出口采用延期付款方式等。20世纪90年代以来,两个或两个以上的国家通过签订贸易条约成立区域经济集团,更成为保护市场、促进出口的重要手段。对区内成员撤销贸易壁垒,对区外成员实现歧视性待遇是区域合作的核心内容。2008年金融危机爆发后,新重商主义从关注贸易战争到关注货币战争,通过汇率和货币政策的战略性使用在金融交易市场攫取更多财富,演化出重金主义的新特征。可见,在国际经济领域,直至今日重商主义仍存在影响。

主要参考文献:

[1]冯晓玲、赵放:"美国'新重商主义'中的'出口垄断'探析——基于对中美文化贸易冲突的考察",《世界经济研究》2010年第9期。

[2]John Maynard Keynes, The General Theory of Employment, Interest and Money, Macmillan Cambridge University Press,1936.

专题1-2

比较优势陷阱及竞争优势

比较优势理论是自由贸易理论的基石,但对于它的质疑也从未停止过。比较优势理论存在的突出缺陷是其假设前提的不现实。现实中的国际贸易市场结构使比较优势理论的前提出现问题。比较优势理论的前提假设是国际贸易发生在完全竞争的市场结构条件下，商品价格等于边际成本和平均成本，国际商品价格的差异反映了一国的比较优势，比较优势可以直接形成竞争优势并成为引发对外贸易的经济变量。而现实中的国际贸易市场结构是不完全竞争的，商品价格大于边际成本和平均成本，不能如实地反映一国的比较优势，从而引起贸易福利的不均衡分配。规模经济、技术进步成为引发国际贸易的新经济变量，这使得仍按照比较优势理论指导开展国际贸易的发展中国家陷入比较优势的陷阱。

所谓比较优势陷阱，是指一国（尤其是发展中国家）完全按照比较优势，生产并出口初级产品和劳动密集型产品，在与技术和资本密集型产品出口为主的经济发达国家的国际贸易中，虽然能获得贸易利益，但由于贸易结构较为低级，处于不利地位，导致贸易结构升级困难，对经济发展造成不利影响。

早期的比较优势陷阱主要关注的是初级产品比较优势陷阱。它是指执行比较优势战略时，发展中国家完全按照机会成本的大小来确定本国在国际分工中的位置，运用劳动力资源和自然资源优势参与国际分工，从而只能获得较低的附加值；并且比较优势战略的实施还会强化这种国际分工形式，使发展中国家长期陷入低附加值的局面。由于初级产品的需求弹性小，加上初级产品的国际价格下滑，发展中国家的贸易条件恶化，对经济增长造成不利影响，甚至可能导致贫困化出口现象的出现。

由于初级产品出口的形势恶化，发展中国家开始以制成品来替代初级产品的出口，利用技术进步来促进产业升级。即便如此，很多发展中国家发现落入了制成品的比较优势陷阱。与服务和高附加值的技术产品相比，制成品的价格不断下跌。以制成品出口为主的发展中国家同样发现他们的贸易条件在恶化，始终处于“微笑曲线”中附加值最低的产业链下端。

基于“比较优势陷阱”的存在，理论和产业界有著名的“chip”之争。发展中国家究竟应该生产具有比较优势的“土豆片”还是生产高附加值的“芯片”呢？

20世纪80年代，由哈佛大学商学院教授迈克尔·波特（Michael E. Porter）提出的竞争优势论异军突起，引发了理论界对比较优势和竞争优势关系的激烈讨论。从1980年起，波特在《竞争战略》（*Competitive Strategy*，1980）、《竞争优势》（*Competitive Advantage*，1985）和《国家竞争优势》（*The Competitive Advantage of Nations*，1990）等多部著作中系统地阐述了竞争优势理论。比较优势理论所讲的比较优势产品是本国产品间的比较，而在一国国内具有优势的产品并不一定在国际竞争中具有竞争优势，而竞争优势是指企业在向顾客提供有价值的商品或劳务时所创造的独特并持久的属性，才能真正具有国际竞争力。竞争优势开始成为解释国际分工的重要概念，并被引入国际分工的研究中。波特认为：“竞争优势有两种形式：成本领先和差异化。”他在《国家竞争优势》一书中，进一步将竞争优势表述为：“企业要在国际竞技场上获胜，它的竞争优势不外是以较低的生产成本或者与众不同的产品特性来取得最佳价格。”可见，波特的竞争优势既包含了一个国家的初始比较优势（主要取决于资源禀赋），又包含了后发比较优势和潜在比较优势（主要取决于是否具有创新的制度、组织和理念）。

比较优势揭示了国际分工与贸易的直接原因，但国际贸易发展的现实表明：比较优势战略不能改变发展中国家经济落后的面貌，也无法改变国际贸易利益分配中的不公平现象。比较优势战略由于过分地强调静态的贸易利益，而忽略了贸易的动态利益，即对外贸易对产业结构的演进、技术的进步以及制度的创新的推动作用。长期执行单纯的比较优势战略会造成一国的产业结构不能得到升级,而且具有固化原有产业分工的作用,使发展中国家处在国际分工的不利地位。谋求竞争优势是发展中国家突破比较优势陷阱的必经之路。

主要参考文献:

[1]Michael E. Porter, Competitive Strategy: Techniques for Analyzing Industries and Competitors, *Social Science Electronic Publishing*, 1980 (2): 86-87.

[2]Michael E. Porter, Competitive Advantage: Creating and Sustaining Superior Performance, *Simon & Schuster Inc*, 1985.

[3]Michael E. Porter, Competitive Advantage of Nations, *Competitive Intelligence Review*, 1990, 1 (1): 14-14.

本章小结

有关国际贸易的理论和思想源远流长。古希腊时期,人们就出现了重视对外贸易的思想,认为外国人来希腊从事贸易活动不但可以给本国带来各种各样的消费品,还可以给本国带来丰厚的税收。本章介绍了自古希腊以来贸易思想的发展。重点介绍了重商主义以及古典贸易理论的主要思想和演变。古典经济学中的绝对优势理论、比较优势理论和相互需求理论是国际贸易中的基础理论,是本章介绍的主要内容。国际分工是国际贸易发生的基础,国际分工理论和国际贸易理论的发展密不可分。

主要概念及术语

1. 重商主义(Mercantilism)
2. 自由放任(Laissez-faire)
3. 绝对优势(Absolute Advantage)
4. 比较优势(Comparative Advantage)
5. 相互需求(Reciprocal Demand)
6. 贸易条件(Terms of Trade)

思考讨论题

1. 重商主义有哪些主要观点?如何评价重商主义?
2. 依据绝对优势理论,世界应如何进行分工?有何主要分工和贸易利益?
3. 为什么说比较优势论是国际贸易的基石?
4. 根据约翰·穆勒的相互需求理论,国际交换比率是如何确定的?国际交换比率与贸易利益的分配存在怎样的关系?

附录 1—1

自由贸易思想的兴起

在整个 17 世纪,可能有些人已经相信自由贸易,但这种观点没有在这一时期的经济文献中得以体现。到 17 世纪末,至少在一些学者中,国家限制贸易受到质疑,自由贸易的利益开始得到承认。

“自由贸易”(Free Trade)这一术语起源于 16 世纪末关于对外贸易垄断的党派争论中。皇家授予选定的商人在世界某特定地区进行贸易的排他性特权,这种贸易垄断在英国可以追溯到 13 世纪。因此,自由贸易这一术语最初的含义与我们现在的理解不同。“自由的贸易”(A Free Trade)是指这样一种商业活动,即不受限制地进行贸易,商人参与贸易的自由不受排他性的指导规则或政府授予的垄断权与特权所妨碍。要求“自由的贸易”，或更准确地说是要求“自由地进行贸易”(Freedom to Trade)，产生于反垄断的运动中，当时这种运动既反对政府对国内贸易的限制，也反对政府对对外贸易的限制。这个运动专门针对从传统控制中解放贸易和确立无须官方批准或允许就可以进行贸易的权利，与废除进口关税这类问题完全无关。

一般法律下，在任何活动中雇用合适的劳动力是个人的自由和自然的权利，这种英国观念加强了反垄断的基础。对各种各样垄断的“经院式”敌视也深深地树立于当时的经济思想中。因此，关于要求自由地进行贸易的呼吁没有什么修辞上或分析上的新东西。实际上，垄断贸易激起了令人不快的感觉，以致连为之辩护的人都无法提出合理的正当理由。为对外贸易垄断辩护的一个通常说法是，远距离贸易要求对某些公共产品的支出(如航行指导或保护海外人员与财产的防御措施等)，因而需要政府的准入限制以防止免费搭便车。反对自由地进行贸易的另一个理由是它将改变贸易条件，不利于英国。还有的人认为这些垄断公司给贸易带来的技术和经验是新进入者所缺乏的，秩序和稳定有利于这些公司的贸易，进而有利于国家。尽管存在争论，自由地进行贸易的论点还是逐渐在英国政治舞台取得了很大的成功。但是“自由的贸易”或“自由地进行贸易”的倡导者通常并不支持明确意义上的自由贸易，即消除进口壁垒或出口补贴。

对自由贸易的支持是在反对重商主义学说的过程中从多方面兴起的，这时的自由贸易定义为消除歧视外国商品的保护主义贸易政策。虽然这些观点的零散论述完全没有在深度和细节上得以发展，更不用说为自由贸易理论确立基础，但这些关于经济领域中公共与私人利益的协调的论点为之后18世纪的道德思想家所采纳，被亚当·斯密用于他对自由贸易的分析中。

最初，对重商主义最强烈的反对不是企图攻击其理论基础，而是对贸易平衡的质疑。贸易平衡是否真正意味着贸易得益，这是17世纪末人们共同关注的话题，越来越多的学者注意到，收集贸易平衡的准确数据遇到诸多问题，而不论是出口还是进口的错误信息都有可能导致关于贸易状况的错误结论。几十年来，人们越来越怀疑保持贸易平衡的必要性，18世纪中叶出现了可确保贸易失衡自动纠正的铸币-价格流动机制理论，更进一步动摇了重商主义者追求长期贸易盈余的理论基础。但铸币-价格流动机制对解决自由贸易争论本身作用甚微，进口商品要被征收特别税的这一观念并没有为这一新的理论所动摇。

另一个对重商主义的反对是对政府通过管理提高国家福利能力的质疑。他们并非质疑政府在贸易中起领导作用的观点，而是仅认为政府应该做得更好。他们认为政客理解贸易的程度不足以管理贸易、提高国家福利。建议由商人组成委员会来决定通商政策，因为商人在这些事情上拥有优于政客的知识与信息。有些人甚至对政府在任何情况下的行为能力都不乐观。但是这些对政府无能的攻击并未驳斥重商主义制度的有效性，而仅是反对该制度现行的管理。这一时期几乎所有提倡更自由的贸易的言论都产生于对相互之间没有关联的实际例子的探讨，范围与应用性很小，即使有一般原理，也论述得十分突兀，没有什么推理与证明。

尼古拉斯·巴本(Nicholas Barbon)谴责了一些学者自相矛盾的行为，这些学者鼓吹更自由的贸易有益，但却支持那些能增进自身利益的贸易限制。巴本同意同时代人关于进口对整体就业的影响决定了它是否有益的观点，但他理解贸易的物物交换性质在限制进口的同时也限制了本国的生产与出口。他也批评保护主义的措施，认为这样使国家遭受损失，这种损失来自于关税收入的减少与整体就业的减少。但巴本对贸易与通商政策的观点还相当传统。在讨论关税时，他认为如果外国商品的进口阻碍了本国的生产与消费，那么虽然禁止进口无法弥补这一不利情况，但高关税可以使进口商品价格更昂贵，从而减少对它们的消费。另一位学者达德利·诺思(Dudley North)也同意巴本关于同时代人自相矛盾行为的看法，他把黄金视为一种商品，批判高利贷和禁止输出黄金的政策。他认为贸易是剩余物的相互交流，限制交易的各种政策、法律并不能够使人们变得富裕，能带来交易和财富的是和平、勤劳与自由。

17世纪90年代中期，东印度公司从印度进口了大量的白棉布到英国，阻碍了本国棉产品的生产，激起了限制东印度公司贸易的呼声，在英国引发了第一次真正的对自由贸易的辩论。这次论战为的不是垄断贸易公司意义上的“自由的贸易”是否应该存在，而是允许这些制成品的进口继续不受干扰的“自由贸易”是否应该存在。对贸易与通商政策新的争论为更清楚地分析自由贸易的利益开拓了道路。

保护主义的支持者认为进口摧毁了国内生产，使国家贫困。其反对进口的观点主要集中于便宜的进口商品将如何减少国内产出和排挤国内就业，因此在进口竞争的压力下，运用关税可以提高竞争性进口商品的价格,使国内生产商可以在本国市场多销售,从而防止制造业就业的下降。但是在为进口产品进行辩护中出现了许多新观点。加德纳(Gardner)认为只有极少的人能从限制进口中获益,其他人将为这些商品支付更多费用,从而减少对其他产品的消费。另一方面被进口商品挤出的工人实际上可以在其他产业中就业,国家也由于以更便宜的价格进口商品而节约了资源。查尔斯·达文南特(Charles Davenant)在他的《东印度交易论》中认为每种特定的贸易都有其特定的利益,所有的贸易都是相互联系的,政府应该平等地促进所有贸易,特别是促进能增加国家整体财富的那类贸易。贸易的本质就是自由的,有其自己的运作方式,对任何单个限制特定贸易的政策都可能只是有利于特定的私人,而不会有利于大众,因而都是不明智的。达文南特坚持认为促进纺织工业的最佳方法不是运用法律和进口关税来提高国内价格,人为地策划其生产,而是鼓励国内进行更低廉的生产,形成更低的价格,这样才能阻止外国产品的进入。试图培育无法自然形成或不适合的产业是非常有害的,它不会带来自然利润,只会不利于大众。在就业问题上,他认为由进口竞争引起的失业并不是必然的结果,因为劳动力可以在不同的工作中流动从业。限制从东印度进口棉布只能使其他竞争者受益,因为英国不得不以高价从国内购买相同的商品。达文南特的论述是对自由贸易的正面描述,也是对贸易保护的批评。虽然他认为贸易有其自然运行的规律和路径,政府的干预不仅不能改善贸易,反而会扰乱它的运行,但是他的认识并未达到"自由放任"的思想境界。

达文南特与加德纳都指出:与其认为进口是国家维持出口的一种损失或成本,不如视之为间接出口从而获得某种特定商品的廉价方法。然而,对这种自由贸易观点的发展需要有更为坚实的理论分析支撑。这一重任最初落在了亨利·马丁(Henry Martyn)肩上。1701 年,他《关于东印度贸易的考察》(*Considerations upon the East India Trade*)一书的论述,清晰简洁、深入透彻、系统精辟。他对自由贸易理论的贡献可以说超越了亚当·斯密,而且同亚当·斯密一样,他也关注竞争带来的有益的经济效应。马丁既支持当时意义的自由贸易,也支持现代意义的自由贸易;既反对东印度公司的贸易垄断,也反对限制从印度进口制成品。马丁希望东印度贸易开放给所有商人,反对只局限于政府授权的那些商人,因为这种局限削弱了竞争。马丁清楚地解释了这样的开放将使现有商人的东印度贸易利润下降,但贸易量的扩大对国家更有利。马丁反驳了需要特权公司的垄断利润来资助保护贸易安全的观点,他认为可以通过开放贸易所得到的更多收益来更好地支付。

马丁论著中最具有说服力和独创的观点是将分工的理论与国际贸易相结合。他把英国进口便宜的印度棉制品比喻成一种节约劳动力的发明,或者是一种新的制造技术的发现,即通过出口其他产品能用比以前更少的劳动力来获取更多的棉制品,而贸易保护是种浪费,相当于抛弃了有用的劳动力。他认为开放的贸易是最有可能给所有人创造工作机会的途径。由于来自印度的竞争降低了英国类似产品的价格,提高了他们向海外出口的能力,因此劳动力可以更有利地用于其他部门。他强烈反对英国产品的更低价格会降低劳动力工资的观点,严格地区分了生产中支付给劳动力的工资与劳动力成本,把东印度贸易与英格兰的生产率的提高联系在一起。进口竞争也会推动其他产业的生产率提高,因为东印度贸易会促使人们发明新工艺和新机器,人们使用更少、更为便宜的劳动力生产产品,不会降低工资,只会降低产品价格。马丁将机会成本、效率与生产率等这些基本经济概念呈现给读者,把国际贸易理论提高到一个崭新的水平。贸易不再只是过剩物的交换,即使进口品直接与国内产品竞争,贸易对于增进竞争和提高经济效益也是有益的,而且从最终可获得的产品看,贸易提高了国内劳动力的生产率,是一种以等量的国内资源获取更多产品的途径。

加德纳、达文南特与马丁的著作是英国在世纪之交的通商政策大辩论中产生的最好的论著。18 世纪以来,越来越多的人倾向于自由贸易。其中艾萨克·热尔韦斯(Isaac Gervaise)关于国际支付平衡机制的分析受到好评,他对通商政策的论述也很有洞察力。艾萨克·热尔韦斯利用机会成本(抉择的牺牲)的概念来质疑政府以干预来增进总体福利的能力,他认为没有一个国家能够鼓励一个部门的生产而又不阻碍其余的生产。进而,在贸易政策上对一个部门贸易的促进相当于对其他部门的贸易抑制,政府只能扰乱多种贸易间自然的相互关系,破坏平衡。另一个学者雅各布·范德林特(Jacob Vanderlint)虽然只是部分接受确定贸易利弊的贸易平衡标准,但他却强调就业的下降来自于贸易限制而不是进口竞争,他还描述了一个报复性的动态过程,即一国的贸易限制将引发另一国的贸易限制,结果所有国家的就业都将受损。范德林特的重要贡献补充了马丁的观点,后者着重于贸易如何提高国内劳动力的生产率,而前者则指出贸易限制的就业成本。在马修·戴克尔

(Matthew Decker)呼吁把大不列颠变为一个自由港时,这些观点很明显起到了理论上的作用。虽然戴克尔没对自由贸易理论分析做出重要贡献,但他是当时反对进口关税的一个优秀的改革者。为赢得支持,戴克尔提出了类似于后来被称为补偿原则的观点,即自由贸易的收益可以补偿那些因自由贸易而受损的人,从而保证每个人的境况都变好。

虽然许多对自由贸易进行的经济分析的基本因素早于亚当·斯密就已经出现,但没有人能推翻已有的贸易与通商政策的传统观念,也无人能够确立自由贸易是最优政策这一命题。然而,令人惊讶的是亚当·斯密在构建其自由贸易理论基础时并没有从反对重商主义传统的观点入手,而是从18世纪启蒙时期兴起的道德哲学的角度切入,探究自由贸易问题。其分析手法与马丁相同,最终成功地确立了赞同自由贸易的理论命题。

主要参考文献:

[1][美]道格拉斯·A. 欧文:《备受非议的自由贸易》,中信出版社 2003 年。

[2]Douglas A. Irwin, Against the Tide: An Intellectual History of Free Trade, New Jersey: Princeton University Press, 1996.

第二章 国际贸易的基础与得益

学习要点

1. 比较优势与机会成本；
2. 机会成本一定时的贸易基础及得益；
3. 机会成本递增时的贸易基础及得益；
4. 提供曲线、贸易条件及贸易利益的分配。

第一节 机会成本一定时的贸易基础与贸易得益

一、比较优势与机会成本

如前所述，李嘉图的比较优势理论是以劳动价值论为基础的。劳动价值论有两个重要内容：(1)劳动是唯一的生产要素；(2)劳动同质。李嘉图的比较优势理论假设产品的国内价值与投入劳动量成比例，同时假设劳动不仅在国内而且在国际上也是同质的。

现实经济生活中的各种产品，是用不同的生产要素按不同的比例组合生产出来的。我们通常可将生产要素分为三大类，即土地、劳动和资本。三个要素还可以再进行细分。如劳动可分为非熟练劳动、半熟练劳动、熟练劳动、企业家等，资本包含像货币那样的流动资本和像机械、工厂那样的固定资本，土地又可分为农地、生产矿产品的土地、工业用地、居住用地等。

劳动不是参与生产的唯一要素，而且劳动也绝非同质。因此仅用劳动的投入量来衡量产品的成本或价格，由此得出某种产品具有比较优势、某种产品具有比较劣势这样一个结论，将与现实经济活动不相吻合。如两个国家生产不同商品时资本-劳动比例相同，利息也相同，那么利息就不会影响商品的相对价格，也不会影响比较优势状况；如果两国资本-劳动比例不同而利息率高低存在差异，那么利率较低的国家也会有较低的成本和价格，从而实际上拥有在这类产品上的比较优势。因此，后人对李嘉图的劳动价值论进行了修正，如美国经济学家陶西格(Frank William Taussing)对劳动是唯一生产要素、劳动力同质、规模收益不变和两个国家两个商品等假设都做了修正，并引入了货币因素。但彻底摆脱劳动价值论，摒弃劳动支出差异决定比较利益的观点，对古典经济学进行了彻底修正，建立起符合新古典经济学一般均衡分析框架的重要事件之一，却是哈伯勒引入“机会成本”这一新的概念来说明比较优势原理。

哈伯勒(Gottfried Haberler)是奥地利著名经济学家。他在1936年出版的《国际贸易理论》一书中，将机会成本(Opportunity Cost)或替代成本(Substitution Cost)的概念引入比较利益原理的分析中来，成为国际贸易理论一个非常重要的研究工具。生产要素的供应不仅是有限的，而且其本身具有多种用途。如资本可以用来生产不同的产品，在有限的资本供应的前提下，当用有效的资本来生产A产品时，就需要放弃其他产品(如B)的生产。也就是说，增加A产品的生产必然以牺牲B产品的生产为代价。所谓机会成本，指的是多生产1单位某产品就必须牺牲另一产品的产量。那么，各国具体应当专业化生产何种商品，并不由生产商品耗费的劳动量或实际支出成本来决定，而应该考察物品的机会成本。与他国相比，某种产品的机会成本如果低的话，那么该产品就具有比较优势，反之则处于比较劣势。

例如，英国在追加多生产1单位的布(C)时，必须放弃1/2单位小麦的生产，那么英国1单位布的机会成本是1/2单位的小麦。美国为多生产1单位的布，必须牺牲2单位小麦的生产，那么美国1单位布的机会成本是2单位小麦。两国相比，英国生产布的机会成本比美国便宜。因为英国只需放弃1/2单位小麦的生产就可获得1单位的布，而美国则需要牺牲2个单位的小麦才能生产1单位的布。在此情形下，如果英国放弃小麦的生产而专业化生产布，然后同美国交换小麦，只要换回的小麦的数量多于1/2单位，英国就可以实现贸易利益。而对于美国来说,只要1单位布交换小麦的数量少于2单位,也有贸易利益。在1单位布交换小麦的数量多于1/2单位而少于2单位的互惠区间,贸易就能够实际发生。这种贸易的模式将是英国的布比美国便宜,英国在布的生产上具有比较优势。小麦的机会成本是布的机会成本的倒数,美国小麦的机会成本是1/2单位的布,而英国小麦的机会成本是2单位的布。对于美国来说,放弃布的生产而专业化生产小麦,那么增加1单位的小麦所放弃的布的数量相对低,那么很可能从英国进口能换回更多的布,比自己生产更便宜,美国在小麦的生产上具有比较优势。

在上面的例子中,劳动既不是唯一的生产要素,产品的成本或价格也不是由投入劳动量的多少来决定的。可见,引进了机会成本这一概念,对李嘉图的劳动价值论进行修正,使比较优势理论在解释国际贸易的原因时更加靠近现实了。为了清晰说明机会成本如何决定国际贸易和分工,可以用生产可能性曲线(Production Possibility Frontier, PPF)或生产替代曲线(Substitution Curve)进一步说明。

二、机会成本一定条件下的生产可能性曲线

机会成本可以用生产可能性曲线来进行表示和考察。任何一个社会的土地、自然资源都是一定的。劳动人口、技术和知识、工厂、机器在某一时点上也是一定的,这些资源都是有限的。经济学在分析对资源如何进行配置、生产什么、如何生产、为谁生产时常常以生产可能性曲线为分析手段。

生产可能性曲线表示在给定的技术知识和可利用的投入品数量时,一个经济能够得到最大数量的产量的组合,生产可能性曲线代表社会可利用的各种选择。它的具体含义是:(1)当经济运行处于边界上时,意味着该经济是有效率地进行生产。即在现有的技术水平下,利用了现有的资源生产出最大数量的产品组合。(2)生产是处在生产可能性曲线之内的某处,说明当前的经济运行缺乏效率,存在资源的闲置(如失业、工厂机器的废置、土地的废弃等)和技术使用的浪费。(3)生产可能性曲线之外的任何一点的产品数量组合都是现有的技术水平和现有资源条件下无法达到的。

假设英、美两国充分地利用了现有的资源和技术,生产出的W(小麦)和C(布)产品的产量如表2—1所示。

表2—1　　英国和美国衣服和小麦的产量

	英国	美国
小麦(W)(万蒲式耳/年)	60	160
衣服(C)(万码/年)	120	80

上述的假设中,每种商品的生产成本是不变的,决定了小麦和布的机会成本是一定的。机会成本一定是指在目前的技术水平和资源约束条件下,不论产量如何变化,多生产1单位的某种产品所放弃的另一种产品的数量固定不变。根据这些数据,我们可以画出英、美两国的生产可能性曲线(见图2—1)。

当机会成本一定时,生产可能性曲线是一条直线。直线上任何点与点之间的移动不会导致机会成本的改变。此时,曲线的斜率($\Delta Y/\Delta X$)为每增加1单位的X(横轴商品)必须放弃的

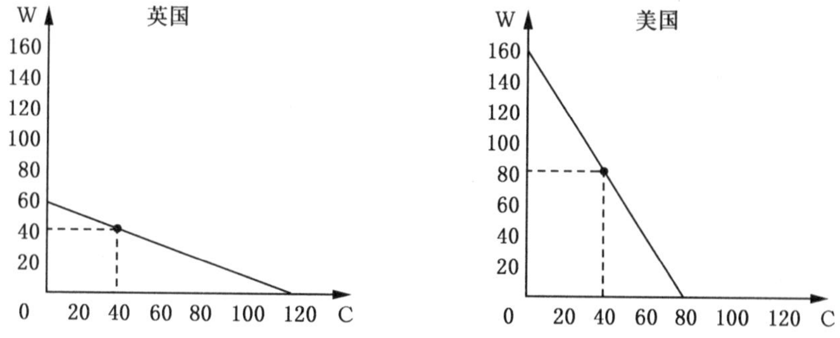

图 2—1　机会成本一定时两国的生产可能性曲线

Y(纵轴商品)的数量，就是 X 的机会成本。图 2—1 中，表明英、美两国集中所有的资源生产 W 时，英国为 60 单位，美国为 160 单位；集中所有的资源生产 C 时，英国为 120 单位，美国为 80 单位。两国的生产可能性曲线是它们生产 W、C 的各种组合。曲线的斜率表示两国多生产 1 单位 C(布)所必须放弃的 W(小麦)的数量，即用 W 来衡量 C 的机会成本。英国多生产 1C，就必须牺牲 0.5W，英国每单位 C 的机会成本为 0.5W。美国每单位 C 的机会成本为 2W。

生产可能性曲线的斜率也称为边际转换率(Marginal rate of transformation，MRT)，表示的是每多生产 1 单位的 X(横轴商品)而减少的 Y(纵轴商品)的数量。MRT_{CW} 就表示增加 1 单位布的生产需要放弃的小麦的产量，即布的机会成本。机会成本的数值又取决于生产单位两种产品的成本之比 MC_X/MC_Y。在完全竞争的条件下，成本之比也决定了两种商品的相对价格 P_X/P_Y，即在完全竞争的假设下：

$$MRT_{XY}=\frac{MC_X}{MC_Y}=\frac{P_X}{P_Y} \tag{2—1}$$

图 2—1 中，英国、美国布和小麦的机会成本和国内价格分别为 1/2 和 2，等于两国各自生产可能性曲线的斜率。没有贸易的封闭状态时，本国的消费不可能超过本国的生产。生产可能性曲线代表在现有条件下的最大产量组合，因此也是本国的消费可能性曲线(或边界)。生产可能性曲线外的消费组合是封闭状态下无法达到的。

三、社会无差异曲线与封闭状态下的一般均衡

(一)社会无差异曲线

讨论国际贸易基础和利益，除了上述从供给的角度进行分析外，还需要将需求偏好这一因素放入国际贸易纯理论的讨论中。社会无差异曲线(Community Indifference Curve，CIC)表示一个社会或一个国家的消费倾向或需求偏好，其特征和消费者个人的无差异曲线完全相同。

社会无差异曲线表示在同一消费效用水平或满足度上，两种产品消费组合的轨迹。假设表 2—2是某社会消费 C 和 W 两种产品时都能带来相同满足程度的几种组合，那么我们可用图 2—2的社会无差异曲线 Ⅰ 表示这种消费组合的轨迹。

表 2—2　　同等满足程度的消费组合

	C	W
A	1	6
B	2	3
C	3	2
D	4	1

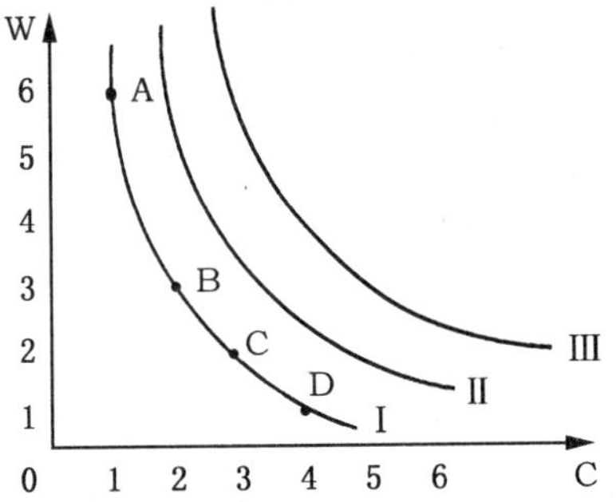

图 2—2　社会无差异曲线

当然这种组合轨迹只是无数种当中的一种，我们还可以列出能够给这个社会带来更高消费效用(满足程度)的组合轨迹，如Ⅱ、Ⅲ。这样的无差异曲线只是无数种可能的曲线的几种，但无论有多少条无差异曲线，它们都具有以下共同特征：

(1)同一曲线上的任何一点给予该社会的消费效用水平(满足程度)是无差异的。如 A、B、C、D 点的消费带来的满足程度一样。

(2)由于我们所处的社会资源是稀缺的，如果某社会要多消费某种产品，为了达到与原先相同的满足程度，就必须减少另一种产品的消费量。所以，无差异曲线向下倾斜。

(3)无差异曲线是凸向原点的曲线。无差异曲线的斜率是边际替代率(Marginal Rate of Substitution，MRS)。它表示在相同的满足程度下，多增加 1 单位 X 产品(横轴商品)的消费，可以替代的 Y 产品(纵轴商品)消费的量。边际替代率取决于两种商品的边际效用之比 MU_X/MU_Y。MRS_{CW}是表示布对小麦的边际替代率，即增加 1 单位布的消费，在总消费效用不变的情况下，可以代替的小麦消费的数量。在边际效用递减心理规律的作用下，随着布的消费量增加，增加的布的消费给人们带来的边际满足程度下降，而减少的小麦给人们带来的边际效用值上升。这样，随着布的消费量的增加，每增加 1 单位布的消费达到同样的满足程度所替代的小麦的消费量逐渐减少，MRS_{CW}的绝对值下降。同理，随着小麦消费量的增加，每增加 1 单位小麦的消费达到同样的满足程度所替代的布的消费量逐渐减少。社会无差异曲线是一条凸向原点的曲线。

(4)每一条无差异曲线的位置离原点越远，对应的福利水平就越高。这样的情况通常在人们消费越多商品则满足程度越高的经济学假设下成立。

(5)社会无差异曲线表示的是一个国家的消费倾向、需求偏好，所以只要两国的偏好不同，那么两国的社会无差异曲线的形状、位置也不同。

(6)同一簇的无差异曲线不相交。如图 2—2 的Ⅰ、Ⅱ、Ⅲ不相交。当然，当贸易或其他情况改变时，社会的需求偏好改变，新的无差异曲线与原先的无差异曲线可能相交。

(二)封闭状态下的一般均衡

一般均衡是经济可以处于的稳定状态。在封闭状态下，一国经济达到一般均衡的稳态需要满足三个条件：

第一，生产者利润最大化。此时生产得以稳定。当边际成本与边际收益相等时，生产者利润最大化，生产可能性曲线上任何一点的斜率为 X 的边际转换率或机会成本。在完全竞争的条件下，X 的机会成本又取决于生产两种商品所需的成本之比，即 X 的机会成本可以看成是以 Y 衡量的 X 的边际成本。P_X/P_Y则是以 Y 表示的 X 的边际收益，那么利润最大化时，以 Y 表示的 X 的边际成本等于以 Y 表示的 X 的边际收益，也就是在那点上生产可能性曲线的斜率等于相对价格，即 $MRT_{XY}=P_X/P_Y$。当生产可能性曲线为直线并满足充分竞争的条件时，$MRT=\frac{MC_X}{MC_Y}=\frac{P_X}{P_Y}$，即生产可能性曲线的任何一点都满足利润最大化的要求。

第二，消费者福利最大化。此时，消费数量稳定。当消费者效用最大化时，$\frac{MU_X}{P_X}=\frac{MU_Y}{P_Y}$，也就是消费两种商品的边际效用之比等于两种商品的价格之比$\frac{MU_X}{MU_Y}=\frac{P_X}{P_Y}$。$\frac{MU_X}{MU_Y}$为社会无差异曲线的斜率即 MRS_{XY}。于是，消费者效用最大化时需满足 $MRS_{XY}=\frac{P_X}{P_Y}$，即在社会无差异曲线上斜率等于相对价格的点，或者说社会无差异曲线与价格线的切点。

第三，市场出清，不存在过度供给与过度需求。在封闭状态下，市场出清表现为商品各自的生产量与消费量相等，即 $X_C=X_P$，$Y_C=Y_P$，下标 C 表示消费量，下标 P 表示生产量。

总结满足封闭状态下一般均衡的条件是：

$$MRT_{XY}=MRS_{XY}=\frac{P_X}{P_Y} \tag{2-2}$$

$$X_C=X_P,Y_C=Y_P \tag{2-3}$$

四、机会成本一定条件下的贸易基础与贸易利益

(一)贸易基础与贸易后的一般均衡

下面结合具体例子说明贸易是如何发生的以及贸易基础和贸易利益。表 2—3 是假设英、美两国在现有的技术水平下，充分利用现有资源的情况下，生产小麦(W)和布(C)数量的各种可能组合。

表 2—3　英、美两国的产量表

英国		美国	
W	C	W	C
50	0	120	0
40	30	90	20
30	60	60	40
20	90	30	60
10	120	0	80
0	150		

当两国两种商品的机会成本不一样时，存在着进行互利贸易的基础，并且根据机会成本可以选择出本国具有比较优势的产品。图 2—3 是根据表 2—3 绘制的没有对外贸易时英、美两国的生产可能性曲线，以及封闭状态下一般均衡时英、美两国各自的生产和消费点。英、美两国贸易前分别在 A 和 A'点生产和消费，即英国在贸易前生产和消费 60C 和 30W，美国生产和

消费 40C 和 60W。通过 MRT_{CW} 的简单计算可知英国布的机会成本和均衡价格是 1/3,美国布的机会成本和均衡价格是 1.5。英国布的相对价格比美国低,因此英国在布的生产上有比较优势,而美国在小麦的生产上有比较优势。

如果专业化分工体系能够建立,英国应该完全专业化生产布,美国应该完全专业化生产小麦。为什么在机会成本一定的条件下,建立的分工是完全的专业化分工呢?当交换比例高于自己的机会成本时,随着本国生产的具有比较优势的产品数量的增加,生产的相对成本并不会增加,那么两国始终都存在着用自己生产的具有比较优势的产品去交换具有比较劣势的产品,比自己生产具有比较劣势的产品更为有利的情况,最终产生的是在具有比较优势产品上的完全专业化分工。在图 2—3 中,贸易发生后,英、美两国的生产将分别移到 B 和 B' 点。

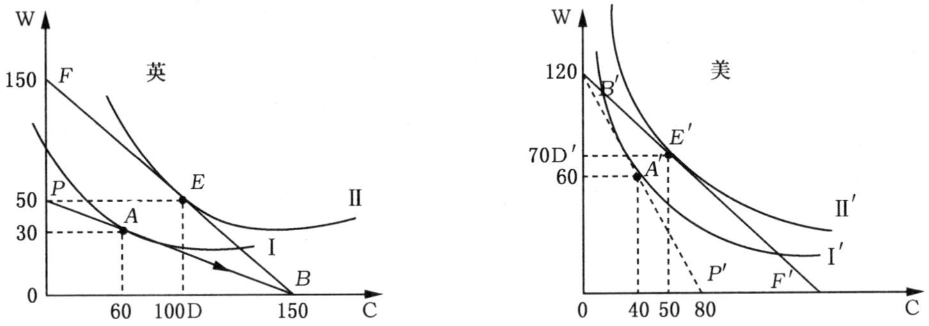

图 2—3 机会成本不变时的贸易基础及得益

专业化的生产不能满足多样化的消费需求,解决两者矛盾的手段就是交换。假如根据相互需求原理决定的国际上小麦和衣服的交换比例为 1 : 1(比例的确定将在第三节进行具体说明)。在此交换比例下,各自交换多少数量呢?在多种选择可能下,最终的交换和消费组合应满足开放状态下的一般均衡。

开放状态下的一般均衡也需要满足三个条件。第一,生产者利润最大化。第二,消费者效用最大化。这两个条件要求 $MRT_{XY}=MRS_{XY}=\dfrac{P_X}{P_Y}$,也就是在均衡点上价格线与生产可能性曲线和社会无差异曲线同时相切。第三,贸易收支平衡,满足开放状态下的市场出清条件,即每个国家进口商品额应等于出口商品额:

$$P_X^W(X_C-X_P)=P_Y^W(Y_P-Y_C) \tag{2—4}$$

其中,P_X^W、P_Y^W 为两种产品的世界市场价格,带 C 下标的 X 和 Y 分别代表两种产品的消费量,带 P 下标的 X 和 Y 分别代表两种产品的生产量。

图 2—3 中 FB 和 $F'B'$ 为开放经济中世界市场两种商品的均衡价格。满足前两个条件时,生产可能性曲线和无差异曲线的斜率应等于现在的世界市场均衡相对价格。而在满足第三个条件的情况下,两国的贸易三角 $\triangle EBD$ 和 $\triangle E'B'D'$ 应全等。贸易发生后,英国用 50 单位的 C 交换美国 50 单位的 W,那么英国和美国的消费点将分别移至点 E 和点 E'。

(二)贸易利益

每个国家根据比较优势的原则进行专业化生产然后交换所能实现的贸易利益体现在哪里呢?这是吸引各国参加贸易的内在动力。贸易利益可以分为静态利益和动态利益,静态利益是着眼于资源和技术没有改变时的短期利益。

主要的静态利益包括：

1. 提高了贸易参加国的消费水平

国际贸易使本国消费者和外国消费者可以分别在直线 FB 和 $F'B'$ 的下方任何一点消费，FB 和 $F'B'$ 为两国现在的消费可能性边界，都位于两国原有的封闭状态时消费可能性曲线之外。说明两国在目前的专业化生产和贸易格局中，消费能到达原来不可能到达的水平，此为根据比较成本原理所实行的专业化生产和贸易所获得的重要利益。

通过表 2—4、表 2—5 的有关数据可以更好地了解两国生产和消费的变化情况。我们可以看到，贸易对各国的生产和消费关系产生影响，使一国在两种商品上的生产和消费数量出现不一致的情况，各国通过贸易使其消费的数量比生产的数量更高。

表 2—4　　**贸易前后的生产情况**

	生　产					
	专业化前		专业化后		变　化	
	W	C	W	C	W	C
英国	30	60	0	150	−30	+90
美国	60	40	120	0	+60	−40
合计	90	100	120	150	+30	+50

表 2—5　　**贸易前后的消费情况**

	消　费					
	贸易前		贸易后		利　益	
	W	C	W	C	W	C
英国	30	60	50	100	+20	+40
美国	60	40	70	50	+10	+10
合计	90	100	120	150	+30	+50

2. 专业化生产和交换体系的建立使世界和参加贸易的国家的整体福利水平都得到了改善

以上数据分析显示，在技术水平和英、美两国的资源总量均不变的情况下，由于这种专业化分工体系的建立使世界整体(此处假设由英、美两国组成)的产量获得增加。资源得到了更有效利用，使用收益提高。这些收益都是通过自由贸易下商品的流动实现的。也就是说，国际贸易的发生使原本分布不均的世界资源间接得到流动，发挥了比封闭状态下更大的效益。各国的福利水平也比封闭状态时提高。根据经济学假设，更高的消费水平代表更高的福利水平。在图 2—3 中，两国现在的消费点都位于更高的无差异曲线上，对比没有贸易时，两国各自的福利水平都有所提高。图 2—3中，英国的社会福利由无差异曲线Ⅰ上升到Ⅱ，美国的社会福利由无差异曲线Ⅰ′上升到Ⅱ′。

总之，引入机会成本的概念对李嘉图的劳动价值论进行修正后，国际贸易产生的原因是两国之间生产商品的比较机会成本的差异，各国在机会成本低的商品上具有比较优势，两国根据机会成本确定的比较优势来进行分工和国际贸易都可以从中获益。两国之间机会成本的差异越大，则各自的比较优势就越明显。可见，机会成本的分析方法和李嘉图的比较利益的分析方法所得出的结论是一致的，但由于不再拘泥于劳动价值论和劳动作为单一要素的假设，使问题的讨论更全面也更贴近现实。在机会成本固定的前提下，我们展开的国际贸易基础和国际贸易利益的分析讨论，可以得到以下主要结论：

第一，一国未参加国际贸易时，其生产和可以消费的数量是一致的，即消费可能性边界在生产可能性边界的范围内。

第二，两国的机会成本或者生产可能性曲线的斜率即边际转换率存在差异，那么两国就可以找出各自具有比较优势的产品进行专业化生产。机会成本不同导致各自具有比较优势商品，是根据比较优势原理进行国际贸易的基础。

第三，对本国具有比较优势的产品进行完全的专业化生产，然后用其中的一部分与外国交换本国具有比较劣势的产品，用比较劣势产品的进口替代国内生产，双方都可获益。贸易使双方“双赢”，并且可以使世界资源得到更有效利用。

第二节　机会成本递增时的贸易基础与贸易利益

一、机会成本递增条件下的生产可能性曲线与一般均衡

(一)机会成本递增条件下的生产可能性曲线

机会成本递增，意味着多生产 1 单位的某种产品，必须减少越来越多的另一产品的数量。一般而言，随着产品产量的增长，经济活动中的机会成本是递增的。机会成本递增的原因是：(1)生产要素替代不完全或只能部分替代。比如，当把资源由 W 向 C 转移生产时，原先生产小麦的农具可能无法使用，从种植小麦转移到生产衣服时可能只有部分劳动力可以适应。在这一过程中这些无法使用的要素便形成了沉淀。(2)由于不同产品所需的要素搭配各不相同，随着一种产品的生产增加，他必须要利用那些效率较低或并不完全适合生产这种商品的资源或要素。这就需要牺牲越来越多其他产品的数量，即产品的边际机会成本不断增加。边际机会成本递增时，生产可能性边界不是一条直线，而是一条凹向原点的曲线，现实中这种生产可能性边界比直线更为常见。以下举例说明。

表 2—6 是英、美两国在完全利用了可利用的生产要素和使用了最佳的生产技术的条件下，所能生产的小麦和布的产量的几种组合。

表 2—6　　英、美两国生产小麦和布的产量组合

英　国		美　国	
W	C	W	C
52	0	120	0
50	60	90	40
35	110	60	60
20	130	20	80
0	143	0	81

此时，英、美两国在小麦和衣服两种产品的生产上边际成本都是递增的。根据表 2—6 中的数据，我们绘制出英国和美国的生产可能性曲线，如图 2—4、图 2—5 所示。

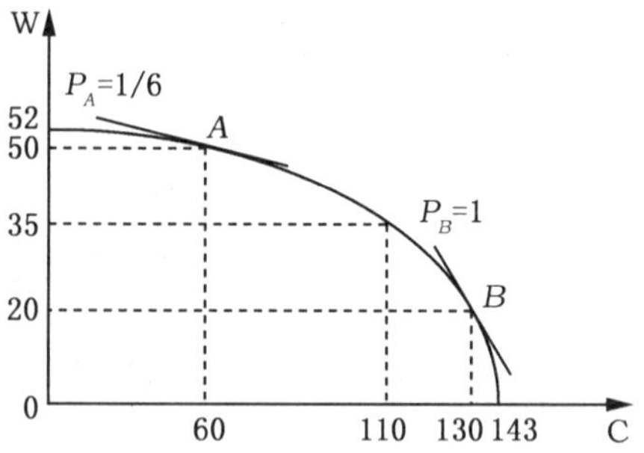

图 2—4 机会成本递增时英国的生产可能性曲线

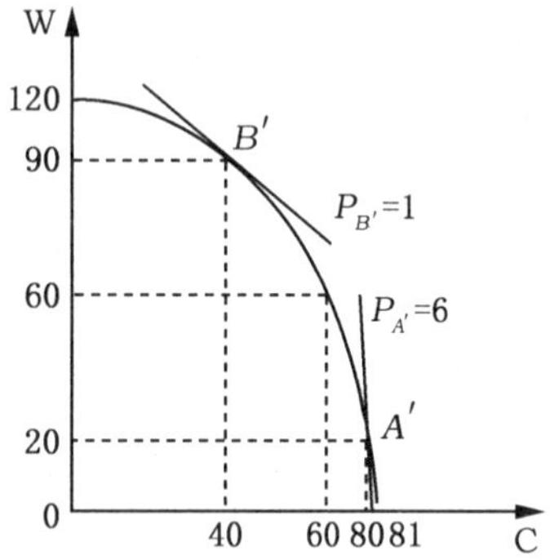

图 2—5 机会成本递增时美国的生产可能性曲线

从图 2—4 可以看出机会成本递增时的 *PPF* 是一条凹向原点的曲线。此时，过生产可能性曲线上任何一点所做的切线的斜率($\Delta W/\Delta C$)也表明在那点上 C 商品的机会成本。当点在凹向原点的曲线自上而下运动时，斜率越来越大，意味着 C 商品的边际机会成本越来越大。通过一条分别与 *A* 点和 *B* 点相切的线段分别得到两点的斜率(等于 MRT_{CW})。我们可以发现两点的斜率是不一样的，假设 *A* 点的 $MRT_{CW}=\frac{1}{6}$，*B* 点的 $MRT_{CW}=1$，过 *B* 点所做的切线的斜率比 *A* 点更为陡峭，也就是说，在 *B* 点生产 1 单位的 *C* 产品所要牺牲的 *W* 的数量要比 *A* 点多，成本要高。美国(见图 2—5)从 *A′*到 *B′*也是同理，假设 *A′*的 $MRT_{CW}=6$，*B′*的 $MRT_{CW}=1$。同理，在这样的曲线上，点自左向右运动时，$\Delta C/\Delta W$ 也越来越大，表明 W 商品的边际机会成本也越来越大。因此，凹向原点的生产可能性曲线意味着随着一种产品产量的增加，另一种产品数量的牺牲也随之增大。

(二)封闭状态下的一般均衡

封闭状态下的一般均衡仍需满足生产者利润最大化、消费者福利最大化和市场出清三个基本条件。在均衡点上，$MRT_{XY}=MRS_{XY}=\frac{P_X}{P_Y}$，即生产可能性曲线的切线、社会无差异曲线和价格线的切线重合。价格线与生产可能性曲线和无差异曲线的共同切点就是该国的均衡点，此时消费点就是生产点，满足市场出清条件。图 2—6、图 2—7 中的点 *A*、*A′*便是均衡点。通过该切点的线段是两条曲线的共同切线，也是该国贸易前的均衡相对价格。

假设英国更偏好 W，美国更偏好 C 的消费。由于英国对 W 偏好，希望消费更多的 W，那么无差异曲线偏向 W，如图 2—6 中的无差异曲线Ⅱ所示。虽然无差异曲线Ⅲ、Ⅳ所带来的效用比Ⅱ更高，但是目前英国无法达到。那么该社会无差异曲线会移动到哪儿？很显然将移动到现实最高的无差异曲线上，换句话说，它将移动到现实能够产生最大满足的那一点。在本例中，它必然会移动到 *A* 点，也就是无差异曲线Ⅱ与生产可能性曲线相切的那一点上。那么会不会移到无差异曲线Ⅰ上呢？我们说那也不会，因为人们希望消费所带来的效用能够得到最大的满足。而根据无差异曲线的定义，离原点越远的无差异曲线能带来更高的效用。尽管 *N* 点或 *G* 点对该社会来说是可以实现的，但它所带来的消费效用低于 *A* 点，所以该社会的消费

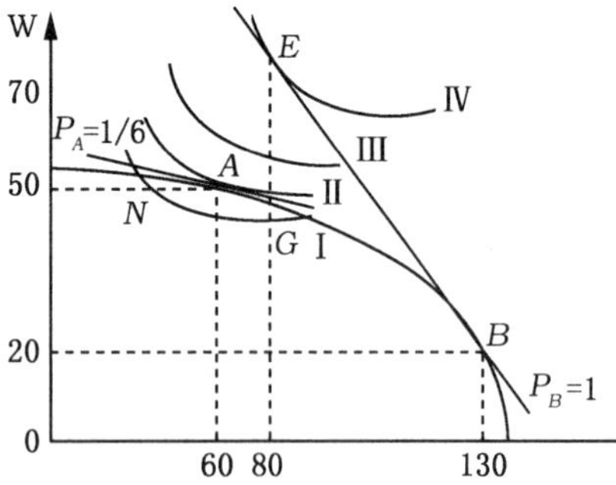

图 2—6 机会成本递增时英国贸易前后的一般均衡

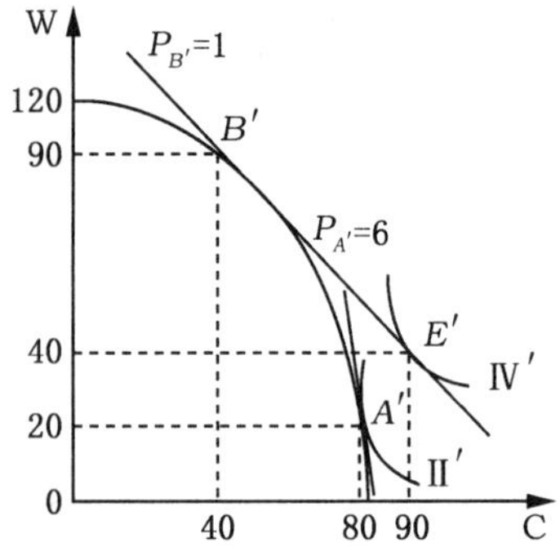

图 2—7 机会成本递增时美国贸易前后的一般均衡

不会移到Ⅰ无差异曲线上。在图 2—6 中,只有 A 点能够给英国带来最大的满足。

我们用一条与该点相切的线段来表示 A 点的斜率,如图 2—6 中的 P_A 所示。P_A 通过 A 点时,既与生产可能性曲线相切,又与社会无差异曲线相切。A 既是生产点也是消费点,满足封闭状态下 $MRT_{CW}=P_A=MRS_{CW}(P_A=P_C/P_W)$的要求,$A$ 点是均衡点,那么 P_A 就是英国贸易前的均衡相对价格。

同理也可画出美国贸易前的均衡相对价格。如图 2—7 所示,美国此时的均衡点在 A',均衡价格是 $P_{A'}$,在 A'点上 $MRT_{CW}=P_{A'}=MRS_{CW}$。

二、机会成本递增条件下的贸易基础与贸易利益

以下仍将使用上述英、美两国例子分析说明机会成本递增情况下的贸易基础与贸易利益。

(一)贸易基础及贸易后的一般均衡

假设根据一般均衡原理,两国贸易前分别在均衡点 A 和 A'点进行生产。因未开展贸易,所以两国的生产点也是此时两国的消费点,即分别在 A(60C、50W)和 A'(80C、20W)处消费。此时两国在均衡状态时的 MRT_{CW}不同。满足充分竞争的条件,成本决定价格,那么就存在 A 点的 $MRT_{CW}=\dfrac{P_C}{P_W}=\dfrac{1}{6}$,$A'$的 $MRT_{CW}=\dfrac{P_C}{P_W}=6$。。英国在 C 产品上相对价格低,具有比较优势;美国在 W 产品上相对价格低,有比较优势。两国具有进行贸易的基础。

两国由封闭进入开放状态时,根据比较优势原则,应该专业化生产本国具有比较优势的产品,交换别国生产的本国具有劣势的产品。对于此时的英国来说,应该更多生产 C,同时减少 W 产品的生产。生产点将由 A 点沿着生产可能性边界下移,以保证生产的有效率。但由于边际机会成本递增,当英国生产的 C 产品数量越来越多时,边际机会成本不断上升,当到达 B 点时,国内的机会成本与外国的机会成本相等,本国生产的 C 产品已经不再具有成本优势,此时厂商的利润实现了最大化,生产重新到达开放状态时的均衡,此时英国两种产品的产量分别为 130C 和 20W。如果再进一步增加 C 产品的生产,那么交换回来的 W 产品的数量就会少于国内牺牲掉的 W 的数量,显然是不合算的。同理,开放后美国将会增加 W 产品的生产,而减少 C 产品的生产。生产点将会在生产可能性边界上从左向右移动。随着美国生产 W 的数量越

来越多，边际机会成本也在不断上升，至 B' 时，美国生产 W 的边际机会成本跟英国一样多，达到利润最大化，生产到达开放后的均衡状态。此时，B' 的产量为 40C 和 90W。假如根据相互需求原理，世界市场上两种产品的均衡价格为 $P_C/P_W=1$，这时英国用 50C 与美国交换 50W，那么英国可以达到的消费点为 E，美国为 E' 点。

图 2—6、图 2—7 中，在 E 与 E' 点时，生产可能性曲线、社会无差异曲线和世界均衡的相对价格线重合，同时两国的贸易三角全等。满足了生产者利润最大化、消费者效用最大化和贸易收支平衡的开放状态下一般均衡条件。

（二）贸易利益

静态贸易利益的主要体现有：第一，提高双方的消费水平和世界生产总量。显然无论是 E 还是 E'，相对于 A、A' 来说离原点更远，并且都超出了生产可能性曲线的范围。其经济意义为通过分工、交换，两国的消费数量都比封闭状态下提高了，并且到达了封闭状态时不可能达到的消费水平，两方从贸易中均获得了利益。表 2—7、表 2—8 给出了两国专业化生产前后以及贸易前后消费的变化情况。

表 2—7　　英、美两国贸易前后的生产情况

	专业化前		专业化后		变　化	
	W	C	W	C	W	C
英国	50	60	20	130	−30	+70
美国	20	80	90	40	+70	−40
合计	70	140	110	170	+40	+30

表 2—8　　英、美两国贸易前后的消费情况

	贸易前		贸易后		利　益	
	W	C	W	C	W	C
英国	50	60	70	80	+20	+20
美国	20	80	40	90	+20	+10
合计	70	140	110	170	+40	+30

值得注意的是，机会成本递增时的国际分工和贸易是不完全分工。在其他条件不变的情况下，无论是英国还是美国都不会超越 B 和 B' 点进一步对 C 或 W 进行专业化生产。也就是说，在机会成本递增的现实经济社会里，一般不可能实现完全的专业化生产。具体以图 2—6 的英国为例，它的 C 产品有比较优势。因此，英国将从贸易前的 A 点沿生产可能性曲线逐步向右下方移动，专业化生产 C 产品，通过交换以获得利益。之所以会专业化生产 C 产品，是因为用 W 来衡量 C 的机会成本与美国比较相对便宜，多生产出的 C 产品与美国的 W 交换比本国既生产 C 又生产 W 更为有利。但是，在现实经济活动中，或者说从 A 点沿生产可能性曲线向右下方移动过程中，C 的机会成本是逐渐增大的。到达 B 点时的 $MRT_{CW}=1$，这意味着在这一点上多生产 1C 需要牺牲 1W。假定这时的贸易价格为 $P_C/P_W=1$，超越 B 点继续专业生

产 C 的话,意味着 MRT_{CW} 要继续增大,要大于贸易下的 P_C/P_W。所以对英国来说,超越 B 点继续专业化生产 C 是不利的。所以到达 B 点便停止扩大 C 的专业化生产。对美国来说也是同样道理,到达 B' 点便停止扩大 W 的专业化生产。

现实的经济社会由于机会成本递增,各国对其具有比较优势的产品的专业化生产是不完全的。反过来说,各国都仍然留有部分比较劣势产品的生产。这一分析与现实经济是相吻合的。发达国家的资本密集型产品是其比较优势产品而劳动密集型产品是比较劣势产品,但其国内仍有部分劳动密集型的产品在进行生产。两国贸易的基础是两国贸易前的机会成本(相对价格)存在差异,各国出口比较优势产品、进口比较劣势产品,双方均可获利。这一结论与机会成本一定条件下的分析结论是相一致的。

第二,提高各国的福利水平。通过比较图 2—6、图 2—7 的贸易前和贸易后的无差异曲线不难得到这一结论。

(三)需求情况不同产生的贸易与贸易利益的来源

两种商品的相对价格不同是基于比较优势理论贸易发生的基础。如果布的价格 $P_A < P_{A'}$,即英国贸易前的均衡价格低于美国。英国的布具有比较优势,美国的小麦具有比较优势。英国用布与美国交换小麦,对双方都是有益的。

为什么 P_A 和 $P_{A'}$ 会有差异呢,我们前面是从供给的角度进行分析,每个国家生产两种商品的机会成本不同。实际上,相对价格的差异也可能是需求差异引起的。由于本国偏好的商品可能因为需求因素而价格上升,那么本国不偏好的商品则价格相对偏低。所以,从需求角度来看,贸易发生的原因是各国偏好的商品不同,具有比较优势的商品是无贸易时本国需求偏好较低的商品。

以下简要说明单纯基于偏好的不同所发生的贸易。假如两国供给方面的情况完全相同,那么两国共有相同的生产可能性曲线。而对不同商品的偏好不同,两国无差异曲线的位置是不同的。英国的无差异曲线相对平坦,说明布的效用相对低,需求上更偏好小麦,与生产可能性曲线切于点 A,贸易发生前英国两种商品的相对价格为 P_A;而美国的无差异曲线相对陡峭,说明布的效用大,是美国更偏好的商品,与生产可能性曲线切于点 A',贸易发生前美国两种商品的相对价格为 $P_{A'}$。由图 2—8 可见,英国的相对价格 P_A 较低,英国在布上具有比较优势;相反,美国在小麦上具有比较优势。

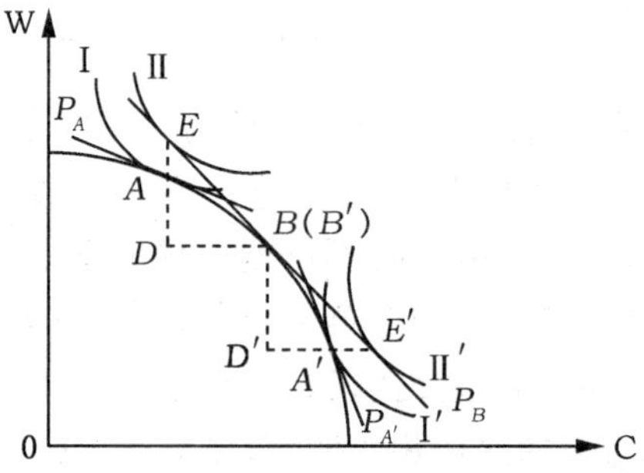

图 2—8 需求偏好不同导致的国际贸易

随着贸易的开展，英国会生产更多的布，其生产点沿着生产可能性曲线向下移动。而美国则会生产更多的小麦，其生产点沿着生产可能性曲线向上移动。生产扩大到两国的相对价格相等时达到平衡。此时在图 2—8 中，英国的生产点 B 与美国的生产点 B' 重合。英国用 BD 数量的布与美国交换得到 ED 数量的小麦，实现的消费点为 E，可以达到的福利水平为Ⅱ。美国用 $B'D'$ 数量的小麦与英国交换得到 $E'D'$ 数量的布，实现的消费点为 E'，可以达到的福利水平为Ⅱ′。由于一国的出口等于另一国的进口，两种商品的各自进出口数量相等，即 $ED=B'D'$，$BD=E'D'$，两国的贸易三角△EDB、△$E'D'B'$ 全等。两国的福利水平都较贸易发生前提高。

这样，只要两个国家存在着对商品的不同偏好，互利贸易就可以发生。现实中，基于比较优势发生的互利贸易，往往是供给和需求方面的因素都存在的。结合供给和需求两个方面考察国际贸易的基础和利益，得到了以下结论：

(1)只要贸易前两国的均衡相对价格不同，双方就有贸易的基础。

(2)各国出口比较优势产品、进口比较劣势产品，无论是本国还是他国，双方均可获利。这就是国际贸易的静态利益。这种利益表现为在资源总量不增加、技术条件没有改进的情况下，实现福利的增长。

但是，各国的资源总量没有增加，技术水平也没有提高，这些贸易利益从何而来呢？贸易利益来源于交换所得和分工所得。

交换所得是由于贸易的发生，出口和进口商品的相对价格提高，导致福利水平增加的部分。而分工所得是由于资源从比较劣势的部门转移到比较优势的部门，资源得到更有效配置而使福利水平增加的部分。

如图 2—9 所示，A 为没有贸易时的生产点，此时可以达到的福利水平为社会无差异曲线Ⅰ。显然此时本国的 P_X/P_Y 低于世界水平 P_{TOT}，则本国在 X 的生产上具有比较优势，在 Y 的生产上具有比较劣势。如果贸易开始，即使 A 生产点没有改变，但可以根据福利最大化原则，以 P_{TOT} 出口 X 和进口 Y，到达社会无差异曲线Ⅱ，此时本国的消费点为 T。

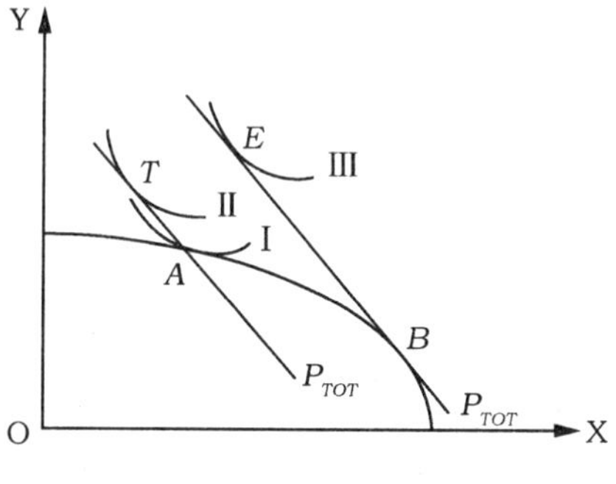

图 2—9　交易所得与分工所得

消费点从点 A 到 T 的增加，使社会福利从社会无差异曲线Ⅰ增加到Ⅱ，就是交换所得。贸易的开展也会使本国更多生产具有比较优势的商品 X，从而使生产点沿着生产可能性曲线下移，最终到达点 B，出口一部分 X 并进口一部分 Y，消费点到达 E，社会福利可以进一步提升至Ⅲ。从Ⅱ到Ⅲ福利的增加就是分工所得，来自于对资源更有效的利用。

交易所得和分工所得解释了静态贸易利益的来源。实际上，由于竞争效应、技术进步和学习效应,以及规模经济效应等,贸易可以为一国带来更多的收益,贸易还有动态效应。

第三节　提供曲线、贸易条件与一国贸易得益

一、提供曲线与贸易的均衡相对价格

前面已经介绍了约翰·穆勒的相互需求和国际交换比率确定的理论思想,现引入提供曲线这一概念对这一思想进行更清晰的说明。提供曲线在国际经济学领域中有着广泛的运用。

(一)提供曲线

提供曲线(Offer Curve)表示在各种贸易条件下,一国愿意进行的各种进出口的组合轨迹。它既是出口供应曲线,又是进口需求曲线;即曲线上的任何一点既表示该国愿意提供的出口产品的数量,又表示该国在这一基础上希望交换到的进口产品的数量,所以也被称为相互需求曲线。提供曲线是 20 世纪初由两位英国经济学家马歇尔和埃奇沃思共同提出的。英国经济学家米勒就提供曲线曾给出严格推导,我们在此仅围绕提供曲线的含义对其推导做简要介绍。

图 2—11 中的两条曲线 OJE 和 $OJ'E'(E)$ 分别是英国和美国的提供曲线。我们可以用一种简单的方法根据图 2—10 得到英国的提供曲线,根据图 2—12 得到美国的提供曲线。我们先做英国的提供曲线。在图 2—10 中,从封闭状态下的 A 点出发,如果以 $P_B=P_C/P_W=1$ 进行贸易的话,英国将生产移到 B 点用 50C 与美国交换 50W,在 E 点消费。这时的△BFE 称为贸易三角形。将△BFE 的 B 点对准图 2—11 中的原点,向右翻 180°,可在图 2—11 中画出一个△OFE,△OFE 与△BFE 全等。图 2—11 中三角形△OFE 过原点那个角的斜率是在图 2—10 中过 B 点的生产可能性曲线的斜率 P_B,OF 和 EF 分别代表在这个价格下英国愿意出口布的数量和进口小麦的数量。图 2—11 中的 E 便是代表这些信息的点,这是英国提供曲线上的一个点。

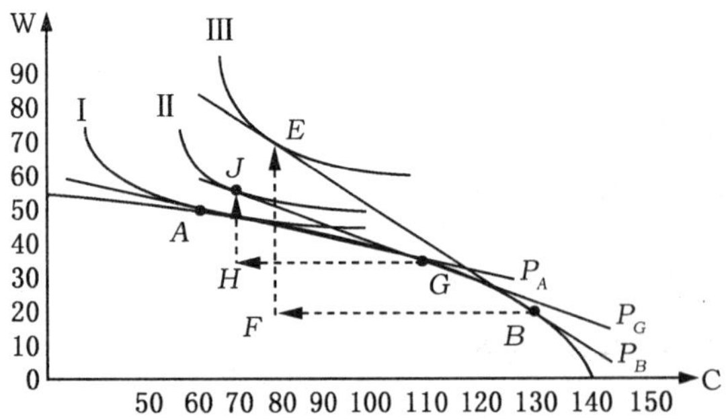

图 2—10　英国的贸易一般均衡

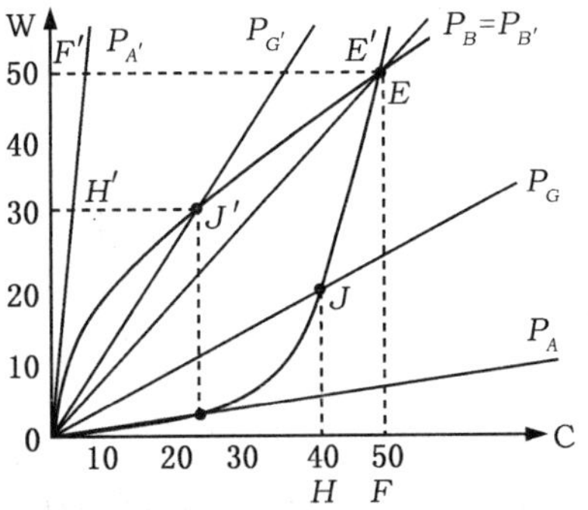

图 2—11　英国和美国的提供曲线

其实,英国的生产并不是瞬间由 A 到 B,而是一个逐步移动的过程。在这一过程中,假设移到 G 点生产,与美国按 $P_C/P_W=1/2$ 进行交换(用 40C 和 20W)。这时又形成了一个

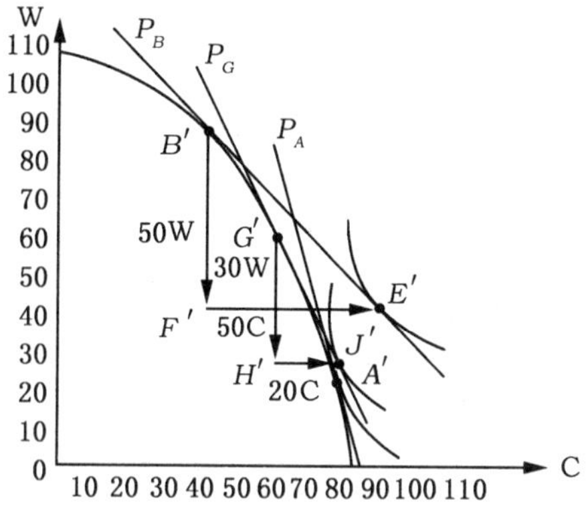

图 2—12　美国的贸易一般均衡

$\triangle GHJ$ 的贸易三角形，用以上同样的方法将它移到图 2—11，$\triangle OHJ$ 与 $\triangle GHJ$ 也是相对应的，我们可以得到英国提供曲线的另一点 J，它的横纵轴的坐标值表明在价格为 P_G 时英国愿意出口的布的数量和在这个交换比下英国可以进口的小麦的数量。

当然，我们还可以在 A 到 B 之间找到许许多多这样的三角形，然后都放入图 2—11 中。当然不要忘了把贸易前的均衡价格 P_A 也移到图 2—11 上。在图 2—11 上，把所有的贸易三角形上的消费点连接起来，便得到了英国的提供曲线。这条提供曲线如前所定义的那样，表示在各种贸易条件(如 P_B、P_G)下，英国所愿意进行的各种进出口的组合轨迹。在曲线上的任何一点即表示英国愿意提供的出口数量，又表示英国在这一基础上希望换到的进口产品的数量(E 点、J 点等)。

使用相同的手法可以得到美国的提供曲线。如图 2—12 所示美国也从封闭经济下的 A' 点出发，如果以 $P_C/P_W=P_{B'}=1$ 进行贸易的话，美国将生产移到 B'点，用 50W 与英国交换 50C，到达 E'消费，同样可得到$\triangle B'F'E'$的贸易三角形。与 G'点相切的 $P_C=3/2=P_C/P_W$，这里用 $G'H'$的 W 换取 $H'J'$的 C 在 J'点消费，形成$\triangle G'H'J'$的又一个贸易三角形。将这两个三角形放入图 2—11 中，$\triangle B'F'E'$与$\triangle OF'E'$相对应，$\triangle G'H'J'$与$\triangle OH'J'$相对应。当然从 A'到 B'，我们还可以得到许多这样的贸易三角形，将其放入图 2—11 中，最后将各消费点相连，便可得到美国的提供曲线。

到此我们完成了提供曲线的简单推导，并同时将两国的提供曲线放在了一个坐标图中。以下开始简单考察其经济含义。

(二)贸易下均衡相对价格的决定

图 2—11 所显示的两国的提供曲线在 E 点相交，它表示 E 点上的 $P_C/P_W=P_B=1$。在这一点上，它表明英国愿意出口的 50C 正好等于美国愿意进口的 C 的数量。而美国愿意出口的 50W 正好等于英国愿意进口的 W 数量。因此，在这点上两国贸易达到了均衡，同时这点决定了贸易的均衡价格，也决定了均衡的贸易条件。E 点以外的贸易都处于不均衡的状态，也就是说，P_B 以外的任何一个贸易条件下(或相对价格 P_C/P_W)的贸易都是不均衡的贸易。不均衡的状态也不是稳定的状态，由于供求的压力最终将朝均衡的方向运动，最终的国际贸易价格会稳定在 P_B。通过图 2—13 我们可分析这一均衡到达的过程。

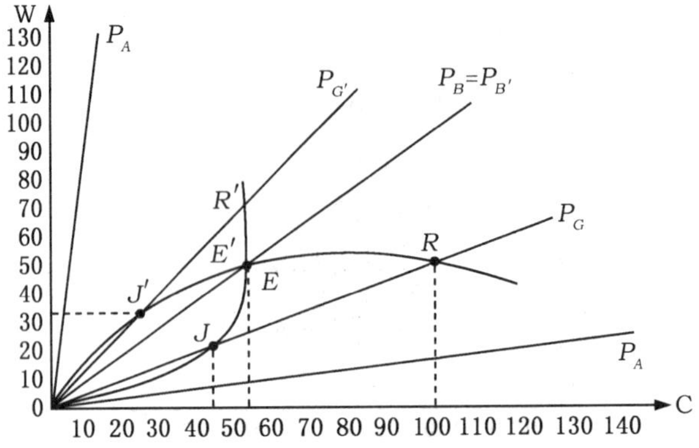

图 2—13 英、美两国的提供曲线

首先,将 P_G 和美国的提供曲线分别延长相交于 R 点(100C,50W)。其次,$P_{G'}$ 和英国的提供曲线延长相交在 R' 点(50C,75W)。首先分析 J 与 R 点,它们均处于贸易不均衡的状态。在 P_G 的交易条件或这一相对价格下,英国愿意提供出口 40C(根据英国的提供曲线 OJE),而美国希望进口 100C(根据美国的提供曲线 $OJ'R$)。这时市场上出现对 C 的需求>供给,这无疑将导致 C 的相对价格上升。而 P_C/P_W 的上升将刺激英国增加布的生产和出口,美国将减少布的进口。这种关系将一直持续到 P_G 上升到达 P_B 为止,这时双方所希望的布的出口和进口量相等,在 E 点上两国的贸易达到了均衡。而 J' 和 R' 说明在 $P_{G'}$ 的这一交易条件或相对价格下,市场上对 W 的需求大于供给,这将导致 W 的相对价格上升,最终 $P_{G'}$ 将移至 $P_{B'}$,相交于 $E'=E$,两国的贸易达到了均衡。当然这时的价格也就是贸易下的相对均衡价格。

以上分析过程可以看成是从贸易的开始到达到均衡的全部过程。到此为止,我们完成了一个在其他条件不变的前提下简单的一般均衡贸易模型。这一模型虽然比较简单,但它实际包含了许多信息:(1)两国的生产条件(生产可能性曲线);(2)两国的需求偏好(社会无差异曲线);(3)各国在封闭经济下的均衡点和产品的相对价格;(4)贸易基础;(5)贸易构造;(6)贸易下的均衡相对价格;(7)贸易下的专业化生产的程度;(8)使市场达到均衡的各种产品的贸易量;(9)专业化生产和交换所获得的利益等。

当然,该模型还不是完全的一般均衡模型,因为这一模型是以两个国家两种产品、相对价格、完全竞争为前提的。但是许多经济学家相信这种简单的模型十分有用,因为理论的目的是把复杂的现实抽象化、简单化,通过高度抽象的理论,对现实的一些实质性问题进行剖析。另外我们这里的主要目的是说明贸易的基础和贸易利益的,这一模型对我们的说明和分析已绰绰有余。

二、贸易条件、相互需求及贸易福利

贸易条件(Terms of Trade)指的是一国以出口交换进口的条件,即两国进行贸易时的交换比率。在只有两个国家两种产品的模型中,一国出口产品的价格和进口产品价格的比率就是该国的贸易条件。例如,英国的贸易条件就是 P_C/P_W,而美国的贸易条件是英国贸易条件的倒数。在图 2—11和图 2—13 的提供曲线中,从原点出发的射线的斜率比值就是 P_C/P_W,

既是英国的贸易条件，也是美国贸易条件的倒数。英国的提供曲线反映的是英国为进口一定数量的小麦而出口的布的数量。当点自英国的提供曲线的底部向上移动的过程中，英国的贸易条件值增大，为进口同样数量的商品所出口商品的比例减少，英国的福利增大。尤其当英国的提供曲线进入回弯部分，出口越来越少的布可以换回越来越多的小麦，总支出降低，英国的贸易条件更为有利。

贸易条件的变化取决于双方对进口商品的需求弹性。如果一国对进口商品的需求增加，但对方对自己的需求并没有增加，在其他条件不变的情况下，国际贸易条件会对自己不利而对对方有利，尤其当对方对自己的商品缺乏弹性时，将会使本国出口商品的价格下降更为剧烈，贸易条件就会更有利于进口需求弹性弱的一方，其结果就是本国出口商品的数量增加但能换回的进口商品的数量减少。这就是贸易条件回弯部分出现的原因，所以回弯部分对应着本国进口商品需求无弹性的情形，此时我们说贸易提供曲线是无弹性的。而在进入回弯之前，本国的出口和进口同时增加，贸易提供曲线是有弹性的。贸易条件对自己越有利，贸易中将获得更多的利润。可见，贸易条件是影响本国贸易得益的重要变量。当贸易条件恶化时，本国为得到相同数量的进口商品需要出口更多数量的商品，从贸易中分得的利益将会减少。所以，贸易条件的变化是有关贸易利益分配值得关注的重要目标。为了改善本国的贸易条件，本国可能采取各种措施，如贸易保护主义等许多政策。

但是在现实的国际贸易中，由于统计上的困难无法使用数量的交换比率来计算贸易条件。因此人们使用出口产品价格指数与进口产品价格指数之比，即贸易条件指数来表示。下面简要介绍几种贸易条件指数的表现形式。

(一)净贸易条件(Net Terms of Trade)

它是某一时期一国的出口商品价格指数与进口商品价格指数之比，也称商品贸易条件指数。净贸易条件指数的上升意味着出口商品价格的相对上涨或进口商品的下跌，表示贸易条件向有利的方向发展。计算公式为：

$$T=(P_x/P_m)\times 100 \tag{2-5}$$

其中，T 为净贸易条件，P_x 为出口价格指数，P_m 为进口价格指数。其中 $P_x=P_x^1/P_x^0$，P_x^1 为比较期的出口价格，P_x^0 为基期的出口价格；$P_m=P_m^1/P_m^0$，P_m^1 为比较期的进口价格，P_m^0 为基期的进口价格。T 大于 100 表示贸易条件改善，小于 100 表示贸易条件恶化。

(二)单要素贸易条件指数(Single Factoral Terms of Trade)

将商品贸易条件与要素生产率结合起来可以得到要素贸易条件指数。它可分为单项要素贸易条件指数和双项要素贸易条件指数。但双项要素贸易条件指数计算复杂且本国以外的要素生产率数据难以获得，单项要素贸易条件指数的使用较为普遍。计算公式为：

$$S=(P_x/P_m)\times Z_x \tag{2-6}$$

其中，S 为单项要素贸易条件指数，Z_x 为一国出口商品生产部门要素生产率指数，即 Z_x^1/Z_x^0。Z_x^1 为比较期的人均产量，Z_x^0 为基期的人均产量。要素贸易条件指数表示的是出口商品中每单位国内生产要素得到的进口商品的数量。如果 P_x/P_m 不变，但出口部门的劳动生产率因出口增加而提高，那么贸易条件将获得改善。即使 P_x/P_m 下降，其幅度只要小于 Z_x 即生产要素生产率的改善幅度，那么贸易条件 S 仍然上升。

(三)收入贸易条件指数(Income Terms of Trade)

它考察的是一国的支付能力,即进口能力(Import Capacity)的变化。计算公式为:

$$I=(P_x/P_m)\times Q_x \tag{2—7}$$

其中,I 为收入贸易条件指数,Q_x 表示一国出口量指数,即 Q_x^1/Q_x^0。Q_x^1 为比较期的出口量,Q_x^0 为基期的出口量。$P_x\times Q_x$ 表示一国的出口总收入指数,除以进口价格指数表示的是一国的进口能力。所以当净贸易条件恶化时,如果出口数量增加的幅度超过净贸易条件恶化的程度,也有可能提高总出口收入而改善贸易条件。但是,要增加出口数量,一般而言往往需要降低出口商品的价格,这样反过来又会恶化净贸易条件。因此,不应该把收入贸易条件指数当作衡量一国福利变化的主要指标。一般需要考察出口量的增加对扩大就业的间接影响时才使用这一指数。

影响一国贸易条件的因素除了需求弹性和需求强度之外,还有要素禀赋存量、技术等供给方面的因素,以及汇率、市场组织、FDI 等多种现实因素。对于本国贸易条件影响因素的分析和变化的跟踪是国际经济学领域的一个重要研究课题。

专题 2－1

"普雷维什-辛格命题"与发展中国家的贸易条件问题

1949 年,阿根廷经济学家劳尔·普雷维什和德国经济学家辛格分别提出了发展中国家初级产品价格贸易条件长期恶化的论点,即"普雷维什-辛格命题",引发了对发展中国家贸易条件恶化问题的关注。"普雷维什-辛格命题"的主要内容是,发展中国家初级产品出口相对于发达国家的制成品出口的价格贸易条件存在长期恶化的趋势。其原因主要为:(1)技术进步的利益在中心与外围之间的不平等分配,是造成后者贸易条件长期恶化的重要机制;(2)进口品的收入需求弹性不同;(3)经济周期的影响;(4)世界经济动力中心的低进口系数。

普雷维什-辛格命题的提出打破了国际贸易的比较利益原则,并且带有强烈的政策导向意义,从而引起了国际经济学家的广泛关注和争论,有人赞成,有人质疑或反对,形成了历经数十载的"贸易条件之争"。

1958 年,印度经济学家巴格瓦蒂把贸易条件和经济增长联系起来研究,提出"贫困化增长",即一定情况下,发展中国家经济增长带来的利益可能会被价格贸易条件的不断恶化所抵消。

1979 年,诺贝尔经济学奖获得者阿瑟·刘易斯认为大部分初级产品出口国的贸易条件之所以处于不利地位或不断恶化,其原因在于它们与发达国家之间的要素劳动生产率的差异,即发展中国家较低的农业劳动生产率阻碍了其贸易条件的改善,因此出口初级产品的发展中国家若要发展经济,除了必须通过政治社会变革创造发展的政治前提外,归根到底还必须提高农业的劳动生产率,以改变出口产品的贸易条件,这样,"国际经济新秩序就会自然而然地产生"。

虽然一些经济学家相信发展中国家的贸易条件存在长期恶化的趋势。但是,该论点也遭到越来越多学者的质疑。美国经济学家西奥多·摩根认为普雷维什提出的发展中国家及其初级产品的贸易条件存在长期恶化趋势的论点是站不住脚的,以英国在一年间贸易条件变化的情况来概括所有发展中国家和它们的初级产品的贸易条件走势，显然是“以偏概全”。也有学者认为普雷维什所论及的净实物贸易条件并不适用于发展中国家，只有收入贸易条件和要素贸易条件才能确切反映发展中国家的贸易状况。如果简单地采用净实物贸易条件的指数，就可能掩盖了其他贸易条件所反映的经济和贸易利益的损益情况，净实物贸易条件的恶化并不一定意味着其他贸易条件的恶化，而且贸易条件的福利效应是不确定的。我国学者庄芮发现20世纪70年代以来发展中国家的价格贸易条件数据并不支持普雷维什-辛格命题。认为在对发展中国家价格贸易条件的长期趋势判断方面，古典经济学家的理论更适宜，普雷维什-辛格命题可能更适合短期和局部分析。我国学者吴滨源和王亮基于25个发展中国家1980～2011年的贸易条件研究发现，贸易条件恶化确实是局部现象。例如在此期间，亚洲的孟加拉国、泰国和中国的贸易条件都出现了明显的恶化趋势，约旦、马来西亚和印度的贸易条件则有改善趋势，其中印度的贸易条件改善趋势最为明显。北美和非洲也是同样的情形，卢旺达、喀麦隆、纳米比亚等国的贸易条件具有改善趋势，而其他一些国家的贸易条件则具有波动或恶化趋势。

那么贸易条件恶化会不会影响经济增长呢？传统理论认为，贸易条件的改善意味着出口较少的产品就可以换回同样数量的进口产品，从而释放出更多的资源来生产产品，因此有利于促进经济增长。但是，在现实中却存在着部分发展中国家贸易条件恶化和经济快速增长并存的现象。如1980～2011年，中国的贸易条件指数下降了38%，实际国内生产总值2011年比1980年却翻了将近20倍，而巴西和南非的贸易条件同期分别提高了83.74%和21.98%，其实际国内生产总值确仅翻了2倍左右。可见，中国在此期间的贸易条件恶化提高了出口产品的价格优势，相对提高了出口商品竞争力，从而促进了出口和经济的增长。不过，随着经济发展水平和开放程度的提高，贸易条件对经济增长的影响作用减弱，贸易条件的恶化和频繁波动都会对经济增长产生不利影响。发展中国家还是应该基于比较优势参与国际分工和贸易，同时应积极培育内生比较优势以规避贫困化增长。

参考文献：

[1]吴滨源、王亮：“发展中国家贸易条件对经济增长影响的实证研究”，《国际贸易问题》2014年第3期。
[2]庄芮：“质疑‘普雷维什-辛格命题’”，《世界经济研究》2006年第9期。

本章小结

贸易的基础和得益是国际贸易纯理论中研究的核心问题。它回答了一国为何需要参加贸易以及根据比较优势原则参加贸易的基本得益的问题。本章首先引入了机会成本的概念，重新诠释了比较优势理论。然后，运用生产可能性曲线、社会无差异曲线和一般均衡等经济学基本工具演绎了在机会成本不变和递增的情况下，贸易的基础和贸易得益情况。本章的最后也介绍了国际经济学中一个重要的分析工具——提供曲线，并分析了其和贸易条件以及贸易利益分割的相关联系。

主要概念及术语

1. 机会成本(Opportunity Cost)
2. 生产可能性曲线(Production Possibility Frontier)
3. 边际转换率(Marginal Rate of Transformation)
4. 社会无差异曲线(Community Indifference Curve)

5. 边际替代率(Marginal Rate of Substitution)
6. 提供曲线(Offer Curve)
7. 净贸易条件(Net Terms of Trade)
8. 单要素贸易条件指数(Single Factoral Terms of Trade)
9. 收入贸易条件指数(Income Terms of Trade)

思考讨论题

1. 比较优势理论和绝对优势理论有何区别?
2. 机会成本不变时的生产可能性曲线的形状是怎样的?机会成本不变时的贸易基础及主要得益是什么?
3. 机会成本递增时的生产可能性曲线的形状是怎样的?此时的贸易基础和主要得益是什么?
4. 国际贸易中的提供曲线是什么含义?提供曲线与贸易条件及贸易利益的划分有怎样的关系?

第三章
国际贸易的现代学派

学习要点

1. H-O 模型的主要内容；
2. 国际贸易与生产要素所有者收入的分配；
3. 里昂惕夫之谜及主要解释；
4. 要素密集颠倒与 H-O 理论。

第一节　要素禀赋与 H-O 模型

一、要素密集度与要素丰裕度

古典学派的国际分工和国际贸易理论在西方经济学界占据支配地位达一个世纪之久。直到 20 世纪 30 年代，两位瑞典经济学家赫克歇尔(Eli Heckscher，1879～1952)和他的学生伯尔蒂尔·俄林(Bertil Ohlin，1899～1979)创建了生产要素禀赋理论，才使国际分工和国际贸易理论进入新古典阶段。传统的比较优势理论并没有阐明比较优势的原因，赫克歇尔和俄林对此做出了开拓性的研究。为纪念其业绩，人们将他们的研究称为赫克歇尔-俄林理论(以下简称 H-O 理论)。H-O 理论主要包含两个命题：第一个命题是集约地使用比他国相对丰富的生产要素生产出的产品具有比较优势，第二个命题是国际贸易使各国的生产要素价格趋于均等化。目前提及 H-O 理论时主要指的是第一个命题，第二个命题被称为"要素价格均等化命题"(Factor-Price Equalization Theorem)。本书也遵循这一惯例，在没有特别说明的情况下，H-O 理论均指第一个命题。

(一)H-O 理论的基本假设

(1)两个国家，两种产品，两种要素。

(2)两国在生产中使用的技术相同。

(3)两个国家的 C 商品都是劳动密集型产品，W 商品都是资本密集型产品。

(4)两国的两种产品的生产都是规模报酬不变(Constant Return to Scale)。

(5)两国在生产中均为不完全分工。

(6)两国需求偏好相同。

(7)两国中的两种产品、两种要素的市场都是完全竞争的。

(8)在一国内要素可以自由移动，但在国际不能自由移动。

(9)不计运输成本，实行自由贸易。

(10)两国的贸易是平衡的。

(二)要素密集度和要素丰裕度

要素密集度(Factor Intensity)指的是生产某种产品时所使用的两种要素比率的大小程度。在两种产品布和小麦(C 和 W)、两种要素劳动和资本(L 和 K)的世界里，如果生产 W 的 K/L 比率大于生产 C 的 K/L 的比率，那么 W 产品的资本密集度就大于 C 商品的资本密集度，W 产品就是资本密集型产品(Capital-Intensive Commodity)，而 C 产品却是劳动密集型产品(Labor-Intensive Commodity)。所以，在衡量两种产品的劳动和资本密集度时，重要的是要看 1 单位劳动所需要的资本即 K/L，而不是生产 W 和 C 所需要的劳动和资本的绝对数量。要素密集度用图 3－1 表示如下：

图 3－1 纵轴代表资本，横轴代表劳动。从图中我们可以看到英国用 $2K$、$2L$ 生产 1W。

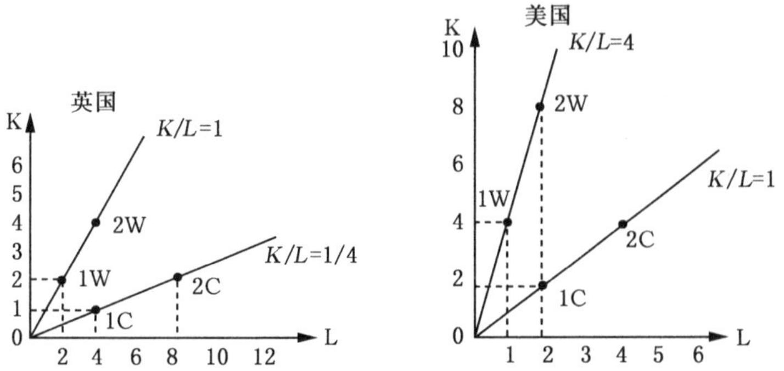

图 3—1 英、美两国的 C、W 产品的要素密集度

由于假设规模报酬不变,英国也可以用 $4K$、$4L$ 生产 2W。我们可以从原点出发将 1W 和 2W 连接在一条直线上,可以发现实际上这条射线的斜率就是该产品的 K/L 的比率,等于 1。有关英国生产 C 产品的情况,我们也可以同样画出一条扩张线,它也是表示生产 C 产品时的 K/L 的比率,等于1/4。通过比较可以知道,英国的 W 产品的 K/L 大于 C 产品的 K/L,所以英国的 W 是资本密集型产品,C 是劳动密集型产品。

对于美国也可用同样的方法分析它的 C、W 产品的要素密集度。从结论上说,美国的 W 也是资本密集型产品,C 也是劳动密集型产品。从以上的介绍中可以发现两个国家的 W 相对于 C 来说都是资本密集型产品。但是美国生产 C 和 W 时所使用的资本/劳动的比率都比英国生产 C 和 W 的比率大。那么什么原因使美国在生产两种商品时都使用了比英国资本密集程度更高的生产技术?其中重要的原因可能是美国的资本相对于英国来说较为便宜,所以美国的生产者会更多地选择使用较为便宜的资本来生产它的产品。

要素丰裕度(Factor Abundance)衡量的是一国的要素禀赋。要素丰裕度有两种定义方法:一是以实物单位定义,二是用相对要素价格定义。第一种方法是用各国所有可以利用的资本和劳动的总和来衡量。如美国的可用总资本和总劳动比率 TK/TL 大于英国的 TK/TL,那么美国就是资本丰裕的国家(注意这里也是用比率,而不是用绝对数量来衡量)。第二种方法是用各国的资本租用价格和劳动时间价格来定义。如美国的资本租用价格和劳动时间价格的比率 P_K/P_L 小于英国的 P_K/P_L,那么美国就是资本丰裕的国家,一般而言 $P_K=r$(利率),即资本的租用价格是用利率来表示;$P_L=w$,即劳动时间价格是用工资率来表示,所以,$P_K/P_L=r/w$。因此用第二种方法定义时,一般情况是看两国的利率与工资率的比率大小。如果美国的 $r_{美}/w_{美}$ 小于英国的 $r_{英}/w_{英}$ 的话,那么美国就是资本丰裕的国家(注意这里也是看比率的值的大小,而不是看 r、w 的绝对水平)。如美国 $r=3$、$w=12$,英国 $r'=2$、$w'=4$,虽然从绝对水平看美国的 $r=3$,比英国的资本价格贵,但考察其比率,美国是 $3/12=1/4$,英国是 $2/4=1/2$,美国资本的相对价格比英国便宜,所以美国是资本丰裕的国家。

上述两种定义的出发点不同,第一种用实物单位定义的方法,仅仅考虑了供给方面的因素;而第二种用相对要素价格定义的方法,同时考虑了供给和需求两方面的因素。在我们前面所介绍的需求偏好相同等假设条件下,无论用哪一种方法定义,所得的结论是一样的。

(三)要素密集度、要素丰裕度与生产可能性曲线

我们假设 W 是资本密集型的产品,同时假设美国是资本丰裕的国家;而假设 C 是劳动密

集型的产品，同时英国是劳动丰裕的国家。

在以上的假设条件下，我们可以推定，美国可以比英国生产相对更多的 W 产品；而英国可以比美国生产相对更多的 C 产品。通过这样的推定，我们基本上可以知道两国的生产可能性曲线的形状如图 3－2 所示。每个国家的生产可能性曲线都会偏向生产中密集使用本国丰裕的生产要素的商品轴。

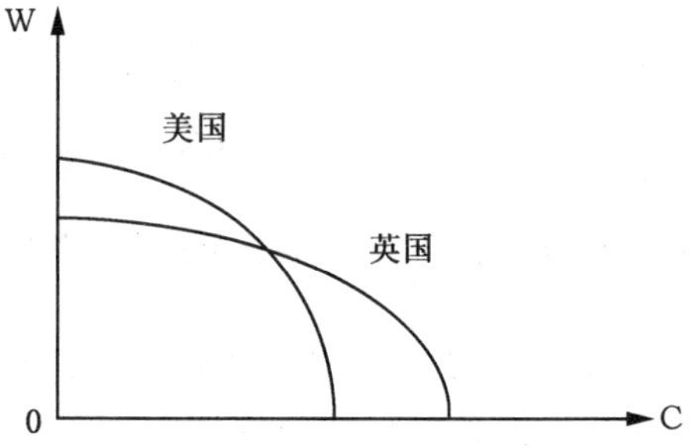

图 3－2　要素禀赋与英、美两国的生产可能性曲线

二、H-O 理论

当两国的需求条件完全相同、商品市场和要素市场都满足完全竞争条件时，决定产品价格的主要因素就是供给方面产品的成本差异。H-O 理论认为，各国的相对要素丰裕度即要素禀赋是国际贸易中各国具有比较优势的基本原因和决定因素。每一国家都应分工生产并出口该国相对丰裕和便宜的要素密集型的产品，进口该国相对稀缺和昂贵的要素密集型产品。简言之，资本相对丰裕的国家应当出口资本密集型的产品，进口劳动密集型产品；而劳动相对丰裕的国家应出口劳动密集型产品，进口资本密集型产品。因此 H-O 理论也被称为要素禀赋理论(Factor-endowment Theory)，它研究和预测了贸易模式与要素禀赋之间的关系。

图 3－3 是 H-O 理论的说明。英、美两国的生产可能性曲线分别如图所示，C 为劳动密集型产品，W 为资本密集型产品。由于英国劳动丰裕，英国的生产可能性曲线偏向 C 轴，美国偏向 W 轴。由于两国的需求偏好相同，所以它们的无差异曲线图完全一样。无差异曲线 Ⅰ 与英国的生产可能性曲线相切于 A 点；与美国的生产可能性曲线相切于 A' 点，它们表示的是两国在贸易前的生产和消费的均衡点(无差异曲线 Ⅱ 是目前生产水平所不能达到的)。P_A、$P_{A'}$ 表示的是贸易前均衡的相对价格(即 W 相对于 C 的相对价格，或者说以 C 产品数量表示的 W 产品的价格)，从图中得知 $P_A < P_{A'}$，即英国的 C 产品具有比较优势，美国的 W 产品是有比较优势。

H-O 理论认为，英国应专业化生产和出口 C 产品，美国应专业化生产和出口 W 产品，两国生产和贸易如图 3－4 所示。两国各自专业化生产到 B 和 B'，尔后按 P_B 的价格，英国出口 BD 的 C 产品，进口 ED 的 W 产品，美国出口 $B'D'$ 的 W 产品，进口 $E'D'$ 的 C 产品。两国在 $E=E'$ 点消费，E、E' 与 A、A' 的消费相比处在一个更高的消费水平上。

H-O 理论阐明了两个问题：

第一，在基本假设满足的情况下，H-O 理论说明了比较优势产生的基础。比较成本的差

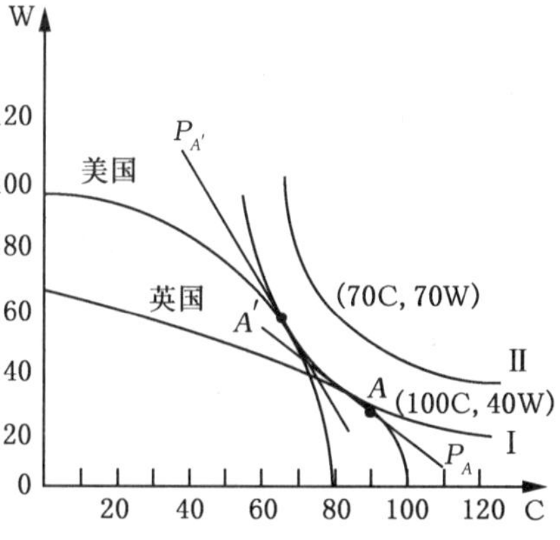

图 3—3　封闭经济时两国的一般均衡

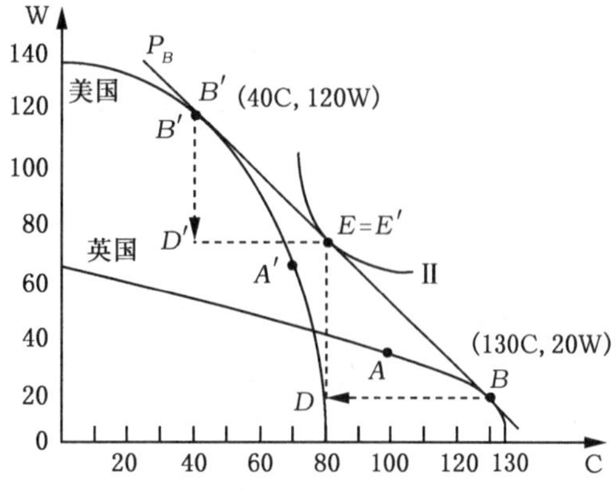

图 3—4　开放经济中两国的一般均衡

别仍是国际贸易发生的原因，但各国使用要素禀赋量相对多的生产要素生产出来的产品，相对价格便宜。因此，两国贸易前的要素禀赋的差异决定了两国的比较优势，或者说要素禀赋的差异是两国比较优势的决定因素。

第二，通过分析要素禀赋的情况可以预测各国的贸易模式。各国在国际贸易中趋向于出口该国相对丰裕和便宜的要素密集型的商品，进口该国相对稀缺和昂贵的要素密集型商品。例如，劳动力要素相对丰裕的国家，出口的是劳动密集型产品，进口的是资本密集型产品；反之则反是。

三、要素价格均等化理论

H-O 理论的第 2 个命题是要素价格均等化。由于美国经济学家、诺贝尔经济学奖获得者保罗・萨缪尔森(Paul Samuelson，1915～2009)1949 年在《再论国际要素价格均等》一文中对该定理进行了证明和发展，认为国际要素价格均等化不仅是一种趋势，而且是一种必然，所以要素价格均等化命题也称为 H-O-S 定理。

所谓要素价格均等定理，指的是国际贸易会使各国的生产要素价格趋于均等化。具体地说，国际贸易会使各国的同质劳动获得相同的工资，国际贸易也会使各国同质资本获得相同的收益。

具体到前面的例子中来说的话，国际贸易使英国(低工资国家)的工资上升，美国(高工资国家)的工资下降。同样，国际贸易降低了英国(高利率的国家)的利率，提高了美国(低利率的国家)的利率。结果是国际贸易倾向于缩小两国间工资与利率的差距。在满足所有假设条件的前提下，最终将使两国的相对要素价格均等。以下根据图示简要说明要素价格的均等是通过一个怎样的机制达到的。

我们知道在没有贸易的情况下，英国的 C 产品价格低于美国，即${}_{英}P_C<{}_{美}P_C$。这是因为英国的劳动力价格相对低，即${}_{英}P_L<{}_{美}P_L$。当英国专业化分工生产 C 产品、减少 W 产品的产量时，英国对劳动的需求上升，对资本的需求下降，从而提高了工资率(劳动力价格 P_L)，降低了资本价格(P_K)。

(↑表示增加或上升;↓表示减少或下降)

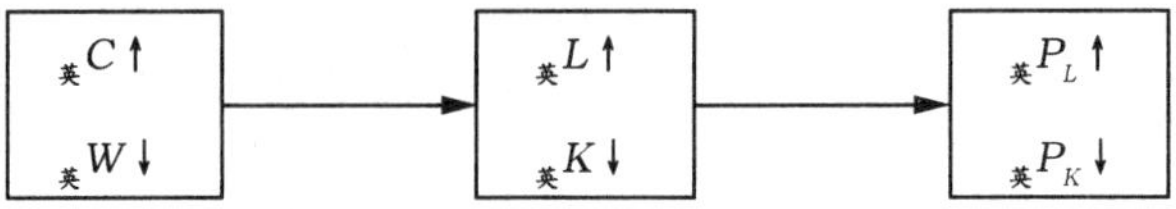

(增加生产 C,减少生产 W) →(劳动力需求上升,资本需求下降)→(劳动力价格上升,资本价格下降)

贸易前美国的 W 产品的相对价格低于英国,即${}_{美}P_W < {}_{英}P_W$。这是因为美国的资本价格相对低,${}_{美}P_K < {}_{英}P_K$。而美国分工生产 W 产品、减少 C 产品时,引起要素价格的一系列变化正好与英国相反。

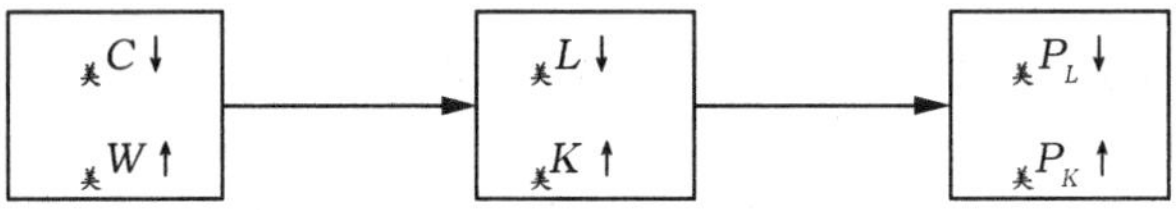

(增加生产 W,减少生产 C) →(劳动力需求下降,资本需求上升)→(劳动力价格下降,资本价格上升)

以上价格变化持续下去的结果是:

$${}_{英}P_L < {}_{美}P_L \quad {}_{英}P_L \uparrow \; {}_{美}P_L \downarrow \quad {}_{英}P_L = {}_{美}P_L$$

$${}_{英}P_K > {}_{美}P_K \quad {}_{英}P_K \downarrow \; {}_{美}P_K \uparrow \quad {}_{英}P_K = {}_{美}P_K$$

贸易前　　　贸易后　　　结果

这时两国的相对要素价格均等。注意以上介绍的是相对要素价格均等,而不是绝对要素价格均等,这一点比较图 3—4 中的 A、A'和 B、B'点可得到确认。赫克歇尔认为要素价格均等化不仅是相对要素价格均等,而且绝对要素价格也趋向均等。绝对要素价格均等指的是自由贸易会使两国同类型的劳动的实际工资相等,使两国同类资本的实际利率相等。已知贸易相对要素价格相等,产品市场和要素市场都是完全竞争的,并且各国都使用相同技术且保持规模不变,那么贸易可以使同质要素的绝对收入相等。

从以上的理论介绍来看,国际贸易将会使各国同质的要素价格相等,不仅是相对价格相等,绝对的实际价格也相等。在其他条件不变的情况下(充分利用了劳动、资本等),要素收入也相等。这是在满足 H-O 假设的前提下,国际贸易导致的必然结果。

第二节　国际贸易与生产要素所有者的收入分配

上一节中我们讨论了国际贸易对各国要素价格的影响,这里进一步分析国际贸易对要素价格和收入的影响。

一、国际贸易与收入分配的长期模型——斯托珀-萨缪尔森定理

(一)商品价格、要素价格及要素比例的变化

商品价格和要素价格之间具有紧密的互动关系。H-O理论所强调的是要素价格对商品价格的具体决定作用,并且是比较优势产生的基础,那么基于这种比较优势开展贸易,对要素价格又会产生怎样的影响呢?

完全竞争时的要素价格取决于其边际产出(MP)和商品价格(P)的乘积。由于要素可以自由流动,均衡时,要素在不同部门的报酬应相等。其均衡价格分别为:

$$w=P_X\times MP_{LX}=P_Y\times MP_{LY} \tag{3-1}$$

$$r=P_X\times MP_{KX}=P_Y\times MP_{KY} \tag{3-2}$$

其中,P_X、P_Y 分别表示X和Y部门的产品价格,MP_{LX}、MP_{LY}分别表示X和Y部门劳动力的边际产出,MP_{KX}、MP_{KY}分别表示X和Y部门资本的边际产出。

假设某国劳动密集型产品具有比较优势,X商品是劳动密集型商品,出口使X商品价格上升,那么X部门的资本和劳动的报酬都会上升,就会吸引资本和劳动力从Y部门移入X部门。由于X部门是劳动密集型的,Y部门是资本密集型的,Y部门释放较多的是资本,而劳动力较少,于是资本的供应超过X部门的需求而使资本价格下降,劳动力的供应小于X部门生产增加导致的需求增加而使劳动价格上升。

要素市场价格的变化会进一步导致两部门使用的要素比例供应的变化。由于资本变得便宜,劳动力变得贵,每个部门都会使用较多的资本来代替劳动力的使用,使得资本与劳动报酬率$\left(\frac{K}{L}\right)$不断提高。在这样的过程中,要素的实际报酬取决于边际产出的变化。劳动力由于使用减少而边际产出增加,资本由于使用增多而边际产出减少。

$$\frac{w}{P_X}=MP_{LX},\frac{w}{P_Y}=MP_{LY} \tag{3-3}$$

$$\frac{r}{P_X}=MP_{KX},\frac{r}{P_Y}=MP_{KY} \tag{3-4}$$

根据上式,劳动力的实际报酬上升,而资本的实际报酬减少。所以,当X(劳动密集型)价格上升时,劳动力的名义和实际报酬都会上升,而资本的名义和实际报酬会下降。

(二)斯托珀-萨缪尔森定理

在H-O理论的各项假设成立的条件下,从没有贸易到自由贸易的转变会使价格上升的产业(出口部门)所密集使用的生产要素的实际价格或报酬提高,而价格下降产业(进口部门)所密集使用的生产要素的实际价格或报酬降低。这一结论被称为斯托珀-萨缪尔森定理(The Stolper-Samuelson Theorem)。

从内容上看,这一定理也可以称为收入分配定理。由此定理可知,国际贸易会提高该国丰裕要素所有者的实际报酬,降低稀缺要素所有者的实际报酬。因为一国的出口部门应是密集使用本国丰裕要素生产的商品,出口使其价格上升,原本低价的生产要素价格现在上升,而原

本价格昂贵的稀缺要素的所有者实际报酬下降。

二、国际贸易与收入分配的短期模型——特定要素模型

(一)短期中的生产要素——特定要素

前面所讨论的国际贸易对收入分配的影响是长期模型。在长期条件下,我们假设生产要素在不同部门间可完全自由流动。从这个意义上讲,前一部分所介绍的要素禀赋理论实际上是在长期条件下,从供给面来探讨要素禀赋与国际贸易的关系。然而,自要素禀赋理论出现之后,随着时间的推移,经济学家又将短期因素引入要素禀赋理论的框架中。

微观经济学中的短期和长期的区别并不是完全按照时间长短划分,而主要视生产要素的流动性。长期条件下,不同部门的生产要素流动性强,可以互相替代。但在短期中,一些生产要素缺乏流动性,不同部门之间的同种要素就不能互相替代。要素的流动性不同,报酬也不同,因此对国际贸易对收入分配影响的讨论就需要分长期还是短期。

在短期内,生产要素的流动性也并不相同。所谓特定要素,是指一种要素的用途通常仅限于某一部门,而不适合其他部门的需要。实际上,很多生产要素从短期来看都是特定要素,都缺乏流动性。土地的流动性无疑较弱,而资本的专属性更强,被经常认为是在短期内缺乏流动性。劳动力的流动性一般认为很强,但实际上不同部门对劳动力的要求并不相同,导致短期看劳动力在部门间自由流动也是受限的。但由于其流动性好于资本,在短期内可视作流动性要素。

(二)特定要素模型

特定要素模型(Specific-factors Model)与前面的 H-O 理论相比,除了关于要素流动性的假设不同外,其他方面基本相同。我们假设有一个生产要素是固定不变的,即不能加以调整,而另一个生产要素则可自由变动。通常,我们视资本在短期内是不能变动的,而劳动力可以在部门间自由流动。

那么有生产函数表达式:

$$X=F_X(\bar{K}_X,L_X) \tag{3-5}$$

$$Y=F_Y(\bar{K}_Y,L_Y) \tag{3-6}$$

$$\bar{L}=L_X+L_Y \tag{3-7}$$

在完全竞争条件下,根据微观经济学原理,为了实现利润最大化,企业雇用生产要素的数量会使要素的价格等于要素的边际生产价值(VMP),要素的边际生产价值等于产品价格(P)乘以要素的边际产出(MP)。因此,贸易发生前两个部门的要素报酬分别为:

$$w_X=P_X\times MP_{LX} \quad r_X=P_X\times MP_{KX} \tag{3-8}$$

$$w_Y=P_Y\times MP_{LY} \quad r_Y=P_Y\times MP_{KY} \tag{3-9}$$

图 3—5 表示的是 X 和 Y 两个部门在贸易前后的均衡工资和就业量。横轴为劳动供给量,纵轴为工资率。VMP_{LX}为贸易发生前 X 部门的劳动边际生产价值(也是 X 部门的劳动需求曲线),VMP_{LY}为 Y 部门劳动的边际生产价值(也是 Y 部门的劳动需求曲线)。由于劳动可以自由流动,所以工资率在 X 和 Y 相同,均衡的工资 W 由曲线 VMP_{LX}和 VMP_{LY}的交点 E 决

定。VMP_{LX}和VMP_{LY}的交点也决定了劳动力在两个部门间的分配，OL 劳动力在 X 部门工作，其余 $O'L$ 的劳动力在 Y 部门工作。

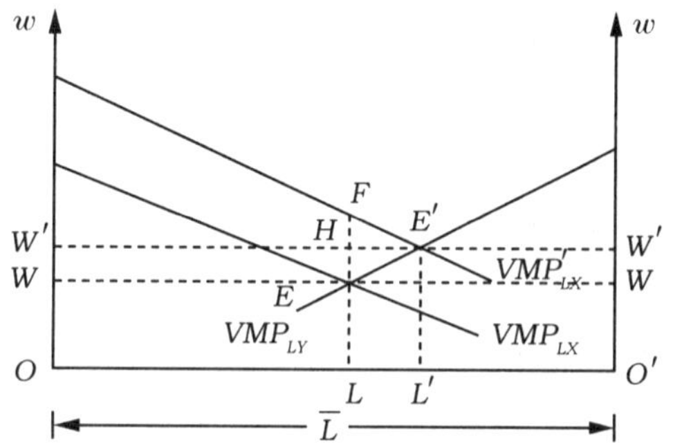

图 3—5 特定要素模型

贸易发生后，本国在密集使用本国丰裕要素生产的产品上(假如是 X 商品)具有比较优势，那么贸易会相应提高 P_X 值，由于 VMP_{LX}取决于价格和边际产出的乘积，VMP_{LX}曲线上移到 VMP'_{LX}，X 部门工资上涨，于是吸引劳动力从 Y 部门持续流出，直到达到新的平衡点 E'，为 VMP'_{LX}和 VMP_{LY}的新交点，经济重新平衡，劳动力的持续流动停止。此时 X 部门吸收了 OL'的劳动力，Y 部门只有 $L'O'$的劳动力供应。而且，贸易后该国的工资水平将提高到 w′，但提高的幅度小于 X 商品价格的上涨幅度。劳动的分配一旦确定，两个部门的生产也随之确定。

那么收入分配又是如何的呢?

第一，劳动力实际报酬不确定。劳动力的实际报酬可表示为：

$$\frac{w}{P_X}=MP_{LX} \qquad \frac{w}{P_Y}=MP_{LY} \tag{3—10}$$

两个部门的资本量是特定要素，因而规模不变，根据上述的劳动力转移情况，可以判断不同部门的劳动力边际产出变化情况，并推断出劳动实际报酬的变化。X 部门劳动流入增加，其边际产出 MP_{LX}下降，那么以 X 部门商品价格来衡量的实际报酬下降；随着 Y 部门劳动力流出而减少，其边际产出 MP_{LY}上升，那么以 Y 部门商品价格来衡量的实际报酬上升。所以，对于劳动者来说，若其全部收入均来自于工资，则其实际收入水平在贸易后是否提高取决于其消费结构。如果劳动者的消费偏重于 X 商品，则其实际生活水平可能会下降；如果劳动者的消费偏重于 Y 商品，则其实际生活水平可能上升。

第二，X 部门资本实际报酬上升。X 部门的资本实际报酬可表示为：

$$\frac{r_X}{P_X}=MP_{KX} \tag{3—11}$$

当 X 部门由于商品价格上升而吸引劳动力流入时，$\frac{K}{L}$比率下降，资本的边际产出将上升，因此 X 部门资本的实际报酬上升。r_X/P_X 上升也表明，X 部门的资本报酬上升超过了 X 商品价格的上升幅度。因此，在自由贸易下，X 部门资本的名义和实际报酬都上升了。

第三，Y 部门资本实际报酬下降。同样，相对于本部门产品，Y 部门的资本实际报酬可表示为：

$$\frac{r_Y}{P_Y}=MP_{KY} \tag{3-12}$$

当 Y 部门因 X 商品价格上涨而部分劳动流出之后，其特定要素资本的边际产出将下降，因此贸易后 Y 部门的资本实际报酬下降了。由于 P_Y 不变，所以 Y 部门资本的名义报酬也下降了。相对于 X 商品而言，Y 部门的实际购买力也下降了。总之，贸易使 Y 部门资本的名义和实际报酬都下降。

特定要素模型的分析表明，国际贸易会提高贸易国出口部门特定要素（非流动性要素）的实际收入，降低与进口相竞争部门特定要素（非流动性要素）的实际收入，而对可自由流动要素的实际收入的影响则不确定，自由流动要素的实际收入是否提高取决于要素所有者的消费结构。

三、国际贸易与收入分配

上述两个有关国际贸易与收入分配的基本模型都告诉我们，贸易在改善一国总体福利的同时，对每个人产生的福利却是不同的。一些人因贸易而获益，而另一些人则可能因贸易而利益受损。短期看，国际贸易的收入分配格局是按部门划分的，国际贸易会提高出口部门非流动性要素的实际收入，降低与进口相竞争部门非流动性要素的实际收入。长期看，当所有的要素在国内实现充分流动后，国际贸易会提高该国丰裕要素所有者的实际报酬，降低稀缺要素所有者的实际报酬，此时国际贸易对收入分配的影响是按要素所有者区分的。

国际贸易对收入分配的影响是通过商品价格变化来传递的。商品价格的变化进而引起要素名义价格变化，要素发生流动，进一步导致生产商品的要素比例发生改变，最终导致要素所有者实际报酬变化是两个模型演绎的基本路径。同时，两个模型都是以一国供给面的情况为基础，不涉及需求面因素来考虑收入分配问题。他们分析的差别起点在要素流动性不同，结论差别在贸易发生后收入变化影响的人群不同。

上述介绍的国际贸易与收入分配的模型有着非常重要的政策含义，因为它揭示了不同部门或行业对贸易政策所持的态度。假设资本归业主或股东所有，根据特定要素模型，自由贸易将会使出口部门的资本家（或厂商主）受益，进口部门的资本家受损。因此，两个部门的资本家对自由贸易将持相反的态度。对于两个部门的劳动者来说，他们对自由贸易的态度不一。若根据斯托珀-萨缪尔森定理，出口产品是资本密集型的，进口产品是劳动密集型的，那么资本要素所有者因国际贸易受益，而劳动者因国际贸易受损，劳动者自然反对国际贸易。这既可以解释“反全球化”的“全球化”现象，也说明了一国国内在制定贸易政策时，所可能受到的来自不同部门的势力干扰。来自于出口部门的利益集团会鼓动政府采取更为自由的贸易政策，而来自于进口替代部门的利益集团则会极力鼓动政府采取严厉的贸易限制措施。一国的贸易政策不可避免地要触及国家内部不同阶级和集团的利益。现实中经常可以发现，各国政府会制定某些不利于国家利益或者其他团体利益的政策。以美国钢铁产业为例，尽管这一产业已经失去了比较优势，2001 年美国布什政府仍严格按照《美国贸易法》第 201 条来保护本国钢铁工业免受大量进口的不利影响，整个钢铁行业可以按照第 201 条对所有的钢铁进口实施配额制、关税以及两者并用的措施。再比如，日本、韩国和法国等采取的偏向农业的保护政策，都可以根据上述贸易与收入分配原理予以很好的解释。

第三节　H-O 模型的检验与扩展

一、里昂惕夫之谜及解释

(一)里昂惕夫之谜

第二次世界大战后，美国经济学家里昂惕夫(Wassily Leontief ,1906～1999)通过实证分析第一次对 H-O 理论进行检验。他通过对美国 1947 年贸易结构的分析发现美国进口产品的资本密集程度比美国出口产品的资本密集程度高出大约 30%。这实际上意味着美国进口的是资本密集型产品，而出口的是劳动密集产品。这一结果与 H-O 理论的预测完全相反。这就是著名的里昂惕夫之谜(Leontief Paradox)。

表 3－1　　美国 1947 年国内生产 100 万美元出口商品和进口商品所需的资本与劳动

	出口	进口替代品	进口/出口
资本(美元)	2 550 780	3 091 339	
年劳动力	182	170	
资本(美元)/年劳动力	14 010	18 180	1.30

资料来源：Leontief W., The Long-Term Effects of Technological Change. *Challenge*, 1995, 38(4): 57—59. Baldwin R. E. Determinants of the Commodity Structure of U.S. Trade. *American Economic Review*, 1971, 61(1): 126—146.

表 3－1 给出的是美国每 100 万美元进口替代品和出口产品所需的资本和劳动，以及资本劳动比。由表可知，美国出口商品的资本劳动比为14 010美元/年劳动力，而进口替代品的资本劳动比为18 180美元/年劳动力。里昂惕夫由此得出美国的进口替代部门的美元/年劳动力相当于出口部门的 1.30 倍，即美国出口的是劳动密集型产品，进口的是资本密集型产品，与根据 H-O 理论得出的结论产生矛盾。里昂惕夫又使用了 1951 年的数据进行计算，进口替代部门的美元/年劳动力相对于出口的比率下降到 1.06。

(二)对里昂惕夫之谜的解释

里昂惕夫的实证结果引起了学术界的极大关注，学者们纷纷提出见解，以试图解释里昂惕夫之谜。下面我们介绍几种主要的解释。

第一种解释是自然资源说。里昂惕夫使用的是两要素，忽略了其他要素如自然资源的影响。国际贸易中一种常见的商品就是自然资源型商品，美国对许多自然资源的进口依赖性很强，是美国主要的进口品之一。由于美国在生产这些商品时也需要大量的实物资本。这可能是导致美国进口产业具有较高的资本密集程度的原因。

第二种解释认为劳动有熟练和非熟练之分，劳动并不同质。首先提出这一解释的也是里昂惕夫本人。他假设美国的劳动生产率是外国劳动生产率的 3 倍(美国的劳动力比外国的劳动力更熟练)，那么美国工人的数量就应乘以 3 倍。那样，与其说美国是一个资本丰富的国家，不如说是一个劳动丰富的国家①。里昂惕夫试图通过这一解释能够使其实证结果和 H-O 理论不相矛盾。

第三种解释将第一种解释向前推进一步,认为熟练劳动需要培养和训练,需要大量的资本投入,把熟练劳动看成人力资本(Human Capital)。里昂惕夫定义的资本仅仅包含实物资本,而完全忽视了人力资本。如果把资本看成是人力资本和实物资本综合,在里昂惕夫的资本产出计算中加入人力资本,那么美国出口产品的资本密集程度就会高于其进口的资本密集度。

第四种解释认为,里昂惕夫没有把研究与开发这一因素考虑进去。所谓研究与开发(Research and Development,R&D)是指新产品、新技术、新工艺的研究和新产品的设计开发与研制。美国是一个研发十分积极的国家。美国典型出口产品中有许多应用了新技术、新工艺,或者说需要投入大量的科研人员去开发研制。如果把研发作为一种要素考虑的话,里昂惕夫之谜也可以得到一定的解释。

第五种解释是美国的关税政策。高额的关税是减少进口而同时刺激国内替代品生产的重要因素。根据克拉维斯(Kravis)1954 年的研究发现,美国受贸易保护最严密的产业就是劳动密集型产业。这就影响了美国的贸易结构,降低了美国进口替代品的劳动密集程度。

还有一种重要的解释是要素密集度颠倒论,我们将在下部分内容中做更详细的介绍。除了对里昂惕夫之谜进行以上探讨外,在相当长的一段时间许多经济学家纷纷对 H-O 理论进行进一步验证。里昂惕夫使用 1951 年的数据除去自然资源后,进口替代部门的美元/年劳动力相当于出口的比率降到 0.88,消除了矛盾。美国另一经济学家鲍德温使用 1958 年的投入-产出表和 1962 年的贸易数据,得出的上述比例为 1.27;但除去自然资源后,这一比率降至 1.04,再加上人力资本后,这一比率进一步降至 0.92,再一次消除了"谜"的存在。因此,从整体的研究结果看,只要做一些修正,H-O 理论仍然是有效的,它仍然是国际贸易理论框架中的主要理论支柱。当然,对当今国际贸易中许多 H-O 理论无法解释的问题,需要引入新的理论来弥补其不足,应注意的是弥补而不是否定。

二、要素密集度颠倒

要素密集度颠倒(Factor-intensity Reversal)指一种给定产品在劳动丰裕的国家是劳动密集型产品,而在资本丰裕的国家是资本密集型产品,这种情况就称为要素密集度颠倒。例如,C 产品在英国(劳动丰裕国)是劳动密集型产品,同时 C 产品在美国(资本丰裕国)则变成了资本密集型产品,这就是要素密集度的颠倒。这可以用来很好地解释里昂惕夫之谜,因为如果存在要素密集度颠倒,那么在美国是用更多的资本生产资本密集型商品,在其他国家可能是用更多的劳动生产劳动密集型产品。

要素密集度颠倒是由于生产要素替代弹性的差异所造成的。具体地说,在两种产品生产中,劳动对资本的替代弹性差异越大,要素密集度的颠倒就越容易发生。所谓生产要素替代弹性,是一种要素价格下降时,这种要素可用来替代另一种要素的程度。注意,替代弹性的差异

① 实际上,里昂惕夫认为,相对于其他国家,美国的高效率应归因为企业家精神和先进的组织等因素。但是,并没有研究证明里昂惕夫假设的 3 倍转换系数的准确性。例如,美国的经济学家克赖宁 1956 年曾以调查问卷的形式对2 000多名美国公司的管理者和工程师进行了访谈,大多数调查者认为美国劳动力的生产率确实高于国外,但仅高出 20%或 25%,远低于 3。

是要素密集度颠倒的必要条件,但不是充分条件。要素密集度的颠倒要想发生,替代弹性必须足够大,这样才可能导致要素密集度颠倒。

那么,要素密集度颠倒有什么主要结果呢?按照以往假设的两个国家、两种产品的话,那么颠倒前:

英国(劳动丰裕)	美国(资本丰裕)
C 产品(劳动密集型)	C 产品(劳动密集型)
W 产品(资本密集型)	W 产品(资本密集型)

根据上述分析,得到的结论是:

第一,英国专业化生产 C 产品,出口 C 产品,美国专业化生产 W 产品、出口 W 产品。这时因为英国劳动力丰裕,劳动密集型产品有比较优势。而美国资本丰裕,出口资本密集型的产品,即所谓 H-O 理论。

第二,通过国际贸易将使英国劳动工资上升,美国工资下降,最终趋向均等,即要素价格均等理论。

那么颠倒后则出现以下情况:

英国	美国
C 产品(劳动密集型)	C(资本密集型)
W 产品(资本密集型)	W(劳动密集型)

之所以出现上述情况,是因为生产 C 产品时,劳动对资本的替代弹性很大,那么英国在生产 C 时很容易用劳动替代资本,因为工资水平低。而美国由于工资水平高、资本价格低,所以生产 C 时很容易用资本替代劳动,结果是美国生产的 C 产品是资本密集型的。我们把这样的情况称为要素密集度颠倒。

要素密集度颠倒的后果是导致对 H-O 理论的全面否认;也就是说要素密集的颠倒一旦发生,那么 H-O 理论和要素价格均等化定理均不成立。

这是由于:第一,H-O 理论认为劳动力丰裕的国家生产和出口劳动密集型产品,进口资本密集型产品;而资本丰裕的国家出口资本密集型产品,进口劳动密集型产品。但是如果颠倒发生后,由于英国专业化生产 C,那么它将出口 C,进口美国的 W,这时英国就出现了出口是劳动密集型产品,进口也是劳动密集型产品;对美国来说也是如此。这样一种贸易模式与 H-O 理论的预测完全不符,所以 H-O 理论这时不能成立。第二,颠倒的发生同样会使要素价格均等理论不再成立。这是因为英国分工生产并出口 C 产品,从而需要更多的劳动,这样英国的工资就会上升。在 H-O 理论中,由于两国不能彼此交换相同的产品,美国要分工生产和出口 W 产品,W 产品又是相对劳动密集型的产品,所以美国对劳动的需求上升,工资也会上升。假设英、美两国进行贸易且两国的工资都上升,其差异视两国工资上涨的具体情况而定,那么两国工资的差距将可能缩小、扩大或不变。在这种情况下,要素价格均等的理论也是不成立的。

总之,要素密集度的颠倒一旦发生,H-O 理论不再成立。当然如果要素密集度的颠倒存在的话,那么也可对里昂惕夫之谜做出较好的解释。

在现实经济运行中,要素密集度的颠倒确实是存在的,但仅是偶尔发生。因此可以将要素密集度颠倒作为一个例外,H-O 理论仍然适用。

本章小结

本章主要讲述了新古典理论的贸易思想。新古典学派的贸易思想又被称为贸易理论的现代学派。贸易理论的现代学派以要素禀赋为核心，探讨了比较优势的来源——比较成本形成的资源禀赋原因。要素禀赋理论是对国际贸易理论的重要发展，探讨了资源禀赋对贸易模式形成的作用，分析了国际贸易对要素价格的影响，并在此基础上进一步分析了国际贸易与收入分配的关系。本章最后介绍了里昂惕夫之谜及主要解释，贸易理论自此进入第二次世界大战后发展的新阶段。

主要概念及术语

1. H-O 理论(Heckscher-Olin theory)
2. 要素密集度(Factor Intensity)
3. 要素丰裕度(Factor Abundance)
4. 要素禀赋理论(Factor-endowment Theory)
5. 要素价格均等化(Factor-price Equalization)
6. 斯托珀-萨缪尔森定理(the Stolper-Samuelson Theorem)
7. 特定要素模型(Specific-factors Model)
8. 里昂惕夫之谜(Leontief Paradox)
9. 人力资本(Human Capital)
10. 要素密集度的颠倒(Factor-intensity Reversal)

思考讨论题

1. 根据 H-O 理论，一国的贸易模式是怎样的？为什么？
2. 简述要素价格均等化定理的主要内容。
3. 影响国际贸易与收入分配的长期模型是怎样的？简述其主要内容。
4. 根据特定要素模型，一国反对国际贸易的会是哪些利益集团？为什么？
5. 简述里昂惕夫之谜的主要内容及主要解释。
6. 何为要素密集颠倒？它对 H-O 理论的结论会产生怎样的影响？

第四章
产业内贸易及产品内贸易理论

学习要点

1. 产业内贸易的定义与测量；
2. 产业内贸易的主要理论解释；
3. 规模经济与国际贸易；
4. 产品内贸易的内容及解释。

第一节 H-O理论假设前提的放松

在上述H-O理论的介绍中,我们得到了这样一个结论,各国的要素禀赋差异决定了各国的比较优势。换句话说,各国的比较优势是由其要素禀赋所决定的。但是在实证研究中,H-O理论也遇到了问题。在当今的国际贸易活动中,有许多H-O理论无法解释的现象。究其原因,主要是由于H-O理论是建立在一些不切合实际的假设基础上的。因此,本节将放松H-O理论的所有假设条件。通过假设的放松引出新的贸易理论,运用新的贸易理论来弥补H-O理论的缺陷和不足,扩充H-O理论使我们整个理论框架更加完善,更贴近于现实,具有更强的解释能力。

(一)放松"两个国家、两种产品、两种要素"的假设

如果放松这一条件,就变成两个国家以上,两种以上的产品和两种以上的要素。这种放松只是使分析更加复杂,但不会影响H-O理论的本质,对它的理论根基不会产生动摇。

1. 假设许多产品的情况

两国按固定不同的成本来生产许多产品时,我们可以根据相对便宜程度的高低排列出一个产品链条。如图4—1所示。

中国相对便宜产品← · — · — · — · — · — · →美国相对便宜产品

衣服 电视 冰箱 汽车 计算机 玉米

图4—1 放松两种产品的假设

在所有的产品中,中国衣服的生产成本相对于美国来说最低;而美国的玉米生产具有相对有利的条件,相对便宜,计算机次之。可以肯定贸易开放(自由贸易)会使中国多生产并出口衣服,美国将大力生产并出口玉米。而两国的分界线取决于各种产品的国际需求的强度,两国之间的相对便宜的产品排成一个链条,分界线将由两国的供给和需求来决定。这里有一点可以肯定,在市场经济、自由贸易的条件下,美国对我国的衣服和电视需求增加,价格将上升,这导致中国专业化生产相对便宜的衣服和电视,减少像玉米这样的产品的生产。

放松两种产品的假设条件,变为多种产品时,H-O理论也仍然有效。如果可以确定中间的分界线的话,我们可以把靠近中国的这一组产品称为比较优势产品群。尽管比较优势程度有高有低,但我们还是可以这样区分的。分界线的另一端就是中国的比较劣势产品群,我国应该出口比较优势产品群,进口比较劣势产品群,这和H-O理论研究的应该出口单一的比较优势产品,进口单一的比较劣势产品,在本质上没有区别。

2. 放松两个国家的假设,变为多个国家

这一条件的放松也不会对H-O理论产生影响。将许多国家引入之后,虽然国家变多了,但就对某一个国家来说,所有其他与其进行贸易的国家都可以归并为一个整体,统称为"世界其他地区"。当然在具体引入分析时,需要一些技术上的处理。另一种更为简单的方法是把两个国家多种产品的概念扩张到与该国贸易的所有国家当中去。如图4—2所示。

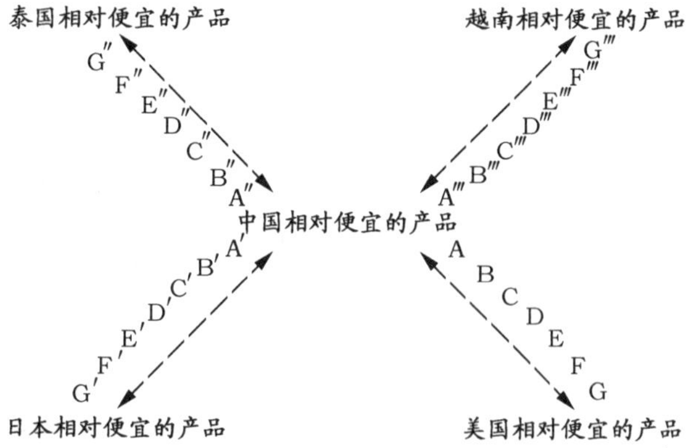

图 4—2 放松两个国家的假设

3. 放松"两种要素"的假设,即变成多种要素

这一条件的放松使得我们不能再将产品简单地划分为劳动密集型和资本密集型这两类产品,而是要构筑一个要素密集性指数,计算出各种产品要素密集度(如资本 0.2,劳动 0.1,土地 0.1,科技 0.6)以预测贸易模式。这虽然十分繁杂,但仍然可行。总之,放松上述假设虽然使我们的分析更加复杂,但不会影响 H-O 理论根基的正确性。

(二)放松"两国在生产中使用的技术相同"的假设

这一假设基本上是不切合实际的。在现实的经济运行中,各国通常使用不同的技术。但是如果我们把科技水平当作一种生产要素,由于各国科技水平差异产生的贸易也可以用 H-O 理论来解释,只不过是在原来 H-O 理论预测的资本、劳动密集型产品的进出口贸易模式上加上一个科技密集型产品的进出口模式而已。当然,由于各国的科学技术水平会随时间的变化而变化,由此产生的国际贸易是 H-O 理论无法直接解释的,有关这一点需要用技术差距和产品的生命周期理论来解释。故放松第二假设条件也不会对 H-O 理论产生致命的影响,只是需要进行一些补充。

(三)放松"两个国家的 C 产品都是劳动密集型产品,W 产品都是资本密集型产品"的假设

这一假设实际上建立在要素密集度不会发生颠倒的基础之上。如果要素密集度发生颠倒,那么这一假设不再成立。如果这一假设不能成立,那么 H-O 理论的贸易模式的预测将不再适用,整个 H-O 理论将被推翻。然而如前所述,在现实世界中要素密集度颠倒的发生概率很低,可以忽略不计,或者说把那些偶尔发生的要素密集度颠倒的现象作为一种例外来处理,这样第三个假设也就可以成立了。

(四)放松"规模报酬不变"的假设

这一条件的放松意味着有的产品的生产是规模报酬递增的。这一假设的放松将导致 H-O 理论无法解释由于规模报酬递增所产生的国际贸易,因此我们需要讨论规模经济对贸易会产生什么影响,把基于规模报酬递增而产生的贸易看作对 H-O 理论的一个补充,解释 H-O 理论没有涵盖的一部分国际贸易问题。这一内容将在第二节中介绍。

(五)放松"两国均为不完全分工"的假设

从结论上来说，这一假设条件基本上是成立的，即使偶尔有不成立的情况出现，也不会对H-O理论产生致命性的影响。例如，贸易使两国中的一国形成了完全分工，那么相对产品价格会相等，而相对要素价格则不会相等。然而即使是相对要素价格不会相等，相对要素价格也会缩小。第五个假设基本成立，即使是放松对它的约束，也不会影响H-O理论的实质。

(六)放松"需求偏好相同"的假设

实践证明这一假设基本成立。即使不成立，也不会对H-O理论产生根本性的影响。因为我们可以把需求差异引起的国际贸易看成H-O理论的一个补充，这种补充并不影响H-O理论的根本。

(七)放松"完全竞争"的假设

这一假设显然不完全符合现实。因为现实中，许多产品市场是不完全竞争的。造成不完全竞争的根源是大规模生产出现规模效应，即规模报酬递增，而这一效应使大企业成本下降，大企业可以比同行的小企业以更低的成本进行生产。结果是一个产业中的竞争者越来越少，更多形成的是寡头或垄断竞争，而不是完全竞争。就垄断竞争而言，它的最大特征是同一产业或同一类产品中，各厂商均能生产与竞争对手有差异的产品。这种同一类但又有差异的产品如果在国与国之间贸易(实际很多贸易都有这种性质)，那么H-O理论是无法解释的。这主要是由于第七假设不完全符合实际。因此，放松第七个假设之后，我们必须用新的贸易理论来解释H-O理论未能解释的贸易问题，以作为对H-O理论的扩充，这一问题也将在第二节中做介绍。

(八)放松"要素不能在国际移动"的假设

放松这一假设只要对H-O理论稍做一点修正即可，而不会对它产生否定。因为我们可以把国际贸易当作是要素流动的替代，因此当要素可部分在国际自由流动时，那么可以得出一个结论，相应的贸易额会减少。

(九)放松"没有运输成本和实行自由贸易"的假设

放松这一假设，出现的结果只是减少了贸易额和贸易双方的收益，对H-O理论也同样不会产生根本性的否定。

(十)放松"各国的贸易是平衡的"的假设

这一假设从纯理论角度来看是完全成立的。如前所述，国际贸易的纯理论是指剔除"货币"因素分析国际贸易的基础和利益的理论。具体地说，它在分析中不使用汇率，也不使用货币单位表示各种产品的绝对价格。取而代之的是使用"贸易条件"作为重要变量。因此在纯理论中，各国的贸易总是平衡的，这一点大家可以从提供曲线图中得到确认。那么在现实中，只要汇率的形成机制是健康、正常的，从长期的角度来看，各国的贸易是趋向平衡的。这一假设也基本成立。

而在短期中，这一假设基本不符合现实。但这对 H-O 理论并不产生致命的影响。因为大多数国家的贸易差额与其 GDP(或 GNP)相比所占比重都很小。我国 1980～2015 年的贸易差额占 GDP 的比率如表 4－1 所示。

表 4－1　　货物贸易差额与 GNP 比率

项目年份	差额(亿元)(A)	GNP(亿元)(B)	(A/B)
1980	－27.6	4 545.6	－0.61%
1985	－449	9 040.7	－4.97%
1990	411.5	18 718.3	2.20%
1995	1 403.7	59 810.5	2.35%
2000	1 995.6	98 000.5	2.04%
2005	8 374.4	184 088.6	4.55%
2008	20 698.1	302 853.4	6.83%
2010	17 167	411 265.2	4.17%
2015	35 941	686 181.5	5.24%

资料来源：中经网。

如果汇率由市场决定，那么这种差额经过一段时间就会逐渐向平衡方向收敛，基本上不会影响 H-O 理论对贸易模式的预测。通过以上分析，我们可以得出以下结论：

第一，有些假设是成立的。

第二，放松的大部分的假设，只需对 H-O 理论做一些修正，而不会使该理论完全失效。

第三，有些假设是不成立的，而去掉这些假设后，有很重要的一部分国际贸易产生的原因 H-O 理论无法解释。例如，去掉规模报酬不变和完全竞争的假设后，因规模报酬递增和不完全竞争所带来的国际贸易从 H-O 理论中无法得到满意的答案。这就需要引入新的贸易理论加以分析，以扩充和完善 H-O 理论。

第二节　规模经济与产业内贸易

一、产业内贸易及测量

(一)产业内贸易与差异化产品

在以往的理论介绍中，我们均以产业间贸易(Inter-industry Trade)作为研究对象，比如资源要素禀赋差别大的国家、发达国家和发展中国家之间交换制成品和初级产品。但是在现代经济中，国际贸易有很大一部分是产业内贸易(Intra-industry Trade)，例如，日本出口丰田汽车到美国，同时也从美国进口福特汽车。第二次世界大战后科技进步对国际贸易的影响表现为世界贸易模式的转化，即由传统的产业间商品贸易发展为产业间和产业内贸易并存的格局。以比较优势为核心的传统理论无法解释产业内贸易发生的原因，从而出现了第二次世界大战后新贸易理论的发展。

产业内贸易又被称为双向贸易或重叠贸易,它指一国进口、出口同一类产品。产业内贸易交易的主要对象是差异化产品。产品可以分为同质产品和异质产品。同质产品是指生产或消费上完全可以互相替代的产品,异质产品或差异化产品是指可以部分被互相替代又不能完全相互替代的产品。差异化产品又可以进一步细分为水平异质性产品或垂直异质性产品,以上述两种不同差异化产品为分工依据的贸易就是水平型产业内贸易和垂直型产业内贸易。水平异质性产品是指一组产品中,所有的产品都具有某些共同的本质性特征,但在产品的特征和组合方式上存在差异,最典型的就是同一系列不同规格的产品。水平差异性产品可分为三种:第一,要素投入要求不同,替代弹性差异大的产品,如家具依材料不同可分为不锈钢家具、塑料家具、木质家具和藤质家具等。第二,用相同投入物生产的各种具有不同用途的产品,如基础钢铁产业既可生产铁轨又可生产造船用的重型金属板。第三,用近似原料、近似工艺生产的近似产品,如食品、饮料等。垂直异质性产品是指在一组产品中各个产品具备的核心特征在绝对数量上的差异,可以将垂直性差异理解为产品质量上的区别。例如,同一产业生产不同等级可相互替代的产品,这些产品就是垂直差异性的产品。

(二)产业内贸易的测定方法

产业内贸易水平可以用产业内贸易指数来测定。目前用于测度产业内贸易的最普遍的公式是格鲁贝尔-劳埃德指数(GL),我们用 T 表示。T_i 表示 i 产业的产业内贸易水平,X_i 表示 i 产业的出口,M_i 表示 i 产业的进口,那么 $T_i=1-\dfrac{|X_i-M_i|}{X_i+M_i}$。$T$ 值在 0~1 之间,$T=0$ 时说明没有产业内贸易,$T=1$ 时说明产业内贸易达到最高水平。

这里希望注意的是,在定义某一类产品的进出口时,由于定义范围的不同,可能导致计算结果也不同,定义的范围越大,T 值当然也越大。格鲁贝尔(H. G. Grubel) 的做法是参考《国际贸易商品标准分类》SITC 三位数。《国际贸易商品标准分类》(Standard International Trade Classification, SITC) 是联合国标准化组织为便于世界各国对商品进行分析和比较而设计的产品分类方法。SITC 把国际贸易商品分为 10 大类(以第一位数字表示,0~9)、63 章(以第一和二两位数字表示)、233 组(以第一到三位数字表示)、786 分组(以第一到四位数字表示)和 1924 个基本项目(以第一到五位数字表示)。在国际贸易统计中,一般 0 类到第 4 类产品称为初级产品,第 5 类到第 9 类称为制成品。一般情况下,同类产品是按 SITC 的三位数划分的至少前三位数相同的产品,即至少属于同类、同章、同组的商品才能称为同类产品。从统计的角度讲,产业内贸易就是指一个国家在出口的同时又进口某种同类产品;即按国际贸易标准分类至少前三位数相同的产品,既出现在一国的进口项目中,又出现在该国的出口项目中。

二、规模经济——国际贸易的独立源泉

随着生产的扩大,单位成本(平均成本)下降,称为规模经济(Economy of Scale)或规模报酬递增(Increasing Returns to Scale),它指的是产出水平增长比例高于要素投入增长比例的生产状况。规模经济可分为企业层面的规模经济和产业层面的规模经济。前者通常称为内部规模经济,后者称为马歇尔的外部经济(External Economics)。无论是内部规模经济还是马

歇尔的外部经济(以下简称外部经济),指的都是生产规模越大,生产效率就越高的这样一种生产状况。但两者是有区别的:第一,导致规模经济的原因不同;第二,对市场结构的影响不同。

(一)导致规模经济的原因

内部规模经济指的是当企业的产量提高时,企业的生产平均成本下降。这种规模利益来源于企业内部,故称为内部规模经济。外部经济指的是当整个产业或行业的规模(或产量)扩大时,各个企业的平均生产成本下降。这种规模利益来源于企业的外部,故称为外部经济。

(二)对市场结构的影响不同

一个只存在外部经济的行业,一般由许多较小的厂商构成,它们处于完全竞争的状态。相反,存在内部规模经济的行业中,大厂商、大企业比小厂商、小企业更具有成本优势,当内部规模经济在很大的产出水平上仍然存在时,大企业就会比小企业以更低的成本进行生产,这时小企业将不能生存,一个行业中的竞争者就会越来越少,这样便形成了不完全竞争的市场。

总之,内部规模经济和外部经济对市场结构产生的影响是不同的。内部规模经济对市场结构的影响是不完全竞争,而外部经济所产生的影响是完全竞争。无论是内部规模经济还是外部经济都是国际贸易的重要原因,都可以单独成为引起国际贸易的因素。下面首先讨论内部规模经济与国际贸易的关系。

H-O 理论以及此前所介绍的国际贸易理论都假设规模报酬不变。因此,在各方面条件都相同的情况下,两国无法产生互利的贸易。但是若存在规模经济,即使在要素禀赋、技术条件、需求偏好等所有条件都相同的情况下,两国仍然可以进行贸易,仍然可以从国际贸易中获得利益。为了说明这一问题,下面使用一个简单的图形加以解释。图 4—3 的纵坐标为 W 产品,横坐标为 C 产品,由于英、美两国各方面完全相同,因此英、美两国的生产可能性曲线和社会无差异曲线也是一样的。但这里的生产可能性曲线与以往的生产可能性曲线不一样。规模经济意味着生产规模越大,生产效率就越高,成本就越低,因此这时的生产可能性曲线是凸向原点的曲线。

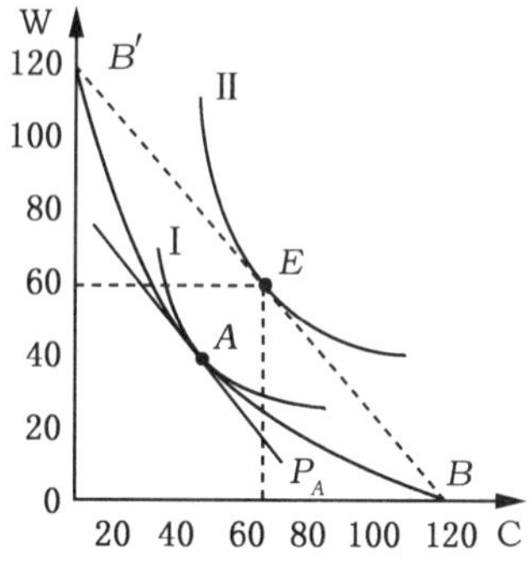

图 4—3　规模经济与国际贸易

图 4—3 由于假设需求偏好完全一样,所以英、美两国在贸易前的社会无差异曲线相同,我们假设贸易前两国在 A 点生产和消费,那么 P_A 就是两国贸易前的均衡相对产品价格。

假设英国沿生产可能性曲线向右下方移动,专业化生产 C 产品到 B 点;美国沿生产可能性曲线向左上方移动,专业化生产 W 产品到 B'点。英国用 60C 与美国交换 60W,两国的最终

消费在 E 点,与 E 点相切的社会无差异曲线Ⅱ比社会无差异曲线Ⅰ离原点更远,说明两国都从贸易中获得利益。

从以上对简单几何模型的分析来看,即使两国一切条件都相同,只要存在规模经济,两国也可以进行互利的贸易。这是 H-O 理论以及以往我们所介绍的理论所无法解释的。当然两国的一切条件不同,只要存在规模经济,同样也可开展互利的国际贸易。规模经济也是产生国际贸易的原因之一,是除了比较优势之外国际贸易发生的另一独立源泉。

这里需要说明的是,英国可能专业化生产 C 产品,也可能专业化生产 W 产品。在我们的例子中,我们假设了开展贸易后英国专业化生产 C 产品,美国专业化生产 W 产品,当然我们也可以假设英国专业化生产 W 产品,而美国专业化生产另一种产品。在现实世界中,基于规模经济的这种分工模式,可能是由于某种历史原因造成的。

三、垄断竞争与产业内贸易

导致差别产品可以进行交易的原因说到底是规模经济的存在。假如各企业或厂商只生产某一产品的一种或少数几种款式时,可以保持很低的平均成本。因为如果只生产少数几种款式的产品,企业就可以为长期持续生产使用更专业化和快速的机器设备,这样可以提高生产率;随着市场规模的扩大,平均成本递减。平均成本的递减为该产品参与贸易提供了基础。因此,基于差别产品的产业内贸易的主要原因是规模经济。

如前所述,内部规模经济对市场结构的影响是造成不完全竞争。垄断竞争(Monopolistic Competition)是不完全竞争市场中最主要的形式之一。它的最大特征有两个:其一,许多厂商出售同一种差别产品,水平型或垂直型差异商品;其二,该产业的进入和退出比较容易。这种同一种类的差别产品的交易在当今国际贸易中占有相当大的份额。下面,我们通过一个简单模型来说明垄断竞争企业是如何通过规模经济参与国际贸易的,从而对产业内贸易的原因从理论上有更进一步的认识。

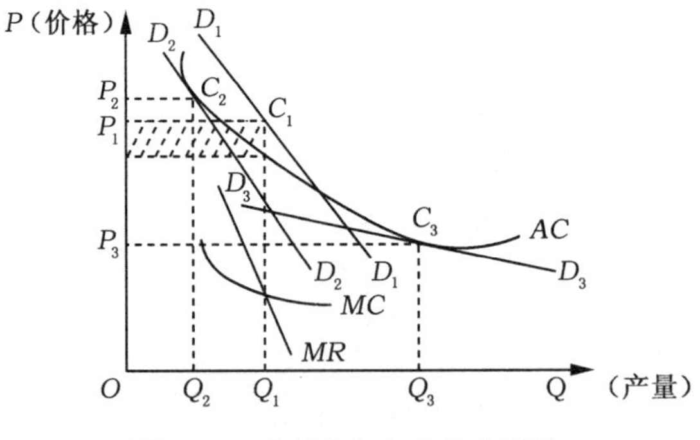

图 4—4 垄断竞争与产业内贸易

图 4—4 纵轴代表某一产品的价格,横轴代表该产品的产量。假设某一厂商生产某一种差异性产品,并且假设开始时处于垄断地位,那么它将面临一条向右下倾斜的需求曲线,用 D_1D_1 表示,它表明该企业只要降低价格就能销售更多的产品。我们可以根据 D_1D_1 推出该企业的边际收益(Marginal Revenue,MR)曲线。根据微观经济学所学知识,我们知道 MR 曲线位于 D_1 的左下方,边际收益总是小于产品价格,即 $MR<P$。实际上如果确定了需求曲线

是一条直线的话，可以知道 MR 也是一条直线。

由于我们假设这一厂商（企业）只生产某一种产品的一个差异性产品，该厂商在生产中将面临规模报酬递增，因此平均成本曲线 AC 是向下倾斜的，也就是说产量增加时 AC 下降。另外，这时厂商的 MC 位于 AC 的左下方，MC 低于 AC。这是因为如果 AC 是下降的，则 MC 一定小于 AC。以上我们完成了一个进入前的垄断竞争的几何模型。这时该厂商会将价格定在 P_1 的水平上，它的产量是 Q_1，C_1 是短期均衡点。由于 P_1 高于平均成本，该厂商获得了阴影部分的垄断利润。但是这一超额利润很难维持，一个取得高额利润的厂商自然会吸引竞争者。因为我们假设这一厂商生产的是差异性产品，即产品不完全相同但相互可替代，只要存在高额利润，就会吸引其他企业到这一行业。其结果是一部分市场份额为新进入的企业夺走，该厂商所面临的是市场份额的减少、对该厂商产品的需求下降。结果，该厂商的 D_1D_1 需求曲线会向左方移动，移至经济利润为零为止，即需求曲线与 AC 曲线相切。我们假设 D_2D_2 就是该企业的新的需求曲线，这时该企业的产量为 Q_2，价格为 P_2，C_2 为均衡点，在这一点上经济利润为零，这时没有企业进入，也没有企业退出，所以 C_2 为长期均衡点。

以上为贸易前的垄断竞争的情况。如果开展贸易，情况将发生变化：第一，由于对外贸易的开展，外国对该产品需求增加，导致该厂商的需求曲线向右移动。第二，由于需求增加、规模扩大，使该厂商平均成本下降。又由于贸易使得差异性产品的种类增加，使得产品的替代性提高，其结果是需求曲线不仅向右移动，而且变得更富有弹性，即变得更加平缓。由于这两个原因，从结果上我们可用 D_3D_3 来表示开展贸易后的需求曲线。这时 C_3 为贸易开始后的垄断竞争的均衡点，P_3 是这时的价格，Q_3 是它的产量。

从以上的结果可以看出，在垄断竞争的条件下，开展贸易后不仅产品的数量能够增加，而且还使该产品的价格下降，这无疑是对消费者来说是有益的，消费者可以得到更加便宜的产品，同时也有了更多的选择。注意从 Q_2 到 Q_3，产量的增加有一部分是出口到外国市场的，而这一产品在对方市场上与某些产品或某个产品属于同一产业内或同一类产品组中的产品，但又是有差异的。这种差异性产品的进出口我们称为产业内贸易。

通过以上模型，我们知道由于企业的内部规模经济，使企业拥有一条向右下方倾斜的平均成本曲线。当国外市场出现需求时，该企业便可以更低的平均成本生产和出口市场所需的产品。这就是产业内贸易的主要原因。贸易能够扩大市场规模的思想成为垄断竞争模型在贸易理论中运用的基础。

对上述的讨论可简要小结如下：

第一，产业内贸易并不必然反映比较优势①。规模经济本身可以成为国际贸易的独立动因。

第二，产业内贸易的模式不可预测。我们知道的只是各国将生产有差异的产品。具体的贸易模式可能是由历史因素也可能是由偶然事件决定的，并且贸易前的价格也不能作为预测贸易模式的主要依据。

第三，产业内贸易能给消费者带来两种主要贸易利益：一是消费者可能消费的产品种类增加，二是价格更加便宜。基于规模经济发生的产业内贸易可以使所有要素者都获得收入增加的

① 也有学者把基于劳动生产率和要素禀赋差别产生的比较优势称为传统的比较优势或自然形成的比较优势，这类比较优势决定着产业间贸易格局；而把基于规模经济产生的优势称为获得性比较优势，这类比较优势决定了产业内贸易。

效应。而要素禀赋理论的结论是贸易会降低一部分人的收益,如降低稀缺要素所有者的收入。

第四,国际贸易中既有基于比较优势的产业间贸易,又有基于规模经济的产业内贸易。因此这里可以对产生国际贸易的原因多加入一个因素,即规模经济也是产生互利贸易的原因之一。

至此,我们认识到国际贸易的两类主要贸易基础:第一类贸易基础是由劳动生产率的比较差异或资源禀赋的相对差异形成的比较优势,这方面的理论解释了国际产业间的分工与贸易,以发达国家技术知识密集型产品和发展中国家劳动密集型产品的分工为代表,是古典和新古典理论解释的主要对象;第二类贸易基础是规模经济,这类基于规模经济与不完全竞争市场结构的贸易理论被称为新贸易理论,主要解释了产业内的国际分工和国际贸易,以发达国家之间同种产业内不同产品之间的分工为主,如发达国家之间不同品牌和型号的汽车之间的分工。这两类贸易在现实中都存在,所以比较优势理论和新贸易理论并非互相替代,而要互相补充才能解释贸易现象。

产业内贸易与产业间贸易的相对重要性取决于国家之间的相似性。如果本国与外国的劳动/资本要素比率和劳动生产率非常相似,那么产业间贸易的比重相对低,更多的将是基于规模经济的产业内贸易。如果劳动/资本要素比率和劳动生产率差距很大,那么它们之间的贸易将更多建立在比较优势的基础上。在现实中,经济发展水平越相近,产业内贸易的比重就越大,这一点在发达国家间尤为明显。

四、产品的生命周期与产业内贸易

用产品的生命周期也可以做出对产业内贸易的解释。图 4—5 的纵轴表示某些产品的生产量和消费量,横轴代表时间。

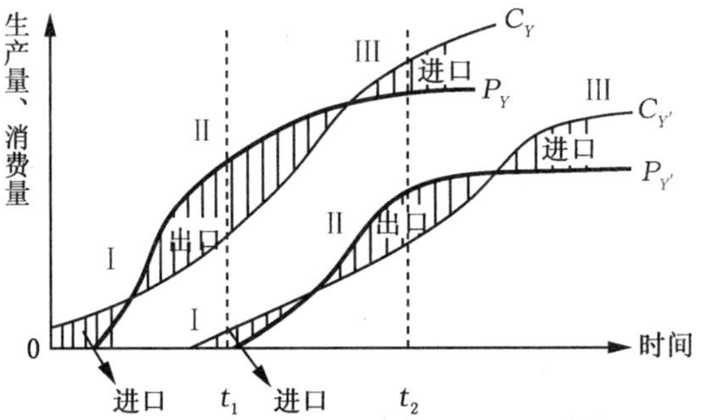

图 4—5　产品生命周期与国际贸易

我们首先假设把某一种产品 Y 在某一个国家(A 国)的生命周期分为三个阶段:导入期Ⅰ,成长期Ⅱ,成熟、衰退期Ⅲ。把这一假设用直观、形象的方式体现在图 4—3 中。P 代表生产,P_Y 表示 Y 产品的生产,C 代表消费,C_Y 表示 Y 产品的消费,两条曲线代表该国 Y 产品在各个时期的生产和消费的不同情况。

在第Ⅰ阶段,A 国开始时不能够生产 Y 产品,A 国的消费来自进口。经过一段时间,A 国开始生产该产品,进口量逐渐减少。随着时间的推移、技术的转让等,A 国生产的 Y 产品不仅能够满足本国市场的需求,而且还出口国际市场。这一阶段即为第Ⅱ阶段,是 Y 产品在 A 国的成长阶段，主要特征为产品能够出口。进入第Ⅲ阶段，随着该产品生产的标准化，劳动力成本成为该产品价格的主要决定因素，该国厂商的Y产品的生产将转向劳动力价格更为便宜的国家生产，使得A国Y的生产量下降。这一时期为A国的成熟、衰退期，特征为A国进口Y产品。

上述的讨论中我们只是假设一种产品在A国的生命周期，而实际上对A国来说可能存在着许多类似的产品。也就是说，A国存在许多这样的产品的生命周期，而在这许多的生命周期中，自然也存在生命周期相互重叠、相互错开的可能性。

我们再假设A国在 t_1 之前的某个时间段上，进口了与Y产品同一种类但又有差异的产品，这一产品我们称为Y′。当然这一产品也和Y产品一样要走完它在A国的生命周期，我们用同样的手法把它直观地表现在图4—5上。从图中我们可以知道Y′产品也是经历了导入期（Ⅰ），成长期（Ⅱ），成熟、衰退期（Ⅲ）。各个时期同样显示出进口→出口→进口这样一个特征。应注意Y和Y′产品是同属一个产业内的差异产品。

通过图4—5可以发现在 t_1 这一时点，A国进口Y′产品、出口Y产品；在 t_2，A国出口Y′产品、进口Y产品。A国在 t_1 和 t_2 都出现了我们所说的产业内贸易。因此，可以说产品的生命周期也是产业内贸易的原因之一，或者说用产品的生命周期理论也可以解释部分产业内贸易的原因。

需要说明的是，一般教科书把产品生命周期理论与技术差异理论相联系，认为产品生命周期理论运用了动态分析法，从技术创新、技术传播的角度分析国际贸易的基础和贸易模式变化的理论。本书换一个角度，将产品生命周期理论与产业内贸易相联系供读者参考与比较，而将对于产业间贸易解释的内容放在附录中便于大家参照。

五、需求偏好相似与产业内贸易

除了上述从供给方面解释产业内贸易发生的原因之外，还有从需求方面解释差异化产品贸易的理论。如瑞典经济学家林德（Staffan Linder）的需求偏好相似理论（也称重叠需求贸易理论）是其中的代表。

需求偏好相似理论认为，一种产品是否生产取决于国内市场的有效需求，而若要出口，还须有来自国外市场的有效需求。厂商决定生产什么产品完全要看他所能获得利润的多少。要使生产有利可图，先决条件是这种产品在国内有其市场。总之，厂商根据消费者的收入水平与需求结构来决定其生产的方向和内容，而生产的必要条件是存在对其产品的有效需求。根据这个假设，如果两国的平均收入水平相近，则两国的需求结构必定相似；反之，如果两国的收入水平相差很大，则它们的需求结构必然存在显著的差异。产业内贸易之所以多在经济发展水平相近的国家之间进行，是因为这些国家居民的收入水平相似，生活水平相似，对产品的需求结构相似。这些国家虽然可以生产同类的产品，居民的多样化需求却对同类产品中的差异产品产生不同的需求，同类产品之间的国际贸易于是得以产生。国际贸易的直接原因就不是比较优势，而是偏好的差异，偏好差异又与收入相关。基于收入水平产生的代表性需求假设（Representative-demand Hypothesis）是林德提出的用需求来解释国际贸易学说的重要概念。

代表性需求的产生与恩格尔法则①相关。恩格尔法则反映了收入和人们需求结构变化之

① 随着人们收入的增加、生活水平的提高，增加的收入中用于食品（生活必需品）的开支占收入的比重将不断下降，而奢侈品和耐用品开支在收入中所占的比重则会不断上升。

间的关系。需求结构指的是一国对某种产品需求的质量或者档次。需求结构的决定因素是一国的人均收入水平,人均收入水平高的国家所需求的某种产品的档次就会高一些。

假定一个国家最初生产某种产品是为了满足国内的需求,一国的人均收入在一定时期内是相对稳定的,在这一收入水平下会对某种产品形成一种"代表性需求",也就是一国对某种产品的平均需求档次。这一个档次的产品的需求量是最大的。在这种需求的推动下,生产这一档次产品的企业规模不断扩大,产生规模经济效应,在满足国内需求之余,还具备了出口能力,就可能与其他国家发生贸易。我们用图 4－6 来说明根据代表性需求假设阐述的国际贸易理论。

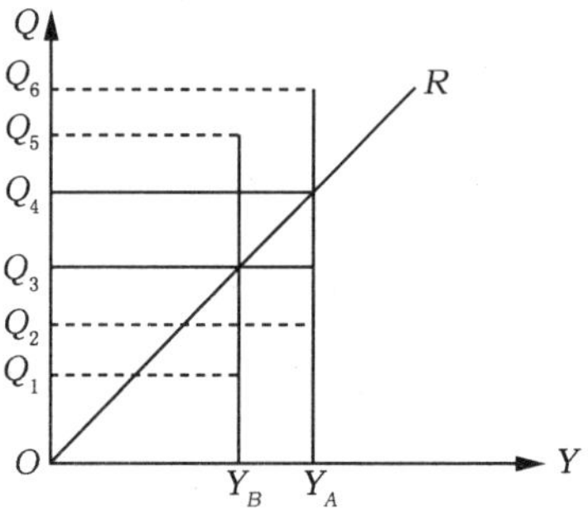

图 4－6　代表性需求与国际贸易

图 4－6 中,我们用横轴表示一国的人均收入水平,记为 Y,用纵轴表示产品档次,记为 Q。用 45 度线 OR 表示人均收入水平与所需求的产品档次之间的对应关系。我们以汽车这种产品为例。在一个国家内,对汽车的需求就有不同的档次。汽车有六个档次,从 Q_1 到 Q_6。A 国的人均收入水平为 Y_A,B 国的人均收入水平为 Y_B。从图中可以看出,A 国的人均收入高于 B 国。A 国收入较高,假设其居民对汽车的需求从第二档(Q_2)到第六档(Q_6),其中第四档(Q_4)汽车是 A 国居民的代表性需求。B 国人均收入水平较低,其需求档次是从第一档(Q_1)到第五档(Q_5),它的代表性需求假设是第三档(Q_3)。可以看出,A、B 两国对这种产品的需求有重叠的部分,即 $Q_2 \sim Q_5$。这种重叠需求构成了两国开展国际贸易的基础。

A 国在其代表性需求 Q_4 上发展较快,具备了出口能力,同时 B 国对 Q_4 又有需求,于是 A 国就向 B 国出口。同理,B 国在其代表性需求 Q_3 上发展也较快,同时 A 国对 Q_3 也有需求,于是 B 国向 A 国出口第三档次的汽车。这样,同一种产品或者同一个产业内的贸易就因为两国存在重叠需求而发生了。代表性需求假设中特别要注意的是,两国对某种产品存在重叠需求是国际贸易的基础,而要出现足以支撑国际贸易的重叠需求,就要求两国的人均收入水平不能有太大的差异。因此,这个理论可以用来解释工业国之间产业内发生的国际贸易。

六、"多样化爱好"与产业内贸易

传统经济学中所研究的"消费者"是以"经济人"为对象的,即在交易各方完全自由、信息对称的条件下,人们总是理性地追求经济利益的最大化。但是,由于在现实生活中,消费活动中存在精神因素以及经济水平的上升,消费者不仅可以通过消费更多数量的商品得到效用的满足,也可以通过消费更多种类的商品获得满足。20 世纪 70 年代后期,建立在消费者的"多样化爱好”(Love of Variety Approach)消费偏好假定上的模型在经济研究中得到广泛的重视和运用,克鲁格曼的新贸易理论用消费偏好多样化和规模经济解释了产业内贸易,尤其是水平型产业内贸易的发生原因。

其理论思想主要是:经济中的消费者喜好多样化消费,而厂商的生产中却存在显著的规模经济。如果每个产品对消费者而言都不是必需品,则消费品种越多,消费者的效用就越多。但是由于资源的有限性,多生产商品的品种就意味着商品生产的数量将会减少,商品的生产也就无法获得规模经济,这将意味着每种商品生产的成本将上升,价格上升,效用下降。因此在消费多样化与规模经济之间存在着两难冲突。但是正是这种两难冲突可以内生决定消费品的数量和种类。如何解决这种两难冲突,同时实现规模经济与多样化消费需求呢?进行国际贸易,扩大市场规模,利用各国在行业内的专业化和分工就可以调和上述问题。

巴克尔(1977)的多样化假设也可以解释产业内贸易的发生。多样化假设源于商品特色为基础的需求理论。根据这一理论,消费者实际想要的是商品提供的特性,而不是商品本身。比如,消费者并非渴望的是“汽车”本身,而是由各种汽车所体现的诸如安全、舒适、颜色、刹车、速度、转向装置等方面的特性。根据多样性假说,消费者喜欢多样化,当实际收入增长时,消费者能够购买多样化的产品系列,并且由于从国外获得这些额外样式的数目比从本国获得的多,因而对同种类差异化进口品的需求就会趋于上升。因此,如果把进口品看作一个整体,需求的进口品数量的增加比率甚至可能高于实际收入的上升比率。

上述理论可以解释在垄断市场模式下,即使两国特征、生产函数和消费函数均相同,也会出现寡头垄断企业通过在对方市场进行产品销售从而发生同质产品的产业内贸易的现象,因为消费者认为它们之间是有差异的。这说明对于近似同质产品而言,即使不存在产品成本差别、要素禀赋及消费者偏好差异,也会由于企业的销售策略而发生产业内贸易的现象。“多样化爱好”是解释发达国家之间的水平异质或近似同质产品贸易的重要理论。

根据前面的理论介绍,凡认为产品存在差异是贸易发生必不可少的因素的理论都可以用来解释产业内贸易。实际上,完全相同的商品间也可以发生贸易。对同质商品之间的贸易主要有以下不同的解释:运输成本的存在,季节性的间歇贸易,转口贸易或再出口贸易,自由贸易区导致的转移贸易[①]。如果根据《国际贸易商品标准分类》SITC 中前三位数相同属于同一产业的标准,那么完全相同的商品显然属于同一产业,因此同质商品之间的贸易也属于产业内贸易的范畴。

第三节 垂直化生产与产品内分工

一、跨国公司的垂直化生产与产品内分工

第二次世界大战后,在第三次科技革命的推动下,国际分工在全球范围不断变动且更为精细化和复杂化,最为直接的表现是全球产业分工的发展已深化到特定产品生产流程所包含的

① 比如国家 1 和 2 组成了一个自由贸易区。假设国家 2 对区外的国家 3 征收的关税比国家 1 对国家 3 征收的关税高,那么,如果国家 3 要出口一种商品到国家 2,它可以先出口到国家 1,然后再出口到国家 2,这样可以降低所缴纳的关税。而对国家 1 来说,看上去是同一种商品的进口和出口者。

生产区段或工序层次。这种以生产区段分工为核心的垂直化分工模式大约自20世纪60年代开始盛行。垂直专业化则指上下游企业进行分工与合作,各自在产品生产价值链的某个阶段进行专业化生产。这种生产格局产生了大量的零部件或中间产品贸易。这一新型的国际分工模式也被称作"产品内分工"或"产品内专业化分工"(Intra-product Specialization)。

产品内国际分工与跨国直接投资和跨国公司密切相关。产品内国际分工的实现方式有两种:一种是在单个跨国公司内部,通过跨国公司的垂直一体化来实现;另外一种是在多个公司之间,通过外部一体化来实现,在这种方式中一些核心跨国公司起着关键作用。在上述产品内国际分工的两种实现形式中,跨国公司都是整个产品内国际分工网络的中枢和关键节点。跨国公司能够通过无形资产的让渡、核心技术秘诀的持有以及快速便捷的信息传递,实现公司原材料的跨国采购和产品生产的全球安排。他们将原来局限于一国进行的一体化生产流程通过FDI或合同安排的国际外购或外包(International Outsourcing),分割成不同的生产区段并跨越国界,依据国际不同区位的比较优势来布局其生产或其他功能性活动,形成了全球垂直化生产组织模式,实现了跨国公司对核心竞争力的回归(归核管理)。

经济全球化中的贸易发展与产品生产的垂直化分离之间是一种共生的关系,中间投入品贸易上升的比例随着专业化生产的深化而提高。中间品贸易的迅速上升是制造业产品内国际分工深化的结果,而科技进步导致的中间产品可分割和种类的增加,致使中间产品生产厂商类型多样化,又是导致产品内分工深化的原因之一。中间品贸易一体化与产品内国际分工之间是双向促进的关系。如今的中间产品又可以分为硬件中间产品和软件中间产品。无论硬件还是软件产品的种类都增加得非常快(参见专题4—1)。跨国中间产品的分工和贸易越来越成为国际贸易的主体部分之一(见图4—7)。

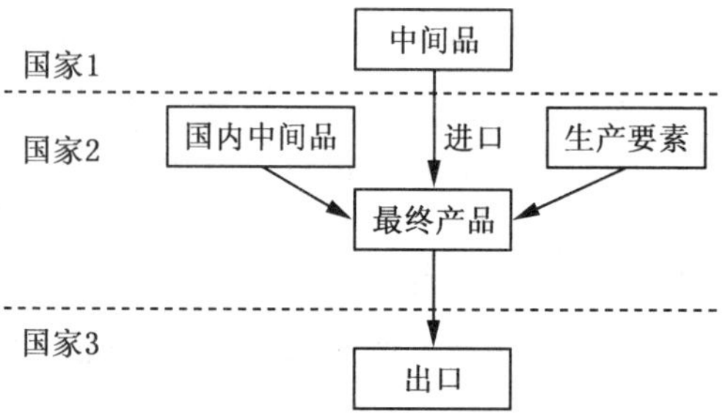

图4—7 垂直专业化示意图

目前对产品内国际分工的常见测度方法包括:第一,根据零部件贸易的发展来衡量产品内贸易的发展情况。这是因为零部件是加工贸易中间投入品的重要组成部分,零部件贸易量越大,也意味着企业利用中间投入从事装配或代工活动也越频繁,产品内国际分工程度也越高。第二,用垂直型非一体化指标(Vertical Disintegration Index,VDI)来测度产品内国际分工的程度①。垂直型非一体化指出了生产过程的垂直分离或分割。可以用出口产品中所包含的进

① VS指数的计算中强调了总出口中的国内和国外两类增加值来源。由于该方法存在未考虑出口中的加工贸易和转口贸易以及局限于一国的投入产出表分析等问题,库普曼等(Koopman et al.,2011)通过构建全球多部门投入产出数据库,将国内增加值统计从单一国家拓展至地区乃至全球,同时根据增值出口的目的地对国内增加值进一步细分,多层次地对一国贸易中的国内与国外增加值进行估算,这就是利用各国的投入产出分析表计算的KPWW法或I-O法。

口中间投入品的比例来反映，即 VDI=（进口中间品价值/总产出）×出口价值。根据这一定义，一个产业 i 的垂直专业化水平为：

$$VS_i=\left(\frac{M_i}{Y_i}\right)\cdot X_i \qquad (4-1)$$

其中，M_i 为 i 产业进口中间品金额，Y_i 为 i 产业总产出，X_i 即 i 产业出口价值。M_i/Y_i 指的是 i 产业每一单位产出中所需要的进口中间品，即进口中间品价值对产出的贡献程度，所以乘以 X_i 即是衡量每单位出口中的中间进口品的贡献率。当 i 产业全部采用国产中间品或该产业没有出口，则没有贸易发生，此时 VS 为零，当产出全部用于出口时，VS 即为中间品进口量。一个国家（或地区）所有产业的垂直专业化程度 VS 可以表示为：

$$VS=\sum_{i=1}^{n}VS_i \qquad (4-2)$$

其中，n 表示该国产业数。为了可以衡量一国在不同时间垂直专业化程度的变化，将 VS 值除以总出口，这样该国总出口中的 VS 份额就可以表示为：

$$\frac{VS}{X}=\frac{\sum_{i=1}^{n}VS_i}{\sum_{i=1}^{n}X_i} \qquad (4-3)$$

二、产品内分工的理论解释

目前对产品内分工与贸易的研究基本上采用李嘉图比较优势理论和赫克歇尔-俄林模型的思想，将产品内分工的基础归结为比较优势和要素禀赋的差异，其基本分析逻辑和结论与传统贸易理论是类似的。区别在于：传统贸易理论中的比较优势表现在不同的产品上，而产品内分工理论分析中的比较优势则表现在产品的不同生产阶段上。用李嘉图比较优势理论来解释，两国按照相对劳动生产率差异决定的比较优势进行分工；用赫克歇尔-俄林模型来解释，两国按照相对要素禀赋差异决定的比较优势进行分工，即产品在每一生产阶段上的要素密集度是不同的，最终产品的要素密集度只不过是各个生产阶段要素密集度的加权平均值。

假设有两个国家——A 国和 B 国，两国企业均能生产一种产品 Y，X 产品是生产 Y 产品的一种中间产品。Y 产品的生产需要中间产品 X 和把 X 加工成最终产品 Y 这两个环节。存在两种生产要素劳动 L 和资本 K，其价格分别为工资率 w 和利息率 r。生产 X 产品只需单一生产要素劳动 L，生产 1 单位 X 产品需劳动 a_{LX}；生产 1 单位 Y 产品需 a_{XY} 的 X 和 a_{KY} 单位的资本 K。

在完全竞争市场均衡条件下，我们有

$$a_{LX}w=P_X \qquad (4-5)$$

$$a_{KY}r+a_{XY}P_X=P_Y \qquad (4-6)$$

用（4－5）除以（4－4）可得：

$$\left(\frac{a_{KY}}{a_{LX}}\right)\left(\frac{r}{w}\right)+a_{XY}=\frac{P_Y}{P_X} \qquad (4-7)$$

该等式左边为生产 1 单位 Y 产品相对于生产 X 产品的机会成本，分别用生产 1 单位 Y 需要的资本和中间产品 X 来衡量，右边为 Y 产品对中间产品 X 的相对价格。当机会成本等于相对价格时,一国愿意生产两种产品;当机会成本小于相对价格时,会生产 Y 产品;当机会成本大于相对价格时,会生产 X 产品。

模型中,a_{KY}、a_{LX}、a_{XY}的不同,反映了两国在 X、Y 产品上生产率的不同;K、L 不同,反映了两国在资本和劳动力要素上的禀赋不同。其中$\frac{a_{KY}}{a_{LX}}$、a_{XY}表示了两国的生产技术特征,$\frac{r}{w}$不同表示了资源禀赋的情况。假设 B 国生产 Y 技术高,A 国生产 X 技术高。同时,B 国的资本丰富,A 国的劳动力丰富。

B 国生产 Y 技术相对高,也就是说,$\left(\frac{a_{KY}}{a_{LX}}\right)^B<\left(\frac{a_{KY}}{a_{LX}}\right)^A$,且 $a_{XY}^B<a_{XY}^A$。B 国的资本相对丰富,可得$\left(\frac{r}{w}\right)^B<\left(\frac{r}{w}\right)^A$。我们建立一个以$\frac{P_Y}{P_X}$为纵轴、$\frac{r}{w}$为横轴的二维空间,$\frac{a_{KY}}{a_{LX}}$为方程所表达曲线的斜率,$a_{XY}$为截距。根据假设,B 国机会成本的斜率$\left(\frac{a_{KY}}{a_{LX}}\right)^B$小于$\left(\frac{a_{KY}}{a_{LX}}\right)^A$,截距 a_{XY}^B 也小于 a_{XY}^A,如图 4—8所示。

图 4—8 中,A、B 分别为两国产品的机会成本线,与纵轴的截距为 a_{XY},斜率为斜率为$\frac{a_{KY}}{a_{LX}}$。在我们前面的假设下,A 国生产 Y 产品的机会成本只是大于 B 国,即$\left(\frac{P_Y}{P_X}\right)^A>\left(\frac{P_Y}{P_X}\right)^B$。$\left(\frac{P_Y}{P_X}\right)^W$为国际市场对这种产品需求的相对价格。显然,Y 产品的相对价格与机会成本所处的区域不同,将形成不同的生产与贸易模式:第一,Y 商品的相对价格如果在 A、B 两国机会成本的上方,两国都可以生产 Y 商品;第二,如果在 A 国机会成本之下、B 国机会成本之上,则 B 国生产 Y 商品具有成本优势,A 国生产 X,而 B 国生产 Y;第三,如果在 A、B 两国机会成本之下,两国都生产 X。图 4—8 中假设是第二种情况。

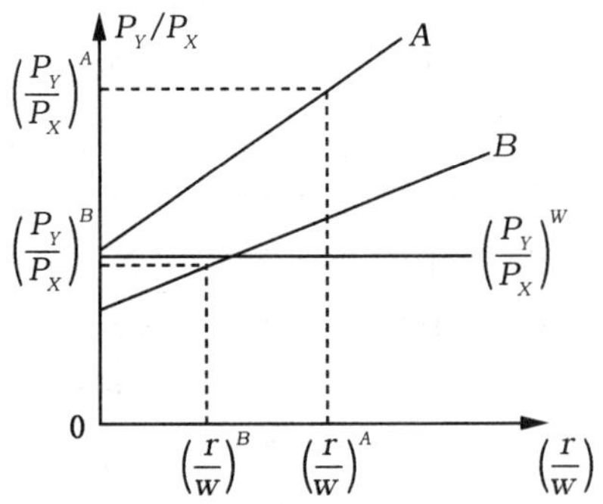

图 4—8 资源、技术差距和产品内的生产和贸易

因此,A 国应该生产 X 产品,B 国应该生产 Y 产品。由我们的假设,Y 产品是一种资本密集型产品(主要指把 X 产品加工为 Y 成品的环节),中间产品 X 是一种劳动密集型产品,故由资本相对丰裕的 B 国生产 Y 产品而由劳动相对丰裕的 A 国生产 X 产品 ,是符合赫克歇尔-俄林理论的。由生产 Y 技术相对占优的 B 国来生产 Y 产品而由生产 X 技术相对占优的 A 国来生产 X 产品,也与李嘉图理论相一致。

可见，拓展的李嘉图比较优势理论和赫克歇尔-俄林模型的思想仍可以解释产品内分工发生的原因。但是，运用于产品内分工中的比较优势论对传统的比较优势内涵有了新的拓展。原本比较优势理论框架的一个暗含前提就是，假设作为分工和贸易对象的产品优势。然而，产品内分工的比较优势却是在某一产品特定生产阶段的比较优势。例如，根据产品内分工，美国并不是在飞机这一最终产品上具有比较优势，美国拥有的优势在于飞机制造中的资本以及人力资本密集的环节。当国际分工的边界由产业层次转换为价值链层次后，一国的比较优势也随之不再体现在某个特定产业或某个特定产品上，而是体现在特定产品生产的价值链条中所占据的环节或工序上。因为从价值链细分的角度看，传统定义的技能、资本及技术密集型产品包含有劳动密集型环节（如笔记本电脑的塑料壳生产以及组装环节），劳动密集型产品也包含有知识技能密集型生产环节（如服装产品生产中的服装设计环节）。着眼于全球充分利用国家间的技术差异和要素价格差异来布局生产网络，从而使要素价格能够与特定生产区段的要素密集度更好地匹配起来，能更大程度上发挥各自的比较优势和优化资源配置，体现了分工深化的进步效应。

如今，以产品内分工①为基础的贸易日益成为国际贸易的重要组成部分，甚至已经发展成为国际贸易增长的推动机制，成为当今国际经济领域的热门话题之一。虽然传统的贸易理论可以解释产品内贸易出现的原因，但是一些新的现象越来越有赖于新的理论解释，比如异质企业理论对产业内公司的异质性（传统理论假设产业内公司具有同质性）对产业内资源再配置和贸易收益及产业生产率影响的解释，不完全契约和产业组织理论对跨国公司如何对产品价值链的不同部分在哪里生产决策的解释，是内部化生产还是 FDI 或者外包等，产品内分工与贸易的实践和研究都体现了国际经济不同领域日益融合的趋势。

三、产业间贸易、产业内贸易和产品内贸易

至此，我们已经介绍了目前国际分工的三种最主要的模式：产业间分工、产业内分工和产品内分工。与这三种分工对应的是贸易的三种类型：产业间贸易、产业内贸易和产品内贸易。此时，如何界定产品的概念变得十分重要。一般说来，产品分为最终产品和中间产品。最终产品是能独立发挥某种消费和生产功能的商品，也被称为一级产品。按照消费主体的不同，一级产品可分为两类：一类是家庭、政府等消费主体能够直接消费使用的最终产品；另一类是厂商之间相互提供的用于生产的机器、设备等资本二级产品（Product of the Second Order），其在自身形态上不具备独立的消费和生产功能，但是通过组装、连接或加工等程序，以原生或转换形态构成一级产品的特定组成部分。按照消费客体的不同，二级产品也可以分为两个子类：一类是零件、部件、配件、子系统组件或模块等通常称为中间产品的物品，统称为零件类二级产品（Product of the Second Order in Form of Parts）；另一类是原料如棉花、木材、化纤、钢材和其他金属等，统称为原料类二级产品。

在前面的内容中，我们也介绍了产业间贸易、产业内贸易和产品内贸易的理论以及主要的理论解释。产业内贸易是国际分工进入产业内部的结果，也是产业内部分工的表现形式。产

① 随着产品内分工规模的日益扩大，其既可以在跨国公司内部实现，也可以通过市场在不同国家的非关联企业间完成。产品内分工也有了多种不同的表述形式，如工序分工与贸易、任务贸易、零散化生产与贸易、价值链的切片或片段化贸易、全球生产网络分享，虽然名称各不相同，但内在含义基本一致。

业内分工有两种基本形式:水平专业化产业内分工和垂直专业化产业内分工。水平专业化分工就是产品从附加值和技术水平来看,没有明显的差异,主要是基于产品的品牌、设计、质量、性能、售后服务等方面差异化的分工。这种分工主要发生在发达国家之间,其存在的主要原因是因为消费者的效用函数中包括对产品多样化的偏好。垂直性产品专业化分工是基于产品在附加值和技术水平方面存在明显差异的分工。

产品内国际分工是同一产品内部不同生产工序的分工,从字面意义上来讲,同一产品必然属于同一产业,似乎产品内国际分工也可以看作产业内分工的一种特殊形态。但是,由于产品内国际分工中的产品可以分布于许多不同的产业之间,因此,鉴于国际贸易理论对产业内贸易和分工概念的标准理解,产品内国际分工既可以通过产业间分工方式来建构,也可以通过产业内分工扩展方式来实现,因而产品内分工是一种独立分工形态。

表 4—2 是对三种分工和贸易的简要归纳。

表 4—2　　国际分工模式的多层次格局

国际分工的基本类型	产业间分工	产业内分工		产品内分工
		水平型产业内分工	垂直型产业/产品内分工	水平型产品内国际分工
基于价值链视角的界定	不同产业价值链的国际分工	同一产业内不同产品价值链的国际分工	同一产品价值链上下游价值环节或工序的国际分工	同一产品价值链中技术水平和密集度相似环节或工序的国际分工
基本分工结构	垂直型	水平型	垂直型	水平型
分工的国别	发达国家和众多发展中国家	发达国家之间、发达国家和新兴工业化国家/地区之间、发达国家和部分发展中国家之间	发达国家和新兴工业化国家/地区之间、发达国家与部分发展中国家之间	发达国家之间、发达国家和新兴工业化国家/地区之间、发达国家和部分发展中国家之间
分工的基本理论依据	比较优势、资源禀赋理论	规模经济和不完全竞争的新理论	比较优势、资源禀赋、规模经济理论等	

资料来源:朱有为、张向阳,"价值链模块化国际分工与制造业升级",《国际贸易问题》2005 年第 9 期。

如表 4—2 所示,产业间分工和贸易通常由比较优势和要素禀赋理论来解释,李嘉图的比较优势理论说明的是技术差距导致生产率的差异与国际分工和贸易,要素禀赋理论说明的是要素禀赋与国际分工和贸易发生的联系。产业内分工和贸易主要由规模经济和不完全竞争因素来解释。产品内分工和贸易的主要理论解释又回到比较优势和资源禀赋,当然规模经济和不完全竞争因素对产品内分工的影响也是存在的。国际分工理论与国际贸易理论之间存在密切的联系,从分工和贸易之间的对称关系看,由要素结构和相对价格差异决定的国际分工和由偏好多样性和规模经济派生的国际分工,其中产业间分工和垂直型的产品内分工与贸易以前者为主,而产业内分工和水平型的产品内分工则以后者为主。当然任何一种分工由一种理论来解释是不现实的,除了这些我们所探讨的影响分工和贸易的因素外,竞争优势、内部化优势、交易成本,甚至制度、文化等因素也对分工和贸易的格局产生影响。

专题 4－1

产品内分工、中间品贸易(任务贸易)以及增加值统计

根据新兴古典经济学的解释,分工产生的重要诱因乃在于制度的创新引起交易效率提高。

在交易效率允许的前提下，分工就是分解和细化的问题；分得越细，专业化水平就越高，分工程度也就越高。除交易效率外，技术的可行性也是实现分工的一个必要条件。只有生产过程的各个环节在技术工艺上具有一定的可分离性，各个环节的生产能由不同的企业分别进行，才能产生产品内国际分工和贸易。中间产品的种类快速膨胀是促使产品内国际分工和贸易发展的又一原因。中间产品又可以分为硬件中间产品和软件中间产品。无论硬件还是软件产品的种类都增加非常快，使单个企业从规模经济角度出发已难以生产所有投入品。

如波音 747 飞机包含 450 万个部件，这些部件由 8 个国家的 1 600 个大型企业、1.5 万个中小型企业协作生产，最后在美国西雅图组装。汽车也是如此。以美国小汽车为例来说明“垂直专业化”，他们是这样描述的：“在一辆美国轿车的价值中，约 30%是由韩国的装配线生产的，日本的部件和技术占 17.5%，德国的设计占价值的 7.5%，中国台湾与新加坡的零件占价值的 4%，英国的广告与市场营销服务占价值的 2.5%，而爱尔兰与巴巴多斯的数据处理则占价值的 1.5%。这就是说，美国国内的产值只占 37%。”众多的零部件，以及竞争加剧和降低利润的要求，使单个企业将不断从外部购买中间产品，从而形成了产品内分工和贸易。1990 年以来，由于信息技术的发展以及贸易壁垒的降低，原来只能在一个国家内进行的最终产品的生产被分割成许多更小的环节，分为多道工序由多个国家的企业共同完成。经济全球化下应运而生的这种产品内分工方式被人们称为工序分工，对应形成的贸易模式被格罗斯曼等人(Grossman & Rossi-Hansberg，2008)称作任务贸易(Trading Tasks)。新千年以来，这种分工和贸易方式借力跨国公司的股权和非股权投资的大力发展得到迅猛推进，形成的全球价值链在世界范围内得以深入广泛地发展和延伸，目前发达国家之间大约 55%的货物贸易和 70%以上的服务贸易都是与产品内分工相关的中间投入品。

服务部门也是如此，越来越多的服务从原来的产品生产中被“解绑”出来，新的服务产品门类不断被创造。越来越多的专业化服务投入品出现的原因在于：(1)规模经济以及更为专业的服务投入，使整个制造业生产变得更为迂回，劳动生产率得以提高；(2)可以吸收外部技术进步的成果，服务投入品越来越多地承载着传输和扩散技术进步的职能；(3)定制服务元素的加入可以使制成品更为个性化和差异化。最终产品中所包含服务投入品的种类可谓多种多样：既包括传统的“黏合剂”如跨境物流、金融服务，也包括越来越重要的商务营销活动，还包括全球研发中心、全球事业部等价值链的研发和管理部门，以及新兴的大数据、数据处理与传输等信息技术服务类。随着产品复杂度空前地提高，即使是最大的组织也不可能在研发、生产和营销所有的领域都具有竞争力。近二十多年以来，跨国公司离岸外包的不仅包括低端的加工制造和传统商务类服务，而且越来越多的是处于价值链高端的研发、设计和市场调研环节。研发等原本由跨国公司母公司完成的活动细分后外包给其他国家的企业，对跨国公司来说可以获得的好处主要是：第一，提高效率或降低成本；第二，获得更多外部的智力资源(主要是知识和创新的人力资本)；第三，开发新的国外市场。

由于产品内分工和贸易的普遍发展，国际社会传统使用的对交易标的总价值进行统计的方式已不能真实地反映各国实际参与国际分工的地位和收益情况，2010 年以来，国际社会对增加值统计的重视不断加强。增加值贸易的实证研究最早来自于胡梅尔斯等(Hummels et al.，2001)关于垂直专业化的衡量，他们用进口中间品占总出口的比重计算出口的外来附加值(VS 指数)来衡量一国垂直专业化的程度，这就是 HIY 方法。VS 指数的计算中强调了总出口中的国内和国外两类增加值来源。由于该方法存在未考虑出口中的加工贸易和转口贸易以及局限于一国的投入产出表分析等问题,库普曼(Koopman et al. ,2012)通过构建全球多部门投入产出数据库,将国内增加值统计从单一国家拓展至地区乃至全球。同时根据增值出口的目的地对国内增加值进一步细分,多层次地对一国贸易中的国内与国外增加值进行估算,这就是 KPWW 法。具体来说,该方法将出口分解为国内增加值出口和国外增加值出口两部分(国内增加值会增加该国的 GDP 总量而国外增加值不会),再根据国内增加值出口的目的地以及是最终产品还是中间品,将国内增加值进一步划分为直接用于进口商消费的最终产品和服务、用于进口商生产国内所需的中间品和用于进口商生产第三国所需的中间品。

主要参考文献:

[1]G. M. Grossman, E. Rossi-hansberg., Trading Tasks: A Simple Theory of Offshoring, *American Economic Review*, 2008, 98:5.

[2]Hummels, D. , J. Ishii, and K. Yi., The Nature and Growth of Vertical Specialization in World Trade, *Journal of International Economics*, 2001, 54(1):75—96.

[3]Koopman, R. , Z. Wang, and Shang-Jin Wei, Estimating Domestic Content in Exports When Processing Trade is Pervasive, *Journal of Development Economics*, 2012, 99(1):178—189.

专题 4-2

技术差距、生命周期理论和产业间贸易

根据经济学家克拉维斯 1956 年提出的方法,国际贸易的归因在于进口商品在本国是不可得的。这种不可得性可能是由于资源或要素的缺乏导致的绝对不可得,也可能是由于技术或其他原因导致过高的成本引起的相对不可得。技术差距就是一种相对不可得导致的国际贸易。作为研究活动和企业家精神的产物,新产品的诞生使创新国享有垄断地位,因此在其他国家没有模仿出来前国际贸易被创造出来。

根据赫希(1967)和弗农(1966)的理论,新产品的生命周期可以划分为三个阶段:新产品的引入期、成熟期和标准化时期,这三个阶段对应着不同的国际贸易特征。

在新产品阶段,根据弗农的观点,企业家掌握新机会以及对它们做出反应的能力是市场通信便利的函数,而市场通信便利与否则依赖于地理距离的远近。因此,在这一阶段,新产品的生产将位于创新厂商所在国,为其国内市场服务。

当新产品完全占领国内市场时,生产者开始通过出口的形式进入国外市场。厂商虽然也可能通过给国外的生产者发放许可证或者通过直接在有需求的国家中生产的方式进入,但就新产品而言,由于国际的技术市场如许可和专利市场往往是不完全的,自己生产还是一个占优选择。至于是否考虑在国外建厂生产,需要衡量出口和建厂生产的成本。如果目标地外国没有出现相同产品的生产者或者对新产品的严格限制,出口很可能是成本较低的方式。所以在新产品的逐渐成熟阶段,创新国可能对发达国家市场出口,产业间的国际贸易发生了。

当进口国国内也出现相同产品的生产者时,新产品的厂商也可能在国外发达国家建立自己的子公司生产销售。从创新国向这些国家的出口逐渐减少为零,同时该创新国将继续向发展中国家出口。最后当产品进入标准化时期,生产成本将起到重要作用,此时把生产单位设在发展中国家将有利可图。创新国将可能成为这个商品的进口国,发展中国家将成为这个商品的出口国。

可见,在新产品的成熟与标准化时期,都有产业间贸易的发生,创新国是该产品成熟时期

的出口国，发达国家和发展中国家是该产品的进口国；而到标准化时期，创新国成为该产品的进口国，进口和出口的方向是单一确定的。跟正文用来解释产业内贸易的关键区别是，我们这里假设该产品是完全相同的，而用来解释产业内贸易时，产品差异往往是必不可少的因素。

主要参考文献：

[1]Hirsch, S., Location of Industry and International Competitiveness, Oxford: Oxford University Press,1967.

[2]IB Kravis "Availability" and Other Influences on the Commodity Composition of Trade, *Journal of Political Economy*,1956,64 (Volume 64,Number 2) :143—155.

[3]Raymond Vernon, International Investment and International Trade in the Product Cycle, *The Quarterly Journal of Economics*,1966(5),Vol. 80,No. 2:190—207.

本章小结

目前国际分工有三种主要的模式：产业间分工、产业内分工和产品内分工。与这三种分工对应的是贸易的三种类型：产业间贸易、产业内贸易和产品内贸易。本章首先介绍了放松 H-O 理论假设对理论结论的影响；其次，探讨了产业内贸易的含义与主要理论；最后，讨论了跨国公司垂直化生产与产品内分工的产生，以及产品内分工和贸易的相关理论。

主要概念及术语

1. 产业间贸易(Inter-industry Trade)
2. 产业内贸易(Intra-industry Trade)
3. 产业内贸易指数(Intra-industry Trade Index)
4. 垄断竞争(Monopolistic Competition)
5. 规模经济(Economy of Scale)
6. 产品生命周期理论(Product Cycle Model)
7. 需求偏好相似(Similar Preferences of Demand)
8. 多样化偏好(Love of Variety Approach)
9. 产品内专业化分工(Intra-product Specialization)
10. 垂直型非一体化(Vertical Disintegration)
11. 产业间分工(Inter-industry Specialization)
12. 产业内分工(Intra-industry Specialization)
13. 产品内分工(Intra-product Specialization)
14. 产品内贸易(Intra-product Trade)

思考讨论题

1. 放松 H-O 的理论假设对其理论结果有何影响？
2. 何为产业内贸易？测量的主要指标是什么？
3. 垄断竞争如何导致产业内贸易的发生？
4. 为什么说规模经济是国际贸易的独立源泉？
5. 需求偏好相似是如何解释产业内贸易发生的？
6. 还有什么理论也解释了产业内贸易的发生？
7. 何为产品内贸易？产品内贸易有哪些主要理论解释？

第五章 经济增长与国际贸易

学习要点

1. 平衡型经济增长与国际贸易；
2. 出口偏向型经济增长与国际贸易；
3. 进口偏向型经济增长与国际贸易；
4. 需求偏好的改变与国际贸易。

第一节　平衡型经济增长与国际贸易

此前的分析多是在各国的生产要素、技术条件不变(生产可能性曲线形状不变)、各国的需求偏好一定(社会无差异曲线形状不变)的前提下,对贸易的基础和利益进行了分析和讨论。但是随着时间的推移,一国的生产要素存量会发生变化,技术也会进步。这些变化必然导致生产可能性曲线变动,不仅如此,一国的需求偏好也会随时间的推移而发生变化,产生新的社会无差异曲线。

具体地说,在某一时点上,各国要素禀赋量不同、技术不同,导致各国的生产可能性曲线不同。如图 5—1 所示,如果美国与瑞士相比,从自然资源、劳动力、资本和技术的绝对储备量和水平上来看更多、更先进的话,其结果就会表现为美国的生产可能性曲线比瑞士更大、离原点更远。而在生产小麦(W)和衣服(C)两者之间,美国比英国更多地拥有生产小麦的生产要素和技术。因此,美国的生产可能性曲线偏向生产小麦的方向,而英国生产可能性曲线偏向生产布的方向。可见,某一时点上一国的生产可能性曲线的形状、大小依存于当时该国可利用的生产要素和技术条件。

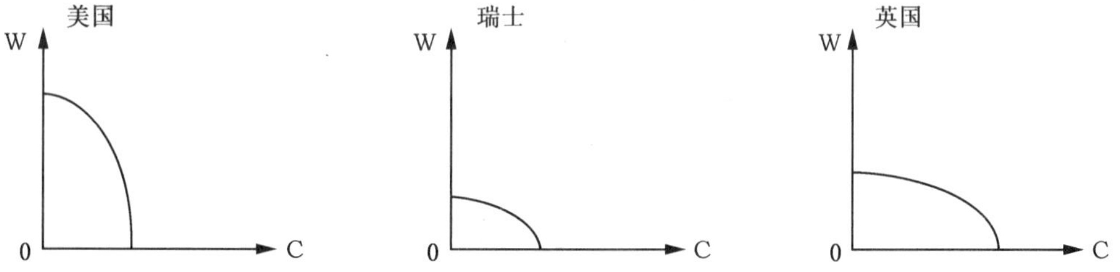

图 5—1　不同的生产可能性曲线

但是,一国可利用的生产要素和技术水平会随时间的变化而变化。比如,一国人口的增加导致劳动力供给量的增加。随着教育投入的增加,一国的人力资本拥有量和技术水平也会提高。工厂、设备、港湾、机场等货物资本也会增加。矿物资源、农地等自然资源随着人们的开发会逐渐枯竭,但随着新的技术、新的发现等的产生,人们可以找到替代资源。由此可见,一国可利用的生产要素随时间的变化而变化,技术也随时间的推移而不断改善。

因此,一个国家的生产可能性曲线和比较优势绝不是一成不变的,只有在先前静态的分析中才是不变的。随时间的变化,比较优势也同样发生变化。如 20 世纪 70 年代开始,美国失去了它在轿车、钢铁领域的比较优势。再比如,日本在 20 世纪 50、60 年代,劳动密集型产品曾是其比较优势产品;但到了 20 世纪 70、80 年代后,这一优势让给了韩国、新加坡、中国香港等当时劳动力价格便宜的国家和地区;进入 80 年代中期,这种优势又转移到了中国等发展中国家。

总之,一国的生产要素、技术条件是随时间变化而变化,是动态的,一般表现为不断地增长或成长。这些动态的成长因素将对一国的贸易条件、贸易量、贸易利益以及比较优势产生什么影响? 这是本章所要探讨的内容。

一、要素供给量的增加、技术进步与生产可能性曲线

这里具体考察要素供给量的增加和技术进步会对生产可能性曲线有何影响。为了讨论问题简便，这里仍沿用前几章的假设：(1)两种要素即资本和劳动；(2)规模报酬不变；(3)两个国家(英国、美国)生产两种产品(衣服C是劳动密集型产品，小麦W是资本密集型产品)。

(一)要素供给量增加与生产可能性曲线

图5—2中的T曲线为英国要素供给量增长之前的生产可能性曲线。如果随时间的推移，英国的劳动和资本增加的话，那么它的生产可能性曲线也会外移。外移的形状和程度取决于劳动和资本的增长比率，可能出现以下三种情况：

(1)如果劳动和资本同比率增长，那么生产可能性曲线将按两要素的增长比率同时向两个方向外移，如图5—2所示，T'为增长后的生产可能性曲线。具体来说，如果劳动和资本两要素都增加1倍，那么在规模报酬不变的情况下，每种产品的最大化产量也增加1倍。结果，新、旧曲线两点的斜率相等，两条线切线斜率的相同点被源于原点的射线相交，这是平衡增长。

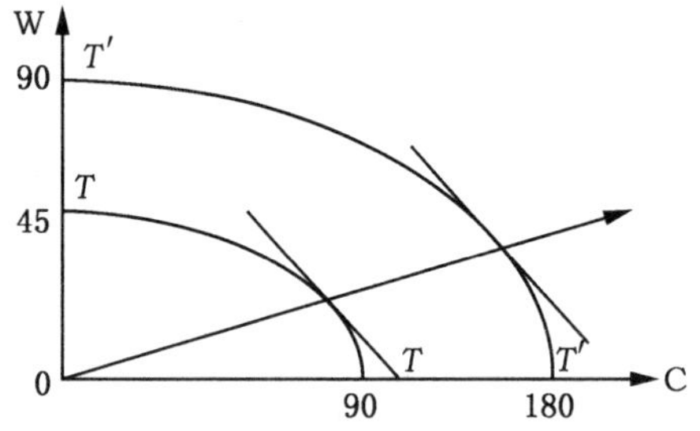

图5—2 劳动和资本同比率增长时的生产可能性曲线

(2)如果只有劳动这一要素增加或劳动要素的增长超过资本要素的话，由于劳动同时投入两种商品的生产，劳动在一定程度上可替代资本，故两种产品量都会增加。但由于劳动密集型产品的增加将快于资本密集型产品的增加，那么生产可能性曲线将更多地向劳动密集型产品的C轴方向扩展。如图5—3所示，生产可能性曲线从TT向$T'T'$移动。

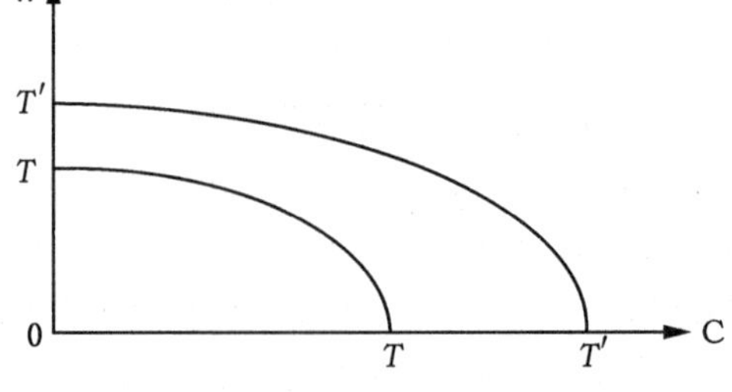

图5—3 只有劳动增长时的生产可能性曲线

值得注意的是，如果仅劳动增加1倍的话，那么C的最大产量并不是同样增加1倍。这是

因为仅劳动增加时，劳动将投入于两种产品的生产，一部分劳动用在了资本密集型产品的生产，故C产量不会增加1倍，而这时W也会增加产量。如果C的产量增加1倍，需要劳动和资本的数量同样增加1倍。

(3)如果只有资本这一要素增长或资本的增长超过劳动，生产可能性曲线更多地向资本密集型的W轴方向扩展。如图5—4所示，生产可能性曲线从TT向$T'T'$移动。同样，如果资本增加1倍，W的最大产量增加也不到1倍。要素增长不成比例时的增长被称为非平衡增长。

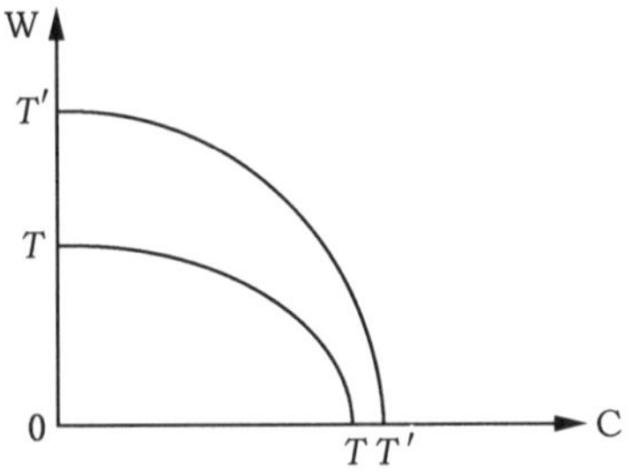

图5—4　只有资本增长时的生产可能性曲线

以上即为英国不同的要素增长情况对生产可能性曲线所产生的三种不同的影响模式。

(二)中性技术进步与生产可能性曲线的变化

如果英国要素供给量没有变化，而是出现了技术进步，对生产可能性曲线同样会产生影响。这是因为一切技术进步都能在给定产量水平上既减少劳动又减少资本的使用；也就是说，所有类型的技术进步都使该国的生产可能性曲线向外移动，但外移的类型和程度取决于技术进步的类型和速度。

根据英国经济学家约翰·希克斯对技术进步类型的定义，技术进步可以划分为中性、劳动节约型、资本节约型三种类型。

中性技术进步指劳动和资本同比例节约，因而出现中性技术进步后，资本/劳动的相对要素价格(工资率/利率)比例不变。由于工资率/利率比率未变，生产过程中不会发生劳动替代资本或相反情况，因而资本/劳动比率保持不变，所发生的只是生产原来的产量仅需要较少的劳动和较少的资本，或在现有的劳动和资本下，生产更多数量的产品。

劳动节约型技术进步指资本要素生产效率的增加大于劳动生产效率的增加。结果有部分资本替代劳动，在工资率/利率比率不变的情况下，资本/劳动比率上升；对每单位劳动，由于现在使用更多的资本，因而这种技术进步称为劳动节约型。这时可使用较少单位的劳动和资本达到原来的产量，但资本/劳动比率上升。

资本节约型技术进步指劳动要素生产效率的增加大于资本生产效率的增加，在工资率/利率比率不变的情况下，发生以劳动替代资本及劳动/资本比率上升的情况。由于每单位资本使用更多的劳动，这种技术进步称为资本节约型。这样达到原有产量现在只需较少的劳动和资本，但劳动/资本比率上升。

由于技术进步对生产可能性曲线的影响的分析相对复杂，以下只介绍中性技术进步对生产可能性曲线的影响。发生中性技术进步时，劳动和资本的效率同比例增加，其结果是在要素相对比率不变的情况下,生产相同数量的商品所需的资本和劳动等比例下降。

中性技术进步发生后对生产可能性曲线产生的影响也有三种类型。(1)当中性技术进步发生在两种商品的生产中并且速度相同时,该国的生产可能性曲线与图 5－2 相同,均衡地向右移动。(2)当中性技术进步只发生在 C 产品的生产中时,对每一水平的 C 的产出都增加 1 倍。例如,如果 W 的产出为 60 不变,那么 C 的产量从原来的 50 上升为 100,该国的生产可能性曲线会出现如图 5－5这样的变化。(3)当中性技术进步只发生在 W 产品的生产中时,那么该国的生产可能性曲线则会出现如图 5－6 这样的变化,对每一水平 W 的产出都增加 1 倍。例如,如果 C 的产量从原来的 50 不变,W 的产出由原来的 60 上升为 120。

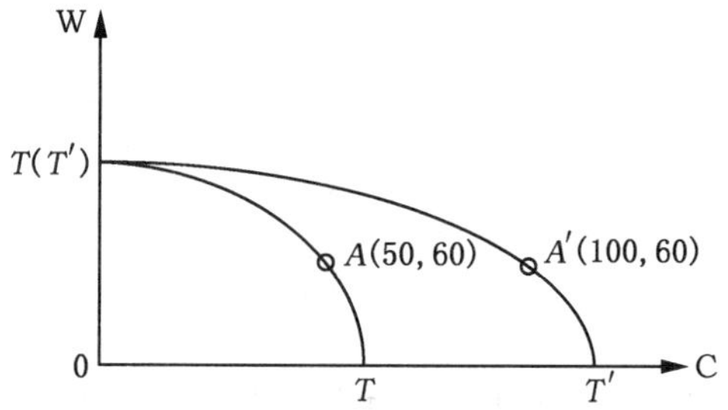

图 5－5　C 产品部门的中性技术进步与生产可能性曲线

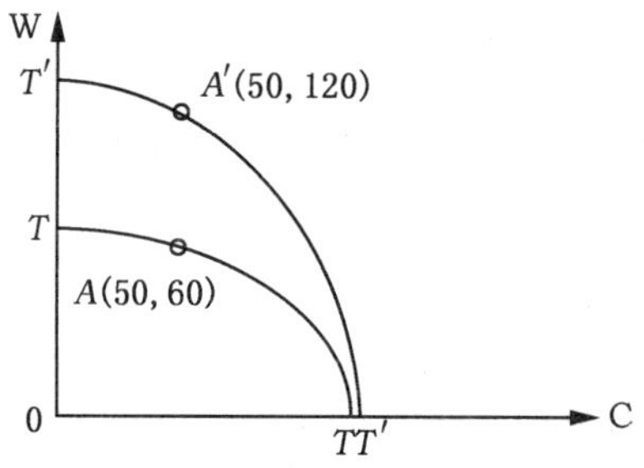

图 5－6　W 产品部门的中性技术进步与生产可能性曲线

通过上述介绍,我们知道无论是要素供给的增长还是技术的进步,都将向外推移一国的生产可能性曲线。在我们的介绍内容中,生产可能性曲线向外推移的类型大体可归纳为三种:一是偏向横轴的推移,二是偏向纵轴的推移,三是同比例向外推移。假设英国 C 产品有比较优势,英国出口 C 产品,进口 W 产品。根据这一假设,我们可以将上述三种类型的生产可能性曲线变动定义为:(1)偏向横轴推移的为出口偏向型经济增长(Export-biased Growth);(2)偏向纵轴推移的为进口偏向型经济增长(Import-biased Growth);(3)同比例向外推移的为中立型经济增长。

前两种增长我们都称为非平衡型增长(Non-balanced Growth),第三种增长为平衡型增长(Balanced Growth)。当出现平衡型增长时,在图形上表现为增长前后的两条曲线与任何原点发出的射线相交时,两个交点的斜率相等。此时,要素的相对价格不变,在生产过程中不会发生劳动替代资本或资本替代劳动的情况,原有的要素使用比例不变。当两种商品的规模报酬不变时,生产效率及劳动与资本的回报率在增长前后都不变。即使是平衡型经济增长,一国的要素供给量的增加或者技术进步，会推动该国的生产可能性曲线向远离原点的方向移动，在需求偏好不变的情况下，当本国是世界市场的大国时，这种变化将改变贸易量和贸易条件，当然也会改变两国间贸易利益的分配。

而非平衡型增长更为复杂。首先贸易条件会根据国家规模大小而变化，同时，由于有偏性的增长，两种要素的相对价格会发生变化，此时生产中会出现要素使用上的互相替代，要素比例发生变化，要素的报酬也发生变化。如仅劳动增长或劳动比资本增长快，则资本/劳动比率及劳动的生产效率、劳动的回报率、平均每单位劳动的收入都下降。反之，仅资本增长或资本比劳动增长快，资本/劳动的比率及劳动的生产效率、回报率及平均收入上升。以下假设美国要素供给量和技术条件不变，通过考察英国生产可能性曲线的几种变动类型讨论三种增长对贸易条件、贸易量和贸易利益的影响。

二、平衡型经济增长与国际贸易

以下仍以英国为例先讨论发生中立型经济增长时的情况。我们首先假设英国是一个大国。经济学中的所谓大国，其核心就是它能够对世界或世界的某个方面产生重要影响。主要标志是一个国家能够成为某种国际市场中价格的制定者(Price Maker)，而不是被动接受者(Price Taker)，即对世界市场某种商品的价格具有影响力。

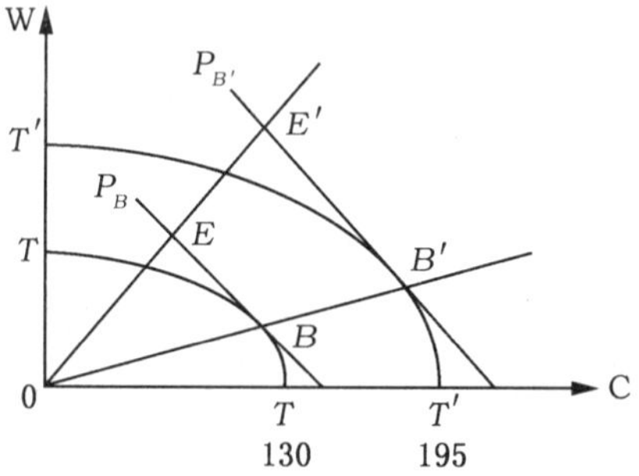

图 5—7　平衡型经济增长的生产可能性曲线

图 5—7 中，TT 生产可能性曲线上的 B 点，是英国经济增长前自由贸易时的生产点，英国与美国贸易后在 E 点消费。E 点是经济增长前的均衡点，是根据图 5—8 的提供曲线中增长前两国提供曲线的交点所确定的英国增长前的消费点。

假设英国发生了平衡型经济增长，图 5—7 中生产可能性曲线由 $TT \rightarrow T'T'$。随着经济的增长，如果英国保持需求偏好不变，按照经济增长前的贸易条件与美国进行贸易的话，从图 5—7 可知，英国将在 B' 生产，在 E' 点消费。根据英国新的消费点和相应的贸易三角形可得到图 5—8 中英国新的提供曲线 $U.K'.$。从图 5—8 可以得知，在 $P_{B'}$ 等于 P_B 这一贸易条件下，英国所希望的贸易量均大于美国所希望的贸易量，英国 C 的供给＞美国对 C 的需求，英国对 W 的需求＞美国 W 的供给。这种供求关系使 C 的价格下降、W 的价格上升，导致英国减少 C 的生产和减少 W 的进口，在保持需求偏好不变的情况下，图 5—7 中英国将沿 $T'T'$ 的生产可能性曲线从 B' 向左上方移动，在 B' 左上方的某一点上生产 C 并与美国交换 W，按 P_F 的贸易条件出口 C、进口 W，在 F 点消费(图 5—7 未显示)，而 F 点是两国新的国际收支平衡点，即在这点上各种产品的进口额等于出口额。在图 5－8 上，F 点是英、美两国新的提供曲线交点。这时英国的出口等于美国的进口，而美国的出口也等于英国的进口，F 点就是新的均衡点，通过 F 点的 P_F 就是新的均衡世界市场价格。

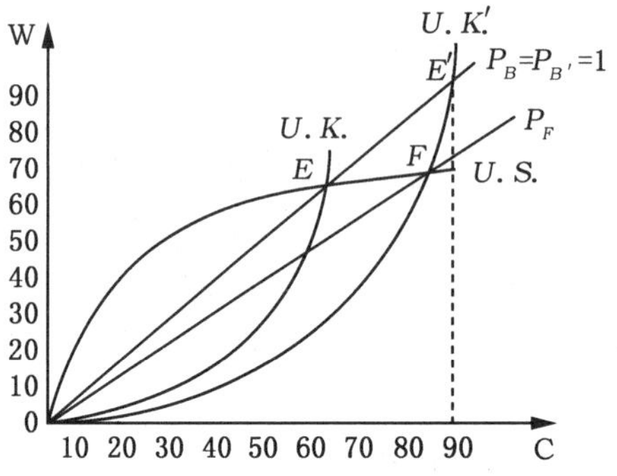

图 5－8　大国经济增长与贸易条件

从上述的讨论可以得知，一大国出现了平衡型经济增长后，需求偏好不变的条件下，该国贸易条件恶化、贸易量增加。由于贸易条件的恶化，经济增长后的一部分利益转移给了他国。这种现象的产生是因为一国在经济增长后，按经济增长前的贸易条件希望进行比经济增长前更多的贸易量所造成的。如果总人口比率不变，平衡型增长的人均真实收入和福利也保持不变。

上述分析的现象在经济增长后的大国一般有可能发生。但当增长国为一小国，其出口量对世界来说微乎其微，可以忽略不计时，其出口增加时面临不变的世界市场价格。在上例中，始终可以按照 P_B 的价格交换到足够商品。在图 5－8 中，对于一个小国来说，所面临的只是对方提供曲线非常狭窄的一小部分，因此，对方国家的提供曲线对本国来说就是直线 EE'，那么现在小国经济增长后的均衡进出口点就在 E' 点，该国在 P_B 的价格下可以用 90C 交换 90W。现在的消费点可以达到图 5－7 中的 E' 点(从图 5－8 亦可得到确认)。此时的经济增长没有贸易条件恶化的负效应，无疑能带来福利水平的提高。因此，小国的经济增长由于没有贸易条件恶化的负效应，更可能带来福利水平的提高。

第二节　出口偏向型经济增长与国际贸易

一、要素供给不平衡增长与雷布津斯基定理

要素供给量的增加高低不等时，如果商品价格不变，就会出现产出变化极不对称的趋势。具体地说，商品价格一定的条件下，如果其中一种生产要素供给量增加，另一种生产要素的供给量不变，这将导致密集使用增加的生产要素的产品的产量增加，而密集使用另一种生产要素的产品的产量将会减少。这就是雷布津斯基定理(Rybczynski Theorem)的主要内容。

如图 5－9 所示，假设英国从自由贸易的均衡点 B 出发，当英国的劳动力增加，而资本不变，在产品的相对价格为一定的条件下，英国将增加 C 产品的生产并出口，而减少 W 产品的生

产。这是由于商品价格在单一要素增加时保持不变，所以要素的相对价格也保持不变。但是仅在资本/劳动比率及两种商品的劳动和资本的生产率都不变，生产各种产品的要素组合为一定时，要素价格才不变。如果劳动力增加，资本未同幅度增加，那么吸收增加的劳动力，并保持两种商品的资本/劳动比率不变的唯一方法，就是该国将劳动力投入劳动密集型产业。在劳动集约型产业中，劳动力的增加必须配备一定数量的资本，这样就必须降低资本密集型产业的产量，使一部分资本向劳动密集型产业转移。同时，原有与资本相配备的劳动力也会一起转移过来，经过调整后两种产品的要素搭配比例保持不变。

用函数式表示为：

$$\frac{K_C}{L_C}=\frac{K_C+\Delta K_W}{L_C+\Delta L+\Delta L_W}$$

$$\frac{K_W}{L_W}=\frac{K_W-\Delta K_W}{L_W-\Delta L_W}$$

上式中，ΔL 为增加的劳动力数量，ΔK_W 和 ΔL_W 分别为从 W 部门转移至 C 部门的资本和劳动力数量。这种调整最终导致缩小了资本密集型产品的生产，扩大了劳动密集型产品的生产。在图 5－9 中，劳动增加前 C 和 W 的产量是(120，20)，劳动增加后 C 和 W 的产量是(180，10)。图中连接 *BM* 两点的曲线称为雷布津斯基曲线。偏向 *X* 轴商品的经济增长，雷布津斯基曲线向右下方倾斜。

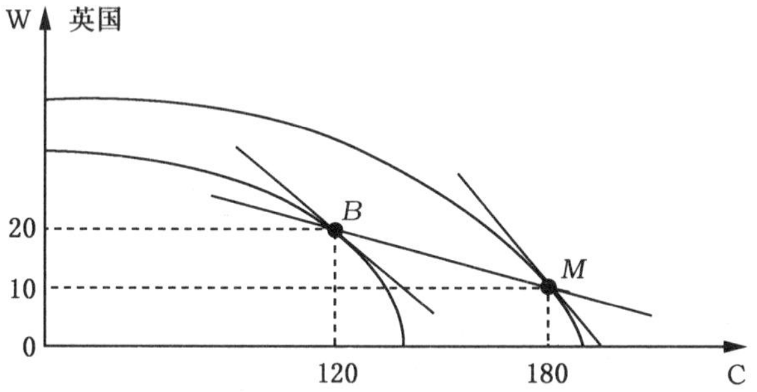

图 5－9 英国出口偏向型经济增长与雷布津斯基曲线

英国在要素供给量、技术水平变化之前，在图 5－10 中，于 *TT* 的生产可能性曲线的 *B* 点上生产，出口 60C、进口 60W，在社会无差异曲线Ⅲ上的 *E* 点消费，可以达到的福利水平由无差异曲线Ⅲ表示。假设美国的生产可能性曲线没有变化。把英、美两国的贸易三角形放进图 5－12 中形成两国的提供曲线，交叉于 *E* 点，贸易达到均衡，P_B 为均衡的贸易条件。如果此时英国发生了出口偏向型经济增长(劳动增加或 C 产业技术进步)，这种经济增长对英国来说，究竟引起贸易条件如何变化，进而引起福利水平如何改变，需分大国和小国情形分别讨论。

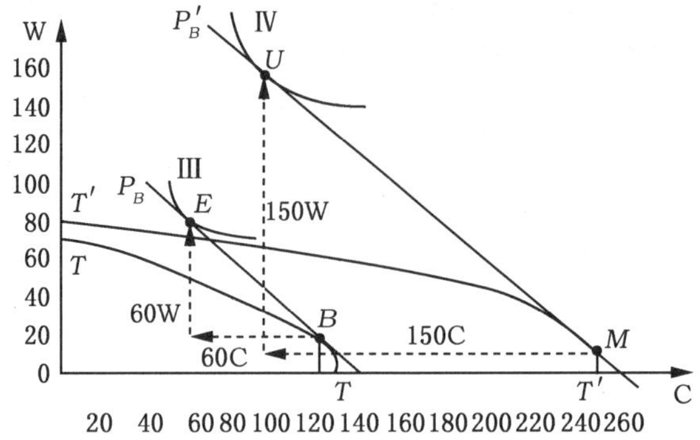

图 5—10 小国出口偏向型经济增长

二、出口偏向型经济增长的小国模型

C 是劳动密集型产品，如果英国的劳动增加 1 倍，其生产可能性曲线将向外移，在图 5—10中导致生产可能性曲线由 TT 向 $T'T'$ 移动。根据雷布津斯基定理，生产点由 B 转移到 M 点。如果需求偏好一定、贸易条件不变，英国将在 M 点上生产，偏好不变时，出口 150C 和进口 150W，在无差异曲线Ⅳ上的 U 点上消费，现在的福利水平可达社会无差异曲线Ⅳ。从图中看，如果是小国，即使是出口偏向型经济增长也可使该国总福利水平提高，虽然对于单个消费者来说可能未必如此。

三、出口偏向型经济增长的大国模型

如果英国是世界经济中的大国，其出口偏向型经济增长就会对世界市场价格产生影响，恶化本国的贸易条件，对福利的影响也更为复杂。英国出口部门密集使用的要素——劳动供给量增加，开始会导致生产可能性曲线、生产点和提供曲线发生在上述小国时一样的移动。把新的贸易三角形以及新的生产可能性曲线上的众多贸易三角形放进图 5—12 中，可得到一条新的英国的提供曲线。如图 5—12 所示，英国新的提供曲线为 $U.K_1^*$。但在图 5—12 中可知按原先 P_B 的交易条件，英国的 C 的供给相对过剩了（英国希望出口 150C，而美国希望进口 60C）。同时在这一贸易条件下，英国希望进口的 W 也大于美国愿意提供的 W 的数量（英国希望进口 150W，而美国只愿出口 60W）。由于两国的供给与需求不同，不能满足开放状态下的国际收支平衡要求，故两国的提供曲线无法相交。这必然导致 C 的价格下降，W 的价格上升。C 产品价格的下降导致 C 产品生产的减少，英国移至 N 点生产，以 P_G 的贸易条件出口 140C、进口 70W（见图 5—11）。而两国提供曲线新的均衡点相交于 R 点，这时的贸易条件为 P_G。显然对英国来说，与 P_B 相比，P_G 的贸易条件是不利的（见图 5—12）。

根据上述的分析发现，一大国出现了出口偏向型增长，在其他条件不变的情况下，该国如果希望更多地进行贸易，那么会出现以下结果：

第一，一般情况下，贸易条件恶化。

第二，贸易量增加。出口偏向型经济增长是顺贸易的增长 (Pro-trade Development)。

第三，经济增长所带来的利益，一部分为贸易对方所获取。此时，经济增长对增长国的福利影响会产生两种截然不同的效果。一方面，经济增长可以带来福利水平的提高；另一方面，贸易条件的恶化又会对福利产生不利影响。经济增长的净福利效应取决于上述两种相反影响力量的对比。在图 5—11 中，本国经济增长的效应使福利可以从社会无差异曲线Ⅲ提高到Ⅳ，可以增加福利（Ⅳ－Ⅲ）。但由于贸易条件恶化导致福利降低，最终增长国的福利只上升到Ⅴ，福利上升了（Ⅴ－Ⅲ）。

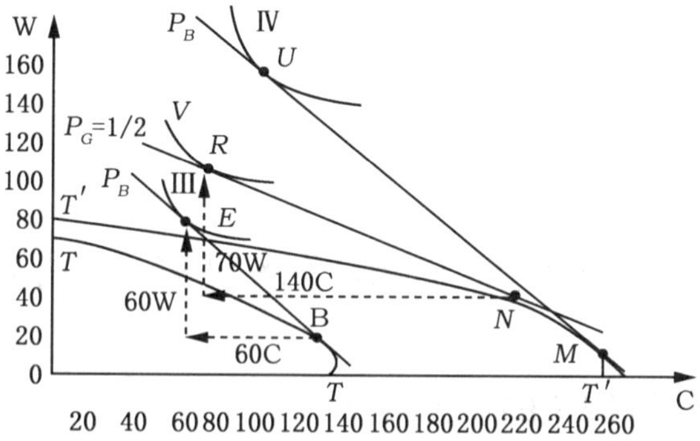

图 5—11 大国出口偏向型经济增长

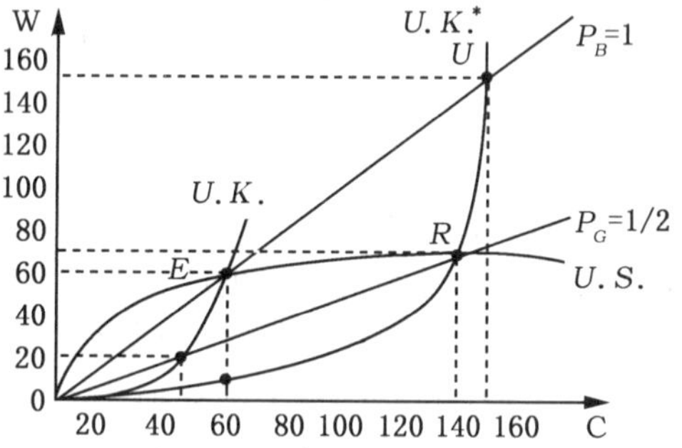

图 5—12 大国出口偏向型经济增长的贸易条件分析

本国贸易条件恶化，表明对方国家的贸易条件将改善，本国福利恶化下降的福利实际上以“转移支付”的形式为贸易伙伴国所享有。如果转移至他国的利益超过了经济增长利益，那么增长国的福利将会出现绝对下降，这种情况就被称为“不幸的增长”（Immiserizing Growth）或“贫困化增长”。在图 5—13 中，增长后的贸易条件恶化如此剧烈，使世界价格由增长前的 P_B 下降到增长后的 P_G。社会福利由无差异曲线Ⅲ降低到Ⅴ，福利水平出现绝对下降现象。

“贫困化增长”是一个著名的国际经济学命题，不同的经济学家对此持有不同看法。一般认为，“贫困化增长”并不是经常出现的情形，需要具备以下条件：(1)经济增长发生在偏向出口的部门；(2)该国的经济增长使世界市场上该产品的价格大幅下降；(3)该产品的需求价格弹性低；(4)该国的经济依赖于此产品的出口收入。

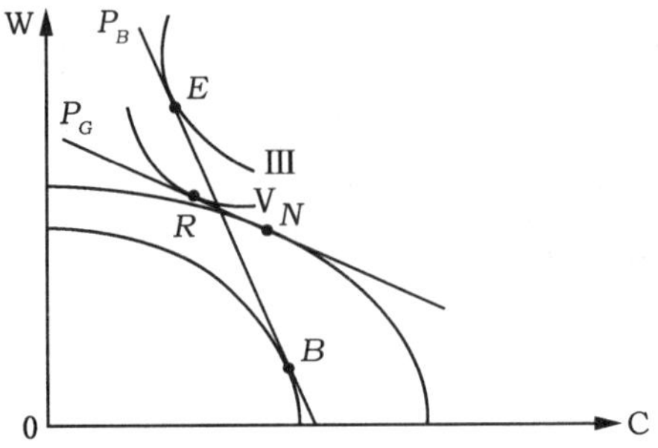

图 5－13　贫困化增长

第三节　进口偏向型经济增长与国际贸易

一、进口偏向型经济增长的小国模型

英国是 C 的出口国和 W 的进口国，C 是劳动密集型产品而 W 是资本密集型产品。如果经济增长是发生在 W 部门，如资本禀赋的增加或 W 部门发生的技术进步，则发生的是进口偏向型经济增长。其对贸易条件的影响和经济增长的利益也视英国是小国还是大国而不同。首先我们讨论英国是小国的情形。

在要素供给量、技术水平变化前的生产可能性曲线 T 与图 5－10TT 相同，于 B 点生产出口 60C，进口 60W，在社会无差异曲线Ⅲ的 E 点上消费。

图 5－14 是假设英国资本要素增加时的情形。生产可能性曲线 T 向 T' 移动。根据雷布津斯基定理，此时的生产点由 B 点移动到 S 点，W 的生产量增加而 C 的产量减少。如果偏好不变、贸易条件不变，英国在 S 点生产，用 15C 与美国交换 15W，就可以在 Z 点消费。此时，由于假设英国是小国，对英国来说，面临的是美国提供曲线不变的部分，所以近似一条直线，意味着英国可以在原来的贸易条件下交换任何数量的商品。

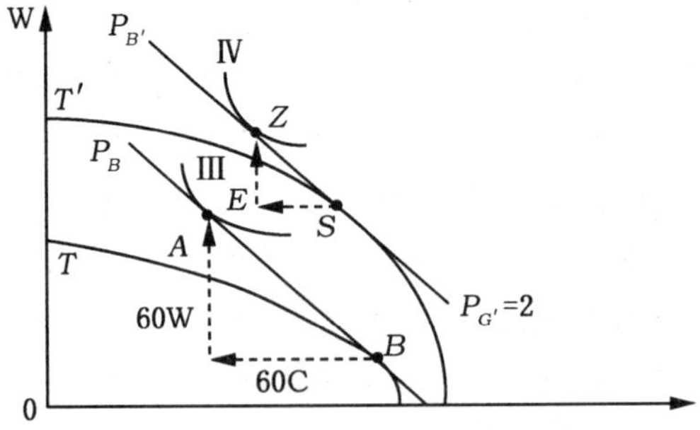

图 5－14　小国进口偏向型经济增长

此时，英国在 S 点生产、Z 点消费，社会福利可达社会无差异曲线Ⅳ。可见，进口偏向型要素增长，使小国的福利水平提高了，贸易条件不变。在消费偏好不变的情况下，本国的贸易量减少了，所以进口偏向型经济增长是逆贸易的增长（Anti-trade Development）。

二、进口偏向型经济增长的大国模型

如果英国是大国则不同了。英国在要素供给量、技术水平变化前的生产可能性曲线 T 与图 5—14 相同，于 B 点生产出口 60C，进口 60W，在社会无差异曲线Ⅲ的 E 点上消费，该点与图 5—16 的提供曲线的 E 点相同。

假设英国仍发生的是进口偏向型经济增长。生产可能性曲线和生产点都会移动，如果贸易条件不变的话，英国将在 S 点生产，用 15C 与美国交换 15W 在 Z 点消费（见图 5—15）。这时形成英国新的提供曲线 $U.K'$（见图 5—16）。但是，$P_{B'}$ 等于 P_B 时，英国所愿意进行的出口量小于美国在 P_B 贸易条件下所希望进行的进口量（15C<60C），即 C 的供给小于需求，这将导致 C 的价格上升，而 W 的供给大于需求，这将导致 W 价格的下降。C 的价格上升假设使英国扩大到 N 点进行生产，这时英国希望按 $P_{G'}$ 贸易条件出口 20C 与美国交换 40W，在 J' 点消费（见图 5—15）。在图 5—16 中，J' 点是英国生产可能性曲线变动后与美国形成的新的贸易均衡点。

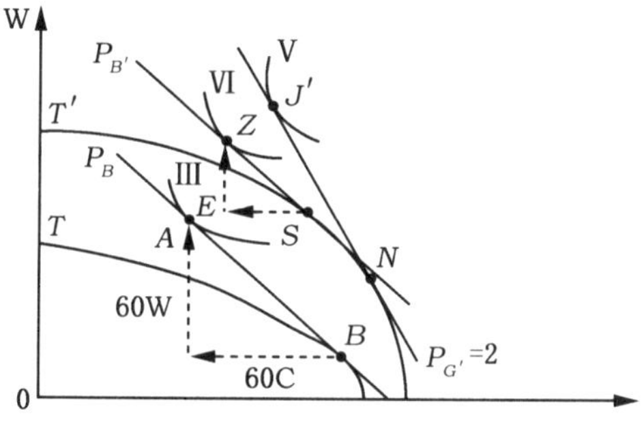

图 5—15 大国进口偏向型经济增长

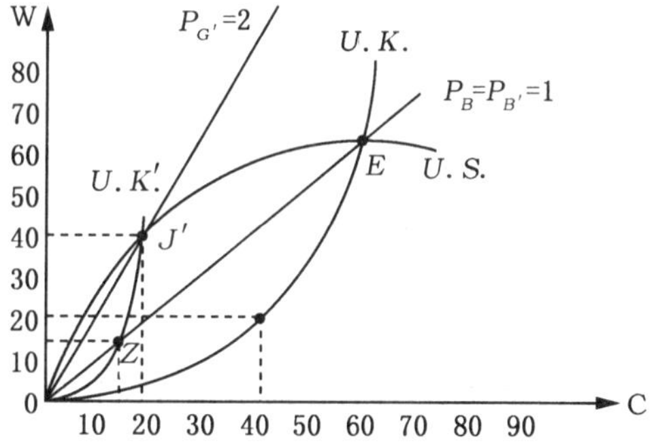

图 5—16 大国进口偏向型经济增长与贸易条件

此时，由于本国贸易条件的改善，本国的福利水平可以进一步得到增进。经济增长使福利水平从社会无差异曲线Ⅲ上升到Ⅳ；贸易条件的改善使福利进一步改善，从社会无差异曲线Ⅳ上升到Ⅴ。可见，进口偏向型要素增长使大国贸易条件改善，福利水平进一步提高。在消费偏好不变的情况下，本国的贸易量减少了，进口偏向型经济增长仍然是逆贸易的，但对大国来说因此改善了本国的贸易条件。

上述模型可以用来说明发展中大国（一般认为是劳动相对丰裕而资本缺乏的）吸引外资后的国际贸易和福利水平的变化。引进外资甚至可能根本性改变本国的比较优势产品，进而逆转本国的进出口商品结构。如图 5—17 所示，增长前该国的生产点为 B，出口一部分 C，进口一部分 W，消费在点 E，可以达到的福利水平是无差异曲线Ⅲ；增长后，该国的生产点为 N，出口 W 产品而进口 C 产品，现在的消费点为 J'，福利水平是社会无差异曲线Ⅳ。W 产品由原先的进口商品变为本国的出口商品，说明这样偏向 W 的经济增长（或者是 W 生产密集使用的要素增加或者是 W 部门发生了技术进步）已经逆转了本国的比较优势，进口部门由比较劣势部门变为比较优势部门。

2. 非平衡增长(Non-Balanced Growth)
3. 雷布津斯基定理(Rybczynski Theorem)
4. 出口偏向型经济增长(Export-biased Growth)
5. 进口偏向型经济增长(Import-biased Growth)
6. 贫困化增长(Immiserizing Growth)
7. 顺贸易的增长(Pro-trade Development)
8. 逆贸易的增长(Anti-trade Development)

思考讨论题

1. 要素等比例增加和不成比例增加时,生产可能性曲线会出现怎样不同的变化?
2. 在进口和出口两个部门发生的中性技术进步,生产可能性曲线分别如何变化?
3. 大国发生的平衡型经济增长对国际贸易有何影响?
4. 出口偏向型经济增长在什么条件下导致增长国的“贫困化增长”?为什么?
5. 进口偏向型大国经济增长会对本国的贸易条件和贸易模式带来怎样的影响?与出口偏向型经济增长相比,两者中哪个可能带来更大的福利增进?

第六章 国际贸易政策

学习要点

1. 关税的经济效应和有效保护率；
2. 非关税壁垒的主要种类及经济效应；
3. 新贸易保护主义；
4. 战略性贸易政策。

第一节　关税壁垒

一、关税概述

在此之前的所有有关国际贸易理论的分析和讨论中，我们都在说明一个观点，那就是开放的经济优于封闭经济。但是各国或多或少地会对贸易采取一些限制，其目的也多种多样，主要包括：

(1)保护和增加本国的就业机会；

(2)改善本国的贸易条件；

(3)改善国际收支；

(4)保护幼稚产业；

(5)作为国家的安全保障；

(6)很多如保护环境、维护公平竞争等新理由。

在众多限制贸易的手段中，有关税的，也有非关税的。关税是一国政府从自身的经济利益出发，依据本国的海关法和海关税则，对本国的进出口商征收的以通过关境的进出口商品为征税客体的税赋。关税有多种分类，如根据商品不同的流向，可分为进口税、出口税、过境税和转口税；按征收的方法又可分为从量税、从价税、选择税和混合税；按征收的目的又可分为保护关税和财政关税；按来源对象不同，可分为正常关税、最惠国税、普惠制税和特惠税等。在上述措施中，一般选取最有代表性的进口从价关税来分析关税的经济效应。本节主要以进口从价关税为主要分析对象，讨论征收关税对经济的影响。第二节中将讨论非关税壁垒的经济影响。

二、关税的经济效应——局部均衡分析

本节从局部均衡的角度出发，分别讨论大国和小国征收关税后对经济的影响。

(一)小国关税的经济效应

所谓贸易小国，指的是一国某种商品的进出口量占世界进出口量的比例很小，因此该国进出口量的变动不会影响世界市场价格，它只是价格的接受者。这样的小国如果征收关税，进口商品国内价格的上涨幅度等于关税税率，关税全部由进口国消费者负担。

图 6－1 纵轴表示 C 产品价格，横轴为 C 产品的数量。D_H 表示 A 国的需求曲线，S_H 为 A 国的供给曲线，S_H+F 是包括外国供给在内的总供给曲线，T 代表关税。

从图 6－1 可知，A 国贸易前，在 E 点达到均衡，C 产品的价格为 4 美元，总需求为 60 单位 C。假设自由贸易时的国际价格为 $P_C=2$ 美元，那么 A 国的需求将移至 B 点，消费 100 单位的 C 产品，这时国内将在 G 点生产 20C，而进口为 80C。

假设 A 国征收 50％的进口从价关税，S_H 将向上移至 S_H+F+T，这时 A 国消费 80C、生产 40C、进口 40C，JM 为国内生产，MH 为进口。征收关税由此产生的几种经济效应或影响

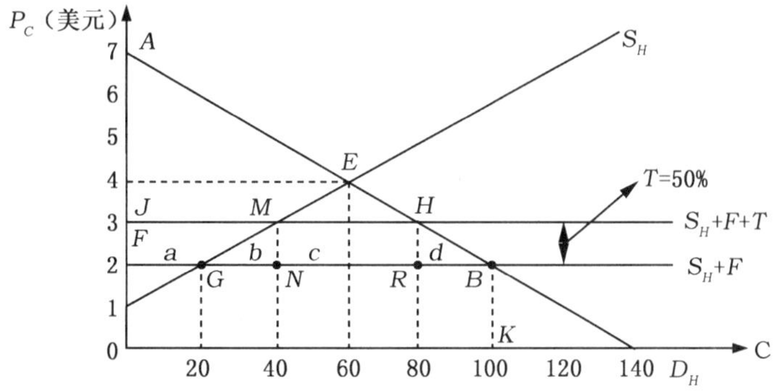

图 6—1 小国关税的局部均衡

可归纳如下：

(1)消费效应：由于关税的征收使 P_C 上升，减少了 20C 的消费(RB)。

(2)生产效应：由于关税的征收、P_C 的上升，使国内生产扩大 20C(GN)。

(3)贸易效应：减少了 40C 的进口($RB+GN$)。

(4)财政收入：关税的征收使财政收入增加 40 美元，即 $MNRH$＝40C×1 美元。

(5)由于关税的征收使国内企业扩大生产，国内企业的利润为 $JFGM$＝30 美元。

(6)征收关税的代价，即净损失(Deadweight Loss)为△GNM＝10 美元，△RBH＝10 美元。△GNM 是由于关税的提高，使得原本效率低的 C 产品的生产有利可图，导致资源从别的生产效率更高的部门转移到这个效率低的部门而引起的损失。而△RBH 是由于进口 P_C 的提高，人们减少了部分 C 产品的消费，体现为实际收入下降的损失。

上述的损失、财政收入、国内企业的利润(a，b，c，d 面积)均来自消费者，都建立在损失消费者剩余(Consumer Surplus)的基础上。消费者剩余是表示为得到一定数量商品，消费者愿意支付的金额与实际所支付的金额的差。如图 6—1 所示，消费者为消费 100C 愿意支付 $OABK$＝450 美元，但在自由贸易下实际支付了 $OFBK$＝200 美元。消费者剩余为 FAB＝250 美元。然而征关税后消费者剩余减少为 JAH＝160 美元，减少了 $FJHB$＝90 美元。其中 70 美元转移到生产者(国内企业)和政府，余下的 20 美元(b，d 面积)就是净损失①。

假设图 6—1 的小国采取进口配额，对 C 产品采取进口数量的直接限制，比如只允许进口 40 单位 C。其结果和征收 50%的关税一样，消费减少 RB(20C)，生产增加 GN(20C)，消费者剩余减少 $FJHB$。如果政府将进口许可按 1 单位 C 产品支付 1 美元的价格出售(或拍卖)的话，那么进口配额所产生的所有效应与征收关税完全相同，但是这种情况几乎不曾有过。因此，这里就出现 $MNRH$＝40C×1 美元这块利益如何分配的问题。为获得 $MNRH$ 的这块利益，进口商将采取各种手段，其结果有可能成为官员腐败的原因之一。

在征收关税的情况下，外国出口商如果通过努力降低成本，还是可以扩大对该国的出口量的，但在进口配额的限制下，任何努力都是徒劳的。

---

① 在现实中，关税的保护成本可能比理论分析的净损失要大得多。比如为了征收关税，一国建立了专门的行政管理机构(海关、边境巡逻等)产生了费用，因此政府的净收入小于图 6—1 中的 $MNRH$ 面积。关税导致的部门生产的转移也会产生资源的重置成本。

(二)大国关税的经济效应

贸易大国指的是该国某种商品的进出口量占世界进出口量的较大份额。因此,贸易大国进口量的上升或下降会导致该产品国际价格的上升或下降。总体而言,大国征收关税后的效应和小国基本相同,但由于大国能影响国际价格,所以在分析关税的损失与利益对比的净效果时就和小国不同。

具体地说,大国征收关税使进口的同类产品国内价格上升、进口量下降,进口量的下降又使得该产品国际价格下跌。也就是说大国征收关税后,进口同类产品国内价格的上升最终导致国际市场价格下降。因此,大国进口商品价格上涨幅度不会等于关税税率,而是低于关税税率。

图 6—2 纵轴表示 C 产品价格,横轴为 C 产品的数量。D_H 表示 A 国的需求曲线,S_H 为 A 国的供给曲线,S_H+F 是包括外国供给在内的总供给曲线,T 代表关税。

封闭经济时,A 国 C 产品的价格为 3 美元,总需求 30C,在 E 点达到均衡。假设 S_H+F 是国际的供给曲线,在自由贸易的条件下,A 国在 B 点达到均衡,$P_C=2$ 美元,总需求 50C,其中进口 30C,本国生产 20C。

如果 A 国征收 50%的进口从价关税,使 S_H+F 向 S_H+F+T 移动。由于关税使该产品进口价格上升,进口量减少,同时因为是大国,将导致国际价格下降。从图 6—2 来看,征收关税后供求曲线在 H 点相交,这时价格为 2.5 美元,消费 40C,其中进口 MH(15C),国内生产 JM(25C)。由于征收关税,消费者剩余减少了 $JFBH$,其中△MGN 和△HRB 为净损失,$JMGF$ 为国内企业利润,财政收入为 $MHRN$。

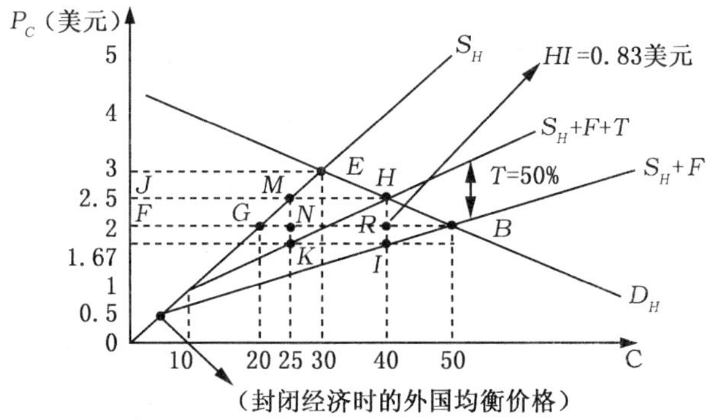

图 6—2 大国关税的局部均衡

然而,大国与小国不同的是财政收入不仅仅是 $MHRN$,还包括 $NRIK$。也就是说,大国征收关税后的财政收入为 $MHIK$。这是因为大国征收关税使进口量减少,导致国际市场 C 产品价格也下降。A 国征收 50%的关税使 C 产品进口量由 30 单位减少到 15 单位,导致国际市场价格由 2 美元下降到 1.67 美元。如图 6—2 所示,C 产品的价格上涨部分和国际市场价格下降部分的总和等于关税率。

正是由于国际市场价格的下降,A 国征收关税后政府收入才为 $MHIK$,其中 $MHRN$ 由国内消费者支付,而 $NRIK$ 则来自外国出口商。就整体而言,A 国征收关税后如果 $NRIK>$△$MGN+$△HRB,则 A 国的整体福利增加或实际所得提高,反之则反是。就图 6—2 来看,

NRIK 的面积大于△*MGN* 与△*HRB* 面积的总和，A 国征收关税后实现了福利的提高。

总之，大国征收关税与小国不同的是：

(1)在出口价格不变的情况下，由于关税使外国向本国的进口价格下降，因此贸易条件可以改善，而小国不变。

(2)关税的一部分由外国承担。

(3)整体的福利有可能上升。

大国征收关税虽有可能改善贸易条件，获得利益，但这是建立在牺牲外国利益基础上的。外国有可能采取报复行为，最终可能导致整体贸易水平下降，双方均受到损失。

三、关税的经济效应—— 一般均衡分析

前面我们运用局部均衡的分析方法对关税效应进行了分析，也就是说集中探讨了关税对单一市场的影响。这里开始使用一般均衡的分析方法讨论征收关税的各种影响。以下与局部均衡的分析相同，首先讨论小国的情况。

(一)小国关税的一般均衡分析

在进入分析之前，有关小国的相关定义有必要再做一次说明。

(1)由于是小国，因此征收关税不会影响世界市场价格。

(2)小国对进口商品征收关税时，对生产者和消费者来说该商品的国内价格会上升，上升的幅度与关税率相等。

(3)对小国整体来说，进口商品的价格是不变的。这是因为小国自己征收了关税。国际市场上该商品的价格没有变化，进口到该国的价格也没有发生变化。

(4)假设小国政府将征收的关税收入全部又用于公共支出返还给社会。

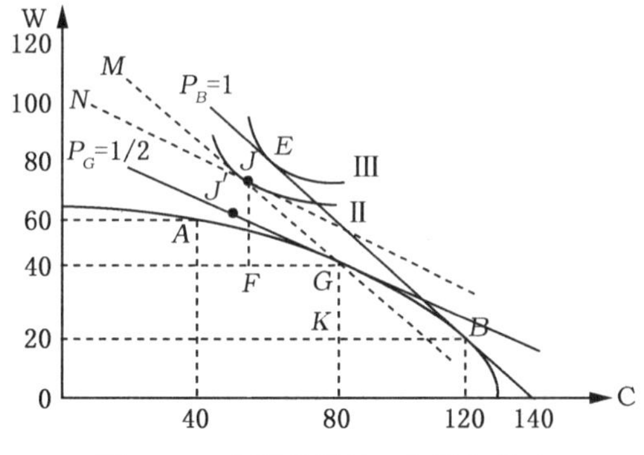

图 6—3 小国关税的一般均衡效应

假设英国为小国，如图 6—3 所示，在 C 产品的生产上具有比较优势。自由贸易时由 A 点到 B 点专业化生产 C 产品，按世界市场价格 $P_C/P_W=1$ 进行交易，在 *E* 点消费。如果英国对 W 产品的进口征收 100%的从价关税，那么对国内的生产者和消费者来说，相对价格将上升到 $P_C/P_W=1/2$ 的水平(或 $P_W/P_C=2$)。假设 *G* 点切线的斜率为 1/2，那么英国对 W 产品征收 100%关税后，意味着国内企业将在 *G* 点组织生产，减少 *BK* 数量的 C 的生产，增加 *KG* 数量

的 W 的生产。

征收关税后,对生产者、消费者来说相对价格上升,但对世界市场和整个国家而言 P_C/P_W 依然为 1。因为 B 国自己征收了关税,这就意味着征收关税后在 G 点生产,但是仍然是按 $P_C/P_W=1$ 的相对价格对外贸易。因此,可以做一条与 P_B 平行过 G 点的线段(图 6—3 中的 M),以表示在 G 点进行贸易时的世界市场的价格。我们假设英国需求偏好不变,将会出口 GF 数量的 C 产品、进口 FJ 数量的 W 产品,由于征收的关税全部返回国民,所以新的消费点将落在 J 点(如果政府征收的关税没有返还给社会,那么该国的消费点将在 J'点)。需要说明的是,N 线段与 P_G 平行,而Ⅱ的社会无差异曲线与 N 线段相切。这是因为英国的消费者是按 P_G 的相对价格在 J 点消费的。

通过小国征收关税一般均衡的分析,可以得到以下简要结论:

(1)世界市场价格不变。

(2)对小国的国内生产者和消费者来说,被征收关税的可进口商品的国内价格上升,其幅度与关税率相同。

(3)征收关税后,小国可进口商品的生产比自由贸易时增加,可出口商品的生产减少(比较 G 点与 B 点)。

(4)征收关税后,小国的福利下降(比较 J 点与自由贸易时的 E 点)。

(5)小国稀缺生产要素的实际收益将会上升。图 6—3 中,英国的资本是稀缺的生产要素,根据斯托帕-萨缪尔森定理,该国征收关税后,资本的报酬将上升。因为根据该定理,关税等使得商品相对价格上升,会增加在商品生产中密集使用的要素的回报率或收益率。因此,该国生产所用的稀缺要素的真实回报率会随着关税而上升。

斯托帕-萨缪尔森定理对小国总是正确的,对大国通常也是正确的。这一点也可说明为什么发达国家的工会主张保护贸易,鼓动政府对劳动密集型产品采取关税或其他的一些保护措施。这是因为保护措施将使劳动密集型产品的相对价格上升,使工人的收入增加。一般从局部利益考虑,有人会举双手赞成这种保护,因为它可以使劳动者提高收入。但是从整体来看,情况绝非如此。劳动者收入的提高是建立在整体国家福利(利益)受损的基础上。征收关税后,虽然该国劳动者的收入上升,但该国的整体福利是下降的。

(二)大国关税的一般均衡分析

贸易大国征收关税的一般均衡分析是用提供曲线的模型进行的。当一国征收进口关税时,其提供曲线将朝衡量进口商品的刻度轴的方向旋转,旋转的大小等于征收关税的幅度。

从结论来看,第一,大国征收关税将减少贸易量,但改善了其贸易条件。第二,贸易量的减少使该国的福利下降,但贸易条件的改善却使该国福利上升。第三,该国福利的最终增减情况取决于这两种相反作用的净效应。它和小国不同,小国因贸易条件不变,征收关税后,福利总是减少的。

图 6—4 与原先所学过的英、美两国的提供曲线相似。征收进口关税前,英、美两国在 E 点达到均衡,假设这时的均衡贸易价格 $P_C/P_W=1$。如果英国(假设为大国)对小麦(W)征收 100%的进口关税,英国的提供曲线将由 $U.K.$ 移动到 $U.K.^*$。对 W 产品征收 100%关税后,新的提供曲线上的任意一点距离横轴的高度是原来提供曲线距横轴高度的 2 倍。意味着对于任何给定数量的出口产品 C,都要进口更多的 W 产品,用以支付关税。英国征收 100%的关

税，那么它每出口 1 单位的 C，就要进口原来的 2 倍的小麦征收关税，从图 6－4 可看出英、美两国在 E' 达到均衡，这时的贸易条件为 P_F。

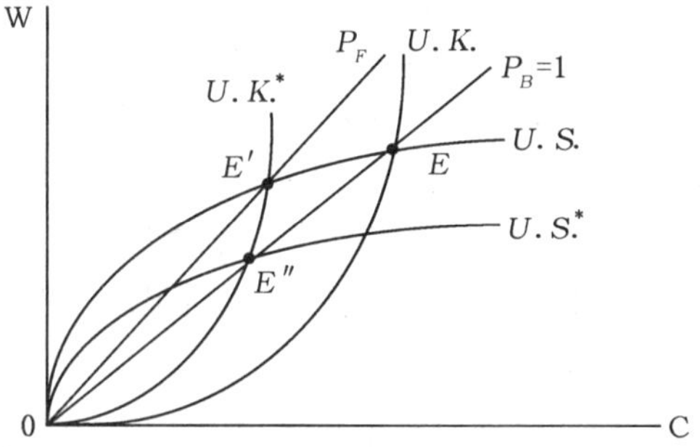

图 6—4　大国关税的一般均衡效应

征收关税后，美国 E' 点所带来的福利小于 E 点。这是因为对美国来说，贸易量减少，贸易条件恶化。对英国来说，贸易量减少，但贸易条件改善；但对英国福利的影响最终是 $E'>E$ 还是 $E'<E$，要取决于贸易条件改善的程度和贸易量减少的程度的净效应。即如果贸易条件改善所带来的福利增加要大于贸易量减少所带来的福利下降，那么 E' 的整体福利就大于 E，反之则反是。如果英国通过征收关税，使 E' 的福利大于 E，这样的利益也是建立在牺牲他国利益基础上的。假设美国为了夺回损失也采取关税手段报复，提供曲线由 U. S. 移至U. S*，这时的均衡点为 E''。显然对两国来说，E'' 所带来的福利都小于 E 或小于 E'，其结果是两败俱伤。

需要说明的是，通过上述分析，可以得到自由贸易优于管理贸易的结论。限制贸易对小国来说损失是一定的，对大国也是不利的。然而，正如本章开始时所介绍的那样，政府会采取限制同类竞争产品进口的措施以达到推动产业结构升级、促进产业结构高度化的目的。限制贸易促进产业高度化与保护幼稚产业的目的基本相同。就幼稚产业的保护而言，连穆勒(J. S. Mill，1806～1873)、马歇尔(A. Marshall，1842～1924)、陶西格（F. W. Taussig，1859～1940）这样的自由贸易论者也从理论上给予肯定。当然，限制贸易保护幼稚产业也受到许多来自不同方面的批判。

所以，推行贸易自由化并不意味政府要放弃对有发展前途、具有潜在比较优势产业的培育和扶持。因为，基于某一经济发展阶段形成的比较优势和对外贸易结构不应该是静止不变的。从长期动态的角度出发，使用适当的财政补贴，推动本国经济发展，保证在围绕国际市场展开的激烈竞争中占有一席之地，必须积极调整产业结构，不断形成新的比较优势，对发展中国家更是如此(参阅附录 6－2)。

四、关税的有效保护率

在上述的关税讨论中，我们分析了征收关税所产生的各种经济作用。然而我们只讨论了最终产品，对中间产品未做分析。在实际的进口商品中，不仅仅是最终产品，而且有大量的中间投入品需要从国外进口，如原料、燃料、零部件等。因此，讨论征收关税对国内产业的保护程度时，不仅要分析最终产品的关税，而且还要分析中间产品的关税。

对最终产品征收关税 T,如图 6－1、图 6－2 所示,对 A 国生产 C(布)的国内产业具有保护作用。现假设 A 国对生产 C(布)的中间投入品棉纱也征收关税 t 的话,棉纱的国内价格必然上升,这意味着对生产 C(布)的国内产业来说成本将要提高,最终有可能使该国的该产业不仅没有得到保护反而受到伤害。这就是所谓关税的背反作用。当然一个最终产品、一个中间产品的关税结构所产生的背反作用,在多个最终产品、多个中间产品的现实世界中同样成立。因此,分析关税对一国产业的保护作用时,不仅要分析最终产品关税,更重要的是要分析一整套关税结构,要将进口中间产品的关税所产生的效果考虑进去。

从上述的分析中可以得知,仅考察名义关税率(指对最终产品征收的关税率,如图 6－1、图 6－2的 T)无法得知对某一产业的实际保护效果。因此,需要使用新的指标分析关税对某一特定产业的保护效果。这一指标称为有效保护率(Effective Rate of Protection,ERP),它是指征收关税后使受保护产业每单位最终产品附加价值增加的百分比。公式如下:

$$ERP=\frac{V'-V}{V}$$

其中,ERP 为有效保护率,V 为不征收关税时的附加价值,V'为征收关税后的附加价值。

设 P 为自由贸易下最终产品的价格,a 为自由贸易下的进口中间产品与最终产品价格的比率,T 为最终产品关税率,t 为进口中间产品征收的关税率。

因为 $V=P-Pa=P(1-a)$

$V'=P(1+T)-Pa(1+t)$

所以 $ERP=\frac{V'-V}{V}=\frac{P(1+T)-Pa(1+t)-P(1-a)}{P(1-a)}$

$=\frac{(1+T)-a(1+t)-(1-a)}{1-a}=\frac{1+T-a-at-1+a}{1-a}$

$=\frac{T-at}{1-a}$

假设在自由贸易下最终产品 C(布)的价格 1 单位 10 万元,其中 8 万元的中间产品来自进口,那么 $a=0.8$。再假设对 C 产品征收 10%关税,即 $T=10\%$。从上述公式可知,在这一情况下,t 的不同将导致对 C 产品的国内产业的保护程度也不一样。如:

(1)$t=0,ERP=\frac{0.1-0.8\times0}{1-0.8}=50\%$

(2)$t=0.1,ERP=\frac{0.1-0.8\times0.1}{1-0.8}=10\%$

(3)$t=0.2,ERP=\frac{0.1-0.8\times0.2}{1-0.8}=-30\%$

(3)的经济含义是该产业不仅没有受到保护反而受到伤害。因此,如果 $T<t$,那么 $ERP<T$,即有效保护率小于最终产品的关税率;反之则反是。

第二节 非关税壁垒及新贸易保护主义

所谓非关税壁垒(Non-Tariff Barriers,NTBs)指一国或地区除关税以外的各种限制商品进口的措施。非关税壁垒又可以分为直接的和间接的两大类：前者是由海关直接对进口商品的数量、品种加以限制，其主要措施有进口限额制、进口许可证制、“自动”出口限额制、出口许可证制等。后者是对进口商品制定严格的海关手续或通过外汇管制间接地限制商品的进口，主要措施有实行外汇管制、对进口货征收国内税、制定购买国货和限制外国货的条例、复杂的海关手续、烦琐的卫生安全质量标准以及包装装潢标准等①。非关税壁垒形式多样，且更为隐蔽。本节对主要的非关税壁垒措施做一简要介绍。

一、进口配额

进口配额制(Import Quotas System)是一国政府在一定时期(如一季度、半年或一年)以内，对某些商品的进口数量或金额加以直接限制。在规定的期限内，配额以内的货物可以进口，超过配额不准进口，或者征收更高的关税或罚款之后才能进口。主要有绝对配额和关税配额两种。绝对配额是指配额以内的货物可以进口，超过配额不准进口；关税配额指超过配额的部分征收更高的关税或罚款之后才能进口。

配额和关税有相似之处。配额限制影响进口的机制也主要通过价格变动影响国内对进口商品的需求。进口配额规定的进口量通常要小于自由贸易下的进口量，所以配额实施后进口会减少，进口商品在国内市场的价格要上涨。如果实施配额的国家是一个小国，那么配额只影响国内市场价格，对世界市场价格没有影响；如果实施配额的国家是一个大国，那么配额不仅导致国内市场价格上涨，而且还会导致世界市场价格下跌。这一点与关税的价格效应一样。同样，配额对国内生产、消费等方面的影响与关税也大致相同。进口配额的局部均衡效应可用图 6—5 表示。

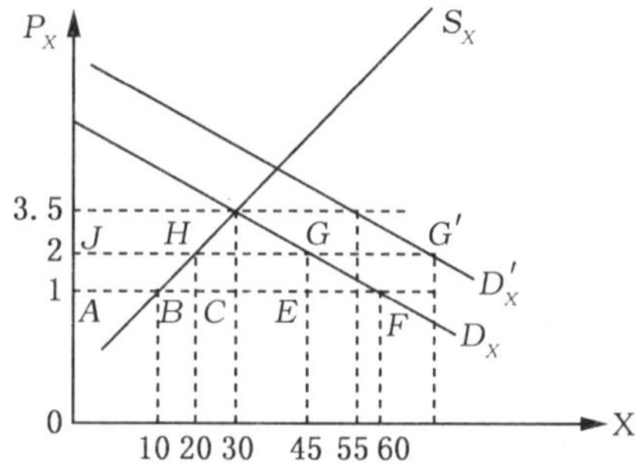

图 6—5 进口配额的局部均衡效应

图中的 D_X、S_X 是该国对 X 商品的需求与供给曲线。自由贸易情况下，世界的均衡价格是 1 美元，该国消费 60 单位 X，其中国内生产 10 单位，进口 50 单位。现实行配额管理，配额数量为 25 单位，进口数量减少推动国内价格上涨至 2 美元，此时国内消费为 45 单位，等于国内供给的 20 单位和进口(国外供给)的 25 单位。这相当于征收了 100%关税的效果。此时，

① 非关税壁垒有很多种类，也有不同的分类。如根据美国、欧盟等主要 WTO 成员贸易壁垒调查的实践，主要可分为以下 13 类：(1)通关环节壁垒；(2)对进口产品歧视性地征收国内税费；(3)进口禁令；(4)进口许可；(5)技术性贸易壁垒；(6)卫生与植物卫生措施；(7)贸易救济措施(即包括对进口产品实施的反倾销、反补贴和保障措施)；(8)政府采购中对进口产品的歧视；(9)出口限制；(10)补贴；(11)服务贸易方面的壁垒；(12)与贸易有关的知识产权措施；(13)其他壁垒。

消费者的损失为 $AFGJ$ 区域，生产者收益为 $ABHJ$ 区域。

与关税不同的是，实施配额可能不会给政府带来任何财政收入。$HCEG$ 在关税情形下表示政府的关税收入，这里称为配额收益或配额租金。它实际上是一种垄断利润，它的去向要看政府分配配额的方式而定。政府一般采用的方式有：

(1)竞争性拍卖。拍卖可以使许可证价格大致等于进口商品国内最高价格与国外价格的差额。公开拍卖收入归政府所有，实际上是另一种形式的关税收入。这是一种代价最低、最为公平的分配方式。但如果是私下拍卖，则将有明显的社会成本。

(2)固定的受惠。即政府把固定配额在不经过申请、竞争、协商的情况下直接分配给一些企业，那么这部分的配额租就归这些企业所有。

(3)资源使用申请。在设立一定标准后，根据申请发放，配额租归得到配额的企业所有。这样会使企业将生产资源用于“寻租”而进入灰色领域，生产性资源用于非生产性用途，不仅是对正常生产秩序的破坏，而且会使社会滋生腐败。

其他的配额分配方式也有很多消极影响，如常用的方法之一是根据先来先发的原则发放许可证，这使得许多企业不是把时间用于生产而是用于等候。方法之二是根据企业的生产能力进行分配，这会助长企业盲目扩大设备投资和生产能力，导致生产过剩和资源浪费。因此，配额虽和关税一样达到限制进口的目的，但用行政手段代替经济手段会带来更大的效率损失，WTO 倡导以关税代替配额作为进口保护的手段。

配额经常能有更大的推动价格上涨的作用。如因某种原因使需求上涨，在图 6－5 中，需求曲线右移，那么为维持 25 单位的进口配额不变，国内的价格会上涨到 3.5 美元。但如果是 100%关税，需求上涨，只会使消费量扩大到 JG'，价格仍为 2 美元。

图 6－5 可看到配额的显著优点就是可以限制商品的进口量或进口金额，将进口限制在一定水平，而关税对贸易量的控制程度与供给曲线和需求曲线的斜率都相关，而并不确定。配额比关税更严厉，在征收关税的情况下，如果一国出口商试图进入课征关税的市场，那么，只要在产品价格或质量上有竞争力就有可能进入该国的市场；而在采取配额的情况下，无论出口国生产的产品在价格上或在质量上有多强的竞争力，出口国都不可能打入进口国的市场，因为进口的数量是确定的。进口配额是比进口关税更加严厉的保护措施，对国内生产者来说，配额要比关税更受欢迎，对生产者提供的保护也是确定的。图 6－5 中，使用配额方式时，国内生产规模能在需求上涨后上升；但如果使用关税，则国内生产并不会扩大。

所以如果从保护的角度看，进口配额比进口关税更好，进口配额受到进口竞争行业的欢迎。发达国家多用它来保护本国缺乏竞争力的行业和部门，特别是用来保护失去比较优势的纺织、服装等成熟产业以及农业。发展中国家也广泛利用进口配额以限制进口数量，保证进口替代工业的发展和用于国际收支平衡的目的。但如果从生产效率、消费者主权和社会经济影响来看，进口配额则比等效关税更为有害：第一，进口配额只考虑保护生产者利益，消费者遭受到更大的福利损失；第二，进口配额取代了市场机制的作用，失去了对进口竞争产业的刺激力量，使生产效率降低，并更容易滋生腐败；第三，与征收关税相比，本国的收入一般情况下会出现下降。

二、自动出口限制

自动出口配额制(Voluntary Export Quotas,VEQ)又称自动限制出口。所谓自动出口配额制是指出口国家或地区在进口国的要求或压力下,"自动"规定某一时期内某些商品对某国的出口限制,在限定的配额内自行控制出口,超过配额即禁止出口。

自动出口配额制与绝对进口配额制在形式上略有不同。绝对进口配额制是由进口国家直接控制进口配额来限制商品的进口,而自动出口限额是由出口国家直接控制这些商品对指定进口国家的出口。但是,就进口国家来说,自动出口配额同绝对进口配额一样,起到了限制商品进口的作用。其经济效应的分析与进口配额相似,只是它们由出口国执行,因而收入效应或配额租由国外出口商获得。如 1981 年美国与日本谈成自动出口汽车协议,1982 年和主要钢铁供应国议定出口钢铁的自动协议,这些协议带来 2 万个就业机会,但使美国钢铁价格上涨 20%～30%。乌拉圭回合要求在 1999 年底前分阶段取消原有的自动出口限制并禁止产生新的自动出口限制。

三、出口补贴

出口补贴(Export Subsidies)又称出口津贴,是指一国政府为了降低出口商品的价格,增强其在国际市场的竞争力,在某种商品出口时给予出口商的现金补贴或财政上的优惠待遇。一国政府对出口商品可提供补贴的范围非常广泛,但不外乎两种基本方式:一种是直接补贴(Direct Subsidies),即政府在商品出口时,直接给予出口商的现金补贴,主要来自财政拨款。其主要目的是为了弥补出口商品国内价格高于国际市场价格所带来的亏损,或者补偿出口商所获得利润率低于国内利润率所造成的损失。出口补贴的另一种形式是间接补贴(Indirect Subsidies),即政府对某些商品的出口给予财政上的优惠,从而间接地推动本国商品的出口。

各国实行出口补贴的主要目的是为了使本国企业在国际市场上能以低于实际生产成本的价格出售其产品,提高其在国际市场的竞争力,扩大产品的出口。小国出口补贴扩大出口的效应可用图 6—6 说明。

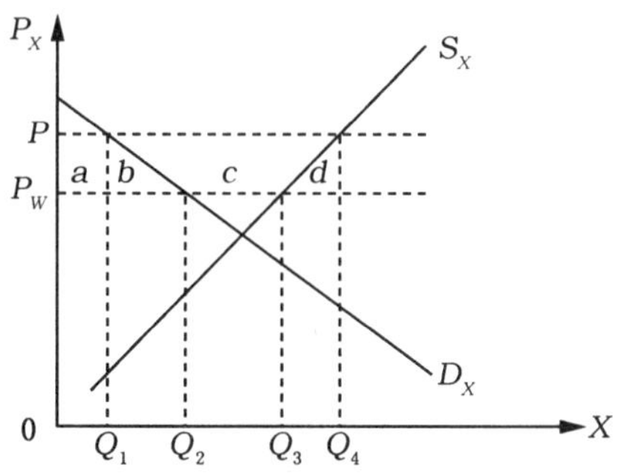

图 6—6　小国出口补贴的经济效应

D_X、S_X 为一国 X 商品的国内需求与供给曲线,P_W 为世界市场价格。没有补贴时,该国在 P_W 的价格下出口,出口的数量为 Q_2Q_3。为了促进本国的出口,政府给予每单位出口商品一定金额的补贴,推动了国内价格上涨到 P(P 和 P_W 间的差额即为补贴数额)。补贴扩大了国内生产,国内生产者会将产量由原来的 Q_3 增加到 Q_4。但国内的消费数量减少,从 Q_2 减少到 Q_1。由于出口收益的提高,国内消费者也不再按补贴前的价格购买该商品,只有保证生产者获得与出口收益一致的收益,生产者才可能向国内消费者供应该产品,即国内消费者必须按 P(P_W+补贴数额)的价格购买。

这样,本国消费者在较高的价格上购买较少的商品,蒙受了面积为 $a+b$ 的损失,而生产者则在较高的收益水平上增加了产量和出口量,获得了面积为 $a+b+c$ 的收益。同时,政府对 Q_1Q_4 数量的出口商品补贴,额外支出面积为 $b+c+d$ 的金额。因此,总的福利净效应为 $-(b+d)$,即政府的出口补贴实际造成面积为 $(b+d)$ 的净损失。其中,b 为国内消费者转移给国外消费者的利益,d 为增加低效率生产 Q_3Q_4 的损失。

如果出口国是贸易大国,出口补贴对其国内价格、生产、消费以及社会利益的影响是相似的,但程度不同。贸易大国通过补贴刺激了出口量的增加,将会造成国际价格下降、贸易条件恶化,从而造成的净损失比贸易小国更大。补贴的结果是进口国的消费者可以在更低的价格下消费更多的便宜商品。那么,该国为什么还要补贴出口呢?扩大出口、增加创汇是重要原因之一,或者出口补贴的行业是国家需要发展的高科技行业。但从效率方面来说,出口补贴国内生产者的收益是小于国内消费者的损失和补贴成本的,会导致出现净损失,并随着国家对国际价格的影响力增大而更加恶化。

四、新贸易保护主义

一般认为,贸易保护主义可以分为重商主义、幼稚产业保护论、超保护贸易理论、新贸易保护主义四个主要阶段。明显性的非关税措施的使用如进口许可证制、自动出口配额、出口补贴和进口配额等,受到越来越严的世界贸易组织规则的约束。20 世纪 80 年代后,主要工业国家经济处于低速发展、失业率较高、对外贸易发展不平衡的低迷状态。美国货物贸易逆差急剧上升,成为新贸易保护主义的发源地。新贸易保护主义为达到限制进口的目的,主要采用隐蔽性的保护措施,如技术标准、质量认证、检验程序、环境保护、反倾销手段的滥用等。非关税措施具有由显性保护转向隐性保护、从单边保护转向多边贸易体系下的合法性保护、从单纯贸易政策转向对方国家的经济竞争政策等特征。

(一)技术贸易壁垒

技术性贸易壁垒(Technical Barriers to Trade,TBT)是指一国以维护国家安全、保障人类健康和安全、保护生态环境、防止欺诈行为、保证产品质量为由,采取一些强制性或非强制性的技术性措施,这些措施成为其他国家商品和服务自由进入该国市场的障碍。名目繁多且日益增多的技术贸易壁垒正在对国际贸易产生越来越大的影响。

技术贸易壁垒对贸易的限制作用表现在两方面:一方面,技术壁垒具有控制进口商品数量的作用,即只有符合某些技术性要求的商品才能进口,否则不许进口。进口的数量限制作用及对进口国的经济影响可借用图 6-5 表示。实施新技术标准,必然有部分产品不能达到该标准的要求而退出进口国市场。进口国的价格由 1 美元上升到 2 美元,国内供给量增加,国内需求量减少,进口产品数量减少。可见技术壁垒对出口国的出口产生的数量抑制效应与关税和进口配额非常相似，但又有区别，这种技术壁垒对进口国所造成的福利损失要远远大于关税壁垒。因为关税壁垒虽然产生净福利损失，但对进口国来说，至少还会带来关税收入。而与进口配额相比，配额一般比较公开、透明，出口国的企业可有计划地安排出口数量，配额的多少是由出口国出口产品的情况决定的；而使用技术壁垒，不仅限制的数量不确定，当进口国设置较高的技术性壁垒时，实现进口的数量很小，甚至可以达到零配额，对进口的数量限制效应非常明显。

另一方面，技术壁垒具有控制进口商品价格的作用。由于利益驱动，出口方必然努力设法跨越技术壁垒以抓住市场机会，为此必须按照进口国的技术性要求改进产品质量、提高技术水平，或者改进产品包装，使之符合规定要求；并且进口产品在进入市场前必须经过一定的合格评定程序，要支付检验费用及其他费用，从而进一步增加了进口产品的成本。这些措施很可能提高进口商品价格、降低进口商品的竞争力。以下用图 6—7 简要说明。

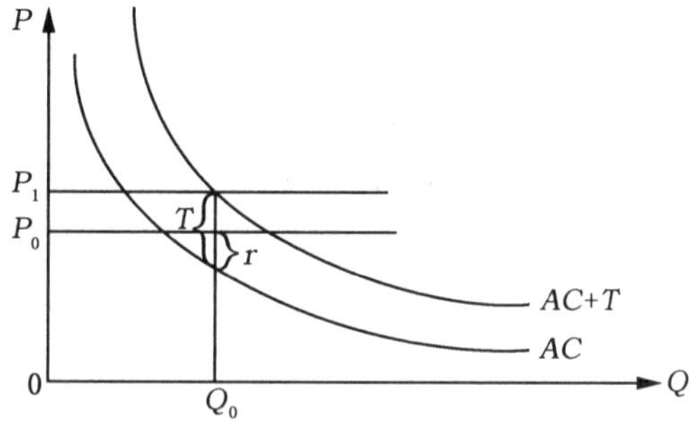

图 6—7 技术壁垒对进口产品的价格控制作用

图 6—7 中，纵轴 P 表示商品的价格或成本，横轴 Q 表示某出口企业生产的产品数量。没有技术壁垒时，企业有一条向下倾斜的 AC 曲线。此时该产品的国际市场价格是 P_0，出口企业产量为 Q_0，出口到国际市场的单位产品利润为 r。当进口国的标准、技术法规等与该产品的生产国不一致或者进口国有意设置技术性贸易障碍时，出口企业势必要调整生产过程或付出额外的费用以使其产品符合进口国的要求，这一额外的代价记为 T。T 的存在使该产品的平均成本曲线 AC 的位置上移。这样，在出口企业产量仍为 Q_0 的情况下，该产品在进口国的售价至少需要从 P_0 提高到 P_1，企业才能获得正常利润。价格的提高无疑将降低该出口产品相对于进口国同类产品的竞争力。这就是技术壁垒对进口产品的价格控制作用。

(二)绿色壁垒

绿色壁垒是指那些为了保护环境而直接或间接采取的限制甚至禁止贸易的措施，主要包括国际和区域性的环保公约、国别环保法规和标准、ISO14000 环境管理体系和环境标志等自愿性措施、生产和加工方法及环境成本内在化要求等分系统。贸易与环境问题正日益得到国际社会、各国政府及人民的关注，成为国际政治、经济领域的焦点问题之一，是广义的技术壁垒的一种，其限制进口的数量效应和价格效应与技术壁垒相似。

(三)反倾销措施

反倾销(Anti-dumping)的最初目的在于抵制国际贸易中的不公平行为，消除价格歧视。

然而一些国家却把它作为一种战略竞争的手段,借此作为打击竞争对手和防止对手强大的武器来使用,从而给其带上了浓重的贸易保护色彩。从发展趋势看,反倾销甚至可能是21世纪国际贸易壁垒的主导之一。就反倾销的实施情况来看,中国是最大的受害国,由于缺乏市场经济地位的认可,中国是受反倾销措施滥用打击的"重灾区"。

(四)灰色区域措施

优惠性原产地规则和政府采购政策等灰色措施仍然游离于WTO多边约束规则之外,从而被大多数成员国作为贸易保护手段广泛运用。由于原产地规则和政府采购政策背后都隐藏着巨大的经济利益,因此,各个国家政府通过制定各类的法律法规来限制其他国家产品的进口,以达到保护本国生产商利益的目的。

(五)劳工标准和动物福利

劳工标准和动物福利这两项措施虽然还未被纳入国际贸易制度,但是发达国家为了削弱发展中国家的劳动力和原材料比较优势,一直力图使其正式成为WTO的制度,而且目前已经逐步开始使用该措施来限制发展中国家的出口。在动物福利方面,如2002年乌克兰曾经有一批生猪经过60多个小时的长途跋涉运抵法国却被法国有关部门拒收,理由是运输过程没有考虑到猪的福利,中途未按规定时间休息。在劳工标准方面,如据美国商会组织调查,目前有50%的跨国公司和外贸企业表示,如果SA8000标准实施,将重新与中国企业签订新的采购合同。由于发展中国家的产品结构中,劳动密集型产业居多,而SA8000主要针对劳动密集型产品,这无疑将对发展中国家的外贸发展带来巨大影响。

可见,与传统贸易保护主义相比,新贸易保护主义所采用的保护手段更灵活,针对性更强,保护的范围更广泛,不仅包括一切货物贸易领域,还涉及知识产权、投资等领域。新贸易保护主义还利用区域贸易组织保护成员国利益,通过"内外有别"的政策和集体谈判的方式将非成员的贸易排除在区域之外。新贸易保护主义的产生也伴随着与之相关的新贸易保护主义理论的不断发展,并体现出鲜明的时代背景。其不再仅仅关注经济问题,而更关注政治、社会、环境等综合问题,更强调人、社会、自然环境的和谐发展,因此具有强烈的人文导向,具有一定的合理性和隐蔽性。

第三节　战略性贸易政策

战略性贸易政策(Strategic Trade Policy)是20世纪80年代以来出现的、针对规模经济和不完全竞争的市场结构制定的具有广泛影响的贸易政策。关于战略性贸易政策的内涵有不同的理解。其创始人之一布兰德(James A. Brander)1995年给出定义,战略性贸易政策是能够影响或改变厂商间战略关系的贸易政策。换言之,战略性贸易政策指政府采取的导致厂商作出与无政策干预时不同的战略选择,从而使竞争向有利于本国的方向发展的贸易政策干预行动。如通过抽取外国垄断厂商的垄断租金或转移他们的利润,使本国厂商获得规模经济,最终提高本国国民福利。从内容上看,战略性贸易政策有广义和狭义之分。狭义的战略性贸易政策即上述所谓的"利润转移"(Profit Shifting)理论,主要包括三种观点:战略性出口政策、战略性进口政策和进口保护促进出口的政策。广义的战略性贸易政策除了包含上述"利润转移"的论点外,还包括"外部经济"理论。本节中我们主要对最广为接受的狭义战略性贸易政策的内容做一般介绍。

一、出口补贴的战略性运用

作为战略性贸易政策理论的创始人,布兰德和斯宾塞(Spencer)最早提出在不完全竞争的国际市场上一国政府总是通过补贴来获取更多"租金"份额的思想。补贴能够提高本国厂商在与外国厂商非合作竞争中的相对地位,使其扩大出口市场份额并增加利润。根据前面的分析可知补贴国的贸易条件将恶化,福利会降低,但前面分析的前提是出口市场是完全竞争的。根据战略性贸易思想,出口补贴使补贴国的福利可能增加,关键在于此时的出口市场是不完全竞争的,出口市场存在超额的垄断租金,在这样的环境中的补贴通过占领市场而操作出口价格超过边际成本,从而提高福利。上述思想被称为战略出口政策。

克鲁格曼以美国"波音公司"和欧洲"空中客车"公司为例对以补贴促进出口的模型进行了模拟分析。假定规模经济在某一个行业中如此之大(如飞机制造业),以致在作为一个整体的世界市场上只容得下一个能获利的进入者,即如果两个厂商都进入,他们都会遭受损失。也就是说,他们只有两种策略选择——生产和不生产,其利润取决于决策。图 6—8 说明了这种情况。

		空中客车	
		生产	不生产
波音公司	生产	(−5 万,−5 万)	(100 万,0 万)
	不生产	(0,100 万)	(0,0)

图 6—8 无出口补贴时的战略矩阵

从图 6—8 中可以看出,无论哪个公司单独生产这种产品都会盈利,获得 100 万元的利润。假设波音公司率先进入市场,于是形成右上方的组合,即波音公司生产,空中客车公司不生产,从而波音公司获得 100 万元的利润,空中客车公司则没有利润。这时空中客车公司看到这种产品存在的垄断利润,决定进入市场与波音公司进行争夺。由于市场规模有限,空中客车公司的进入使两家公司的产量都不大,导致平均成本提高,竞争也很激烈,从而使价格下降。于是,两家公司分别遭受 5 万元的损失,即左上方的组合。可见,在这种寡头市场上,谁首先进入市场,谁就会占据垄断利润,竞争的结果是两败俱伤。

现在假设欧洲政府采取战略性贸易政策,补贴空中客车公司 25 万元进行生产,波音公司和空中客车公司的损益情况将变为图 6—9 的情形。

		空中客车	
		生产	不生产
波音公司	生产	(−5 万,20 万)	(100 万,0 万)
	不生产	(0,125 万)	(0,0)

图 6—9 有出口补贴时的战略矩阵

这时,空中客车公司如果不生产,就得不到这笔补贴;如果生产,在波音公司不生产的情况下(左下方组合),空中客车公司将获得 100 万元利润加 25 万元补贴。如果波音公司先进入市场,在没有政府补贴的情况下,空中客车公司进入后会导致两败俱伤。但现在空中客车公司得到了 25 万元补贴,它进入市场后,波音公司变成亏损 5 万元,而空中客车公司在补贴的支撑下有 20 万元利润。长此以往,空中客车公司将在政府的支持下把波音公司挤出市场,独自占有全部垄断利润。

在某种不完全竞争市场结构的条件下,积极的政府干预政策可以改变不完全竞争厂商的竞争行为和结果,使本国企业在国际竞争中获得占领市场的战略性优势,并使整个国家获利。

二、战略性进口(抽取垄断租金)

由于不完全竞争的国际市场存在着超额的垄断租金,作为生产国的政府总是存在单边干预贸易的动机,这将增加本国厂商的市场力量,使租金由外国厂商转移给本国厂商。从消费国的角度而言,进口关税能够把外国垄断厂商所获的租金转移到消费国来,这就是战略进口政策的思想。如果出口商在进口国市场上具有垄断力量,那么进口国对进口商品征收关税可迫使垄断厂商放弃一部分垄断利润。这部分被放弃的利益实际上转移到了进口国。因此,在这种情况下,征收进口关税意味着从出口商那里抽取垄断租金(Snatching Monopoly Rents),即关税带来的利益来源于厂商的一部分垄断利润。上述思想可以通过图 6—10 得到反映。

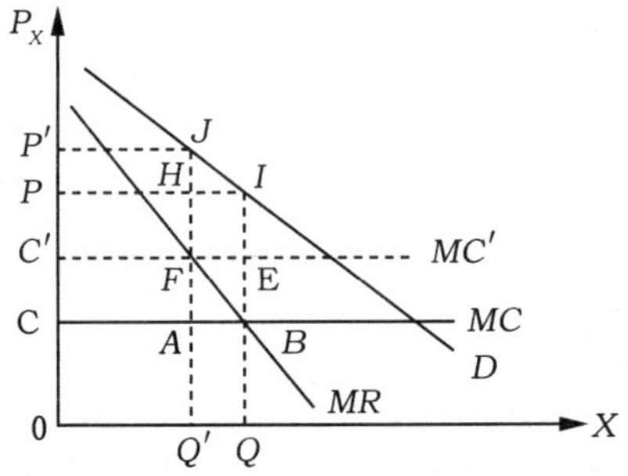

图 6—10　抽取垄断租金

假定在进口国市场上没有其他生产者生产同类产品,因而出口商是进口国市场某种产品的唯一供应者(垄断者)。图 6—10 中,进口国国内需求曲线为 D,边际收益曲线为 MR。我们假定出口商的平均成本与边际成本相同,且为常数,故平均成本曲线与边际成本曲线是一条相同的直线。在进口国征收关税前,出口商根据利润最大化原则决定其在进口国国内市场的销售量和价格,图中边际收益曲线 MR 与边际成本曲线 MC 的交点决定了销售量与价格分别为 Q 和 P,此时出口商获得的垄断利润为 $PCBI$。

征收关税后,出口商的出口成本由 C 升至 C'。现在出口商出于利润最大化的考虑,会重新确定其价格与销售量。由图 6—10 可知,它将以更高的价格 P' 出售低于原先销售量的产品 Q'。由于边际收益曲线比需求曲线更陡,所以征收关税后,进口商品价格上涨幅度要低于出口商成本的上涨幅度。

由于征税后国内市场进口商品价格上升,且消费减少,所以消费者福利遭受损失。如图

6—10所示，消费者剩余的减少部分为 $P'PIJ$，但政府财政收入增加了 $C'CAF$。此时，关税的净福利效应取决于 $P'PIJ$ 与 $C'CAF$ 的比较。因为价格上涨的幅度小于关税，即 $PP'<CC'$，所以 $P'PHJ<C'CAF$。如果进口需求弹性比较高(即需求曲线比较平坦)，那么$\triangle HIJ$ 的面积就会很小。此时，关税有可能改善进口国的福利。在这种情况下，可确定一最佳关税率使得进口国的福利达到最大。

另一方面，征税后出口商的利润要减少。如图 6—10 所示，出口商的利润减少部分$=C'CAF+HIBA-P'PHJ$，即关税抽取了部分垄断利润。

三、进口保护促进出口

关于规模经济，克鲁格曼区分了不同的形式。虽然一个寡占行业的规模经济效应可能采取不同的形式，但结果是一致的，那就是对本国市场的保护可以保证本国厂商在国内市场上的稳固地位，使其获得一种相对于外国厂商的规模优势，这种规模优势又可以转化为更低的边际生产成本，从而使本国厂商在出口市场上的份额得以提高。

新贸易理论的重要代表人物赫尔普曼和克鲁格曼将规模经济分为三类：第一类是内部规模经济，指单个公司水平上的效益递增。它又可以分为两种，一种是“传统的规模经济”，指在其他条件不变的情况下，厂商生产同类产品时，随着产量的增加平均成本下降；另一种是“专业化规模经济”，它强调在差异产品生产中专业化分工的程度，生产效率主要源自专业化分工，而不是总体规模。第二类是外部规模经济，指产业水平上的规模经济，厂商通过同一产业或相关产业中其他厂商的技术外溢，带来生产效率的提高和成本的下降，或是厂商从同一产业或相关产业厂商的聚集中获得市场规模效应。第三类是动态规模经济，指新兴产业产品的单位成本是积累产量的减函数，随着新兴产业产量的增加，平均生产成本下降，注重的是企业长期的动态效益。

克鲁格曼除了强调内、外部规模经济对国际贸易的影响外，也强调动态规模经济在促进本国新兴产业发展中的作用。其理论逻辑是：通过贸易保护可以使本国厂商在本国市场上得到一个特殊的地位，并具有规模优势，从而降低生产成本并在出口市场上扩大市场份额，进而获得更大的规模经济。如此形成成本、产量再到成本的良性循环的因果关系链条，这一循环过程即为进口保护促进出口机制，最终改变贸易格局。我们可以用图 6—11 来表示。动态外部经济可用学习曲线表示。学习曲线向右下方倾斜，表示当产业累计产出随时间推移而增加时，平均成本下降。AC_1 为 A 国的学习曲线，在 A 点，当产量为 200 时，平均成本为 2.50 美元；随着时间推移，在 B 点，产量达到 400 时，平均成本为 2.00 美元；产量达到 800 时，平均成本降为 1.60 美元。

AC_2 为 B 国的学习曲线。它比 A 国企业的平均成本曲线低，表明它是市场上的低成本生产者。D 为世界市场的需求曲线，该商品如果由 A 国供应，它会在价格为 2 美元时供应 400 个；如果由 B 国供应，会在价格为 1 美元时供应 600 个，显然 B 国的成本可以更低。如果根据比较优势理论，不存在动态规模经济效应，世界市场应由 B 国企业提供，也对世界更有利。假如由于历史原因，A 国企业先进入市场，它会在价格为 2 美元时供应 400 个单位的产品，而此时该产业在 B 国尚未建立，B 国企业是无法进入市场的，因为 B 国企业开始生产产品时，将面临比 2 美元更高的成本。因此 B 国企业即使有潜在优势也无法发挥，除非它能获得政府补贴

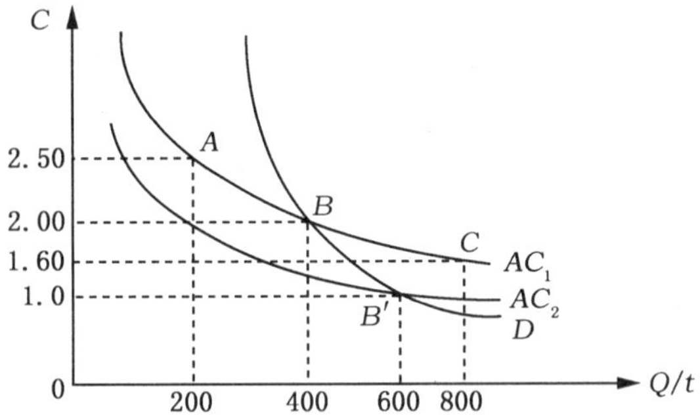

图 6—11 动态规模经济与国际贸易

或贸易保护。可见,动态规模经济的存在会破坏成本特征决定的贸易模式,使贸易模式变动难以预期。

四、战略性贸易政策的约束条件

战略性贸易政策是影响或改变厂商间战略关系的贸易政策,以新贸易理论为基础,在规模经济和不完全竞争市场假设下进行贸易政策分析。该理论为政府的贸易干预提供了新的理论依据,带有贸易保护主义色彩。该模型证明,在国内市场存在扭曲的情况下,政府的干预行动可以使幼稚产业获得学习效应以及规模经济效应,降低成本曲线,使本国生产可能性曲线向外扩展,增加本国产业的竞争力,提高国际市场份额进而提高本国的整体福利水平。

实施战略性贸易政策需要一系列苛刻的约束条件。如克鲁格曼的理论依赖于寡头垄断、市场分割和规模经济的存在。具体来说,假定一个寡占行业存在国内、国外两个厂商,他们生产相似的替代品,每个厂商都在包括两个生产国在内的多个市场上销售,这些市场是相互分割的。而不完全竞争和规模经济只是战略性贸易政策实施的必要条件。除此以外,各国政府还必须拥有完备可靠的信息,对实行政府干预(关税或者补贴)可能带来的福利损益心中有数;接受补贴的企业确实能在一个相对较长的时期内保持自身的垄断地位;产品市场需求旺盛,能够保证企业的规模经济效益不断提高;被保护的目标市场不会诱使新厂商加入;别国政府也不会采取相应的报复措施等。所有这些,构成了战略性贸易政策付诸实施的充分条件。上述任何一个方面出现偏差,都可能削弱战略性贸易政策的实际效果,甚至根本抵消这一政策功效,带来相反结果。此外,战略性贸易政策取得满意结果还需要注意:

第一,战略性贸易政策的成功必须以利润转移部分超过补贴额或关税保护成本为先决条件。如果超额利润不大就会得不偿失,所以只有在市场超额利润足够大的情况下,战略性贸易政策才会有效。

第二,战略性贸易政策行为实施的效果与市场结构和企业类型相关。

第三,战略性贸易政策的成功运用是以对手不采取行动为前提的。

第四,战略性贸易政策在现实运用中还会受到多边规则的约束。

本章小结

之前的国际贸易理论都在分析自由贸易的利益。但现实中，存在着各种各样“奖出限入”的保护贸易措施。本章首先探讨了关税的经济效应。第二节分析了非关税壁垒措施如配额的经济效应，并对20世纪80年代以来的新贸易保护主义进行了简要介绍。第三节特别探讨了不完全竞争条件下适用的战略性贸易政策。

主要概念及术语

1. 关税(Tariff)
2. 从价税(Ad Valorem Tariff)
3. 净损失(Deadweight Loss)
4. 消费者剩余(Consumer Surplus)
5. 有效保护率(Effective Rate of Protection)
6. 非关税壁垒(Non-Tariff Barriers)
7. 进口配额制(Import Quotas System)
8. 自动出口配额制(Voluntary Export Quotas)
9. 出口补贴(Export Subsidies)
10. 直接补贴(Direct Subsidies)
11. 间接补贴(Indirect Subsidies)
12. 技术贸易壁垒(Technical Barriers to Trade)
13. 反倾销(Anti-Dumping)
14. 战略性贸易政策(Strategic Trade Policy)
15. 利润转移 (Profit Shifting)
16. 抽取垄断租金(Snatching Monopoly Rents)

思考讨论题

1. 小国征收关税的福利效应如何？这说明了什么？
2. 关税的征收为什么会使资源错误地配置？
3. 大国征收关税的效应与小国有何不同？
4. 有效关税率在什么时候等于名义关税率？什么时候大于名义关税率？
5. 进口配额的经济效应如何？与关税比较如何？
6. 新贸易保护主义的主要特征是什么？
7. 何为战略性贸易政策？其主要内容是什么？
8. 战略性贸易政策的使用有何主要条件？
9. 附表6－1、附表6－2给出英、美两国提供曲线的几组组合数据，请在方格纸上绘制英国征收关税前后的提供曲线，并对其进行分析。

附表6－1　　自由贸易时英、美两国提供曲线的几组组合

U.K.	C	15	25	40	60	75	90
	W	5	10	20	40	60	90
U.S.	W	20	30	40	60	80	90
	C	6.25	12.5	20	37.5	60	90

附表 6—2　　英国征收 W 100%关税前后提供曲线的几组组合

U.K.	C	15	25	40	60	75	90
	W	5	10	20	40	60	90
U.K.*	C	15	25	40	60	75	90
	W	10	20	40	80	120	180

附录 6—1

幼稚产业保护理论

约翰·斯图亚特·穆勒(John Stuart Mill)1848 年问世的《政治经济学原理》中提出对幼稚产业应进行暂时的保护。其中,穆勒将幼稚产业定义为"如果不加以保护将无法直面进口竞争,但是假以时日与经验,将在世界市场中逐渐成长并在竞争中获胜"的那些产业。事实上,穆勒并不是提出幼稚产业保护理论的第一人。作为保护贸易理论最古老的一个分支,幼稚产业保护理论可以追溯至伊丽莎白时代。在重商主义时期就存在着类似的观点:在新兴产业能够成功与外国对手抗衡之前,政府的支持对于其克服一定的创建障碍并逐步成熟是十分必要的。亚当·斯密反对政府对幼稚产业提供保护和支持。斯密认为:保护扭曲了资源配置,减少了国民收入,并使可供投资的储蓄减少,因此即便幼稚产业最终能与外国同类产业相抗衡甚至超越对手,对其提供保护也是不可取的。受斯密的影响,越来越多的古典经济学家加入反对保护的阵营中,他们认为一个天赋自由的经济体制的产出是不可能因为政府"优惠性或限制性"的政策而提高的。

重商主义与古典学派关于幼稚产业的争论主要集中于三个方面:其一,幼稚产业保护能否创造出新增财富与资本,还是只是从其他更能获利的经济活动中分离一部分出来;其二,幼稚产业保护是促进国内生产者获取新技术与新技能,还是扼杀这种努力方向;其三,幼稚产业保护能否产生长期的净收益,还是仅鼓励了高成本产业的发展,使得政府需要不断提供支持。即便在斯密严厉斥责了幼稚产业保护理论之后,仍然有三个主要人物重新为其进行辩护。他们是亚历山大·汉密尔顿(Alexander Hamilton)、约翰·瑞(John Rae)和弗里德里希·李斯特(Friedrich List)。

汉密尔顿是美国的第一任财长,在其 1791 年的《关于制造业的报告》中,反对斯密的观点,认为如果采取放任自由的态度,企业将自动选择最有利可图的发展路线,如此将造成某些产业在国内一片空白。汉密尔顿关于幼稚产业的讨论获得了广泛的关注,这期间,其关于保护政策工具选择的研究认为,在提升国内产业的各种政策——保护关税、禁止进口、对原料征收出口税和货币性补助——之间,补助的干预效果最佳。原因在于:首先,补助"对于激励与支持新企业具有更为立竿见影的效果,因为它提高了盈利的机会,减少了损失的风险";其次,"补助不像高度保护的关税会产生短缺不足",即过高的国内价格;最后,补助同时能够促进出口,从而为本国生产者扩大市场规模。作为替代选择的进口关税也能提高收入,但是无法为国内生产者提供出口支持。汉密尔顿还意识到提供补助可能具有的财政约束,为此,他建议在实践中将征收的进口关税收入作为对国内生产的财政补助来源。汉密尔顿关于幼稚产业保护的研究本质上并没有太大创新,对这些政策工具效应的分析可算是其最大的贡献。

迄今,弗里德里希·李斯特堪称新兴工业化国家中最有名的保护论者。李斯特是德国的政治活动家、作家与学者,其著作《政治经济学的国民体系》最早于 1841 年在德国出版,该书在保护派圈内的地位可以与《国富论》在自由贸易者中的地位相媲美。李斯特运用历史判断而非经济分析来进行研究,他认为一国适宜的贸易政策取决于其所处的特定经济发展阶段。虽然李斯特与古典派在很多方面都能达成一致意见,如关于促进投资与其他经济活动形式的自由与稳定的重要性等。但是,李斯特个人认为他与古典经济学家存在着两大区别:其一,他反对斯密及其追随者的"世界性政策的经济学"。在他看来,这种主张忽略了在冲突与不确定性普遍存在的当前世界里,特定国家之间的具体且不同的经济利益。其二,他提出"产生财富的生产力绝对比财富本身更为重要",他谴责古典学派的静态分析只重视当前财富(可交换的价值)而把那些能够产生财富的要素忽略了。事实上,李斯特关于生产力的观点与古典经济学派并无太大分歧,因为古典学派也非常强调资本与技术积累的重要性。就贸易政策而言,李斯特支持重商主义的许多观点。他反复强调制造业的经济与非经济效益,包括国家安全与独立方面的重要基础地位。鉴于这些原因,李斯特认为政府对幼稚产业的支持是十分重要的,应牺牲一定的即时利益来换取更大的未来利益。同时李斯特还限定了幼稚产业保护政策的适用范围:热带农业国家不应试图通过人为手段来发展制造业,其要素禀赋天然适合发展农业;任何国家无论其所处的经济发展阶段,都应对农产品与初级原料实行自由贸易;保护政策只能纯粹用于一国产业发展的目的。李斯特认为历史告诉我们一国应如何在不同的经济发展阶段制定不同的贸易政策:在第一阶段应对更先进的国家实行自由贸易,作为摆脱未开化状态与发展农业的一种手段;在第二阶段应通过贸易限制促进制造业、渔业、航海业与对外贸易的发展;到最后一个阶段,获得最高程度的财富与国力之后,再逐渐转向实行国内与国外的自由贸易与完全竞争。与汉密尔顿和瑞不同,李斯特对采用补贴或关税作为产业保护的手段并无任何偏好,但他对保护的力度与持续时间做了一定的阐述。

幼稚产业理论直到 1848 年约翰·斯图亚特·穆勒的《政治经济学原理》出版之后才在古典贸易学派中获得广泛的认同。穆勒在该书中指出:如果不存在要素禀赋差异,而只因为发展时间早晚的区别,新兴工业国家应采取幼稚产业保护政策。由于穆勒在经济学界的显赫地位,他对保护的支持令传统自由贸易派十分沮丧;另一方面,保护主义者纷纷使用穆勒的观点为美国、加拿大和澳大利亚当时的高额关税做辩护。众多经济学家提出的疑义都没有触及幼稚产业保护理论的关键问题,事实上,关键问题有二:其一,是否存在特定的市场失灵使得政府干预成为必要;其二,如果存在特定的市场失灵,那么政府活动能否发挥其预期的良性作用。就第一个问题,在 19 世纪末期,剑桥大学的亨利·赛德威克(Henry Sidgwick)谈道:如果政府认为当前未盈利的某一产业可能在经过一段时间的保护之后成功,那么是什么阻止了私人企业从资本市场中借入资金用于弥补最初的亏损?他的论述已经隐含外溢性问题,可惜的是,他并没有作进一步阐述。

在 20 世纪上半叶,作为自由贸易的例外,幼稚产业保护理论已经获得全球广泛认可,但经济学家对实践中如何运用这种保护措施的怀疑从未间断。

主要参考文献:

[1] Bastable C. F., Some Considerations on the Industrial Remuneration Conference, *Journal of the Statistical & Social Inquiry Society of Ireland*, 1885.

[2] Hamilton A., Report on the Subject of Manufactures. Cosimo Inc., 2007.

[3] List F., National System of Political Economy. *General Information*, 1991:243－246.

[4] Mill J. S., Principles of Political Economy: With Some of their Applications to Social Philosophy. *Collected Works of John Stuart Mill*, 1920.

附录 6－2

生产补贴与贸易自由化

推行国际贸易的自由化意味着需要削减、撤除阻碍国际贸易往来的各种限制。无论在国际经济理论上还是实践中都证实了贸易自由化符合本国的利益,也符合他国的利益。但是,贸易自由化并不排除一国政府对其有发展前途的新兴产业的设立、扩大而进行的培育和扶持,不排除政府为产业、贸易结构的高度化所提供的财政支持。这里简要介绍笔者对生产补贴和贸易自由化关系的一点思考。

一、生产补贴

贸易(均指国际贸易)的利益如前所述是通过出口本国的比较优势产品、进口本国的比较劣势产品而实现的本国国民福利水平的上升。因此,贸易的利益可以说是"进口的利益""消费的利益"。这种消费的利益是通过大量进口比本国更为低廉的产品而实现的。然而推行贸易自由化并不意味政府要放弃对有发展前途、具有潜在比较优势产业的培育和扶持。因为基于某一经济发展阶段形成的比较优势和对外贸易结构不应该是静止不变的。从长期的、动态的角度出发,推动本国经济发展,保证在围绕着国际市场展开的激烈竞争中占有一席之地,必须积极调整产业结构,不断形成新的比较优势。

因此,在推行贸易自由化的进程中,需要政府介入以保证经济增长和长期获得国际贸易利益。但其重要手段不是进口关税、配额等,而是采用财政支持,由政府提供生产补贴。这是因为,首先关税等手段有碍贸易自由化的推行;其次,进口关税等与生产补贴对经济所产生的影响有很大差异。以下分析生产补贴的效果:

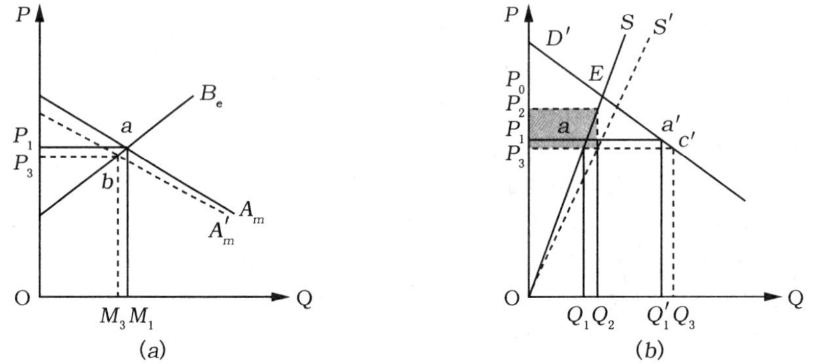

附图 6－1　生产补贴的效果

假设本国政府对生产进口竞争产品 X 的产业,按其产品的销售额给予一定比率的生产补贴。如附图 6－1(乙)所示,由于得到补贴,国内的供给曲线由 S 向 S' 移动。国内企业以 P_2 的成本生产 OQ_2 量的 X 产品,由于得到阴影部分的生产补贴,该企业可按 P_3 的价格在国内出售 X 产品。该价格比自由贸易时的 P_1 低,本国的产量从 OQ_1 增加到 OQ_2。

价格下降,消费量增加(从 OQ'_1 到 OQ_3),消费者剩余得到提高。又因国内价格下降,进口(国际)价格也随之下跌,进口量从 $Q_1Q'_1$ 减少到 Q_2Q_3。进口量的减少可以从附图 6－1(a)中再次得到确认,国内价格下降,X 产品国内生产增加,本国(A 国)的进口需求曲线从 A_m 向 A'_m 移动,进口(国际)价格下降至 P_3,进口量减少到 OM_3。

从附图 6－1(b)中可以看出,实行生产补贴,除扩大了国内生产、减少了一部分进口需求外,产品价格并没有上涨,而是下降了。因此,不仅没有牺牲消费者利益,反而提高了消费者剩余。从长期动态的立场出发,在各个时期积极扶持、培育有发展前途的产业,促进比较优势产业的高度化,生产补贴的效果是积极的、直接的,而进口关税是消极的、间接的。进口关税建立在牺牲消费者利益的基础上,造成了进口竞争产品国内生产的扩大和进口需求的减少。

二、WTO 有关规则与对策

以上着重强调在积极参与贸易自由化的同时,政府需要介入扶持有发展前途的产业,加快促进产业结构、贸易结构的高度化和多样化,推动经济发展。然而在现存 WTO 的框架下,有关工业品补贴问题已制定了许多规则和限制。这里就我国加入 WTO 后,面对这些规则将如何采取对策,提出一些设想。

附图 6－2 是在附图 6－1 的基础上改进而成的。S 为进口竞争部门 X 产业(企业)的供给曲线,D 为本国对进口竞争部门和进口产品 X 的需求曲线。在贸易自由化条件下,本国产品的价格与国际价格水平一致,为 P_1。国内总需求为 OQ'_1,其中 OQ_1 为国内生产,$Q_1Q'_1$ 为进口部分。现假设政府对进口竞争部门 X 产业按其销售额提供一定比率(P_2P_1/P_1O)的生产补贴,其结果是供给曲线在图中表现为向右移至 S'。

进口竞争部门 X 产业用 P_2 的成本生产 OQ 量的 X 产品,由于得到阴影部分的生产补贴,该企业可按 P_1 的价格在国内出售 X 产品,本国的产量从 OQ_1 增加到 OQ。然而这里表现出的部分进口竞争产品的替代,很有可能与 WTO 的有关规则冲突,导致向本国出口 X 产品的其他成员国的起诉,最终被迫撤销该补贴措施。

在这种情况下，政府还需要继续履行扶持者的职责，扮演消费者的角色，为进口竞争部门 X 产业(企业)提供相应的市场空间，运用政府采购，以消除在受补贴期间 X 产量增加所造成的与 WTO 有关规则之间的矛盾。由于政府的采购行为将引起需求的增加，D 曲线向右移动。假设这时政府的采购量与 Q_1Q 相等，那么 D 曲线将右移至 D'。这时扩大了的市场空间正好等于 X 产品的增加量($Q_1Q=Q'_1Q''_1$)。因为 Q_1Q_2 为政府所吸收，所以在这种情况下，X 产品的进口量没有受到影响($Q_1Q'_1=QQ''_1$)，X 产品的价格也未下跌，X 产品的进口量与自由贸易时相等。这里我们还假设被扶持的 X 产品不是特定的初级产品，且在受补贴期间还不具有进入国际市场的竞争力，所以只面向国内市场。至此我们满足了使特定性补贴成为不可诉补贴的所有条件。

对于政府采购问题，在"东京回合"有过协议，"乌拉圭回合"又做了许多修改和补充。但有一点，该协议是个诸边协议，WTO 成员并没有义务必须加入。目前该协议成员主要是发达国家。

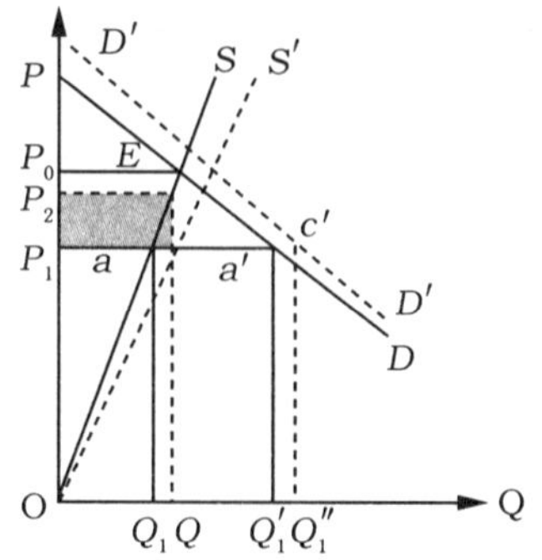

附图 6—2　混合政策的进口竞争产品国内市场

三、小结

综上所述，通过使用生产补贴和政府采购的混合政策，使得对特定产业(企业)的财政支持既不引起前述的有害后果，也不造成严重侵害，不与 WTO 生产补贴的有关规则相冲突。

当前，我国正处在逐步向贸易自由化迈进的关键历史时期，既要坚持推动贸易自由化发展，也需要积极使用财政政策扶持有发展前途的产业。贸易自由化与财政支持相结合，互不矛盾、互相推动，有助于我国长期获得国际贸易的利益，有助于经济发展这一最高目标的实现，也有利于世界各国共同发展。

参考文献：

[1]郑甘澍："世贸组织下的贸易自由化与财政支持"，《国际贸易问题》2000 年第 7 期。

第七章
生产要素的国际流动与跨国公司

学习要点

1. 国际资本流动的主要种类及原因；
2. 国际资本流动的经济影响；
3. 国际劳动力流动的经济效应；
4. 跨国公司与国际生产要素流动。

第一节　生产要素国际流动的趋势及成因

在前面讨论的商品贸易中，我们假定不存在国际生产要素流动。而在现实的世界经济中，资本、劳动以及技术都在跨越国界进行转移，其规模随着经济发展而不断增大，对各国经济的影响也在不断增强。本章将探讨和商品的国际贸易并存并在一定程度上可以相互替代的国际要素流动，给出国际要素流动的动因及对各国的福利影响。

一、国际资本流动

(一)国际资本流动的主要类型

国际资本流动的类型多种多样，按照资本流动期限的不同，国际资本流动可分为长期资本流动和短期资本流动两大类。资本在国际的流动主要有两种形式：直接投资和间接投资。

1. 长期资本流动

长期资本流动是指使用期限在一年以上或未规定期限的资本流动。根据资本流动的方式不同，可以分为直接投资、证券投资和国际贷款三种类型。

(1)国际直接投资。国际直接投资(Direct Investment)是指一国的投资者将资本用于他国的生产或经营，并掌握一定的经营控制权的投资行为，是资本要素国际流动的主要方式之一。其特征主要有：①投资者通过拥有股份掌握企业的经营管理权。在现代经济中，由于股份制公司所有权的分散，投资方往往只持有很少部分股权即可形成控制权，因此许多国家在统计上把拥有股权的10%作为区分直接投资和间接投资的标准①。②能够向投资企业提供一揽子资金、技术和管理经验。③不直接构成东道国的债务负担。

直接投资通常采用四种方式：①创办新企业。如在国外创办独资企业，设立跨国公司分支机构、子公司，或创立合资企业等。②直接收购，即投资者在另一个国家直接购买现有出售的企业。③收购国外企业的股权并达到一定比例。④利润再投资，即投资者把在另一国投资所获利润的一部分或全部留在国外，对原企业或其他企业进行再投资。

(2)国际证券投资。国际证券投资(Portfolio Investment)也称国际间接投资，是指一国的投资者购买外国企业发行的股票或者外国企业或政府发行的债券等有价证券，并获取一定收益的投资行为。购买债券或者股票都属于证券投资。前者是指投资者借出它的资本以便持续、间隔地获得报酬并在固定日期收回债券的面值。而后者使得投资者得到对公司净资产的一份所有权。对于在国际证券市场上购买股票或债券的国家来说，是资本流出；相反，对于股票和债券的发行国来说，是资本流入。

相对于直接投资，证券投资具有以下四个特点：①证券投资的目的在于凭债券、股票等证

---

① 根据国际货币基金组织的定义，国际直接投资形成的直接投资企业是“直接投资者进行投资的公司型或非公司型企业，直接投资者是其他经济体的居民，拥有公司型企业10%或以上的变通股或投票权，或拥有非公司企业相应的股权或投票权”。在国际收支平衡表中，直接投资除了记录包括本国在国外的投资和外国在本国直接投资的净额外，还记录了投资收益的再投资。

券获得债息、股息或红利,对被投资企业无管理控制权。②国际证券可以随时买卖或转让,具有市场性和流动性。③证券投资涉及债权债务关系,即证券市场中债券的发行构成筹资国的外债。④证券投资是通过一些金融机构比如银行和投资基金来完成的。

(3)国际贷款。国际贷款主要指政府贷款、国际金融机构贷款、国际银行贷款和出口信贷。国际贷款的特征是:不涉及在外国建立生产经营实体或收购企业的股权;不涉及国际证券的发行和买卖;贷款收益是利息和有关费用,风险主要由借款者承担;构成借款国的对外债务。

政府贷款是一国政府利用财政资金向另一国政府提供的优惠性贷款。政府贷款是以国家政府的名义提供或接受而形成的,主要使用的是国家财政预算收入的资金,通常列入国际资本的收入与支出的信贷。因此,政府贷款一般是由各国的中央政府经过完备的立法手段加以批准。政府贷款的形式通常是在政治关系良好的基础上,配合外交活动的一种经济手段。这种贷款的利率低、期限长,有时甚至是援助性的无息贷款。

国际金融机构贷款是指由世界银行、国际货币基金组织、国际农业发展基金和亚洲开发银行等国际金融机构向其成员国政府提供的一种优惠性贷款。这种贷款具有国际援助的性质,但是往往限定用途,主要用于成员国平衡国际收支逆差,以及进行工业、农业等项目建设。

国际银行贷款是指国际商业银行提供的中长期贷款。这种贷款可由一家银行单独提供,也可由若干家银行组成辛迪加银团共同提供。它的用途自由、金额大、期限长,但利率和费用比较高。

出口信贷是出口国政府为了支持本国商品的出口,加强本国商品的国际竞争力,以利息补贴和信贷担保的形式,鼓励本国银行对外国进口商(或其银行)提供条件优惠的一种中长期融资方式。出口信贷一般也指定用途,贷款利率低,有偿还担保。

2. 短期资本流动

短期资本流动是指期限为一年或一年以内的资本流动。短期资本流动大多借助于短期政府债券(如国库券)、可转让银行定期存单、商业票据、银行承兑汇票、银行活期存款凭证等各种信用工具,因而具有复杂性、政策性、流动性和投机性等特征。

根据资本流动的不同动机,短期资本流动的方式可以分为:贸易性资本流动、金融性资本流动、保值性资本流动和投机性资本流动。

(1)贸易性资本流动。贸易性资本流动是指由国际贸易引起的国际资本转移。随着国际贸易活动的进行,必然产生国际债权债务关系,为结清这种债权债务,必然引起资本从一国或地区流向另一国或地区,从而形成贸易性资本流动。这种资本流动一般是从商品进口国流向商品出口国,带有明显的不可逆转性,因此严格说来应属于资金的流动。

(2)金融性资本流动。金融性资本流动指因各国经营外汇的银行和其他金融机构之间的资金融通而引起的国际资本转移,包括逃汇、套利、掉期、头寸调拨、同业拆借等形式,主要为金融机构相互调剂资金余缺服务。由于这种资本流动的金额大、流动频繁而且涉及外汇业务,因而对利率、汇率的短期变动会产生一定的影响。

(3)保值性资本流动。保值性资本流动又称资本外逃,是短期资本的持有者为了保证资本的安全性和盈利性,进行资金调拨转移所形成的短期资本流动。资本外逃的原因主要有:国内政局动荡,资本没有安全保障;外汇汇率波动较大,资本价值面临损失;外汇管制或征税过高,资本的流动性受到威胁;等等。资本外逃的渠道主要有:建立各种形式的空壳公司;外方通过产品出口和原材料的定价手段赚取高额利润,变相抽取资本;外汇指定银行方面把关不严;外方投资设备作价高估，形成虚假投入等。

(4)投机性资本流动。投机性资本流动是投资者利用国际金融市场上利率、汇率、金价、证券和金融商品价格的变化与差异，进行各种投机活动而引起的国际资本转移。这种资本流动以获取差价收益为目的。投机性资本流动包括四种方式：①在没有外汇抵补交易下从另一种货币谋求更高收益的资本流动；②对暂时性的汇率变动做出反应的资本流动；③预测汇率将有永久性变化的资本流动；④与贸易有关的投机性流动。

(二)国际资本流动的发展特征

第二次世界大战后，各国产业结构的调整和重组，经济全球化和区域经济集团化的推进，西方发达国家经济的全面复苏和亚洲、拉丁美洲发展中国家经济的高速增长，极大地促进了全球国际资本的流动，使得国际资本的流动呈现一系列新的特征和趋势。

从量上看，国际资本流动的规模空前膨胀。国际直接投资规模急剧扩大，国际直接投资的增长速度不仅超过了国民生产总值和工业生产的增长速度，也超过了国际贸易的增长速度，取代国际贸易成为推动世界经济发展的主要力量。国际资本市场的规模迅速膨胀，国际外汇市场的交易量也迅速增加。从质上看，资本流向、流动方式、经营管理和资本结构等方面也发生了深刻的变化。对外直接投资的重点由发展中国家转向发达国家，发达国家间的相互直接投资在国际直接投资中占据主导地位。同时，发展中国家的对外投资也获得了很大程度的发展，国际资本流动的方式出现此消彼长的变化。

1. 国际直接投资波动中保持增长态势

第二次世界大战后，国际直接投资总额持续增长，年流量在经过暂时下降后大幅回升且呈继续增长态势。2008 年的金融危机也使国际直接投资总额一度出现下降，但在 2015 年已经基本恢复到危机发生前的水平。在表 7－1 和表 7－2 中，给出了中国国际直接投资的流出入和世界对外直接投资额的分布情况。从这些数据中我们可以清楚地看到，金融危机发生以来，中国吸引国际投资的数量虽然出现小幅波动但维持着稳定增长态势。2014 年，中国吸引直接投资流入额占到世界直接投资流入总额的 10％。美国虽然还是最大的资本流入国和资本流出国，但中国的对外直接投资在 2012 年以后明显加快，占世界直接投资流出额的比重从 2011 年的 4.8％一跃上升至 2014 年的 9.3％，中国正从主要的国际直接投资目的国转变为国际直接投资的流出母国。

表 7－1　　**中国直接投资的流入和流出情况**　　单位：亿美元，％

	2010	2011	2012	2013	2014	2015
中国直接投资流入额	1 147.34	1 239.85	1 210.80	1 239.11	1 285.00	1 356.10
占当年世界直接投资流入总额比重	8.3	7.9	8.0	8.7	10	7.7
中国直接投资流出额	688.11	746.54	878.04	1 078.44	1 231.20	1 275.60
占当年世界直接投资流出总额比重	4.9	4.8	6.7	8.2	9.3	8.6

资料来源：根据联合国贸易与发展委员会的《2016 年世界投资报告》中的数据计算。

表 7—2　　世界对外直接投资额地区分布情况(2015 年)　　单位:十亿美元

国家(地区)	吸收金额	占全球总流量比(%)	输出金额	占全球总流量比(%)
全球总计	1 762	100.00	1 472	100.00
发达国家	962	54.6	1 065	72.4
其中:欧洲	504	28.6	576	39.1
北美	429	24.3	367	24.9
美国	380	21.6	300	20.4
发展中国家	800	45.4	407	27.6
其中:拉美	168	9.5	33	2.2
亚洲发展中国家	541	30.7	331.8	22.5
转型经济体	35	2	31.1	2.1

资料来源:同上。

从长远看,考虑到以生产为基础的国际分工日益深化、贸易和投资政策日趋自由化、世界经济全球化发展的趋势以及科技进步等因素影响,国际直接投资的增长仍大有余地。不过,2007 年开始的全球金融危机导致国际资本流动的增长趋势出现逆转。2007 年全球对外直接投资总额为18 330亿美元,同比增长 30%。2008 年全球对外直接投资总额14 491亿美元,下降 21%。由于全球各国和地区的共同努力,加之美国等发达国家采取救助措施,世界经济已经出现企稳迹象,2015 年全球对外直接投资净流入额比 2014 年上升 38%,达到17 621.5亿美元,是金融危机以来的最高水平,但是仍未恢复到 2007 年的水平。

2. 国际间接投资迅速膨胀

20 世纪 90 年代以后,随着新型金融商品的急剧膨胀,国际间接投资内涵发生较大变化。非银行金融机构数量增多,规模增大,而且银行大量介入非银行金融业务。非银行金融机构的过度超前发展必然推动国内金融投资和国际间接投资的超现实增大,反过来促进前者更加脱离现实发展,形成"高度膨胀循环"。国际间接投资增长速度大大快于国际直接投资,国际间接投资规模已经超过国际直接投资规模。如根据国际清算银行的调查,2001 年以来,国际外汇实际平均交易量在 1.2 万亿美元以上,相当于世界各国外汇储备总量的 85%,是全球商品和服务出口总值的 70 倍,2013 年的日交易额已经上升到 5.3 万亿美元。

3. 国际资本流动部门结构发生变化

国际资本投向产业结构的转变是世界产业结构和国际分工深化等作用的必然趋势。随着各国第三产业的发展迅速,其产值在国民生产总值中所占比重不断上升。进入 20 世纪 90 年代,服务业和高新技术产业成为国际直接投资流入的主要行业。

流入服务业的国际直接投资在 20 世纪 80 年代后半期开始稳步上升。进入 20 世纪 90 年代以来,服务业吸收的国际直接投资更是迅速增加,其原因在于金融、电信等行业的自由化进程加快及世界范围私有化浪潮的兴起。自 1995 年世界贸易组织成立以来,特别是《服务贸易总协定》管辖下的《基础电信协议》《金融服务协议》达成与实施后,金融、保险等服务业的准入障碍进一步减少,一些国家实行的私有化浪潮又为外资进入提供了可能性。跨国公司国际投资开始不断地向服务业转移。金融、服务贸易等新兴产业成为跨国公司投资不断追逐的热点。1990 年,全球服务业外国直接投资存量占全世界外国直接投资存量不足一半,而 2005 年该比重已上升到 61%,约为 4.6 万亿美元。从服务业全球外国直接投资流量来看,1989～1991 年服务业全球外国直接投资流量占全球外国直接投资流量的比重约为 54%,2004 年和 2005 年这一比重则分别上升到 67.4%和 68.2%,2014 年这一比例仍然维持在 64%,超过制造业和农业直接投资的总和。

高新技术产业在 20 世纪 80 年代初就已成为国际直接投资流入的一个重要行业。20 世纪 90 年代以来,随着高新技术的不断涌现、全球竞争的加剧及跨国公司全球战略的调整与重组,高新技术产业在国际直接投资中的地位进一步上升,特别是通信、医药、化工、电子等行业日益成为当前国际直接投资流入的热点。

4. 国际资本流动方式的变化

国际资本流动的方式是多样化、间接化的,证券投资等间接投资呈迅速增长趋势。第二次世界大战后,跨国公司的迅速发展以及跨国公司在全球经济和对外投资中作用和地位的日益扩张,极大地推进了国际资本投资方式的多样化。主要表现在两个方面:一是国际投资已突破原来单一股权安排,逐步形成独资、合资、收购、兼并和非股权安排等多样化投资方式并举的格局,尤其是兼并之风盛行;二是证券、股票等国际间接投资呈迅速增长态势,所占比重迅速提高,逐步接近直接投资。间接投资的迅速增长是由证券投资的迅速增长引起的。由于国际直接投资所受限制日渐严格,特别是发展中国家对外国私人直接投资的严格限制,促使投资者改变投资方式,更多地借助于投资企业的中介,通过购买有价证券的方式参与对外投资,以绕开直接投资所受的种种限制,从而促进了证券投资的迅速发展。此外,国际投机性资本活动日益增加,一些金融财团大肆购入企业股票及其他有价证券,通过国际金融中心进行投机性的对外投资,也是促进证券投资迅速增长的原因。

二、劳动力的国际流动与劳动力市场的一体化

一般而言,在国际上劳动比资本缺乏流动性,因为在当代社会存在很多对劳动流动的限制。尽管如此,劳动在国与国之间的移动仍然是经济活动中的一个重要现象。因为虽然在世界各国间进行着大量的国际贸易,但是出于一系列的原因,如不同的技术水平、不完全竞争、运输成本和政府政策等,贸易并没有导致要素价格的完全相等化。贸易没有使工资相等化的事实导致了劳动有可能从一国移动到另一国。

在国际流动的劳务人员大体分为两类:一类是半熟练或缺乏技能的普通劳务人员。这类外籍劳务人员大多从事建筑、劳动密集型的制造业、农业、渔业、保洁、家庭服务等工作。劳务输入国往往对普通劳务人员的输入设置了许多限制。另一类是专业技术人员。他们受过高等教育或专门训练,主要从事金融、IT、医疗服务等工作。不过,这类劳动力的跨境流动或者移民有时因为对当地的劳动力形成替代而引发矛盾,可参阅专题 7－1。

是哪些主要因素促使了国际劳动力市场的流动性增强了呢?首先,不同国家和地区的经济发展水平、产业结构、收入水平等具有巨大的差异。发达国家和地区工资收入水平明显高于发展中国家,这是劳动力在国际流动的基本动因。如墨西哥赴美国的移民工人的年平均工资约为美国平均工资的一半,但明显高于其国内水平。在发达国家和地区,人们不愿从事苦、脏、

险等工作,造成了这类就业岗位人员短缺。收入、劳动力市场开放程度及相关政策的改善是吸引普通劳务人员移动的主要原因。而从雇主角度来看,劳动力市场短缺和劳动力成本最小化是雇佣外国劳工的主要目标。

而对于专业技术人员而言,除了薪酬待遇改善之外,职业发展规划和工作环境改善也是影响这类劳动力流动的现实因素。实证研究表明,这类人员公司内部流动占有显著比例,因此与母国对外直接投资之间存在替代性和动态互补性特征。专业人员尤其是科研人员的国际流动不仅直接使得流出国和流入国双方受益,且间接地使科研网络得以更好扩展。也有学者的研究发现科研人员的国际流动对于创新进程的输入和产出都具有积极影响,可以促进原组织对已有优势进行改造,提高人力资源和资本的运作效率。

在经济全球化和国内劳动力跨国流动的背景下,发展中国家面临人才流失困境。但另一方面,劳动力国际流动趋势不可避免,如果国内经济发展和环境改善能吸引劳动力回流,对于本国科技水平和创新能力的提高以及融入全球化便具有良性影响。因此,综合评价国内人才环境,关注劳动力国际流动的变化和影响因素,结合实际"对症下药"有助于人才的保留和国外人才的引进。

三、资本移动的动机分析

引发国际资本流动的动机是多方面的,概括起来主要有以下几个因素:

(一)资本供求因素

供求规律是市场经济运行的主要规律之一。一旦供求失衡,商品和生产要素就会流动,直到新的均衡。资本市场也不例外。从供给角度看,随着资本主义生产方式的建立,劳动生产率和资本积累率的提高,资本积累获得了迅速增长而产生了大量相对过剩的资本。为追求国外高额利润,大量的过剩资本被输往国外,从而造成资本主义国家之间的资本转移。随着资本主义的发展,资本在国外取得的利润也大量增加,这反过来加速了资本积累,加剧了资本过剩,最后扩大了资本的对外输出,这又加剧了国际资本流动。因此,过剩资本的形成是国际资本流动的根本原因。另外,从需求角度看,发展中国家以各种形式利用外资,是发展本国民族经济的一种趋势,也是导致国际资本流动的一个原因。发展中国家或地区由于历史的原因,一般处于经济相对落后、建设资金短缺、产业结构不合理以及管理经验缺乏等困境。为此,第二次世界大战后,许多发展中国家都先后积极引进外资,并从其中获得先进技术、先进管理经验乃至部分世界市场,以推动本国经济的发展。

(二)利用国际汇率和利率差异谋求高利润

利率和汇率是作用于一国经济或世界经济的两大杠杆,同时也是导致和推动国际资本流动的两大基本因素。

1. 利率因素

利率水平的高低直接影响资本的收益率,利率高意味着可以获得较高的资本收益,利率低则意味着资本收益率也较低。当今世界各国经济发展与富裕程度不一,各国之间的利率水平不同,因而存在利差。这样,资本就会在利润机制的驱动下,从利率较低(可能资本比较充裕)

的国家或地区流向利率较高(可能资本比较短缺)的国家或地区,直到利差消失为止。

2. 汇率因素

汇率的高低和稳定与否也决定着资本的流动尤其是短期资本的流动及其方向。20 世纪 70 年代初以来,世界普遍实行浮动汇率制,各国货币汇率经常波动,且幅度较大。如果一个国家汇率不稳,本国资本所有者可能预期所持的资本价值将会贬值,就会把手中的资本或货币资产转换成另一种货币资产而存于国外,从而使资本向汇率较为稳定的国家或地区流动。如果一国货币真的贬值,同样会使非居民把存放在这个国家的货币资产换成另一国的货币资产而把资本调往国外,以避免可能遭受的汇率波动损失。

一般情况下,利率与汇率呈正相关关系。一国利率提高,会引起国际短期资本内流,增加外币的供给,从而使本币升值;一国利率降低,则会引起该国短期资本外流,减少外币的供给,从而使本币贬值。因此,利率、汇率的变化以及相互作用促使资本在国际流动。

(三)财政赤字与通货膨胀的发生

财政赤字与通货膨胀在一定条件下是相通的,这两者都会引起国际资本流动。如果一国发生财政赤字,而该赤字又以发行纸币来弥补,这必然对通货膨胀造成压力。一旦发生严重通货膨胀,居民为避免持有的资产贬值,减少通货膨胀所带来的损失,就会把国内资产转换为外国债权。如果财政赤字是以出售债券或向外国借款来弥补,也可能导致国际资本流动。因为居民可能预期在将来某个时期,政府又会靠发行纸币来抵偿债务或征收额外赋税来偿付债务,这样又会促使居民把资产从国内转移到国外。

(四)风险防范

政治、经济以及战争风险的存在也是影响国际资本流动的一个重要因素。政治风险是指由于一国的投资气候恶化而可能使资本持有者所持有的资本遭受损失。这里所指的投资气候,是针对被投资国的政局是否稳定、法律是否健全以及政治态度是否友好等而言的。投资气候好坏是判断政治风险程度的一个重要标准。经济风险是指由于一国投资条件发生变化而可能给资本持有者招致的损失。这里所指的投资条件涉及被投资国的经济状况是否良好、经济前景是否广阔,基础设施是否完善、居民与非居民的资产安全是否有保障以及有关的税收、利润分配和汇出的办法等对投资者是否优厚、合适等方面的内容。投资条件的好坏是判断投资经济风险大小程度的一个重要标准。战争风险是指可能爆发或已经爆发的战争对资本造成的可能影响。例如,海湾战争就使国际资本流动发生了重大变化,战争期间,许多资金流往以美国为主的几个发达国家(大多为军费),战后大量资本又涌入中东,尤其是科威特等国。

政治、经济风险的存在对国际资本流动产生极大的影响。如"安全感"理论的流行对国际资本流动的方向产生了重要的影响。这种理论认为,虽然在发展中国家投资所获得的收益可能比发达国家高,但由于前者很大程度上存在政治、经济风险,如没有健全的保障私人财产的机构,法律制度安排,以及可能存在比发达国家更为频繁的政局动荡等,因此,投资者宁愿把资本投向低收益而较稳定的发达国家,从而造成战后国际资本长期在发达国家之间流动的现象。

(五)其他因素

关税和非关税壁垒、外汇管制、国际收支调节以及国际金融市场运作等也会对国际资本流动产生影响。为避开关税和非关税壁垒,企业会通过向第三国或进口国直接投资,在进口国当地生产或在第三国生产再出口到进口国;外汇管制的松紧直接或间接地影响资本流动,一个国家外汇管制较宽松或没有外汇管制,国际资本就容易输出入,而一国外汇管制严格,必然会使资本流动在运用范围、规模以及方式方面受到制约,因而妨碍资本的国际流动;国际收支调节措施也会促使国际资本流动,当一个国家发生逆差时,该国可能会利用资本输入,暂时改善国际收支;反之,当一国发生顺差时,该国可能会利用资本输出,减少过多的顺差;国际金融市场运作,为国际资本集散地提供健全的基础,并加速资金全球性的迅速转移。

第二节 生产要素国际流动的经济学分析

一、国际资本移动的效果

国际资本流动对涉及国家的经济产生了重要的影响。在这一节中,我们讨论包括直接投资在内的稳定的长期资本移动对输出国与输入国的福利效应。我们首先用麦克杜格尔(G. D. A. Macdougall)模型对这个问题加以分析,再说明其他一些影响效果。

(一)国际资本移动对资本输入国与输出国的影响

通过图 7—1,我们可以清楚地了解到国际资本流动对资本输入国和输出国的影响。我们假定只有两国(A 国和 B 国),资本总量为 OO',其中 OA 属于 A 国,$O'A$ 属于 B 国。MPK_1 和 MPK_2 是根据不同水平的投资分别给出的 A 国和 B 国资本边际生产力。

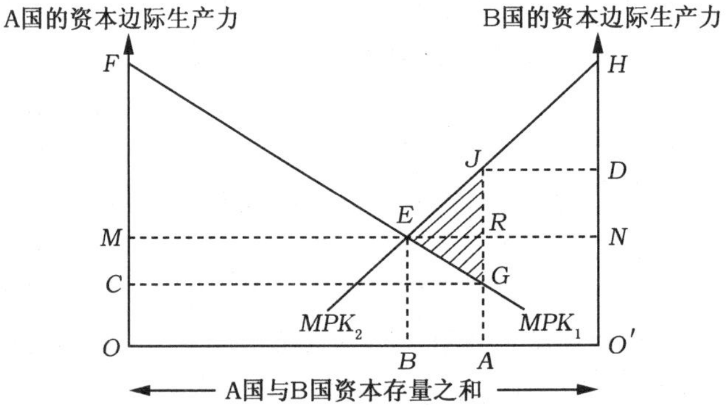

图 7—1 国际资本流动的一般理论模型

在不存在资本流动时,A 国将全部资本 OA 投于本国生产。由于我们竞争市场的假定,资本按照边际生产力 OC(资本的价格)获得报酬,即 $OCGA$;其他生产要素,如土地、劳动获得 CFG 的收益,国内总产出为二者之和的 $OAGF$,即资本边际价值曲线 MPK_1 下面部分的面积。同理,B 国将全部资本 $O'A$ 投于本国生产,资本按 $O'D$ 获得报酬,总产出为 $O'AJH$,其中 $O'AJD$ 为资本所得,HJD 为其他要素所得。

现在假定资本可以自由流动,由于 B 国的资本报酬比 A 国高,因此就有 AB 量的资本从 A 国流向 B 国,使得两国的资本报酬率相等于 BE($BE=OM=O'N$)。对于 A 国而言,此时

的国内总产出为 $OFEB$，加上 BA 量的对外投资的总报酬 $BARE$，A 国的总收益为 $OFERA$。和资本流动前的国内总产出 $OFAG$ 相比，A 国的总收益增加了 ERG。值得注意的是，A 国资本的总报酬增加到 $OMRA$，而其他要素的总报酬下降到 FEM，净减少量为 $MEGC$。

而 B 国由于 AB 量的资本输入，其资本价格下降到 $O'N$，资本总报酬下降到 $O'ARN$，但 B 国的国内总产出由 $O'HJA$ 增加到 $O'HEB$，其中 $AREB$ 归国外投资者所得。和以前相比，B 国总收益净增加了 JRE。其他要素总报酬从 HJD 增加到 HEN，净增加为 $JEND$。

从两个国家整体看，总产出从 $OAGF+O'AJH$ 增加到 $OFEB+O'HEB$，净增加 JEG，即图 7－1 中阴影部分的面积，它也等于 A 国福利净增加与 B 国福利净增加之和。另一个值得注意的问题是，MPK_1 和 MPK_2 中较陡的国家从资本自由流动中获利较大。

因此我们从图形分析中可以看到，正如商品与服务在国家间的自由贸易会提高世界经济中资源的利用效率一样，资本以及生产要素的流动一般也发挥着同样的作用，并且国际资本流动会导致国际的要素价格实现均等化。最为关键的是，资本的自由流动增加了世界的总产出以及各国的总福利。虽然各经济主体的利益会发生变化，但对增加福利的重新分配可以使每个人都从资本自由流动中获利。这就意味着任何对国际资本流动的限制必然会导致世界总产出和各国福利的下降。

（二）国际资本移动对资本输入国与输出国的其他影响

我们已经在理论上对国际资本自由流动的效果和对各国的福利影响做出了分析。但是在现实经济中，分析的很多结果难以实现，例如，要素价格的均等化不可能实现，外资在东道国的利润也不可能完全收回；并且资本流动还存在其他的一些潜在效应，会使得各国政策制定者对资本流动的看法并不与我们的分析相同。

首先是国际资本流动会改变各国国内的收入分配。正如上面已经提到的，资本输出国的土地和劳动等要素的报酬会减少，而输入国的资本要素报酬会减少。除此之外，对外投资会降低资本输出国的就业水平，同时增加输入国的就业。因此，一些发达国家的工会会反对本国的资本流出。虽然从理论上讲，政府可以通过对要素收益的重新分配来使每个人的福利增加，但政府是否能够做到这一点并没有任何保证。

另一个比较重要的影响是，国际资本流动会改变各国的国际收支。对于资本输入国而言，大量的资本输入会改善本国的国际收支，但是对于资本输出国而言，至少在对外投资的当年，有可能出现巨额的国际收支逆差。由于这个原因，美国在 20 世纪 60 年代产生巨额的国际收支逆差，并直接导致了美国在 1965～1974 年对海外投资严加限制。不过，大量的资本输出一般会带来输入国对输出国产品设备的大量购买，这在一定程度上会抵消资本流出对国际收支的不利影响。从长期看，这个影响也是不确定的，因为从理论上讲，数年后的收益乃至本金汇回同样会抵消初始的输出；但是由于税收、管制等复杂的因素，我们也不能确定对外投资一定会在某个时期收回。不过国际收支的问题在进入 20 世纪 80 年代以后不再像以前那么严重，因为发达国家之间产生的大量双向投资使得资本的输出入基本上比较平衡。

税收问题同样也是资本自由流动带来的问题之一。对于资本输出国而言，输出的资本会在东道国取得较高的投资收益并在当地缴纳税收。因此，对于东道国而言，税基和纳税额无疑都会扩大。但是输出国却要面临税基和纳税额都减少的问题。这不仅是因为投资收益在被东道国征税后会减少，更是因为许多国家之间签订的避免双重征税协定会使输出国不能再对投资收益重复征税。

这些影响是所有国际资本流动都会带来的后果。对于跨国公司的对外直接投资而言,还有很多对输出国和输入国的影响也十分重要。本章将专门就这个问题进行讨论。

二、国际劳动力移动的经济影响

(一)劳动力国际流动的福利增进效应

劳动市场的流动性是劳动力的自主选择行为。它本身并不是目的,而只是一种手段,通过流动预期得到更高的收入、选择更好或更稳定的职业等。劳动力流动的研究表明,70%～80%是由于经济原因,其中大约30%的人是为了改变职业和工作。很明显经济动机是个人做出迁移决策的最直接原因,这种经济动机是由于不同国家(地区间)收入水平的差异引起的。

劳动的国际移动对劳动流出国和流入国产生的福利影响可运用上一节讨论资本移动效果时的相同手法进行分析。见图7—2,假设有A、B两国,L_AL_B长度为两国劳动的总量。以L_A为原点,A国的劳动边际生产力曲线为AA',以L_B为原点,B国的劳动边际生产力曲线为BB'。劳动移动前,以L点为分界点,L_AL为A国的劳动量,L_BL是B国的劳动量。A国的工资率为CL,B国的工资率是DL,A国是低工资国家,而B国则是高工资国家。在这种情况下,从图7—2可知,A国的总产出为AL_ALC的面积,B国的总产出是BL_BLD的面积。

假设劳动在A、B两国间可以自由移动,那么劳动将从低工资的A国流向高工资的B国。这种劳动的国际移动一直将持续到两国工资率相等的EL^*为止。其结果是,A国的总产出为AL_AL^*E的面积,B国的总产出为BL_BL^*E的面积。与不存在劳动的国际移动相比,两国整体的总产出增加了CDE的面积。如果迁移劳工把工资100%寄回母国的话,其汇出的金额为$EFLL^*$的面积。这样的结果是A国的总产出为$AL_AL^*E+EFLL^*$的面积,B国的总产出为$BL_BLD+DEF$的面积。也就是说,由于劳动的国际移动,两国的总产出都得到了提高。

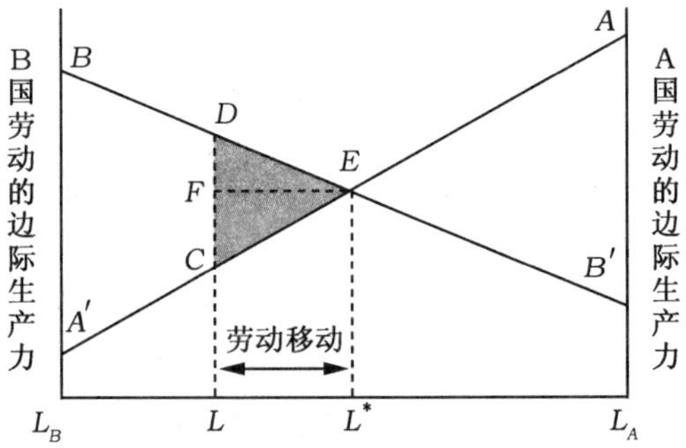

图7—2 国际劳动移动的一般理论模型

因此,根据模型分析可知,劳动力的国际流动使两国工资水平趋于一致,世界总产出水平提高,资源配置更趋合理。对于劳务输入国家来说,通过劳务输入满足了劳动力市场的需求。特别是通过输入各类专业技术人员,使本国经济社会发展获得了巨大的收益。

劳动力国际流动对输出国也带来了多方面的影响。就劳务输出国来说,主要有三大益处:一是利用国际劳动力市场的需求,为本国求职者增加了就业机会。例如,菲律宾的海外就业人数在许多年份甚至超过了在本国就业的人数。越南有40万工人在国外就业，其中有85%来自农村地区，有效地减少了失业和农村地区的不充分就业。同时，还在国内创造了职业技术培训、外语培训、职业介绍服务等大量相关就业岗位。

二是增加了国民收入，改善了劳务人员及其家庭的生活。1998年，菲律宾海外劳务汇款为49亿美元，2006年增加到130亿美元，海外劳务收入占国民生产总值的比重从7%上升到10%。据菲律宾家庭收入和消费调查显示，2000年有8.6%的家庭主要靠海外劳务汇款生活。墨西哥约有5.9%的家庭依靠在国外务工的家庭成员的汇款生活，平均每个家庭每年收到2 590美元。

三是通过劳务输出提高了移民工人的技能水平和管理经验。带回的经济科技信息以及投资、交流合作机会提高了国内未移民者的收入。

除了这些好处之外，劳动力流出国也会蒙受一定损失，如总产出减少，其他要素所有者的报酬降低。

(二)劳动力移动与发展中国家的人才流失

前面我们对劳动移动的福利分析是假定这种劳动力是同质的，或是简单的劳动力。然而劳动的国际移动的影响分析必须把未熟练劳动力和熟练劳动力分开。现实的情况是国与国流动的劳动力中，有相当部分是熟练的或是脑力劳动者。这一部分的劳动力流动给一国经济带来的影响则并不完全像前面分析的那样。

熟练的或是脑力劳动可以认为是人力资本。人力资本对现代经济增长至关重要。世界经济发展史表明，所有发达国家、新兴工业化国家和经济发展迅速的发展中国家，无一不具备高水平或较高水平或迅速增长的人力资本。知识经济时代的到来使当代社会经济发展的战略资源已经转移，人力资本越来越成为最重要的战略性资本。

作为人力资本的主要载体和主要拥有者，人才将成为增强综合国力和推动社会进步的关键因素，因而许多发达国家都利用本国的经济发展优势，通过为外籍人才提供丰厚的劳动报酬、优越的生活条件、现代化的科研条件、充足的科研经费、宽松的生活环境等措施，竭力吸引和招揽发展中国家的优秀人才，造成发展中国家本来已非常稀缺的人力资本大量外流。把一国资本总量看成是物质资本和人力资本的总和，那么通过图7—3就可以分析从A国流向B国的熟练劳动或脑力劳动所产生的影响。由于A国人力资本的流出导致A国资本量减少、B国资本量增加，这使得A、B两国的边际生产力曲线分别移动至aa'和bb'。其结果与未熟练劳

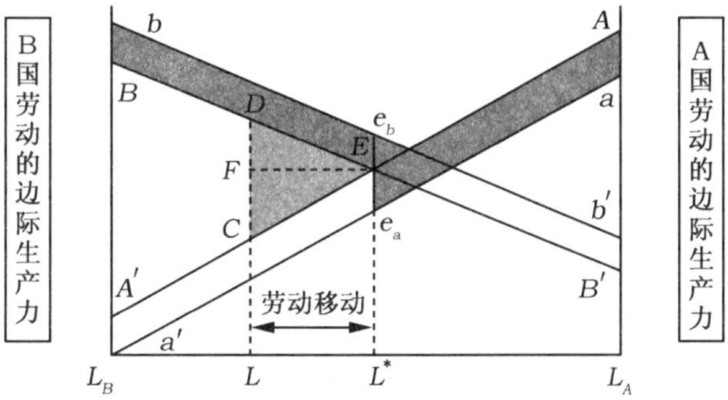

图7—3 人才流出、流入的影响

动的国际移动相比,A 国的总产出减少了 Aae_aE 的面积,B 国的总产出增加了 Bbe_bE 的面积。因此,如果劳动的国际移动属于熟练或脑力劳动移动,那么对劳动的流入国来说更加有利,而对流出国来说不利。特别是发展中国家资本相对稀缺,这种伴随着人力资本流出引起资本量减少所带来的不利影响可能是巨大的。人们常常将这种情况称为人才流失(Brain Drain)的弊害。

如果考虑到发达国家对移民的选择性,如设置技术移民和商业移民,则对接受国更为有利,因为技术移民可获得该国所需的人力资本,提高经济竞争力,从而创造更多的福利;而商业移民拥有大量资金,可以为移入国创造就业机会,为其经济发展做出贡献,因此各移民接纳国都制定了积极的投资和移民政策,成为发展中国家教育成果的"收割器"。

长期以来,中外许多人力资源管理学者对发展中国家的人力资本外流现象进行了多层次的分析,如有学者认为人力资源的国际流动是对不同国家和地区边际生产力不同的反应,有助于人力资源的有效利用,而对人才外流的国家并不发生损害,由于发展中国家资本存量较少,留学生在本国工作时所表现的生产力较低,而较低的生产力则预示着较低的报酬率;由于信息不畅,发达国家能够恰当评估出这些留学生各自所具有的生产力,从而予以其生产力相应的报酬,因此熟练劳动力的国际流动对在世界范围内实现资源的有效利用更具意义,而且熟练劳动力的回流能发挥更大作用。

由于人力资本价格的效仿作用、人力资本在国际的可流动性,发展中国家对于留学生付薪资报酬若不向发达国家看齐,其人才就有移居发达国家和地区以享受较高待遇的可能;但发展中国家难以恰如其分地评估出这些留学生各自所具有的生产力,只好以归国留学生的平均生产力来计算其报酬,而以平均生产力计酬往往会造成生产力较高的留学生滞留海外。

发展中国家人力资本外流有微观的经济利益动因,并受母国经济发展的影响,解决的办法有适度限制,如"征收人才外流税"以补偿输出国公共投资的损失等政策。对于原工资水平较低的发展中国家来说,往往是具有特殊技能或受到较多教育的人更容易流出,结果造成所谓的智力流失。这一问题只有在发展中国家经济发展和制度不断完善的过程中才能逐渐得以解决。

第三节　跨国公司与生产要素国际流动

一、跨国公司的竞争优势与全球战略

第二次世界大战后和 20 世纪 70 年代以来,直接投资的金额增长迅速,并对各国经济产生深远影响。正如我们在前面所提到的,直接投资的一个显著特征是投资者在以资本流动的方式转移资源的同时,还获得对投资对象的直接控制权。实际上,绝大部分直接投资是由跨国公司完成的。这些公司都是在多个国家拥有、控制和管理生产设施的公司。当一个跨国公司在国外建立分支企业或者合资企业时,这些企业不仅是其母公司的投资对象,其本身也成为母公司组织结构的一部分。从这个意义上讲,将直接投资问题和企业组织问题紧密结合起来,也为我们分析直接投资的动因提供了一个新的视角。随着跨国公司对国际经济的控制性增强,有关跨国公司和国际直接投资的理论也得到迅速发展,这里对其中的基本原理作一个简明的

介绍。

(一)跨国公司的企业优势

如果跨国公司能够进入外国市场并且取得好的经营效益,他们一定具有当地企业所不具备的企业优势,才有可能在市场竞争中立于不败之地。因此,这些优势的存在直接导致了国际直接投资。

首先,跨国公司往往具有垄断优势。一般说来,特定优势的获得和维持只有在非完全竞争的市场上才能够实现,因此跨国公司的优势归根结底在于它具有垄断优势,并且可以把这种优势扩展至国外。垄断优势的获取有很多原因,其中首要的原因是跨国公司往往具有对某种专有技术的垄断,这种专有技术包括生产过程中所实际运用的具体技术,也包括了诸如知识、信息、诀窍等以无形资产形式存在的技术。另外一个原因是企业的规模优势和所处的市场结构。跨国公司的行业分布情况表明,国际直接投资与行业集中程度有密切关系。世界企业500强基本上都是跨国企业。跨国公司在本国一般都具有规模经济,这种规模经济对信息的搜集、企业的研发、资金的获取、成本的降低具有十分重要的作用,并且对于已获优势的保持同样十分关键。许多对跨国公司的研究都揭示了它们是大部分差别产品的市场垄断者,往往走的是一条可以由技术差距论与产品周期理论来说明的发展道路,并在极强的规模经济下生产。跨国公司所销售的产品主要是汽车、石油产品、电子产品、金属、化学品与食品、办公设备等;也正是由于这一原因,导致了大量存在的双向直接投资。

对于某些制造业而言,对特殊原材料的需求也可能使东道国的国家特有优势成为跨国公司的特有优势。这种优势的产生基于一个基本事实,即一个已经建立市场购销体系的外来企业比没有市场渠道的当地企业更能从原材料开发中获得更多的利润。这往往会使跨国公司利用其已获优势和购销体系获得在东道国开采资源和原材料的特权。这种特权一旦获取,就成为跨国公司的另一特有优势。我们也经常看到,这种对特殊原材料的需求也常常成为跨国公司对外投资的区域决定因素,同时是跨国公司对外直接投资的重要动因之一。

此外,卓越的管理才能是跨国公司能够拥有企业优势的一个重要原因。在激烈的市场竞争中,管理才能的重要性是显而易见的。对于有着长期经验和人才优势的跨国公司而言,其管理才能的优势非常明显并会经常处于"过剩"的状态。这是推动跨国公司不断发展并向海外投资的重要动力源泉。

除此之外,还有很多因素会成为跨国公司的优势来源,诸如东道国对外资的优惠措施、本国的一些鼓励和保护,以及很多跨国公司与东道国已经取得的历史联系等。这些都促使跨国公司不断发展并通过直接投资把其业务拓展至海外。

(二)市场交易的内部化

拥有了垄断优势的跨国公司可以轻易进入外国市场并取得丰厚的利润,这在很大程度上解释了对外直接投资的动因。但是这个解释还不全面。因为一个企业拥有某种垄断优势并希望在国外市场上实现其价值,它至少可以通过三种方式达到目的:第一,产品出口;第二,技术出口或以许可证方式转让其他无形资产优势;第三,直接投资。既然前面两种都可以以简便的方式获得收益,为什么还要第三种,即直接投资的方式?很显然,很多因素会使得直接投资比前两种方式获得更好的收益率。这里面主要涉及交易成本的问题。

由于现有的商品市场是不完全竞争的,国家之间存在大量的关税及非关税贸易壁垒,并且由于要素市场更加不完全,要素价格的均等化只是一个理论上的结果,这些因素都导致了各国的成本水平有较大的差异。因此,在东道国生产的直接投资往往会比本国生产有更低的成本,同时可以规避现存的贸易壁垒。这就解释了为什么不采取出口的方式而采用直接投资。

对于第二种方式,在国际市场上实行的难度更大。由于专有技术和无形资产具有一定程度公共物品的性质,其传播的边际成本几乎为零,因此很容易产生外溢从而损害所有人的利益。另外由于信息不对称,购买者在购买该项技术之前无法确定其价值,而所有者又不可能在购买前向其透露所有技术细节,因此造成了技术转让的合理价格很难达成。因此,过大的交易成本也使得第二种方法往往难以实行。解决这个问题的方法就是实行横向一体化,即通过直接投资的方式在当地生产,同时保留对专有技术和无形资产的控制权。

另外,在对于原材料和中间产品有特殊需求的行业,特有原材料或者中间产品的提供者往往会具有要素提供的垄断优势,因此会在市场交易中处于有利地位,通过垄断价格损害下游生产商的利益。加之不确定性的存在,使得原材料和中间产品的市场交易成本增加。因此很多跨国公司会尽量把这种市场交易变为企业内部的资源配置,这称为纵向一体化。通过纵向一体化,企业就可以获得对所需原材料的控制权,以保证按尽可能低的成本得到不间断供给。

最后,人为地通过把高定价的部件运往高税率的子公司,再通过低定价的部件运出高税率的子公司的关联交易方式,跨国公司可以降低它的纳税额。这称为转移定价,它也只能出现在公司内部的交易中,不可能出现在独立公司之间。这又成为对外直接投资的动因之一。

在本节最后我们要说的是,由于上述很多因素的综合作用,才造就了跨国公司的企业竞争优势,从而推动了对外直接投资。同时,这些优势与具体的经营环境密切相关,许多跨国公司正是把自己的优势与当地的资源条件、市场结构、文化制度背景等有机结合起来,才从对外直接投资中获得了较高的收益,成为当今最卓越的经济组织形式。

二、跨国公司直接投资的经济影响

跨国公司作为世界上最重要的经济组织形式,对世界经济的影响远非上面分析所能描述的。从全球经济来看,跨国公司的活动无疑是很有好处的,它通过各种生产要素的国际差价进行对外直接投资活动,在客观上促进了要素的国际流动和要素价格的国际均等化。而这正是我们在微观经济学中追求的福利最大化的必要条件。同时,它扩大了世界市场的范围,促使了经济全球化的发展。在跨国公司的推动下,任何一个国家与其他国家的联系变得更加紧密。跨国公司的全球生产、销售、融资活动使得整个世界的商品市场、资本市场和其他要素市场向一体化发展。同时也应该看到,很多跨国公司对经济的控制力强,有的公司几乎垄断了世界整个行业,一些产业巨头的销售额超过不少国家的国内生产总值。跨国公司对世界经济发展变化产生的深刻影响,无论对资本流入和流出国来说都具有积极和消极的不同作用。

(一)跨国公司对东道国的影响

跨国公司对东道国的经济发展具有不同影响的可能。跨国公司希望能够完全按照资本流动自由化的原则来安排它的全球生产和销售,但大多数的东道国并不这么认为,它们往往从本国的需要出发对跨国公司做出这样或那样的限制。通过一些国际组织的推动和双边或区域投资协定的签订,东道国的投资环境总体得到改善,跨国公司直接投资的积极作用得到普遍认可。

首先要肯定的是东道国在吸收外国直接投资的时候,除了能够获得我们在图形分析中所指出的静态的福利增加,如产出增加、就业增加、工资增加以及已经提到的税收增加之外,还有很多潜在的正面影响。

在这些潜在的正面影响中,比较重要的是先进技术和管理方式的转移效应。跨国公司的先进技术和管理方式在东道国很容易得到扩散和模仿,推动东道国企业仅用很低的成本就可以学习到最新的科学技术和管理经验,而这些技术和管理经验往往是发展中国家经济发展的瓶颈。因此,这种技术的扩散对于东道国企业的长期发展是至关重要的。

另一个潜在的正面影响是跨国公司的直接投资会使在东道国的很多产品当地化的供给能力增加并实现规模经济,从而降低消费品的价格,使得消费者的福利增加。对于生产者的好处是,通过跨国企业的投资融入全球生产网络,并对后期的价值链延伸和构建发展中国家自己的全球价值链打下基础。

如果跨国公司的投资是出口导向的,那么这无疑会在当前和今后长时期内改善东道国的国际收支,同时为进口所需的资本设备、工业产品等提供宝贵的外汇。从发展的角度看,这对于比较落后的发展中国家尤其有利。

在一定的情况下,跨国公司的进入还会削弱国内的垄断势力。很多东道国的某些行业可能由某一企业或者几个企业垄断,而外国直接投资的进入就会打破这一垄断,从而降低消费品价格。一个比较典型的例子是电信业,许多国家处于国内垄断的局面,而世界贸易组织所倡导的多边电信协议为削弱垄断和降低价格提供了一条可行的途径。

正是由于认识到这些潜在的正面影响,很多国家尤其是发展中国家对吸引外国直接投资持欢迎和鼓励的态度。但与此同时,跨国公司也会给东道国带来很多问题,这直接导致了许多国家对外国直接投资采取限制措施。

对跨国公司最主要的指责是,跨国公司的全球战略对本国经济造成一定干扰,从而使本土经济发展陷入被动境地。第一种负面情况是发达国家的跨国公司为降低成本在全球范围内根据资源禀赋情况组织生产,从而使发展中国家企业陷入低增加值环节的生产之中,对发展中国家产品结构优化和产业结构升级不利。跨国公司的直接投资决策也有可能与东道国的发展目标背道而驰,例如,其在海外的融资能力会使东道国的货币紧缩政策难以贯彻。

第二个负面影响是,跨国公司吸引了当地的储蓄和高级人才,以及科研开发基金,从长期看,抑制东道国本国的投资和科技研发,阻碍民族工业的发展。尤其令发展中国家抱怨的是,许多跨国公司过度开采原材料与资源,在劳动力资源丰富的国家发展资本密集型导向的技术和产业,从而造成高度二元性的“飞地”经济。

第三个负面影响是,跨国公司的投资如果进入东道国的出口产品生产领域,可能会恶化东道国的贸易条件,同时其经常采用的转移定价在减少东道国税收的同时也会恶化贸易条件。例如,为了避税,东道国境内的子公司会在账面上高价进口投入品的同时廉价出口生产的产品。

另外一些潜在的负面效应是与正面效应相对应的。例如,进口倾向较强的跨国公司会导致东道国国际收支的恶化;拥有特定优势的跨国公司会在东道国造成新的垄断;资金和技术密集型的跨国公司在赶走本国企业之后,反而可能增加东道国的失业;大量外国企业当地生产使国内市场竞争加剧的同时对本土企业发展产生一定不利的影响。

(二)跨国公司对母国的影响

今天的跨国公司几乎已经在筹资、生产、销售等各方面实现了真正的国际化,很多遍布全球的跨国公司已经很难轻易确定其母国到底是哪个国家。在本章中,我们主要指跨国公司对外投资的资本来源地,也就是说从资本流出的角度界定母国。

对于其母国,也就是资本输出国而言,对外直接投资也有潜在的正面影响。除了我们已经分析的增加投资收益与总产出等福利影响外,跨国公司的对外直接投资对于获得本国生产所需的相对缺乏的资源和原材料、加强本国产品出口和品牌的国际竞争力、构建全球生产网络等方面都有着重要的作用。直接投资可以分为水平型和直接型两大类,水平型的直接投资通过对相似产业的投资,可以绕过贸易壁垒,增加对当地市场的出口,还可以利用东道国的优惠贸易协定和地缘优势进一步扩大对其他国家出口,对本国出口有显著的促进作用;垂直型的直接投资可以延伸产业链,获取纵向一体化生产的关键要素和市场,通过全球化的生产网络充分享受国际资源配置的优势,在降低成本的同时保持技术领先,是激烈竞争的国际市场中跨国企业的重要生存之道。

当然本国企业大量对外投资具有潜在的负面影响。一个现实中被最多提及的消极影响是跨国公司的对外直接投资降低了母国的就业率和工资水平,通过引起本国就业岗位的流失恶化本国的失业问题。其中主要减少的是与外国相比处于劣势的非熟练和半熟练就业岗位。当然,这个程度有多大取决于对外直接投资的类型和投资发生的环境。

另一个潜在的损害是,如果这些投资留在国内,所有的投资收益归本国所有,即使是在投资失败的情况下也会拥有已投入的实物资产。而在对外投资的情况下,大量的利润被留在国外,并不能完全返还。因此,对外投资可能在实际上降低本国的总收入。

同样,跨国公司的转移定价以及其他类似活动也会减少母国的税基和征税收入。也就是说,其经营活动会尽量使处于低税率所在地的子公司获利,并利用避免双重税收协定和再投资减少对母国的纳税额。这也是一笔潜在的损失。

除此之外,跨国公司的对外直接投资意味着生产过程的国际转移,这会引起母国经济的产业空洞化;并且伴随着的技术转移和扩散会使母国技术领先地位和竞争优势迅速丧失,被后进国迎头赶上。

最后,与东道国相类似,跨国公司在国际范围内的经营增加了母国运用货币政策调控经济的难度。并且资本自由流动性的增强使得国际社会中的税收、利率等宏观政策具有了更大的外溢性。

有必要指出的是,虽然东道国以及母国在密切关注跨国公司的作用,但是由于跨国公司的经营活动会经常凌驾于一国的主权之上,这就有必要通过一系列的国际合作对它的活动进行管理,以便各国能够真正从国家资本的自由流动中获得好处。欧盟、经济合作与发展组织、世界贸易组织、联合国以及联合国贸易与发展会议都在为制定规范跨国公司和国际直接投资的国际性协议而努力。随着越来越多的双边和区域的投资协定的签订和实施,跨国直接投资逐渐纳入规范的管理之中,有助于更好地促进其发挥推动世界和区域经济增长的作用。

三、跨国公司的国际生产体系

自20世纪七八十年代后，跨国公司的战略重心由对外直接投资转向了建立全球生产体系。跨国公司的全球生产体系是一种复合一体化的网络，是跨国公司价值链管理职能活动的总和，不再强调是否包含所有权。它是以跨国公司为中心，多个国家的企业参与一个特定产品的不同阶段的职能组合过程，形成了国际化的网络体系。围绕同一品牌的使用，在产品的价值链中，各方合作加入，为同一品牌发挥各自的优势。全球生产体系变得更为立体，所涵盖的范围也更加广泛。跨国公司的全球生产体系发展呈现以下四个主要特征：

一是区位选择全球性。国际生产体系亦被称为“以世界为工厂”“以各国为车间”的全球化经营模式。跨国公司的全球生产体系并不是单纯地着眼于“国内”“国外”两个角度，而是体现一种区位选择上的全球性。在全球范围内考虑价值链的分布，无论国内还是国外，只要是在技术、成本、资源、市场等环节上能有优势所在的区域，就会被跨国公司纳入全球生产体系的版图之中。它的建立意味着产品价值链中不同环节的分布不再局限于单个国家内，而是在全球范围内进行地理布局。

二是职能活动更加广泛。跨国公司全球生产体系与单纯的全球生产不同，它不但涵盖了价值链上的生产环节，还囊括了技术研发、物流配送、市场销售品牌管理等价值链的所有环节，包含的职能活动是相当全面的。全球生产体系不仅是在生产层面的全球化合作，同时在物流、设计、品牌管理上都予以融合。生产的含义被拓宽了，指的是广义的增值过程，而不仅仅局限于制造过程。在传统的制造业领域，增值过程包括从研发、制造、销售到售后服务的各个环节；在服务业领域，增值过程也贯穿于服务提供的全部阶段。

三是非产权使用方式的普遍性。跨国公司全球生产体系的参与主体之间呈现出一种多样化的合作。不仅包括产权形式，而且包括种类繁多的非产权形式。具体来说，主要包括外国直接投资、海外及本地采购、分包、授权贴牌生产、参与原始设计和制造、许可生产或销售、战略性技术合作、跨国并购等方式。其中，非产权形式在跨国公司国际生产体系中日益发挥着重要作用，传统的对外直接投资已不是跨国公司实现国际生产的唯一方式。由于全球化的区位选择和价值链环节上的全面纳入，跨国公司全球生产体系中的参与各方需要通过自身的特点和优势互惠互利，就使得它们之间的合作不可能一成不变。从股权合作到合同合作，从垂直联系到水平联系，全球生产体系关注的并不是建立联系的方式本身，而是最终是否能够在整体上彼此获益。

四是管理战略上的归核化。所谓归核化，简单而言，就是要求企业集中资源，培育其核心能力，大力发展核心主业，把经营重点放在核心行业价值链中自身优势最大的环节上，强调核心能力的培育、维护和发展。20世纪90年代以来，面对全球化经营与竞争挑战，全球跨国公司纷纷进行核心竞争力的回归。通过并购、分拆、重组和剥离等方式不断将非核心业务分离出去。其中剥离指跨国公司使用撤销、出售、互换、外包，还有长期协议、战略联盟、许可等多种界于企业与市场之间的新型纵向关系形式。外包成为十分广泛运用的方式。在外包的发展中，大量的合同制造商发展迅速。

外包的趋势对全球产业结构来说具有复杂的含义。首先，它创造了全新的产业。其次，通过外包在一系列产业内，领先的跨国公司已经开始退出制造领域，为发展中国家制造业发展提供了新的空间。与此相对应的是，专业的合同制造商已经出现，提供专业的制造和服务。外包的实质是依据企业的核心能力，将企业重新定位，截取价值链中比较窄的部分，缩小经营范围，重新配置企业的各种资源，使企业通过专注于核心业务，构筑自己的竞争优势。合同制造商的兴起是近年来跨国公司国际生产体系发展的新趋势。与贴牌生产商相比，合同制造商的优势是可同时为不同的客户提供产品和服务，因而具有较高的设备利用率和效率。发展中国家的企业在这一局面中，企业价值应出现新的定位。

国际生产体系的实质是以全球价值链的方式来组织分配生产活动和其他职能。它覆盖技术开发到生产，再到分销和营销的全部环节。跨国公司的核心竞争优势可以存在于价值链的组织，也可以把核心竞争优势集中于价值链的某一环节。随着业务功能细分为各种更加专门化的活动，价值链从地区和业务环节看来似乎变得分散，但其结果是功能专门化的系统合作。对于大多数发展中国家来说，如何在融入跨国公司的全球生产网络的同时，避免被锁定，而实现产业链上的升级，逐步走出“微笑曲线”的低端，是与跨国公司战略调整紧密联系的现实课题。而对于中国来说，随着我国经济逐步深入地融入全球经济发展之中，对外直接投资的作用将变得更加重要，对于促进国内产业转型升级，促进与东道国之间的贸易增长，增强产品在国际市场的竞争力、构建我国自己的全球生产网络具有战略意义。

本章小结

前面的研究都一直假设生产要素如资本和劳动力在国与国之间不能流动。但是，现实中资本流动已经是非常普遍的现象，就连劳动力也具有了越来越大的流动性。本章首先分析了生产要素国际流动的主要种类及原因。其次，运用麦克杜格尔模型，对国际资本流动的经济效用进行说明。并分别讨论了国际一般劳动力流动、熟练劳动力流出对流出国的影响。最后，分析了跨国公司直接投资对东道国和母国的不同效果，并介绍了20世纪80年代后日益盛行的跨国公司全球生产体系的主要特征。

主要概念及术语

1. 直接投资(Direct Investment)
2. 证券投资(Portfolio Investment)
3. 人才流失(Brain Drain)
4. 跨国公司(Multinational Corporation)
5. 纵向一体化(Vertical Integration)
6. 转移定价(Transfer Pricing)
7. 横向一体化(Horizontal Integration)

思考讨论题

1. 国际资本流动有哪些主要方式？资本流动有何主要动机？
2. 对于资本输出国而言，资本的国际流动对谁有益？对谁不利？对一国总体福利产生怎样的影响？
3. 对于资本流入国而言，资本的国际流动对谁有益？对谁不利？对东道国经济的总体影响如何？
4. 熟练劳动力和一般劳动力的国际流动对流出国而言，有何异同？
5. 跨国公司的全球生产体系给予发展中国家哪些机遇与挑战？

附录 7—1

墨西哥移民问题

美国第 45 任总统唐纳德·特朗普(Donald Trump)上任后，于 2017 年 1 月 25 日签署行政命令，开始修建竞选时承诺的美墨边境隔离墙，并坚持要求墨西哥为边境墙买单，否则将给墨西哥货物加征 20%的进口税。并在当地时间 2 月 7 日遣返了 135 名墨西哥非法移民。同时特朗普表示将重启北美自由贸易区协定谈判，恢复与墨西哥和加拿大的关税。特朗普上任后的这一系列举动使美墨关系降至冰点。

美国是世界上最大的移民接受国。从 19 世纪 50 年代至今，墨西哥移民迁徙到美国大致有四次高潮，如今墨西哥移民已经成为美国最大的移民群体。以 1848 年美墨两国的边界确立为起点，墨西哥移民美国的过程可大致分为三个阶段。第一个阶段是 19 世纪 50 年代至 20 世纪 20 年代末，由于墨西哥革命和动荡的局势使农民的生存条件恶化，加上美国西南部矿业、牧业和农业发展迅速，需要大量劳动力，边界管理上的自由放松，促成了第一次墨西哥的移民高潮。第二阶段从 1942 年至 1964 年，此时期以“季节工计划”贯穿始终。1942 年美国政府与墨西哥政府签订了“战时临时工条约”，也称“季节工计划”，大约 480 万墨西哥季节工进入美国农场和种植园。第三阶段，1964 年“季节工计划”结束至今，出现了墨西哥第三、四次的移民高潮。

“季节工计划”的实施，不仅吸引了大量的墨西哥贫困劳工前往美国，而且刺激了更多的墨西哥非法移民活动。在此期间，面临破产的农民纷纷申请到美国工作，申请人数大大超过美国的需求数量。面对愈演愈烈的墨西哥非法移民问题，出于维护美国雇主的利益，1947 年美国移民局实行了“就地合法化行动”。在“非法移民”阶段，墨西哥逐渐成为美国全球最大的合法移民供应国，同时也成为最大的非法移民供应国，并且非法移民的数量远远超过合法移民数量。墨西哥非法移民问题，日渐成为美国朝野关注的焦点。

墨西哥移民不仅对其母国社会发展产生了深远影响，也影响了美国社会。侨汇已经超过旅游业和制造业收入，成为墨西哥仅次于石油业的第二大收入来源。墨西哥移民对母国经济的另一个影响是，扩大了墨西哥商品在美国的市场占有率，他们对母国的消费品有很大的需求。对于美国来说，墨西哥移民既是廉价劳动力的提供者，也是巨大消费市场的创造者。19 世纪末 20 世纪初，美国中西部发展势头强劲的铁路、矿业、畜牧业和农业加大了对劳动力的需求量，因《排华法案》和《君子协定》，华人和日本人进入美国受到限制，墨西哥移民成为美国铁路建设、农牧场等行业主要的劳动力来源。如今，墨西哥移民从农业分散到制造业、服务业、建筑业和商业等多个部门。

诚然为数众多的墨西哥移民为美国经济发展提供了充足的廉价劳动力，但是这些多数来自墨西哥社会底层的移民尤其是非法移民，在美国的某些行业中，既是本土工人的补充者，也是他们的替代者，加剧了美国本土工人的失业风险。此外，在医疗救护、边境管理、教育等方面，墨西哥移民也给美国经济增加了一定的负担。在应对非法移民问题上，美国长期以来奉行适用主义立场，往往以本国经济的好坏为风向标，对待移民的政策摇摆不定。这些都使美国的墨西哥非法移民问题越演越烈，是特朗普上任后系列措施出台的背景。

参考文献：

[1]孙晨旭：“美国的墨西哥移民问题——以 20 世纪中期美墨季节工计划为中心的考察”，《拉丁美洲研究》2008 年第 3 期。

第八章
贸易政策的国际协调

学习要点

1. 国际贸易体制的演变；
2. 多边贸易体制的发展；
3. 关税同盟理论与区域一体化的新理论；
4. 区域贸易自由化与多边贸易自由化的关系探讨。

第一节 贸易政策国际协调的机制及演进

一、国际贸易体制

国际经济秩序(International Economic Order)或国际经济体制(International Economic System)指的是连接各国的种种经济关系和经济组织的总称,目前主要包括国际货币体制和国际贸易体制。国际货币体制指的是金融、货币方面的各种经济关系和组织(参见第十三章),而国际贸易体制的重点是放在对国际贸易方面的各种经济关系和组织的考察。

秩序的目标是达到有条理、不混乱的状况,而体制指的是它的构造。如果把国际贸易比喻成一块钟表的话,那么二者就犹如钟表的外壳指针和内部结构的关系那样相辅相成、不可分割。为了保证某种秩序的形成首先需要主要原则(Principle)或秩序原则加以约束,如:自由贸易原则、价格机制原则等就相当于秩序原则。但是仅有秩序原则是不够的,需要许多相关的详细规则和运行机制(Rule)来支持秩序原则得以实现。因此,国际贸易体制依赖于国际贸易的秩序原则和相关规则。

国际贸易主体最少可以由两个国家构成,所以国际贸易体制(秩序)最小范围可以在两个国家之间形成,也可扩展到数个或百个国家之间。早期习惯把覆盖所有或多数国家的国际贸易体制称为"中心"(Central)的国际贸易体制,而覆盖区域性或双边的国际贸易体制称为"外围"(Peripheral)的国际贸易体制。随着贸易体制的演变,被称为"外围"的区域贸易体制已经从外围和从属地位上升至国际贸易秩序的重要组成部分,并对前者的演变发挥越来越大的示范和先行者作用。"中心"和"外围"分类标准逐渐变得模糊,国际贸易体制进入"多边"和"区域"并存的时代。

二、国际贸易体制的演变

从历史上看,"中心"国际贸易体制出现较早,是早期国际贸易秩序形成的主要力量。但由于缺乏层次丰富的详细规则和有组织的运行机制,那时的国际贸易体制还停留在国际贸易秩序创造和维持的初级阶段。从两次自由贸易的黄金时期(第1次为1860～1880年,第2次为1945～1971年)出现的"中心"国际贸易秩序来看,它的形成和维护至少需要两个条件。首先,要有通过技术创新产生的超级经济大国,其主要产业不仅在国内,而且在整个世界市场具有强大的影响力。其次,该超级经济大国需要向他国提供资金和援助。可以说,容忍他国对相关产业的保护、提供资金协助是超级经济大国为实现通过自由贸易进一步发展本国产业所支付的成本。如果没有愿意承担这种成本的超级经济大国的存在,就像1880～1940年这一期间那样,世界上就不存在"中心"国际贸易秩序。因此,可以说历史上的两次"中心"国际贸易秩序是在超级经济大国主导下形成的。单边主义是早期"中心"国际贸易秩序形成的主要方式。

(一)单边主义

单边主义是由早期国际贸易秩序自发形成的,为一国在不同发展阶段所采取的有利于本国经济发展的贸易策略所驱动。一个国家的竞争力决定着其在世界市场上的地位,同时会制约其对外贸易战略与政策。一般来说,处于优势地位、商品竞争力强的国家采取自由贸易政策。由于经济发展不平衡规律的作用,从时间序列的脉络来看,15～17 世纪西欧各国在资本主义生产方式萌芽时期普遍推行的是典型的保护贸易政策。18 世纪中叶至 19 世纪末,英国在资本主义自由竞争时期实力相对强大,开始实行自由贸易政策,相对落后的美国和德国则实行的是保护贸易政策。1860～1880 年第一次自由贸易黄金时期的国际贸易体制或秩序是由英国主导形成的。

1880～1940 年,随着美、德的赶超,英国经济力量的衰退,各国间的贸易摩擦增大,纷纷提高关税。这一时期贸易保护主义盛行,国际贸易处于无序状态。19 世纪末到第二次世界大战期间,各资本主义国家在资本主义垄断时期普遍实行的是超保护贸易政策。美国则基于自身经济实力的增强,越来越倾向于自由贸易政策的实施。1945～1971 年第二次自由贸易黄金时期的国际贸易体制或秩序是在美国主导下形成的。发展中国家在取得民族解放和政治独立后致力于经济的发展,所以自 20 世纪 80 年代初,大多数发展中国家在各种条件的综合作用下也逐步走上了贸易自由化之路。

可见,导致国际贸易体制或秩序形成及崩溃的最根本原因是经济的不均衡发展(Unequal Development)。具体地说,由于各国经济发展速度的不同,当后发国家通过技术传播完成了对经济超级大国的赶超后,双方的产业结构趋于相似,出现同质的竞争性产业结构。当经济由景气转向不景气时,贸易摩擦加剧,导致“中心”国际贸易体制或秩序从内部开始瓦解。这时如果没有各国的协调,结局是贸易保护主义盛行,全球国际贸易处于无秩序的状态(前述 1880～1940 年就属于这种情况)。如果这时各国相互协调,那么就催生了贸易保护程度相对低的新的“中心”国际贸易体制形式。这种规律与经济周期变化一起,对贸易秩序的变化产生直接影响。如发达国家率先在第二次世界大战后推行贸易自由化,但当本国或国际经济环境恶化时,发达国家的贸易保护主义就会重新抬头,于是在 20 世纪 70 年代中期又出现了新贸易保护主义。

(二)多边主义

全球在经历了两次世界大战后,经济发展遭到了严重的破坏。第二次世界大战后,各国开始努力恢复和重建国际经济秩序,国际经济组织蓬勃发展,多边协调进入兴盛阶段。首先,对战争的反省使人们认识到,世界经济单靠从一个国家的立场出发的国内经济秩序已不能维持,有必要从国际立场出发,确立国际经济的法律秩序。同时,由于科学技术的进步,国际分工越来越细,经济活动越来越多地跨越国界。贸易壁垒降低、外国直接投资增加、新的竞争者进入市场,给各种发展水平的国家都提供了巨大的机会。各国政府、国际机构和私人部门都希望通过合作和成立机构来处理摩擦、协调发展,以 GATT/WTO 为代表的多边贸易体制的出现就成为历史进程中的必然产物,国际贸易体制进入多边时代。

作为多边贸易体制的早期形态,GATT 发挥了创立和维护多边的自由竞争和以贸易自由化为最终宗旨的重要作用。经过八轮的多边贸易谈判,工业品的关税税率大幅度下降,贸易自由化程度大大提高;在世界范围内推行了非歧视原则和公平竞争原则,从而使自由竞争和自由贸易成为贸易秩序追求的明确目标;设置了贸易争端的解决程序,并在多年的实践中不断演进,一定程度上维护了世界范围内自由竞争的良好秩序;创立了各国谈判以及协调贸易政策最重要的平台。但作为多边贸易体制的 GATT 存在法律地位和机构规制相应条款有缺陷和不能满足经济发展需要的突出问题。由于经济全球化不平衡发展,全球贸易摩擦不断,导致发达国家对发展中国家开放市场的要求更迫切。建立公平、开放、自由、平等的世界经济秩序,为世界贸易的自由化进程消除各种贸易壁垒,也成为包括发展中国家在内的世界范围内普遍关注的问题。1995 年 WTO(世界贸易组织)成立,标志着多边贸易体制进入新的发展阶段。

以 GATT/WTO 为代表的全球多边贸易体制是贸易自由化的产物。虽然多边贸易体制最初的成立是美国霸权主义的产物,但经过半个多世纪的发展,多边贸易体制也由最初以权利为导向转变为以规则为导向,其规则的制定体现出各国的相互协调性。

(三)区域主义

第二次世界大战后区域一体化的发展以欧共体的成立为典型代表。1951 年,法国、联邦德国、意大利、比利时、荷兰和卢森堡在巴黎签订了为期 50 年的《欧洲煤钢联营条约》(European Coal and Steel Community),在条约基础上建立了欧洲煤钢共同体。此后,签约各国逐渐意识到,可以通过建立共同参加的区域经济组织进一步加强联系,从而相继创建了欧洲经济共同体和欧洲原子能共同体。欧洲煤钢共同体自成立以来,先后经历了若干次扩充,逐渐发展成为世界上规模最大、一体化程度最高的区域经济合作组织。

20 世纪六七十年代区域组织在发展中国家也同样得到蔓延,以拉丁美洲起步最早、数量最多。拉美自由贸易协会(Latin-American Free Trade Association,LAFTA)、中美洲共同市场、安第斯条约组织(Andean Pact Organization)、加勒比自由贸易联盟(Caribbean Free Trade Association,CARIFTA)、东非共同体(East African Community)、西非经济货币联盟(West African Economic and Monetary Union)都具有一定影响。1961 年,马来西亚、泰国和菲律宾成立的东南亚联盟是第一个亚洲区域一体化组织,在 1967 年新加坡和印度尼西亚加入后改称为东南亚国家联盟。

进入 20 世纪 80 年代后,发达国家又重新占据主导地位。典型的代表为美国,美国摒弃一贯的多边立场,在全球范围内寻找区域和双边合作伙伴。在 1985 年与以色列签订双边自由贸易协定之后,1988 年又与加拿大缔结《美加自由贸易协定》,广泛涉及商品贸易、服务贸易、投资和劳动力流动。1989 年美、澳两国还与加拿大、日本、韩国、新西兰和东盟一起,共同发起成立亚太经济合作组织(Asia-Pacific Economic Cooperation,APEC)。

20 世纪 90 年代以来,以自由贸易区(FTA)为代表的区域一体化数量更是显著增加。从 1948~1994 年的 46 年间,GATT 接受的与货物贸易有关的贸易协定通报数目为 124 个。到 2005 年已经有 330 个区域贸易协定签订。自 1995 年 WTO 成立到 2005 年的 10 年间成为历史上区域贸易协定增长最快的时期。在 WTO 的成员中,只有极少数国家(如蒙古)或地区没有参加任何区域贸易协定。世界经济的发展进入区域时代,区域贸易秩序的安排在全球贸易秩序的形成和稳定中发挥越来越显著的作用。

第二节 多边贸易体制的发展:从 GATT 到 WTO

一、从 GATT 到 WTO

(一)GATT 的产生与发展

关税与贸易总协定(GATT)是第二次世界大战后作为国际贸易体制的实践而创立的"中心"国际贸易组织。

出于对第二次世界大战前各国外汇倾销、贸易保护主义盛行给世界经济带来困境的反思,在联合国内对世界自由贸易体制必要性的认识日益高涨。在货币、金融方面,通过布雷顿森林协议设立了国际货币基金组织(IMF)和世界银行。在贸易方面,1945 年美国发表了《扩大世界贸易与就业法案》,呼吁召开联合国的贸易与就业会议。为扩大各国的消费、增加就业、消除贸易障碍,美国建议在联合国框架下设立国际贸易组织。1946 年联合国通过了美国的提案,着手筹建国际贸易组织。

另一方面,美国又提议在成立国际贸易组织之前,作为一个过渡先就贸易政策和关税减让部分达成一个协议,以作为临时性处理国际贸易纠纷的依据。为此,1947 年包括中国在内的 23 个国家在日内瓦就 45 000 种商品关税减让达成了协议,并形成了《关税与贸易总协定》,该协定从 1948 年 1 月 1 日起临时生效。然而由于当时美国国内贸易保护主义势力十分强大,联合国《国际贸易组织宪章》在美国国会没有得到通过,美国政府只得放弃成立国际贸易组织的想法。受其影响,国际贸易组织的创建计划最终化为泡影,而作为一个临时性的 GATT 却一直延续到 1994 年底。

GATT 的目的是以贸易自由化(废除进口限制)和关税减让为手段,通过非歧视的多边自由贸易提高生活水平、实现充分就业、提高实际收入和充分利用世界资源。GATT 在其存在的 40 年期间共举行过 8 回多边谈判,在关税和非关税壁垒,特别是关税减让方面取得了显著成果。GATT 的各种活动对世界经济和国际贸易的发展起到了巨大的推动作用。

(二)乌拉圭回合谈判与 WTO 的产生

GATT 为世界贸易的发展做出了不可磨灭的贡献,但也存在许多问题。例如,在 GATT 创立之初就承认了英联邦关税特惠的例外。英联邦关税特惠是英国与原殖民地国家之间的特别优惠关税的措施,为了使英国以及英联邦国家能够加入 GATT,对这一措施做了例外处理。此外,GATT 对 1958 年成立的 EEC(参见附录 13—2)也承认了它的例外。这些例外的承认有悖于 GATT 的多边的、非歧视的基本原则。更为严重的问题是,1971 年 8 月尼克松公布美国对进口商品征收 10%的临时附加税,各国出于本国的利益纷纷考虑提高关税、限制进口或强制别国采取自动出口限制措施等。GATT 受到了严重的侵蚀,贸易摩擦越来越尖锐,世界转向管理贸易体制。在这样的形势下,1986 年 9 月经日本提议在南美的乌拉圭,GATT 的缔约国部长级会议决定开始第八轮谈判。

乌拉圭回合的谈判与以往谈判的不同之处在于范围广,它不仅包括了关税减让,还增加了与贸易有关的知识产权问题、投资措施、服务贸易等议题。这次谈判长达7年之久，于1993年12月结束。主要谈判成果如下：

(1)关税减让。各参加方关税总水平削减近40%。

(2)农产品协议。将原有的农产品的非关税壁垒关税化，然后逐步削减。

(3)服务贸易。要求各缔约国按最惠国待遇、国民待遇和市场准入原则承担开放市场的义务。

(4)知识产权保护。谈判达成的“与贸易(包括冒牌货贸易在内)有关知识产权协议”，要求各方按照GATT和有关知识产权的国际公约的基本原则对专利权、商标权等知识产权进行有效的保护。

(5)与贸易有关的投资措施协议。该协议要求发达国家在2年内，发展中国家在5年内取消对外资的当地成分比率(Local Content Rate)、出口比例、外汇平衡等。

(6)纺织品和服装协议。将纺织品、服装逐步置于GATT的管辖范围，对1974年《多种纤维协定》形成的配额分配制度在10年内分阶段取消并实行贸易自由化。

(7)乌拉圭回合的谈判还就反倾销、反补贴达成了相关协议，对反倾销、反补贴等作了明确的规定。

(8)达成《关于建立世界贸易组织的协议》决定设立世界贸易组织(World Trade Organization，WTO)取代GATT。

1995年1月1日WTO正式诞生，同时乌拉圭回合所达成的一揽子协议也正式生效。WTO与GATT相比有以下主要特征：第一，由商品贸易的自由化扩展到服务贸易的自由化；第二，通过《与贸易有关的投资措施协议》开辟了促进直接投资的渠道；第三，通过《与贸易(包括冒牌货贸易在内)有关的知识产权协议》明确了知识产权的保护；第四，确立了贸易纠纷的规则、程序，贸易纠纷的解决机制更为完善。

二、多边贸易体制的发展

WTO的建立是各国共同协调的结果，它的出现标志着人类社会第三次自由贸易体制的发展，对推动全球贸易自由化、促进全球经济增长将起着重要的作用。

(一)多哈发展议程启动的背景

自1995年WTO成立以来，国际社会一直酝酿着发起新一轮多边贸易谈判。在乌拉圭回合中，各方对农业和服务业的市场开放做了一些承诺，提出了未来开放的框架，但内容尚不具体，缺乏可操作性。乌拉圭回合结束时，这些议题被承诺将在下一轮谈判中占有一席之地，以推动这些领域的进一步贸易自由化。按照“既定议程”，各成员就农业和服务业的新的谈判已于2000年初启动。世界贸易组织于2001年11月在卡塔尔首都多哈举行的世界贸易组织第4次部长级会议中开始的新一轮多边贸易谈判，这就是多哈回合(Doha Round)贸易谈判，又称多哈发展议程。

多哈回合谈判的宗旨是促进世贸组织成员削减贸易壁垒，通过更公平的贸易环境来促进全球，特别是较贫穷国家的经济发展。谈判包括农业、非农产品市场准入、服务贸易、规则谈判、争端解决、知识产权、贸易与发展、贸易与环境8个主要议题。谈判的关键是农业和非农产品市场准入问题,主要包括削减农业补贴、削减农产品进口关税及降低工业品进口关税三个部分。

(二)多哈发展议程启动以来的基本历程

多哈发展议程谈判自2001年11月启动至2006年7月宣布"中止",谈判历程大致可以分为以下四个阶段①:

第一阶段:2001年11月～2003年9月。谈判启动以后,2002年2月WTO设立了"贸易谈判委员会",在总理事会授权下由其负责监督谈判工作的进行。根据《多哈宣言》及其工作计划,谈判最迟于2005年1月1日前结束。但是,此后的近两年中,由于各成员在利益要求上存在严重分歧,谈判进展缓慢。2003年9月,在墨西哥的坎昆召开了WTO第5次部长级会议,会议对已进行的谈判工作进行了中期评估,并计划就主要谈判议题确立谈判框架,以借此开展第二阶段的谈判工作。但是,由于各方固守立场,分歧难以缩小,会议未能取得预期结果。坎昆会议的挫折使2005年前如期结束多哈发展议程谈判的计划成为泡影。

第二阶段:2003年9月～2004年8月。坎昆会议后,为打破谈判的僵局,各方在分歧严重的情况下将许多棘手的问题暂时搁置起来,并调整了谈判重点,着眼于制定一份框架协议,以确定今后谈判的指导原则和主要方向。2004年8月1日,在日内瓦WTO总理事会上各方达成《多哈发展议程框架协议》,指明了主要谈判范畴(即农业与非农产品市场准入)的框架和进行贸易与发展、服务贸易以及贸易便利化等新议题谈判的基本方向,多哈谈判取得阶段性突破。WTO总理事会亦同意将原定2005年1月1日的结束限期予以不设限延长。

第三阶段:2004年8月～2005年12月。《框架协议》签署后,谈判各方主要通过一些小型部长级会议推动谈判的进行。2005年1月底,在瑞士达沃斯召开的主要成员部长级小型会议上发出明确信号,希望2006年结束多哈发展议程谈判。2005年12月在中国香港举行了WTO第6次部长级会议,力图全面推进多哈发展议程谈判,会议最终通过《香港宣言》,在农业议题上取得了有限进展。

第四阶段:2005年12月～2006年6月。香港会议后,根据谈判计划,各方应在2006年4月30日前就农业和非农产品市场准入问题达成初步协议,但是由于各方缺乏妥协,谈判进展依然缓慢。2006年6月29日,大约60个成员的贸易和农业部长开始在日内瓦展开谈判,争取在关键的农业和非农产品市场准入议题上达成协议。但是由于各方分歧严重,立场没有松动,会议提前结束。2006年7月24日,WTO总干事拉米无奈地宣布,无限期"中止"多哈回合谈判。

第五阶段:2008年1月～2013年12月。2008年1月在达沃斯非正式部长级会议上确定重启多哈回合谈判。但是在同年7月的日内瓦非正式部长级会议上,七国集团(G7)就农业和非农产品市场准入问题分歧严重而没有达成合意。随后就发生了全球金融危机,2008年12月预定召开的WTO部长级会议也没能按期举行。美国等发达国家纷纷看淡WTO的发展,把重点转移到《跨太平洋战略经济伙伴协定》《跨大西洋贸易与投资伙伴协定》《诸边服务业协定》以及区域自由贸易协定的谈判上。

① 赵仁康:"全球服务贸易自由化态势研判——以多哈发展议程服务贸易谈判为视角",《国际贸易问题》2006年第9期。

多哈回合在2013年5月出现转机，WTO新任总干事巴西人罗伯托·阿泽维多强调重启多哈回合谈判是多边贸易组织发展的头等大事。2013年12月，WTO第九次部长级会议在印度尼西亚巴厘岛顺利举行，会议最后就早期收获达成一致，通过了"巴厘一揽子协定"，是挽救多哈回合的重要成果。"巴厘一揽子协定"中最重要的是《贸易便利化协定》，成员方将在贸易便利化和海关合规性方面进行有效合作，对各方海关和口岸管理的改革具有很大意义。

(三)多边贸易体制发展的前景

以李嘉图的比较优势论为核心的自由贸易理论，实际上提出了贸易是非零和博弈理论。一国的贸易所得并非以另一国之所失为条件，贸易各方均可从贸易中得到贸易利益，甚至处于贸易劣势的一方同样可以通过贸易获得利益，因为贸易具有互利性质。现代的国际贸易理论也认同这种贸易的互利性。在此基础上，国际贸易发展出合作性博弈理论，说明贸易上的合作可以使各方获得大于不合作条件下所能获得的利益，合作性博弈才能扩大双赢的可能。

多边贸易机制就是建立合作博弈的一种努力，相对单边和区域贸易秩序的制定有许多优势。相对于区域来说，第一，可以节约与不同伙伴国建立不同区域秩序的谈判成本。如果能够通过多边谈判建立国际贸易的合作机制，使国际贸易活动在既定的框架下进行，就可以减少谈判的成本、简化贸易的环节、降低贸易的障碍。第二，从效率角度出发，多边开放显然比区域开放更胜一筹。多边开放不仅可以在更大范围内推行贸易自由化，而且可以有效避免区域开放中可能存在的贸易转移负效应。第三，多边谈判使生产要素在全球范围内得到优化配置，会最大限度地增加全球和国家福利。相对于单边来说，可以克服单边自由化中经常面临的利益集团的阻力，用多边的制度和协定保障自由化的成果。

多边贸易组织是当今世界多边贸易体制的组织和法律基础，也是全球贸易治理最主要的平台，与国际货币基金组织和世界银行并列为世界经济三大组织。运行多年来，取得了诸多成就。第一，把不同经济发展水平、不同社会制度的国家和地区聚集在一起，构建一个互利互惠的多边贸易体制。第二，实施并管理乌拉圭回合达成的众多贸易协定与协议，促进成员方的贸易与经济发展。第三，对成员贸易政策审议监督制度化，有利于保持政策透明、改善贸易环境。第四，成员不断扩大，WTO成员从成立时的112个扩充到2016年的164个，在世界贸易中的比重提高到97%以上。第五，多哈回合谈判启动以来，更多关注发展中国家成员尤其是最不发达国家成员的发展。但是自2008年以来在应对全球性金融危机后兴起的贸易保护主义作为不够有力，受一些久拖未决的议题如农业国内补贴的干扰，多边贸易组织推动的一体化发展缓慢。在包括敏感议题、决策方式、发展需求、机构改革等关键问题上，多边贸易组织面临挑战的同时也需要进一步推进多边一体化发展。

第三节　区域贸易体制的发展

一、区域一体化实践的发展

20世纪90年代以后，区域经济一体化表现出高速增长的新态势，除了规模、数量不可同日而语外，还形成了所谓的"新区域主义"。"新区域主义"的特征包括：

第一,在参加者类型上,这次浪潮要求地理相邻、制度相近、经济结构趋同、经济发展水平相似,参与的国家和地区横跨大洲、大洋,经济社会制度千差万别,垂直型或互补的水平型经济结构层出不穷,南南合作的雄厚基础逐渐取代南北合作的悬殊格局。

第二,在成员方数量上,这段时期区域化形态主要体现为双边自由贸易协定,其数量已占到 20 世纪 90 年代以来累计签订区域贸易协定的 90%以上。

第三,在内容上,由于当前一些协议中的新问题极大地突破了双边 FTA 的传统含义,有关名称甚至已不局限于自由贸易协定,而变为紧密经贸关系(Closer Economic Relation,CER)、更紧密经贸关系安排(Closer Economic Partnership Agreement,CEPA)、组织协定(Association Agreement)等。例如,日本和新加坡 2002 年签署的《日本新加坡新时代伙伴关系协定》(Japan-Singapore for a New Age Economic Partnership Agreement,JSEPA),覆盖范围十分广泛,除免除进出口关税和放宽双方投资限制外,还包括在现代服务业、科技、广播、旅游等多个行业以及人才交流上进行密切合作。

第四,在形式上,出现了"轮轴-辐条"式的一体化新格局。该模式包括一个处于中心地位的轮轴国和多个围绕在其周围的辐条国,轮轴国与每个辐条国分别签署协定。与欧洲和拉美相比,由于缺乏一个强有力的主导国家或一体化组织,东亚地区的一体化进程更容易形成多个"轮轴-辐条"相互交织的局面,使区内利益分配变得更加扑朔迷离。

2008 年的金融危机也为区域一体化的加深发展提供了契机。因为,第一,金融危机导致了对原有全球经济治理结构的危机;第二,各主要国家陷入金融、财政和金融三重危机,更愿意在区域层次上投入;第三,危机也导致国内相关利益集团政治影响力的增强。在此背景下,全球范围内掀起了新一轮的区域经济一体化浪潮。据 WTO 统计,全球贸易至少 50%以上是在各区域集团内部进行的,欧盟内部贸易比例甚至接近 70%。大量出现的贸易协定显著提升了区域协定对非成员国的价值。贸易带来的规模经济激励着更多的国家将外部性加以内生化,由此产生的一体化大市场给发达国家增添了无穷收益。这一变动趋势使国际竞争日益演变为多个利益集团的争夺。

值得一提的是,进入 21 世纪以来,我国也积极投入到区域一体化的建设中。2001 年 5 月 23 日,我国参加了历史上第一个区域性的多边组织——《曼谷协定》。内地与香港、澳门分别于 2003 年 6 月 29 日、2003 年 10 月 17 日签署了《内地与香港关于建立更紧密经贸关系的安排》《内地与澳门关于建立更紧密经贸关系的安排》。2004 年 11 月 29 日,《中国东盟全面经济合作框架协议货物贸易协议》和《中国东盟争端解决机制协议》正式签署,这标志着中国东盟自由贸易区开始建立。2005 年 1 月 1 日,双方开始实施《早期收获计划》(Early Harvest Program),到 2010 年 1 月,中国与东盟老成员间 90%的产品关税将降为零,从而基本建成自由贸易区。到 2015 年 1 月,中国东盟自由贸易区将全部建设完毕。这是迄今为止中国对外筹建的第一个双边 FTA。2005 年 11 月 18 日,《中国智利自由贸易协定》正式签署,并于 2006 年 10 月 1 日生效。2005 年 12 月 9 日,《中国巴基斯坦自由贸易协议早期收获计划的协议》正式签署。2008 年 4 月 7 日,我国与其他国家第一个涵盖货物贸易、服务贸易、投资等诸多领域的全面自贸协定——《中国和新西兰自由贸易协定》在北京签署,中新 FTA 是中国启动的第一个与发达国家的双边自由贸易谈判。新西兰是西方国家中第一个同意与中国签订加入世界贸易组织双边协议的国家,又是第一个承认中国市场经济地位的西方国家,当然它现在已成为第一个与中国建立自贸区的发达国家。2010 年 1 月 1 日中国-东盟自由贸易区正式全面启动,是世界上由发展中国家组成的最大自由贸易区。2013 年 7 月 6 日中国和瑞士双方签署《中国-瑞士自由贸易协定》,2014 年 7 月 1 日正式实施,是中国与欧洲大陆国家签订的首个自由贸易区。2015 年 6 月 17 日,中国与澳大利亚正式签署《中国和澳大利亚自由贸易协定》。地区性的双边和区域一体化组织已经成为我国参与国际分工和保持对外合作的重要平台。

二、关税同盟理论

(一)区域经济一体化的不同层次

区域经济组织根据其经济整合的深化程度可分为以下五种:

(1)优惠性贸易安排(Preferential Trade Arrangement,PTA)。在此安排之下,成员一方给予另一方部门个别产品优惠贸易的待遇,而不将此项待遇给予非区内成员。一般为发达国家对发展中国家的单向自由贸易区。

(2)自由贸易区(Free Trade Area,FTA)。自由贸易区成员相互同意消除其间的关税及非关税贸易障碍。但成员国仍可保有其各自对外的关税及贸易政策,即自由贸易区的成员并无共同对外关税及贸易政策。如北美自由贸易区、东盟自由贸易区。

(3)关税同盟(Customs Union,CU)。关税同盟的成员除相互同意消除彼此之间的贸易障碍之外,还相互协议采取共同对外的关税及贸易政策。如欧洲关税同盟。

(4)共同市场(Common Market,CM)。成员除彼此允许货物自由流通及采取共同对外的关税及贸易政策之外,并允许其他生产要素(如人员、资金、劳务、商品)的自由流动。

(5)经济同盟(Economic Union,EU)。成员除达到前述共同市场的全面自由流通各项要素外,还须彼此协商,以制订共同的经济政策及货币政策。

(二)关税同盟理论

关于区域经济一体化最为经典的理论是维纳(J. Viner)于 1950 年在《关税同盟问题》中建立的关税同盟理论。它同国际贸易经典理论一样,具有下列一些限制性的前提假设:商品和要素市场是完全竞争的,生产要素只在各国国内而不在国家间自由流动,运输成本忽略不计。区域经济一体化将加强成员国之间以比较优势为基础的专业化分工,同时产生贸易创造和贸易转移两种效应,这也是成立区域经济一体化的主要静态效应。

1. 关税同盟的静态效应

关税同盟的静态效应主要包括贸易创造(Trade Creation)和贸易转移(Trade Diversion)两种效应。

(1)贸易创造效应。所谓关税同盟的贸易创造效应,即在关税同盟对内实行自由贸易后,国内成本高的产品生产为伙伴国成本低的进口产品所代替,贸易得到扩大,此为贸易方面的得益。并且由于从伙伴国进口成本低的产品代替原来成本高的产品后,该国就可以把原来用于生产成本高的产品的资源转向生产成本低的产品,从而获得利益,此为生产方面的得益。两者都可以使参加同盟的国家福利水平提高。

在图 8—1 中,D 和 S 分别表示甲国 X 商品的国内需求曲线和供给曲线,横轴代表 X 商品的数量,纵轴代表价格水平。假设甲国是一个贸易小国,其进口不能影响 X 商品的世界市场

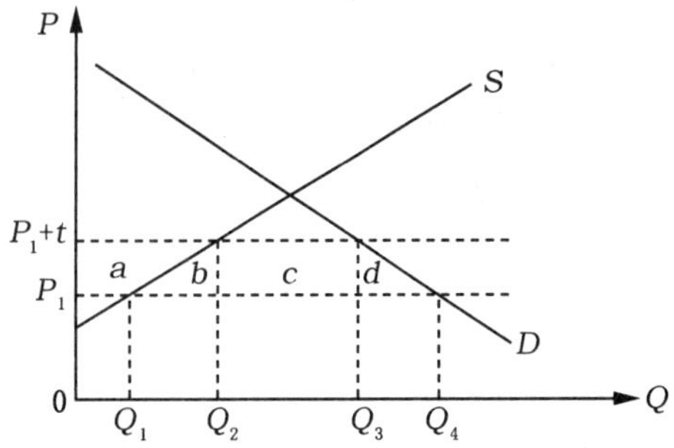

图 8—1 关税同盟的贸易创造效应

价格。甲国加入关税同盟之前,从乙国(其 X 商品的价格为 P_1)进口 X 商品,征收关税后,其进口商品价格达到 P_1+t,此时甲国进口 Q_2Q_3 的 X 商品。假设现在甲国与乙国结成关税同盟,两国开始实行自由贸易,甲国从乙国进口 X 商品时就不再征收关税,因而按照 P_1 的价格从乙国进口 X 商品,总进口量扩大至 Q_1Q_4。加入关税同盟后,甲国对乙国取消关税,甲国的消费者剩余增加了$(a+b+c+d)$,但生产者剩余则由于产量的下降而减少了 a,政府关税收入减少了 c,相抵后社会福利增加了$(b+d)$。其中,b 是贸易创造的生产效应,即甲国生产减少而乙国生产增加,是资源有效利用的结果;d 是贸易创造的消费效应,甲国 X 商品的价格下降引起了消费增加,是进口增加或贸易扩大的结果;$(b+d)$是甲国加入关税同盟后贸易创造效应所增加的福利。对一个关税同盟内部来说,是要素得到更好利用所得到的效用。

(2)贸易转移效应。所谓贸易转移,指由于关税同盟对内实行自由贸易,对外实行统一关税率,导致先前的贸易地理方向发生改变,即一国把同盟外低成本的某个国家的进口转变为与同盟内高成本成员国间的进口。从福利的角度看,贸易转移是减少世界和贸易发生转移国福利的,因为它把生产从效率较高的非同盟国转移到效率较低的同盟国,使资源配置效率降低。

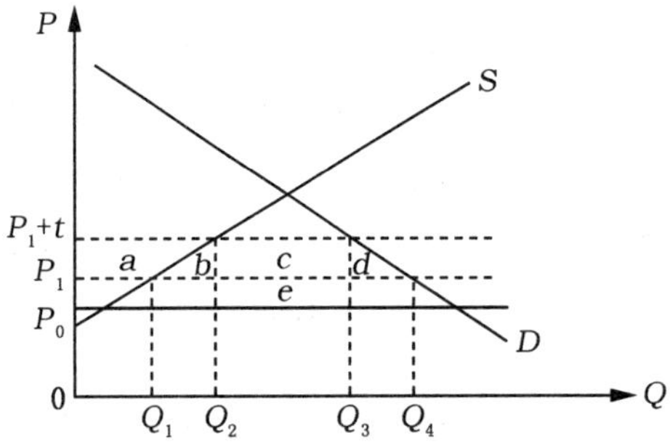

图 8—2 关税同盟的贸易转移效应

图 8—2 说明了关税同盟的贸易转移效应。仍假设甲国是一个贸易小国,D 和 S 分别代表甲国 X 商品的国内需求曲线和供给曲线。甲国加入关税同盟之前,对进口的 X 商品征收关税 t,由于乙国 X 商品的价格为 P_1,高于丙国 X 商品的价格 P_0。所以甲国从丙国进口 X 商品,征收关税后,其进口商品价格达到 P_0+t,此时甲国进口 Q_2Q_3 的 X 商品。假设现在甲国与乙国结成关税同盟,两国之间开始实行自由贸易,对来自丙国的商品仍征收关税 t,由于丙国 X 商品税后价格仍为P_0+t,而乙国 X 商品不需要交关税,其价格为 P_1,所以甲国不从丙国

进口 X 商品，而改从乙国按 P_1 价格进口，总进口量扩大至 Q_1Q_4。加入关税同盟后，甲国的消费者剩余增加了 $(a+b+c+d)$，但生产者剩余则由于产量的下降而减少了 a，政府关税收入减少 $(c+e)$，相抵后的净社会福利为 $(b+d-e)$。如果 $(b+d)>e$，则甲国净福利增加；反之，如果 $(b+d)<e$，则甲国净福利减少。

可见，对于参加关税同盟的国家而言，其福利是增加还是减少是不确定的。对于区域经济一体化来说，贸易创造大于贸易转移的区域经济一体化是贸易创造型区域经济一体化，它对成员国的影响是有利的；相反，贸易创造小于贸易转移的贸易转移型区域经济一体化对成员国的影响是不利的。那些有利于增加区域经济一体化贸易创造效应，或者减少其贸易转移效应的一般性条件显然将具有很大的现实意义。从图 8－2 中可以看出，如果一国国内的商品供给曲线与需求曲线越平缓，即在相关的范围内弹性越大，并且 P_1 越靠近 P_0，那么，b 和 d 的面积就越大，e 的面积就越小。对于这个参加关税同盟的国家来说，获得净福利增加的机会就更大。

此后，学者们总结出了一些适用于所有经济一体化组织福利增加的条件。第一，关税同盟的经济区域越大，成员越多，贸易创造超过贸易转移的量就越大。因为在其他条件相同的情况下，关税同盟越大，它对非同盟体产品的互惠需求的弹性就越高，非同盟体对关税同盟国家的产品的互惠弹性就越低，二者之间的贸易条件会发生对关税同盟有利的变化，因而收益也越大。第二，关税同盟的统一对外关税与各成员体此前的平均关税水平相比越低，贸易创造越大，也可进一步减少贸易转移的可能性。第三，成员体之间以前的贸易壁垒较高，一体化的建立将会带来更多的贸易创造。第四，成员国与潜在伙伴之间的贸易和经济交往越多，一体化的成立带来的贸易创造更大。第五，成员体经济竞争性越大、互补性越少，形成贸易创造的机会就越大。这是因为在竞争性经济中生产形态类似，产品重复多，结盟后就会形成竞争性的国际分工；而在互补性经济中，高效率的成员体虽然能取代其他成员体的大部分生产，但在低效率成员体的市场上往往导致成本相对较高的伙伴国产品替代低成本的世界市场进口，从而产生贸易转移。因此，关税同盟的成员体一般以经济发展水平相近的国家为宜。第六，成员体之间的地理位置较靠近。这样运输成本就不太可能成为各成员国之间贸易创造的障碍。

除了贸易创造和贸易转移以外，建立关税同盟还可以带来其他静态福利效应，如由于减少海关人员和边境巡逻人员而引起行政费用的节约、由于减少对同盟外国家的进口需求和出口供给而带来贸易条件的改善、由于集团力量的增强而具有在国际贸易谈判中更强大的讨价还价能力等。

2. 关税同盟的动态效应

传统的区域经济一体化理论证明，一体化给成员国提供了根据比较优势在集团内部进行产业间专业化的广阔机会，因此带来了合理化生产。只要集团与世界其他地区间的贸易转移所造成的降低专业化分工的效应小于贸易创造带来的合理化收益，资源配置便会得到改善。这一理论的假设前提是，厂商在完全竞争的框架内生产相同的产品，并且其生产具有规模报酬不变的特性，没有生产要素在国家间的流动。但是，随着区域经济一体化的不断发展与深化，很多新现象已经远远超出了传统理论所描述的范围。例如，生产要素在成员国之间的流动性增加，成员国之间的贸易主要是以产业内贸易为主等等问题。一些学者从要素自由流动、规模经济、不完全竞争等不同前提出发来重新说明区域经济一体化的收益，这些收益更多以动态效应显示。关税同盟除了可以带来静态福利效应外，还可获得动态效应。

(1)竞争效应。在没有结成关税同盟时，贸易壁垒的保护使国内市场缺乏竞争，导致生产的低效率。建立关税同盟后,本国生产者必须面对来自其他成员国高效率生产者的竞争。为了避免被淘汰出局,本国生产者不得不设法提高生产效率,这将降低生产成本从而有利于提高消费者的福利。

(2)规模经济效应。对于中小国家来说,因国内市场狭小,难以达到规模经济的产量。在关税同盟成立后,由于市场规模的扩大,可以克服国内市场狭小的缺陷,实现规模经济。

(3)对投资的刺激效应。关税同盟建立以后,随着市场的扩大,风险与不稳性降低,会刺激成员国厂商增加投资。此外,关税同盟建立以后,会刺激非成员国在同盟内投资生产,以避免因贸易转移而给其带来损失。

除了上述理论之外,还有许多有代表性的传统区域一体化理论,也从不同的角度解释了区域一体化发生的原因和影响。如共同市场理论,主要是分析在生产要素可以自由流动的条件下,对一体化内部各成员国生产要素价格及收益的影响。大市场理论以共同市场为分析基础,其核心有两点:一是通过扩大市场才有可能获得规模经济,从而实现技术利益;二是依靠因市场扩大化而竞争激化的经济条件,实现上述目的。还有日本学者小岛清提出来的协议性国际分工原理。小岛清认为,仅仅按照比较优势原理进行分工不可能完全实现规模经济的好处。因为传统的国际分工理论是以成本差异和规模报酬递减为基础的,没有考虑成本相同和规模报酬递增的情况。为了弥补这一缺陷,小岛清提出了协议性国际分工理论,其基本内容是:在那些规模报酬递增部门,不同国家可以通过建立国际区域一体化组织的协议相互提供市场,使其摆脱原来的市场规模限制,部分消除其由于世界市场竞争激烈而带来的多种不确定性,获得规模经济效益和稳定的市场,最终达到分享规模经济收益之经济效应。

三、区域经济一体化的新理论

(一)非合作博弈和囚徒困境说

第一,非合作博弈说用博弈论的基本思想解释为何区域一体化安排(FTA)比全球多边谈判(WTO)稳定。根据博弈论的理论,博弈根据其所采用的假设不同而分为合作博弈和非合作博弈。如果博弈中意愿表示如威胁、承诺、协定是有强制力的,就是合作博弈,否则为非合作博弈。也就是说,在合作博弈中存在强制性机制使得参与方不能反悔,一旦做出承诺或达成协定就不能收回,必须加以执行;而在非合作博弈中,人们完全可以从自身的利益出发选择行动,即便答应了合作,也是不可置信的,因为没有强制力保证其信守诺言。

根据经典的"囚徒困境",我们可以讨论各国为何需要合作以及为何 FTA 比 WTO 更稳定。现假设有两个经济体 A 与 B。A、B 双方都需要对方的市场,如果 A 与 B 都不开放,则双方都得不到对方的市场,都受损失,设此时双方的收益组合为(−1,−1);如果 A 与 B 开展合作,相互开放市场,那么 A、B 都有收益,设其收益组合为(1,1);如果 A 开放 B 不开放,则 A 不仅失去一部分市场,而且无法从 B 那里得到补偿,设其收益为−2,而 B 不仅保有自己原有的市场而且得到因 A 开放而出让的一部分市场,设其收益为 2,则此时 A 与 B 的收益组合为(−2,2)。反之,如果 A 不开放而 B 开放,则可以得到 A、B 双方的合作收益组合(2,−2)。这样,我们就可以得到 A、B 收益的博弈组合矩阵(见图 8−3)。

		B国	
		合作	不合作
A国	合作	(1,1)	(−2,2)
	不合作	(2,−2)	(−1,−1)

图 8—3 合作与非合作博弈的战略矩阵

从以上的收益组合矩阵可以看出：(1)在这种博弈中，A、B之间的利益博弈存在两个均衡解，即(1,1)和(−1,−1)。第一个均衡解表示双方合作时获得同样的收益，第二个均衡解表示两者在不合作时受到同样的损失。(2)A、B两类主体各自最大的利益是2，两者合作各自的收益是1，两者在方向上是不一致。出于对各自最大利益的追求，在一次性博弈中不合作的策略选择动机要压倒相互合作的战略选择动机。从这个意义上讲，这种双方之间的博弈类型可以称为非合作博弈(Non-cooperative Game)。

WTO与FTA作为一种国际的国际经济合作协定，都是各成员方为争取自身利益最大化的一种非合作博弈。两者同样不具有强制力，成员方可以根据其意愿自愿加入，也可以根据其意愿自愿退出，在规则上这些组织和协定都设有成员方的退出机制①。任何一个WTO的成员方在加入WTO的同时并没有也不可能丧失最后的行政权，成员方仍然具有不受强制性约束的自我选择权。正是在这一点上，WTO具有典型的非合作博弈性质。但是，从各国最终的政策目的来说，合作是符合各国利益的选择，但由于有限理性和机会主义的存在，各国追求各自利益的最大化，可能会选择不合作。

这就是在这种博弈状态下个体理性与集体理性的矛盾。要克服这种张力，有两个途径：一是建立一种强制性的制度奖励合作，惩罚不合作，用外在的强制力量保证合作能够进行。二是重复进行博弈，增加博弈次数。由于当下的博弈是以前博弈的重复，因此对前面博弈结果的反思就成为影响当下决策的一个有价值的因素。由于同样的博弈还要继续进行，关于下一次博弈的预期就成了选择当下博弈策略的因素。博弈各方必须考察到其在当前阶段的博弈中所采取的策略，以避免在随后阶段中引起其他博弈方的对抗、报复或恶性竞争。一方若做出一种合作姿态，可能会使其他博弈方在随后的阶段中也采取合作态度，从而实现共同的长远利益。因此，在重复博弈中就存在着比一次性博弈更大的合作的可能性，有可能实现比一次性博弈更有效率的均衡。

非合作博弈能否达成合作结果，重要的是看这种博弈状态下形成的协定的稳定性。所谓稳定性，指的是参与方有没有积极性背离这个协定，以及背离这个协定的积极性到底有多大。FTA的稳定性要优于WTO。由于这是一种非合作博弈，因而并没有强制力约束参与方的背离行为，但FTA和优惠贸易安排的稳定性要优于WTO。至少存在以下原因：(1)政策的外在性在各国之间是不平衡的。政策溢出效应较小的国家，其中国际经济政策协调中所获利益的贴现值也相应较小，因而背离协定的积极性也就越大。正是在这一点上，政策溢出效应的不平衡在FTA成员之间要小于WTO成员之间。(2)协定的实行需要监督，尤其是各国之间的信息是不对称的，这种监督实施规则的成本往往很高。WTO制定了相应的对成员方贸易政策

① 《关于建立世界贸易组织的协定》第15条退出条款中就有明文规定“本协定的任何成员方可以要求退出本协定”。参见孙玉红：《全球FTA网络化与发展中国家一体化战略》，对外经贸大学出版社2007年版。

的审查与监督制度,但显而易见的是有限成员方的 FTA 比起具有众多成员方的 WTO 来说,其监督规则实施的成本要小得多。(3)协定成员方的数量多少也是考虑的因素。如果政策协调是在多国之间进行,那么违约的动机会更强,这是因为非违约国可能仍有一些动机来继续它们之间的共同政策,尽管它们中有一个成员违约。

第二,非合作博弈和囚徒困境说解释了为什么各国会纷纷选择 FTA。前面的分析解释了 FTA 与 WTO 相比具有更好的稳定性,前者成员方实行机会主义行为背离的可能性要大大小于后者,在 WTO 多边贸易谈判屡屡受挫的情势下,各国纷纷选择 FTA 是出于自身收益的理性选择。如果 FTA 确已成为 WTO 成员方的一个普遍策略选择,那么 WTO 成员势必陷入另一个"囚徒困境"的博弈之中。参与方的策略选择将是参与区域合作还是多边合作,有以下博弈矩阵:(区域合作,区域合作)、(区域合作,多边合作)、(多边合作,区域合作)、(多边合作,多边合作)四种策略(见图 8-4)。都参加多边的收益是(3,3);如果 A 参加 WTO,B 在参加 WTO 的同时又参加了 FTA,则由于区域协定的排他性和歧视性,A 可能因此失去一部分市场,设其收益为 1,而 B 不仅保有自己原有的市场而且得到区域协定的其他好处,设其收益为 4,则此时 A 与 B 的收益组合为(1,4)。反之,如果 A 在参加 WTO 的同时又参加了 FTA,而 B 仅参加 WTO,则 A、B 双方的合作收益组合为(4,1)。如果双方都参加 FTA,则因区域合作的竞争性,且效率上不及多边合作的 WTO,每个国家的收益将是 (2,2)。那么这个非合作博弈的预期均衡解是(区域合作,区域合作),参与方都采用区域合作的策略,并且是具有稳定性的。

		B国	
		FTA	WTO
A国	FTA	(2,2)	(4,1)
	WTO	(1,4)	(3,3)

图 8-4 FTA 博弈的战略矩阵

非合作博弈说很好地解释了当今双边自由贸易协定繁衍的现实,当然非合作博弈也显示了这种出于单个国家利益最大化的行为并不是符合总体理性的最优选择。

(二)新区域主义(The New Regionalism)

经过 GATT/WTO 主持的历次多边谈判,发达国家的关税及非关税壁垒大幅度降低,有学者认为贸易创造和贸易转移在建立区域一体化中的意义随之下降,需要根据新环境提出新理论。20 世纪 90 年代以来,区域经济合作出现了一种新的现象,即在大国与小国签订的贸易协定中,小国对大国做出了更大的让步。小国对大国的让步不仅体现在传统的关税与非关税壁垒减让领域,更主要体现为国内政治经济体制、法规、政策向大国靠拢。在北美自由贸易协定中,加拿大和墨西哥在知识产权保护政策、能源定价政策、环境保护政策、竞争政策方面都适应美国的要求做了较大的调整。欧盟在吸纳东欧成员之前,也要求他们在国内政策方面做出改革,并根据改革的进度分批吸收成员。小国对大国做出单方面让步或额外支付(Side Payment)的现象被认为是新区域主义最重要的特征。新区域主义理论主要解释的是双边和多边自由贸易协定的兴起,以及大国与小国加入区域贸易协定的成本与收益。

在新成立的"大国-小国"非对称型区域合作组织中,大国、小国的收益也是不对称的,大国的收益要远远大于小国的收益，但小国为什么还是热衷参加呢？大国和小国有何各自利益呢？

1. 大国的收益

由于其平均关税水平已经较低，国内的市场规模较大，对外部世界的依存度较低，抵御外部冲击的能力和参与国际经济事务的谈判交易能力较强，所以大国参与区域经济合作的主要动力来自于传统经济收益之外的非经济收益：(1)通过参与自由贸易协定，大国力图扩大自身的贸易报复能力以及国际谈判交易能力，以便与其他大国进行竞争。(2)大国争取获得区域内的主导权，增加其在多边贸易谈判中的筹码，进而获得国际经济规则制定过程中的主导权，最终把区域内规则转化为多边贸易规则。

2. 小国的收益

对小国来说，较小的市场规模、对外部市场的较高依存度、较弱的抵御外部冲击的能力和参与国际经济事务的谈判交易能力，决定了他们参与区域经济合作的主要动力。

首先，来自于以获得市场准入机会为代表的经济收益。通过彼此在贸易壁垒上的种种让步，参与者可以享有更大的市场份额，以实现规模经济，而统一的市场可以为企业提供一个更具竞争性的环境，从而提高经济效益。

其次，新区域主义也从非传统收益来解释小国行为。对于小国来说，非传统收益包括：(1)通过加入区域经济合作组织对后任政府的政策形成约束，达到保证政策连贯性的目的。加入贸易集团，通过国际关系的约束来表明今后政府的政策趋向，表明本国的开放政策，以吸引更多的外国投资。(2)发送信号。尤其在存在明显的信息不对称的情况下，政府在博弈中具有自己的专有信息，这些信息是其他外部经济体以及投资者所不知道的。通过加入优惠贸易安排这个事实本身，向外界发出信号，可以明确本国政府的对外政策主张和政府间关系，使得外国投资者看到该国的政策新动向。(3)提供保险。这里指防止贸易伙伴实行贸易保护而取得的保险收益。对于小国来说，大国在向小国开放市场的同时也放弃了对小国实施报复的权利。小国实际上是利用单方支付购买了进入大国市场的"保险"。(4)加强对第三方的讨价还价能力。形成贸易集团以后的国家在谈判中讨价还价的能力比各个国家单独谈判的能力要高。同时，贸易集团也降低了这些国家为了在谈判中达成一致行动的成本。(5)发挥协调一致机制。在某些时候，贸易自由化在短期内并不能带来明显的收益却带来了相应的成本——进口部门受到自由贸易的冲击。在这种情况下，对于一国国内而言，很难协调自由贸易的支持者与反对者，而加入贸易集团会给予赞成自由贸易的集团提供有力的政治支持。

(三)"轮轴-辐条"理论("Wheel-Spokes" Theory)

新区域主义理论认为小国在与大国的合作中处于弱势，小国只有给予大国更多的让步，区域贸易协定才有可能实现。但区域经济合作中也存在另一个重要事实，小国有时会成为两个或更多大国缔结区域贸易协定的竞争对象，如墨西哥、智利和新加坡①。

当一国与多个国家分别缔结区域贸易协定时，该国就像一个"轮轴"，而与此缔结协定的各国就像"辐条"，"辐条"国之间没有相互的区域贸易协定。在区域经济合作中处于"轮轴"地位的国家至少可以在贸易和投资两方面获得特殊的优惠。在贸易方面，"轮轴"国的产品可以通过区域贸易协定进入所有"辐条"国市场，而各"辐条"国的产品因受原产地规则(自由贸易区协

① 孙玉红：《全球 FTA 网络化与发展中国家一体化战略》，对外经贸大学出版社 2007 年版。

定的一种规则)的限制则无法相互进入。在投资方面,“轮轴”国的特殊地位会吸引外部资本(包括“辐条”国的资本)进入。

这给一直在世界经贸体系中处于弱势地位的小国一个机会,一旦成为“轮轴”国,它可以进入更多更大的市场,获得更大的收益,当各国纷纷欲与之签订其他自由贸易协定时,它的谈判力量也立即增强,在协定的谈判中获得更大的优势,在区域合作中赢得更大的影响力。而“轮轴”与“辐条”的地位并不是绝对的,随着新的自由贸易协定的签订,“轮轴”国与“辐条”国的地位也将发生变化,原来的“辐条”国可以通过与其他国家签订自由贸易协定,使自己在一定范围内也变成“轮轴”国。

“轮轴-辐条”体制本身具有不断自我强化的动力,具体表现为:(1)对“轮轴”国地位的追求使体系不断完善。由于“轮轴-辐条”结构中存在很强的不对称性,为了追求或保持、增强这种“轮轴”国的地位,“轮轴”各国纷纷签订各种规则的自由贸易协定,而“辐条”国为了改善其弱势地位、增加福利收益,也会与其他国家建立自由贸易协定,使自己也能在一定范围内成为“轮轴”国。“轮轴-辐条”体系不断地自我强化并迅速扩大。(2)自由贸易协定的外溢效应使“轮轴-辐条”体系不断强化。在现实的经济体系中,各国的经济实力是不对称的。自由贸易协定的签订往往也会引起其他利益相关国家签订自由贸易协定,尤其是国家力量不对称的情况下,这种外溢的影响将更为明显。“轮轴-辐条”体制的自我强化,客观上促使区域经济协定的数量和规模在“轮轴-辐条”体系中不断扩大。

“轮轴-辐条”体系的利益分配机制较以往更为复杂,各种经济效应在不同国家的不平衡性大大加剧。与传统格局相比,由于处在中心地位的轮轴国商品可以自由进入所有辐条国。虽然双边 FTA 有助于辐条国商品自由进入轮轴国市场,但一个轮轴国与多个辐条国形成的 FTA 网络降低了每个辐条国的从中得益。各辐条国间无区域贸易协定还使单个辐条国难以在另外辐条国市场上与轮轴国展开竞争。当然,“轮轴-辐条”以外国家在该体系中则处于更加不利的地位。“轮轴-辐条”体系中,大国成为轮轴国的地位通常是自然形成并更多考虑非经济收益,谋求利益转移的目的并不明显。小国轮轴国地位的取得则通常依靠主动出击,墨西哥、智利、新加坡成功运用该策略成为全球或地区轮轴国。

四、区域贸易体制与多边贸易体制的关系

特别是近些年来,以 WTO 为代表的世界多边谈判进程越发困难,更多国家开始将目光转向地区经济整合与区域贸易自由化。面对“新区域主义”生机勃勃的发展态势,多边自由化的建设却停滞不前。两者的关系问题吸引了人们的关注。

(一)区域贸易体制是多边贸易体制的“垫脚石”

赞成者认为,首先,从历史发展的趋势看,在全球范围内推广自由贸易既是经济全球化的要求,也是 GATT/WTO 全球多边自由化贸易体制所极力倡导的宗旨之一。它是一个伴随着经济发展和相互博弈的长期演化过程。半个世纪以来,GATT/WTO 已逐步成为经济全球化进程中重要的全球性制度安排。但经济发展层次的差别、目标的多元化、相互利益协调困难的加剧,想一步到位在全球范围内推行某项自由化安排面临越来越大的阻力。区域集团贸易安排尽管其本身具有诸如排他性、歧视性的缺点,却无形中充当起一种“先锋”的角色。区域内的

开放谈判能更好地避免“搭便车”心理的影响，参加方发展水平更接近，也更容易协调各参加方的立场和利益，达成一致结果的概率更高。从执行效果来看，在区域内而不是世界范围内实行某些服务业的集中管理也更可行，服务贸易自由化更可能实现纵深发展。另外，通过区域内服务贸易开放，更可以凝聚地区服务业发展力量，增加地区在多边谈判中的筹码和谈判能力，制定有利于本地区的服务管理规则，使参加方推进区域服务贸易开放更具热情。区域贸易自由化具有比多边层次更有效的机制设计，是推进贸易自由化的现实选择。作为一种手段，在现阶段具有无可替代性。

其次，区域性贸易规则对多边贸易体制具有积极的影响。它可归纳为两个主要方面：(1)区域性服务贸易规则同样以服务贸易自由化为目标，一定程度上对多边贸易体制起补充作用。(2)区域性服务贸易自由化规则的制定及实施可以为多边服务贸易规则起到“试验田”的作用。在《服务贸易总协定》产生之前，欧盟、北美自由贸易区、澳新自由贸易区等区域性经济一体化组织已就服务贸易自由化进行了大量细致的谈判，这有助于加深人们对服务贸易自由化的认识，消除人们的疑虑，为多边规则的达成和实施提供一定的思想认识基础。同时，区域性服务贸易规则，如欧盟和《北美自由贸易协定》的相关规定，为多边服务贸易规则和如何推进服务贸易的对外开放都提供了可供借鉴的先例和经验。

再次，根据对多边贸易体制与区域贸易体制主体关系的考察，世界范围内同为两方成员的情况十分普遍。资料显示，世贸组织的成员方几乎都和其他国家或地区缔结了区域贸易协定。一个区域贸易集团成立的目的在于促进区域经济合作，获得尽可能多的利益，但是一般也会遵循将 GATT/WTO 所代表的全球贸易利益置于区域利益之下，同时不违背公认的国际贸易法则的最低准则。多边贸易体制与区域贸易体制的内在目标很大程度上是重合的。多边贸易体制最终目标的实现不能离开区域贸易体制的作用，两者之间的分歧实质上是外在目的与手段在同一时期内所表现出来的差异。

（二）区域贸易体制是多边贸易体制的“绊脚石”

认为区域贸易体制是多边贸易体制的“绊脚石”的主要观点是，区域贸易体制难以摆脱其根本属性——排他性。区域贸易体制内部实行的贸易优惠政策，并不为区域外的第三方所享受。区域经济一体化组织对内实行贸易自由，对外则采取贸易的限制政策，成为全球贸易中的区域壁垒。

区域贸易优惠安排制度背离多边贸易体制中的最惠国待遇原则，主要表现在：第一，区域经济一体化组织对内取消关税，对外则采取相同的税率或高于经济一体化成员方的税率，这对区域外成员方产品进入区域必将造成关税上的阻碍。第二，非关税措施，如原产地规则的不当适用日益成为阻碍国际贸易发展的措施。区域经济一体化组织一般规定，只有在区域内国家增值达到一定比例的产品，才能享受区内产品的优惠关税待遇，严重损害区域外第三方的利益。另外，由于全球区域经济一体化数量众多，每个区域经济一体化组织针对来自区内区外的产品都有自己的原产地规则，每个产品出口到不同的区域经济一体化组织内部就需要适应不同的原产地规则，极大地阻碍了国际贸易的顺利流转。再如，反倾销措施、保障措施对区内与区外的适用也不一样，往往会演变为贸易保护的手段。

区域经济一体化基本上都实行内外有别的贸易政策，这种歧视性、排他性的做法也构成了对多边贸易体制的威胁。首先，由于区域经济一体化组织对内推行贸易自由，对区外则实行保护排他的贸易政策,从而使部分贸易从区外转向区内,形成贸易转移效应。尤其在推进内部贸易自由化的初始阶段,贸易转移效应十分明显,其经济统一性越增强,整体的对外排斥性也越明显。例如,欧洲共同市场的形成导致与北美和亚洲的贸易增长放慢,对发展中国家出口的反倾销日益增多。北美自由贸易区建设进程加快并逐渐向美洲自由贸易区过渡,也使美国大量劳动密集型产品的进口从亚洲转向本地区的发展中国家。其次,出现了竞争性的区域集团。为了避免被排除在外或出于“从众效应”,出现了“多米诺骨牌效应”。不仅使区域贸易协议林立,同样的规则出现很多版本,区域贸易体制之间的规则协调问题突出,同时也大大降低了参与多边贸易体制建立的热情,是多边贸易体制建设推进困难的重要原因之一。

其实,区域贸易体制的法律地位难以脱离 GATT/WTO 来单独分析。关于区域经济一体化的规则主要来自 GATT1947 第 24 条和《GATT1994 关于解释第 24 条的谅解》,以及 GATS 第 5 条。其中,GATT1947 第 24 条允许的关税同盟和自由贸易区协议是对最惠国待遇的最大例外。它成立的假设前提是这些协议并不必然对区域外成员构成威胁,而且可能促成世界经济一体化发展。《谅解》则继承和发展了第 24 条的规定,在首先确认区域集团对成员间经贸发展和世界经贸发展有贡献的基础上,提出了对新的或扩大的关税同盟和自由贸易区的审议标准和程序。GATS 第 5 条也明确规定了经济一体化可以作为最惠国待遇原则的例外而存在。这也反映了两者之间的关系,允许区域贸易体制在不降低自由化水平的前提下成立,并以渐进的方式促进多边贸易体制目标的实现,也是多边贸易体制求得本身发展的一种虽然次优但可能更现实的方式。

本章小结

本章首先从理论上考察国际贸易体制演变与发展。通过对国际贸易体制变革的考察,讨论 WTO 框架下的国际贸易体制、秩序出现为何是历史必然。其次,对 WTO 框架下的国际贸易体制的演化进行了一般性考察。本章还对 20 世纪 90 年代后盛行的区域贸易协调机制进行了探讨。在介绍了传统的区域一体化理论后,特别介绍了新区域主义的主要理论思想,并对区域贸易自由化安排和多边贸易自由化的关系进行了简要阐述。

主要概念及术语

1. 国际经济体制(International Economic System)
2. 关税与贸易总协定 (General Agreement on Tariffs and Trade,GATT)
3. 世界贸易组织(World Trade Organization,WTO)
4. 多哈回合(Doha Round)
5. 新区域主义(The New Regionalism)
6. 自由贸易区(Free Trade Area)
7. 关税同盟(Customs Union)
8. 经济同盟(Economic Union)
9. 贸易创造(Trade Creation)
10. 贸易转移(Trade Diversion)
11. 非合作型博弈(Non-Cooperative Game)
12. “轮轴-辐条”理论(“Wheel-Spokes” Theory)

思考讨论题

1. 国际贸易体制的演变经历了哪些主要阶段？
2. 为什么会有多边贸易体制的产生？多边贸易体制的发展目前存在哪些主要障碍？
3. 区域一体化的实践一般经过哪些主要阶段？
4. 何为贸易创造和贸易转移？对区域一体化成员的福利造成怎样不同的影响？
5. 有哪些区域经济一体化的新理论可以解释区域一体化的盛行？主要观点如何？

附录 8—1

TPP 与 RCEP

跨太平洋伙伴关系协议(简称 TPP)是由智利、新西兰、新加坡和文莱四国于 2005 年 7 月签订的“跨太平洋战略经济伙伴关系协议”演变而来的，是亚太四国间就货物、服务、知识产权和投资等相关领域给予互惠的经济合作协定。由于初始成员国为四个，故又称“P4 协议”。

2008 年 9 月，时任美国贸易代表宣布美国将考虑参加 TPP 谈判。2009 年 11 月，美国总统奥巴马在亚洲之行中正式宣布美国将参加 TPP 谈判。与此同时，秘鲁、越南和澳大利亚也宣布加入 TPP 谈判，TPP 谈判实现了由“P4”向“P8”的转变。2010 年 10 月，马来西亚正式加入 TPP，成为第九个谈判国。

从本质上看，TPP 仍属于一种 FTA 形式，但其框架协议中明确提出要树立为一个“21 世纪自由贸易协定的标杆、全球贸易合作的新标准”。其协议内容无论是广度还是深度，都超过以往任何一个亚太区自由贸易协定。协议不止包括传统贸易协议中如工业品、农产品、纺织品以及知识产权、技术性贸易壁垒、劳工壁垒、环境壁垒等核心议题，也涵盖以往在贸易协议中没有的交叉议题，如促使 TPP 成员国的监管制度更加兼容，并帮助创新和创造就业的中小型企业更积极地参加国际贸易。此外，TPP 还包括新出现的贸易问题，例如，处理包括数字技术在内的创新产品和服务的贸易和投资，确保国有企业与私营企业的公平竞争。协议还涉及新世纪的一些议题，包括云计算和国际数据流动限制形成的潜在保护主义措施。从深度上看，它体现了高标准的特点，如在商品贸易领域，TPP 最终有望实现全部贸易品零关税。在服务贸易领域，TPP 采取的是“准入前国民待遇＋最惠国待遇＋例外条款”，即对所有服务部门均给予准入前国民待遇和最惠国待遇，仅对国防、金融、航空等少数特殊行业设置例外条款。在知识产权领域，TPP 对知识产权保护所提出的要求明显高于 WTO 的《与贸易相关的知识产权协议》(TRIPs)。

区域全面经济伙伴关系协定(简称 RCEP)是由东盟于 2011 年 2 月提出，目标在东盟现有的 5 个”10＋1”的基础上，构建涵盖 16 国全面的、高质量的、互惠的区域自由贸易协定。2012 年 11 月 20 日，在柬埔寨金边举行的东亚领导人系列会议期间，东盟十国与中国、日本、韩国、印度、澳大利亚、新西兰的领导人共同发布《启动〈区域全面经济货币协议(RCEP)〉谈判的联合声明》，正式启动这一覆盖 16 国的自贸区建设进程。RCEP 将是一个部分范围的超 WTO 协议，侧重货物贸易、一些服务贸易和投资贸易。具体内容包括：货物贸易方面，实现高规格的关税减免；服务贸易方面，全面、高质量、根本地消除限制和歧视政策；投资方面，在区域内建立一个开放、便利和全方位的投资环境，将涵盖促进、保护、便利和自由四个核心问题。此外还将包括经济与技术合作、知识产权使用保护和执行方面的合作，减少与知识产权相关的贸易投资壁垒，并将在促进竞争、经济高效、消费福利等方面将加强合作，和建立一个为协商和解决争端提供的高效、迅速、透明的处理机制。

TPP 和 RCEP 都是亚太经济一体化进程中的区域协定谈判。两者具有相似的贸易自由化与经济一体化目标，相比较而言，TPP 具有更高的谈判目标，不仅要建立使亚太地区贸易自由化的区域 FTA，并且希望实现更大范围的区域经济一体化。TPP 追求的一体化程度也比 RCEP 更为广泛。但是由于 TPP 高规格的谈判目标使得一些关键条款对于发展中国家来说很难满足。而 RCEP 的灵活性如允许东盟成员有特殊和差别待遇并使各国的需求得到充分考虑，将更好地满足发展中国家的实际需求。TPP 和 RCEP 都是新一代的 RTA，地理位置不接近的国家间的谈判协议，代表的是新一轮全球化浪潮的到来。然而 2017 年 1 月 23 日美国正式宣布退出 TPP,这给 TPP 未来走向以及经济全球化带来诸多变数。

主要参考资料:

[1]陈淑梅、全毅:“TPP、RCEP 谈判与亚太经济一体化进程”,《亚太经济》2013 年第 2 期。

[2]李向阳:“跨太平洋伙伴关系协定与‘一带一路’之比较”,《世界经济与政治》2016 年第 9 期。

附录 8—2

“一带一路”

“一带一路“的全称是”丝绸之路经济带“和”21 世纪海上丝绸之路“。依据 2015 年 3 月发布的《推动共建丝绸之路经济带和 21 世纪海上丝绸之路的愿景与行动》,“一带一路”是东亚经济圈与欧洲经济圈“中间广大腹地国家“共同合作谋发展的宏大行动规划。”相关的国家基于但不限于古代丝绸之路的范围,各国和国际、地区组织均可参与“,意在”让共建成果惠及更广泛的区域“。

“一带一路”现阶段包含五个重点地域合作方向。丝绸之路经济带重点畅通三条线:一是中国经中亚、俄罗斯至欧洲(波罗的海),二是中国经中亚、西亚至波斯湾、地中海,三是中国至东南亚、南亚、印度洋。将“依托国际大通道,以沿线中心城市为支撑,以重点经贸产业园区为合作平台,共同打造新亚欧大陆桥、中蒙俄、中国一中亚一西亚、中国一中南半岛等国际经济合作经济走廊”。21 世纪海上丝绸之路重点方向包括:从中国沿海港口过南海到印度洋,延伸至欧洲;从中国沿海港口过南海到南太平洋。“海上以重点港口为节点,共同建设通畅安全高效的运输大通道’。”中巴、孟中印缅两个经济走廊与推进‘一带一路’建设关联紧密,要进一步推动合作,取得更大进展“。

“一带一路”重点合作内容体现为“五通“。第一,中外沿线国家共同协调发展规划与加强政策沟通是共建“一带一路”的前提。第二,沿线国家大力建设基础设施,实现互联互通是“一带一路”的优先领域。第三,沿线国家扩大贸易与相互投资,实现贸易畅通是“一带一路”建设的重点内容。第四,通过十大措施促进金融合作与资金融通是共建“一带一路”的关键支撑。第五,沿线国家开展广泛的社会和文化交流,实现民心相通是“一带一路”建设的社会根基。

“一带一路”是维护开放型世界经济体,实现多元、自主、平衡和可持续发展的中国方案,也是深化区域合作、加强文明交流互鉴、维护世界和平稳定的中国主张。“一带一路”致力于维护全球自由贸易体系和开放型世界经济,是在世界格局大调整和经济全球化背景下产生的一种全球化的新的表现方式,没有脱离经济全球化的基本机制即投资和贸易的自由化。随着要素成本与比较优势结构的改变,中国产业结构与经济结构调整必将进一步展开,共建“一带一路”将扩大中国与沿线国家在不同行业及特定行业上下游之间的投资范围,通过推进投资便利化,探索各类产业园与集聚区投资合作新模式。另一个重要方面将按照比较优势原则和依托市场机制,实现产业与产业区段的国家动态转移,必然有助于区域国际产品内分工深化和全球供应链拓展,为区域经济一体化进程发挥巨大推动作用。通过以共建“一带一路”作为重要契机和合作平台,促进各国加强经济政策协调,提高互联互通水平,开展更大范围、更高水平、更深层次的双多边合作,共同打造开放、包容、均衡、普惠的新型合作架构,体现了包括中国在内的“一带一路”沿线各国的共同利益,是面向未来的国际合作新共识,展现了各国携手打造人类命运共同体的美好愿景。

主要参考资料:

[1]卢锋等:“为什么是中国? ——‘一带一路’经济逻辑”,《国际经济评论》2015 年第 3 期。

第九章 国际金融与外汇汇率

学习要点

1. 国际金融结构；
2. 外汇、外汇市场与外汇交易；
3. 汇率的决定和变动。

第一节 国际金融的结构

所谓国际金融,指的是跨越不同货币区(货币区是指经贸往来中采用同一种货币结算的地区,它与国界不尽相同,如我国有香港、澳门、台湾和内地四个货币区)或国界的涉及货币兑换和资本流动的金融活动。以下涉及的国际金融问题均以跨越国界的金融活动为例。

国际金融与国际贸易好比一枚硬币的正反两面,从某种意义上来说它们是无法分割的。因为,在商品、劳务的国际移动的另一面,必然伴随着国际或不同货币区的货币资本的移动。为了便于对国际金融的理解和以后的学习,下面使用直观的方式对国际金融的结构进行简要说明。

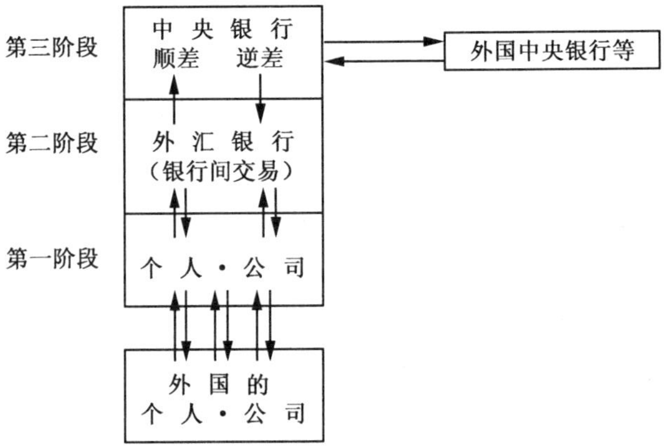

图 9—1 国际金融的结构

如图 9—1 所示,整个国际金融活动的构造大体可分三个部分,相互联系,不可分割。首先,在第一阶段由本国的公司或个人开始对外交易(如进出口、投资、旅游等),由此便开始了接收或支付不同于本国货币的外币,即外汇(关于外汇的严格定义将在第二节中介绍)。其结果是根据公司、个人的不同,有入超的,也有出超的。在这一阶段,原则上入超和出超之间的外汇融通买卖不被允许。

第一阶段公司、个人所产生的入超和出超问题由第二阶段的外汇专业银行来加以调整解决。具体地说,在第一阶段有入超的将外汇卖给银行,有出超的从银行买进外汇,银行充当调整第一阶段中出现的出超、入超问题的角色。但是在银行与公司、个人的外汇买卖中,银行如果出现外汇头寸不足,便可向其他银行照会购入。同样,银行如果出现外汇头寸过剩也可以照会别的银行卖出,这样便形成了银行间的外汇交易。

可是整体上如果第一阶段外汇的收入大于支出,那么反映在银行间的外汇交易市场上的结果是外汇的出售大于外汇的购入,因此外汇价格就便宜;反之则反是。所以根据一国整体的外汇收入和支出的大小不同,反映出来的是外汇价格,即汇率的上下变动(有关汇率变动的决定因素将在第三节中讨论)。频繁的大幅度的汇率波动将对一国经济产生不良影响,因此,为使汇率保持在一定的水平,一国的中央银行要对外汇市场进行干预,这就形成了如图 9—1 所示的第三阶段。一国外汇市场的外汇供给过剩(即顺差),导致外币贬值、本币升值,中央银行将买进外币、卖出本币,以控制外币价格的下降。在外汇供给不足时(即逆差),外币升值,本币贬值,中央银行将卖出外币、买进本币,以控制本币价格的下降。

第一、第二阶段交易的结果反映出外汇价格的变动。为维持一定的汇率水平,中央银行采取介入、干预外汇市场的手段,这使得中央银行的外汇储备增加或减少。如果中央银行外汇储备不足,可向外国的货币当局或国际金融机构借入外汇。因此,便产生了货币当局之间(或本国货币当局与国际金融机构之间)的外汇交易。

第二节　外汇、外汇市场与外汇交易

正如以上所介绍的那样,国际经济的交往必然涉及不同货币(外汇)的兑换(买卖)、兑换价格(汇率)以及兑换场所等问题。在这一节里,我们首先对外汇进行定义,其次介绍汇率以及外汇市场。

一、外汇

动态的外汇含义是国际汇兑(Foreign Exchange),即为了清偿国际的债权债务关系,将一种货币兑换成另一种货币的过程,即国际汇兑。静态的外汇有广义、狭义之分。广义的外汇指的是一切以外国货币表示的、在国际上可以自由兑换且能被各国普遍接受与使用的金融资产。一种货币成为外汇的三个条件是自由兑换性、普遍接受性、可偿性。世界上有超过 60 多种货币是货币持有人能够不加限制地将该种货币兑换成其他货币的可自由兑换货币,只有 10 多个是被普遍接受的常用的可自由兑换货币:美元、欧元、英镑、日元、澳大利亚元、加拿大元、瑞士法郎、港币、新西兰元和新加坡元等。我国外汇管理条例对外汇的解释是:外汇是指(1)外国货币,包括纸币、铸币;(2)外国有价证券,包括政府债券、公司债券、股票和可转让存单等;(3)外币支付凭证,包括票据、银行存款凭证;(4)特别提款权;(5)其他外汇资产,属于广义的外汇定义。狭义的外汇指的是以外国货币表示的,为各国普遍接受的,可直接用于国际债权、债务清算的支付手段,包括以外币表示的各种银行账户(如活期存款账户等)和各种支付凭证(如汇票、银行票据等),有价证券一般不属于狭义外汇的范畴。

(一)汇率及其种类

1. 汇率

又称汇价,是两种不同货币相互兑换的比率,或以一种货币表示的另一种货币的价格。也可以理解为买卖外汇的价格。

2. 汇率的标价方法

外汇汇率的标价方法有两种。

(1)直接标价法(Direct Quotation),指 1 单位(或 100 单位)外国货币可以兑换多少本国货币的标价方法。

如：1 美元＝6.68 元　　　1 欧元＝6.14 元　　　中国

　1 美元＝108.20 日元　　　1 英镑＝186.00 日元　　　日本

世界上几乎所有的国家都采用这种方法。在直接标价法下，汇率越高，说明本币币值越低；汇率越低，说明本币币值越高。因为直接标价法下的汇率是以本币表示的单位外币的价格。汇率的上升就意味着单位外币所兑换的本币增多，本币的币值降低。

(2)间接标价法(Indirect Quotation)，指以本国货币为基础货币，本国 1 单位货币可以兑换到多少外国货币的标价法。使用这种方法的有英国和美国，但美元对英镑仍保留过去的习惯，使用直接标价法。

如：1 英镑＝1.663 9 美元

　1 英镑＝186.00 日元

　1 英镑＝11.21 元　　　英国

3. 外汇汇率浮动的表达方式

通常所说的人民币升值、贬值，并不十分准确。准确的表达方式是人民币对某某币升值，人民币对某某币贬值。如：

1美元=7.00元 → 6.80元　　**人民币对美元升值**

1美元=7.00元 → 7.20元　　**人民币对美元贬值**

而一种货币对另一种货币升值或贬值的比率，也就是汇率变动比率的计算方式也有两种。

(1)基础货币对报价货币的变动率：$\left(\frac{\text{新外汇汇率}}{\text{旧外汇汇率}}-1\right)\times 100\%$

(2) 报价货币对基础货币的变动率：$\left(\frac{\text{旧外汇汇率}}{\text{新外汇汇率}}-1\right)\times 100\%$

例如：4 月 1 日，1 美元＝100.00 日元；6 月 1 日，1 美元＝110.00 日元，此时美元是基础货币，日元是报价货币。那么美元对日元汇率的变动率为$\left(\frac{100}{110}-1\right)\times 100\%=10\%$(升值 10%)，日元对美元汇率的变动率为$\left(\frac{100}{110}-1\right)\times 100\%=-9\%$(贬值 9%)；如果 6 月 1 日的汇率是 1 美元＝120.00 日元，那么美元对日元汇率的变动率为$\left(\frac{120}{100}-1\right)\times 100\%=20\%$(升值 20%)，日元对美元汇率的变动率为$\left(\frac{100}{120}-1\right)\times 100\%=-16.7\%$(贬值 16.7%)。

4. 汇率的种类

(1)基本汇率(Basic Rate)，是指本国货币与外国某种关键货币的汇率。所谓关键货币(Key Currency)，是指国际交易中被广泛运用和持有的那种货币。各国一般都选择本国货币与美元之间的汇率作为基本汇率。

(2) 套算汇率(Cross Rate)，亦称交叉汇率。知道基本汇率后，便可从中推算出本国货币与第三国货币的汇率，这种汇率叫交叉汇率或套算汇率。

例如：知道 1 美元＝6.85 元和 1 美元＝15.23 新加坡元，那么 1 新加坡元＝6.85÷15.23＝0.45 元。人民币与新加坡元由此推算而出。

(3)名义汇率(Nominal Rate)是银行买卖外汇的汇率或一般市场汇率。实际汇率(Real

Rate)是名义汇率用两国物价水平调整后的汇率。具体公式如下：

$$R^*=r\cdot\frac{P_f}{P_d} \tag{9-1}$$

其中，R^* 为实际汇率，r 为直接标价法的名义汇率，P_f 为外国物价指数，$P_f=\frac{P_f^n}{P_f^0}$，P_f^n 为外国比较期的物价指数，P_f^0 为外国基期的物价指数，P_d 为本国物价指数，$P_d=\frac{P_d^n}{P_d^0}$，P_d^0 为本国基期的物价指数，P_d^n 为本国比较期的物价指数。

从以上公式可以看到，实际汇率等于名义汇率用外国和本国物价变动率之比调整后的值，即外国商品与本国商品的相对价格，或用本币表示的外国商品与本国商品的价格比，使我们能够完整地测度两国产品相对价格竞争力的强弱。比如 $R^*=r\cdot\frac{P_f}{P_d}$，假设 r 与 P_d 不变，P_f 上升，即外国价格上涨，则 R^* 上升，表示本国的商品在价格上更具有竞争力；相反，如果 R^* 下降，则表明本国商品在价格上相对竞争力减弱。由此，作为经营者的话，可以通过计算 R 来分析自己的产品是否具有价格的竞争力。作为政府的决策人来说，在分析外汇政策时，如果 R^* 小于 r，且考虑促进出口的话，在不考虑别的国家的前提下则需要采取贬值的外汇政策。

(4)有效汇率、有效汇率指数、实际有效汇率指数

①有效汇率：指本国货币对挑选出的一组外币的汇率的加权平均数。在外汇市场上，各种外国货币汇率的变动趋势往往是不一致的。因此，当一国货币对某种外币的汇率升值时，它对另一种外币的汇率却可能贬值，或虽然同时升值或贬值，但幅度却有所不同。在这种情况下，仅仅考察分析本国货币与某一种外币的汇率变动并不能准确地把握本国货币汇率的变动趋势。此外，仅凭现有的双边汇率不能从整体上获得本国产品在国际市场上价格竞争力的大小；当局亦无法执行正确的外汇政策，无法判断现有的双边汇率水平是否有利于本国的经济发展。然而有效汇率、有效汇率指数和实际有效汇率指数能弥补这一缺点。

有效汇率的具体计算方法是：首先，要挑选出一组货币，这一组货币也称为"货币篮子"。选择"篮子"里的外币必须是本国的对外经济交往中占有重要地位的货币。其次，因为是加权平均，所以要选择权数。权数的选择通常由各"篮子"外币在本国进出口贸易中所占的比重来决定。计算公式如下：

$$EER=\sum_{i=1}^{n}E_iq_i \tag{9-2}$$

EER 为有效汇率(Effective Exchange Rate)；E_i 表示本国货币对 i 国货币的汇率(直接标价法)；q_i 表示贸易权数，即本国对 i 国的出口贸易额占本国全部对外贸易额的比重。

②有效汇率指数：指本国货币对挑选出一组外币汇率指数的加权平均数。将即期对 i 国的货币的名义汇率与某一基期对 i 国的货币的名义汇率进行比较，可获得有效汇率指数。公式如下：

$$eer=\sum_{i=1}^{n}e_i^*q_i \tag{9-3}$$

eer 为有效汇率指数，e_i^* 表示本国货币与 i 国货币的汇率指数，$e_i^*=\frac{E'}{E}$，E' 为本国货币对 i 国货币的即期汇率(直接标价法)，E 为本国货币对 i 国货币的基期汇率(直接标价法)，q_i 为

权数，可依照前面计算有效汇率的同样方法选取。eer 的值越大，说明比较期本国的产品整体价格竞争力比基期得到提高。

但是无论是有效汇率还是有效汇率指数，都未将物价的因素考虑进去，所以说还是不能真正准确地把握一国汇率的走势和判断本国产品的价格竞争力的强弱。因此需要将物价的因素考虑进去，那么将有效汇率指数用物价之比进行调整后，便可获得实际有效汇率指数。

③实际有效汇率指数：是有效汇率指数用本国与“一篮子”货币的物价水平调整后的汇率指数。计算公式如下：

$$eer^{*}=eer\times\frac{P_f}{P_d} \tag{9-4}$$

eer^{*} 为实际有效汇率指数，eer 为有效汇率指数，P_f 为篮子货币国的加权平均物价指数，$P_f=\sum_{i=1}^{n}P_iq_i$，P_i 为i国的物价指数，q_i 为权数，依照前面同样的方法选取，P_d 为本国的物价指数。

从以上公式中可以看到，实际有效汇率指数是有效汇率指数用篮子货币国的加权平均物价指数和本国物价指数之比调整后得到的。如果 eer^{*} 比 eer 高，则表示 P_f 上升或 P_d 下降。由此可以得知 eer^{*} 的上升，说明本国在国际市场上总体的实际价格竞争力得到增强。如果 eer^{*} 下降，则说明价格竞争力下降。因此，当局如果考虑扩大出口，那么就需要降低国内物价水平或本币贬值，以提高 eer^{*}。总之，将计算出的一国历年的 eer^{*} 进行分析，可以为一国的外汇政策提供相对可靠的依据。

二、外汇市场

外汇交易的场所叫外汇市场，绝大多数是无形的。它是通过电话、电报、计算机等通信工具为手段构成的交易网络。

(一)外汇市场的参与者

外汇市场可分为两个层次：第一层次是客户与银行之间的交易市场，称顾客市场；第二层为银行间市场(参见图 9－1)。外汇市场的参与者有：(1)顾客，包括进出口商、国际投资者、旅游者、投机者等；(2)外汇银行；(3)外汇经纪人(Broker)；(4)中央银行。

这里需要说明的是外汇经纪人。他是银行间外汇交易的中介人。银行把希望买卖的外汇金额、种类、价格(汇率)要求委托经纪人，当经纪人找到合适的对象时，该买卖便告成立。经纪人从外汇买卖两方获取手续费。与经纪人相似但本质上不同的是，外汇交易员(Dealer)是银行的职员。因为并不是所有的银行外汇交易都通过经纪人，如日本 70％是银行间直接交易，所以就有银行内专门从事外汇交易的职员。他们为银行平衡手头持有的外汇头寸而买卖外汇，当然也有瞄准市场的汇率动向进行外汇投机。

(二)全球主要的外汇交易市场

目前，世界上大约有 30 多个主要的外汇市场，它们遍布于世界各大洲的不同国家和地区。根据传统的地域划分，可分为亚洲、欧洲、北美洲三大部分，其中，最重要的有伦敦、纽约、东京、新加坡、法兰克福、苏黎世、中国香港、巴黎、洛杉矶、悉尼等。20 世纪 70 年代以来，由于亚太地区的香港、新加坡等地外汇市场的兴起，从时差上使世界各地外汇市场的营业时间相互衔接，加上现代化通信设备和电子计算机大量应用于国际金融业，从而使全球外汇市场一天 24 小时都在开放，可以连续不断地进行交易，形成一个统一的市场。有人称外汇市场是“24 小时市场”“永不休眠的市场”等。一般外汇市场是从上午 9:00～下午 5:00。假设外汇交易的一天是从悉尼开始的话，那么经过东京、香港，在香港收盘前，欧洲大陆开盘，紧接着伦敦开始交易，最后到美国纽约、洛杉矶，6 小时后，又转到了悉尼（图 9—2）。在一天中，世界各地总有数个外汇市场在营业，所以称为“24 小时市场”，世界上任何时间都有外汇交易在发生。

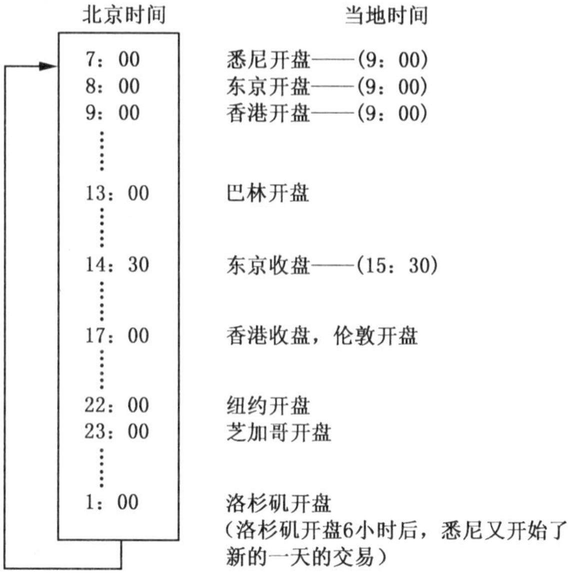

图 9—2　国际外汇交易中心营业循环

但是由于外汇交易中心所在国的历史背景、经营惯例等多有差异，各交易中心也各具自身的一些特点。

第一，伦敦外汇市场是全球最大的外汇交易市场。首先与它悠久的世界金融中心的历史分不开，19 世纪以来，由于伦敦在国际金融和贸易方面所处的中心地位，英镑作为国际结算中的主要结算工具，广泛为各国所使用，促成了伦敦外汇交易市场的形成。1979 年，英国政府宣布取消外汇管制，促成了其进一步扩大和发展。它也是目前欧洲美元交易的中心，截止到 2016 年 4 月，其外汇交易量占全球的 37.1%。其次，伦敦市场有其地理上的优势，正好介于东京市场和纽约市场之间，亚洲交易结束时，伦敦开盘，下午又与纽约市场的交易时间重合。伦敦银行同业拆借利率（London Interbank Offered Rate，LIBOR）是指伦敦银行业同业拆借短期资金的利率，代表着国际货币市场的拆借利率。

第二，纽约外汇市场是美国规模最大的外汇市场，仅次于伦敦外汇市场，是世界美元交易的结算中心之一。1978 年，美国对外汇市场进行了三项改革：一是允许银行间直接进行交易；二是美国的外汇经纪人可以接受国外银行的外汇报价和出价；三是由过去的直接标价法改为间接标价法，减少了汇率换算的不便。从而使纽约外汇市场的交易条件和方法得到改善，推动了外汇市场业务的扩展。由于美国经济对世界经济影响很大,所以它发表的贸易统计、就业统计等经济指标也将影响世界经济。因此对这些统计的发表首先做出反应的是纽约外汇市场,而纽约的汇率走势又将影响其他市场的汇率。同时,美国股市是全球最大的资本中心,因此对外汇市场的影响也非常大。截止到 2016 年 4 月,其外汇交易量占全球的 19.4%。

第三,新加坡外汇市场是"亚洲美元"市场的交易中心,2016 年跻身于全球外汇交易量的第三位。新加坡地处欧、亚、非三洲交通要道,时区优越,上午可与中国香港、东京、悉尼等亚洲市场进行交易,下午可与伦敦、苏黎世、法兰克福等欧洲市场进行交易,中午还可同中东的巴林市场进行交易,晚上则可同美国的纽约市场进行交易,一天 24 小时都可进行外汇买卖。新加坡外汇市场除了保持现代化的通信网络外,还直接同纽约的 CHIPS① 系统和欧洲的 SWIFT② 系统连接,货币结算十分方便。

新加坡外汇市场是一个无形市场,大部分交易由外汇经纪人办理,并通过他们把新加坡和世界各金融中心联系起来。新加坡外汇市场的主要参与者由经营外汇业务的本国银行、经批准可经营外汇业务的外国银行和外汇经纪商组成。其中,外资银行的资产、存放款业务和净收益都远远超过本国银行。截止到 2016 年 4 月,其外汇交易量占全球的 7.9%。

第四,中国香港外汇市场在 2016 年的世界外汇交易排名中处于第四位。截止到 2016 年 4 月,其外汇交易量占全球的 6.7%,已跻身为亚洲第二大外汇交易中心。香港外汇市场是 20 世纪 70 年代以后发展起来的国际性外汇市场。自 1973 年香港取消外汇管制后,国际资本大量流入,经营外汇业务的金融机构不断增加,外汇市场越来越活跃,香港外汇市场由此发展成为国际性的外汇市场。

香港外汇市场是一个无形市场,没有固定的交易场所,交易者通过各种现代化的通信设施和电脑网络进行外汇交易。香港地理位置和时区条件与新加坡相似,可以十分方便地与其他国际外汇市场进行交易。香港外汇市场的参加者主要是商业银行和财务公司。该市场的外汇经纪人有三类:一类是当地经纪人,其业务仅限于香港本地;另一类是国际经纪人,是 20 世纪 70 年代后将其业务扩展到中国香港的其他外汇市场的经纪人;再一类是香港本地成长起来的国际经纪人,即业务已扩展到其他外汇市场的香港经纪人。

上述四大市场的外汇交易总额占全球外汇交易的 71.1%。英国和美国市场的交易占全球外汇交易的一半,而新加坡和香港近年来呈现较快的发展。其他还有几个比较大的外汇市场,如东京外汇交易市场、瑞士苏黎世外汇交易市场等。一些新兴的区域性外汇市场如巴拿马、开罗和巴林等也大量涌现,并逐渐走向成熟。这些构成了国际外汇交易市场的主体。

(三)外汇市场转向电子化平台促进了全球外汇市场一体化的形成

根据有无固定场所,外汇市场分为有形市场和无形市场。有形市场有具体的交易场所,早期的外汇市场以有形市场为主。无形市场没有固定的交易场所。目前,无形市场是外汇市场的主要组织形式。20 世纪 80 年代以来,全球外汇交易呈爆发式增长,20 世纪 80 年代中期日

---

① CHIPS(Clearing House Interbank Payment System)是"纽约清算所银行同业支付系统"的简称,于 1970 年建立,由纽约清算所协会(NYCHA)经营,是全球最大的私营支付清算系统之一,主要进行跨国美元交易的清算。

② SWIFT(Society for Worldwide Interbank Financial Telecommunications)是"环球同业银行金融电讯协会",成立于 1973 年,总部设在比利时的布鲁塞尔。目前全球大多数国家大多数银行已使用 SWIFT 系统。SWIFT 的使用,为银行的结算提供了安全、可靠、快捷、标准化、自动化的通信业务,从而大大提高了银行的结算速度。

交易量均不到1 000亿美元，2001 年时达到 1.2 万亿美元，2013 年超过 5.3 万亿美元。在外汇交易规模膨胀的背后，浮动汇率实施以来经济全球化与国际资本流动的加强是基础性的推动力量，而无形市场中外汇交易方式的变迁，尤其是 20 世纪 90 年代以来电子化交易技术的广泛运用无疑起到了重要的促进作用。

20 世纪 80 年代之前，银行间以及银行与客户间买卖外汇主要通过电话或电传等声讯方式进行。此时银行间市场和客户市场界限分明，外汇市场呈现以银行间市场为中心、客户市场为外围的双层结构，银行间市场份额占外汇市场的绝对主要部分。自 20 世纪 90 年代以来，计算机与信息技术的应用推动了外汇交易由声讯方式到电子化和网上交易方式的变迁。首先，随着计算机技术的发展，银行间市场的电子化交易成为现实。1992 年路透（Thomson Reuters）推出电子经纪系统 D2000-2，可以自动撮合成交。1993 年 12 家银行联合推出电子经纪系统 EBS（Electronic Broking Service），银行间外汇市场基本形成了一个限价订单的电子化交易市场，大大提高了成交的效率，交易的透明度和价格发现功能都大为增强。电子经纪系统分别于 2004 年和 2005 年向交易商之外的金融机构敞开大门，此后一些大型银行通过一级经纪业务安排允许其高频交易客户在电子经纪系统上进行交易。

其次，2000 年以来基于互联网技术的迅猛发展，互联网为全球外汇交易的双方提供了更多的互动接口，外汇市场发生了根本性的结构变迁。如 2001 年 5 月多家银行建立起了专注服务于公司客户的 FXall，可以实现多家银行和客户之间的直接交易。大银行为了给客户提供交易便利，也开发自己的客户平台。此外还有小型交易账户服务的零售整合平台。这些平台并非孤立运行，网络技术实现了平台的互联互通，终端客户不仅可以获得实时的价格并实时成交，而且平台的互联使得流动性可以在不同平台间转移，方便交易者可以以最优的价格成交。

电子化和网上交易方式的变迁极大地提高了市场的开放度和透明度，降低了交易成本，促进了外汇交易规模的持续增加，也大大提高了全球外汇市场一体化的程度。传统的银行间市场和客户市场的界限日趋模糊，全球范围的市场汇率趋向一致，一个更趋开放和透明、更加一体化的电子平台化的全球金融市场已经形成。

三、外汇交易

人们从事外汇交易的动机多种多样，有的为了实际需要，有的为了规避外汇风险、保值，有的为了投机。目的不同，外汇交易的方式也不同。大体上按时间可分即期外汇交易和远期外汇交易。

(一)即期外汇交易

即期外汇交易（Spot Foreign Exchange）又称现汇交易，是指买卖双方成交后在两个营业日以内办理交割的外汇交易。我们通常讲的 1 美元＝6.668 2 元，1 美元＝105.35 日元，指的都是即期外汇交易的汇率（Spot Rate）。即期外汇交易占外汇市场交易的大部分，但不是全部，总的来说超过整体交易的 30%。

(二)远期外汇交易

远期外汇交易（Forward Exchange）又称期汇交易，是指买卖双方成交后约定在两个营业日以后的未来某个确定日期办理交割的外汇买卖。具体地说,远期外汇交易双方事先就外汇交易的种类、金额、交割的时间等条件签订合约。交割时间一般为1个月、3个月、6个月。一旦交割日期到了,无论当时的汇率如何,双方都必须按合约中约定的汇率进行交割,这个约定的汇率叫远期汇率(Forward Rate)。假设即期汇率是1美元=120日元,而6个月的远期汇率为1美元=121.20日元,这种情况称为美元对日元的远期汇率有升水(Premium)。如果即期汇率是1美元=120日元,而6个月的远期汇率为1美元=118.20日元,这种情况称为美元对日元的远期汇率有贴水(Discount)。

远期外汇交易一般用于当预期市场汇率将向着不利的方向发展,为了锁定收益、固定财务成本时运用。为了便于对远期外汇交易的理解和引出利用远期外汇交易的目的,以下举一简单例子加以说明;假设你与银行签订一个6个月后按1美元=121.20日元的价格买进100美元的合同(当然现实中并不存在这样小额的交易)。6个月后,无论当时的即期汇率是多少,你只需付12 120日元即可获得100美元。如果当时的即期汇率是1美元=125日元,那么没有签订远期外汇交易合同的话,要获得100美元,就需付出12 500日元。由此可见,因为签订了远期外汇交易合同,就避免了美元升值给你带来的损失。当然反过来,如果美元贬值,你也无法获得利益。从以上的例子可以看出远期外汇交易的目的之一是为了保值。

1. 套期保值

由于即期汇率随时间的变化而不断变动,为了避免汇率变动带来的损失,人们采取某种措施以减少外汇风险。远期外汇交易是进行套期保值(Hedging)的方式之一。

例如,一个美国的出口商预计3个月后要得到100 000英镑的出口收汇,他并不知道3个月后汇率会怎样变化。如果他现在与银行签订一份3个月后卖出10万英镑(按1英镑=1.98美元的远期汇率)的合约就可以避免3个月后英镑进一步贬值的风险(而3个月后的1英镑=1.98美元的远期汇率与1英镑=2.00美元的即期汇率相比,每1英镑损失了2美分,对出口商来说这相当于一种保险费)。3个月后,这一出口商按合同约定把10万英镑按1英镑=1.98美元的价格卖给银行,他得到了19.8万美元。

如果他不利用远期外汇交易进行套期保值,假设3个月后的即期汇率是1英镑=1.90美元,那么他的10万英镑只能兑换到19万美元,比套期保值少得到了8 000美元。假设3个月后即期汇率是1英镑=2.01美元,那么他的10万英镑可兑换20.1万美元,与套期保值相比多3 000美元。也就是说,他利用远期外汇交易这一套期保值的手段,不仅仅避免了风险,同时也失去了获得利益的机会。但是,对他来说,他不是投机者,这种情况他已经满足了,而一般的进出口商、投资者大多如此。

2. 投机

利用远期外汇交易也可以进行外汇投机(Speculation)。外汇投机是指依据自身对汇率变动方向和大小的预期,有意持有外汇的多头或空头,以便从汇率的变动中获取利益,它的行为和套期保值正好相反。多头(Long Position)指外汇的买入额大于卖出额,空头(Short Position)指卖出额大于买入额。

例如,现公布的3个月后的远期汇率为1英镑=1.98美元。假设你是一个投机者,你预期3个月后英镑将升值,比如预期1英镑=2.00美元。那么:

(1)你签订一份按1英镑=1.98美元的价格3个月后买入10万英镑的合同。

(2)3个月后,你支付19.8万美元买进了10万英镑。

(3)这时的即期汇率如果是 1 英镑＝2.00 美元，你就将买进的 10 万英镑在即期的外汇市场上立刻卖出，可得 20 万美元。

(4)从这一投机行为中，你获得了 2 000 美元的收益。

当然，如果这时的即期汇率与你的预期相反，那么你将在这次投机中遭受损失，例如，即期汇率为 1 英镑＝1.90 美元，你将损失 8 000 美元。

相反，3 个月后的远期汇率为 1 英镑＝1.98 美元，你如果预期 3 个月后英镑会贬值，比如预期 1 英镑＝1.90 美元，那么你将签订 3 个月后卖 10 万英镑的远期外汇交易合同。3 个月后的即期汇率如果是 1 英镑＝1.90 美元，那么你将在即期外汇市场上用 19 万美元购进 10 万英镑。按照合同，你把 10 万英镑卖给银行，可得 19.8 万美元，从中获得8 000美元的收益。

3. 抛补套利

抛补套利(Covered Interest Arbitrage)也称套利保值。远期外汇交易也可用于套利保值。套利是指利益主体利用两国短期利率之间出现的差异，将资金从低利率国家转移到高利率国家赚取利益差额的经济行为。套利保值是指套利和保值相结合的一种经济活动。套利者为了套利进行即期外汇交易的同时，反向进行一笔远期的外汇交易，以确保其今后的收入，这种套利与套期保值结合在一起的交易称为套利保值。以下具体举例说明。

假设东京的日元资产的 1 年利率为 5%(i_j)，纽约的美元资产的 1 年利率为 10%(i_a)。你手中有 100 万日元(x)，那么在东京购买 1 年期的资产，1 年后本息总计可得 100×(1＋5%)＝105 万日元。日元存款的收益可用以下式子表示：

$$x(1+i_j) \tag{9-5}$$

如果这时即期汇率为 1 美元＝100 日元(r_0)并假设未来汇率不变，那么你会发现把 100 万日元兑换成美元到美国投资，购买 1 年期的美元资产，比在日本投资更有利。因为美国利率比日本高，你可从中获取利息差额，这一行为叫套利活动。这时你计算在美投资 1 年后获得的收益为$\frac{100\text{万}}{100}\times(1+10\%)=1.1$ 万美元。但是 1 年以后，如果美元对日元贬值到一定幅度，投资者不仅不会获利，还可能亏损。因此，套利者将手中的日元兑换成美元的同时，决定签订一份相应数额的出售美元购买日元的远期外汇交易合同，以确保 1 年后的收入。这样，1 年后无论汇率如何变动，套利收益是固定的。现假设，1 年的远期汇率为 1 美元＝98 日元(r_1)，那么 1 年后在美国所得的本息再兑换成日元的本息可得$\frac{100\text{万}}{100}\times(1+0.1)\times 98$ 日元＝107.8 万日元。美元存款的日元收益可用以下公式表示：

$$\frac{x}{r_0}\times(1+i_a)\times r_1=\frac{x(1+i_a)}{r_0}\times r_1 \tag{9-6}$$

只要式(9－5)＜式(9－6)，上述的套利活动将持续下去。结果是即期外汇市场上的汇率，因上述的套利行为使资本外流，在即期外汇市场上，出现抛售日元(本币)、购买美元的现象，这将使即期外汇汇率出现日元贬值、美元升值。同时，由于在远期外汇市场上投资者为了保值进行的是抛售美元、买进日元，所以远期外汇汇率将出现美元贬值、日元升值。而这样的情况持续下去，最终出现了在本国投资的收益与套利保值的收益相等，即式(9－5)＝式(9－6)。这时，套利保值行为便告停止。

从以上的套利保值的行为来看，在资本自由移动的前提下，利率的差异引起资本的移动，资本由利率低的国家移向利率高的国家,同时投资者还将采取套利保值的手段保证自己的套利收益。而这一整个过程都与外汇买卖相关联,都将导致汇率的变动,因此,在考察汇率变动的决定因素时,可以从利率的角度来进行分析。

利率差异引起资本移动,以及由此引起的保值交易,对短期汇率具有影响作用。即期汇率和远期汇率的差近似等于两国利率的差异,对于这一结论我们可以从上述式(9－5)＝式(9－6)出发,用简单的数学方式加以说明。

$$x(1+i_j)=\frac{x(1+i_a)}{r_0}\times r_1 \tag{9-7}$$

$$1+i_j=\frac{(1+i_a)r_1}{r_0} \tag{9-8}$$

$$\frac{1+i_j}{1+i_a}=\frac{r_1}{r_0} \tag{9-9}$$

等式两边各减1,整理后得:

$$\frac{i_j-i_a}{1+i_a}=\frac{r_1-r_0}{r_0} \tag{9-10}$$

因为 i_a 是一个很小的百分数,所以取近似值得:

$$i_j-i_a=\frac{r_1-r_0}{r_0} \tag{9-11}$$

(9－11)式的经济意义说明即期汇率和远期汇率之间的差异约等于两国利率的差。这种由利率差异决定汇率的理论,就称为利率平价论(Interest Rate Parity)。

利率平价论主要讲的是:(1)短期汇率的决定。当两国货币利率不一致时,汇率就会变化,利率高的国家的货币在远期表现为贴水(即该货币贬值)。如上述的例子,美元的远期汇率一定会出现对日元贬值。因为人们为了确保套利收益,将在远期市场上抛出美元、购入日元,所以远期汇率,美元对日元一定会贬值。利率低的国家的货币,其远期汇率表现为升水(即该货币升值)。(2)即期汇率和远期汇率之间的差异,大约等于两国利率的差异。(3)当两国利率一致时,汇率不变,这表明汇率是由利率决定的。

利率平价论成立的一个重要前提是资本可在两个不同市场之间自由移动。在对资本的移动有严格限制的国家,利率平价论难以成立。

(三)外汇期权交易(Exchange Options)

外汇期权交易指在一特定的时期内按一定的汇价买进或卖出一定数量的外国货币的权利。这里的一定汇价叫协定价格(Striking Price)。买进一定数量的外国货币的权利叫买入期权(Call Options)。卖出一定数量的外国货币的权利叫卖出期权(Put Options)。为取得买入期权或卖出期权,都需要支付期权费(期权费用不包含在协定价格内)。外汇期权交易是1982年12月由美国推出的,分美式期权(American Style,可在期权日期内任何时候行使权利)和欧式期权(European Style,只能在规定的日期里行使权利)。

外汇期权交易与通常的远期外汇交易不同的是,远期交易在约定的日期到来时,无论当时的即期汇率如何都必须执行合同的买入或卖出的协议。但是,期权不同,当对自己不利的时候,可以放弃权利的执行,损失的仅仅是期权费而已。以下举例说明。

1. 卖出期权

(1)假设即期汇率是 1 美元=120 日元的时候,日本 A 公司与美国某公司签订一份 100 万美元的出口合同。A 公司将在 3 个月后收到这批出口货款(100 万美元),而 A 公司无法预计 3 个月后日元对美元是升值还是贬值。

(2)在这样不确定的现实面前,A 公司决定每 1 美元支付 2 日元的期权费,购买了按 1 美元=115 日元的协议价格在 3 个月后卖出 100 万美元的权利。也就是说,在 3 个月期限到来之时,A 公司有权利按 1 美元=115 日元的价格卖出 100 万美元。

(3)3 个月后即期汇率如果是日元对美元升值(与协议价格相比),假设 1 美元=112 日元,A 公司将行使卖出权,即按 1 美元=115 日元的价格卖出 100 万美元。这样每 1 美元扣除 2 日元的期权费外,可换得 113 日元,计 1.13 亿日元。与不购买"卖出期权"相比,每 1 美元获利 1 日元,合计获利 200 万日元。

(4)如果 3 个月后的即期汇率,日元对美元没有升值,而是贬值(与协议价格相比),假设 1 美元=118 日元,这时 A 公司将选择放弃"卖出期权"的权利。因为 A 公司购进的只是一种权利,至于执行不执行这个权利是 A 公司的自由。当 A 公司认为执行这一权利对其不利时,便可放弃该权利的执行。当市场的即期汇率是 1 美元=118 日元时,A 公司放弃这一权利,直接向市场按 1 美元=118 日元出售美元,这样扣除他 2 日元的期权费之外,A 公司每 1 美元可换得 116 日元。根据上述例子的分析,可用直观的图形说明"卖出期权"持有者的损益与汇率的关系。

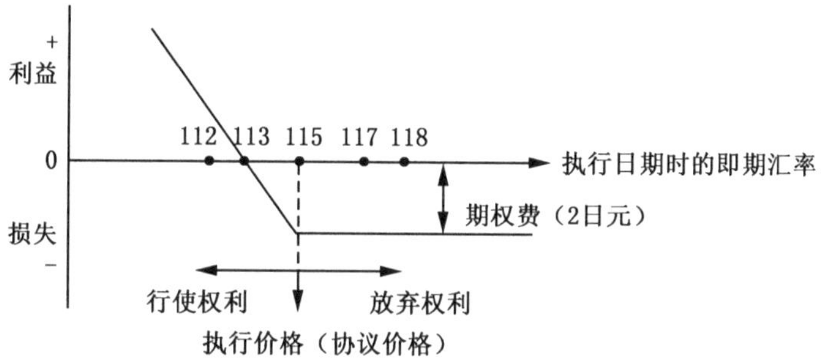

图 9—3 卖出期权的损益

从图 9—3 中可以再次确认到 A 公司 3 个月后"卖出期权"的损益情况。以 1 美元=115 日元为界线,3 个月后即期汇率的日元对美元贬值超过 1 美元=115 日元,那么 A 公司将放弃"卖出期权"。A 公司自己在当时的即期外汇市场上出售美元更为有利。这一权利的放弃对 A 公司来说损失的仅仅是期权费。

如果到期时的即期汇率的日元对美元升值高于 115 日元,A 公司将行使权利,按 1 美元=115 日元卖出美元。A 公司扣除 2 日元的期权费,每 1 美元保证可以兑换到 113 日元。当日元对美元升值高于 1 美元=113 日元时,A 公司可以从行使"卖出期权"中获得利益。例如,1 美元=112 日元的时候,A 公司行使"卖出期权",扣除期权费 2 日元后,每 1 美元换得 113 日元,与直接在即期市场上抛售美元相比,每 1 美元的出售得到 1 日元的收益。

2. 买入期权

假设日本的 A 公司进口 100 万美元的商品,3 个月后支付货款。而 A 公司无法预计 3 个月后美元对日元是升值还是贬值。决定如下：

(1)每1美元支付2日元的期权费,购买了按1美元=115日元的协议价格,在3个月后买入100万美元的权利。也就是说,在3个月期限到来之时,A公司有权利按1美元=115日元的价格买入100万美元。

(2)3个月后如果美元对日元升值(日元贬值),假设1美元=118日元,那么A公司将行使权利,按1美元=115日元买进美元。除支付2日元的期权费外,A公司实际上为获得1美元只支付了117日元。A公司行使权利后实际上每1美元获得了1日元的收益。

如果3个月后的即期汇率为1美元=116日元,A公司同样选择行使权利。因为这时为获得1美元只需支付117日元(即1美元=115+2日元),但是如果A公司不行使权利,在即期外汇市场上兑换美元,那么每1美元需支付118日元(即1美元=116+2日元)。因此,只要即期汇率的日元对美元贬值超过1美元=115日元,A公司都将行使"买入期权",当即期汇率超过1美元=117日元时,A公司可从中获利(参见图9—4)。

(3)当然,即期汇率的日元对美元升值高于1美元=115日元时,A公司将放弃权利。这时损失的仅仅是期权费。例如,即期汇率为1美元=112日元时,A公司放弃权利,将在即期市场上直接购入美元。这时每1美元实际支付了114日元(1美元=112+2日元),比执行权利时每1美元需要支付117日元(1美元=115+2日元)更为有利。

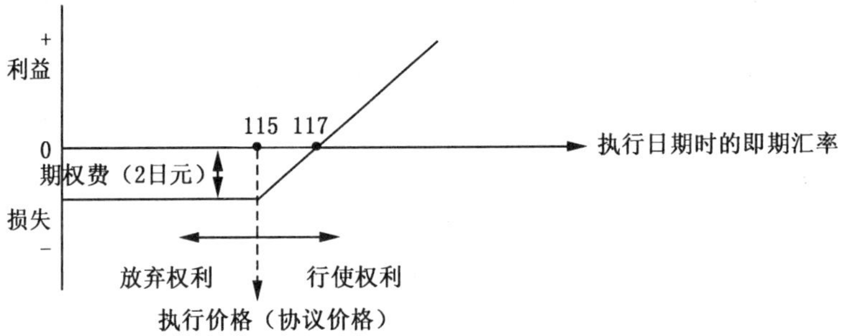

图9—4　买入期权的损益

这里有必要对期权费加以说明,由于期权的买主买的是一种权利,有利时可执行,不利时可放弃,那么卖主一开始就承担了汇率的风险。因此卖主必须要求买主支付期权费用,以弥补卖主可能遇到的在汇率上可能遭受的损失。期权费在合约生效后第二个营业日付清,无论买主的期权是执行还是放弃,期权费都不退还。期权费的多少根据汇率的波动程度和期权合约到期时间的长短而定,汇率越不稳定、到期时间越长,期权费就越高,反之则越低。

总之,外汇期权交易最大特点是无论汇率如何变动,期权持有者的损失是一定的,同时还给期权持有者提供了获利的可能性。

第三节　汇率的决定与变动

不同的货币制度,其汇率的决定基础也不相同。以下首先讨论在金本位制下汇率是如何决定的。其次,考察纸币本位制下有关汇率的决定理论。最后,讨论在现实的经济活动中影响汇率变动的诸因素。

一、金本位制下的汇率决定

金本位制(Gold Standard)包含金币本位制、金块本位制和金汇兑本位制。

金币本位制(Gold Coin Standard)的主要特点是一国的货币由法律规定了它的含金量。金与纸币可以自由兑换;作为通货,金币、纸币均可流通。黄金可以自由地进出口。为了提高黄金的使用效率,1925 年英国采用金块本位制。

金块本位制(Gold Bullion Standard)主要特点是国内使用纸币,但政府不再承担与金币的兑换义务。黄金可以自由地进出口,可以用纸币向政府购买金块。

此后许多国家采用了金汇兑本位制(Gold Exchange Standard)。金汇指的是采用金币、金块本位制的国家的货币以及用该国货币表示的该国的各种债务,如汇票、该国的短期证券等。其主要特点是本国将这些金汇作为发行货币的准备。金汇也是对外的支付手段。政府按一定的汇率买卖金汇。

由于金币本位制是金本位制的典型代表,故以下以金币本位制为例,讨论金本位制下汇率的决定基础。

在金本位制下,汇率的决定是由不同货币之间的含金量的对比来决定的,货币与货币之间的含金量之比得到的汇价叫金平价(Gold Parity)。金本位制下因为黄金可以自由输出入,所以实际汇率则由供求关系围绕着金平价上下波动。

假设,黄金 1 盎司=1 英镑,黄金 1 盎司=4 美元,那么 1 英镑=4 美元。再假设从美国运送 1 盎司黄金到英国所需的运输成本为 0.02 美元。在以上的假设基础上,我们开始根据两种不同的情况,讨论金本位制下英镑对美元的汇率是如何决定的。

(1)如果美国的贸易收支出现逆差,那么外汇市场上对英镑的需求将大于供给,美元贬值、英镑升值,假设 1 英镑=4.05 美元。这时对美国的进口商(债务人)来说,与其在外汇市场上买入英镑,不如加一点运输费,直接输出黄金支付给英国更为有利。因为每支付 1 英镑的债务,如果从外汇市场购入的话需要 4.05 美元,而输出黄金,只要 4.02 美元。只要外汇市场上的汇率 1 英镑>4.02 美元,黄金将继续流出。黄金流出,在外汇市场上人们对英镑的需求则会减少,导致美元升值。当回升到 1 英镑=4.02 美元时,黄金的输出停止。因此,1 英镑=4.02 美元为美国的黄金输出点,美元对英镑的汇率,在金本位制下不会低于 1 英镑=4.02 美元的水平(参见图 9—5)。

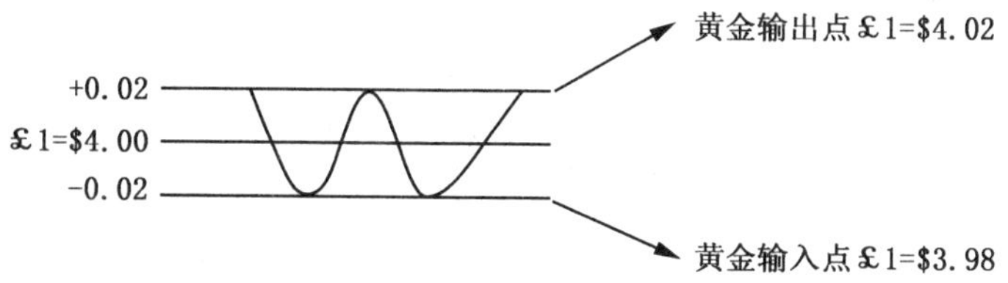

图 9—5 金本位制下英镑对美元的汇率变动

(2)如果美国的贸易收支出现顺差,那么外汇市场上英镑的供给将大于需求,美元升值、英镑贬值,假设 1 英镑=3.95 美元,这时对美国的出口商(债权人)来说,加一点运输费用直接让对方支付黄金(输入黄金),比收取英镑合算。因为1盎司黄金在美国可换4美元,扣除0.02美元的运输费,可兑换3.98美元,比1英镑=3.95美元更为有利。只要外汇市场上的汇率1英镑 < 3.98美元,黄金将继续流入。而黄金的流入使得外汇市场英镑供给下降、英镑升值,当1英镑=3.98美元时,黄金输入停止。因此,1英镑=3.98美元为黄金输入点,美元对英镑的汇率在金本位制下不会高于1英镑=3.98美元的水平(参见图9—5)。

由上述讨论可以知道,金本位制的汇率机制虽可以偏离金平价,但不会超出黄金输出和输入点。如图9—5所示,在金本位制下一国的汇率总是以金平价为中心,围绕着黄金的输出和输入点上下波动。

二、纸币本位制下的汇率决定理论

汇率理论主要研究汇率是如何决定和变动的。长期以来,汇率理论的研究不断取得进展,但每一种理论都不能完整、全面地解释汇率的决定和变动。但就以某一个角度来分析汇率的决定和变动时,这些理论都具有一定的指导意义。

(一)早期汇率决定的理论

1. 国际借贷说与国际收支理论

国际借贷说(Theory of International Indebtedness)由英国经济学家戈申(G. J. Goshen, 1831～1907)于1861年提出。他认为汇率取决于外汇的供求,而外汇的供求由国际借贷引起,国际借贷分为固定借贷和流动借贷,固定借贷指尚未进入支付阶段的借贷,流动借贷是进入支付阶段的借贷。流动借贷可分为流动债权和流动债务。当一国流动债权大于流动债务时,外汇贬值;反之则外币升值。当两者相等时,汇率处于平衡。

国际借贷说是国际收支说的理论渊源。国际收支说进一步认为外汇的供求源于国际收支,国际收支关系的变化是汇率变动的主要因素。当本国收入增加引起进口增加(或外国收入降低引起本国出口减少)、本国物价水平提高(或外国物价水平降低)、本国利率水平下降(或外国利率水平上升),以及本币贬值的预期等因素导致对外汇的需求大于外汇供给时,本币都相对贬值;反之则本币升值。这一学说在理论上和实践上均有重要意义。特别是该理论指出外汇供求关系是汇率变动的主要因素这一点,至今对人们考察汇率变动仍然具有指导意义。该理论的核心思想可以通过图9—6得以理解。国际收支的状况将决定外汇市场上外汇的供给和需求,最终决定外汇的汇率。假设一国国际收支(贸易收支)逆差,这将导致对外汇需求的增加,最终使该国货币贬值。

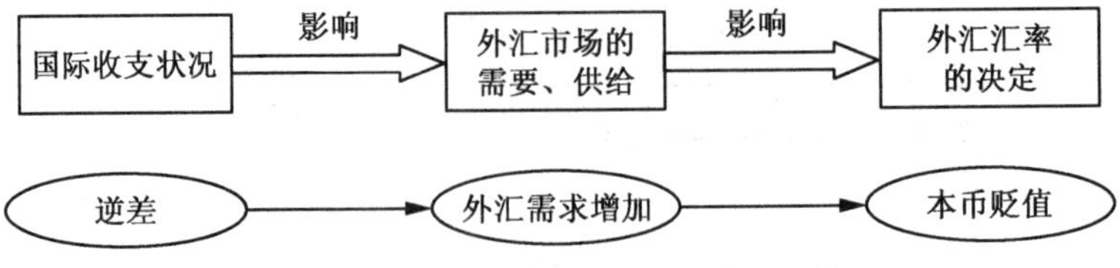

图9—6 国际收支与汇率决定

当然在今天的经济生活中仅凭国际收支来解释汇率的变动是不完整的。但是,国际(贸易)收支影响汇率这一基本观点仍然有效。

2. 汇兑心理学说

汇兑心理学说(Psychological Theory of Exchange)由法国经济学家阿夫达里昂(A. Aftalion,1874～1956)于1927年提出。这个理论的核心是,汇率变动是由人们各自对外汇的效用所做的主观评价而决定的。外汇供给增加,人们对外汇的主观评价就降低,这种效用就减少。反之边际效用就递增,各人的主观评价也就提高。因此,汇兑心理学说认为,外汇供给增加,单位外币的边际效用就递减,外汇汇率就下降,不同的主观评价产生不同的外汇供给和需求,供求双方通过市场达成均衡,其均衡点就是实际汇率。

3. 利率平价论

利率平价论(Interest Rate Parity)的理论框架最早由经济学家凯恩斯(J. M. Keynes,1883～1946)确立,而"利率平价论"则是由艾因齐格(Paul Einzig,1897～1973)命名的。关于利率平价论的理论思想请参考本章第二节的相关内容。

(二)购买力平价说

购买力平价说(The Theory of Purchasing Power Parity,PPP)是诸多汇率理论中最有影响力的理论之一。它是由瑞典经济学家卡塞尔(G. Cassel,1866～1944)于1922年系统地提出的。

该理论认为本国人之所以需要外汇(外币)是因为这些外币在外国市场上具有购买力,可以买到外国生产的商品和服务。外国人之所以需要本国货币也同样出于以上的理由。因此,他认为货币的价格取决于它对商品的购买力。两国货币的兑换比率就由两国货币各自具有的购买力的比率所决定(如某商品在美国需1美元,而在中国是7元,那么根据PPP理论,1美元=7元),购买力的比率就是购买力平价。这是购买力平价说的理论要点之一。第二,因为购买力是用物价水平表示的。而物价的变动会使购买力发生变动,购买力的变动将导致汇率的变动。因此,该理论的要点之二是汇率的变动最终取决于两国物价水平比率的变动。购买力平价说的前提条件是:(1)单位货币的购买力是由货币的供应量决定的。在商品供应量一定的情况下,货币供应量越多,单位货币的购买能力就越低。(2)"一价定律"(The Law of One Price)是购买力平价说的一个重要前提,它表示在自由贸易条件下,世界市场上的每一件商品不论在什么地方出售(扣除运输费用),其价格都是相同的。本国某种商品的价格一定会等于本国货币表示的外国同一种商品的价格。例如,P 表示本国某种商品的价格,P^* 表示外国同一种商品的价格,R 为直接标价法下的汇率,那么 $P=RP^*$ 。一价定律的存在以市场完全竞争及商品同质为前提。其实现机制是商品的套购活动,即如果不同国家的同种商品存在价格差,就会导致人们的套购行为,其结果是原本便宜国家的货币由于需求量上升而导致汇率上升,从而造成以一种货币表示的商品价格趋于一致①。

购买力平价说是关于长期均衡汇率决定的理论,是当今最有影响力的汇率决定理论之一。购买力平价有两种基本形式:绝对购买力平价与相对购买力平价。

---

① 假如有美国和英国两个国家销售同一种商品,英国该商品的美元价格低,则美国人会选择英国的进口品,从而导致英镑对美元的比价上升。该套购行为的最终结果是通过英镑汇率的上升使英国进口品的美元价格与美国该商品的价格保持一致。

1. 绝对购买力平价

绝对购买力平价是用两国物价水平的静态对比获得的。

$$R=\frac{P_A}{P_B}=\frac{1/P_B}{1/P_A} \tag{9—12}$$

其中，P_A 表示 A 国的一般物价水平(物价水平通常以物价指数表示)，$1/P_A$ 衡量的是 A 国货币的购买力；P_B 表示 B 国的一般物价水平，$1/P_B$ 衡量了 B 国货币的购买力；R 为绝对购买力平价形式下的汇率，其数值为单位的 B 国货币所兑换 A 国货币的数量。该等式表明，汇率取决于各国一般物价水平或购买力之比，本国货币的相对币值随着本国一般物价水平的上升而下降，随着本国货币购买力的上升而上升。例如，中国的一般物价水平从 130 元上升为 140 元，而美国的物价水平仍为 20 美元，那么人民币对美元的汇率将会贬值，由原先的￥6.5/\$变为￥7/\$。并且，从绝对形式可知，当绝对购买力成立时，实际汇率为 1。

2. 相对购买力平价

卡塞尔还提出了相对购买力平价的概念。相对购买力平价从动态的角度来考察汇率的决定，说明的是汇率在不同时点间的变动。这一理论认为，汇率在两个时点间的变化取决于两个国家在这段时期内的物价水平或货币购买力的变化。而此时各国的一般物价水平与同一种货币计算时，无须符合“一价定律”，而只需存在一定的、较为稳定的偏离就可以了。也就是说，相对购买力成立时，绝对购买力平价无须成立，相对购买力平价是放松绝对购买力平价假定而得出的。其表现形式如下：

$$R_t=\frac{P_{A(t)}/P_{A(0)}}{P_{B(t)}/P_{B(0)}}\times R_0 \tag{9—13}$$

$\frac{P_{A(t)}}{P_{A(0)}}$为本国的物价指数的变动率，其中 $P_{A(0)}$ 代表本国的基期物价指数，$P_{A(t)}$ 代表本国的比较期的物价指数；$\frac{P_{B(t)}}{P_{B(0)}}$为外国的物价指数的变动率，其中 $P_{B(0)}$ 代表外国基期的物价指数，$P_{B(t)}$ 是外国的比较期的物价指数；R_0 代表基期的双边汇率(直接标价法)，R_t 代表比较期或计算期的汇率。

从以上公式可以看出，相对购买力平价(R_t)是基期汇率用两国物价变动率之比调整后得到的。如果本国的物价增长率超过外国，本国比较期货币的币值就会相对基期下降。例如，基期的汇率为\$ 2.0/£，英国的一般物价水平从基期的 100 上升到计算期的 240，美国的一般物价水平从基期的 100 上升到计算期的 360，计算期的汇率将变为\$ 2.66/£[R_t＝(360/100)/(240/100)×2＝\$ 2.66/£]，物价水平上升更多的美国的货币在计算期将贬值。

相对购买力平价还有另外一种常用表达方式。如果：

$$\frac{P_{A(t)}}{P_{A(0)}}=1+\pi_A \tag{9—14}$$

$$\frac{P_{B(t)}}{P_{B(0)}}=1+\pi_B \tag{9—15}$$

π_A 和 π_B 分别为从 t_0 到 t_1 时期两国的通货膨胀率，将上述两式代入相对购买力平价公式，可得：

$$\frac{R_t}{R_0}=\frac{1+\pi_A}{1+\pi_B} \tag{9—16}$$

将式(9—16)两边同时减去1得：

$$\frac{R_t - R_0}{R_0} = \frac{\pi_A - \pi_B}{1+\pi_B} \tag{9—17}$$

当 π_B 小到可以忽略不计时，相对购买力平价的简化表达式为：

$$\frac{R_t - R_0}{R_0} \approx \pi_A - \pi_B \tag{9—18}$$

即汇率变化率约等于同期两国通货膨胀率之差。例如，美国通胀率为8%，英国通胀率为12%，那么英镑兑美元的汇率将下跌4%。因此，这一理论可以预测长期汇率变动趋势。在计算相对购买力平价时，基期汇率(R_0)的选择十分重要，一般是以国际收支相对均衡的年份的汇率作为基期汇率。

可是，对购买力平价理论的检验，无论是绝对还是相对购买力平价与实际汇率都存在较大偏差。其中重要的原因之一，在于其假设前提如“一价定律”是不现实的，同时也完全忽略了国际资本流动对汇率的影响。但是，该理论抓住了商品市场的物价和货币购买力对于汇率的决定和影响，在通货膨胀或通货紧缩时对汇率具有重要的预测作用。

(三)现代分析法

1. 货币分析法

汇率的货币分析法(Monetary Approach)源于国际收支的货币分析法，形成于20世纪70年代中期，是由约翰逊(H. G. Johnson，1923～1977)等经济学家提出的。该理论是在绝对购买力平价基础上发展起来的，其特点是强调货币市场在汇率决定过程中的作用，把汇率看成是两国货币的相对价格(或者说汇率是货币相对价格的一种表现形式)。

货币分析法认为，货币供给与利率、实际国民收入无关，货币供给只能引起价格水平的迅速调整，而不能降低利率、影响产出。而一国的货币需求是相对稳定的，所以当国内货币供给增加时，国内价格水平就会上涨；由于购买力平价的关系，以汇率表示的货币相对价格就会下降，即本币贬值。

货币分析法的这一理论思维，用公式推导如下：

根据货币市场均衡条件 $MS=MD$ 和货币需求函数 $MD=f(y,i)P$，可得：

$$MS=MD=f(y,i)P$$

因此 $MS_d/P_d=f(y_d,i_d)$；$MS_f/P_f=f(y_f,i_f)$

再根据购买力平价条件：$R=P_d/P_f$，可得：

$$R=\frac{MS_d/f(y_d,i_d)}{MS_f/f(y_f,i_f)} \tag{9—19}$$

其中，R 为汇率，MS_d 为本国的货币供给量，$f(y_d,i_d)$为本国实际货币需求，MS_f 为外国货币供应，$f(y_f,i_f)$为外国的实际货币需求。

上式表示：汇率等于本国的货币供给存量与实际货币需求存量之比除以外国货币供给存量与实际货币需求量之比。从上式可以看到，在其他条件不变的情况下，本国货币供给 MS_d 的增加将导致本币贬值。该理论认为货币供给是政府可以控制的外生变量，因此汇率的货币分析法具有很强的政策性。

2. 资产组合平衡分析法

资产组合平衡分析法(Portfolio Balance Approach)也称为资产市场说(Asset Market

Approach),是20世纪70年代中期后发展起来的一种新的汇率决定学说。

外汇汇率是由外汇的供求关系所决定的。资产市场说认为这种关系不仅仅是由商品、服务的进出口所引起的,金融资产的输出和输入同样会增加一国外汇的供给和增加对外汇的需求。资产市场说就是这样一种侧重于从资产市场均衡这一角度来考察汇率决定的学说。

(1)该学说主要的理论前提。第一,资产市场十分发达,对利率和汇率的变动十分敏感。第二,资产市场之间具有紧密的联系,资金可以在各市场之间自由移动,在市场进入方面没有限制。第三,货币可以自由兑换。

(2)资产市场在短期汇率决定中的作用。一国的资产种类最终可分为三大类。货币(M)、本国货币表示的资产(债券B)、外国资产(债券F,外币表示)。如果r表示汇率的话,一国的民间部门在某一时点上用本币表示的总财富(W)可用以下公式表示:

$$W=M+B+rF \tag{9—20}$$

上述也被称为财富约束方程式。民间部门如何选择这三种资产,即在财富总额一定的情况下,民间部门如何在这三种资产之间进行比例分配,取决于各类资产提供的收益率的大小。在其他条件相等的情况下,某种资产本身提供的收益率愈高,私人部门持有该种资产的比例就愈大,需求就增加。

在任何一个特定的时点,假设本国货币(M)、本币资产(B)、外币资产(F)的供应量为一定的条件下,在本国资产市场上,对各种资产的需求,取决于本国的利率(i)和财富总额(W)的水平,具体的M、B、F的供求均衡方程式可以表示如下:

$$\left.\begin{aligned} M&=m(\overset{-}{i},\overset{+}{W}) \\ B&=b(\overset{+}{i},\overset{+}{W}) \\ rF&=f(\overset{-}{i},\overset{+}{W}) \end{aligned}\right\} \tag{9—21}$$

方程式的左边为供给,右边为需求。第一,对货币的需求(m)与本国利率(i)呈负相关关系,与财富(W)呈正相关关系,即$i\uparrow$则$m\downarrow$,$W\uparrow$则$m\uparrow$。第二,对本国资产的需求(b)与本国利率呈正相关关系,也与财富呈正相关关系,即$i\uparrow$则$b\uparrow$,$W\uparrow$则$b\uparrow$。第三,对外国资产的需求(f)与本国利率呈负相关关系,与财富呈正相关关系,即$i\uparrow$则$f\downarrow$,$W\uparrow$则$f\uparrow$。总之,在财富总额一定的条件下,本国利率的变化将引起本国私人部门对三种资产的持有进行重新组合。对收益率高的资产的持有比例加大,需求增加。同时减少收益率低的资产,需求减少。如果财富总额增加,那么肯定会增加对三种资产的需求。而在这一系列的对持有资产进行重新组合的过程中,就隐含着对外汇供求的影响,从而导致汇率的变动。当三种资产组合完毕,即资本市场达到均衡的时候,均衡的汇率和利率同时得到确定。

资产市场怎么会达到均衡,即均衡的利率和均衡汇率是怎么形成的,又为什么会同时形成?为了说明这一问题,以下对资产市场均衡的基本模型加以简要介绍。

(3)基本模型。图9—7的纵轴表示汇率(直接标价法),横轴表示本国的利率。MM线表示货币的供给等于货币的需求的组合轨迹,或者说是货币市场均衡时汇率和利率的各种组合。BB线表示国内债券供求相等时的组合轨迹。FF线表示外币资产供求相等时的组合轨迹。

现在让我们来解释图中三条曲线的形状为什么是这样。根据刚才介绍的各种资产的需求与财富(W)、利率(i)的关系,可知MM、BB和FF曲线斜率的正负。

首先,考虑MM曲线为什么斜率为正。当r上升(本币贬值,外币升值)时,W增加(由于

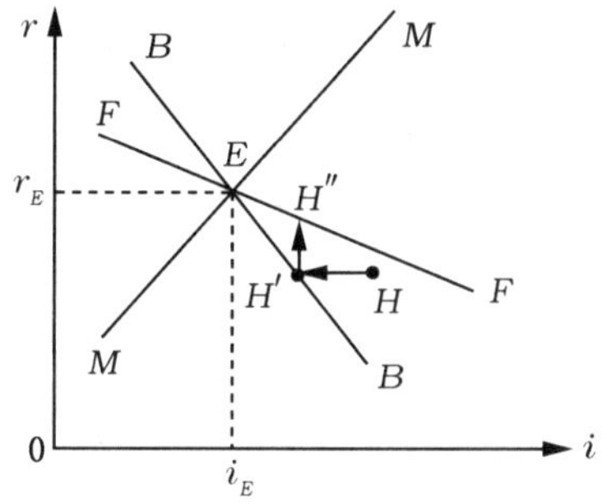

图 9－7　资产组合平衡与汇率的决定

F 不变，rF 的值就会随着 r 的上升而增加）。而 W 增加，根据 m 与 W 的正相关关系，可知货币需求也会上升。在货币供给不变的条件下，需要维持货币市场均衡就必然导致利率上升，这样，MM 曲线的斜率必然为正。

其次，考虑本国债券市场的 BB 曲线为什么斜率为负。当 r 上升时，W 增加，同样使人们对本国债券的需求增加。在供给不变的条件下，需求的增加导致债券价格的上升，这便造成利率的下降。因此，BB 曲线斜率为负。

让我们看看 FF 曲线为什么斜率也为负。当本国 i 下降时，增加对外币资产的需求，导致资本外流增加，结果 r 上升（本币贬值，外币升值）。因此，FF 曲线的斜率为负。

又因为本币资产（本国的债券）需求对利率的反应相对更灵敏（敏感），而外币资产的需求对汇率的反应相对更灵敏（敏感），所以 BB 曲线比 FF 曲线更为陡峭一些。

由于 MM、BB、FF 是三条分别表示货币需求等于供给、本币资产需求等于供给和外币资产需求等于供给的曲线，故三条曲线的交点 E 就是三个市场同时达到平均衡时的均衡点，在这一点上资产市场达到均衡。其相应所决定的利率和汇率就是均衡利率和汇率。

而为什么三条曲线同时相交于一点？这是由 $W=M+B+rF$ 这一财富约束方程式所决定的。在财富一定的情况下，任何两个市场的均衡必然意味着第三个市场也处于均衡之中。因此，在分析由于某种原因造成的失衡，它是如何趋向均衡点时，只分析两条曲线即可。下面具体举一个失衡点，考察资产市场如何达到均衡，即均衡的利率和均衡的汇率是怎么决定的。

从图 9－7 的 H 点出发，该点与均衡点 E 点相比，利率太高、本币相对升值。利率太高导致民间部门改变其投资组合，购买本币资产（因为利率高时，B 的价格便宜，故 B 的需求大）。由于购买本币资产（债券）的增加又会导致债券价格的上升，从而使利率下降，所以，H 点移向 BB 线的 H'点上。H'与 E 点相比，本币相对升值，民间部门购买外币资产，从而造成汇率上升，结果使 H'向 FF 线上的 H''移动。在 H''点上，国内债券市场又失衡，利率太高，债券价格便宜，又促使民间部门购买债券，于是 H''点又将继续调整。如此反复进行，最终到达三个市场的均衡点 E 点。这时所决定的利率和汇率就是均衡的利率和汇率水平。

总之，民间投资者根据利率和汇率所决定的各种资产的收益率的大小，不断对资产结构（即持有资产的比例）进行组合，最终使利率和汇率达到均衡。

（4）货币供应量的增加和利率、汇率的变动。以上分析仅限于从需求方面来考察均衡利率和均衡汇率的形成，假定供给不变。而实际上各种资产存量的增加会造成曲线的移动。由此，原先的均衡将受到破坏，通过民间部门对持有资产的重新组合会到达一个新的均衡点，这里以货币供给量的增加为例说明利率、汇率新的均衡点的确定。

假设中央银行通过公开市场购买本国债券以增加货币供给,那么必然打破原先货币市场和债券市场的供求均衡关系(参见图 9—8)。

货币供给的增加将导致利率的下降。因此,MM 曲线将向左移到 MM'。而货币供给的增加导致对债券的超额需求推动债券价格的上升,从而使国内利率下降,所以 BB 曲线也向左移动到 BB'。同时,利率的下降又推动对外币资产的需求的增加,导致汇率上升(本币贬值)。由此,三条曲线重新相交于新的均衡点 E'点,这时所对应的 iE' 和 rE' 就是新的均衡利率和汇率。由此可见,增加货币供应会导致本币贬值。

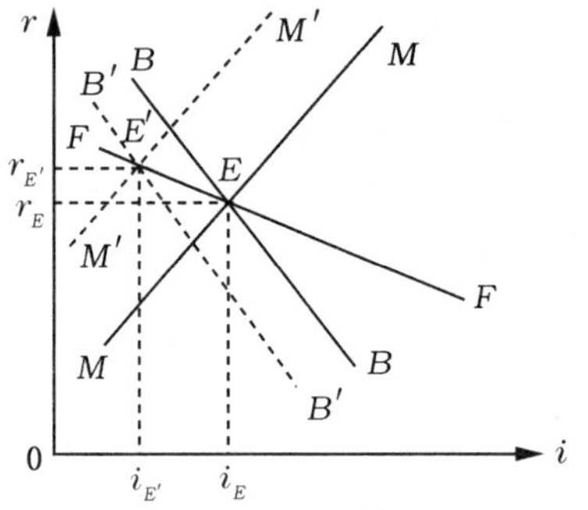

图 9—8　货币供应量增加与本币贬值

资产市场说是一种短期的汇率决定理论。这是因为某种原因产生的各种资产的变化和收益率的变化,引起人们调整持有资产的比例,对其重新组合,这种调整对汇率的影响比通过购买力平价对汇率的影响在速度上要快得多。因此,在前面的假定前提成立的条件下,从短期看,汇率是资产选择决定的,而不是相对物价或购买力的对比决定的。

3. 现代汇率理论的新动态

由于现有汇率理论对汇率交易和波动现实的解释力度有限,结合汇率决定的经验分析,汇率决定的理论引发一系列新的研究热潮。西方汇率的发展呈现以下潮流:

第一种是强调微观基础的开放宏观经济学。这类研究者认为汇率在更大程度上可以看作人们根据自己的消费方式选择内外资产的结果,因此,要了解汇率变化的机制,就不能忽视投资者的偏好、资产组合方式、风险承受能力、消费投资计划等微观层面的要素。在此基础上,分析现有汇率涉及的宏观经济指标如利率、物价、货币供给、个人消费和储蓄、投资等是如何改变消费者的对外贸易和资产选择,从而影响汇率变动的。

第二种被称为金融市场的微观结构理论。认为汇率波动的直接原因主要不在于宏观层面,而是取决于掌握不同信息或对信息有不同理解的外汇交易者,在特定的交易体系下相互博弈的结果。他们分析的焦点在于市场交易机制,利用博弈理论,使用高频的数据处理方法,解释汇率的短期变化。这类理论发展较快,取得了相对不错的实证结果。

第三种观点将汇率波动问题和汇率制度和政策联系在一起,开辟了被称为国际金融政治经济学的研究领域。他们的主要观点是,汇率是一种不同于股票、债券的特殊资产,是一个国家对外经济交流的媒介,各国政府都代表自己国家的利益,选择不同的汇率制度或政策,这些将直接影响外汇市场交易者的预期,从而影响汇率的变化。这种影响取决于市场参与者对政府行为有多大的信赖，也取决于政府与市场、政府与政府之间的相互博弈。

可以预见的是，由于汇率决定的复杂性，汇率决定的理论需要持续地进步和发展，以尽力解释和预测现实汇率的决定和波动。

三、纸币本位制下影响汇率变动的主要因素

现实中的汇率变动并不是由单一的因素所决定的，而是由多种因素交织在一起，最后反映在汇率上。有时甚至汇率的变动与前面所介绍的几种理论相矛盾。因此，在现实中分析汇率的变动、把握判断汇率的走势时，必须结合多种因素加以分析，有时有必要根据具体情况对上述理论加以修正。以下从实际的政治、经济角度考察影响汇率变动的基本因素。

(一)国际收支与汇率的关系

一国的国际收支状况既受汇率变化的影响，又通过影响外汇供求关系的变化进而影响汇率变动，是影响汇率变化最重要的基本因素。当一国存在较大的国际收支逆差时，说明外汇的收入小于外汇支出，对外汇的需求大于外汇供给，外汇汇率上升，本币对外币贬值；反之，当一国存在较大的国际收支顺差时，说明外汇的收入大于外汇支出，外汇的供给大于外汇需求，外汇汇率下降，本币对外币升值。

国际收支状况影响汇率变动的例子非常普遍。比如第二次世界大战后初期，美国巨额的贸易顺差促进美元供不应求，促使美元成为与黄金等同地位的世界货币，20 世纪 80 年代中期以后，美国的持续逆差导致美元不断贬值。90 年代中后期，日益发展的信息技术和互联网推动美国进入新经济时代，大量的外来投资缓解了美国的贸易赤字问题，美元进入强势美元的时期。我国加入世界贸易组织后贸易环境的改善，使我国 2002～2014 年国际收支出现了“双顺差”，这是支撑人民币在此期间坚挺的主要因素。而在 1997 年的亚洲金融危机中，首先受到外来资本攻击的是泰国货币泰铢，主要原因就是泰国持续的国际收支逆差导致泰铢实际价值下降而出现了高估。

(二)利率与汇率的关系

这是在前面理论介绍中屡屡提到的：

高利率国家→资本流入→购买该国货币→该国货币升值

低利率国家→资本流出→抛售该国货币→该国货币贬值

这种利率与汇率的关系在进入 20 世纪 80 年代以后普遍引起人们的关注。20 世纪 80 年代，里根政府采取的高利率政策使得海外资本大量流入美国，成为 20 世纪 80 年代前半期导致美元坚挺的主要原因之一。此后，不仅仅是美元，一些当时利率较高的国家的货币也出现了本币汇率坚挺的现象。如当时的澳大利亚元、新西兰元、英镑。

但是，这种利率与汇率的关系并不是在任何国家都是成立的。也就是说，有的高利率的国家并不一定会引起海外资本的流入，这样就切断了利率与汇率的关系。

例如，有的拉美国家利率高达百分之几十，按我们所学的理论知识来说，应该有许多海外资本涌入这些国家，但实际上世界的资本并没有流向这些国家。原因是存在着许多风险。第一是政治不稳定，第二是高通货膨胀率的出现使人们担心会实行大幅度的汇率贬值。而实际

上这些国家往往都采取了连续贬值本币的政策，这就使得投资者大大地缺乏对这些高利率国家的投资信心，同时还会引起这些国家已有的外国资本抽逃。所以最终表现出来的是这些国家利率很高，但汇率却贬值。

从上述例子可以看出，并不是所有的国家、所有的时候都可以用利率平价理论来解释汇率的变动。用利率来解释汇率的变动，必须满足三个条件：第一，政治稳定；第二，必须具备吸收海外资本的完善金融市场；第三，允许资本自由移动。

(三)通货膨胀与汇率的关系

根据购买力平价理论，汇率变动的原因在于购买力的变动。购买力变动的主要表现是国内物价的变动，所以汇率的变动最终取决于两国物价水平比率的变动。因此通货膨胀率高的本国货币与通货膨胀率低的他国相比，本国货币的购买力相对下降，本国货币会贬值。由于购买力理论从长期来看较为有效，因此从短期来看，汇率的变动并非如购买力平价说所解释的那样。在当今的外汇市场上(主要在发达国家)，人们更多地从利率的角度看待通货膨胀率。

以美国为例，当通货膨胀率上升时，货币当局一般会采取紧缩的货币政策，这时人们基本判断美元有可能升值。因为紧缩的货币政策将导致利率的上升，利率上升意味着将提高资产投资收益，这使海外的资本将流入美国，引起美元的升值。这是近年来外汇市场的一般行为模式，但并不是绝对的。这种模式一般不可套用于发展中国家。

(四)经济实力与汇率的关系

一国经济实力的强弱是奠定其货币汇率高低的基础。经济实力可以通过多方面的指标得到反映，如稳定的经济增长率、低通货膨胀率、合理的经济结构等。GDP 是现实中作为一国经济实力的代表性指标。在 20 世纪 80 年代中期至后期的一段时间里，外汇投资者开始注意 GDP 的动向，特别是美国 GDP 为世人所瞩目。美国每月发表一次 GDP 指标，当该指标与投资者的预测相差较大时，美元汇率便出现较大的波动。虽然现在美国的 GDP 指标与美元汇率不像 20 世纪 80 年代那样有很强的相关关系，但作为判断汇率走势的有效经济指标之一，仍然为市场所重视。美国的 GDP 等经济指标为世人所重视，是因为大多数国家(包括日本、德国等)的汇率都是以美元为中心设立的。其次，美国现在仍是世界上政治、经济、军事的第一大国。从这两个意义上讲，美国经济的一举一动都将影响美元汇率的变化，因而值得关注。

GDP 是怎样与汇率挂上钩的呢？一般而言，GDP 指标的上升可以认为投资效率高，这样容易引起海外资本流入，结果使外汇市场上美元需求上升，导致美元升值。此外，如果 GDP 上升，说明没有必要采取宽松的货币政策，相反有可能采取紧缩政策，这样将使利率上升，导致套利资本流入美国，市场对美元需求增加，美元升值。

如果关注 GDP，也不能仅仅停留在 GDP 的表面数字上，而是分析 GDP 的各项具体指标。例如，GDP 的增长主要是由出口带动，同时进口增长幅度很小，在这样的情况下，说明国内需求不足。由此，为了拉动国内需求，美国有可能采取下调利率等宽松的货币政策，其结果可能导致美元贬值。同样是将 GDP 与汇率相联系，同样是面对 GDP 的增长，由于不同的分析可以得出相反的结果。此外，由于 GDP 只是经济实力的一个代表性指标，对经济实力及其变化趋势的判断还需要结合其他指标综合进行考量。一国经济实力对汇率变动的影响一般认为是较长期的，即它影响汇率变动的长期趋势。

(五)财政、货币政策与汇率的关系

一国的财政与货币政策通过影响利率、经济增长率和国际收支状况，进而间接影响一国的汇率水平。一般来说，扩张性的财政、货币政策造成财政赤字、通货膨胀和进口需求增加，会使本国货币对外贬值；紧缩性的财政、货币政策会减少财政支出、稳定货币和减少进口需求，而使本币升值。但是，如果扩张性的财政和货币政策最终增加了一国经济发展的实力，吸引国际资本流入，则可能促使实现国际收支顺差，提升本国货币的价值。

(六)预期因素与汇率的关系

由于浮动汇率制度下，各国对外汇管制和国际资本流动管制的放松，基于各种预期因素所导致的外汇投机交易活动非常活跃，并对现实的汇率产生了普遍影响。当利率预期、汇率预期和通货膨胀预期等发生改变时，大量国际游资涌入外汇市场，往往导致未来的预期提前在外汇汇率的变化上得到体现。如当外汇市场上普遍预期某国利率将会上升时，则吸引资金涌入，该国货币在外汇市场上升值；当预期某国经济形势走弱，该国可能降息时，则资本流出加剧，则该国货币在外汇市场上贬值，“预期的自我实现”说明未来因素对当前汇率水平的影响机制。稳定性的投机交易会使外汇价格逼近合理水平，而追涨杀跌式不稳定性的外汇投机则会加剧外汇市场汇率的剧烈波动，远离外汇汇率的合理水平。

(七)政府的市场干预与汇率的关系

尽管第二次世界大战以后西方各国政府放松了对本国的外汇管制，但是由于汇率的变动会对本国的贸易收支、国际资本流动、物价水平和就业产生直接影响，因此各国政府仍然不可避免地在外汇市场进行干预影响本国货币的走势。尤其在预期的汇率对现实的汇率发挥显著影响的形势下，“预期管理”成为政府干预行为的重要目的。随着各国金融合作的加强，一国政府还承担着参与某一地区或某一经济联合体的联合干预的义务。政府的干预行为是影响外汇市场供求和短期汇率水平的重要因素。

如在对本币出现强烈的贬值预期时，政府会通过在外汇市场上增加外汇供给来平抑外汇价格上涨趋势，从而一定程度上保持本币的币值稳定。如果对本国货币出现了升值预期，政府则会通过在外汇市场上购买外汇来增加外汇市场上的需求，达到稳定外汇和本币币值兑换比例的目的。当政府在外汇市场进行这样的干预时，在短时期内可能改变市场汇率甚至调整预期。但是，政府干预外汇需要以充足的外汇储备为前提，并且如果不能改变本币币值变动的趋势性因素，则政府干预的效果从长期来看是相当有限的。

(八)其他因素与汇率的关系

在现代外汇市场上，汇率的变化常常是十分敏感的，一些非经济和非市场的因素也会波及外汇市场上汇率的变动。当一国出现政局不稳、领导人的更替、战争爆发以及各种人们没预料到的“黑天鹅”事件等，都可能引起外汇市场上汇率的大幅波动。这些事件造成了人们心理上的恐慌，人们或者为了寻求资金上的安全，或者乘机投资获利，都会进行迅速的外汇交易，从而引发汇率行情的大幅波动。

选举原则上可以看成是掌握现政权的政治势力与反对势力的一次大较量。在选举后，反

对势力如果获胜、掌握政权,就有可能变更现行的政治体制、经济政策,外汇市场将这种变更的可能性作为一种未来的不确定因素来看待。因此,在外汇市场上可能抛售该国货币,使该货币贬值。例如,1981 年密特朗率领的社会党击败了当时的执政党,外汇市场上便出现大量抛售法郎的现象。而执政党如果在选举中获胜、继续执政,市场对未来不确定因素的心理相对减轻,所以会出现抢购该国货币的情况,使该货币出现升值。例如,1984 年里根连任美国总统,当时外汇市场就出现了抢购美元的现象。

从以上介绍来看,影响汇率变动的因素众多,一般说来该国的经济实力、国际收支和相对的通货膨胀率是影响汇率的趋势性因素,短期内汇率的变动受到利率、汇率变动的预期、政府的干预、外汇市场的投机活动、政治军事等非经济和非市场的紧密影响;并且随着资本国际化和自由化的发展,外汇、黄金、股票、债券、大宗商品市场之间联动效应明显增强,因此,股票和债券市场价格的变动也会影响到汇率的波动,反过来汇率的变动也会对黄金、股票、债券市场的价格乃至石油、铁矿石等大宗商品市场的价格产生影响。

专题 9-1

汇率与 GDP 的关系
——以日本为例

从理论上讲,汇率与 GDP 的变化存在不同的走势,一方面,本国货币贬值,增加出口能通过增加外贸乘数效应提高国内生产总值,进而加速经济的增长;另一方面,提高国内生产总值则会使本国货币在国际上的竞争力提高,从而迫使本币升值。因此,两者的关系取决于两种势力的对比。根据 1970～2005 年日本汇率和 GDP(此处为名义 GDP)的对比分析,有两个重要结论:第一,日本汇率与 GDP 之间有显著的相关性;第二,两者的正负相关关系在不同时期内不同。

(一)1973～1985 年的经济稳定期

从 1970 年开始,日本实行浮动汇率制度。之后的 1973～1985 年被称为稳定增长期。由于日元原先被低估,1970～1978 年开始了日元升值的第一个阶段。在 1974 年和 1975 年两年中,日元曾经历了小幅度回调的态势,随后的几年则延续了升值的势头。1978 年本币币值又突然大幅下跌,与第二次石油危机冲击的影响相关。这次石油危机是由于伊朗革命及两伊战争爆发导致中东局势非常不稳定、OPEC 再次提升原油价格引起的。每桶原油价格从 1979 年 1 月的 13.34 美元一度上涨到 1980 年 12 月的 32 美元。而日本当时制定的是贸易立国的经济发展战略,随后便靠贬值来消除高估带来的影响以优化贸易条件来维持其经济增长率。

(二)1985～1990 年的日币升值期

到了 1985 年,日元迎来了其第二次世界大战后升值的第二个阶段。1985 年 9 月 22 日发表的《广场协议》改变了日本经济的增长模式。《广场协议》是发达国家五国(即 G5——日本、美国、联邦德国、法国、英国)财长会议在纽约广场宾馆发表的干预外汇市场的声明。根据这项声明,1 美元兑换 237 日元汇率在两年半的时间内升至 1 美元兑换 120 日元。《广场协议》承认美元升值是造成对外不均衡的根源,强调纠正不平衡必须实行“政府协调”,并提出缩小美国财政赤字,扩大日本、联邦德国内需的政策目标,强调外汇汇率对纠正不平衡的重要作用,希望提升非美元货币对美元的汇率。以"日元升值萧条"为契机,日本经济开始告别外需主导型增长模式,于1987年迈向内需主导型经济增长,迎来了被喻为"平成景气"的长期繁荣,这种转型也是推动日本国民经济增长的直接原因。

(三)1990～1999年的经济萧条期

经过几年的上涨,1990年3月28日,日元在东京外汇市场的汇价跌至1美元兑158.65日元的低点。投机因素以及当时日本政界"里库路特"贿赂案引起政局动荡,影响了人们对日本经济的信心,对日元下跌起了推波助澜的作用。经过1991年的适度调整,日本的经济泡沫开始加速破灭。经济呈现极低的增长率或负增长,而且萧条状态长时间持续。从GDP的实际增长率来看(以1990年为基期),1992年为0.4%,1993年为0.5%,1994年为0.6%,这3年基本为零增长。在此之后,1995年增长率达3.0%,1996年达4.4%,增长率虽缓慢上升,但1997年爆发的亚洲金融危机和政局动荡对于刚恢复一点元气的日本经济是一个沉重的打击,使日本企业元气大伤,投资急剧下降,经济回升乏力,在由出口导向型向内需导向型转化过程中困难重重。1998年,日本政府颁布的新《外汇法》正式实施,从而1999年被公认为经济萧条期结束,经济增长率为0.5%。1990～1993年实际汇率连续4年下跌,在实现了1995年、1996年、1997年连续3年的上升之后,遭受金融危机打击的日本汇率不得不再次下跌,到2000年才有所缓和。

(四)2000～2005年的经济恢复期

进入2000年以后,以内需为主导的经济虽然开始复苏,但据统计,占日本GDP六成的个人消费仍然持续低迷。"9·11"事件后,由于美国经济处于衰退边缘,再加上美国国内有不少人士认为美元币值被高估了10%～20%,美国政府又开始调整汇率政策:促使美元贬值的政策。日本政府对外汇市场的干预频率增高,力度加大。例如在"9·11"事件后两个月内,日本中央银行总共抛出了3.2万亿日元资金购买美元。据日本财务省公布的数字,2003年头7个月,日本官方累计向汇市投入了9万多亿日元,刷新了历史最高纪录。日本政府干预汇率的目的,就是为了降低日元的升值程度,保证企业产品的出口,以外需来弥补因长期萧条带来的内需不足。此外,在通货紧缩环境下,让日元汇率贬值,还能起到缓和通货紧缩的效应。由此可见,日本政府及经济界人士在品尝了条件不完全成熟时贸然对日元汇率升值的苦果之后,正运用各种手段来防止日元汇率的升值。从数据上来看,2000年以后,随着日本GDP的小幅变动,其汇率也在1美元兑115日元左右的水平徘徊。2003年和2004年延续了经济复苏的势头;在经历了长期的调整后,于2005年末开始恢复上升势头。

第二次世界大战后,日本提出了贸易立国的口号。为了发展经济、扩大出口,当局政府决定自1949年4月25日开始,实行1美元兑换360日元的固定汇率政策。在美国等西方国家的压力下,实行了22年之久的固定汇率制终于在1971年开始向浮动汇率制过渡。尽管如此,从1971年开始到1985年之间,日元汇率的升值过程还是比较平稳的。但1985年的广场协议之后,日元汇率的升值速度明显加快。升值给日本经济造成了严重影响,是日本泡沫经济产生、破灭的重要原因之一,日本经济由此陷入长达十几年的不景气之中,至今未能摆脱。日本政府也终于认识到在条件不成熟的时期,让本国货币过度升值的危害,因此在1997年转而采取了阻止日元升值的政策。

专题 9-2

美元指数及其影响因素

美元指数由纽约棉花交易所于1985年首次发布，是综合反映美元在国际外汇市场上汇率强弱程度的指标，由美元对欧元、日元、英镑、加拿大元、瑞典克朗和瑞士法郎六种主要国际货币的汇率经加权平均计算。美元指数不仅反映了美元的主要走势，也能间接反映美国的出口竞争能力和进口成本的变化情况，同时作为国际主要货币，美元的汇率走势对全球经济具有重要影响。

自1971年以来，美元指数交替下降与上升，经历了三个主要的周期：

第一个周期是从1971年1月至1985年2月。1971年1月至1978年10月期间美元指数下降了38.46点，但从1978年10月至1985年2月，美元指数上升了82.65点。主要原因是：1978年美国卡特总统发起"拯救美元一揽子计划"支撑美元；与此同时，第二次石油危机导致美国通货膨胀率不断走高，为遏制通货膨胀，联邦基金利率从1977年的4.08%攀升至1981年7月的22.36%高位后下滑；同时在"里根经济学"的指导下，美国1983～1985年的经济表现良好，1984年GDP的增长率为7.3%，达到1952年以来的最高值。

第二个周期是1985年2月至2001年6月。这个周期的前半期从1985年2月至1995年4月，美元指数下降84.44点。面对数目庞大的"双赤字"，美国施压日本签署"广场协议"要求其他主要经济体货币相对美元有效升值。1987年2月G7国家达成"卢浮宫协议"，一致同意在宏观政策和外汇市场干预方面加强合作，保持美元汇率基本稳定。从1995年开始美元指数进入该周期的后半期，由于克林顿执政期间美国财政赤字出现好转，同时在信息技术革命和高科技产业龙头的新经济的带领下，美国劳动生产率大幅提高，以及亚洲金融危机的发生，美元发挥出的避险功能使得国际资本回流美国加剧，推动美元指数上升39.77点。

第三个周期始于2001年6月。纳斯达克科技股泡沫破灭及"9·11"事件，以及2007年8月次贷危机的爆发等系列事件的影响，美元指数不断下滑至2011年4月的73.03点。2011年，受地震和核电事故影响，日元对美元比价暴涨。为帮助日本渡过难关，G7宣布联手卖出日元、买进美元，自此美元指数开始新一轮上涨周期。随着美国经济基本面的好转，以及美国逐步退出量化宽松进入加息周期，美元强势地位进一步增强。2017年1月13日的美元指数已上升到101.23点。

纵观美元指数的发展历程，可以看出其受到以下主要因素的影响：

第一，GDP增长速度。GDP增速直接影响美元指数之外，还有一些间接影响：GDP增速高，经济可能过热，提高加息的可能性；推高股票和房地产价格，也可能使贸易赤字扩大；GDP增速可能扩大税基，财政收入增加；GDP增速上升说明经济发展势头好，美联储可能进一步减少货币发行规模；美国经济形势变好会增加对国际资本的吸引力，都可能推高美元指数。

第二，财政赤字。财政赤字从三个维度降低美元指数，一是财政大幅扩张增加了对商品服务需求，导致价格水平上升；二是财政扩张导致对外国商品服务需求增强，扩大财政赤字；三为了消减财政赤字，政府可能采取增加税收、举债或者发行货币，都产生压低美元指数的效果。

第三，通货膨胀率。一方面，通货膨胀降低货币的国内购买力；另一方面，通货膨胀率的变动改变了人们对债券收益及汇率价值的预期。考察通货膨胀率时,需要对比其他主要国家和地区的通货膨胀程度,尤其是欧元区的通货膨胀程度。实践表明,当美欧之间的CPI差值相对下降时,美元指数相对上升;当美欧之间的CPI差值相对上升时,美元指数相对下降。

第四,相对收益率。持有美元收益率是否具有优势决定了外汇交易中对于美元的需求。收益率对于短期资金的流动起重要作用。美国货币或资本市场的收益率相对提高,吸引资金流入,对提高美元指数具有明显作用。

作为国际主要货币,美元指数走势与全球大宗商品价格走势存在相反的关系。美元指数的强弱影响国际资本流动方向,进而对全球经济产生重要的影响。因此,对美元指数走势的研判具有重要意义。

主要参考文献:

[1]陈德胜、郑后成:“美元指数影响因素分析及走势研判”,《南方金融》2015年第3期。

[2]姚萱:“日本汇率政策的演变及启示”,《经济问题》2007年第2期。

本章小结

在前面的讨论中,我们只分析了国际经济交往中的“实物”部分,而与其相对应的货币并未直接涉及。这里将货币直接考虑在内,讨论国际经济交往中“实物”部分的另一面——国际金融。本章首先简要介绍国际金融的结构;其次,讨论了外汇、外汇市场与外汇交易;最后,考察了在不同货币制度下决定汇率的相关理论,并分析了纸币本位制下影响汇率变动的主要因素。

主要概念及术语

1. 外汇(Foreign Exchange)
2. 直接标价法(Direct Quotation)
3. 间接标价法(Indirect Quotation)
4. 有效汇率(Effective Exchange Rate)
5. 即期外汇交易(Spot Foreign Exchange)
6. 远期外汇交易(Forward Exchange)
7. 套期保值(Hedging)
8. 利率平价论(Interest Rate Parity)
9. 投机(Speculation)
10. 多头(Long Position)
11. 空头(Short Position)
12. 抛补套利(Covered Interest Arbitrage)
13. 外汇期权交易(Exchange Options)
14. 卖出期权(Put Options)
15. 买入期权(Call Options)
16. 金本位制(Gold Standard)
17. 金币本位制(Gold Coin Standard)
18. 金块本位制(Gold Bullion Standard)
19. 金汇兑本位制(Gold Exchange Standard)
20. 铸币平价(Mint Parity)

21. 购买力平价说(The Theory of Purchasing Power Parity)
22. 货币分析法(Monetary Approach)
23. 资产组合平衡分析法(Portfolio Balance Approach)

思考讨论题

1. 国际金融的主要结构是怎样的?
2. 外汇交易的主要种类有哪些?
3. 抛补套利和投机在操作上有何相同与不同之处?
4. 金本位制下汇率是如何被决定的? 为什么说金本位制下的汇率是稳定的?
5. 购买力平价理论的主要内容是什么? 为什么其预测的汇率与实际汇率经常存在较大偏离?
6. 阐述货币分析法与资产组合平衡理论的主要内容。
7. 纸币本位制下影响汇率变动的主要因素有哪些?

第十章
国际经济交易与国际收支

学习要点

1. 国际收支平衡表的结构和记账原则、方法；
2. 国际收支平衡表各账户之间的关系；
3. 国际收支平衡表的分析；
4. 国际收支与经济发展之间的关系。

第一节 概 述

国与国之间的交易大约可追溯到4000年前,当时的埃及就与一些中东城市建立了海上贸易。公元前2500年,生活在伊拉克的苏美尔人就在国外建立了自己的办事处来接收、储存和出售产品。大约在公元前700年,土耳其国王在金银合金上标注印记,证明其重量和数量,开创了以货币形式进行贸易的先河。约在公元前6世纪或5世纪,原始的外汇市场开始发展起来。不同国家或地区之间的经济交易突破了商品范畴。如今,我们的现代经济生活更是与外国有着千丝万缕的紧密联系,国际的经济交易活动不仅频繁,而且种类丰富,包括商品和服务的进出口、财物的赠与、资金的借贷、对外证券投资、企业跨国直接投资等多种形式。一国的经济生活已经离不开国际经济交易。

总的来说,经济交易是指经济价值转移或消失的经济流量,包括商品或金融资产所有权的变化,服务的提供或劳动和资本的单方向转移等。国际经济交易是指来自不同经济体居民之间的所有经济交易,无论是否涉及货币支付。具体包括:(1)交换。商品与劳务的交换,即一般的物物交换、易货贸易;金融资产与商品、劳务的交换,即商品、劳务的买卖;金融资产与金融资产的交换。(2)转移。如商品、劳务由一方向另一方的无偿转移,金融资产由一方向另一方的无偿转移。(3)移民。居民住所的转移就会使该居民拥有的资产和负债的所有权也发生相应变更。(4)其他根据推论而存在的交易。这是指尽管未发生实际的资本流动,但可以根据推论确定存在,如投资收益的再投资。

就某一时段而言,一个经济体与其他经济体居民之间进行的经济交易,总是可能出现交易的收入大于交易的支出,也可能出现交易的支出大于交易的收入。为了解本国的对外支付和收益情况,有对这些交易进行记录的必要。并且,为了便于对各经济体的收支状况进行更好的解读,经济体之间统一国际收支的记录方法和规范账户设置也变得极有必要。这是国际收支的产生和国际货币基金组织在各成员国之间推行通行的国际收支平衡表的主要原因。

一、国际收支概念的演变及国际收支平衡表

国际收支是国际经济学中最为重要的概念之一。在不同的场合,国际收支所表达的含义不尽相同。随着国际经济活动内涵、外延的变化,国际收支的含义也同样经历了不断发展和丰富的历史过程。

早期人们并没有直接使用国际收支这一概念,较早出现的是贸易收支的概念。17世纪的西欧流行着重商主义的思想。重商主义者财富、金银二位一体的财富观导致他们强调对贸易顺差的追求,以积累国家财富。对外贸易也因此获得了积极发展,并成为国际经济交易的主要形式。所以,当时的国际收支就是一国对外贸易活动形成的贸易差额的记录。据考证,最早的贸易收支统计是在1559年由一位名叫威廉·塞西尔(William Cecil,当时为内务大臣,后为财政大臣)的英国人对1354年英国进出口额以及差额进行的推算。1623年英国经济学家、商人爱德华·米塞尔登(Edward Misselden,1608～1654),将1354年、1613年、1622年英国的商品进出额的推算结果发表在其公开出版的《商业循环或贸易平衡》(The Circle of Commerce,or the Balance of Trade)一书

中。该书因为首先使用了“Balance of Trade”(贸易收支)这一概念而闻名。

随着对外贸易的流行、国际信用的发达和国际经济交往内容的不断扩大,贸易收支的概念渐渐不能完全反映实际的国际经济交易情况。国际金本位制崩溃后,各国货币币值的波动使外汇交易大为增加,国际收支由重商主义时期的贸易差额演化为外汇收支的狭义范畴。第二次世界大战后,国际收支突破了外汇收支的局限,国际经济交易活动日益丰富多彩,尤其是第二次世界大战后,跨境直接投资以及证券投资迅猛发展,狭义的国际收支概念才被以交易为基础的广义内涵所替代。如今的国际收支不仅包括贸易收支,还包括直接投资、证券投资、储备资产的变动以及单方面转移等一国(地区)中政府、企业和个人所有的对外交易活动。

对上述种种国际收支需要进行记录和总结,国际收支平衡表就是国际收支最主要的记录方式。根据通行的国际货币基金组织(IMF)的定义,国际收支或国际收支平衡表(Balance of Payments 或 Balance of Payments Presentation)指的是在一定时期内一国居民与非居民之间的所有经济交易的系统记录。正确理解国际收支平衡表这一概念,可以从以下几点来把握:

(1)这一概念是以交易为基础,而不是以支付为基础。国际收支记录的交易既包括涉及外汇或货币收支的对外往来,也包括未涉及外汇或货币收支的对外往来。其中未涉及外汇或货币收支的往来要折算成货币形式加以记录。

(2)它是一个流量的概念,而不是存量的概念,国际收支平衡表中记录的数字为对应项目在一段时间的改变量,所以为了把握国际收支的大小就必须指定一个时间段。各国通常以一年为报告期。美国等一些国家也有以季度为时间单位的国际收支记录。

(3)一国的国际收支所记载的经济交易必须是在该国的居民与非居民之间发生的。这里的“居民”概念,不是以国籍来区分,而是以居住地为标准。一国的居民包括个人、政府、非营利团体和企业四大类。

身在国外且代表本国政府的个人(包括军队)一般认为是他们国家的居民,外交使节、驻外军事人员一律不是所在国的居民。所有派驻国外的政府机构,无论其在国外居住时间的长短都属于本国居民,他们在当地购买商品和劳务都要记入两国的国际收支中。

身在国外而不代表政府的个人属于哪国居民则依据收入的主要来源来定,如果仍无法判断,则以其工作地(或居住地)为判断标准。简单说,即便是外国人,如果在本国长期居住(居住一年以上)从事生产、消费行为的话,也属于本国的居民。而本国公民如果在外国长期居住,那么就属外国居民。

就法人组织而言,它在哪国成立、注册就是那国的居民,它在国外的分支机构和分公司则属于国外居民。因此,跨国公司的内部贸易只要是属于不同国家分支机构间进行的都属于国际贸易,交易带来的货币收付应记入两国的国际收支账户。国际货币基金组织、世界银行和联合国等国际组织是任何国家的非居民。

事实上,国际收支的编制者很难收集到每一笔“居民”和“非居民”的经济交易数据,只能从各级政府机构、旅游局、海关、银行、跨国公司和投资机构等方面收集数据后,使用分类技术进行整理,得出的数据只能是对实际交易的大致反映。

二、国际投资头寸表

除了前述的国际收支平衡表,对报告期内的国际收支流量进行记录和统计外,一国一般还需要编制在某一时点上对国际收支发生后的资产负债存量进行统计的汇总表，这就是国际投资头寸表。根据国际货币基金组织出版的《国际收支手册》(第5版)所制定的标准，国际投资头寸表(International Investment Position，IIP)是一国对外资产与负债的存量统计表，它反映一国在某一时点上对外资产与负债的价值及其构成。一国对外资产与负债相抵后所得的净值就是净国际投资头寸(Net International Investment Position，NIIP)。国际投资头寸的变动是由特定时期内交易、价格变化、汇率变化和其他调整引起的。国际投资头寸表在计价、记账单位和折算等核算原则上均与国际收支平衡表保持一致，并与国际收支平衡表共同构成一个国家或地区完整的国际账户体系。

国际收支平衡表和国际投资头寸表可以从不同的方面为经济提供预测。国际收支平衡表反映的是记录期内经常项目和资本与金融项目等资金进出相应的变化量，反映的是商品、服务、资本等项目变动的动态过程和趋势。而国际投资头寸综合反映了在具体的时点上一国在海外资产及负债的确切情况。对其总额和净额的观察可以了解本国的国际债权债务地位，预测其对国内经济将要产生的影响和宏观政策可能进行的相应调整。如净国际投资头寸在一段时期内持续下降，对外债务需要偿还，就需要政府采取借债、调整国内生产和消费、吸引资本流入等方面的政策调整。同时，国际投资头寸表也可以帮助人们观察本国从国外资产中得到的收益和由于对国外的负债而发生的支付，为对外支付做好准备。

总之，各经济体编制国际收支平衡表和国际投资头寸表的意义在于，有利于全面了解本国的国际收支状况，为政府当局制定货币政策提供信息，进而为制定合理的经济政策提供依据，也可以为参与国际贸易和金融交易的银行、企业和个人的商业决策提供参考信息。

第二节 国际收支平衡表

由于现代经济交易纷繁复杂，国际收支平衡表涵盖的内容十分庞杂，记录国际经济交易的主要分析性报表——国际收支平衡表就需要科学设置项目账户，才能对一定时期内的国际经济交易进行系统的记录，对各笔交易进行分类、汇总而编制出可供人们方便观察的会计报表。由于国际收支的编制方法很多，IMF组织出版了《国际收支手册》，为国际收支平衡表的编制提供了统一的准则。此外，它还要求各成员国定期公布国际收支数据，出版在《国际收支数据年报》和《国际金融数据》上。

一、国际收支平衡表的标准结构

IMF第6版的《国际收支手册》标准的国际收支平衡表可分为经常账户、资本和金融账户、错误和遗漏账户三大一级账户。每个一级账户下设若干个二级账户，每项二级账户下又包括若干个三级账户。如表10-1所示。

表 10－1 国际收支平衡表的基本结构

(一)经常账户(Current Account)
1. 货物和服务(Goods and Service)
2. 初次收入(Primary Income)
3. 二次收入 (Secondary Income)
(二)资本和金融账户(Capital Account & Financial Account)
1. 资本账户 (Capital Account)
2. 金融账户(Financial Account)
(1)直接投资(Direct Investment)
(2)证券投资(Portfolio Investment)
(3)金融衍生品(Financial Derivatives)
(4)其他投资(Other Investment)
(5)储备资产(Reserve Assets)
(三) 错误和遗漏(Errors and Omissions Account)

(一)经常账户

经常账户包括货物与服务、初次收入和二次收入三个项目。

1. 货物与服务

货物记录的是引起货物贸易收支的经济交易。具体包括：

(1)一般商品的进出口。

(2)各种运输工具在港口采购的货物。如我国飞机、船舶在国外机场购买的燃料、食品等就是这一项内容，属于货物进口；相反，就是货物出口。

(3)非货币黄金。它指的是工业用的黄金等的进出口，用于投资的黄金则应记录在资本和金融账户中的“其他投资”的项目里。

尤其对于发展中国家来说，货物贸易收支项目不仅在经常账户中，而且在整个国际收支中具有重要的地位，它的差额对经常账户乃至国际收支的平衡产生基础性影响。按照 IMF 的规定，货物的进出口统计一律以海关的统计为准，商品价格一般按离岸价格(F. O. B)计算。保费和运费分别计入服务收支。

服务也称服务收支，指的是一国居民对非居民提供服务或接受服务所发生的收支。由于服务贸易模式中的商业存在主要通过国外分支机构提供的服务(FATS)进行统计，因此国际收支平衡表中的服务收支主要统计的是服务贸易中跨境交付、境外消费和部分的自然人流动产生的服务贸易收支额。国际收支平衡表的第 6 版对货物和服务的统计口径做了重新划分，第 6 版的服务收支具体包括：

(1)加工服务。

(2)维修和维护服务。

(3)运输。居民和非居民之间所发生的旅客、货物的运输服务等。

(4)旅行。

(5)建设。

(6)保险和养老金服务。

(7)金融服务。

(8)知识产权使用费。

(9)电信、计算机和信息服务。

(10)其他商业服务。

(11)个人、文化和娱乐服务。

(12)别处未提及的政府服务。

本国居民享受别国居民提供的服务,为服务进口;本国居民为其他国家居民提供服务,为服务出口。

2. 初次收入

初次收入主要记录的是居民和非居民机构之间的初次收入流量,反映的是机构单位因其对生产过程所做的贡献或向其他机构单位提供金融资产和出租自然资源等非生产性非金融资产所取得的报酬或支出。初次收入主要分为两类:与生产过程相关的收入或支出、金融资产和其他非生产性非金融性资产在国际移动所产生的所得收入和支出。具体包括:

(1)雇员报酬,指本国季节工人、边境工人受雇在国外短期工作所赚取的报酬,或支出给非居民工人(如季节工人、边境工人)的工资、薪水和福利。如向在本国轮船上工作的外国船员支付的报酬,或本国大使馆等向从所在国雇用的职员支付的工资等,都列入该项。

(2)投资收益,包括直接投资、证券投资和其他投资收益。其他投资收益指的是直接投资、间接投资以外的投资收益,如存、贷款的利息收益。

(3)其他初次收入,是指诸如生产或进口税、补贴和租金等。

3. 二次收入

主要指实物或金融资产在居民和非居民间单方面的、无对等的转移而产生的收支。也就是说,这种转移发生后,不存在归还或偿还的问题。如政府的无偿援助(用于食品、医疗品等消费品的援助资金)、侨属的汇款、慈善团体的捐款、金融和非金融公司的赠与和资助性汇款等。初次收入影响国民收入,二次收入在影响国民收入的同时主要影响居民的可支配收入。需要说明的是,政府的无偿援助如果有助于对方的资本形成,这种转移需记录在资本账户的"资本转移"项目里。

(二)资本和金融账户

1. 资本账户

资本账户包括资本转移和非生产、非金融资产的收买和放弃。

(1)资本转移,指的是有助于固定资产形成的无偿援助、固定资产的赠与、债务的减免。

(2)非生产、非金融资产的收买和放弃。非生产、非金融资产包括本身不能被生产出来的有形资产(如土地、矿物、森林等资源)和无形资产(专利、版权、商标和其他可转让或租赁的经营权和商誉)。此账户记录的是这类资产的收买和放弃。

2. 金融账户

金融账户包括直接投资、证券投资、金融衍生品和员工股票期权、其他投资、储备资产。记录一经济体对外资产和负债所有权变更的交易。

(1)直接投资。经济体的居民为了在另一经济体居民企业中获得永久利益而进行的投资。永久利益指的是直接投资者与企业存在长期的关系,并且直接投资者对企业的经营管理可以施加有效的影响。形式可以是建立分支企业,也可以是购买外资企业的股票,但必须拥有企业10%以上的普通股票或投票权。

(2)证券投资。它包括居民和非居民之间对股票，中、长期债券，货币市场工具(如 CP、可转让的定期存单、银行承兑票据等)的投资。证券投资以获得利息和股息为目的，投资者对投资企业没有管理权和经营权。顺便说明，证券投资的利息收入或支出记录在前面已提到的投资收入账户里，本金支付或还款记录在这里。但直接投资收益的再投资通常计入直接投资，而不是计入投资收入。

(3)金融衍生产品(非储备)和员工股票期权。金融衍生产品包括期权、远期合约、互换等金融衍生品的跨境投资。员工股票期权作为一种报酬形式，是公司向员工提供的一种购买公司股票的期权。

(4)其他投资。所有直接投资、证券投资、金融衍生产品和储备资产没有包括的金融交易都记录在这里，包括长短期的贸易信贷、贷款、存款(政府、银行、企业在海外存款，海外在本国的存款)等。

(5)储备资产。它指的是货币当局可随时动用并控制在手的国际可以接受的一切资产。主要目的是备用于国际收支赤字，维护本国货币汇率的稳定。储备资产必须具备三个特征：官方持有性、自由兑换性和流动性。储备资产一般包括货币黄金、特别提款权(SDRs)、在 IMF 的储备头寸、外汇资产。储备资产的增加意味着在经常账户或别的金融账户上一定有一笔相应数额的顺差；反之则又是。

(三)错误和遗漏账户

如上所述，储备资产的增加意味着经常账户与别的资本和金融账户上有顺差发生，反之则反是。也就是说，经常账户与其他金融账户之和与官方储备项目相比较，如果没有错误和遗漏，则两者在数量上必须相等；如果取相反符号，最终平衡表的差额等于零。但是，由于资料来源不一、资料不全、资料本身有误(假报、虚报、误报)等原因，每个国家的国际收支平衡表的统计数据总会出现一些遗漏和错误。经常账户和其他金融、资本账户之和在量上与官方储备项目变动数量不一致，所出现的差额全部归到错误和遗漏账户。结果是，国际收支平衡表在账面上最终为零，所以该账户也被称为事后平衡账户。

虽然各国按 IMF 标准编制该表，其主要结构基本一致，但由于各国的情况不同，各国的国际收支平衡表在设置的分类上往往存在许多细微的差别。比如，对储备资产的放置就存在很大差异，一些国家的平衡表将储备资产从资本与金融账户中单独列出，放置在和资本与金融账户平行的一级账户中，也有一些国家将储备资产放置在错误和遗漏一级账户中。本书按照 IMF 的标准格式进行解释。

二、国际收支平衡表的记账方法

国际收支平衡表的记账需要按照一定的规则将交易分别记录在相应的账户中。国际收支平衡表是按照复式簿记(Double-Entry Bookkeeping)方式编制的，其原则是：有借必有贷，借贷必相等。任何一笔交易的发生，必然涉及借方(Debit)和贷方(Credit)两个方面。贷方交易是接受非居民支付的交易，借方交易是对非居民进行支付的交易。对此，有两个经验法则：(1)凡是引起本国外汇收入的交易、增加本国市场外汇供给的交易都记入贷方。(2)凡是引起本国外汇支出的交易、增加本国市场外汇需求的交易都记入借方(参考图 10－1、图 10－2)。

记入贷方交易
- ①商品、服务的出口
- ②居民从国外获得的收入
- ③来自非居民的单方面转移
- ④资本的流入
  - A. 外国在本国资产增加
    - a. 非居民持有本国货币(本国负债增加)
    - b. 非居民持有本国证券
    - c. 非居民在本国存款,直接投资增加
  - B. 本国的海外资产减少
    - a. 居民持有的国外货币减少
    - b. 国外证券减少
    - c. 在国外存款、直接投资减少

图 10—1　国际收支平衡表中的贷方交易

记入借方交易
- ①商品、服务的进口
- ②非居民从本国获得的收入
- ③来自非居民的单方面转移
- ④资本的流出
  - A. 外国在本国资产减少
  - B. 本国在海外资产增加

图 10—2　国际收支平衡表中的借方交易

根据以上原则,一国国际收支平衡表的常见账户和记账规则如表 10—2 所示:

表 10—2　国际收支平衡表的主要账户及其记账规则

账　户	贷　方	借　方
货物和服务	出口收入	进口支付
初次收入	非居民支付给居民的外汇收入	居民支付给非居民的外汇收入
二次收入	非居民给居民的单方面转移	居民给非居民的单方面转移
资产	非居民购买居民的非生产非金融资产或固定资产	居民购买非居民的非生产非金融资产或固定资产
直接投资	外国对我国直接投资的增加或我国对外直接投资的减少	外国对我国直接投资的减少或我国对外直接投资的增加
证券及金融衍生品投资	外国居民对本国证券及衍生品的投资增加或本国对外证券投资的减少	本国居民对外国证券及金融衍生品的投资增加或外国对本国证券投资的减少
其他投资	非居民增加对本国居民的信贷	本国居民增加对外国居民的信贷
储备资产	本国官方储备减少	本国官方储备增加

在标准的国际收支平衡表中,贷方交易用正(+)号,借方交易用(—)号。为了便于理解和掌握复式簿记的国际收支记账方法,以下举出六笔国际经济交易进行说明。假设:

(1)本国企业出口 200 万美元的货物,导致该企业在海外银行存款相应增加。

(2)本国居民从海外存款账户中取出 50 万美元,到海外进行旅游消费。

(3)外商进口 1 200 万美元的设备,作为对本国的直接投资项目。

(4)本国政府向某国提供援助 150 万美元,其中动用 40 万美元的外汇储备,另外提供了价

值110万美元的粮食、药品。

(5)本国某企业在海外投资获利200万美元,50万美元进口货物,100万美元用于当地再投资,50万美元卖给政府兑换本币。

(6)本国居民动用海外存款40万美元,购买外国公司股票。

对于以上六笔交易的记录需要说明的内容如下:

(1)本国企业出口货物获得的200万美元应记在经常项目中货物账户贷方。由于出口导致该企业在海外银行存款相应增加,属于本国在海外资产增加,应记入资本与金融一级账户中的其他投资账户的借方。

(2)由于海外旅游是服务的支出,属进口,其50万美元应记入经常账户中服务贸易的借方。而这笔钱从海外存款中来,本国海外资产因此减少,记入资本与金融一级账户中其他投资的贷方。

(3)进口设备1 200万美元记入经常项目中货物账户借方。由于是外国对本国直接投资的增加,在资本与金融一级账户中直接投资的贷方中记入1 200万美元。

(4)因为150万美元是对外援助,表示对非居民的单方面转移,是本国的对外支付,所以记入经常项目中二次收入的借方。该笔援助中有110万美元的粮食、药品是以出口的形式实现的,所以应记入经常项目中货物贸易的贷方;而另外40万美元来自于国家外汇储备的减少,应记入储备资产账户中的贷方。

(5)本国某企业在海外投资获利200万美元属于收入,记入经常项目中初次收入的贷方。而这一收入中的50万美元用于进口货物、100万美元用于当地再投资、50万美元卖给政府兑换本币,这三项都应记入借方。分别记入经常账户中货物贸易的借方、资本与金融账户中对外直接投资的借方和储备资产中的借方。

(6)本国居民动用海外存款60万美元,购买外国公司股票。动用海外存款属于本国海外资产减少,60万美元记入资本与金融账户中其他投资的贷方。而购买外国公司的股票属于证券投资,本国在海外资产增加,60万美元记入资本与金融账户中证券投资的借方。假设上述六笔交易是本国本年度的所有经济交易,可据此制作国际收支平衡表,见表10—3。

表10—3 **六笔交易构成的国际收支账户** 单位:万美元

项 目	借方(—)(Debit)	贷方(+)(Credit)	差 额
货物贸易(A)	1 200+ 50	200+110	—940
服务贸易(B)	50	—	—50
初次收入(C)	—	200	+200
二次收入(D)	150	—	—150
Ⅰ.经常账户合计(A+B+C+D)	1 450	510	—940
直接投资(E)	100	1 200	+1 100
证券投资(F)	60	—	—60
其他投资(G)	200	50+ 60	—90
储备资产(H)	50	40	—10

续表

项　目	借方(－) (Debit)	贷方(＋) (Credit)	差　额
Ⅱ. 资本与金融账户合计(E＋F＋G＋H)	410	1 350	＋940
Ⅲ. 错误和遗漏账户	—	—	—
总计(Ⅰ＋Ⅱ＋Ⅲ)	1 860	1 860	0

以上我们完成了六笔国际经济交易的记录。从表10－3中可以看出平衡表最终差额为零，这是由复式簿记的记账方法决定的。

三、国际收支平衡表各账户之间的关系

由上可见，国际收支平衡表是把一国一定时期内的国际经济交易按某种适合于经济分析的需要编制出来的统计报表；更具体地说，它是根据交易内容和范围设置项目和账户，并按照复式簿记的原理对各笔交易进行分类、汇总而编制出的分析性报表。复式簿记原理的使用，使国际收支平衡表的各账户之间有着密切的关系。

经常项目差额＋资本和金融项目差额＝0　　(10－1)

储备资产变动额＝－(经常项目差额＋除储备资产外的其他资本和金融项目差额)　　(10－2)

在实践中，当考虑错误和遗漏项目时，上述关系式变为：

经常项目差额＋资本和金融项目差额＋错误和遗漏＝0　　(10－3)

储备资产变动额＝－(经常项目差额＋除储备资产外其他资本和金融项目差额＋错误和遗漏)　　(10－4)

(10－1)式和(10－3)式表示的是经常账户和资本与金融账户的关系。一笔贸易流量必然对应着一笔金融流量，经常账户交易的变动往往带来资本或金融账户余额的改变。经常账户中实际资源的流动和资本与金融账户中金融资产所有权的转移往往是一笔经济交易的两个方面。当不考虑错误与遗漏时，复式簿记的记账方法使两项的余额归零。

(10－2)式和(10－4)式反映了储备资产、经常账户与其他资本与金融账户的关系：

第一，同其他资本与金融账户一样，储备资产也是可以平衡经常项目差额的账户。当经常账户出现逆差，可以同其他资本与金融账户一起为其提供融资；当经常账户出现顺差，其他资本与金融账户不足以吸收时，就会表现为储备资产的增加。

第二，储备资产的变动具有平衡国际收支的重要意义，是典型的调节性交易。而经常账户和资本与金融账户中除储备资产账户之外所形成的余额，记录的是为了商业目的而发生的自主性交易，与平衡国际收支平衡表的目的无关。但这个余额导致储备相反方向的变动，反映了对一国储备持有的压力。这是储备资产项目中的"借、贷"方的"正、负"与其他账户的"借、贷""正、负"符号相反的原因。具体地说，引起外汇储备增加(外汇供给的增加)的记入"借"方记为"－"，引起外汇储备减少(外汇供给的减少)的记入"贷"方记为"＋"。

资本与金融账户不仅被动地为经常账户提供融资服务，同时也存在着独立的运动规律。20世纪80年代以来，国际资本流动呈现不断加速和扩大的趋势。特别自20世纪90年代以

来，国际资本更是以前所未有的速度急剧膨胀着。1997 年，世界贸易组织协调签署的《金融服务协议》进一步促进了金融业务和机构的跨国发展。利率、投资的利润率、预期的汇率变化、税收、市场开放程度以及政治及经济安全等因素都是引起资本与金融账户独立变化的重要变量，一笔交易可能涉及资本与金融项目两个二级账户。

第三节　国际收支的分析

一、对国际收支平衡表的分析

(一)国际收支的"会计平衡"与"经济失衡"

根据上述介绍，可知国际收支平衡表最终会实现均衡，这与复式簿记方法的使用，以及错误和遗漏账户的设置是分不开的。或者说，国际收支平衡表的最终归零是一种会计处理后的平衡，而不是我们经济意义上的平衡。与"会计平衡" 经常同时存在的是经济上的失衡，"经济失衡"就是我们所说的国际收支失衡，它是一经济体国民经济外部失衡最重要的表现指标。

判断一经济体的国际收支在经济上是否平衡，需要对平衡表中的组成项目进行分类分析。我们通常将经济交易划分为自主性交易(Autonomous Transactions)和调节性交易(或称补偿性交易，Compensatory Transaction)两类。自主性交易是指那些基于商业动机、为追求利润和其他利益而独立发生的交易，也被称为线上交易，与平衡国际收支的动机无关。所有经常账户和除了储备资产外的资本与金融账户的交易都属于此类。而调节性交易指为了调节自主性交易的失衡而采取的交易，比如官方储备的动用，向外国政府或国际金融机构借款等。国际收支的盈余或顺差被定义为自主性交易的收入大于支出，而国际收支的赤字或逆差被定义为自主性交易的支出大于收入。因此，国际收支的盈余或顺差既可以表现为经常账户和其他资本与金融账户的余额为正，即贷方总额大于借方总额；也表现为储备资产的增加，即储备资产借方总额大于贷方总额，余额为负。国际收支的赤字或逆差则相反。

国际收支的不平衡，无论是逆差还是顺差，对一国政府来说都是不可忽视的重要经济问题。持续的国际收支逆差，表现为经常项目差额、除储备资产外的其他资本与金融项目差额同错误和遗漏的余额为负，如果是固定汇率制下，则可能使储备资产的余额为正，储备资产减少。在浮动汇率制下将使本币贬值。储备资产流失有可能导致对外失去支付能力，给国民经济、国民生活造成重大影响。如同一个人或家庭不可能永远持续着一种支出大于收入的生活，一国的经济也难以长期维持逆差状态。而本币贬值虽可以促进出口增加，但不利于本币国际地位的提升和对外投资，就有可能影响一国在国际社会上的信任度。

如果顺差长时间持续出现，表现为经常项目差额、除储备资产外的其他资本与金融项目差额同错误和遗漏的余额为正，在固定汇率制下，储备资产增加。表面上看似是件好事，但实际上并非如此。首先，将可能导致逆差国家采取贸易保护主义，其结果可能使国际贸易规模缩小，也可能引起贸易摩擦加剧。其次，货币当局为维持汇率稳定，会购买超额外汇供给，增加基础货币投放，带来货币供给的数倍增加，加大本国通胀压力。而在浮动汇率制下，顺差使外汇市场上存在着外汇的超额供给，本币升值，外汇贬值，抑制国内出口增长，不利于本国经济的长期发展。

因此,为了平衡国际收支,必须详细分析国际收支的系统记录,首先可以根据“国际收支平衡表”,通过“平衡表”的分析可以找出不平衡的原因,把握不平衡的规模,使政策有的放矢。

(二)对国际收支平衡表的分析

编制国际收支平衡表的作用之一就是可以从整体上把握一国的国际收支状况,有利于制定合适的政策。它是对一个国家与其他国家进行经济技术交流过程中所发生的贸易、非贸易、资本往来以及储备资产的实际动态所做的系统记录,是进行国际收支核算的重要工具。

对国际收支平衡表的分析,着重从两个层次进行:第一,国际收支的总体状况;第二,国际收支的结构。国际收支平衡表是按商品的进出口、服务的进出口、资本的进出口等项目分门别类进行记录,总量与结构结合分析,可以揭示各个项目在国际收支中的地位和作用,以便采取相应对策。局部差额分析法是国际收支分析中最常用的方法。在对国际收支平衡表进行分析时,经常被关注的局部国际收支差额有以下几种:

(1)货物贸易余额。这是一定时期内一国商品出口总额与进口总额之差,反映了该经济体的货物生产质量和生产率状况。

(2)贸易余额。这是一定时期内一国商品和服务出口总额与进口总额之差,是衡量一国国际资源转让、实际发展水平和国际收支状况的重要依据。虽然只是国际收支的一个组成部分,但对一些发展中国家来说,在全部国际收支中所占的比重相当大,因而在国际收支的分析中具有特别重要的意义。

(3)经常项目余额。这是一定时期内一国商品、服务、收入和经常转移项目上借方总值和同期商品、服务、收入和经常转移项目上贷方总值之差,反映的是一经济体与其他经济体之间实际资源的转移。

(4)资本与金融账户余额。此账户的余额又可以分为资本账户余额和金融账户余额两个部分。金融账户余额一般在国际收支中占有重要地位。金融账户余额也可以分为非储备金融资产余额和储备资产余额两个账户余额进行观察。非储备金融资产余额反映了直接投资、证券投资、金融衍生品投资、其他投资的总余额,该余额显示的是资本流动的净差额,该余额为负说明资本出现净流出,为正则是资本净流入。

(5)综合账户余额。这是指除了储备资产之外的账户所形成的余额。具体包括经常账户交易、其他资本项目和金融账户交易,以及错误和遗漏项目净额所形成的差额,这个差额最终由官方储备的增减来平衡,因而也称为官方结算余额。该余额为正意味着实际储备资产将增加,余额为负意味着实际储备资产将减少。

根据对以上账户余额的观察,可以分析一国的国际收支是否出现了下列不平衡:

(1)贸易收支的不平衡

它分析贸易收支即商品进出口收支的差额,以制定合适的调整不平衡的政策。传统的国际收支分析中这一方法使用较多,贸易收支差额不等于零时,就说明贸易收支的不平衡。虽然它不代表国际收支的全部,但对一些国家,特别是发展中国家来说,贸易收支在整体的国际收支中占有重要地位。贸易收支还反映了一国产品在国际市场上的竞争力,体现一国的产业结构、产品质量等。因此,一般人们都比较重视贸易收支的动向,将贸易收支作为国际收支的近似代表。

(2)经常项目收支的不平衡

它包括表10－3中的A、B、C、D四项。经常项目收支是衡量国际收支状况的最重要的项目。它综合地反映了一国的进出口状况，被当作制定国际收支政策和产业政策的重要依据。当然该项目的收支不等于零，经常项目收支就不平衡。

(3)资本与金融项目收支的不平衡

金融账户的不平衡往往是该项目不平衡形成的主要部分。其中非储备资产账户不平衡及其变化，反映了影响直接投资和金融资产收益的利率、相对收益率、风险的变化情况。投资全球化和金融国际化的大背景下，该账户不平衡对国际收支的影响显著。而储备资产余额的变化则与国际收支的不平衡状态直接相关。

(4)综合项目收支的不平衡

综合项目是人为划出的一个经济账户(也有人把综合项目定义为前面所介绍的线上项目Au)，前面曾介绍过它的变动必定伴随着一笔相应数量的储备资产的变动。因此，通过该项目收支状况的分析，可以得知国际收支对一国储备资产造成的压力。综合项目收支不为零，就意味着国际收支不平衡。该账户余额为正表明国际收支为顺差，该余额为负则国际收支为逆差，正如前文所述，持续的综合项目收支的顺差或逆差都是不利的。

从以上介绍中可以看到，除了理论上解释国际收支不平衡的概念之外，根据不同的研究目的，对国际收支不平衡定义的范围也不尽相同。但有一点，无论用上述的哪个项目来衡量把握国际收支状况，国际收支的不平衡现象是经常的、绝对的，而平衡是偶然的、相对的。

经常项目余额和综合账户余额往往是最为关注的差额。国际收支中的经常项目收支是国民收入方程式的一项，它的变动将影响一国的经济景气程度。根据开放状态下的国际收支宏观平衡式，可得下列关系(推导过程参见附录10－2)：

经常账户余额＝储蓄－投资　(10－5)

经常账户余额＝国民收入－国内吸收(国内居民的总支出)　(10－6)

如果一国经常项目顺差，则意味着该国对外投资净额可能是正的(即该国是其他国家的净贷款供给国或投资国，在储备资产没有随之增加的时候)；该国的国内储蓄大于国内投资；该国的产出(收入)高于其对商品和劳务的支出(即吸收)。相反，若一国经常项目存在逆差，则意味着该国是净对外借款国、该国国内储蓄少于投资、支出超过产出(或收入)。此外，经常账户余额会引起资本和金融账户余额的变动，特别可能通过储备资产的流出入来进行平衡，所以被当作制定国际收支政策和产业政策的重要依据。国际货币基金组织也经常采用这一指标对成员国的经济状况进行分析。由于经常账户的基础性地位以及对宏观经济的影响，发展中国家的国际收支均衡观更关注将经常账户赤字维持在中期可持续水平。

而如果一国综合账户顺差，就意味着该国官方储备资产增加或者外国作为官方储备持有该国的资产减少；相反，如果一国综合账户逆差，就意味着该国官方储备资产减少或者外国作为官方储备持有该国的资产增加。官方储备资产是一国基础货币或高能货币的组成部分，它的变化会对许多宏观经济变量，如货币供给量、汇率、利率、私人金融资本的流动、国内资本形成、国内生产以及商品和劳务的进出口等，产生重要影响。因此，综合账户余额可以作为全面分析一个国家国际收支状况的指标，尤其对那些金融市场发达、国内外金融市场联系紧密的国家更为重要。达到综合账户平衡或维持在一定幅度内，是包括发达国家在内的各国普遍追求的国际收支平衡目标。

此外,按照统一的格式编制出的国际收支平衡表也方便国际比较。通过国际收支平衡表,可综合反映一国的国际收支平衡状况、收支结构及储备资产的增减变动情况,为制定对外经济政策、分析影响国际收支平衡的基本经济因素、采取相应的调控措施提供依据,并为其他核算表中有关国外的部分提供基础性资料。

二、对国际投资头寸表的分析

(一)国际收支平衡表和国际投资头寸表的关系

国际借贷是产生国际收支的直接原因,它们之间是一对因果关系。一般来说,国际债权债务关系发生后,必然会在其国际收支平衡表上有所反映。但有时,国际收支又反作用于国际借贷,因为国际收支的某些变化会引起国际借贷活动的展开。因此,两者之间相辅相成、互为因果。

两者的区别表现在:

(1)国际借贷表示一个国家在一定日期对外债权债务的综合情况,而国际收支则表示一个国家在一定时期对外全部经济交易的综合情况。

(2)国际借贷是个静态的概念,表示的是一种存量(余额);国际收支是个动态的概念,表示的是一种流量(发生额)。

(3)国际借贷只包括形成债权债务关系的经济交易,范围小;国际收支反映的是经济交易,无论进出是否抵消均须加以记载,范围大。如国际经济交易中的赠与、侨民汇款与战争赔偿等"无偿交易",都属于不发生国际借贷关系的交易,因而不包括在国际借贷中,但却包括在国际收支中。

根据流量与存量之间的转化关系,国际收支变化必然会导致国际投资头寸的变化,而国际投资头寸的变化也会对将来的国际收支产生影响。如国内吸收超过国民收入导致的经常账户逆差,必然会带来该国在时间上积累的资产或负债的相应变化。各国的国际收支平衡表与国际投资头寸表的账户设置完全相同,从而使两者具有可参照的对应关系。一国某一时期内的经常账户余额会形成新的净国外资产或负债,造成本期的净国际投资头寸相对于上期发生变化,也就是:

$$CA = NIIP - NIIP_{-1} \tag{10-7}$$

上述 CA 表示经常账户余额,$NIIP$ 表示本期的净国际投资头寸,$NIIP_{-1}$ 表示上期的净国际投资头寸。经常账户余额会直接带来国际投资头寸的变化,以中国为例来说明。我国 2004 年以来持续的经常账户顺差使它的净国际投资头寸不断上升。

图 10－3 为 2004～2014 年中国的经常账户余额及净国际投资头寸走势图。自 2004 年以来,随着我国的经常账户出现经常性的顺差,净国际投资头寸不断上升。两者保持了相似的上升趋势。2004～2008 年中国的经常账户顺差上升显著,使得同期的国际投资净余额保持较快的上升趋势。

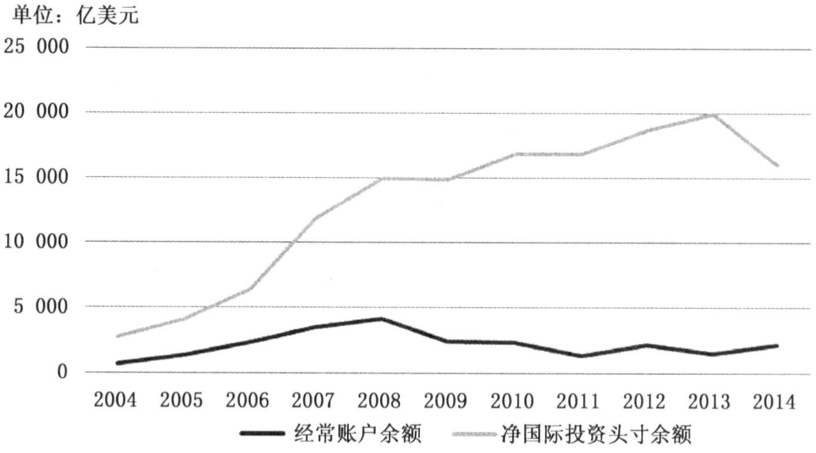

资料来源：国际外汇管理局。

图 10－3 中国的净国际投资头寸与经常账户余额

(二)我国的国际投资头寸表

根据国际货币基金组织的标准，国际投资头寸表的项目按资产和负债设置。资产细分为对外直接投资、证券投资、其他投资和储备资产四部分，负债细分为来华直接投资、证券投资、其他投资三部分。净头寸是指对外资产减去对外负债。中国国际投资头寸表是反映特定时点上我国对世界其他国家或地区金融资产和负债存量的统计报表。以下根据我国国际投资头寸表对其具体项目进行解释：

1. 直接投资

直接投资指的是以投资者寻求在本国以外运行企业获取有效发言权为目的的投资，分为对外直接投资和来华直接投资。其中，对外直接投资包括我国境内非金融部门对外直接投资存量、境内银行在境外设立分支机构所拨付的资本金和营运资金存量、从境内外母子公司间的贷款以及其他应收及应付款的存量。来华直接投资包括我国非金融部门吸收来华直接投资存量(即历年我国非金融部门吸收来华直接投资累计数据扣减历年来华直接投资撤资、清算的累计数据)和金融部门吸收境外直接投资存量(包括外资金融部门设立分支机构、中资金融部门吸收外资入股和合资金融部门中外方投资存量)，以及境内外母子公司间的贷款和其他应收及应付款的存量。

2. 证券投资

证券投资包括股票、债券和货币市场工具等形式的投资。证券投资资产是指我国居民持有的非居民发行的股票、债券、货币市场工具、衍生金融工具等有价证券。证券投资负债为非居民持有我国居民发行的股票和债券。

(1)股本证券：包括以股票形式为主的证券。

(2)债务证券：包括中长期债券和一年期(含一年)以下的短期债券；货币市场工具或可转让的债务工具，如短期国库券、商业票据、短期可转让大额存单等。

3. 金融衍生品投资

金融衍生产品包括期权、远期合约、互换等金融衍生品的跨境投资。金融衍生品投资的资产是指我国居民持有的非居民发行的衍生金融产品。金融衍生品投资的负债为非居民持有我国居民发行的衍生金融产品。

4. 其他投资

其他投资指的是除直接投资、证券投资和储备资产之外的所有金融资产/负债,包括贸易信贷、贷款、货币和存款及其他资产/负债四类形式。其中长期指合同期为一年期以上的金融资产/负债,短期为一年期(含一年)以下的金融资产/负债。

(1)贸易信贷:系指我国与世界其他国家或地区间,伴随货物进出口产生的直接商业信用。资产表示我国出口商的出口应收款以及我国进口商支付的进口预付款,负债表示我国进口商的进口应付款以及我国出口商预收的货款。

(2)贷款:资产表示我国境内机构通过向境外提供贷款和拆放等形式而持有的对外资产;负债表示我国机构借入的各类贷款,如外国政府贷款、国际组织贷款、国外银行贷款和卖方信贷。

(3)货币和存款:资产表示我国金融机构存放的境外资金和库存外汇现金,负债表示我国金融机构吸收的海外私人存款、国外银行短期资金及向国外出口商和私人的借款等短期资金。

(4)其他资产/负债:系指除贸易信贷、贷款、货币和存款以外的其他投资,如非货币型国际组织认缴的股本金、其他应收和应付款等。

5. 储备资产

储备资产指的是我国中央银行可随时动用和有效控制的对外资产,包括货币黄金、特别提款权、在基金组织的储备头寸和外汇。

(1)货币黄金:指我国中央银行作为储备持有的黄金。

(2)特别提款权:指国际货币基金组织根据会员国认缴的份额分配的,可用于偿还国际货币基金组织债务、弥补会员国政府之间国际收支逆差的一种账面资产。

(3)在基金组织的储备头寸:指我国在国际货币基金组织普通账户中可自由动用的资产。

(4)外汇:指我国中央银行持有的可用作国际清偿的外币表示的流动性资产和债权。

我国国家外汇管理局从 2005 年开始发布中国国际投资头寸表(参见附录 10－3)。2004 年以来我国每年的净头寸都为正,资产大于负债,并且呈逐年上升趋势。尤其是 2007、2008 和 2012 年度,净头寸达到 86%、25%和 11%的高速增长。我国的净头寸从 2004 年末的2 764亿美元上升到 2013 年末19 960亿美元。净头寸在 2014 和 2015 年经历了连续两年的下降,2015 年末降为15 965亿美元。净头寸减少的主要原因在于负债的增加,我国的负债规模在 2013 和 2014 年都有明显跃升,增加速度分别为 19%和 21%。负债中的直接投资和证券投资规模持续上升,尤其是证券投资的负债 2014 末是 2013 年末的两倍。储备资产的规模在 2015 年略有下降,储备资产占总资产的比重下降到 55%左右,而我国直接投资的资产从 2004 年以来一直保持着增长态势,尤其是次贷危机爆发后的 2008 年以来,增长提速明显,从1 857亿美元上升到 2015 年末的11 293亿美元,年均增长率达到 72%,占总资产的 19%。

我国国际头寸表的账户设置与国际收支平衡表完全一致。根据我国仅有的几年数据,已经可见净投资头寸的变化与经常账户差额的对应关系。我国的国际投资头寸状况反映了我国三十多年来改革开放和经济发展的成果,拥有较多的对外净资产也表明目前我国具备较强的国际清偿能力。我国对外直接投资的增加和储备资产规模占比的相对下降反映了我国资产向着更合理的结构方向转变。

第四节 国际收支与经济发展

一、一国国际收支失衡的内部和外部原因

(一)国际收支失衡的外部原因

1. 国外的经济周期因素

它是指由于各国处于经济周期的不同阶段而导致的国际收支失衡。如贸易伙伴国的经济处于萧条时期,本国的经济相对繁荣,极可能使本国的出口减少,进口反而增加,存在恶化本国经常账户收支的倾向。

2. 国外的市场利率变化

如国外的市场利率提高,如果国内外利率差超过投资成本,将可以产生资金的套利行为,资金从本国流出,从而恶化本国资本账户的收支状况。

3. 外汇投机和不稳定的国际资本流动

浮动汇率制度下,影响资金流出和流入的因素增多,资金流出和流入十分频繁,极易造成资本账户的失衡,进而导致国际收支失衡。

(二)国际收支失衡的内部原因

1. 季节性和偶发性因素

这是指由于季节变化或一次性的突发事件所造成的国际收支失衡。如某种农产品的重要出口国发生的自然灾害和意外事件打击了出口生产能力,减少出口而导致国际收支出现暂时性的困难。

2. 结构性因素

结构性因素指一国由于本国产业结构失调导致的国际收支失衡。如产业结构与国际的需求结构不匹配导致的结构性失衡;或者由于本国的出口结构难以跟上国际市场变化,丧失出口优势,而导致的收支困难。

3. 货币性因素

货币性因素指由于一国的价格、利率或汇率等货币性因素所导致的国际收支失衡。如本国货币发行过量,相对降低了本国与其他国家相比的利息率,或由于对本国货币贬值的预期,而产生的资金逃离本国,都可能导致资本外流造成的资本账户下的逆差。

4. 收入性失衡

收入性失衡指由于国民收入水平变动导致的国际收支失衡。如一国的国民收入快速增长,人们手中的现金余额增加,物价水平上升,都可能导致进口需求的增长超过出口增长而引起国际收支失衡。反之,一国的国民收入下降,人们手中的现金余额减少,对进口商品的需求减少,相对引起国际收支的盈余或顺差。

可见,国内的经济状况是引起国际收支变化十分重要的基础因素。因而,一国国际收支状况是一国经济发展的间接体现。

二、国际收支不平衡的类型

国际收支不平衡是绝对的，不平衡的类型也有多种。以下简要介绍几种主要的类型。

(一)临时性不平衡

临时性不平衡是由于短期的、非确定或偶然因素引起的国际收支失衡。例如，某年由于气候变化导致农业歉收，由此引起进口的增加。由于政治的不稳定引起的大量的资本外逃，或由于某年经济发展的需要引起的机械、设备的大量进口等都将引起该国国际收支的恶化。而此时出口农产品、机械、设备，流入资本的国家，其国际收支则出现顺差。临时性国际收支不平衡是可逆的、短期的。

(二)周期性不平衡

周期性不平衡是由于一国经济周期波动所引起的国际收支不平衡。一国经济的发展一般表现为繁荣、衰退、萧条、复苏的经济循环。在周期中的不同阶段，需求、价格等因素的变化对国际收支将产生不同的影响。如果用 Y 表示经济的景气、D 表示需求、P 为价格、EX 和 IM 分别代表出口和进口，在经济衰退阶段：

$$Y\downarrow \rightarrow D\downarrow \rightarrow P\downarrow \rightarrow EX\uparrow \rightarrow IM\downarrow \Rightarrow \text{顺差}$$

在繁荣阶段则：

$$Y\uparrow \rightarrow D\uparrow \rightarrow P\uparrow \rightarrow EX\downarrow \rightarrow IM\uparrow \Rightarrow \text{逆差}$$

(三)结构性不平衡

结构性不平衡是由于一国的产业结构不能适应国际经济结构的变化而发生的国际收支不平衡。例如，一国产业结构滞后反映出的是贸易结构落后，而国际市场新产品的出现、老产品的淘汰，导致本国产品出口受阻，只要该国的产业结构没有变化，那么该国贸易收支的失衡将持续下去。例如，1977 年的日、美贸易摩擦，日本对美国的巨额贸易顺差从根本性的原因来看是日本产业的技术高于美国，美国国内的消费者大量地转向日本产品。

(四)货币性不平衡

货币性不平衡是由于一国货币价值的变动(通胀或通缩)引起国内物价水平变化，从而使该国一般物价水平与其他国家比较相对地发生变动，由此引起的国际收支不平衡。例如，货币供应量的增加、价格水平的上涨，使出口商品价格竞争力下降，导致出口减少；另一方面，国内物价的上升，进口商品相对便宜，鼓励了外国商品的进口，由此引起了贸易收支的不平衡。

三、国际收支发展阶段说

从短期来看，国际收支在不断变动，那么从长期考察，国际收支的模式将会发生怎样的变化？国际收支的模式是什么因素决定的？有关这方面的研究理论称为国际收支发展阶段说。该理论的主要代表人物有英国的凯恩司(J. E. Cairnes，1823～1875)、克劳瑟(G. Crowther，

1907～1972)和美国经济学家金德尔伯格(C. P. Kindleberger，1910～2003)。

国际收支发展阶段说认为，从长期来看，一国国际收支的模式随着该国资本积累、技术进步、劳动供给的变化而变化。也就是说，贸易经常项目收支、投资收益收支、资本收支等的顺差或逆差根据所处的经济发展阶段的不同而变化。以下我们通过表 10—4 可以进一步加深对国际收支发展阶段说的认识。

表 10—4 国际收支发展的不同阶段

	货物・服务收支	投资收益收支	经常收支	长期资本收支
①未成熟债务国	△	△	△	+
②成熟债务国	+	△△	△	+
③债务偿还国	++	△	+	△
④未成熟债权国	+	+	++	△△
⑤成熟债权国	△	++	+	△
⑥债权收回国	△△	+	△	+

注：+表示顺差，△表示逆差。

资料来源：[日]经济企划厅编，《经济白皮书》大藏省印刷局，1984 年。

(1)未成熟债务国。一国在经济发展的初期阶段，由于资本相对稀缺、技术落后，产品的国际竞争力不强。因为国内储蓄不足，需要输入资本发展经济。因此，在国际收支方面表现为长期资本收支顺差，投资收益收支、货物与服务收支、经常收支均为逆差，这一类国家被定义为未成熟的债务国。

(2)成熟债务国。随着一国经济的发展，货物与服务收支开始转向顺差，但是由于仍然输入巨额的长期资本，所以投资收益收支的逆差十分可观。这一类国家称为成熟债务国。

(3)债务偿还国。随着一国经济的进一步发展、出口产业的崛起、出口产品国际竞争力的增强，贸易收支出现相当规模的顺差，经常项目的收支也开始转向顺差。这时该国处于偿还债务的阶段。

(4)未成熟债权国。这一阶段贸易收支持续顺差，经常收支出现大幅度入超。在这一阶段该国有能力大规模地输出资本，对海外进行投资或长期贷款，投资收益收支转向顺差。

(5)成熟债权国。随着经济的发展、工人工资的上升、人口的老龄化，贸易收支顺差趋于缩小。产业的国际竞争力下降，导致贸易收支出现逆差。但由于对外投资收入的收益依然处于较大的规模，经常收支仍保持顺差。处于这一阶段的国家称为成熟债权国。

(6)债权收回国。这一阶段贸易收支进一步恶化，其逆差的幅度超过了投资收入的顺差，经常收支又转向逆差。这时该国依靠收回债权维持经济，进而再度沦为债务国。表 10—5 是 20 世纪 80 年代中期日本《经济白皮书》公布的英、美等国各时期国际收支模式的情况。

表 10—5 若干主要国家国际收支发展的不同阶段

	第二世界大战前/后	英 国	美 国	德国(西德)	日 本
①未成熟债务国	战前				1868～1880 年
	战后				

续表

	第二世界大战前/后	英 国	美 国	德国(西德)	日 本
②成熟债务国	战前		1871～1890 年		1882～1914 年
	战后		1955～1964 年		
③债务偿还国	战前		1891～1910 年		1914～1920 年
	战后			1951～1970 年	1965～1969 年
④未成熟债权国	战前	1851～1890 年	1911～1940 年		
	战后		1946～1970 年	1971～1982 年	1970～1983 年
⑤成熟债权国	战前	1891～1925 年			
	战后	1948～1982 年	1971～1980 年		
⑥债权收回国	战前	1926～1944 年			
	战后				

资料来源:同表 10－4。

表 10－5 就是根据上述的国际收支发展阶段理论,对英、美等国的国际收支发展阶段所做出的分析结果。这里需要说明的是:第一,国际收支发展阶段说一定程度适合于解释英、美等国国际收支模式的变化情况,但并不一定代表这一理论对所有国家的国际收支都具有普遍的解释能力,世界各国不可能都遵循这种单一的发展模式。第二,进入 20 世纪 90 年代后,英国从债权收回国又返回到成熟的债权国(表 10－5 中未体现),这说明国际收支发展阶段并不一定是按照从第 1 阶段到第 6 阶段这样一种单行线发展模式,有可能出现一定的返回。

国际收支发展阶段说虽然并不可能解释所有国家,但是一些学者认为该理论仍然具有一定的解释能力。有学者分析①,进入 20 世纪 90 年代后,美国已经从第 5 阶段进入第 6 阶段,日本、德国从第 4 阶段进入第 5 阶段,而亚洲的韩国、新加坡等国家和中国台湾地区从第 2 阶段进入第 3 阶段,像沙特阿拉伯这样的石油输出国虽处在第 1 阶段,然而由于石油的收入,这些国家又是债权国。尽管如此,由于石油价格的低迷以及国内的经济开发,实际上这些国家仍处于第 1 阶段,而其他大多数发展中国家大体处在第 1 阶段。

专题 10－1

国际收支状况与国民经济的外部均衡

内外均衡是开放经济条件下一国宏观经济追求的目标。内部均衡是指实现国内经济的"一高两低",即高增长率、低通货膨胀率和低失业率,实现经济增长、物价稳定和充分就业的目标。而外部均衡是指保持国际收支平衡,因此国际收支平衡也是一国国民经济宏观调控的目标。

从静态角度考察,国际收支平衡是指一国在一定时期内(一般为 1 年)自主性国际收支交

① ［日］原信著:《国际金融概论》(新版),有斐阁 1998 年版,第 47～49 页。

易不存在顺差或逆差。从动态角度考虑，国际收支平衡强调“一国国际收支交易的可持续性”，即以实际运行可能实现的计划期为平衡周期，保持平衡期内国际收支的平衡。其目标是：第一，使一国在一定时期内的国际收支规模与结构均能促进该国经济持续健康发展；第二，促进该国货币均衡汇率水平的实现和稳定；第三，使该国的国际储备达到或维持充足与最优水平。

根据国际货币基金组织外部均衡的标准，外部均衡即国际收支均衡，是指经常账户差额可由正常的资本流量来弥补，而无须通过过度的贸易限制和对资本流入或流出的特殊刺激，或造成大规模的失业来实现。可持续的外部均衡，或称可维持的对外收支状况，是指在一定时期内，在给定的汇率水平下，一国的国际收支项目差额与正常的资本净流量及官方储备资产的合理增长相一致。

一国的内外均衡在开放经济条件下，存在着相互协调和相互冲突的矛盾关系。外部经济失衡可能是导致内部经济失衡的重要原因。如一国持续的国际收支顺差，在固定汇率制下，可能由于货币当局吸收超额的外汇储备供给而被动扩大货币供应量，导致通货膨胀率上升，货币供应量增加，引起利率下降而出现资本外流，影响经济增长；浮动汇率制下，则本币相对升值，减少出口，增加进口，影响国内的经济增长。一国持续的国际收支逆差，在固定汇率制下，则由于货币供应量减少而出现流动中的通货不足，也会影响经济增长；而在浮动汇率制下，则可能因为出现本币币值下降，引发货币的信用危机而导致金融危机。因此，国际收支的平衡具有重要的宏观经济意义。

专题 10－2

我国国际收支的变化

相对于发达国家，我国市场化改革和对外开放较晚，直到 20 世纪 80 年代才正式将国际收支平衡纳入国家宏观调控目标。自 1994 年汇率制度改革以来，我国国际收支始终处于顺差状态。2001 年后国际收支的顺差扩大。2001 年以来我国的国际收支状况可以分为两个阶段：经常账户和资本金融账户的双顺差和 2015 年以来的“一顺一逆”。

第一，2001～2014 年是我国国际收支的“双顺差”时期，即国际收支经常项目、资本和金融项目双双呈现顺差。经常账户的顺差是指贸易往来、收入和经常转移（汇款等）形成的资金流入大于资金流出。资本与金融账户的顺差表明在资本、金融和其他资本项下流入的资金也大于流出资金，形成顺差。资本与金融账户具有为经常账户融资的功能，因此，一般可以观察到的是两个账户的余额方向相反：如果经常账户为顺差，则资本与金融账户为负（如日本）；如果经常账户为逆差，则资本与金融账户为正（如美国）。因此，“双顺差”情况的出现并不普遍。其结果是我国储备资产的加速增长。

我国经常账户的顺差主要来源于贸易账户的顺差，货物贸易顺差又是形成贸易账户顺差的主要因素，顺差额从 2001 年的 340 亿美元上升到 2014 年的4 760亿美元，均超过经常账户的总顺差额。服务贸易的逆差额在此期间扩大，由 2001 年的逆差 59 亿美元到 2014 年的逆差1 920亿美元。在此期间的投资收益逆差也呈扩大趋势。

我国资本和金融项目顺差又主要来自于金融账户下的顺差，占资本与金融账户总顺差的 93%～95%。2001～2014 年间外商直接投资增长 6 倍，而且证券形式的投资也在 2003 年后由逆差转为顺差,2014 年外资以购买债券形式流入的资金是 2001 年的 10 倍以上。

与经常、资本与金融账户的双顺差相对应的是我国国际储备资产的高速增长。储备资产的净增加额 2005 年为 2 070 亿美元,2007 年达到 4 619 亿美元,到 2014 年时达到过39 960亿美元的高位。储备资产作为官方的事后交易被动增加,不仅带来保值、增值的困难,同时对国内的经济运行以及货币政策的制定和执行形成干扰。如强制的结售汇制使货币当局在吸收巨额外汇储备的同时不得不被动地投放大量基础货币,造成国内经济体的流动性过剩。为维持汇率稳定、防止国内经济过热和通货膨胀,又不得不对过量的货币供给进行对冲,使中央银行的货币政策面临两难境地。

第二,2015 年以来出现经常账户顺差和资本与金融账户逆差的新格局。2015 年我国经常账户顺差进一步扩大,主要动力仍然来自于货物贸易顺差的较快增长,同比扩大 30%至5 670亿美元。服务贸易逆差继续扩大至1 824亿美元,初次收入和二次收入仍为逆差状态。2015年除去储备资产的资本与金融账户余额,我国出现了自 2001 年以来的首次逆差。直接投资的顺差额减少,证券投资和其他投资则均出现了净逆差。尤其是其他投资账户的逆差同比增加72%达到4 791亿美元的新规模,是导致资本与金融账户逆差形成的关键因素。国内经济面临转型压力,企业对外投资力度加大,加上美国退出量化宽松导致的资本持续外流,都是资本与金融账户出现逆差的客观因素。

未来我国的国际收支可能以经常账户顺差和资本与金融账户逆差为常态,国际收支将处于相对平衡的新状态。随着美元走强、世界经济的复苏以及"一带一路"的倡议发挥成效,我国货物贸易的顺差将会继续维持。而资本与金融账户的进一步开放和境外投资的增加可能使其保持逆差状态,这虽然有利于我国国际收支自主平衡能力的加强,但也要防范以套利为目的的短期资本跨境流动对本国经济造成的危害。我国还需要进一步健全国际收支的管理体系,完善跨境资本流动的风险监测机制,加快服务业发展减少服务贸易逆差,最终实现外部经济的稳定和均衡。

主要参考资料:

[1]龙超,张文:"内外部均衡目标下的汇率政策选择",《国际金融研究》2011 年第 1 期。

[2]姜凌,邱光前:"经济周期与我国国际收支经常账户失衡",《世界经济研究》2016 年第 2 期。

本章小结

一国的经济生活离不开国际经济交易。就某一时段而言,一国的国际经济交易可能出现交易收入大于交易的支出,即国际收支的顺差;也可能出现交易的支出大于交易的收入,即国际收支的逆差。本章首先考察国际收支定义的历史演变、由来和国际收支的主要统计方法。其次,讨论了国际收支的系统记录方法——国际收支平衡表的结构和记录方式。再次,探讨了如何对国际收支进行分析,由此判断一国的经济形势。最后,在探讨影响国际收支基本因素的基础上,介绍了国际收支发展阶段理论。

主要概念及术语

1. 国际收支(Balance of Payments)
2. 国际收支平衡表(Balance of Payments Sheet)
3. 贷方交易(Credit Transactions)
4. 借方交易(Debit Transactions)

5. 国际投资头寸(International Investment Position)
6. 复式簿记(Double-Entry Bookkeeping)
7. 国际收支盈余(Surplus in the Banlance of Payments)
8. 国际收支逆差(Deficit in the Banlance of Payments)
9. 经常账户余额(Current Account Balance)
10. 综合账户余额(Overall Balance)
11. 官方结算余额(Official Settlements Balance)

思考讨论题

1. 国际收支平衡表的标准格式有哪些主要目录？其中投资收益应记哪一账户？证券投资的本金应记哪一账户？
2. 经常账户和资本与金融账户各有哪些主要内容？
3. 国际收支平衡表的各账户存在怎样的关系？
4. 试评述国际收支的"会计平衡"与"经济失衡"。
5. 随着经济发展，国际收支可以大致分为哪几个主要阶段？

附录 10－1

浮动汇率下综合账户的差额与外汇汇率变化的关系

经常账户的差额是引起储备资产变动的重要原因。当然在有管理的浮动汇率制度下，经常账户的顺差(或逆差)也可以通过本币升值(或贬值)来调整，从而避免了储备资本的变动。

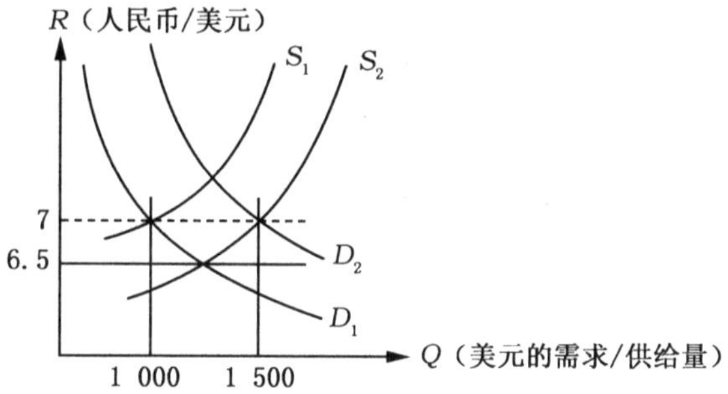

附图 10－1 浮动汇率下国际收支的平衡

附图 10－1 中横轴表示美元的供给和需求，纵轴表示美元的人民币价格。美元的供给来自于国际收支表中综合账户(除储备资产外)中自主性的贷方交易项目，需求来自于综合账户中自主性的借方交易项目。假如自主性交易决定的均衡价格原来为 7 元人民币/美元，由于美元流入增多、供给增加，使供给曲线右移(由 S_1 到 S_2)，美元的均衡价格将下降到 6.5 人民币/美元。此时，如果中央银行欲维持原来的 7 人民币/美元的价格不变，则需要吸收美元供给的过度供给，政府储备资产因此增加 500 亿美元，美元的需求曲线重新上升(由 D_1 到 D_2)，并与新的供给曲线(S_2)交于 7 美元价格；如果是完全的清洁浮动汇率，则美元的人民币价格就在 6.5，此时也可以使美元的供应等于需求，本国的储备资产无须增加，国际收支也可达到平衡。政府增加储备资产和任由本币升值两种方式都可以使国际收支重新平衡。因此从理论上来说，浮动汇率制下，国际收支综合账户顺(逆)差也可以不用储备资产的被动变动进行调整。

但是，浮动汇率制下储备资产的变化并不反映国际收支的真实情况，而与政府稳定币值的意愿相关。

附录 10—2

经常账户差额与宏观经济

如果用 Y 表示收入,C 表示消费,I 表示投资,G 表示政府支出,X 表示出口,M 表示进口,开放经济的国民收入等式可以表示为:

$$Y=C+I+G+X-M \tag{附 10—1}$$

货物和服务的出口额与进口额之间的差额,即贸易账户余额,记为 TB,则有:

$$TB=X-M=Y-(C+I+G) \tag{附 10—2}$$

即贸易账户余额(TB)取决于收入(Y)和国内吸收($C+I+G$)的差额。当国内的产出超过国内的吸收时,在贸易上则会出现顺差;反之则反是。

用支出法和收入法两种方法来表示国民收入,可得等式:

$$Y=C+I+G+X-M=C+SP+T \tag{附 10—3}$$

$$X-M=S_P-I+T-G=(S_g+S_p)-I=S-I \tag{附 10—4}$$

$$TB=S-I \tag{附 10—5}$$

T 表示税收,S_p 表示私人储蓄额,S_g 表示政府储蓄额,S 表示总储蓄额。(附 10—5)式表示当该国的国内储蓄额大于国内投资额,贸易差额会出现顺差,该国为净对外投资国。相反,若一国贸易差额存在逆差,则意味着该国是净对外借款国,该国国内储蓄少于投资。

附录 10—3

我国的国际收支平衡表及国际投资头寸表

附表 10—1　　2012～2015 年中国国际收支平衡表(BPM6)　　单位:亿美元

项　目	2012	2013	2014	2015
1. A 货物和服务	2 318	2 354	2 627	3 846
1. A. a 货物	3 116	3 590	4 350	5 670
1. A. b 服务	−797	−1 236	−1 724	−1 824
1. A. b. 1 加工服务	256	232	213	203
1. A. b. 2 维护和维修服务	0	0	0	23
1. A. b. 3 运输	−469	−567	−579	−370
1. A. b. 4 旅行	−519	−769	−1 293	−1 781
1. A. b. 5 建设	86	68	105	65
1. A. b. 6 保险和养老金服务	−173	−181	−179	−44
1. A. b. 7 金融服务	0	−5	−4	−3
1. A. b. 8 知识产权使用费	−167	−201	−219	−209
1. A. b. 9 电信、计算机和信息服务	108	95	94	131
1. A. b. 10 其他商业服务	87	99	155	189
1. A. b. 11 个人、文化和娱乐服务	−4	−6	−7	−12

续表

项　目	2012	2013	2014	2015
1. A. b. 12 别处未提及的政府服务	−1	0	−10	−15
1. B 初次收入	−199	−784	133	−454
1. B. 1 雇员报酬	153	161	258	274
1. B. 2 投资收益	−352	−945	−125	−734
1. B. 3 其他初次收入	0	0	0	7
1. C 二次收入	34	−87	14	−87
2. 资本和金融账户	−1 283	−853	−1 692	−1 424
2. 1 资本账户	43	31	0	3
2. 2 金融账户	−1 326	−883	−1 691	−1 427
2. 2. 1 非储备性质的金融账户	−360	3 430	−514	−4 856
2. 2. 1. 1 直接投资	1 763	2 180	1 450	621
2. 2. 1. 2 证券投资	478	529	824	−665
2. 2. 1. 3 金融衍生工具	0	0	0	−21
2. 2. 1. 4 其他投资	−2 601	722	−2 788	−4 791
2. 2. 2 储备资产	−966	−4 314	−1 178	3 429
3. 净误差与遗漏	−871	−629	−1 083	−1 882

资料来源:国家外汇管理局网站。

附表 10−2　　2012～2015 年中国的国际投资头寸表　　单位:亿美元

项　目	2012 年末	2013 年末	2014 年末	2015 年末
净头寸	18 665	19 960	16 028	15 965
资产	52 132	59 861	64 383	62 189
1 直接投资	5 319	6 605	8 826	11 293
1. 1 股权	3 917	4 693	7 408	9 393
1. 2 关联企业债务	1 403	1 911	1 418	1 901
2 证券投资	2 406	2 585	2 625	2 613
2. 1 股权	1 298	1 530	1 613	1 620
2. 2 债券	1 108	1 055	1 012	993
3 金融衍生工具	0	0	0	36
4 其他投资	10 527	11 867	13 938	14 185
4. 1 其他股权	0	0	0	1
4. 2 货币和存款	3 906	3 751	4 453	3 895

续表

项　目	2012年末	2013年末	2014年末	2015年末
4.3 贷款	2 778	3 089	3 747	4 569
4.4 保险和养老金	0	0	0	172
4.5 贸易信贷	3 387	3 990	4 677	5 137
4.6 其他	457	1 038	1 061	412
5 储备资产	33 879	38 804	38 993	34 061
5.1 货币黄金	567	408	401	602
5.2 特别提款权	114	112	105	103
5.3 在国际货币基金组织的储备头寸	82	71	57	45
5.4 外汇储备	33 116	38 213	38 430	33 304
5.5 其他储备资产	0	0	0	7
负债	33 467	39 901	48 355	46 225
1 直接投资	20 680	23 312	25 991	28 423
1.1 股权	19 425	22 149	24 076	26 181
1.2 关联企业债务	1 255	1 163	1 915	2 242
2 证券投资	3 361	3 865	7 962	8 105
2.1 股权	2 619	2 977	6 513	5 906
2.2 债券	742	889	1 449	2 200
3 金融衍生工具	0	0	0	53
4 其他投资	9 426	12 724	14 402	9 643
4.1 其他股权	0	0	0	0
4.2 货币和存款	2 446	3 466	5 030	3 267
4.3 贷款	3 680	5 642	5 720	3 293
4.4 保险和养老金	0	0	0	93
4.5 贸易信贷	2 915	3 365	3 344	2 721
4.6 其他	277	144	207	172
4.7 特别提款权	107	108	101	97

资料来源:国家外汇管理局网站。

第十一章
开放经济下的宏观经济与政策

学习要点

1. 开放经济下均衡国民收入水平的决定及对外贸易乘数；
2. 开放经济下的 *IS-LM-BP* 模型及其均衡；
3. 固定与浮动汇率制下财政与货币政策的有效性；
4. 不同汇率制下内外均衡的实现。

第一节　开放经济下的宏观经济学

本节运用凯恩斯模型讨论开放经济下最为简单的国民收入的决定与贸易收支的关系。也就是说,以下假设汇率固定不变,忽略对国际资本移动相关联的货币市场的考察,只讨论产品的进出口对国民收入的影响。

一、开放条件下小国国民收入的决定

(一)封闭经济条件下国民收入的决定

假设一个只有家庭和企业但不包括政府和对外部门的简单经济,均衡的国民收入水平(Y)等于意愿或计划的消费支出(C)加上意愿或计划的投资(I),即:

$$Y=C(Y)+I \tag{11-1}$$

意愿的消费支出 $C(Y)$是国民收入水平的增函数,即当国民收入(Y)上升,预期意愿的消费(C)也上升。假设意愿或计划的投资(I)是外生变量,独立于国民收入水平而变动。当等式(11—1)成立时,就决定了均衡的国民收入水平。可以根据作图进行更直观的说明。在图 11—1(a)中,纵轴表示意愿的消费和投资支出,横轴代表国民收入。根据给定的消费支出函数和外生的投资水平,可以做出对应的总支出函数。而从原点出发的 45 度线上的点则满足收入(产出)与支出相等的关系。满足均衡的国民收入等式的 Y_0 可以用总支出函数 $C(Y)+I$ 与 45 度线的交点表示。与这个交点对应的收入 Y_0 是与此总支出函数相适应的产出水平。当 Y 小于 Y_0 时,意味着总产出小于意愿或计划的支出,那么企业非计划的存货减少,因而将会增加生产;当 Y 大于 Y_0 时,则总产出大于意愿或计划的支出,意味着企业非计划的存货增加,企业的产量将因此而减少。

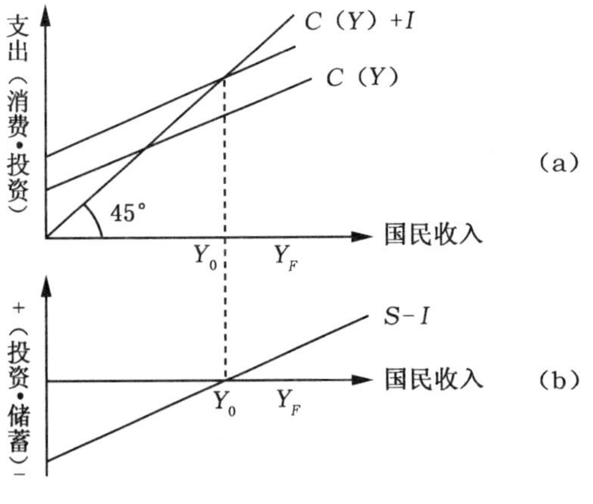

图 11—1　封闭经济下均衡国民收入的决定

所以,无论意愿或计划的支出是大于还是小于总产出,国民收入水平都会移向 Y_0,Y_0 表示的是均衡国民收入水平。但是，均衡的收入水平未必是达到充分就业时的国民收入水平，在图 11－1 中，Y_F 代表充分就业时的国民收入水平，此时的均衡收入水平 Y_0 低于充分就业时的国民收入水平。

如果储蓄(S)也是收入的函数，并且

$$S(Y)=Y-C(Y) \tag{11-2}$$

将上述表达式代入式(11－1)，我们可以获得决定均衡国民收入水平的另一个表达式。国民收入达到均衡状态时满足：

$$S=I \text{ 或 } S-I=0 \tag{11-3}$$

投资(I)是从系统外的注入，储蓄是从系统的漏出，代表系统生产了但未被花费的收入，两者相等时，均衡的国民收入水平被决定。当 Y 小于 Y_0 时，存在着过度投资，造成未预期的存货减少，企业生产将会增加；当 Y 大于 Y_0 时，存在着过度储蓄，造成未预期的存货增加，企业生产将减少。在图 11－1(b)中，纵轴表示储蓄(S)和投资(I)的差额，横轴表示国民收入水平(Y)。$S-I$ 曲线向右上方倾斜，因为投资 I 是外生的，而储蓄依存于收入的变动，当收入处在很低的水平时，储蓄为负，随着收入的增加而增加。当储蓄等于投资($S-I=0$)时，均衡的国民收入被决定。如图中的 Y_0，与图 11－1(a)决定的收入水平相等。

如果要了解一项自发性的支出(如投资)对均衡的国民收入会产生怎样的影响，则需要引入乘数(Multiplier)概念。从以上的均衡条件出发，我们知道均衡时，储蓄等于投资($S=I$)。如果这一条件适用于所有的均衡状态，那么均衡与均衡之间的储蓄的变动也必须等于投资的变动。又因为储蓄的变动是内生的，是国民收入的函数，所以可得

$$\Delta I=\Delta S=s\Delta Y \tag{11-4}$$

s 为边际储蓄倾向(Marginal Propensity to Save)，是储蓄变化与收入变化之比($\Delta S/\Delta Y$)，表明增加的每一单位收入中用于储蓄的比例，也是增加的收入中除去消费后的剩余，所以，s 又为 1 减去边际消费倾向(Marginal Propensity to Consume，用 c 表示)。由式(11－4)可得：

$$k=\Delta Y/\Delta I=\frac{1}{s}=\frac{1}{1-c} \tag{11-5}$$

封闭经济下凯恩斯乘数(k)是表示在一定的条件下(没有供给的限制时)，一项自发性支出的增加(ΔI)会引起总支出增加(ΔY)的倍数。它等于边际储蓄倾向(s)的倒数，或者是 1 减边际消费倾向(c)的倒数。因为 $0<s<1$，所以乘数大于 1。

增加的收入多于增加的投资额的原因是，投资会重复形成新的收入。新增的收入中，获得者消费掉其中的 c 部分，新增的消费又会形成新的收入，进一步引起新增消费，如此往复，可知整个经济体系增加的收入为$\frac{1}{1-c}$或$\frac{1}{s}$。通过以上对乘数的了解，我们便可容易地知道一项自发性投资支出的增加对封闭经济下国民收入水平产生怎样的影响。如当 $C=100+0.8Y$，自主投资(I)由 100 增加到 200($\Delta I=100$)时，均衡的国民收入的增加额将是 $\Delta Y=\frac{1}{1-0.8}\times 100=500$。

(二)开放条件下小国国民收入的决定

以下我们把关于国民收入均衡水平与乘数的讨论从封闭经济扩展到开放经济。除引进国

际贸易外，我们仍保留封闭经济时的所有假设条件。同时，这里还假设该经济是一个小国，即该国的国际贸易对其他国家的国民收入不产生影响。

从封闭经济到开放经济的主要变化是出现了进出口。进口产品的支出(M)一般是国民收入的函数，假设$M=M_0+mY$，M_0为自主性进口，m代表进口边际倾向(Marginal Propensity to Import)，是进口变动与国民收入变动之比($\Delta M/\Delta Y$)，表示每单位收入的增加引起的进口增加额。假设出口的支出(X)同投资一样是系统的外生变量，与收入的变化无关。

讨论开放经济下小国国民收入水平如何被决定，首先需要对收入的均衡条件加以修正。在小国经济中，出口(X)和投资(I)同样是对该国国民收入循环体系中的注入，也被看作外生变量。而进口(M)和储蓄(S)一样，是代表国民收入循环系统中的漏出。因此，在小国的开放经济中，循环的注入和漏出使国民收入达到均衡的条件为①：

$$I+X+S+M \tag{11-6}$$

需要说明的是，上述修正后的国民收入均衡条件式并不要求出口等于进口，也就是说，以上的均衡条件的成立并不必然导致贸易收支平衡。实际上，这一均衡条件又可以改写为：

$$X-M=S-I \tag{11-7}$$

上式清晰地说明了在均衡的国民收入水平上，贸易收支差额和储蓄、投资的关系。贸易收支的顺差(从国外的净注入)等于储蓄超过国内投资的部分(国内的净漏出)。相反，在均衡的国民收入水平下，该国贸易收支的逆差(从国外的净漏出)一定伴随着一个等量的国内投资超过储蓄的部分(国内的净注入)。

将式(11—7)稍做变化，可得：

$$I+(X-M)=S \tag{11-8}$$

($X-M$)代表净的对外投资。上式的左边为一国内外投资的总和，在均衡的国民收入水平下，等于本国的储蓄。如果本国的对内储蓄超过对内投资，这时的国际收支表现为顺差；本国的对内投资超过对内储蓄，国际收支就会表现为逆差。

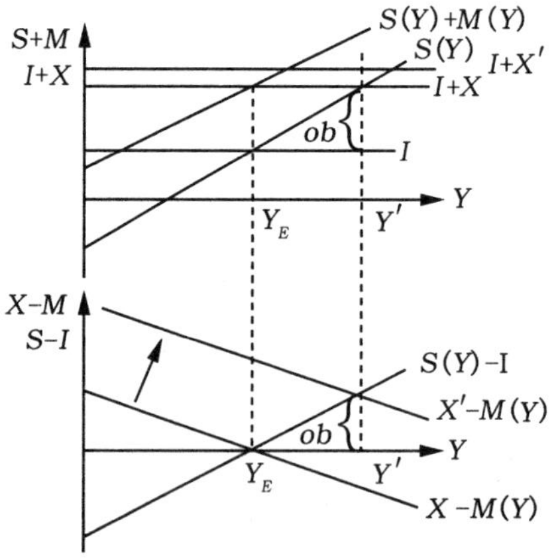

图 11—2 小国开放经济中均衡国民收入的决定

① 这里是没有考虑政府的三部门模型。如果考虑政府行为，那么均衡的国民收入的决定取决于$I+X+G=S+M+T$，其中G表示政府支出，T表示税收。左边表示系统的注入，右边表示系统的漏出。

图 11—2 是以图 11—1 为基础做出的。该图的上半部分是根据(11—6)式确定均衡收入水平的直观描述,该图的下半部分是对(11—7)式的描述。上图中的横轴都代表国民收入(Y),纵轴代表国民收入循环系统的漏出和注入。在图 11—2 的上半部分,S 和 M 都是 Y 的函数,随着收入增加而上升。I 和 X 相对系统都是外生变量。在图 11—2 的下半部分,$X-M$ 曲线表示随着国民收入的增加贸易收支变化的情况。由于出口是外生的,而进口随着国民收入的增加而上升,因此 $X-M$ 函数值随着 Y 上升而下降,$X-M$ 曲线向右下方倾斜。$S-I$ 的函数用与图 11—1(b)中同样的方法获得。假设初始状态时均衡的国民收入水平为 Y_E,贸易收支也平衡(并不必然如此)。那么,当国民收入水平低于 Y_E 时,进口较少,因此贸易收支($X-M$)为正,当国民收入大于 Y_E 时,进口增加贸易收支转为逆差。另一方面,当收入低于 Y_E 时,储蓄小于投资;而收入超过 Y_E 时,储蓄大于投资。图 11—2 的 Y_E 代表 $X-M=S-I$ 的均衡国民收入水平,在 Y_E 点上 $X=M$,$S=I$,是在均衡收入和贸易收支平衡两者同时满足时的等式,但未必是均衡收入水平实现时必需的。均衡的国民收入水平下,贸易收支同时均衡($X=M$),只是为后面的研究提供一个简单的分析起点。

二、开放条件下的对外贸易乘数

(一)小国开放条件下的对外贸易乘数

为了考察一项自主性支出的变动对国民收入水平将产生怎样的影响,需要推导小国开放经济条件下的乘数。推导开放经济条件下的对外贸易乘数,需要从(11—6)式的均衡收入条件出发。国民收入循环中的注入和漏出的变化在两个均衡之间趋于相等,所以可得:

$$\Delta I+\Delta X=\Delta S+\Delta M \tag{11—9}$$

根据 $M=M_0+mY$ 的进口支出函数,可知:

$$\Delta M=m\Delta Y \tag{11—10}$$

把上式和 $\Delta S=s\Delta Y$ 代入(11—9)式,得:

$$\Delta I+\Delta X=(s+m)\Delta Y$$

即

$$\Delta Y=\frac{1}{s+m}(\Delta I+\Delta X) \tag{11—11}$$

根据(11—11)式,如果自发性投资一定($\Delta I=0$),出口的变化(ΔX)将会同自主的投资增加一样,带来国民收入数倍的增加,即对外贸易乘数(k')应是:

$$k'=\frac{\Delta Y}{\Delta X}=\frac{1}{s+m} \tag{11—12}$$

当然,如果假定出口为一定的,那么投资的变动与等量的出口变动对国民收入带来的影响是相同的。$\frac{1}{s+m}$被称为对外贸易乘数或开放经济乘数。边际储蓄倾向(s)和边际进口倾向(m)越小,图 11—2 中上半部分的 $S(Y)+M(Y)$ 越平坦,对外贸易乘数(k')越大,自主的出口与投资增加引起的收入增加也越多,出口和投资带动产出的作用越明显。

在以上的讨论中,曾强调过开放经济中国民收入均衡的条件并不意味着出口一定等于进口。因此,当一项自发性支出的增长通过乘数效应形成新的国民收入均衡水平,也并不说明贸易收支是平衡的。

从(11－11)式出发,假设投资(I)为一定($\Delta I=0$),那么:

$$\Delta X=(s+m)\Delta Y$$

移项得:

$$\Delta Y=\frac{1}{s+m}\Delta X$$

把上式代入(11－10)式,得:

$$\Delta M=\frac{m}{s+m}\Delta X \qquad (11-13)$$

(11.13)式说明一项自发性出口的增加,在边际储蓄倾向不为零时,通过国民收入增加引起的进口的增加将小于自发性的出口增加部分。

我们可以通过图形获得更为直观的认识。观察图 11－2,在初始状态的均衡收入水平时,贸易收支是平衡的。我们假设此时有一个自发性出口增加量($X\rightarrow X'$),均衡的收入、储蓄、进口均随之增加。在图 11－2 的上半部分,$I+X$ 曲线将上移到 $I+X'$,形成新的均衡收入 Y'。在图 11－2 的下半部分,$X-M$ 曲线将上移到 $X'-M$。当均衡国民收入调整到 Y'时,对外的贸易平衡不再成立。由于国民收入的上升所诱发的进口增加小于自发性出口增加,所以在新的国民收入均衡水平上有 ob 的贸易顺差(在图 11－2 的上半部分中为新的均衡收入水平 Y' 下 S 与 I 的差额)。总之,国民收入增加引起进口上升程度小于出口的自发性增加,有形成顺差的趋势;反之,如果自主性出口减少,那么进口下降的程度也小于出口的自发性减少,有形成逆差的趋势。上述分析说明自主性的投资或出口引起的国际收支的调整是不完全的。

另外,通过上述乘数的考察可以得知,在开放经济条件下,增加的国内收入将分别漏向储蓄和进口两个部门。所以,开放经济乘数$\left(\frac{1}{s+m}\right)$小于封闭经济时的乘数$\left(\frac{1}{s}\right)$,这是开放宏观经济的一个基本结果。

(二)有国外反应的对外贸易乘数

在一个两国的世界中,一国的出口增长就是另一国的进口增长。外国的进口增加如果替代了国内生产,外国的收入将下降,这将会引起外国的进口减少,因而抵消掉本国最初的自主出口增长,本国的对外贸易乘数将小于没有国外反应时的情况。如果原本本国处于逆差状态,那么本币贬值导致自主出口的增加,改善贸易收支逆差的效用将缩小。

有国外反应的对外贸易乘数为:

$$k''=\frac{\Delta Y}{\Delta X}=\frac{1}{s+m+(m^*s/s^*)} \qquad (11-14)$$

带星号的表示国外相应的变量指标,$m*$ 和 $s*$ 分别表示外国的边际进口倾向和边际储蓄倾向。我们可以通过具体的数例 $s=0.2, m=0.05, m^*=0.15, s^*=0.1$ 来计算自主性出口由 200 增加到 400 时,有无国外反应的情况下国民收入与贸易差额变化的差别。

没有国外反应的小国,当自主性出口由 200 增加到 400 时:

$$k'=\frac{1}{s+m}=\frac{1}{0.2+0.05}=4$$

$$\Delta Y=(\Delta X)k'=200\times4=800$$

$\Delta M = m\Delta Y = 0.05 \times 800 = 40$

$\Delta X - \Delta M = 200 - 40 = 160$

此时，均衡的国民收入增加 800，贸易差额增加 160。如果考虑国外反应，自主性出口由 200 增加到 400 时：

$$k'' = \frac{1}{s + m + (m^* s / s^*)} = \frac{1}{0.2 + 0.05 + (0.15 \times 0.2/0.1)} = 1.8$$

$\Delta Y = (\Delta X) k'' = 200 \times 1.8 = 360$

$\Delta M = m\Delta Y = 0.05 \times 360 = 18$

$\Delta S = s\Delta Y = 0.2 \times 360 = 72$

$\Delta X = \Delta S + \Delta M = 18 + 72 = 90$

$\Delta X - \Delta M = 90 - 18 = 72$

在其他条件相同的情况下，有国外反应时的均衡国民收入增加 360，贸易差额增加 72，均小于不考虑国外反应时的情形。实际上，这才是更为现实的情况。在实际经济生活中，各国进出口和经济之间都存在着紧密的相互依赖关系。比如，当某一经济体出现经济萧条时，此经济体的进口将随之减少，别的经济体的出口增加就会受到限制，经济萧条在国际就这样被传递。反之，一个重要经济体的经济繁荣会带动进口增加，为别国出口增加提供更多的机会，也会带来贸易伙伴国的经济增长，经济繁荣也在国际传递。所以，进出口的相互依赖关系是经济周期在国际传递的重要渠道。

三、开放经济下的内外均衡与宏观经济政策

如前所述，系统的漏出和投入相等时决定的国民收入水平是均衡和稳定的，但未必是最优的。均衡的国民收入水平可能低于实现充分就业所要求的水平，此时经济中必然存在失业；均衡的国民收入水平也可能高于充分就业的收入水平，此时易引起通货膨胀。当失业或通货膨胀存在时，国内经济都没有达到内部均衡，均偏离了经济健康运行的轨道。开放经济条件下，由系统内生决定的进口支出和被假设为外生的出口需求，正如我们前面所强调的那样，均衡的收入实现时，贸易收支也未必均衡，也就是未必实现外部均衡。而外部失衡，或者会引起本币的币值升降，或者引发经济的萧条或过热，并会对内外投资带来不正常影响，危及本国的经济自主运行机制。因此，追求经济内外均衡是政府的基准目标之一。对内均衡（Internal Balance）指的是充分就业和物价的稳定。外部均衡（External Balance）指的是国际收支的平衡。只考虑对外均衡、牺牲对内均衡，或只考虑对内均衡、牺牲对外均衡，都不是解决问题的良策。保证充分就业、物价稳定、经济发展、国际收支平衡，即内外均衡才是宏观经济的目标。现实中，各国政府都经常使用财政和货币等宏观政策促进经济内外均衡的实现。

内外均衡的关系可以归纳为以下四种情况：(1)经济衰退、失业增加，国际收支逆差；(2)经济衰退、失业增加，国际收支顺差；(3)通货膨胀，国际收支顺差；(4)通货膨胀，国际收支逆差。实现内外均衡的政策手段可能一致，也可能互相矛盾。如内外均衡的第二和第四种状况为相互协调的情形，可以采用同种方向的货币和财政政策。而第一和第三种情况则相互矛盾，较为复杂，需要根据“有效市场分类原则”（见第十二章第二节相关内容）采用不同的货币和财政政策。下面先对第二和第四种情形下如何实现内外均衡的调整政策进行说明。

在第二种情形下,经济衰退、失业增加,国际收支又表现为顺差时,政府可以采取扩张性的宏观政策,扩大总需求,增加总产出。总产出的增加一方面可以提高就业水平;另一方面提高了总收入,进口增加,顺差得以降低。因此,扩张性的财政或货币政策在刺激经济增长、提高就业率的同时,也将促使贸易收支平衡,有助于外部均衡的实现。如图 11－3 所示,*AD* 与 *AS* 为开放状态下的短期总需求和总供给曲线[①],*LAS* 为长期总供给曲线[②]。经济萧条时,采取扩张性的货币或财政政策,总需求曲线右移至 *AD′*。此时价格上升,产出增长,失业减少。进口支出也会随着产出增长而增加,顺差减少,国际收支趋于平衡。内外均衡得以暂时实现。但当一段时间后,企业意识到所有价格都出现了上涨,短期总供给曲线也会右移至 *AS′*,价格回落。此时如果政府能够同时采取有利于技术进步、提高基础及高级要素的供给、改良社会运行制度、增加基础开支等刺激经济增长和改善市场功能的措施,将推动长期总供给曲线右移至 *LAS′*。产出进一步增长,失业减少,经济进入长期增长。

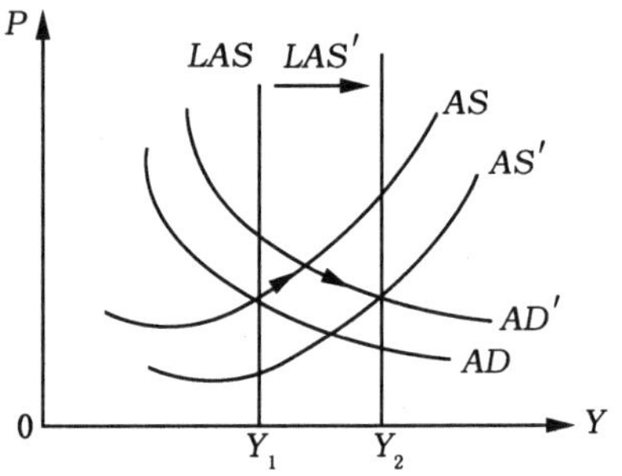

图 11－3　开放经济中的财政与货币政策

在第四种情形下,经济中通货膨胀和国际收支逆差的状况并存,政府可以采取紧缩性的宏观政策,降低总需求和总产出。总需求的减少,一方面给过热的经济降温;另一方面,进口需求因此降低,逆差得以纠正。因此,紧缩性的财政或货币政策在抑制经济过热增长、降低通货膨胀率的同时,也有助于贸易收支的平衡,与第二种情形的调整方向相反。因此,为实现内外均衡,开放经济中宏观政策的运用十分普遍。

第二节　开放经济条件下的 *IS-LM-BP* 模型

上节讨论了处于第二和第四种情况时,总的说来,扩张性或紧缩性的宏观政策就可以同时解决内外失衡的双重问题。但在开放经济的条件下,财政与货币政策由于受到资金流出入和贸易收支变化的影响,作用的效力与封闭经济中存在着很大差别。尤其各国所实行的汇率制度存在根本不同,财政与货币政策的效果就会更加复杂。用来分析开放经济条件下宏观经济政策有效性的主要工具为蒙代尔-弗莱明(Mundel-Fleming Model,M-F Model)模型。最初的模型是由詹姆士・弗莱明(1962)和罗伯特・蒙代尔(1963)创建,他们在凯恩斯 *IS-LM* 模型的基础上,将国际资本流动纳入宏观经济模型之中,分析了在国际资本充分流动时的开放经济

---

① 由于考虑进出口,需求的变化对价格更敏感,所以开放经济中的短期总需求曲线比封闭状态下更平坦。
② 根据宏观经济学原理,长期总供给水平取决于要素供给、技术水平等因素所决定的自然增长率,为一条直线。

条件下，不同的汇率制度下财政和货币政策的有效性。在此基础上，进一步发展起来的 *IS-LM-BP* 模型探讨在国际资本流动性不同的情况下，开放经济条件中不同汇率制度下宏观政策的效果，是研究开放经济中宏观经济政策最重要的基础模型。此模型对不同汇率和资本流动情况下财政政策和货币政策的有效性进行了较为细致的刻画，从而成为如何使用宏观政策以实现内外均衡的政策选择的主要参考之一。

一、开放经济条件下 *IS*、*LM*、*BP* 曲线的推导

(一)*IS* 曲线及主要影响因素

开放经济中的 *IS* 曲线是使漏出额和注入额相等的所有产出(Y)和利率(i)的组合。漏出是指储蓄和进口支出之和($S+M$)，注入是指投资、政府支出和出口之和($I+G+X$)。当商品市场均衡时，漏出额和注入额相等，存在如下恒等式：

$$S(Y)+M(Y)=I(i)+G+X \qquad (11-15)$$

其中，G 和 X 是外生变量。S、M 是 Y 的增函数，I 是利率 i 的减函数，满足如下表达式：

$$S=S_0+sY \quad \mathrm{d}S/\mathrm{d}Y>0 \qquad (11-16)$$

$$M=M_0+mY \quad \mathrm{d}M/\mathrm{d}Y>0 \qquad (11-17)$$

$$I=I(i) \quad \mathrm{d}I/\mathrm{d}i<0 \qquad (11-18)$$

S_0 和 M_0 分别代表自主储蓄和自主性进口，即不依赖收入变化的储蓄和进口。根据以上表达式，国民收入上升，储蓄和进口将随之增加。而随着利率提高，投资将减少，因此 *IS* 曲线向右下方倾斜。*IS* 曲线向右下方倾斜的主要原因是：Y 处于较低水平时，相应的储蓄和进口水平低，总漏出少，均衡时要求的注入水平也较低，在 G 和 X 一定水平的情况下，i 越高，I 越少；随着 Y 上升，漏出额相应增加，维持市场均衡的总注入水平需要提高，那么在 G 和 X 不变时，需要降低利率以刺激投资。商品市场均衡时所有的产出(Y)和对应的利率(i)组合如图 11—4 所示。

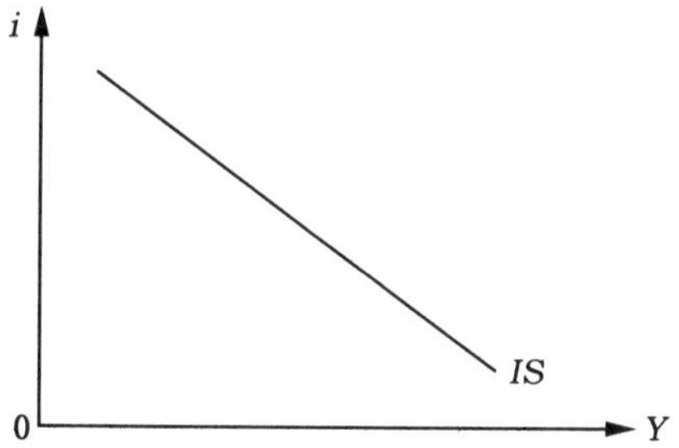

图 11—4　IS 曲线

影响 *IS* 曲线移动的主要因素包括：首先，政府支出和出口等变量的改变都会使 *IS* 曲线向右移动。因为若需维持注入和漏出的平衡，注入的增加要求漏出同时增加，而漏出的增加必然要求国民收入上升。其次，自主储蓄和自主性进口的减少也使 *IS* 曲线右移。因为这将导致漏出水平相应降低，此时需要较高的收入水平来刺激储蓄和进口支出的增加，以保持总漏出水平不变。再次，在满足马歇尔—勒纳条件的前提下，本币贬值也会使 *IS* 曲线右移。因为本

币贬值导致进口减少和出口增加,从而使注入倾向于超过漏出,这要求收入水平提高来增加漏出,以保持漏出与注入相等,维护商品市场的均衡。

(二)LM 曲线及主要影响因素

LM 曲线是使货币市场均衡(货币供给等于货币需求)的所有产出(Y)和利率(i)的组合。假设货币供给(M_s)是外生的。根据简化的凯恩斯理论,决定人们货币需求(M_d)的动机主要有两个:交易动机(M_t)和投机动机(M_{sp})①。其中基于交易动机的货币需求(M_t)是收入的增函数,收入越高,交易需求越大。基于投机动机的货币需求(M_{sp})是利率的减函数,利率升高意味着持有货币的机会成本上升,基于投机动机的货币需求因此下降。

那么,货币市场均衡时满足:

$$M_s = M_d(Y, i) \tag{11-19}$$

货币需求又可以分为随收入变动的交易需求(M_t)和随利率变动的投机需求(M_{sp}):

$$M_d = M_{sp} + M_t \tag{11-20}$$

$$M_t = M_t(Y) \quad dM_t/dY > 0 \tag{11-21}$$

$$M_{sp} = M_{sp}(i) \quad dM_{sp}/di < 0 \tag{11-22}$$

如图 11—5 所示,LM 曲线向右上方倾斜。因为较高的收入水平导致较高的交易需求,因此,在货币供给一定的情况下,必须提高利率来降低投机需求,以保证货币需求和外生给定的货币供给相等。

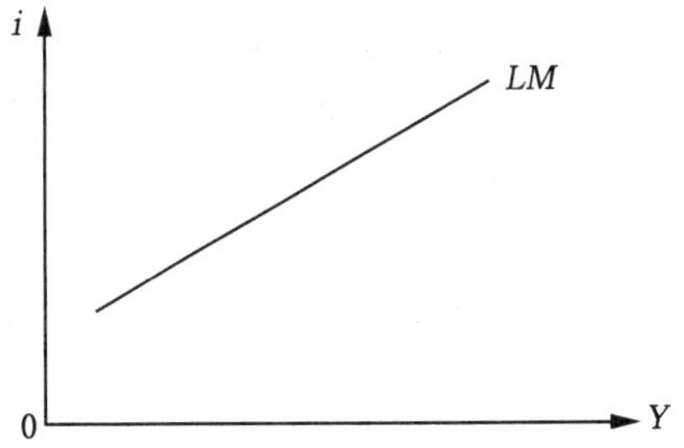

图 11—5 LM 曲线

影响 LM 曲线移动的主要因素包括:首先,国内货币供给的增加会使 LM 曲线右移。因为在给定的利率水平下,投机动机导致的货币需求一定,当货币供给增加时,只有收入增加、货币的交易需求增加,才能吸收增加的货币供给,货币市场重新达到均衡。其次,除收入和利率外其他导致货币需求增加的因素将使 LM 曲线左移,如商品价格的上涨。因为当货币供给和利率水平均不变时,商品价格上涨,货币的实际余额减少,货币的交易需求增加,只有收入水平降低,才能从另一方面降低货币需求,此时 LM 曲线左移。经过一定时滞期后,在满足马歇尔—勒纳条件的前提下,本币贬值相对会提高本国出口品和进口替代产品的本币价格,引起物价水平的一般上涨,根据上述分析,也将使 LM 曲线左移。

① 凯恩斯的货币需求函数中还包括基于预防动机的货币需求。基于预防动机的货币需求与交易动机一样也是收入的函数,故在此不单列分析。

(三)BP 曲线及主要影响因素

国际收支曲线是指国际收支平衡时所有产出(Y)和利率(i)的组合。国际收支一般可分为两个一级账户:经常账户和资本账户。我们假设出口相对国民收入和利率水平无关,而进口是国民收入的增函数,则有:

$$M=M(Y)=M_0+mY \quad dM/dY>0 \tag{11-23}$$

国际收支平衡可以表示为:

$$M(Y)-X=AM(i)-AX(i) \tag{11-24}$$

AX 表示金融资产流出,AM 表示金融资产流入。上式左边为经常账户下的差额,右边为资本账户下的差额,国际收支平衡时,经常账户下的差额与资本项目下的差额应绝对值相等,符号相反。当出口是外生的,进口支出是收入的增函数时,收入水平越高,经常账户的赤字就越大。净资本流动(AX、AM)是利率的函数,国内利率(i)越高,流入的资本(AM)就越多,流出的资本(AX)就越少,资本项目倾向形成顺差。

图 11－6 为 BP 曲线。BP 曲线向右上方倾斜。因为随着利率下降、资本流出增加,资本账户下的逆差增加,这就要求降低收入、减少进口,以维持国际收支平衡。BP 曲线左边的点是国际收支盈余点,因为在同样的利率水平下,这些点所表示的收入较低,因此经常项目盈余大于国际收支平衡时的水平,导致国际收支总体盈余;BP 右边的点是国际收支赤字点,代表的收入水平高于国际收支平衡时的水平,国际收支总体逆差。

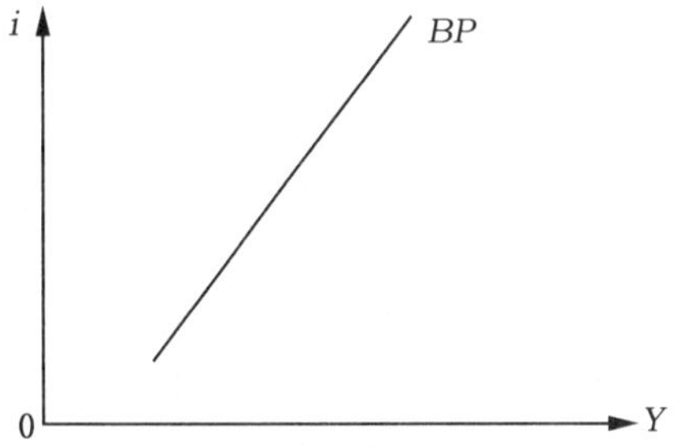

图 11－6　BP 曲线

BP 曲线的斜率取决于资本国际流动的难易程度,或国际资本流动对利率的敏感程度。资本流动性越强,资本流动的利率弹性越大,BP 曲线越平坦。因为在相同的收入增加导致进口增加、经常账户恶化时,如果资本流动的利率弹性大,国内利率只需提高相对较小的幅度,就可以吸引到足够的资本流入来平衡国际收支。在资本可以完全自由流动时,国内利率稍高于世界利率,就会导致无限的资本流入,此时的 BP 曲线是水平的。而当资本完全不能在国际流动时,即使利率水平提高,国际资本也不能流入本国,所以 BP 曲线是垂直的。

影响 BP 曲线移动的主要因素包括:(1)出口的增加和自主性进口的减少会改善经常账户的状况,所以 BP 曲线必须右移,才能增加进口支出,保持国际收支平衡。(2)汇率的变动会影响 BP 曲线的位置。当本币贬值并满足马歇尔-勒纳条件时,出口增加,进口支出减少,要求增加国内收入、提高进口来保持国际收支平衡。

二、IS-LM-BP 模型的均衡

图 11－7 中,IS、LM 和 BP 曲线交于点 E,此时商品市场、货币市场和国际收支同时达到平衡,决定着一组均衡的收入(Y_1)和利率水平(i_1)。LM 和 BP 曲线都向右上方倾斜,但倾斜的程度各有不同。LM 曲线的斜率取决于投机对于利率的敏感程度,BP 曲线的斜率取决于国际资本流动对利率变动的反应程度。当 BP 曲线比 LM 曲线平坦时,说明资金的国际流动对利率的变动更敏感,国际资本流动的利率弹性大于货币需求的利率弹性。当 BP 曲线比 LM 曲线陡峭时,可能因为资金的国际流动受到的限制较多,使资金的国际流动对利率变动不敏感,表现为资金的国际流动性欠佳,国际资本的利率弹性小于货币需求的利率弹性。

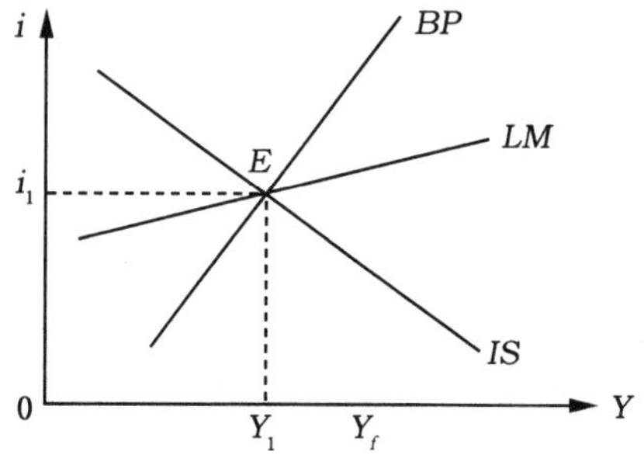

图 11－7　IS-LM-BP 曲线的均衡

图 11－7 中的 E 点是唯一的均衡点,任何偏离均衡点的经济状况都将在经济内在力量的作用下重新恢复到新的均衡点上。如图 11－8(a)、(b)中 IS-LM 的交点在 BP 曲线的左边,表示国际收支盈余,国际收支的自动调节机制可以使系统回到新的均衡点。其机制是:固定汇率制下,国际收支盈余,外汇储备增加,货币供应量相应增加,LM 曲线右移至 LM',系统可达新的均衡点 E'(如图 11－8(a)所示);浮动汇率制下的自动调节机制是通过本国货币汇率的变化实现的。国际收支盈余时,本币升值,IS 和 BP 曲线左移,直至达到新的均衡点 E'(如图 11－8(b)所示)。

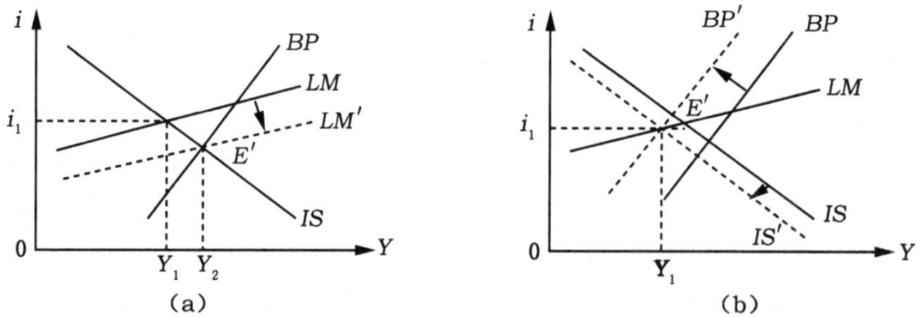

图 11－8　固定与浮动汇率制下国际收支的盈余的调整

IS、LM、BP 三线交于一点时是否实现内外均衡了呢?此时 IS、LM 的交点位于 BP 曲线之上,国际收支实现平衡,外部均衡目标达到。是否同时达到了内部均衡,需要比较系统此时决定的均衡国民收入水平(图 11－7、图 11－8 中的 Y_1)是否能满足充分就业(内部均衡的重要指标)的要求。如在图 11－7 中,均衡时的收入水平 Y_1 低于充分就业时的收入水平 Y_f,经济中存在着失业,系统的自动均衡点不满足内部均衡要求。这是因为在 Y_1 时,计划漏出(储蓄和进口支出)超过了计划注入(政府支出、出口和投资),导致存货增加,生产者因此降低产出。只有在收入为 Y_f 时,计划漏出才等于计划注入,此时存货数量不变,产出增加,经济实现了内部均衡。因此为了达到充分就业目标,在 Y_1 时,政府可以采取财政以及货币政策进行调整。而在开放经济条件下,不同汇率制度的国家,财政政策和货币政策将带来不同的效果。对此,下一节将进行专门分析。

第三节　固定与浮动汇率制下宏观经济政策的有效性

本节将运用 *IS-LM-BP* 模型分析不同汇率制度和资本流动情况下,财政和货币等宏观政策的有效性,为不同情况下甄选有效宏观政策提供理论依据。

一、固定汇率制下财政与货币政策的有效性

(一)不同资本流动情况下,财政政策的有效性

开放经济中,政府可以采用改变政府支出或税收的方式实施财政政策(Fiscal Policy)。以扩张性的财政政策为例,如政府扩大支出,一方面会使短期内市场利率上升,利率上升又会吸引资本流入国内,改善金融资本账户的差额状况;另一方面,如果经济处于非充分就业状态,长期内政府支出会增加总需求,进而增加实际国民收入水平,收入水平提高进而会增加进口,从而恶化经常账户的收支状况。因此扩张性的财政政策对国际收支的具体影响取决于上述两方面影响的综合效果。以下分不同的情况进行探讨。

1. 资本完全不流动时财政政策的效果

当资本不流动时,*BP* 曲线呈垂直状态,此时利率弹性为零,利率的变化不能引起资本的国际流动。如图 11－9 所示,此时 IS_0、LM_0、*BP* 曲线交于点 E,均衡的收入水平为 Y_0。

此时,如果政府采取扩张性的财政政策以提高国民收入水平,例如,扩大政府购买支出或减税,将使 *IS* 曲线向右移动至 IS_1。此时与 LM_0 相交于点 E_1,收入增加为 Y_1,满足了内部均衡的要求。但由于收入提高,货币需求增加,利率因此提高,在资本完全不流动的情况下,并不会吸引资本流入。另一方面,收入提高引起经常账户出现赤字,在图形中此时的点 E_1 处于 *BP* 曲线的右方。为维持固定汇率不变,赤字使外汇储备减少,货币存量下降,引起 *LM* 曲线左移至 LM_1,三条曲线最后交于点 E',最终收入又回到原来的水平 Y_0。此时的均衡具有较高的利率水平,但收入没有变化。国民收入相对实施财政收入前没有变化的主要原因,是财政政策具有“挤出”效应。由于财政政策导致利率提高,私人投资需求降低,政府的公共投资政策带来了对私人投资的挤出。当资本不能流动时,利率升高不能形成外部资金内流增加,“挤出”效应最明显,财政政策不能达到扩大就业、提高产出的预期效果。

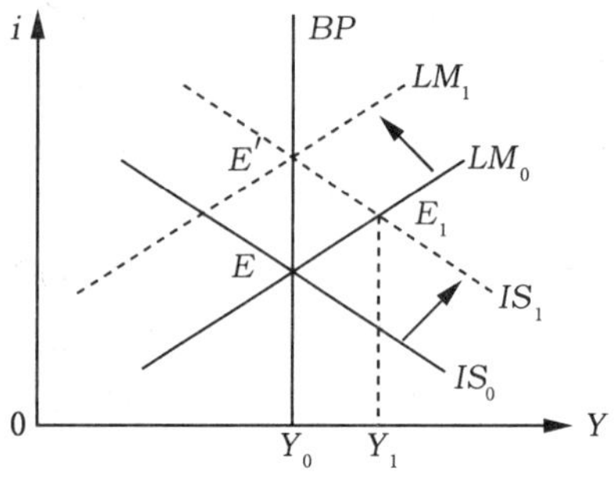

图 11—9　固定汇率制下资本完全不流动时财政政策的效果

2. 资本不完全流动时财政政策的效果

资本不完全流动时,BP 的斜率介于零和无穷大之间。如图 11—10 所示,扩张性的财政政策促使 IS_0 曲线右移至 IS_1,收入与利率提高,资本流入,此时资本的利率弹性较大,资本流入带来资本账户下的顺差效应超过收入提高的逆差效应,国际收支盈余,IS_1 与 LM 的交点 E_1 位于 BP 曲线的左边。固定汇率制下外汇储备增加,LM_0 曲线右移至 LM_1,与曲线 IS_1 和 BP 曲线相交于 E' 点,经济恢复外部均衡,此时均衡的收入水平提高至 Y_1。

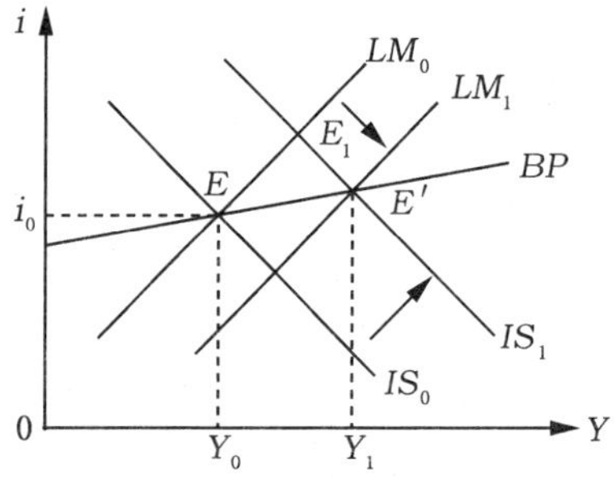

图 11—10　固定汇率制下资本不完全流动时财政政策的效果

3. 资本完全流动时财政政策的效果

假定小国面临着资本完全的流动,如果政府采取扩张性的财政政策,使 IS_0 右移至 IS_1,国内利率有上升压力,外部资本流入。为了防止在此过程中本币升值,货币当局必须用本币购买外币。这意味着私人手中持有的货币量增加,LM_0 曲线向右移动至 LM_1。直到 LM_1 曲线同 IS_1 曲线的交点决定的利率等于世界利率时,货币当局才会停止对外币的购买。最后,对一个小国来说,利率回到最初水平,是世界市场利率的接受者。因此,当一国采用固定汇率制并面临资本的完全流动时,单独使用财政政策就可以实现内外均衡目标,这是丁伯根原则的例外情况。但是为了维持固定汇率,货币政策必须进行被动的调整,货币政策不具有独立性。

由上述分析可知,随着资本流动性增强,固定汇率制下的财政政策的效果趋于明显。在资本完全流动时,扩张性的财政政策带来国民收入提高的效应最为显著。而这时货币政策由于需要维持固定汇率,具有一定的被动性。资本流动性越强,利率弹性越大,扩张性的财政政策带来利率提高导致资本流入的顺差效应越显著,货币政策也表现出扩张性,扩张性的财政政策带来均衡收入水平提高的效果就越理想。当资本的流动性减弱,扩张性的财政政策导致资本

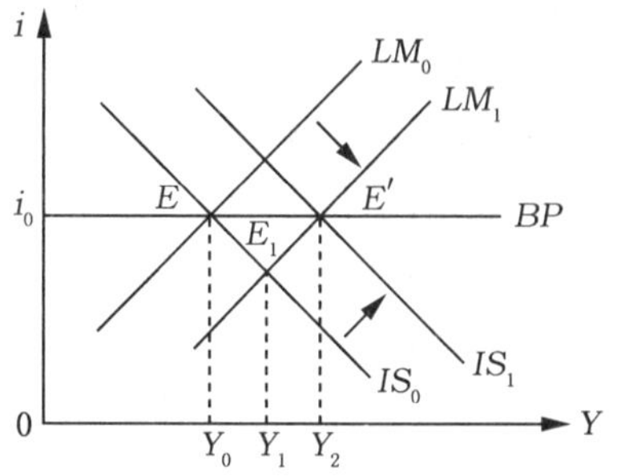

图 11－11　固定汇率制下资本完全流动时的财政政策效果

流入的顺差效应小于总需求增加的逆差效应，国际收支出现赤字，则需要伴随使用紧缩性的货币政策，扩张性的财政政策带来均衡收入水平提高的效果在一定程度上被减弱，财政政策的有效性下降。

(二)不同资本流动情况下，货币政策的有效性

在固定汇率制下，因为要维持汇率稳定，政府运用货币政策(Monetary Policy)的能力受到限制。以扩张性的货币政策为例，中央银行增加货币供给，会降低国内利率，一方面刺激国内投资，提高国民收入水平，国民收入水平提高又会导致进口增加，恶化经常账户下的收支状况；另一方面，利率的降低则容易引起资本外流，也恶化了金融资本账户下的收支状况。两种因素综合影响，如果原本国际收支处于平衡状态，现在则出现逆差，外汇市场出现失衡，外汇需求大于外汇供给。此时，为维持汇率不变，中央银行不得不在外汇市场上抛售外币、购进本币以弥补外汇需求缺口，这样一来，又减少了货币供给，从而使得政府希望扩大国民收入的目标落空。在固定汇率制下，货币政策要同时兼顾汇率稳定和经济增长两个政策目标，是难以达到预期效果的。以下分资本不流动和资本完全流动两种极端的情况予以说明。

1. 资本不流动下的货币政策效果

固定汇率制下，货币当局为维持固定汇率，其干预性的措施将改变货币存量，从而影响收入水平，也就是说，国内货币存量将随着外部均衡的改变而变化。如图 11－12 所示，为了达到内部均衡收入水平 Y_1，货币当局采取扩张性的货币政策，使 LM_0 曲线右移至 LM_1。货币供给增加在货币需求相对不变时将降低利率，投资增加，国民收入提高。收入的提高增加了进口，最终导致国际收支赤字，本币有贬值压力。为维护外部均衡，政府只能动用外汇储备，国内货

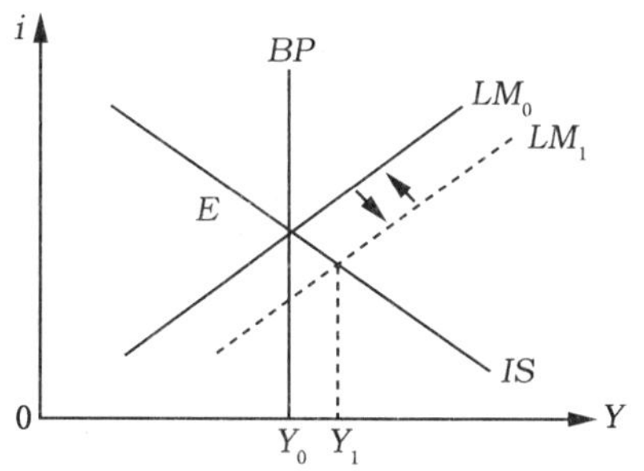

图 11－12　固定汇率制下资本完全不流动时的货币政策效果

币量缩减,LM_1 曲线回移,均衡时回到原先位置 LM_0。此时的利率水平和收入水平较扩张性的货币政策实施前都没有变化,扩张性的货币政策并未达到预期效果。

2. 资本完全流动时的货币政策效果

在资本完全流动时,货币政策的效果同样不明显。如图 11—13 所示,扩张性的货币政策使曲线 LM_0 右移至 LM_1,利率下降,资本外流。为维持本币币值的稳定,货币当局必须动用外汇储备,货币供应量重新减少,曲线 LM_1 回移至原先位置,收入水平也回复初始状态。

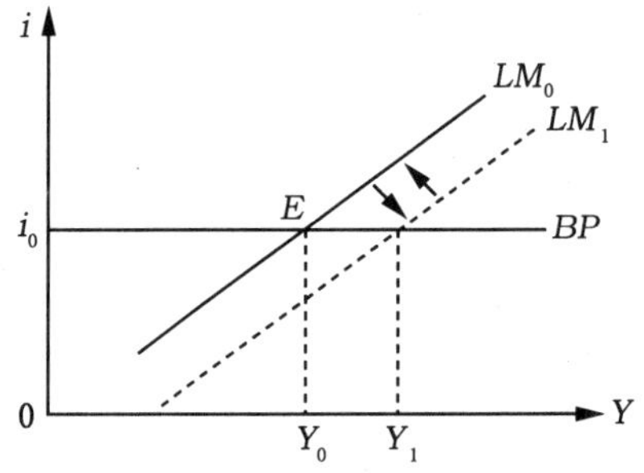

图 11—13 固定汇率制下资本完全流动时货币政策的效果

综合上述两种情况可知,从长期来看,单纯的货币政策始终无效。为提高均衡收入水平和实现内外均衡,货币政策应与扩张性的财政政策配合使用。

二、浮动汇率制下财政与货币政策的有效性

(一)不同资本流动情况下财政政策的有效性

1. 资本完全不流动时财政政策的效果

如图 11—14 所示,政府扩张性的财政政策使曲线 IS_0 右移至 IS_1。在政策实施的初期,收入(现为 Y_1)与利率水平(图中未标注)提高。收入提高导致进口增加,经常账户面临赤字。国际资本不能流动时,本币将贬值。本币贬值使 BP_0 曲线与 IS_1 曲线向右方移动至 BP_1 和 IS_2,直至与 LM 曲线重新相交于点 E'。可见,资本在国际不能流动时,扩张性的财政政策使本币贬值,在满足马歇尔—勒纳条件的情况下,本国出口增加,国民收入进一步提高到 Y_2,在更高的收入水平下实现内外均衡。此时的财政政策非常有效。

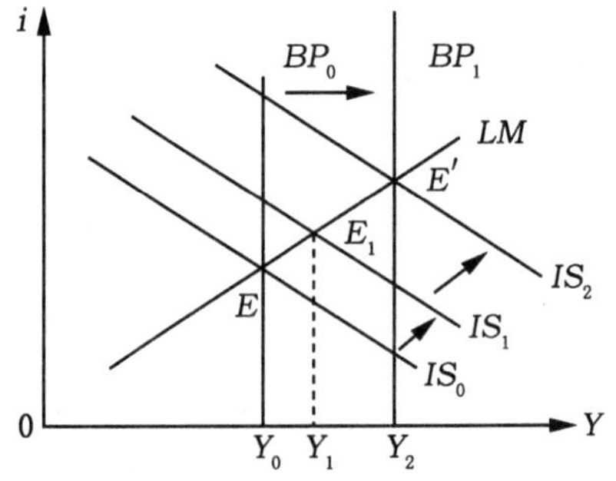

图 11—14 浮动汇率制下资本不流动时财政政策的效果

2. 资本不完全流动状态下财政政策的效果

资本不完全流动时的财政政策的效果与国际资本流动的利率弹性有关，即与 BP 曲线和 LM 曲线的斜率大小有关。当 BP 曲线较 LM 曲线更陡时，如图 11－15 所示，初始的均衡点是 E。政府实施扩张性的财政政策扩大总需求，IS_0 曲线右移至 IS_1，交 LM 曲线于 E_1，收入（现为 Y_1）与利率水平提高。收入提高恶化了经常账户，利率提高吸引了资本流入，改善了资本与金融账户差额。但由于 BP 曲线较陡，国际资本流动的利率弹性低，资本流入对国际收支改善的作用弱于经常账户恶化的作用，国际收支呈现逆差，表现为此时点 E_1 位于 BP 曲线的右边。浮动汇率制下，本币贬值，满足马歇尔-勒纳条件的情况下，促进出口、抑制进口，进一步提高总需求，使 IS_1 右移至 IS_2；同时，本币贬值也会使 BP 曲线右移至 BP_1。最终 BP_1 和 LM、IS_2 相交于 E'，实现内外均衡。此时的财政政策有效。

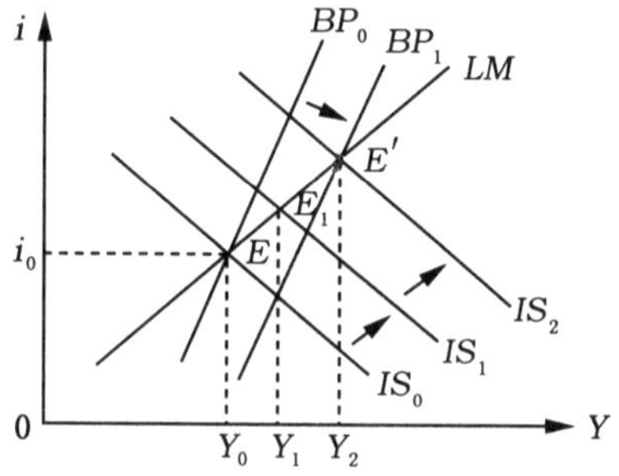

图 11－15 浮动汇率制下资本不完全流动时财政政策的效果

随着资本流动性增强，扩张性的财政政策效果减弱。当 BP 曲线较 LM 曲线更平坦时，如图11－16所示，扩张性的财政政策使得收入提高形成的经常账户恶化的程度小于利率水平上升导致的资本账户改善的程度，从而形成国际收支顺差，图中表现为 IS_1 和 LM 的交点 E_1 位于 BP 曲线之上。国际收支顺差导致本币升值，进口支出相对增加，国内总需求减少，IS_1 左移至 IS_2，BP 曲线也左移到 BP_1，最终到达均衡点 E'。财政的扩张效果受到升值效应的抵消。此时，财政政策的有效性降低。

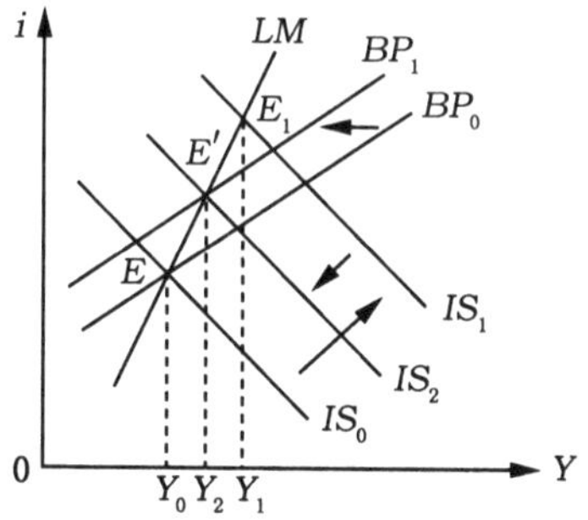

图 11－16 浮动汇率制下资本不完全流动时财政政策的效果

可见，浮动汇率制下财政政策的效果还要受到资本流动性的影响。随着资本流动性增强，扩张性的财政政策带来利率提高，资本与金融账户下顺差效应较强，本币趋于升值，总需求减少，均衡的收入水平相对降低，财政刺激的效果减弱。至资本完全流动时，财政政策的扩张效果被本币的升值效应完全抵消。在图 11—16 中,IS_2 和 IS_0 完全融合,单纯的扩张性财政政策无效。

(二)不同资本流动情况下货币政策的有效性

1. 资本完全不流动时的货币政策效果

如图 11—17 所示,扩张性的货币政策导致初始阶段货币供给增加,使 LM_0 曲线移向 LM_1,伴随着利率的降低,由于资本账户受到管制,对于国际收支的资本账本并没有影响;相反,由于收入(现为 Y_1)提高,进口增加,经常账户出现赤字,本币贬值,于是曲线 BP 与 IS 向右方移动,直到与曲线 LM_1 相交于点 E',收入进一步提高至 Y_2,实现内外均衡。此时的货币政策非常有效。

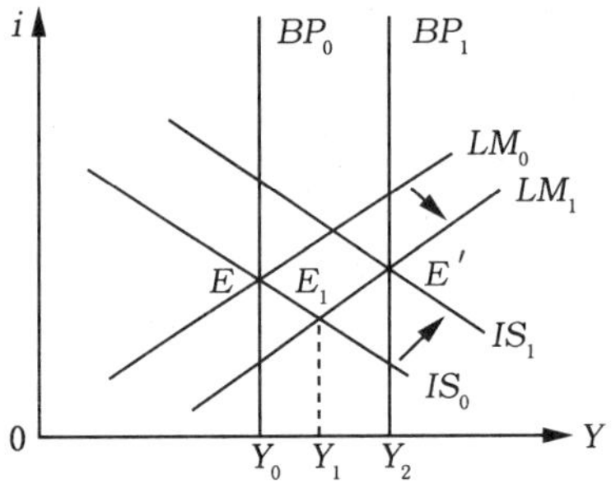

图 11—17 浮动汇率制下资本完全不流动时货币政策的效果

2. 资本不完全流动时货币政策的效果

图 11—18 描述了资本不完全流动时货币政策的效果。实施政策初期,LM 曲线由 LM_0 移到 LM_1,交 IS 于点 E_1,这时利率下降将引发资本外流,国际收支赤字,本币趋于贬值,IS 和 BP 曲线也右移,最终曲线 LM_1、IS_1 以及 BP_1 相交于点 E',经济恢复内外均衡,收入水平得到提高。此时的货币政策比较有效。

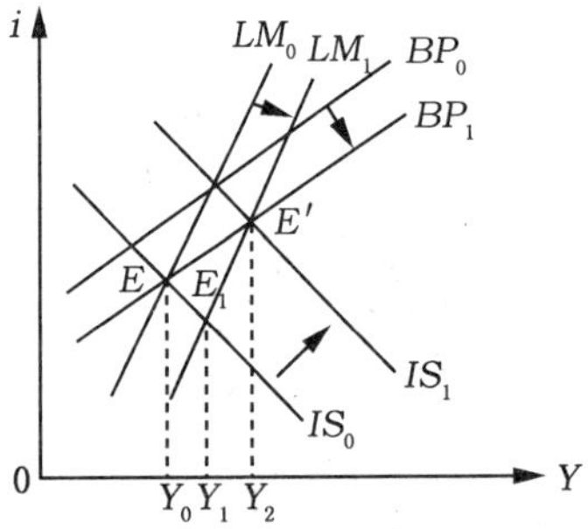

图 11—18 浮动汇率制下资本不完全流动时货币政策的效果

尤其当资本可以完全流动时,扩张性的货币政策产生的利率降低趋势会引起大量的资本外流和本币贬值效应,对总需求产生了扩大效应,此时货币政策的效果是十分理想的。如图 11—19 所示,可以得到最大的收入提高效应。

由上述分析可知,浮动汇率制下货币政策的效果总体有效。随着资本流动性增强,扩张性

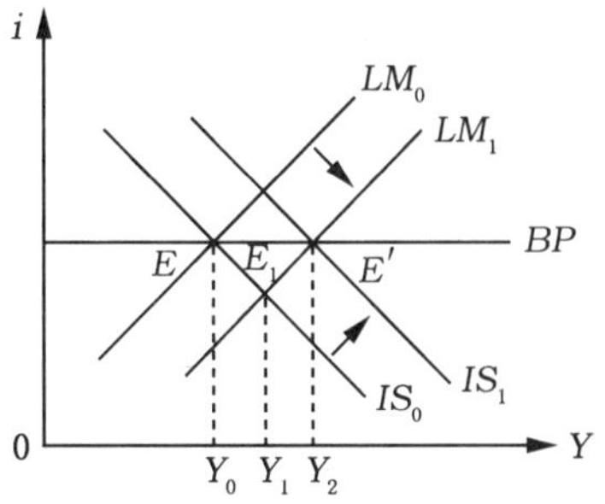

图 11—19　浮动汇率制下资本完全流动时货币政策的效果

的货币政策引起利率降低，逆差效应增强，导致本币贬值，满足马歇尔-勒纳条件的情况下，总需求增加，均衡的收入水平可以得到进一步提高。至资本完全流动时，货币政策的扩张效果最强。在浮动汇率下，货币政策总体非常有效。

三、对 *IS-LM-BP* 模型的简要评价

上述以蒙代尔-弗莱明模型为基础的宏观 *IS-LM-BP* 模型，系统地分析了不同汇率制度下资本流动、货币和财政政策对汇率、利率、产出等宏观经济变量的影响。上述模型探讨了不同情形下宏观经济政策有效性的同时，也可用于指导开放经济条件下内外均衡的实现。蒙代尔的"有效指派原则"指明了开放经济中从不同的内外失衡情况出发，应采取怎样的货币与财政政策。蒙代尔-弗莱明模型的重要贡献在于，分析了两种汇率制度下一个小国经济开放体在资本流动性不同的情况下，货币政策和财政政策对产出的不同影响。在资本流动性很强时，如果一国实行的是浮动汇率制，那么货币政策相对有效；如果实行的是固定汇率制，财政政策相对有效，也为开放经济中治理内外失衡提供了简明的指导。

当然，此理论也存在一些缺陷而使其用于检验实际时会发生偏差。主要表现在：

第一，模型没有明确区分短期和长期内变量变化的不同情况而使模型的结论过于简单。如货币贬值对进出口、产出的影响不仅需要满足马歇尔-勒纳条件，而且需要经过一段时滞，不是简单和立竿见影的。利率一次性提高吸引外国资金流入是短期的情形，但在长期中却可能导致相反的资金流向。如果在长期内一直有净资金流入，则需要持续不断地提高利率。

第二，忽略了供给因素和长期的预算约束。蒙代尔-弗莱明模型只考虑了经济的需求方面，而没有考虑供给方面。认为总需求的变化只会导致实际产出的变化，不会引起价格变化，暗含假设总供给曲线的弹性是无穷大的。此模型也没有考虑政府和私人部门的预算约束。从长期来看，政府的支出等于它的税收收入，那么有远见的私人部门在政府增加支出时，就会预期到税收的增加，从而相应地减少支出、增加储蓄，财政政策的有效性将受到影响。

第三，没有考虑人们预期汇率变化的影响。模型中没有考虑人们预期汇率变化对扩大产出的影响。如果人们预期到汇率的变化，浮动汇率下扩张性的货币政策导致本币贬值，那么只有当贬值国国内利率提高，人们才会继续持有该国货币，而利率提高会损害国内投资，因此货币扩张的实际效果有限。

总之，以蒙代尔-弗莱明模型为基础的 *IS-LM-BP* 宏观模型以短期、静态的分析为主。复

杂的现实情况不是一个简单的模型可以概括的。即使模型存在以上缺陷,但在分析开放经济中宏观政策的有效性时仍具有难以替代的作用。

专题 11-1

“三元悖论”和我国汇率制度的改革

20 世纪 60 年代,罗伯特·蒙代尔和 J. 马库斯·弗莱明创立了蒙代尔-弗莱明模型,系统地分析了不同汇率制度下,资本流动、货币政策对汇率、利率、产出等宏观经济变量的影响。他综合了凯恩斯的收入-支出模型和米德的政策搭配思想作为其理论基础,研究了开放经济条件下内外均衡的实现问题。其所得出的结论是:浮动汇率制度下,货币政策在调控宏观经济,即改变实际产出水平上是极其有力的;而固定汇率制度下,货币政策则显得无能为力。这就意味着资本自由流动、固定汇率制和货币政策独立性三者不可兼得,或者说在资本流动情形下,存在着固定汇率和独立的货币政策的“两难冲突”。

上述理论思想是“三元悖论”原则产生的源泉。“三元悖论”原则的首次明确提出是由克鲁格曼完成的。克鲁格曼在其著作《萧条经济学的回归》中详细阐明了该原则。资本的自由流动性意味着资本要素可以在一国内外自由流动,这不仅是一国宏观经济开放程度的表现和标志,也意味着资本要素使用效率的提高。而固定汇率的稳定性在保证贸易和投资的稳定性和连续性方面都会发挥巨大的作用。一般认为货币政策的独立性对国家内部宏观经济稳定运行是极其重要的。但是资本自由流动、固定汇率制和货币政策独立性却构成了三极,没有国家可以完好地兼顾三方目标。“三元悖论”或“不可能三角”如图 11—20 所示,克鲁格曼认为各国只能达到三个目标中的两个,无法同时获得三角形的三个顶点,那么每个国家有三种选择:选择 1 是放弃汇率稳定,像澳大利亚和美国一样实行浮动汇率制;选择 2 是放弃灵活的汇率政策而实行固定汇率制度,如阿根廷那样;甚至像欧盟那样放弃本国的货币;选择 3 是放弃自由市场,实行资本国际流动的管制,大多数国家在 20 世纪 40～60 年代都是那样做的,包括亚洲金融危机发生后的马来西亚和 2005 年前的中国。

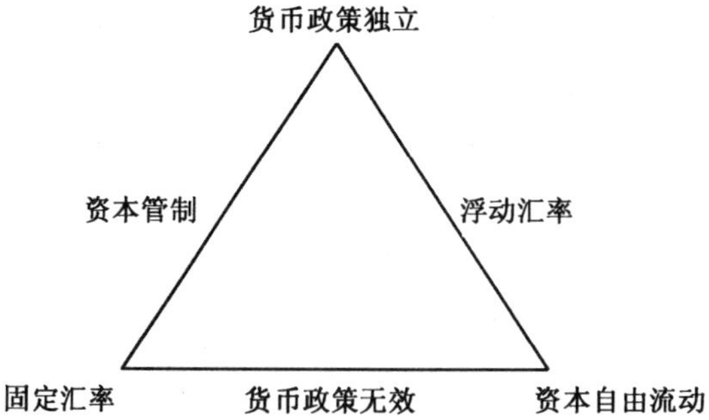

图 11—20 “三元悖论”图

“三元悖论”已经成为国际经济学中的一个著名论断。根据“三元悖论”理论,我国 2005 年前选择的是通过放弃资本自由流动(采取资本管制)来维持固定汇率制度和货币政策独立性。

相对固定的汇率通过建立通胀目标锚，稳定的价格有助于降低宏观经济金融的波动，也可以促进国际贸易和投资。对于我国这个庞大的经济体来说，货币政策有效性是确保我国调整经济平衡的必要工具。但是，随着各种改革的进行，资本市场更加开放已经是不可逆转的必然趋势。1980 年后，我国放松了对内直接投资，新千年后我国对外投资的规模快速增加。2012 年以后通过 QFII 和 QDII 制度，证券市场实现了有条件的开放。2009 年以来，我国开始鼓励企业在国际贸易中使用人民币结算，使得离岸人民币的交易中心数量迅速增加。离岸人民币存款、离岸人民币债券市场的发展及其回流都实质上推进了资本账户的进一步开放。沪港通、深港通以及(上海)自贸区内企业利用离岸市场进行融资都进一步推动了资本账户的自由化发展。

人民币汇率的有限弹性以及资本与金融市场的加快开放使我国央行独立的货币政策作用越来越受到制约。双顺差导致的外汇储备积累与中国基础货币快速增加相伴随，货币绕过实体经济，进入房地产、艺术品市场等高风险高回报的市场显示出的资产泡沫迹象，都表明中国的货币政策越来越受到外部环境的制约。中国再次面临开放经济状态下"三元悖论"选择。如果回到稳定的汇率和货币政策独立，则将限制国际资本的流动。但是人民币国际化将放缓，同时将向市场传递负面信息而降低中国增长预期。如果保持货币政策的独立性和国际资本相对自由的流动，则需要增加人民币的汇率弹性。此种选择会带来人民币汇率大幅波动的风险。央行需要通过对市场频繁干预加以平滑，在增加金融市场深度和流动性的同时加强对金融市场的监管。汇率制度的选择是需要与中国经济制度特征、企业承受能力和金融监管水平相适应的，但必须考虑资本自由流动程度和货币政策的独立性，蒙代尔-弗莱明模型以及"三元悖论"对我国的汇率制度改革仍具指导意义。较之角点解的政策组合，中间政策使政府获得某种主动性或者说是在三个目标的获得程度上达成某种妥协。但是开放状态下的两难冲突和"三元悖论"机理的客观存在，为政府的政策搭配提出了严峻考验。

主要参考文献：

[1]刘敏，李颖："'三元悖论'与人民币汇率制度改革浅析"，《国际金融研究》2008 年第 6 期。

[2]沈军，吴晓敏，胡元子："扩展三元悖论视角下的印度汇率制度改革对中国的启示"，《国际金融研究》2015 年第 3 期。

专题 11－2

"三元悖论"和欧洲债务危机

欧洲各国货币间的合作与协调与欧洲战后的一体化进程密不可分。布雷顿森林体系保证了第二次世界大战后相当长一段时期内国际金融的稳定和国际收支的调节，极大地降低了国际市场的交易成本，欧洲的一体化的程度也大幅加速。1957 年，《罗马条约》签署，以建立货物、服务、劳动力和资本可以自由流动的欧洲共同市场为主要目标的欧洲经济共同体成立，欧洲一体化进程全面启动。但是，随着欧洲内部国际资本的流动增加，欧洲内部日益面临蒙代尔的"三元悖论"的压力。当资本进入(退出)一国时，该国为了履行汇率稳定，就要履行干预义务，从而承受通胀(通缩)压力；而若要保证国内物价稳定，则会导致本国货币的对外升值(贬值)，即汇率稳定、各国货币政策的独立性及资本自由流动这三项目标不能同时实现。欧洲各国政策的制定者们普遍认为,欧洲内部稳定的汇率是共同市场运作的必要条件,因此,建立货币联盟成为一体化发展逻辑下的必然选择。1969年12月,欧洲领导人在海牙峰会上就创建一个经济与货币联盟达成共识。

在这一背景下,欧共体于1971年3月22日在《维也纳计划》的基础上通过了分三步走、于1980年建立经济与货币联盟的决定,欧洲货币一体化进程正式启动。欧洲货币联盟的建设主要包括三方面内容:区域内共同的货币管理机构、货币的完全可兑换性(即资本的完全自由流动)和汇率永久固定(可分为各国保留本国货币和使用统一货币的两种形态)。而永久性的固定汇率意味着,面对不对称的外部冲击,各国不掌握汇率的政策工具时,如果不能通过其他调节机制,例如区域内生产要素(尤其是劳动力)的高度自由流动、统一的财政政策或灵活的工资与价格制度来调节冲击,那么联盟内部就会出现巨大的失衡。具体来说,就是在不使用统一货币的联盟中,外部冲击将会对各国价格水平产生影响,并因程度不一产生可观的通胀差异;而在使用统一货币的货币联盟中,外部冲击将会导致各国经济增长与就业水平的结构性失衡。因此,货币联盟的建立需要尽量满足最优货币区(Optimum Currency Area,OCA)的要求,如果各国宏观经济条件和经济结构不能趋同,就需要在劳动力流动、财政政策、工资与价格制度方面具备替代货币政策、平抑不对称冲击的灵活调节机制。

欧洲货币体系在经历1980年前后短暂的动荡后,至20世纪80年代末,在资本流动自由化的背景下,各成员国通胀率逐渐趋同,汇率关系也日益稳定,这些表现被解读为欧共体正在形成一个最优货币区,具备了建立联盟的基本条件。并且,根据"内生最优货币区"理论,货币联盟建立后反过来可以促进最优货币区的自我实现。在这种形势下,建立汇率永久固定的货币联盟,推动欧洲一体化进程的呼声再次高涨,并在德法两国的强力推动下,1991年的《马斯特里赫特条约》将共同货币确定为欧盟的三大支柱之一。条约同时规定,只有充分符合趋同标准的成员国才能参加货币联盟。这些标准包括低通胀水平、稳健的公共财政、稳定的汇率关系和名义利率向通胀率低的货币趋同等。统一的货币欧元和统一的货币管理机构——欧洲中央银行于1999年启动,当时由11个欧盟成员国组成的货币联盟——欧元区成立,欧洲货币一体化最终实现。

但当欧元引入之后,欧元区各国经济开始出现差异,实际有效汇率分化严重,欧洲内部劳动力市场的流动性、工资政策的灵活性以及财政政策的协调性仍然不足。过度信贷和风险累积引发了2008年的世界金融危机,欧元区缺乏抗衡外部冲击能力的弱点,在这次危机中暴露无遗。危机爆发后,由于信心不足,欧元区的私人储蓄急剧上升,信贷量下降,个人消费萎缩,但危机对欧元区各国的经济冲击程度不一。在共同货币下,欧元区国家丧失了通过汇率政策调整失衡的手段。一方面,劳动力自由流动不充分和工资政策缺乏弹性的问题短期内无法得到解决;另一方面,欧盟成员应把财政赤字和政府负债分别控制在3%和60%以内的规定没有刚性的约束,同时在欧盟层面又缺乏一个统一的财政转移支付机制,因此,各国政府通过各自为政的财政政策来刺激经济增长成为必然选项,受冲击严重的成员国公共债务大幅上升,导致其信用度下降,推高其融资成本从而陷入恶性循环,引发主权债务危机,并波及财政状况良好的国家,最终酿成欧债危机。

由此可见,2007年世界金融危机爆发后,各成员国受外部冲击程度不一,而又没有替代汇率政策的灵活调节机制,最终导致宏观经济失衡,这是导致欧债危机爆发的根本原因。因此,建立银行联盟对银行业进行统一监管,在劳动力市场和工资制度深入改革,引进更具刚性的财政约束与转移支付机制以平抑各种原因产生的不对称冲击，稳定货币联盟，成为欧洲必须完成的主要任务。这也从侧面印证了“三元悖论”和最优货币区理论的有效性。

主要参考资料：

[1]胡琨：“战后欧洲货币制度的转型——兼议欧债危机产生的根源”，《欧洲研究》2014 年第 1 期。

本章小结

从宏观的角度讨论一国经济时，国民生产总值(GNP)或国民收入(National Income)的考察十分重要。通过国际贸易渠道，各国的国民收入还会相互影响。本章首先考察在有无存在外国反响的两种情况下，开放经济中均衡国民收入水平的决定和对外贸易乘数。其次，根据开放经济中的 IS-LM-BP 模型，分析了不同汇率制度下宏观政策的有效性。包括国际收支在内的宏观经济学被称为国际宏观经济学或开放宏观经济学(International or Open Macroeconomics)。

主要概念及术语

1. 乘数(Multiplier)
2. 边际消费倾向(Marginal Propensity to Consume)
3. 边际储蓄倾向(Marginal Propensity to Save)
4. 边际进口倾向(Marginal Propensity to Import)
5. 对外贸易乘数(Foreign Trade Multiplier)
6. 均衡的国民收入水平(Equilibrium Level of National Income)
7. 内部均衡(Internal Balance)
8. 外部均衡(External Balance)
9. 蒙代尔-弗莱明模型(Mundell-Fleming Model)
10. IS 曲线(IS Curve)
11. LM 曲线(LM Curve)
12. BP 曲线(BP Curve)
13. 财政政策(Fiscal Policy)
14. 货币政策(Monetary Policy)

思考讨论题

1. 开放经济中的小国的均衡国民收入水平如何被决定？对外贸易乘数如何推导？与封闭状态下的乘数有何不同？
2. 有国外反应时的对外贸易乘数是什么？与小国的对外贸易乘数相比如何？
3. 在固定汇率制和有限资本流动情况下如何使用财政和货币政策实现对外均衡和充分就业？
4. 在浮动汇率制和有限资本流动情况下如何使用财政和货币政策实现对外均衡和充分就业？
5. 为什么在固定汇率制下，当国际资本完全流动时，货币政策完全无效？
6. 在浮动汇率制下，当资本的流动性不断增强时，财政政策的效果有何变化？

第十二章
国际收支调节与政策的国际协调

学习要点

1. 国际收支自动调节的主要机制；
2. 国际收支调节的主要理论；
3. 国际收支失衡的政策调节；
4. 实现内外均衡的政策搭配；
5. 经济政策的国际冲突及调节。

第一节　国际收支的自动调节机制

一、国际收支的失衡及其经济影响

第十章曾提到根据动机的不同，国际经济交易可分为自主性交易和调节性交易。国际收支是否平衡关键看自主性交易是否平衡。如果自主性交易的收入大于支出，则为国际收支盈余或顺差，可能引起官方储备资产的增加或本币升值；如果自主性交易的支出大于收入，则为国际收支的赤字或逆差，会出现官方储备资产的减少或本币贬值。

对此有较为简练的表达方法，用 A_{uc} 表示自主性交易的贷方、A_{ud} 表示借方，自主性交易收支差额用 A_u 表示，则：

$$A_u = A_{uc} - A_{ud} \tag{12—1}$$

用 B 表示自主性交易以外的收支，于是根据国际收支平衡表的原理知道：

$$A_u + B = 0 \quad 即\ A_u = -B \tag{12—2}$$

在 A_u 下划一线段，线下为 B，则国际收支平衡表的所有项目可分为线上和线下两部分，为$\dfrac{A_u}{B}$。

以上我们得到了一个最为简练的国际收支平衡表，二者绝对值相等，符号相反。A_u 为线上项目(Above the Line)，B 为线下项目(Below the Line)。在把握一国国际收支是否平衡时，只要考察线上项目即可得到准确的信息。如表 12—1 所示。

表 12—1　　**国际收支表的线上与线下项目**

	贷方(＋)	借方(－)	
一、经常账户	(从国外收到付款)	(向国外付款)	线上项目
1.货物			
2.服务			
3.收入			
4.转移支付			
二、资本和金融账户	(资本流入)	(资本流出)	
1.资本账户			
(1)资本转移			
(2)非生产、非金融资产收买和放弃			
2.金融账户			
(1)直接投资			
(2)证券投资			
(3)其他投资			
3.储备资产变动	(储备资产减少)	(储备资产增加)	线下项目
(1)货币黄金			
(2)特别提款权			
(3)在国际基金组织的储备头寸			
(4)外汇			
(3)其他债权			
三、错误和遗漏账户			

二、国际收支的自动调节机制

国际收支不平衡表现出的形式为逆差或顺差。而逆差、顺差又会引起国内某些经济变量的变动,这些变动对国际收支将产生反作用,这就形成了国际收支的自动调节。同时,在不同的货币制度下,自动调节机制也有所差异。

(一)金本位制下的国际收支自动调节

在金本位制的条件下,一国的国际收支可通过黄金的输出入和物价的涨落自动恢复平衡。这一调节机制称"物价-铸币流动机制"(Price-Specie Flow Mechanism)。它是1752年英国古典经济学家大卫·休谟(David Hume,1711～1776)提出的,又称"休谟机制"(Hume Mechanism)。

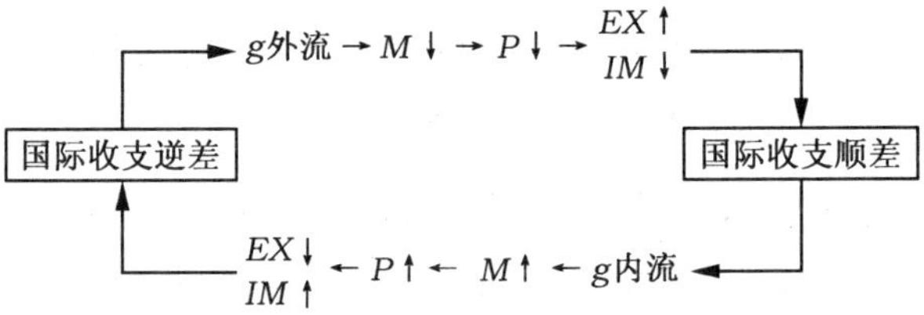

注:g=黄金,M=货币供应量,P=价格,EX=出口,IM=进口。

图 12—1 金本位下的物价—铸币流动机制

图12—1归纳了"物价-铸币流动机制"的核心内容。需要说明的是,大卫·休谟提出这一机制是想证明重商主义者的"奖出限入、积累黄金"的主张是错误的。在金本位制下,货币数量说成立,即:

$$MV=PT \qquad (12-3)$$

其中,M为货币数量,V是货币流通速度,P为物价,T是实际产出。古典经济学家认为,在充分就业的前提下实际产出是一定的。由于交易制度、习惯一般情况下不会发生急剧的变化,所以货币的流通速度也是一定的。因此,当黄金流入一国时,将引起该国的物价同比例上升,而黄金的流出则使其物价同比例下降。"物价-铸币流动机制"充分反映了这一思想。图12—1说明了在金本位制下,因为一国的货币供给由黄金本身或由黄金为依据的纸币构成,所以当一国国际收支出现逆差时,由于黄金的外流引起本国货币供应量的下降。货币供应量的下降导致价格的下降,促进出口的增加、进口的减少,其结果使该国国际收支的逆差趋向调整。国际收支顺差的自动调节机理相同,方向相反。

金本位制下的国际收支自动调节就是这样以黄金的流出和流入为纽带,通过物价的上涨或下降自动地调节各国的国际收支的。黄金可以自由输出入是"休谟机制"发挥作用的一个不可或缺的前提,成为金本位制度下自动调节的特定机制。

(二)纸币本位制下的国际收支自动调节

在信用货币制度下,纸币与黄金脱钩,纸币不再代表或代替黄金,"物价-铸币流动机制"也就不复存在。但物价水平(P)、外汇汇率(R)、利率(i)、国民收入(Y)、投资(I)、消费(C)等经济变量都可对国际收支自动恢复平衡发挥作用。

1. 物价的自动调节机制

国际收支的不平衡影响一国的物价水平，而价格的变动又反过来影响国际收支的自动调节机制。例如，国际收支的顺差、外汇的流入容易引起国内的信用膨胀，这将导致一国货币供应量增加。在其他条件不变的情况下，货币供应量的增加引起利率的下降，导致投资、消费的上升。需求(D)的增加引起物价水平的上涨，结果是出口产品的价格上涨、相对于国内同类的进口产品价格的下降，导致出口(EX)减少、进口(IM)增加，国际收支(贸易收支)由顺差转为顺差的减少，向平衡方向收敛(如果是逆差其调节过程正好相反)。这一机制可用图 12－2 表示。

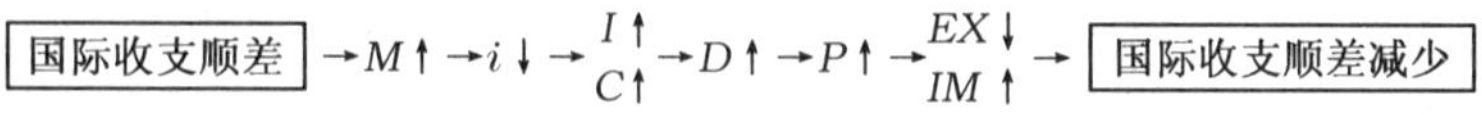

图 12－2　物价的自动调节机制

2. 汇率的自动调节机制

汇率的自动调节是通过货币的升值、贬值来消除顺差或逆差，从而恢复国际收支的平衡。如图 12－3 所示，假设国际收支出现逆差，则本国对外汇的需求增加。在浮动汇率制下，外汇市场的需求增加导致本币贬值，这将引起以外币计算的出口商品价格的下跌、以本币计算的进口商品价格的上涨，导致出口增加、进口减少，国际收支(贸易收支)趋于改善；反之则反是。

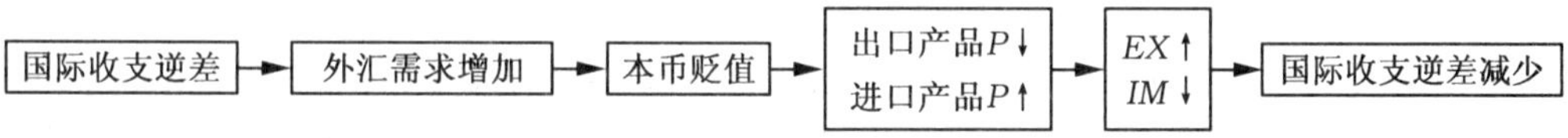

图 12－3　汇率的自动调节机制

3. 国民收入的自动调节机制

在国际收支不平衡时，该国的国民收入会发生变动，而收入的变动在某种程度上能调节国际收支的不平衡。例如，国际收支的逆差会引起外汇的流出，导致本国货币供应量的减少。在其他条件不变的情况下，本国利率上升，需求减少，国民收入下降。这将使得该国进口减少。当然，利率的上升也会使资本(K)流入，结果是国际收支逆差的改善(见图 12－4)。

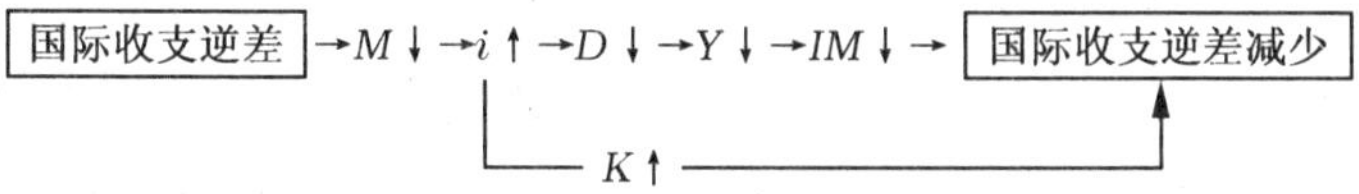

图 12－4　国民收入的自动调节机制

4. 利率的自动调节机制

国际收支不平衡影响利率水平，而利率水平的变动又反过来对国际收支平衡产生影响。例如，国际收支的逆差会引起外汇的流出，导致本国货币供应量的减少。在其他条件一定的情况下，本国利率上升导致外国资本的流入。资本的流入将改善金融资本账户的收支状况。同时,利率的上升使该国社会总需求下降,进口减少。结果是该国的国际收支的逆差趋于改善(见图 12—5)。

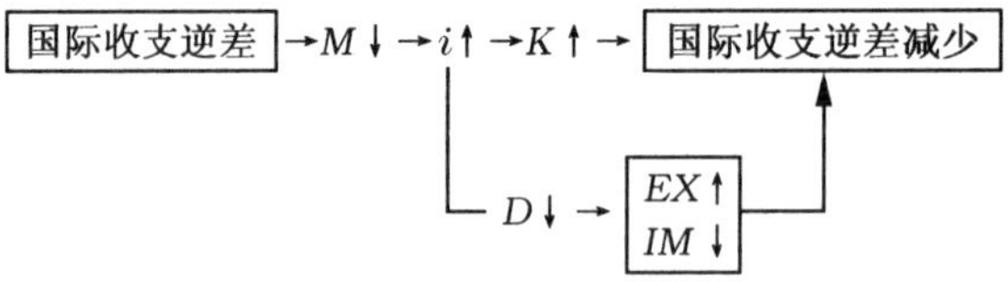

图 12—5 利率的自动调节机制

上述的自动调节机制主要通过贸易差额引起自动的价格、收入与货币供应量等经济变量各自或综合的变化,影响并调整着国内经济的运行,从而达到消除国际收支不平衡的最终目的。其中必要的条件是这些变量的变化和调整具有充分的弹性和灵敏性,可以根据客观经济环境的变化自发地进行调整,能够如实反映并传导经济环境的变化。这首先要求价格、利率、汇率等关键变量调整的市场化形成的制度基础不能是由国家干预制定的。其次,足够的市场规模和自由竞争的市场环境使这些变量的形成与变化不存在不正常的扭曲。同时,这些变量的反应足够灵敏。最后,实体经济的运行也不存在外部的过度干预,作为市场运行主体的微观企业与个人有充分的自我调整和决策权力,能够对市场信号的变动自主做出相关决策。上述种种,只是自动调节机制发挥作用不可或缺的关键条件,还不是充分条件。

三、自动调节机制的缺陷

国际收支自动调节机制存在以下显著优点:(1)可以在人们认识到事件存在之前就进行自发调整,甚至可以在国际收支失衡刚开始出现、程度还未来得及深化之前就开始调整过程,因此是一种事前调整。而人为的调整只有在人们已经意识到国际收支的存在时才可以开始,不仅是一种事后调整行为,而且由于此时的国际收支失衡一般已经较深了,需要的政策力度大。(2)可以对失衡进行连续的调整,调整幅度是相当小的,可以避免人为的外部政策的不连贯和幅度过大对经济造成冲击。(3)理论上自发调整可以进行到消除失衡后自动结束,国际收支的纠正是彻底而积极的。但自动调节除了要求完善的制度和市场环境外,还具有以下主要缺点:

第一,需要付出一定的经济代价。国际收支的自动调节也可能导致巨大的经济代价,如通过减少货币供应量、提高利率的途径来纠正逆差的行为,可能导致投资下降,总需求不旺,经济陷于萧条,失业率增加,从而可能引发社会问题;而通过增加货币供应量、降低利率进而减少顺差的行为,却可能导致国内通货膨胀率上升。再如,通过本币币值的变化自动调节失衡的机制,逆差时将导致本币贬值直到逆差被消除的行为,将导致国际资本的大规模调整,如果引发了对本币币值的不信任预期则可能诱发金融危机。而且依赖汇率调整实现收支平衡,可能使汇率反复无常变化,干扰国际贸易和投资的正常进行。在全球性金融和经济危机存在时,浮动汇率中自主调整机制的存在也容易导致币值的竞争性贬值,极大地破坏国际经济发展的稳定秩序。

第二,存在时滞。也就是说,即使自动调节机制所要求的条件都存在,国际收支自动平衡更可能是在长期中才能实现的,不是短期内一蹴而就的。如价格黏性的存在使价格的灵活调整只在长期内如此，短期内难以成立；再如，通过改变货币供应量，影响利率水平，进而刺激私人投资行为的调整，并进一步改变总需求，影响生产，再调整国民收入，最后影响进出口的过程，由于环节众多，必然要求相当长时间。同时各环节能够顺利进行还有赖于关键环节能够做出恰当的反应，否则自动调节难以实现。如当国际收支逆差时，货币供应量减少，利率随之上升，但由于投资者对于经济周期积极的预期，投资并未减少，那么总需求并不是下降而是上升，收入进一步扩大，最后还会导致逆差进一步恶化。

在现实的经济运行过程中，政府实施的某些政策、措施也有可能会削弱、抵消甚至是扭曲这种自动调节机制的作用。一般情况下，依赖汇率变动来调整国际收支是各国政府并不轻易使用的。充分就业、物价稳定、实现国际收支平衡并维持一定的经济增长的宏观目标与自动调节机制的冲突，使单纯依赖自动调节机制恢复国际收支失衡的做法并不常见。

第二节　国际收支调节的理论与政策

尽管国际收支有如上所述的自动调节功能，但是由于与国内宏观经济目标冲突的存在，使国际收支自动调节机制的作用可能被削弱或不起作用。在现实的经济活动中，一国政府更主要会通过采取相应的政策手段，主动地对本国的国际收支失衡进行调节。国际收支调节的理论主要研究的就是国际收支失衡产生的原因以及相应的纠正方法等基本问题。

一、国际收支调节的主要理论

国际收支的调节理论是随着经济形势的变化与经济理论的发展而得到发展和演变的。国际收支调节理论可以追溯到我们前面所介绍的“物价-铸币流动机制”的研究。20 世纪 30 年代金本位制崩溃后，各国的国际收支陷入了极度混乱的状况，经济学家开始了对国际收支新的理论探索。以下介绍的弹性分析法、吸收分析法、货币分析法等这些理论的出现，为各国政府调整国际收支，维持内、外均衡提供了理论依据。

(一)弹性分析法

弹性分析法(Elasticity Approach)讨论货币的贬值取得成功的条件及其对贸易收支的影响问题，也就是货币的贬值能否改善贸易收支，如果可以，条件是什么。

1. 弹性分析法的假设前提

第一，其他一切条件不变，只考虑汇率变动对进出口商品的影响；第二，假定贸易商品的供给价格弹性均为无穷大(这一假定表示当本币贬值时，出口商品的本币价格不变，则以外币表示的本国出口商品的价格下降，且下降的幅度恰好等于货币贬值的幅度)；第三，假定没有资本移动，国际收支等于贸易收支，即国际收支＝出口商品额－进口商品额；第四，假设最初贸易是平衡的。

2. 弹性分析法的主要内容

当一国实行本币贬值后，对其贸易收支会产生什么样的影响，能否改善其贸易收支状况，弹性分析法认为这取决于出口商品的需求弹性和进口商品的需求弹性的大小。这一观点可以通过以下内容的介绍得到确认。

用 X 代表以本币表示的出口额，M 代表以外币表示的进口额，P 表示单位本币的外币价格(间接标价法)，B 代表以外币表示的国际收支。那么，

$$B=PX-M \tag{12-4}$$

当 P 变化时，X、M、B 都会发生相应变化，可得如下等式：

$$\frac{\Delta B}{\Delta P}=X+P\frac{\Delta X}{\Delta P}-\frac{\Delta M}{\Delta P} \tag{12-5}$$

经过简单的代数变形，有：

$$\frac{\Delta B}{\Delta P}=X\left(1+\frac{\Delta X}{X}\Big/\frac{\Delta P}{P}-\frac{M}{PX}\cdot\frac{\Delta M}{M}\Big/\frac{\Delta P}{P}\right) \tag{12-6}$$

其中$\left(\frac{\Delta X}{X}\Big/\frac{\Delta P}{P}\right)$为出口需求弹性，用 E_x 表示，$\frac{\Delta M}{M}\Big/\frac{\Delta P}{P}$为进口需求弹性，用 E_m 表示($E_x<0$，$E_m>0$)。假设一国的贸易收支处于均衡状态，即 $M=PX$。则由(12—6)式，可得：

$$\frac{\Delta B}{\Delta P}=X(1-E_x-E_m) \tag{12-7}$$

如果 $E_x+E_m>1$，则$\frac{\Delta B}{\Delta P}<0$，即国际收支因货币贬值而改善。

如果 $E_x+E_m=1$，则$\frac{\Delta B}{\Delta P}=0$，即货币贬值对国际收支没有影响。

如果 $E_x+E_m<1$，则$\frac{\Delta B}{\Delta P}>0$，即货币贬值将恶化国际收支。

从上述内容可以看出，并不是贬值就一定能改善国际收支(贸易收支)，只有满足一定条件后才可改善国际收支，这一条件就是：

$$E_x+E_m>1 \tag{12-8}$$

(12—8)式称为马歇尔-勒纳条件(The Marshall-Lerner Condition)。

我们还可以通过以下的例子加深对上述内容的理解。

表 12—2　　本币贬值与贸易收支的变化

项目	汇率 (P)	A 国的 出口量 (X)	A 国的 进口量 (M)	A 国的出口额 ($X\times P$) (万)	外币表示的 A 国的进口额 (M)(万)	A 国贸易 收支(B) (万)
(1)	￥1=＄0.25	4 000	1 000	＄1 000	＄1 000	0
(2)	贬值 1% 1=0.247 5	$E_x=1/4$ 4 010	$E_m=1/2$ 995	＄992.5	＄995	−2.5
(3)	贬值 1% 1=0.247 5	$E_x=1/4$ 4 010	$E_m=3/4$ 992.5	＄992.5	＄992.5	0
(4)	贬值 1% 1=0.247 5	$E_x=2$ 4 080	$E_m=4$ 960	1 009.8	＄960	49.8

(1)假设汇率为 1 本币兑换 0.25 美元，A 国出口 4 000 万单位(1 单位价格为 1 元)、进口 1 000 万单位(1 单位价格为 1 美元)，从表 12—2 可知这时 A 国贸易收支为零。

(2)假设本币贬值 1%，在 $E_x+E_m<1$ 的情况下，如表 12－2 所示，这时的贸易收支逆差

为 2.5 万美元。

(3)假设本币贬值 1%,在 $E_x+E_m=1$ 的情况下,如表 12—2 所示,这时的贸易收支不变。

(4)假设本币贬值 1%,在 $E_x+E_m>1$ 的情况下,如表 12—2 所示,这时的贸易收支顺差 49.8 万美元。

3. J 曲线效应

如上所述,如果满足了马歇尔-勒纳条件的话,货币贬值可以改善贸易收支。但是在现实的经济生活中,从贬值到收支改善有一段时滞(Time Lag)。这是因为:首先,在贬值前签订的进出口协议必须按原来的数量和价格执行,进出口商不会因贬值而改变协议合同。其次,即使在贬值后签订贸易合同,出口产品的生产商、出口商仍有可能受到认识、决策、生产周期等因素影响,不可能在短期内迅速增加产品的生产和出口,而进口商有可能认为今后会进一步贬值,从而增加进口。所以在短期内由于各种原因,贬值后有可能使贸易收支首先恶化。经过一段调整后,出口增加、进口减少,贸易收支才开始改善。这一现象首先是 1967 年英镑贬值后在英国得到确认。当时英国从贬值到贸易收支改善,经历了一年的调整时间。整个调整过程可用图 12—6 表示。

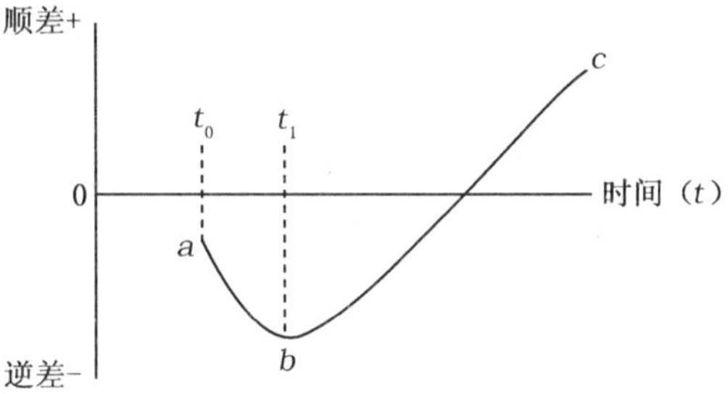

图 12—6　J 曲线效应

图 12—6 描述了一国在满足了马歇尔-勒纳条件的情况下,货币贬值首先恶化本国的贸易收支,经过一段时间的调整后,才逐渐得到改善。贸易收支从 t_0 到 t_1 一般认为大约为半年左右。如图 12—6 所示的整个调整过程轨迹与英文字母的"J"十分相似,所以这一过程被称之为 J 曲线效应 (J Curve Effect)。

所谓 J 曲线效应是指当一国货币贬值时,最初会使其贸易收支状况进一步恶化而不是改善,只有经过一段时间的进出口调整以后,贸易收支的恶化才会得到控制并开始好转,最终改善一国贸易收支状况。

(二)吸收分析法

吸收分析法(Absorption Approach)从宏观经济的角度出发将一国经济的整体活动与国际收支相联系。具体地说,该理论主要考察总收入与总支出对国际收支的影响,并提出调节国际收支的政策主张。

1. 基本理论框架

根据宏观经济学三面等价的原理可知,

$$\text{国民收入}(Y)=\text{国民支出}(E) \tag{12—9}$$

封闭经济条件下,

$$Y=C+I+G \tag{12-10}$$

开放经济条件下,

$$Y=C+I+G+(EX-IM) \tag{12-11}$$

移项得,

$$(EX-IM)=Y-(C+I+G) \tag{12-12}$$

其中 $EX-IM$(出口减进口)为贸易差额,用 B 表示,以此作为国际收支的代表。$C+I+G$ 为国内总支出,即表现为国民收入中被国内吸收的部分,用 A 表示。由此,国际收支的差额 B 实际上就可以由国民收入 Y 与国内支出(吸收)A 之间的差额来表示。

$$B=Y-A \tag{12-13}$$

从(12—13)式可知,如果 $Y>A$,则国际收支(B)为顺差;如果 $Y<A$,则国际收支(B)为逆差;如果 $Y=A$,则国际收支(B)平衡。

该理论认为(12—13)式的右为因,左为果,由此得出结论是国际收支的顺差是吸收(支出)相对于收入不足的表现。而国际收支的逆差则是吸收(支出)相对于收入过大的结果。因此,一国的国际收支状况最终还是要通过改变收入和吸收(支出)进行调节。该理论主张用宏观需求管理政策,包括汇率政策,来增加收入或者减少支出,或二者兼有之。

2. 政策主张

以国际收支逆差为例,如果经济处于充分就业状态,则所有的资源已被充分利用,要使国际收支改善就应注意使用减少支出的政策(即紧缩的财政和货币政策);如果存在闲置资源(失业),要注意搭配使用汇率贬值政策。

有关货币贬值改善国际收支的效应,该理论做了如下分析:

当存在闲置资源时,贬值后资源流入出口部门,出口才会扩大。而出口的扩大会引起收入的增加,同时也会引起国内支出的增加,只有当边际吸收倾向小于 1 时,吸收的增长才小于收入的增长,这样才能改善国际收支。所谓边际吸收倾向是指增加的每单位收入中,用于吸收(支出)的百分比。

首先对(12—13)式取增量形式,得:

$$\Delta B=\Delta Y-\Delta A \tag{12-14}$$

如果贬值后所得的增加 $\Delta Y>\Delta A$,那么国际收支(B)有改善。贬值后支出的增加可分为两部分:一部分是由所得增加而增加的支出用 $a\Delta Y$ 表示(a 为边际吸收倾向),另一部分是贬值后与所得无关的直接支出,用 ΔA_d 表示。故得:

$$\Delta A=a\Delta Y+\Delta A_d \tag{12-15}$$

把(12—15)式代入(12—14)式,得:

$$\Delta B=(1-a)\Delta Y-\Delta A_d \tag{12-16}$$

贬值对国际收支影响依赖于 ΔY,a,ΔA_d 三个因素,因为是资源未充分利用,所以贬值后出口增加会引起收入(Y)增加。另外,贬值后由于价格的上升,与收入无关的直接支出(A_d)会下降。所以从一般意义上讲,贬值后是否改善国际收支取决于边际吸收倾向(a)的大小。$a<1$,则贬值对国际收支(B)有改善。

通过以上介绍可知吸收分析法的主要特点是:(1)该理论建立在宏观经济学基础上,采用一般均衡分析法将国际收支和整个国民经济的诸多变量联系起来。(2)强调政策的搭配。例如，国际收支逆差时，在采用紧缩性政策的同时如有失业应采取货币贬值的政策等。

（三）货币分析法

货币分析法（Monetary Approach）与吸收分析法相比，从更宽的角度来考察国际收支的失衡问题。正如前面介绍的，吸收分析法是通过分析一国国民收入和支出的关系来分析国际收支的均衡问题，即收入大于支出时，国际收支顺差；支出大于收入时，国际收支逆差。国民收入与支出的差额等于国际收支的差额。而货币分析法将这一思维方式进一步扩展，把国际收支作为一种货币现象来加以把握，也就是说以货币的角度来分析国际收支的均衡问题。这是货币分析法的最大特点。它的分析范围不只在于经常收支，而且扩大到了资本账户。

1. 假设前提

第一，从长期来看一国处于充分就业的均衡。第二，从长期来看货币需求是稳定的，货币供给变动不影响实际产出。第三，一国的价格水平和利率水平接近于世界市场水平和国际资本市场利率水平。

2. 货币分析法主要内容

用 M_s 表示名义货币的供给，M_d 表示名义货币的需求，从长期看在货币市场中始终存在存量均衡的趋势，也就是说 M_d 总是趋同于 M_s，即：

$$M_s = M_d \tag{12-17}$$

如果用 P 表示本国价格水平，Y 表示实际产出，k 表示货币流通速度的倒数，那么货币需求方程式可以表示为：

$$M_d = kPY \tag{12-18}$$

（12－18）式中 PY 表示名义的产出，在 k 固定不变的前提下，M_d 是一个稳定的、随国内价格水平和实际产出正向变化的函数。

货币分析法认为名义货币供应量是：

$$M_s = m \times B \tag{12-19}$$

m 为货币乘数，是一个常数，指通过银行的信用创造，使货币供应基数多倍扩大的系数。B 表示基础货币（Monetary Base），由国内部分（即国内信贷）和国外部分（即该国的国际储备，通过国际收支盈余获得）组成，分别用 D、R 表示。即：

$$M_s = m(D+R) \tag{12-20}$$

如果将 m 忽略，把（12－20）式代入（12－17）式，得：

$$M_d = M_s = m(D+R) \tag{12-21}$$

整理移项后又可得：

$$R = M_d - D \tag{12-22}$$

根据（12－22）式，货币主义者解释了国际收支失衡产生的原因。国际收支的顺差是国内货币供给小于货币需求的结果，逆差是国内货币供给大于货币需求的结果。当一国国内的货币供给大于货币需求时，由于货币供应量不影响实际产量，在价格不变的情况下，多余的货币就要寻找出路，人们必然会增加对国外商品和金融资产的需求，最终导致国际收支逆差。当名义货币的需求超过了货币供给，在价格不变的情况下，人们必然会减少支出，减少对外国商品和金融资产的需求，最终导致国际收支顺差。

根据货币分析法，国际收支的差额可以自动进行调整。在固定汇率制下，过多的货币供给产生逆差的时候，为保持汇率的稳定，逆差将引起外汇的对外支付，国内的外汇储备水平下降，货币供给减少，逆差得以消除；而顺差是由货币供给不足引起的，但顺差本身将导致外汇内流，储备水平上升，货币供给增加，此时顺差也得以消除。如果是在浮动汇率制下，国际收支的差额可以通过本币币值的改变得以消除。如货币供给超过货币需求时导致国际收支逆差出现，在本国外汇储备水平不变的情形下，过多的货币供给将导致本币在外汇市场上贬值。本币贬值则引起国内一般价格水平的上升，导致名义的货币需求上升，在货币供给不增加情况下，两者相等时，国际收支逆差得以调整。如果是过少的货币供给引起顺差，将导致本币在外汇市场上升值，引起国内一般价格水平的下降，导致名义的货币需求下降，国际收支的顺差得以调整。

因此对于政府来说，维持合理的货币供给水平是最重要的工作之一，国际收支失衡同失业、通货膨胀等问题一样是货币因素导致的结果。从长期看，国际收支的失衡存在自动调整的内在机制，对于经济运行的过分干预是不需要的。当然，在短期内，政府如果需要采取措施来调整国际收支失衡，那么应使用扩张性的货币政策来减少国际收支顺差；而在国际收支发生逆差时，应使用紧缩的货币政策改善国际收支的不平衡。

二、国际收支失衡的政策调节

一国调节国际收支的政策手段是多样的，既可以从需求方面，也可以从供给方面。既可以使用支出增减型政策(Expenditure-Changing Policy)改变社会总需求或总支出来调节国际收支，也可以运用支出转换型政策(Expenditure-Switching Policy)改变需求支出方向，达到调节国际收支平衡的目的，或者可以通过直接管制的手段进行调节。

1. 支出增减型政策

它指通过改变社会总需求或总支出来改变进出口贸易、劳务及资本的输出入状况，从而达到调节国际收支的目的。主要可以运用的手段包括财政政策和货币政策。如当国际收支逆差时，运用紧缩性的货币政策可以压低社会总需求或总支出，减少商品市场的进口，同时提高利率，吸引资金流入，使国际收支得到改善；或运用紧缩性的财政政策，如削减政府开支或提高税收，可以使投资、消费下降，压缩进口，进而改善经常账户下的国际收支。当发生国际收支顺差时，则相反。

以下对国际收支逆差时可采取的货币政策及其对国际收支失衡的调节机制进行说明。货币政策有“三大法宝”，即变动再贴现率、调整法定存款准备金率和公开市场操作。如图 12—7 所示，当一国国际收支出现逆差时，可以通过提高中央银行的再贴现率(BR)提升该国利率水平(i)。利率的提高使得投资(I)、消费(C)下降，总需求的减少导致价格水平(P)的降低，出口增加、进口的抑制将改善该国的国际收支(贸易收支)。当然，利率的上升导致资本的流入同样会影响该国的国际收支(图中未显示)。

$$\boxed{\text{国际收支逆差}} \Rightarrow BR\uparrow \to i\uparrow \to \begin{matrix} I\downarrow \\ C\downarrow \end{matrix} \to P\downarrow \to \begin{matrix} EX\uparrow \\ IM\downarrow \end{matrix} \Rightarrow \boxed{\text{国际收支改善}}$$

图 12—7 通过提高中央银行的再贴现率改善国际收支

如图 12—8 所示，当国际收支逆差时，也可以通过提高存款准备金率(R_r)影响商业银行的信用创造能力，进而减少货币供应量（M），使社会的总需求（D）下降，最终改善其国际收支（贸易收支）。

国际收支逆差 $\Rightarrow R_r\uparrow \rightarrow M\downarrow \rightarrow D\downarrow \rightarrow P\downarrow \rightarrow \begin{matrix} EX\uparrow \\ IM\downarrow \end{matrix} \Rightarrow$ 国际收支改善

图 12－8 通过提高存款准备金率改善国际收支

当然，政府也可以采取公开市场操作的手段在市场上买卖证券，调控货币供应量和利率水平以调节国际收支的不平衡。如图 12－9 所示，如果国际收支出现逆差，中央银行可以在公开市场上抛售证券。其结果是货币供应量减少，总需求下降，最终该国的国际收支趋向好转。同时，中央银行的这一行为也使该国的利率上升，导致资本流入（图中未显示），改善国际收支。

国际收支逆差 $\Rightarrow$ 抛售证券 $\rightarrow M\downarrow \rightarrow D\downarrow \rightarrow P\downarrow \rightarrow \begin{matrix} EX\uparrow \\ IM\downarrow \end{matrix} \Rightarrow$ 国际收支改善

图 12－9 通过公开市场业务的操作改善国际收支

2. 支出转换型政策

它是指不改变社会总需求和总支出而改变需求、支出方向的政策。一国可以通过某些政策改变社会的需求、支出方向以调节其国际收支的不平衡。主要手段有汇率政策、进口关税、出口补贴等。

例如，通过汇率政策提高或降低本国对外国货币的汇率，以调节国际收支的不平衡。如当国际收支逆差时，通过本币贬值的汇率政策，使得以外币标价的本国产品价格下降，提高了本国产品在国际市场上的价格竞争力，促进了出口的增加；另一方面，以本币表示外国产品的价格上升，进口减少。结果，该国的国际收支（贸易收支）得到改善。

3. 直接管制政策

它是指政府为调节国际收支的不平衡而采取的直接行政干预的政策，包括外汇管制和贸易管制。外汇管制主要是严格管理各项外汇的收入、支出，增加外汇的收入，改善国际收支。贸易管制主要是采取进口配额、进口许可证等措施，限制进口，鼓励出口，改善国际收支。需要说明的是，直接管制也属于支出转换型政策，在贸易自由化、经济全球化的当今社会，这一政策的使用受到各种条款、协议的极大限制。

除了以上从需求的立场考虑国际收支的调节外，还有从供给的角度出发考虑国际收支的调节政策。如产业政策和科技政策，它们就是从供给的角度出发，考虑运用相关政策改善一国的产业结构，提高劳动生产率、产品质量，降低成本，以增强产品的国际竞争力，最终达到改善国际收支的目的。

三、实现内、外均衡的政策搭配

以上介绍了国际收支不平衡时政府调节常用的三种政策手段。但是，这些手段只强调了如何调整国际收支平衡（对外均衡），而完全没有涉及国内平衡（对内均衡）的问题。然而一国的宏观经济目标在治理外部均衡时必须考虑如何同时实现对内均衡，内外均衡的同时实现才是宏观经济调节追求的目标。尤其当内部均衡和外部均衡产生矛盾时,就要求用适当的政策搭配来促进内外均衡的实现。以下介绍两种政策搭配。

(一)支出转换与支出增减政策的搭配

假设:(1)不考虑资本流动;(2)经济未达到充分就业,价格水平不变。澳大利亚学者斯旺(T. Swan)1955 年提出用支出转换与支出增减政策的搭配解决内、外均衡问题。他的主要思想可以用斯旺图加以说明。

图 12—10 的纵轴 r 表示汇率(直接标价法),r 的上升为本币贬值、下降为本币升值,它代表支出转换政策的运用。横轴 N 表示真实的国内消费或吸收(包括政府支出),代表支出增减政策的运用。IB 线代表对内均衡的汇率(r)与国内支出(N)的各种组合。从左上向右下倾斜是因为沿着 IB 线的某一点出发,如果汇率升值(向下移动),那么出口减少(贸易赤字),失业增加。为了实现国内均衡,需要增加国内支出(即 N 向右移动)。相反,沿 IB 线的某一点出发,如果汇率贬值(向上移动),那么出口增加,需求过剩将引起通货膨胀。为了实现国内均衡,必须要减少支出(即 N 向左移动)。因此,在 IB 线的右边为通货膨胀,在 IB 线左边为失业。

EB 线代表对外均衡时的汇率(r)与国内支出(N)的各种组合。EB 线从左下方向右上方倾斜是因为本币的贬值(r 上升)将使出口增加、进口减少,国际收支(贸易收支)顺差。为了维持对外均衡必然增加国内支出,即(N)向左移,以增加进口削减顺差。如果本币升值(r 下降)将使进口增加、出口减少,国际收支(贸易收支)逆差。所以为了实现对外均衡必须减少国内支出,即(N)向左移,以减少进口削减逆差。因此,在 EB 线的右边为逆差,左边为顺差。EB 与 IB 的相交点 F 为内、外的均衡点。F 点以外的内、外不均衡如图 12—10 所示,可分为四种不同的类型。

假设经济处在 A'点,该点正好在均衡点(F)的正下方。这时只要使用支出转换政策,即实行汇率贬值就可达到内外均衡。B'、C'、D'同样也是只要使用一种政策就可以达到内外均衡。但这样的情况毕竟是罕见的,此外的点就必须使用搭配政策。例如,在 A''点上实行的贬值,虽可达到 EB 线对外均衡,但国内却由失业转向通货膨胀,所以同时还得采取紧缩政策,减少国内支出,这样才可以达到内外均衡。其他的非均衡点同样需要相应的政策搭配,才能实现内外均衡。图 12—10 列举的各非均衡点的政策搭配情况参见表 12—3。

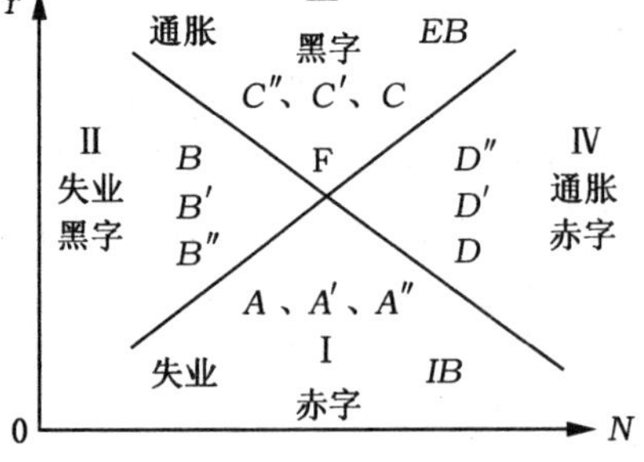

图 12—10 斯旺曲线

表 12—3　　实现内外均衡的政策搭配

区间	点	对内均衡的财政政策	对外均衡的财政政策
	A	扩张	贬值
Ⅰ	A'	不变	贬值
	A''	紧缩	贬值
	B	扩张	升值
Ⅱ	B'	扩张	不变
	B''	扩张	贬值
	C	紧缩	升值
Ⅲ	C'	不变	升值
	C''	扩张	升值
	D	紧缩	贬值
Ⅳ	D'	紧缩	不变
	D''	紧缩	升值

这个简单的模型说明，利用一种政策工具（扩张性的财政政策或货币政策）来达到两个目标是很难取得成功的。如从上述的 D 点移到均衡点，就必须同时采用通货紧缩和货币贬值政策。通货紧缩可以抑制通货膨胀，货币贬值可以改善经常项目状况。在浮动汇率制下，一国可以通过调节汇率水平来实现支出转换政策，也可以通过财政和货币政策实现支出变更政策，这样可以同时达到内外均衡。正如"丁伯根法则"所指出的那样，实现 n 种目标需要 n 种相互独立的政策工具。

但是第二次世界大战后，上述的支出转换型的政策在主要西方国家很少使用。第一，因为顺差国家希望贮存更多外汇和提高本国的对外信誉，所以不愿削减黑字。第二，逆差国家也不愿通过贬值来削减贸易赤字。因为贬值将影响到本国的威信，他们认为是一种经济软弱的表现。第三，经常人为变动汇率将引起经济的不稳定。因此 1950 年以后，英国在 1967 年，法国在 1957 年、1969 年、1982 年，德国在 1961 年、1969 年、1971 年、1973 年对本币实行过贬值，美国在 1971 年以前没有贬值过。在这种情形下，英国经济学家米德指出：在某些情形下，单独使用支出变更政策追求内外同时平衡时，有可能造成一国内部均衡和外部均衡的冲突，此种冲突被称为"米德冲突"。内外均衡关系中经济衰退、失业增加与国际收支逆差并存，通货膨胀和国际收支顺差并存时单独采用一种支出变更的政策偏向一种均衡，有可能导致另一方面均衡效果的恶化。我们假设只考虑对外均衡，而采取相应的政策，那么这对对内均衡产生的效果如表 12—4 所示。对（Ⅰ）的情况虽可以通过紧缩性的政策改善国际收支，实现对外的均衡，但国内将增加失业，对内均衡的效果将趋向恶化。（Ⅲ）的情况亦是如此，虽可以使用扩张性政策、增加进口等改善国际收支，但该国的通货膨胀状况将进一步恶化。

表 12－4　　对内均衡的政策及效果(Ⅰ)

对内外不均衡	对外均衡的政策	对内均衡的效果
Ⅰ 失业与逆差	紧缩性	恶化
Ⅱ 失业与顺差	扩张性	改善
Ⅲ 通胀与顺差	扩张性	恶化
Ⅳ 通胀与逆差	紧缩性	改善

另一方面,我们如果只考虑对内的均衡,那么其结果如表 12－5 所示,对于(Ⅰ)的情况,为了减少国内失业虽可以运用扩张性政策,但这将导致对外均衡的恶化。而(Ⅲ)的情况,如果为了抑制通货膨胀,则有可能引起更大的国际收支顺差。

表 12－5　　对内均衡的政策及效果(Ⅱ)

对内外不均衡	对内均衡的政策	对外均衡的效果
Ⅰ 失业与逆差	扩张性	恶化
Ⅱ 失业与顺差	扩张性	改善
Ⅲ 通胀与顺差	紧缩性	恶化
Ⅳ 通胀与逆差	紧缩性	改善

(二)财政政策与货币政策的搭配

"米德冲突"是 20 世纪 50 年代被广为接受的理论。但到了 20 世纪 60 年代,罗伯特·蒙代尔(Robert Mundell)打破了这一教条,指出在固定汇率制下,财政政策和货币政策也是两种独立的政策工具,只要适当地加以搭配使用,就可以同时实行内外均衡。应将每一种政策实施在它最有影响力的目标上,分配财政政策对付稳定国内经济的任务,分配货币政策用来平衡国际收支,这就是"蒙代尔搭配法则"(Mundell's Assignment Rule)或"有效市场分类原则"或"有效市场搭配原则"。下面以图 12－11 进行说明。

图 12－11 的纵轴以利率作为货币政策的代表,横轴作为财政政策的代表。IB(Interior Balance)线表示实现对内均衡的财政政策和货币政策的各种组合,IB 的右边为通货膨胀,左边为失业。IB 向右上方倾斜的经济含义为,如果实行扩张性财政政策,为了使国内经济均衡,即停留在 IB 线,那么就必须采取紧缩的货币政策(如提高利率)。EB(Exterior Balance)表示实现对外平衡的财政和货币政策的各种组合,EB 的右下方为逆差,左上方为顺差。EB 向右上方倾斜的经济含义为,如果扩大财政支出,将导致国际收支进一步恶化,为了使该经济对外均衡,即停留在 EB 线上,就应该提高利率,使更多的资本流入(或减少资本的外流)。

EB 曲线比 IB 曲线更平缓,表示变动利率对国际收支的影响较大。短期资本的移动对利率的变动比较敏感。资本移动对利率变化越敏感,EB 线就越平缓。其结果是货币政策调节对外均衡比调节对内均衡更加有效。IB 和 EB 的相交点 F 表示该国达到对内、对外的唯一均衡点。F 点以外的内外不均衡如图 12－11 所示,可分为四种不同的类型。

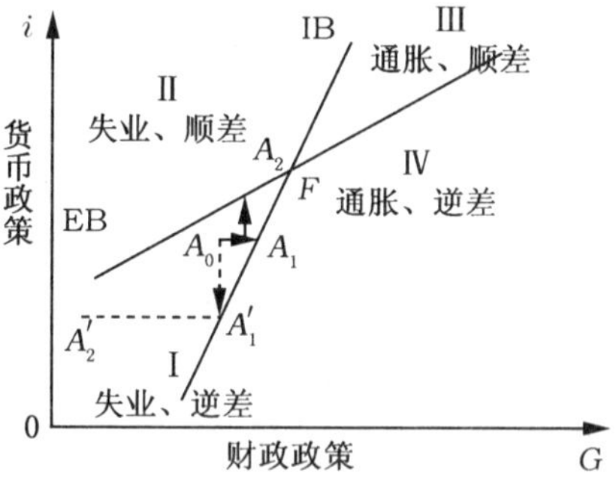

图 12—11　有效市场分类原则

现在假设经济处在 A_0 点上，首先采取扩张的财政政策，使经济达到 A_1 点的国内均衡，其次采取提高利率的货币政策，使 A_1 点向 A_2 点移动。如此反复使用搭配政策，最终经济将达到内外均衡的 F 点。

如果政策判断失误、搭配错误，那么经济就不可能到达 F 点。如果采取相反的搭配政策，该国的经济将离 F 点越来越远。如在 A_0 点上采取宽松的货币政策，又采取紧缩的财政政策，结果是经济由 A_0 点向 A'_1、A'_2 点方向移动，如此反复，只能是导致离 F 点越来越远。

根据以上所介绍的搭配原理，在 F 点以外的任何点，都可以使之向 F 点靠近，最终达到内外均衡。上述思想在实践中得到广泛接受，各国主要是用支出增减型政策来保持内外均衡，其中对外均衡的目标应使用货币政策来实现，对内均衡的目标应使用财政政策来实现。

第三节　经济政策的国际协调

如前所述，一国对出现的内外不均衡可以采取不同的政策搭配以达到目标。但是，在开放的经济条件下，各国经济相互依存、紧密相连，一国为实现内外均衡所出台的经济政策作用于国内的同时，也会对他国的经济变量产生影响。这种对他国的波及效果反过来又会作用于本国，形成国外反响(参见第十一章)。经济政策的相互影响在某种程度上，可能制约一国预期的内外均衡目标的实现，也可能对他国产生消极的作用。这里实际上意味着各国经济政策处于一种博弈的状态之中。与不协调相比，各国间的政策协调有可能获得更好的结果。本节首先讨论在当今浮动汇率制下经济政策的相互影响。其次，分析经济政策国际经济协调的必要性。最后，考察浮动汇率制下的政策国际协调的实践和存在的问题。

一、浮动汇率制下经济政策的相互影响机制

这里使用标准的资本完全自由移动下的蒙代尔-弗莱明模型(参见第十一章)，讨论在当今浮动汇率下，一国的经济政策对其他国家经济变量的影响以及国外的反应效应。

(一)财政政策的影响

图 12—12 具体描述了本国采取扩张性财政政策后对外国的影响和国外的反响。假设两

国经济规模相同,两国经济初期达到均衡。从 A 点出发,如果本国采取扩张性财政政策,那么 IS 曲线将向右移动。其结果使本国所得(Y)增加,国内利率(i)上升。由于本国所得的增加会引起本国从国外进口的增加(参见第十一章),推动外国 IS 曲线向右移动,增加外国的所得。但是需要说明的是,对外国产品需求的上升是由于本国所得增加的结果而产生的,所以外国 IS 曲线的移动幅度将小于本国 IS 曲线的移动幅度。当然本国的扩张性财政政策的影响并未到此结束。由于外国所得水平的上升,反过来又促进本国出口的扩大,进一步增加本国的所得。上述相互影响的结果如图 12—12 所示,本国的 IS 曲线由 IS_0 移到 IS_1,外国的 IS 曲线由 IS_0^* 移向 IS_1^*,两国经济由初期的 A 点移到 B 点。本国对外国影响反过来又进一步增加了本国的国民所得,这种效果称为溢出效应(Spill-over Effect)。

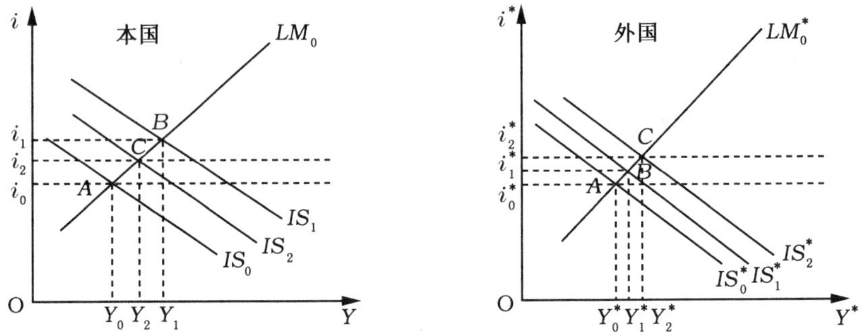

图 12—12 扩张性财政政策的国际影响

然而,上述的 B 点并非最终的均衡点。在资本自由移动的情况下,利率水平高的国家引起资本流入,本币升值。利率水平低的国家引起资本外流,本币贬值。因此,利率高的国家由于本币的升值,导致出口下降,而利率水平低的国家由于本币贬值,导致出口上升。如图 12—12 所示,在 B 点,本国的利率水平为 i_1 高于外国 B 点所对应 i_1^* 的利率水平。这将使资本流入本国,本币升值,出口下降,导致本国 IS 曲线由 IS_1 向左下方移动。相反,外国由于资本流出,本币贬值,出口上升,导致 IS 曲线从 I 进一步向右上方移动。两国 IS 曲线的移动将一直持续到两国利率水平相等为止,即 $i_1=i_2^*$。两国最终在 C 点达到了均衡。与初始期的 A 点相比,两国的国民所得都得到提高。也就是说在浮动汇率制下,扩张性的财政政策对两国的国民所得均会产生积极的影响。

(二)货币政策的影响

本国采取宽松的货币政策所产生的影响如图 12—13 所示。与图 12—12 相同,假设两国经济初始期在 A 点达到均衡,本国增加货币供应量,使 LM 曲线向右移动,其结果是本国利率下降,本国国民所得增加。本国所得水平上升,引起从国外的进口的增加,这导致外国的 IS 曲线右移。这一过程的结果在图 12—13 中表现为本国的 LM 曲线由 LM_0 移向 LM_1,外国的 IS 曲线由 IS_0^* 移向 IS_1^*,两国经济由 A 点移至 B 点。但是 B 点也不是最终的均衡点。由于两国利率水平存在差异,利率相对低的本国因为资本流出、本币的贬值,导致本国出口增长,结果是 IS 曲线向右上方移动。而利率水平相对高的外国,因为资本流入、本币的升值,导致其出口下降,结果是 IS 曲线向左下方回移。两国 IS 曲线的移动将持续到两国利率水平相等($i_2=i_2^*$)为止,两国经济分别在 C 点最终达到平衡。但是需要注意的是,这时的利率水平低于初始期的利率水平，这是由于假设本国是大国，本国采取宽松的货币政策会导致世界整体的利率下降(从 $i_2=i_2^*$ 降到)。因此，外国的最终均衡点一定会处在初始期均衡点的 A 的左下方。

从图 12—13 中可以知道，在 C 点本国的国民所得由初期的 Y_0 增加到 Y_2，而外国的国民所得则从 Y_0^* 下降到 Y_2^*。如果 Y_2 水平就是本国预期达到的政策目标，那么这一目标实现的一部分是建立在外国国民所得水平下降的基础上。从这个意义上讲，浮动汇率制下的宽松的货币政策有可能成为“以邻为壑”政策(Beggar-My-Neighbor Policy)。

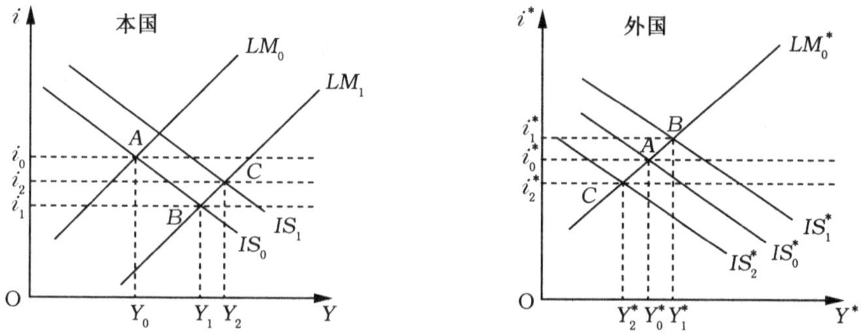

图 12—13　货币政策的国际影响

二、政策协调的必要性

各国的经济政策存在各种外部性，一国的政策对他国的经济变量产生影响时，如果各国不是采取独立分散的政策，而是选择政策协调，其结果可能是所有国家都受益。反之，各国都受到损害。以下运用博弈论的有关模型，考察国际政策协调的可能性、必要性。假设有本国和外国两国，两国都负有经济增长和物价稳定的两大经济目标。也就是说，两国都不希望本国的经济停滞不前，同时各自对通货膨胀率的上升也都十分重视。此外，还假设两国都拥有两种政策手段可供选择，第一种是扩张性货币政策，第二种是紧缩性货币政策。

根据以上的假设，我们可以得到两国各种不同政策组合给两国带来的得利情况(参见图 12—14)。

		外　国	
		宽松的货币政策	紧缩的货币政策
本　国	宽松的货币政策	3 ,3	−7 ,7
	紧缩的货币政策	7 ,−7	−5 ,−5

图 12—14　不同政策选择的两国得利情况

图 12—14 中的第一个数值为本国得利，第二个数值为外国得利。例如，两国都选择宽松的货币政策，这时对外汇汇率的影响相互抵消，两国物价水平虽有一定上升，但两国都实现了产出的增加。这时两国得利情况如图 12—14 所示，假定为(3,3)。但是，如果本国选择了紧缩性货币政策，而外国选择宽松性货币政策，由于两国利率差异的扩大，导致本国货币大幅度升

值。这不仅可以通过进口产品价格的下降成功抑制通货膨胀率,也由于外国宽松性货币政策带来的溢出效应,促进了本国的出口增长,为本国的经济增长起到了积极的作用,这时对本国来说得利最大。相反,外国由于其货币贬值导致通货膨胀率上升,通货膨胀率的上升与宽松的货币政策带来的经济景气相互抵消,这时外国的得利最小。两国得利情况为(7,-7)。当然,这时如果外国也选择紧缩的货币政策,由于没有出现利率的差异,对汇率的影响相互抵消。虽然通货膨胀率有所下降,但两国均陷入经济衰退,得利情况为(-5,-5)。

面对上述得利情况,本国和外国将会采取怎样的行动呢?我们假设各国完全独立分散决策,均从自身利益最大的角度考虑,那么本国在外国采取宽松的货币政策时,希望自己采取紧缩的货币政策(3<7)。如果外国采取的是紧缩的货币政策,本国也仍然希望采取紧缩性货币政策(-7<-5)。其结果是,无论外国采取什么政策,本国都将选择紧缩性货币政策。因此,最终两国都会选择紧缩性货币政策,两国得利都为-5。

虽然上述各国完全独立分散的结果是不合理的,双方都受到损失。也就是说,两方都未能实现预期的经济增长目标。那么是否有更合理的选择呢?通过图 12-14 可以知道两国如果都选择宽松的货币政策,就是一个双赢的局面。之所以两国都不会选择宽松的货币政策,是因为双方都只考虑自身的利益得失。在这样一种情况下,两国只有采取紧缩的货币政策才会达到稳定的状态,任何一方都不会首先打破这一状态。因此要实现双赢,各国必须放弃只考虑本国自身利益的想法,通过协调选择政策,方可获得更大利益。从图 12-14 来看,只有通过协调双方一致达成共同采取宽松的货币政策,两国方可最大限度地实现政策的预期目标。两国政策协调的结果比完全独立分散决策的结果更有效率(3>-5)。因此在开放的经济条件下,国际的政策协调是十分必要的。

三、国际政策协调的实践与存在的问题

进入浮动汇率制以后,初期的国际的政策协调是 1978 年的波恩首脑会议。针对当时全球性的经济衰退和美国的经常项目收支逆差的扩大,首脑会议上达成协议要求日本、联邦德国扩大财政支出。但是由于各国的扩张性财政政策等并不充分,并没有达到预期的目标。因此一般认为这次的政策协调是失败的。

20 世纪 80 年代,美国里根政府推行扩张性财政政策和紧缩性货币政策的结果是美国出现了财政赤字和经常项目收支赤字,即所谓"双胞胎赤字"。扩张性财政政策导致财政赤字,而紧缩性货币政策使美国利率上升、美元升值,结果引起经常项目收支的恶化。1985 年,美国沦为纯债务国,人们开始对美国经济产生怀疑并担心美元可能暴跌。在这样的情况下,1985 年 9 月,西方 5 国(G5)的财政部部长和中央银行行长在纽约达成《广场协议》,决定通过联合大规模干预外汇市场的政策合作,纠正被高估的美元汇率,以改善美国的经常项目收支严重失衡的问题和防止美元暴跌(参见附录 12-1)。此后,汇率稳定的国际协调一直是西方主要国家政策协调的重要课题之一。如 1986 年 5 月的东京首脑会议确认了为稳定汇率而进行政策协调的重要性。1987 年 2 月的卢浮宫协议,就稳定汇率共同干预外汇市场和政策协调的必要性达成了共识。2011 年 3 月七国集团(G7)联合干预阻止日元升值。

需要说明的是,各国之所以将汇率稳定作为政策协调的重要课题,是因为如前所述,在浮动汇率制下,各国在分散独立决策时,可以通过货币政策把汇率诱导到有利于本国政策目标实

现的水平上来，而通过政策协调将汇率维持在某一水平或保持某一变动幅度，可以避免“以邻为壑”政策。

从以往的国际政策协调的实践来看，至少可以指出以下两点问题：第一，参与政策协调的国家很可能会放弃协调行为，通过牺牲他国的利益来提高本国的经济福利。这是因为如图12—14所示，外国如采取宽松的货币政策，而本国违反协议改为采取紧缩性货币政策的话，可以使本国的经济福利最大化。现实中并没有建立相应的约束各国执行协调政策的强制性手段，所以各国达成的政策协调的意见、协议是否能得以彻底执行，存在很大的不确定性。第二，由于不存在超国家的相应国际机构，因此为了达成政策协调的意见，就需要一个能够发挥领导作用的强有力的国家。然而，在现实中这样的国家（美国）由于关系到其自身利益，往往不容易站在一个公平的立场上对待政策协调。在国际政策协调中参与协调的各国所负担成本的大小，如果是由国际政治经济体系中各国力量的强弱来决定，那么各国很可能就不能从政策协调中得到均等的利益，这种框架下的政策协调前景很可能是十分黯淡的。

专题 12－1

蒙代尔的“有效搭配法则”为何在中国不适用？

蒙代尔的“有效搭配法则”为开放经济中政府应采取何种方向的宏观经济政策来治理经济达到内外均衡提供了理论指导，但用这一理论得出的结论却与我国实际政策大相径庭。如2000年以来，中国的国际收支经常项目和资本项目保持了双顺差，并在2003年后越发明显。多年的国际收支顺差不仅造成我国外汇储备迅速增长，并对人民币升值形成强大的外部压力。2002年10月，以摩根全球首席经济师罗奇的《中国因素》报告为引子，引发中国是否输出通货紧缩的辩论，并迅速演变为西方一些国家对人民币汇率问题的声讨。2002年12月4日，时任日本财务省次官黑田东彦等人在英国《金融时报》上发表文章，称中国应当承担起人民币升值的责任。在2003年2月21日的西方七国集团财政部长巴黎会议上，日本财长盐川正十郎倡议效仿1985年《广场协议》，逼迫人民币升值。不少发达国家也加入了逼迫人民币升值的行列，美国逐渐成为要求人民币升值的主角。2003年9月2日，美国财长斯诺态度强硬地到北京游说人民币升值。2005年4月6日，美国参议院则通过提案声称如果中国不能在6个月内让人民币升值，美国就可能采取提高进口关税的措施来进行报复。

在内部均衡方面，自2004年我国通货膨胀压力开始显现。2005年物价继续上涨。生产资料价格持续高位运行，对下游产品价格上涨的传导作用已经开始显现；公用事业和服务价格调价压力加大；国际油价和一些重要原材料价格仍将处于较高水平。

根据上述事实可知，2004～2008年间中国经济正处于国内通货膨胀与国际收支盈余并存的非均衡状态。根据蒙代尔在《固定汇率下货币政策与财政政策的适当应用》一文的分析，国内通货膨胀与国际收支盈余并存的非均衡状态区域中应采取紧缩的财政政策和扩张的货币政策。但是我国实际的政策操作情况却恰恰相反，采取的是稳健的财政政策和紧缩的货币政策。所谓“稳健的财政政策”概括起来就是：控制赤字、调整结构、推进改革、增收节支。通过稳健的财政政策，政府退出了拉动需求的舞台，在一定程度上平抑了过热的总需求，同时又保证了一定规模的财政支出以防止经济衰退。另一方面，为更好地控制通胀压力，中央银行采取了诸如上调存款准备金率和银行利率等紧缩银根的货币政策。

那么,是什么原因造成了蒙代尔的“有效搭配法则”在我国不适用呢? 首先,我国的经济环境并不满足经典蒙代尔-弗莱明模型的理论前提。如我国实行的是经常项目下可自由兑换与资本项目下管制并存的外汇管理制度。金融市场仍存在较严格的利率管制。尽管自1994年起,我国开始实行了以市场供求为基础的、有管理的浮动汇率制度。但是自亚洲金融风暴以来,出于防范风险稳定汇率的考虑,我国实际采取的仍然是钉住美元的固定汇率制度。正是因为上述原因导致我国实际宏观经济政策与蒙代尔-弗莱明模型的政策建议大相径庭。采取实际钉住美元的固定汇率制和外汇盈余的国际收支目标是由我国宏观经济以保持经济持续稳定增长和扩大就业为首要目标所决定的。因此,根据蒙代尔-弗莱明模型得出的政策组合建议并不适合中国内外均衡调整的实际情况。

其次,蒙代尔的“有效搭配法则”的结论并不适用于所有国家。模型的适用程度取决于资本流动和流动性偏好对利率的敏感程度以及汇率制度的稳定性。此外,经济体系本身的强大、资本市场的发达和货币政策的独立性也是模型得以应用的重要条件。正因为如此,蒙代尔指出,世界上应用蒙代尔一弗莱明模型最成功的国家恰恰是最大的三个经济体:美国、日本和德国,而很少有发展中国家适合同样的结论。这是因为,发展中国家在实施扩张性财政政策时,往往伴随银根放松和外部投资资本的冲击,由于缺乏发达的资本市场和体系健全的经济结构,这使得发展中国家很难保证经济安全。所以,蒙代尔个人也并不主张使用蒙代尔-弗莱明模型来分析发展中国家的经济问题。但将模型用来分析“将来”而非“现在”的中国经济在体制改革后内外均衡的变化,仍具有重要意义。

主要参考文献:

[1]伍端翌:“人民币升值压力下的政策搭配——基于 Mundell-Fleming 模型的探讨”,《财经科学》2008年第11期。

本章小结

国际收支平衡表的最终差额为零,是由“有借必有贷、借贷必相等”的复式簿记的原则所决定的,自主性交易才是国际收支是否平衡的主要标准。由于国际收支失衡也会对一国宏观经济运行造成影响,那么如何调节国际收支不平衡是本章的主要内容。本章首先介绍国际收支不平衡的原因和类型,探讨不同汇率制度下的国际收支的调节。其次,介绍了国际收支调节的主要理论与政策,包括如何实现内外同时均衡的政策搭配。最后,在这一章里我们还讨论了开放经济中各国经济政策的冲突及经济政策的国际协调的理论与实践。

主要概念及术语

1. 线上项目(Above the Line)
2. 线下项目(Below the Line)
3. 国际收支的自动调节(Automatic Adjustments of BOP)
4. 物价-铸币流动机制(Price-Specie Flow Mechanism)
5. 弹性分析法(Elasticity Approach)
6. 吸收法(Absorption Approach)
7. 马歇尔-勒纳条件(the Marshall-Lerner Condition)
8. J 曲线效应(J Curve Effect)

9. 货币分析法(Monetary Approach)
10. 支出增减型政策(Expenditure-Changing Policy)
11. 支出转换型政策(Expenditure-Switching Policy)
12. 直接管制(Direct Controls)
13. 市场有效分割理论(Principle of Effective Market Classification)
14. “以邻为壑”政策(Beggar-My-Neighbor Policy)

思考讨论题

1. 金本位制度下,国际收支具有怎样的自动调节机制?
2. 国际收支的自动调节有哪些主要机制?
3. 弹性分析法认为国际收支的失衡应怎样调节? 有什么条件?
4. 吸收分析法认为国际收支的失衡是如何产生的? 怎样纠正?
5. 货币分析法认为国际收支的失衡是如何产生的? 可以进行自动调节吗?
6. 实现内外均衡的政策搭配有哪些?
7. 开放经济条件下国际经济政策为什么会有冲突? 有哪些基本协调思路?

附录 12—1

国际政策协调的成本与利益
——以日本的政策协调为例

1981 年里根上台后,按照供给学派的理论实施其经济政策,试图通过大幅度减税、提高储蓄率、修正一些高福利政策等削减财政赤字,目标是重建一个强大的美国。但事实上国防支出的增加加大了财政赤字,税收的削减则增加了消费的支出,导致进口的上升。同时由于高利率(为了防止通货膨胀)导致超出其实力的美元升值,这又进一步使美国的进口增加,出口减少。1980 年美国的贸易还是顺差(12 亿美元),到 1982 年则开始出现逆差,而且逐年扩大,到 1985 年逆差已高达1 222亿美元①。另一方面日本、欧洲(西德)出现大幅度的贸易顺差。为了解决美国与日本、欧洲之间的经常性收支的大幅失衡,西方 5 国(G5)决定于 1985 年 9 月 22 日在美国纽约召开会议决定共同干预市场,降低美元对日本和欧洲货币的汇率,这次会议上签订了《广场协议》。《广场协议》之后,日元对美元持续升值(见附图 12—1)。受其影响,日本出口受到严重阻碍,国内经济景气急剧恶化。为了对付“日元升值不景气”和履行《广场协议》政策协调的相关责任等,货币当局采取了大幅度的金融宽松政策。1986 年一年间连续 4 次下调再贴现率,到 1987 年 2 月再贴现率已达到了第二次世界大战后最低水平的 2.5%(见附图 12—2)。1987 年夏,宽松的货币政策使日本经济开始明显回升。然而如果允许 2.5%的超低利率持续下去,随着经济回升的加速将有可能引发通胀,最终导致经济景气的夭折。为此,日本央行准备年底调高利率②。

然而 1987 年 10 月 19 日,资本突然大量逃离美国,纽约市场的股票、债券、外汇价格暴跌,即所谓的“黑色星期一”。其原因是市场传闻欧、日将要提高利率。为了防止事态的进一步恶化,G5、G7 连手协作共同干预市场,使事态在 24 小时内得以控制,市场价格没有进一步下跌,资本开始回流美国。西方主要发达国家联手合作,共同采取宽松的货币政策避免了美元的暴跌。这是一次各国政策协调、合作干预市场的成功典范,但对日本来说这些成功的背后隐含着一场更大的危机。

---

① 有关这一时期美国贸易逆差问题,详细参考[日]小宫隆太郎:《贸易顺差、逆差的经济学》,东洋经济新报社 1994 年版,第 199～200 页。

② 参阅[日]铃木淑夫:《日本的金融政策》,岩波新书 1998 年版,第 92 页。

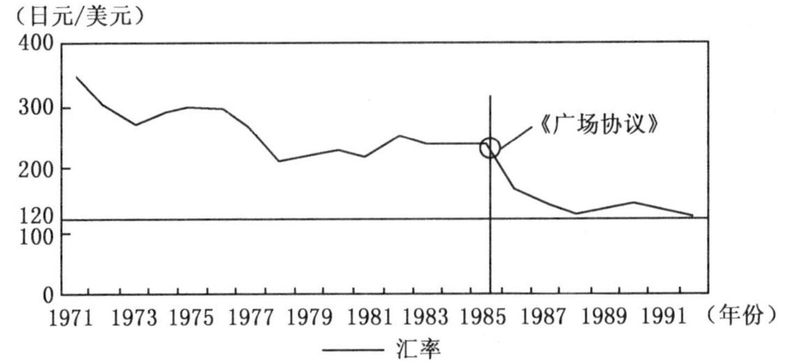

资料来源:IMF Financial Statistics 2001,pp. 600～601.

附图 12—1 1971～1992 年日元对美元汇率

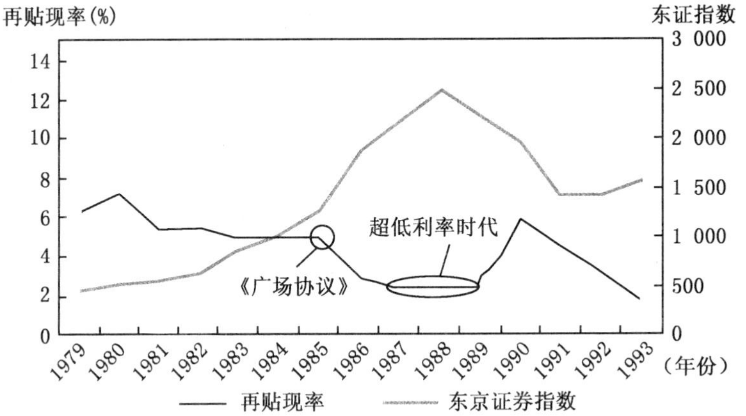

资料来源:东京证券指数数据来自日本经济企划厅,《经济白书》,大藏省印刷局,平成 11 年,第 11 页。再贴现率数据来自 IMF Financial Statistics 2001,pp. 602～603.

附图 12—2 1979～1993 年日本再贴现率与东京证券指数

由于国际合作的成功,日本的货币当局开始把货币政策的重点转向国际的政策协调,将货币政策与日元对美元的汇率稳定捆绑在一起。许多人认为,如果不把货币政策钉在稳定汇率这一目标上,利率的调高将导致日元升值,同时也意味着引起美国资本的外流、美元的暴跌,最终将对世界经济产生严重危害。

在这种思想指导下,2.5%的超低利率一直持续到 1989 年的 5 月(见附图 12—2)。与此同时,日本上下都认为超低利率将持续更长时间,一种"半永久性低利率"的心理开始扩散到日本全国①。就在这种现实的低利率和低利率心理的影响下,日本经济的泡沫开始悄悄膨胀。

在超低利率的情况下,货币供应量大幅上升,一般会导致物价上涨,但这时的日本物价水平并没有明显上升。这是因为日元的大幅升值使得如石油、原材料等进口物品的价格大幅下降(见附图 12—3)。

于是,过剩的流动性大量涌向土地、股票市场,导致土地、股票价格不断上升,大大脱离了真实的价值。1988 年东京证券指数高达2 469.15点(见附图 12—2)。地价、股价等资产价格的上升产生了"资产效应"。其一,刺激了消费的膨胀。其二是有价格不断上升的不动产担保,使金融机构大量向企业和个人贷款,金融机构进行积极的融资活动。人们将贷到的资金投入股票、土地、不动产,又进一步推动了资产价格的上升。如此循环,泡沫不断膨胀。这一时期,日本经济出现了所谓的"大型景气"。

① 参阅[日]铃木淑夫:《日本的金融政策》,岩波新书 1998 年版,第 98～99 页。

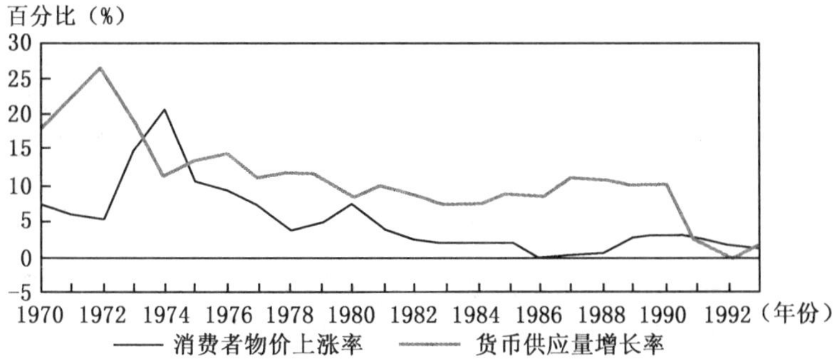

资料来源：日本经济企划厅，《经济白书》，大藏省印刷局平成11年版，第7、11页。

附图12－3　1970～1993年日本消费者物价上涨率与货币供应量增长率

当人们还沉浸在大型景气的欢乐之中时，由于企业人手不足，工资开始上升，出现通胀压力。这时日本央行开始意识到必须通过提高利率控制过热的经济。1989年5月调高再贴现率至3.25%，但此时已为时过晚。市场对此举并未予以理会，认为"半永久性的低利率"还将持续。同年12月日本央行又提高1%，提至4.25%。然而市场仍普遍认为1990年初美国将下调利率，届时日本也将跟随下调再贴现率。

进入1990年，美国并未下调利率，市场传闻美国货币当局还可能上调利率，反应敏感的长期资本市场的利率开始上升，债券价格下降，股价下跌（见附图12－2）。

1990年3月，日本的再贴现率为5.25%，进入了稍高一点的水平。同年8月，海湾战争的爆发使石油价格上涨。为防止通货膨胀，日本货币当局又一次将再贴现率提高到6%，进入了预防性金融紧缩时期。到此泡沫经济开始走向破灭，日本经济开始下滑。1995年破产企业达1 500多家，1998年上升到17 000多家。1995年失业率是3.2%，1997年为3.5%，1998年失业率进一步达到4.3%，均为第二次世界大战后的最高水平。

日本泡沫经济的产生究其原因在于20世纪80年代中后期，在国际政策协调的背景下，日本当局过度地把货币政策钉在汇率稳定这一目标上，担心利率的提高导致美元暴跌，引起世界经济的恐慌。而这种追求汇率稳定的结果是导致持续的长期低利率和"半永久性低利率"心理的扩散，最终形成泡沫经济。从日本政策协调的实践结果来看，日本为政策协调所支付的成本可以说是泡沫经济的产生，而它从政策协调获得的利益至今人们仍无法确认。

参考文献：

[1]郑甘澍："外汇政策与日本泡沫经济"，《经济问题探索》，厦门大学出版社2002年，第464～470页，有删减。

第十三章
国际货币与国际货币体制

学习要点

1. 国际货币的基本理论；
2. 国际货币体制；
3. 金本位制、布雷顿森林体系及牙买加体系；
4. 国际货币体制的改革及方向。

第一节　国际货币的基础理论

一、国际货币的含义

IMF 协定第 30 条款将国际货币定义为：在国际往来的支付中被广泛使用的，以及在主要外汇市场上被广泛交易的货币。由于广泛使用和广泛交易这两个词很难把握，对于国际货币的界定较为模糊，所以在本书中我们从货币功能的角度来定义国际货币。国际货币是指该货币在国际范围内具有结算货币、储备货币、介入货币、基准货币中的部分或全部功能的货币[①]。

（一）结算货币（交易货币）

所谓结算货币指的是民间和公共部门的经济主体在国际经济交易中所使用的货币。在国际金本位制时期，黄金是结算货币，但现在已不再使用。在当今的国际经济交易中，美元作为结算货币所占比重最高，而 IMF 的特别提款权（SDR）（参见附录 13－1）以及欧元诞生前的 ECU（European Currency Unit，欧洲货币体系的货币单位）虽可用于中央银行之间的结算，但不能用于民间部门。

（二）储备货币

货币当局为了市场介入和货币当局之间的借贷结算而持有的国际货币叫储备货币。作为官方储备有黄金、外汇以及在 IMF 的储备头寸，它们又称为国际流动性（International Liquidity）。

（三）介入货币

货币当局用于干预外汇市场的货币称为介入货币。目前干预外汇市场时大多使用美元。

（四）基准货币

作为各国设定外汇汇率基准的货币称为基准货币。只能发挥上述功能中一部分的货币称为部分的国际货币（International Currency）。欧元诞生以前的国际货币包括美元、马克、日元、英镑、法国法郎、瑞士法郎等。欧元诞生后的国际货币主要是美元、欧元、日元、英镑四种货币。

若一种货币能完全发挥上述功能，则称为完全国际货币，或称关键货币（Key Currency）。在国际金本位时期英镑是关键货币，而第二次世界大战以后，美元成了关键货币。

---

① 这里需要说明的是，何为国际货币目前尚无确切统一的定义。有关这方面的讨论参考[日]片山贞雄，“日元国际化与国际货币问题”，《经济资料译丛》（厦门大学经济学院主办）2001 年第 4 期，第 66～70 页。

二、一国货币国际化的条件

货币国际化是指一国货币能够在国际范围内执行国际货币的功能,充当国际结算货币、储备货币、介入货币或是基准货币。根据世界主要国家货币国际化的历史经验,在目前信用货币制度下,一国货币若要被其他国家广泛接受而成为国际货币,应具备四个方面的基本条件。

(一)流通条件

首先,一国货币成为国际货币所应包含的各项职能,都是与该国较高的经济发展水平以及全方位的对外开放分不开的,尤其与该国进出口占世界贸易和投资比重有直接关系。强有力的出口和国际投资地位直接推动该国货币在国际上的广泛使用。经济发展水平越高,国力越强大,经济结构和产品结构越多样,抵御货币国际兑换带来的风险的能力越大,作为国际货币的地位就越稳固。以目前最主要的三种国际货币美元、日元、欧元为例,根据 IMF1997 年 10 月出版的《世界经济展望》披露的材料,在 20 世纪 90 年代末欧元问世的前夕,美国、日本、欧盟各自的国内生产总值分别占全球国内生产总值的 20.7%、8.0%和 20.4%,进出口贸易额在全球贸易额中比重分别为 15.2%、6.1%和 14.7%(不含欧盟内部贸易)。

其次,该国还要有比较完善和成熟的市场经济环境,充分发挥市场经济机制的作用。这主要表现为商品市场,资本、金融和外汇市场以及劳动力市场的健全和完善。特别是不存在外汇管制,金融市场充分自由,货币在经常项目和资本项目下都能自由兑换。金融资本流动性增强,货币在国际上就能广泛流通。

最后,合理的汇率和汇率体制也是该国货币能够在国际范围内流通的基本条件。币值应以其自身代表的实际价值量为基础,能够客观反映外汇市场的供求,正确引导外汇资源的合理配置。

(二)调控条件

要让其他国家方便自由地使用某国货币,该国货币必须能够顺利地在各地得到供应和回笼,这就要求该国具有充足的国际清偿手段。首先,政府要拥有充足的外汇储备,以及从国外融资的能力,以应付随时可能发生的汇兑要求。其次,该国的国际收支需保持动态平衡,维持外汇市场和汇率的相对稳定。

(三)稳定条件

稳定条件除了靠强大的经济基础和充足的外汇储备外,还要靠良好的货币信誉。货币价值稳定,通货膨胀率较低。因为本币的贬值及不确定性会影响到一国货币作为国际价值尺度和记账单位的作用,并降低其作为国际货币的信誉。这就要求该国政府的货币、财政政策能够创造一个有助于该国货币国际化的宏观经济环境,能适应国际、国内经济周期的变动,实行以经济手段为主的有效宏观调控,以保持币值的相对稳定。

(四)保障条件

历史上,一国货币走向区域化、国际化主要发生在殖民时期,是依靠政权力量来统一的。

现代经济中，货币国际化同样需要有以强大的政治实力、军事实力等为内容的综合国力提供长久的外部保障。例如，美国虽然存在巨额的经常收支逆差，也是全球最大的债务国，但美元仍是强有力的国际货币，因为美国的政治、军事力量以及国际地位为美元提供了充足的信用保证。日本和欧洲不断地扩充政治力量和军事力量，从国际货币角度来看，也是希望为日元及欧元创造长久的保障条件。

三、国际货币的作用与选择

由以上对国际货币的介绍可以看出，所谓国际货币，其实就是货币职能的国际化，它是某种货币脱离发行国或地区行使货币职能的过程。

(一)国际货币的基本功能

与国内货币类似，国际货币的基本功能主要有三种：计价单位、支付手段和价值储存。按照政府部门和私人部门的不同，这三个功能又表现在六个方面(见表 13－1)。

表 13－1　　国际货币的职能

职　能	私人部门	政府部门
计价单位	计价货币	基准货币
支付手段	结算货币	干预货币
价值储存	资产货币	储备货币

1. 计价单位

国际货币在发挥计价单位这一职能时，在私人部门和政府部门有不同表现。

在私人部门它通常被作为计价货币(Invoicing Currency)来使用，即作为国际贸易中各种商品、服务的计价单位，以及在国际投资中用以表示债权债务金额的货币。

国际货币之所以能够发挥这一职能主要是由于信息成本。比如，通常像咖啡、橡胶、石油或锡等初级产品在世界范围内使用美元来标价。这些产品至少相对于制成品来说是同质的，所以当在世界范围内以一种货币标价时，这些产品价值的相关信息就传递得更快。

在政府部门则作为基准货币(Base Currency)，即在政府层次上作为价值标准的货币。基准货币主要是各国政府在制定货币平价或对外汇率时使用。

2. 支付手段

国际货币在私人部门被当作支付手段使用时通常称为结算货币(Settlement Currency)，即在商品、服务交易中充当交易媒介，在信用活动中用于资金借贷和偿还，以及用于外汇市场上的交割。通常情况下，结算货币和计价货币是同一种货币。

干预货币(Intervening Currency)是指政府部门在干预外汇市场时所使用的货币。

国际货币之所以具有这种职能主要产生于交易成本。比如在外汇市场交易中，以某种货币作为报价货币，相对于报出每一种货币对其他所有货币的汇率要便利得多。

3. 价值储存

资产货币(Asset Currency)是私人部门作为财富形式的一种而持有的货币。作为资产货币形式的国际货币主要指国际存放款和债券发行所使用的货币。

储备货币(Reserve Currency)是指在官方资产中发挥价值储存职能的货币。国际货币作为储备货币主要是指它通常被用来作为各国中央银行的外汇储备。

在国际金融市场上,人们愿意以某国货币作为持有资产的货币,发挥国际价值储藏作用,除了考虑其在国际贸易、金融交易中被广泛使用以外,更大程度上是源于其价值的稳定性。换句话说,国际货币之所以具有价值储存的职能,根源在于其价值的稳定性,即它的未来价值较之其他的非国际货币更加确定,而这种未来价值的确定性可以增强货币作为未来的购买力储存的职能。

(二)作为合同货币与媒介货币的功能

合同货币是指进出口商签订合同时所使用的货币。国际货币因为它所具有的信息优势而在整个国际经济交易合同中被广泛使用,在国际贸易中常使用国际货币作为开具发票的货币。

媒介货币是指在银行间外汇交易中所使用的货币。以美元为例,由于人们在交易活动中广泛使用美元,因此将 A 货币通过美元转换为 B 货币通常比直接将 A 货币转换为 B 货币所花费的成本要小。于是,使用美元作为国际交换媒介的效率高,美元成为买卖非美元货币的媒介。

(三)作为储备货币的功能

储备货币按照持有者的不同可以分为两种。一种是各银行持有的定期存款、证券等,称为民间储备货币。另一种是国家拥有的外汇储备,其中除黄金、在 IMF 的储备头寸(Reserve Position)以及分配给该国的特别提款权(Special Drawings Rights)外,以外汇形式所持有的储备称为公共储备货币。一国货币作为国际储备货币,其本质是执行着价值储藏手段的职能(有关国际储备的作用等参阅第三章)。

(四)国际货币发行国的利益与责任

国际货币发行国与非国际货币发行国的地位不同。本国货币成为国际货币后会给这个国家带来很多特殊的利益,但同时这个国家也会承担一部分额外的责任。

1. 利益

(1)国际货币发行国的直接利益是铸币税。铸币税最初是指在实行金本位或银本位制度的国家,持有金块或银块的人可以拿到官方铸币场铸成金币或银币,如果所付费用多于成本,则超过部分等于政府对铸币征税。此处我们所说的铸币税是指,当一国货币成为国际货币时,该国创造新货币余额的成本与通过这种新创造的货币余额所能获得的实际资源之间的差额就成为该国际货币发行国所获得的"铸币税"。国际货币发行国可以享受超过本国商品、服务生产额的消费,代价是几乎没有成本的本国货币的支付。虽然拥有国际收支顺差的非国际货币发行国日后可以用该债券购买国际货币发行国的商品和劳务,但是那时国际货币的购买力也许已经由于通货膨胀或是其他原因而下降。在这种情况下,国际货币的发行国就获得了发行国际货币的利益。

(2)有利于应付国际收支赤字。因为国际货币发行国可以用本国货币在世界任何地方购买产品或服务,不必受到外汇多少的限制,所以它可以用本国货币支付国际收支逆差,而无须在短期内牺牲国内的经济利益来调整国际收支逆差。

(3)可通过内外资产收益率的差异来获取利益。通常,国际收支顺差国的企业或政府将其外汇资产与外汇储备或是放在国际货币发行国的银行里,或是投资于国际货币发行国的债券。因为考虑到日后的使用,这些存款、证券以短期为主,收益率非常低。但国际货币发行国的企业却可以借用这些资产在国外进行长期投资,获得较高的收益率。这部分该国在国外投资所获的收益与其对外国所支付的利息之差额便是纯收益。

(4)有利于促进国际货币发行国的贸易和贸易融资。国际货币发行国的银行、一般企业和个人因为用本币计价结算而不必考虑贸易中的汇率风险。同时,也意味着贸易融资在本国金融市场上进行,融资成本就比较低。而非国际货币发行国的进出口商不但要承担汇率风险,还面临着较高的贸易融资成本。

(5)有利于本国金融业务的发展。由于国际货币在国际经济交易中越来越广泛地使用,越来越多的贷款、投资以及货物和服务的采购要通过国际货币发行国的金融机构来进行,这些金融机构的收入将会大大增加。

2. 责任

(1) 保证国际货币的供应。国际经济交易不断增长,对国际货币的需求也就不断扩大。国际货币发行国必须保持甚至不断扩大其国际收支逆差才能维持对国际货币的供应。这会造成其短期负债的不断增加,并会导致汇价下跌。经济学家特里芬在1960年对这一现象进行了充分论证,我们将在以下有关内容中对此进行详细介绍。

(2) 维持汇率的稳定。国际货币发行国有义务维持本国货币的汇率稳定,因为该货币汇率的波动会引起其国际储备地位的变化,从而对外国资金进出该国金融市场以及该国对外投资产生重大影响,该国国内的物价也会波动。但在国际短期游资大量积累和迅速流动的今天,国际货币发行国的货币政策操作越来越困难。

在本节结尾处需要特别说明的是,一国货币国际地位的强弱取决于它在发挥国际货币的几个职能上所能起到的作用有多大。在国际经济中,在欧盟出现以前并不存在某一超国家的机构可以强制规定使用某一单一货币,哪种货币可以充当国际货币,哪一国家能够成为国际货币发行国都是由市场决定的,这从以下对国际货币体制及其历史演变等的介绍中会有更深入的了解。

第二节 国际货币体制

一、国际货币体制的含义和种类

国际货币体制(International Monetary System),也称国际货币秩序或国际货币制度,是调节各国货币关系的一整套国际性的规则、惯例、安排和组织形式。它的主要目的是为了协调各个独立国家的经济活动,促进国际贸易和国际支付活动的顺利进行。

货币制度本身是一种用于降低交易费用的古老而精巧的制度。但是由于世界上还没有统一的货币,主要是以一些主权国家的货币为国际货币,为了维护国际货币的正常运行,国际货币体制应运而生。

划分国际货币体制主要有两个标准:汇率制度和储备体系。汇率制度是国际货币体制的一项重要内容,在国际货币体制中占据着举足轻重的地位,国际货币体制根据汇率波动幅度的大小可以分为只能围绕平价窄幅波动的固定汇率制度、较大浮动范围的固定汇率制度、可调整的钉住汇率制度、爬行钉住汇率制度、有管理的浮动汇率制度及完全浮动汇率制度。

储备体系涉及储备资产的性质,它随着国际货币体制的整体变化而不断变化。根据储备体系来划分,国际货币体制可以分为金本位制(黄金是唯一的国际储备资产)、纯信用货币本位制(如纯美元)以及金汇兑本位制(以上两者的结合)。

国际货币体制是随着国际经济交往的不断扩大而逐渐产生形成的。随着商品经济在全世界范围内的发展,各国之间在各个领域的经济关系日益扩大,贸易往来、资本移动、债务清偿频繁进行,而这些最终都需要用货币来进行结算和支付。然而,各国自己的货币都是在本国社会经济的历史发展过程中形成的,在国际不具备普遍被接受的性质;各国关于本国的货币单位及其与他国货币的兑换都有各自不同的规定,所以就产生了在国际范围内协调各国货币安排的必要,国际货币体制正是在这一基础上形成的。已经存在过的国际货币体制有两种形成方式:一种是缓慢发展的结果。随着各国经济交往的不断增多,渐渐的有一种货币安排方式被越来越多的参与者遵守,得到公认并被赋予了法律的约束力,就形成了一种制度,国际金本位制的产生就属于此类。另一种是在短期内通过某一两次国际会议建立起来的,布雷顿森林体系和《牙买加协定》的产生和发展就属于这种情况。

二、国际货币体制的主要内容

(一)国际收支及其调节机制

从世界经济的全局来看,国际收支及其调节是国际货币体制中最主要的问题。当一国国际收支出现不平衡时,各国政府采取什么方式去弥补这一缺口?若调节机制失灵或不健全,会使整个国际货币体制失去运行基础。因此,国际货币体制的首要内容就是确定国际收支调节机制,使各国公平地承担国际收支调节的责任和负担。

(二)国际货币或储备资产的确定

使用哪种货币作为支付货币,一国应持有何种为世界所普遍接受的资产作为储备资产,用以维持国际支付的原则和国际收支的需要;整个国际社会需要多少储备资产以及新的储备资产如何供应和创造等,都需要有国际性的规则和制度做出安排。

(三)汇率及汇率制度

首先是本国货币与其他货币间汇率的确定涉及这样一些内容:确定货币比价的依据,货币比价波动的界限,货币比价的调整,维持货币比价所采取的措施,对同一货币是否采取多元比价等。

其次是各国货币的可兑换性:一国对外支付是否受到限制,一国货币可否自由兑换成支付货币。

(四)国际货币活动的协调与管理

由前文可知国际收支调节、汇率制度、国际储备体制都牵涉不同的国家，而这些国家又都有不同经济条件和社会政策目标，所以在国际货币制度中就产生了国际货币活动的协调与管理。它的实质是协调各国的国际货币活动和与此有关的经济政策。通常这些管理是通过国际货币机构和组织进行的，具体落实为制定各方共同认可和遵守的规则、惯例和制度。

在以上四方面的内容中，汇率与汇率制度居于核心地位，它制约着国际货币体制的其他方面，反映了一定时期内国际货币体制的特征。

三、国际货币体制面临的主要问题

理想的国际货币体制应该使国际贸易和投资的总量最大化，并将国际贸易的收益在世界各国间公平的分配。因此，评价一个国际货币体制是否有效主要考察以下四个方面：流动性(Liquidity)、调整(Adjustment)、信任 (Confidence)和货币发行利益(Seigniorage)的归属。

(一)流动性

也有学者称之为清偿能力，指的是流动性以何种形式提供的问题，即国际储备的适度性，它是否提供了一个有效的结算和融资中介。金本位制下，流动形式由黄金和关键货币英镑提供。第二次世界大战以后布雷顿森林体制的国际流动性由黄金、美元、SDR 以及 IMF 的储备头寸提供。然而，限于黄金产量，国际流动性供给主要是由美国国际收支的逆差实现的，这样一种供给方式却带来了对美元信任度下降的问题。

(二)调整

也称调节效率，指的是各国如何平衡国际收支的问题，包括国际收支不平衡的调节成本大小以及各国调节责任的分布是否公平合理，它的操作成本是否超过必要的限度等。在金本位制时期，由于黄金的输出入，国际收支具有自动调节的功能。布雷顿森林体制下，逆差国可以从 IMF 获得资金融通，当出现国际收支的基础性不平衡时，可以进行外汇平价的变更。而在浮动汇率制下，有人认为可以自动调节，但是近 30 年浮动汇率制的经验告诉我们，事实并非如此。

(三)信任

也称市场信心，包括交换性(Convertibility)问题和国际货币贬值的问题。即国际金融市场对国际储备价值稳定性的相信程度，它是否使交易者避免承受不必要的风险。交换性问题又包含市场交换和公共部门交换，前者指的是是否允许本国货币交换他国货币，后者指的是持有本国货币的外国货币当局是否给予兑换黄金或其他国家货币问题。1971 年 8 月“尼克松冲击”以来，美国停止了这种公共部门的交换。而国际货币贬值的问题实际上是关于国际货币信任度下降的问题。

(四)货币发行利益

货币发行利益原本是指铸币面额的价值与生产铸币所需成本的差。而现今货币拥有对商品、服务的支配权,货币发行利益归属于货币发行当局。假如美元是关键货币,货币发行的利益就归属于美国。

第三节 国际货币体制的历史演变

19 世纪各主要国家确立了金本位制,到第一次世界大战爆发为止,国际货币体制(International Monetary System)为国际金本位制。这一时期的国际收支不平衡由“物价-铸币流动机制”自动调节。但是,实际的国际经济交易大多以英镑为关键货币进行结算。第一次世界大战中,金本位制开始瓦解;大战结束后虽然得到了恢复,但由于各国的黄金储备严重的不对称性和黄金不足,许多国家采取了金汇兑本位制(Gold Exchange Standard System)。这一时期英镑、美元、法郎充当关键货币的角色。但是 1929 年爆发了经济大恐慌,各国对本币纷纷贬值(Competitive Devaluation),提高关税。结果不仅给世界贸易,也给各国本身带来了不利的影响。1931 年的金融大恐慌最终使各国放弃了金本位制。

鉴于两次世界大战期间的经验教训,第二次世界大战结束以后,诞生了以国际协调为基本理念的布雷顿森林体制(Bretton Woods System)。在这一国际货币体制下,美国承诺按 35 美元等于 1 盎司黄金兑换各国持有的美元。其他国际货币基金组织(IFM)的成员以黄金或美元作为基准设定平价,并以美元作为介入货币干预外汇市场,保证平价在上下 1%的范围内变动。只有出现基础性的不平衡(Fundamental Disequilibrium)时,成员方可变更其外汇平价,即实行所谓可调整的钉住汇率制度(Adjustable Peg System)。但是 1960 年以后,由于美国国际收支的持续逆差,导致人们对关键货币美元信任度下降。1971 年 8 月美国停止了美元与黄金的兑换,布雷顿森林体制开始瓦解。其后虽然经多方努力,但是外汇市场的混乱始终不能平息,1973 年 2 月以后各国纷纷开始实行浮动汇率制度。以下将以上述内容为中心展开对国际货币体制变迁的分析与考察。

一、国际金本位制

历史上第一个国际货币体制——国际金本位制是在 19 世纪下半叶随着各主要西方国家逐渐过渡到单一的金铸币本位制而形成的(见表 13—2)。国际金本位制随着第一次世界大战的爆发而开始瓦解,20 世纪 30 年代宣告结束。

表 13—2　　各主要国家的货币制度(1908 年)

	欧洲	美洲大陆	亚洲、太平洋地区	中东
金本位制	英国、葡萄牙、法国、比利时、瑞士、意大利、希腊、西班牙、德国、荷兰、奥地利、丹麦、挪威、瑞典、俄国、罗马尼亚	美国、加拿大、墨西哥、哥斯达黎加、智利、巴西、委内瑞拉、阿根廷	澳大利亚	埃及

续表

	欧洲	美洲大陆	亚洲、太平洋地区	中东
金汇兑本位制		尼加拉瓜	印度、印度尼西亚、菲律宾、日本、暹罗（泰国的旧称）	奥斯曼帝国
银本位制		危地马拉、洪都拉斯、萨尔瓦多	中国	波斯（伊朗的旧称）

资料来源：Macedo J. B. D., Eichengreen B. J., Reis J., Currency Convertibility: The Gold Standard and Beyond. Routledge, 1996.

国际金本位制是一种比较稳定的货币制度，对汇率的稳定、国际收支的自动调节产生了积极的作用。但由于黄金来源于金矿的发现和开采，其速度和数量都满足不了世界经济发展的要求。加之较发达国家通过贸易顺差又积累了大量的黄金，英、美、加、法、德、意 6 国的黄金存量在 1913 年占世界的一半以上（见表 13－3），这就使得其他国家国内的金本位制难以维持。1914 年第一次世界大战爆发，各国为战争需要纷纷放弃金本位制，增加银行券的发行。停止纸币兑换黄金，同时禁止黄金外流，国际金本位制陷入瘫痪。

表 13－3　　主要各国的黄金储备　　单位：百万美元

年　份	1913	1919
美国	1 290.00	2 518.00
英国	164.80	578.10
加拿大	116.50	129.70
德国	278.60	259.70
意大利	266.80	200.40
法国	679.00	695.00
比利时	48.00	51.40
日本	64.90	349.90
世界合计	4 857.00	6 794.00

资料来源：[日]芦矢荣之助，《黄金与美元》，日本经济新闻社 1963 年，第 35 页。

第一次世界大战后，各国努力恢复过去的金本位制。在各国的协商下终于在 1925 年建立了既以黄金为基础又节约黄金的货币制度——国际金汇兑本位制。金汇是指与黄金直接挂钩的国家的货币（包括汇票、短期债券），与黄金直接挂钩的货币是英镑、美元和法郎。其他国家则与金汇相挂钩，由此形成了金汇兑本位的体制。在这一体制下：(1)与黄金间接挂钩的国家将金汇作为发行货币的准备。(2)金汇兑作为对外支付手段，政府按一定的汇率买卖金汇。

金汇兑本位制的建立，在一定程度上缓解了当时各国普遍感受到的黄金不足的压力，从节约黄金的角度来讲，取得了一定的效果。但当时的黄金数量仍远远不能满足各国国内经济发展的需要。由于受 1929～1933 年经济大危机的打击，英国于 1931 年首先宣布放弃金本位制，1933 年美国也宣布放弃金本位制，1936 年法国宣布脱离金本位制，金汇兑本位制正式宣布崩溃，国际金本位制从此画上了休止符。

国际金本位制终结后,国际货币关系处于无序和混乱的状态,实际上已不存在任何国际货币制度。各国纷纷采取竞争性贬值以刺激本国出口抑制进口,同时各国广泛采取了外汇管制,以限制外汇的使用。这些"以邻为壑"政策的结果是两败俱伤,它不仅没有缓解政策实施国的经济萧条,反而使国际贸易的整体水平下降,加深了各国的经济萧条。

二、布雷顿森林体制

布雷顿森林体制是第二次世界大战以后建立起来的国际货币体制,该体制一直运转到20世纪70年代初。20世纪30年代国际货币关系的混乱对世界经济产生极大的冲击,各国放弃金本位制。为维持本国的经济增长和解决就业问题,通过"汇率战"、限制进口、提高关税等"以邻为壑"政策,将本国的失业与萧条转嫁给他国,由此导致世界贸易整体水平的下降,使经济萧条进一步恶化。结果成为引发第二次世界大战的经济原因。基于这样一种惨痛的教训,第二次世界大战末期,世界各主要国开始谋划建立一个新的能适应战后经济发展需要的国际货币体制。

1944年7月,44个同盟国家的300多位代表参加了在美国新罕布什尔州布雷顿市召开的"联合国货币金融会议",签订了《国际货币基金协定》。这一协定确定了战后国际货币体制的框架。因为是在布雷顿森林签订的协议,所以在这一协定基础上产生的国际货币体制被称为布雷顿森林体制。根据协议成立的国际货币基金组织(International Monetary Fund,IMF)是保证该体制正常运行的基本机构。

(一)IMF的成立

IMF于1946年3月正式成立,1947年3月开始活动。总部设在华盛顿。IMF被赋予的主要职能有三项:(1)就汇率政策、与经常项目有关的支付问题、货币的可兑换性问题确立一套行为准则,并实施监督。也就是说,各成员国必须按这一套行为准则执行本国的汇率政策和实行经常项目和货币的可兑换的管理。例如,成员国不得采取复汇率制度,当成为第8条款国时,不得对经常项目下的贸易进行限制等。(2)向国际收支发生困难的成员国提供信用帮助。1970年为了应对国际流动性需求的增加,IMF创建了新的流动性——特别提款权(有关特别提款权的定义、分配、运作等参见附录13－1)。(3)为成员国在国际货币问题上进行磋商和协作提供场所(我国是IMF创始国之一,1980年恢复了合法席位)。

IMF的活动是根据所赋予的职能而展开的,主要包括:(1)汇率监督。设立IMF的原始目的是保障有秩序的固定汇率安排,维护布雷顿森林体制正常运转。因此,通过汇率监督维持汇率稳定就成为IMF的主要活动之一。在20世纪70年代初之前,IMF对成员国的汇率进行的是直接的管理和监督,成员国必须按规定确定本国货币的平价。这一规定是指1947年必须确立本国货币与黄金或美元的比价。例如,IMF设立初期,各国的外汇平价是1美元＝4.20马克,1美元＝119.107法郎,1英镑＝4.030 6美元,1美元＝360日元等。一旦确定下本国货币的汇率后,各成员国有义务维持该汇率的稳定,使其波动范围保持在1%左右,而IMF对各成员国的执行情况加以监督。只有当一国的国际收支发生基础性不平衡时,成员国可以向IMF申请要求变更汇率。变更幅度在10%以内,IMF一般没有异议。超过10%,在20%以内,IMF在72小时之内给予答复是否同意变更。如果超过20%,则IMF可以无限期地对成员国的申请进行审议。这种对汇率的直接管理一直持续到20世纪70年代初。(2)资金的融通。当成员国国际收支发生困难时,向成员国融通资金是IMF最主要的活动之一。自IMF成立之日起,就设立了各种类型的贷款。随着时间的推移,IMF的贷款年限和金额都有延长和增加趋势。IMF资金融通的基本特征是:第一,IMF发放贷款的对象仅限于成员国的政府。第二,IMF贷款条件的中心原则是贷款必须与国际收支前景相结合。因此,贷款的用途只限于解决因经常项目收支逆差而引发的国际收支暂时性失衡,期限一般在3~5年,最长不超过10年。第三,贷款采取由会员国用本国货币向IMF申请购买外汇的方式,还款时则以外汇购回本国货币。

(二)布雷顿森林体制的主要内容、特征、作用及缺陷

布雷顿森林体制的主要内容:(1)以美元作为最主要的国际储备货币,实行美元—黄金本位制。在布雷顿森林体制下,美元取代黄金成为主要的国际储备资产。美元同黄金挂钩,保持1盎司黄金等于35美元的官价;各国货币与美元挂钩;美国保证各国中央银行可随时用持有的美元按官价向美国兑换黄金。这表明布雷顿森林体制实际上是一种国际金汇兑本位制。(2)实行固定汇率制。IMF协定规定,各国货币对美元的汇率,一般只能在平价的上下1%的幅度内波动。各国政府有义务在外汇市场上进行干预活动,以保证外汇汇率的稳定和汇率不偏离所规定的范围。(3)资金融通。IMF在成员国的国际收支发生困难时提供贷款,以帮助成员国解决国际清算手段不足的问题。(4)取消外汇管制。IMF协定的第八条规定成员国不得限制经常项目的支付。从以上主要内容来看,美元可以兑换黄金和各国实行固定汇率是布雷顿森林体制的两大支柱。

布雷顿森林体制实际上是一种国际金汇兑本位制。但与第二次世界大战前的金汇兑本位制又有不同之处。主要是:(1)美元是唯一的主要储备资产,而战前有英镑、法郎和美元;(2)布雷顿森林体制下的金汇兑本位制与战前最大的不同,也是最重要的特征是它失去了国际收支的自动调节机制。这是因为各成员国并没有把本国货币的发行量与国际储备紧密相连。布雷顿森林体制由于切断了外汇储备与本国货币供应两者之间的关系,所以布雷顿森林体制下的金汇兑本位制也就不存在国际收支自动调节的功能。

这一体制下国际收支不平衡的调节手段有:(1)借入外汇;(2)货币与财政政策;(3)外汇管制(进口配额,对外支付采取直接管制,但不为IMF欢迎);(4)本币的贬值。在这些手段中,货币与财政政策是各国改善国际收支的最重要手段。如果前三个手段仍不能改善国际收支,最后的手段只有下调汇率。

在20世纪50年代和60年代的部分时期内,布雷顿森林体制运行良好,它对战后稳定国际金融和发展世界经济起到了巨大的作用。这是因为:第一,美元等同于黄金,在黄金生产增长日益满足不了世界经济发展的情形下,美元作为黄金的补充源源不断地流向世界,可以弥补国际储备不足,在一定程度上解决了国际流动性不足的问题。第二,稳定的汇率有利于国际贸易的发展和国际资本的流动。第三,IMF对成员国提供各种贷款,使有临时性逆差的国家仍有可能继续进行贸易,而不必借助贸易管制。这有助于世界经济的稳定与增长。

总而言之,布雷顿森林体制是比较成功的,它极大地促进了战后国际贸易和国际投资的发展。但是,布雷顿森林体系也存在一些基本缺陷,正是这些缺陷导致该体制的最终解体。

(1)清偿能力和信心之间矛盾是最根本的缺陷。布雷顿森林体系是建立在黄金—美元本

位制基础上的。美元既是一国的货币又是世界的货币。美国在布雷顿森林体制中负有两个基本责任。第一,要保证美元按固定官价兑换黄金,维持各国对美元的信心。第二,要提供足够的国际流动性,即美元。但两个责任同时实现是有矛盾的。美元供应不断增加,美元就会有不能兑换黄金的危险,使人们怀疑美元同黄金的可兑换性,由此产生信心问题。另一方面,美元供给太少,虽可解决对美元的信心问题,但又不能满足国际经济发展对清偿能力(国际流动性)的需求。这种矛盾最早由美国学者特里芬于1959年提出,故把这种矛盾又称为"特里芬两难"(Triffin Dilemma),或称为"流动性困境"(Liquidity Dilemma)。"特里芬两难"或者说清偿能力和信心之间的矛盾,是导致布雷顿森林体系瓦解的最根本原因。

以特定国的一种货币作为国际货币时,它的供给取决于该国的国际收支。因此,该国如果顺差时,将引起国际流动性的不足。相反,如果持续逆差,则出现流动性供给过剩,该国货币信任度将下降。它不仅仅是布雷顿森林体制的缺陷,也是任何以一国货币为国际储备货币的货币制度的缺陷。

(2)汇率机制的僵硬是布雷顿森林体制的另一缺陷。布雷顿森林体制允许成员国在国际收支基础性不平衡时,10%以内的平价变动可以由成员国自由决定,仅向 IMF 通报即可。但实际上这种变动几乎没有发生过。大多数成员国从政治、经济上考虑,往往倾向于认为本国的国际收支不平衡是"暂时性"的,不愿意变更本国货币的汇率平价。它们担心接受本国货币贬值会被人视为政策上的失败,影响自己的政治前程。而升值又担心影响本国的出口竞争力。

基于这些原因,大多数国家都认为自己是"暂时性"不平衡。而"暂时性"不平衡是无法通过汇率的调整来解决的。因为一般情况下汇率的浮动只允许在1%的范围内,所以逆差国只好采取紧缩的财政、货币政策进行调节。但紧缩的政策又会给国内经济发展带来影响,这就促使各国热衷于国际储备的增长,以避免不必要的调节成本。

由于上述刚性的汇率制度,世界各国为减轻调节成本倾向于不断积累美元,诱发美元的输出。当美元供应相对过多时,各国抛售美元,换取美国的黄金储备,从而直接威胁到体系的生存。

(三)布雷顿森林体制的解体

我们曾经说过,美元与黄金的可兑换和各国实行的固定汇率制度是布雷顿森林体制的两大支柱,这两大支柱的倒塌也就意味着布雷顿森林体制的瓦解。布雷顿森林体制的瓦解,经过了一个美元短缺、美元过剩、美元危机、美元与黄金脱钩的过程。

(1)美元短缺与过剩。第二次世界大战后初期,世界各国的经济均受到严重的破坏。各国为从战争废墟中恢复,需要大量资金和进口商品,而美国是当时唯一能够提供这些商品和资金的国家。随着各国大量从美国进口商品,对美贸易产生了严重的逆差,出现了世界性的美元短缺(Dollar Shortage)。为了解决美元短缺问题,1947~1958年,美国政府通过对外援助和海外军事开支等措施,促使其巨额的顺差流回其他国家,以增加美国境外的美元数量。随着美国对欧洲援助计划的实施,大量的美元资金开始流入欧洲。西欧各国的经济也逐渐得到恢复和发展,并开始大量向美国出口,进一步使美元流出美国,美元短缺的情况得到了缓解。到20世纪50年代末出现了美元过剩(Dollar Glut)。

(2)美元危机。到20世纪60年代,由于美国国际收支持续逆差,已出现的美元过剩日趋严重,美元大量流向世界(见表13-4)。随之而来的是美国黄金储备的流失。1950年美国拥有 228.2 亿美元的黄金储备，而在境外的美元短期负债额只有 71.17 亿美元，美国的黄金储备是它对外负债的 3 倍多(见表 13—5)。这就说明当时美国完全有能力维持美元-黄金的官方价格，在这种情况下，人们对美元的价值深信不疑。

但是到了 20 世纪 60 年代，情况就大不相同，由于美元过剩，黄金外流。1961 年的黄金储备减少到 169.47 亿美元，而这时的境外美元短期负债额达到了 187.81 亿美元，短期负债第一次超过了美国的黄金储备(见表 13—5)。在这种情况下，人们开始怀疑美国将来能否维持在 1 盎司黄金等于 35 美元的官方价格。世界开始对美元的信心发生动摇，许多国家开始将手中持有的美元或直接从美国兑换黄金，或从市场上购入黄金。在这种背景下，1960 年 10 月投机者在伦敦黄金市场上抛售美元抢购黄金，使市场金价猛涨到 41.5 美元 1 盎司，高出官价近 20%。

为了稳定金价、保卫美元、维持布雷顿森林体制正常运转，欧、美各国及 IMF 先后采取了许多措施，如建立黄金总库、签订货币互换协定等。这些措施使得美元危机得到一定的缓解，但引起美元危机的根本原因并没有消除。美国国际收支持续逆差，其逆差的主要原因也是随时代变化而变化的，20 世纪 50 年代主要是对外援助和军费支出，60 年代则加入了长期资本流出这一因素。进入 20 世纪 60 年代后美元危机不断发生，每次危机都使美国的黄金储备大量外流，黄金储备的下降加深了人们对美元的不信任。

表 13—4　　**美国的国际收支状况**　　单位：10 亿美元

	贸易收支	服务收支	军事收支	经常收支	政府援助	民间直接投资	民间长期资本流出	短期资本	综合收支	黄金储备增减
1946～1949 年平均	7.0			4.1					1.5	—0.5
1950～1955 年平均	2.3		—2.0	—0.8	—4.5	—0.7	—0.3		—1.6	—0.6
1956～1959 年平均	3.9—3.2—0.8		—3.1	—1.7	—0.6—1.9—1.7					
1960 年	4.9	0.3	—3.1	2.8	—3.4	—2.9	—0.9	—2.2	—3.4	—0.9
1961 年	5.6	0.9	—3.0	3.8	—4.0	—2.7	—1.0	—1.3	—1.3	—0.9
1962 年	4.5	1.6	—3.1	3.4	—4.3	—2.9	—1.3	—1.6	—2.7	—0.5
1963 年	5.2	2.0	—3.0	4.4	—4.6	—3.5	—1.7	—0.6	—1.9	—0.1
1964 年	6.8	2.9	—2.9	6.8	—4.3	—3.8	—2.1	—1.4	—1.5	—1.7
1965 年	5.0	3.4	—3.0	5.4	—4.3	—5.0	—1.1	0.5	—1.3	—0.6
1966 年	3.8	2.3	—3.8	3.0	—4.7	—5.4	—0.5	2.8	0.2	—1.2
1967 年	3.8	2.0	—4.4	2.6	—5.2	—4.8	—1.4	0.5	—3.4	—1.2
1968 年	0.6	3.1	—4.5	0.6	—5.4	—5.3	—1.5	3.9	1.6	1.0
1969 年	0.6	2.9	—4.9	0.4	—5.0	—6.0	—1.7	6.7	2.7	—0.8
1970 年	2.6	3.2	—4.9	2.3	—5.0	—7.6	—1.3	—6.9	—9.8	—0.9
1971 年	—2.3	4.7	—4.8	—1.4	—6.0	—7.6	—1.9	—19.8	—29.7	—0.5
1972 年	—6.4	4.7	—4.8	—5.8	—5.8	—7.7	—2.2	—4.3	—10.3	—0.5

资料来源：[日]原信，《国际金融概论》，有斐阁 1998 年，第 287 页；Survey of currency business，October 1972，June 1975。

表 13－5　　美国的黄金储备与对外短期债务

年份	1. 美国的对外短期债务(括号内为对外国中央银行的短期债务)(100 万美元)		2. 美国的黄金储备(100 万美元)	3	4	5
	a	a′	b	b/a＊100%	b/a′＊100%	a′/a＊100%
1950	7 117	(3 620)	22 820	320.6	630.4	50.9
1951	7 661	(3 548)	22 873	298.6	644.7	46.3
1952	8 961	(4 654)	23 252	259.5	499.6	51.9
1953	10 019	(5 665)	22 091	220.5	390.0	56.5
1954	11 153	(6 774)	21 793	195.4	321.7	60.7
1955	11 719	(6 953)	21 753	185.6	312.9	59.3
1956	13 487	(8 045)	22 058	163.6	274.2	59.7
1957	13 641	(7 917)	22 857	167.6	288.7	58.0
1958	14 615	(8 665)	20 582	140.8	237.5	59.3
1959	16 225	(9 149)	19 507	120.2	213.2	56.4
1960	17 366	(10 320)	17 804	102.5	172.5	59.4
1961	18 781	(10 940)	16 947	90.2	154.9	58.3
1962	19 874	(11 963)	16 057	80.8	134.2	60.2
1963	21 330	(12 467)	15 596	73.1	125.1	58.4
1964	23 821	(13 224)	15 471	64.9	117.0	55.5
1965	24 072	(13 066)	13 806	57.4	105.7	54.3
1966	26 219	(12 539)	13 235	50.5	105.6	47.8
1967	26 370	(14 034)	12 065	45.8	86.0	53.2
1968	30 297	(11 319)	10 892	36.0	96.2	37.4
1969	38 631	(11 054)	11 859	30.7	107.3	28.6
1970	40 449	(19 293)	11 072	27.4	57.4	47.7
1971	53 632	(39 018)	10 206	19.0	26.2	72.8
1972	59 306	(3 994)	10 487	17.7	262.6	6.7
1973	67 067	(43 919)	11 652	17.4	26.5	65.5
1974	91 590	(53 057)	11 652	12.7	22.0	57.9
1975	88 785	(49 170)	16 226	18.3	33.0	55.4

资料来源:[日]《东京银行月报》,1976 年 11 月。

(3)美元与黄金脱钩。1971 年,美国国内经济及国际收支状况进一步恶化,美国的黄金储备减少到 102 亿美元,而对外短期负债增加到 500 多亿美元,加上人们早已对美元失去信心,导致 1971 年 5 月爆发了规模空前的美元危机。市场大量抛售美元,抢购黄金和其他硬通货(如西德马克、日元等)。在严峻的形势下,美国总统尼克松于 1971 年 8 月 15 日宣布实行"新经济政策"以图对内改善经济状况,对外清除巨额国际收支赤字。"新经济政策"主要措施如下:①停止美元兑换黄金。美国不再承诺以 35 美元 1 盎司黄金的官价兑换各国中央银行持有的美元。②征收 10%的临时进口附加税,以扭转美国的对外贸易逆差。由于美元与黄金的脱钩,各国货币与美元之间的汇率很难维持。实际上也就意味着布雷顿森林体制开始瓦解。

在此之后的 1971 年 12 月,为了拯救开始瓦解的布雷顿森林体制,西方 10 国很快达成一项《史密森协议》。该协议决定:①美元对黄金贬值 7.89%,从 35 美元提高到 38 美元兑换 1 盎司黄金。②调整汇率平价,美元币值平均下降 10%。③各国货币对美元的波动幅度由过去的上下 1%变为上下 2.25%。④美国取消 10%的临时进口附加税。但这些措施并未能阻止美元危机与美国国际收支的继续恶化。1973 年又一次发生美元危机,美元对黄金再度贬值,各国先后放弃《史密森协议》规定的新汇价。西欧、日本纷纷实行浮动汇率。至此,布雷顿森林体制彻底解体。

从以上布雷顿森林体制瓦解过程的考察,不难看出特里芬教授所指出的"流动性困境"是导致该体制解体的最主要因素。

三、《牙买加协议》与浮动汇率制的合法化

《史密森协议》挽救布雷顿森林体制的努力失败后,国际货币制度进入了一个新的时期。汇率的剧烈波动引起世界的不安,为此 IMF 着手研究国际货币制度的改革问题。经过一系列的激烈争论后,1976 年在牙买加达成了《牙买加协议》,并于 1978 年 4 月生效。

(一)《牙买加协议》的主要内容与特征

《牙买加协议》的主要内容有:(1)取消货币平价和各国货币与美元的中心汇率,正式确认浮动汇率的合法性,允许成员国自由选择汇率制度。(2)黄金非货币化,取消黄金官价。黄金既不再是各国货币的平价基础,也不能用于官方之间的国际清算。(3)增加成员国缴纳的基金份额,成员国之间可以自由进行 SDRs 交易等。

《牙买加协议》后国际货币体制的特征是:

第一,汇率制度的多样化。1973 年以后,世界各国大都采取浮动汇率制。但由于许多国家不时介入外汇市场买卖外汇,以达到其政策目标,所以又称为有管理的浮动汇率制。根据 IMF 分类,现有的汇率制度按灵活性可分为:(1)钉住汇率制度(Pegged Exchange Rate)(如钉住美元、法郎或钉住 SDRs)。(2)有限浮动的汇率制度(Limited Flexibility),指本币对被钉住货币有较小幅度的浮动,如 2.25%上下。(3)较大浮动的汇率制度(More Flexibility)。此外还有一种是介于钉住汇率和浮动汇率的爬行钉住汇率(Crawling Peg)。它是指汇率在短期内保持固定,但政府根据外汇供求压力经常地作小幅度调整,直至达到均衡汇率。总之,《牙买加协议》后的世界进入了浮动汇率制,但各国都进行了管理,且管理的力度不同,使得汇率制度呈现多样化。

第二,储备货币的多元化。《牙买加协议》宣布黄金的非货币化,它在储备资产中的地位开始下降。美元自从布雷顿森林体制崩溃后,在各国国际储备中的份额也开始减少。而马克、日元、法郎、英镑、瑞士法郎开始逐渐进入各国的储备当中。从表 13—6 中可以看出 2015 年第四季度和 2016 年第四季度各国官方外汇储备的货币构成,总体上各国的储备呈现多样化,人民币的外汇储备在 2016 年的第四季度开始单列。到目前为止,美元仍然是各国最主要的储备货币。

表 13—6 **官方外汇储备的货币构成**

	美元	欧元	人民币	日元	英镑	澳大利亚元	加拿大元	瑞士法郎	其他货币
2015Q4	4 374.07	1 345.06	—	274.77	331.38	131	127.65	19.77	213.32
2016Q4	5 052	1 559	84.51	332.77	349.33	146.12	160.83	13.73	201.15

资料来源:IMF 网站,www.IMF.org。

此外,《牙买加协议》以后各国对国际收支失衡的调节手段也发生了变化。主要有汇率机制、利率机制、国际金融机构的调节、直接管制等方式。从以上考察来看,《牙买加协议》后国际货币体制的特征是以美元为中心的多元化国际储备和浮动汇率制度。因此,又可将《牙买加协议》后的国际货币体制称为浮动汇率体制(Floating Exchange Rate System)或牙买加体系。从布雷顿森林体制向浮动汇率体制的转变,是国际货币与各国国内货币关系的变更,同时也是国际收支调节机制的变更。美元作为国际货币,实质上并没有发生很大的变化,只是对美元的信任基础发生变化。在布雷顿森林体制下,人们对美元的信任基础是美元—黄金的兑换性。而浮动汇率体制下,人们对美元的信任基础则是依赖于美国的经济发展状况和美国在世界政治经济舞台上的能力。因此,《牙买加协议》以后的浮动汇率体制也仍然是以美元为中心的国际货币体制的延续。对这一体制的评价,主要是看美元能否稳定地发挥国际货币的作用,国际收支调节机制能否顺利进行。

(二)浮动汇率制的期待与现实

对《牙买加协议》以后的浮动汇率制,人们曾抱有极大的希望。尽管在这一体制下汇率的波动无法避免,但人们期待浮动汇率能够自动调节国际收支的平衡。许多人曾经认为在这一汇率制下,可将财政、货币政策偏向内部均衡,这样就可以没有冲突地实现内外均衡。但是,事实与人们的期待发生了很大的背离。

首先,汇率的剧烈波动成为经常现象。这一体系仍然是以美元为核心货币,其稳定的基础是美元币值的稳定,美元币值的稳定与否又取决于美国经济和国际收支状况。但是从美国不断增加的贸易收支逆差(参见表 13—7)就可以知道 40 多年的浮动汇率制背叛了人们良好的期望。不仅如此,在浮动汇率制下,汇率的波动比人们预想的更为剧烈。由于 J 曲线效应、汇率超调等使汇率长期偏离原本应有的水平,浮动汇率制在给予各国更大政策自主权的同时,也给世界金融体系增加了不稳定因素。尽管浮动汇率给了各国自由选择的权利,但发展中国家却大都选择了钉住美元的汇率制度。在 2007 年开始显现的美元次贷危机中,由于美元的大幅波动,不仅导致拥有巨额贸易顺差且以美元为主要储备货币的新兴国家遭受了巨额外汇损失,甚至因外汇储备危机而导致经济危机。并且,世界大宗商品均以美元计价,美元大幅波动也造成了世界范围内的能源危机、粮食危机和通货膨胀危机,对美元自身的经济也造成难以摆脱的影响。美国不能很好地调节国际收支的不平衡,是导致世界范围内汇率出现剧烈波动的基础原因。

表 13—7　　美国的贸易收支状况　　单位:百万美元

	出口	进口	差额
1975～1979 年	132 409	153 230	—20 821
1980～1984 年	214 701	276 137	—61 437
1985～1989 年	270 782	422 600	—151 819
1990 年	389 860	516 442	—126 582
1999 年	969 867	1 228 485	—258 617
2000 年	1 075 321	1 447 837	—372 517

续表

	出口	进口	差额
2001年	1 005 654	1 367 165	−361 511
2002年	978 706	1 397 660	−418 955
2003年	1 020 418	1 514 308	−493 890
2004年	1 161 549	1 771 433	−609 883
2005年	1 286 022	2 000 267	−714 245
2006年	1 457 642	2 219 358	−761 716
2007年	1 653 548	2 358 922	−705 375
2008年	1 841 612	2 550 339	−708 726
2009年	1 583 053	1 966 827	−383 774
2010年	1 853 606	2 348 263	−494 658
2011年	2 127 021	2 675 646	−548 625
2012年	2 218 989	2 755 762	−536 773
2013年	2 293 457	2 755 334	−461 876
2014年	2 376 577	2 866 754	−490 176
2015年	2 261 163	2 761 525	−500 361
2016年	2 212 079	2 712 639	−500 560

资料来源：美国经济分析局，“International Transactions”，www. bea. gov。

其次，导致全球的信用扩张。由于黄金非货币化之后，美元取代黄金成为本位货币，世界范围内出现了美元流动性持续增加的现象，在全球范围内造成了美元信用扩张。信用扩张的主要原因有：(1)美国的贸易失衡。美国自1971年以来，出现了贸易逆差持续扩大的局面(参见表13—4、表13—7)。贸易失衡引起美国向全球范围内输出美元，造成全球范围内国际储备规模持续扩大和信用货币比例急剧增加。(2)缺乏金本位制度下的信用扩张约束机制。发行货币不再需要以黄金为保障。通过过多的信用来维持经济增长的动力是巨大的。伴随着美国政府预算和贸易赤字的增加，全球范围内的流动性过剩开始出现。而全球范围内的流动性过剩是多次金融危机发生的根本原因。

牙买加体系实际上只是承认了布雷顿森林体系崩溃后的现状，使国际货币基金组织和世界银行等布雷顿森林机构得以继续运转，从而现行国际金融体系进入了一个矛盾状态。一方面该体系试图沿袭布雷顿森林体系的基本原则和理念，另一方面又无相应的制度安排和制约，缺乏稳定性和无序成为这一体系的最大特点。

第四节 国际货币体制的改革

现行的牙买加体系在几十年间的运行中暴露出很多问题。针对频繁波动的汇率和屡次发生的破坏力越来越大的金融危机,如何对国际货币体制实施有效改革成为人们长期关注的话题。

一、关于汇率制度选择的争论

汇率制度和与之相关的本位货币的选择是国际货币体系最核心的内容。现在国际货币体系的一个重大问题是该体系的稳定取决于美元的稳定,而美元的稳定又取决于美国的国际收支平衡,但全球清偿能力供应又依赖于美国的国际收支逆差,美国的“铸币税特权”又推动美国的经常账户逆差不断扩大,从而形成了全球性失衡。为解决这一失衡,人们提出了两种解决思路:第一,通过国际合作成立国际中央银行,发行国际货币。1968 年特别提款权的设立实际上就是朝着这一方向变化的努力,但由于世界各国经济发展水平的巨大差距,这一尝试已经停止。第二,恢复金本位制。正如前面所讨论的金本位制以及布雷顿森林体制的崩溃原因那样,返回金本位制或金汇兑本位制是不可能的。而且,从本位货币的性质来看,本位货币是对商品的要求权,本位货币实质上也就是信用工具,没有必要坚持货币金属论,非把足值黄金作为真正的货币。事实上,在国际经济交易中用黄金来执行支付手段的情况极少。黄金非货币化本质上是各国独立自主发展在货币金融体系中的重要表现。经过 20 世纪 80 年代的调研和论证,这一方案也被最终放弃。这种由自然物控制人类经济发展的体制不符合全球经济发展的需要。

有学者提出介于固定汇率制和浮动汇率制之间的改革建议,即所谓“汇率目标区”的构想。目标区的最初含义是浮动汇率的一个中期合理估计范围。随着《牙买加协议》的出现,汇率浮动管理规则也被取消。1983 年,威廉森(Williamson)等学者再一次提出了目标区问题。它的原始方案是通过协商规定主要货币之间汇率波动的目标幅度(幅度可达±10%)。当汇率波动超过目标区时实行干预。汇率目标区的建立目的是既扩大汇率的灵活性,又保持汇率的相对稳定。

该设想的基本要点有:(1)为本国货币确定一个中期(3～5 年)的波动幅度;(2)各国政府运用经济政策(货币政策)或干预外汇市场将汇率的波动控制在规定的幅度内;(3)“目标汇率”应随经济情况的变动而调整。汇率目标区设想与管理浮动汇率制的主要区别是:(1)汇率目标区为汇率的变动范围确定了一个明确的界限;(2)变动幅度大;(3)为达到干预目的具体指出必要时运用货币政策加强干预的力度。

汇率目标区的优点是通过设定一个较宽的汇率变动范围使汇率更具有弹性。而具有弹性的汇率可通过汇率机制达到调节国际收支的目的。同时,汇率超越目标区时又可实行干预,这样使汇率又保持相对的稳定。

也有学者提出采取像 EMS(欧洲货币制度)那样事实上的固定汇率制,更有学者主张采取像欧元那样的单一货币制度(参见附录 13－2)。因为单一的国别货币始终存在“特里芬两难”。储备货币发行国的国内政策与储备货币本身所应该具有的性质(如稳定的价值贮存)相矛盾。解决“特里芬两难”的办法只有成立世界性中央银行和使用世界货币。由于当今世界无论在政治、军事还是经济实力上并不均衡,因此上述建议从现阶段来看具体实施有相当的难度。虽然如此,它们仍然是考虑未来国际货币体制改革时极为重要的方向。

二、关于关键货币的选择

这里关键货币的选择指的是选择单一的关键货币还是选择货币篮子的问题。从 20 世纪后半期到现今，美元是世界的关键货币。大部分国家将美元作为设定外汇汇率的基准货币，国际交易中有一半以上使用美元，美元在各国的外汇储备中仍占据主要地位。除欧洲外，市场的介入货币几乎也都是美元。

美元关键货币的地位意味着美国经济对外汇汇率拥有极大的影响力。因此，如果美国的经济增长、物价以及国际收支能够保证在一个健康水平上，那么国际货币体制将是稳定的。反之，国际货币体制就动荡不安。美元的这种强大的影响力意味着美元本位制的不对称性，美国甚至可以强制他国采取某些政策。因此，当前国际货币体系是不平等的。非储备货币国外汇资产的积累意味着世界上最富有的国家——美国可以得到廉价的资金(中国以零收益率购买美国财政部债券即是明显例证)，穷国则不但得不到廉价资金，而且还要承担在储备货币国的投资风险。因此，把信用纸币当作本位货币的货币制度的关键是纸币发行国的中央银行能够切实履行金融监管，保持社会与物价稳定。

目前看来，中短期内美元作为关键货币的地位难以改变，美元在国际货币体系中的地位相对平稳。1999 年欧元面世后，世界各国曾对欧元取代美元充满了期待。不过根据国际货币基金组织年报的统计，作为国际储备货币，美元的比重的确有所下降，从 1999 年的 71%上升到 2006 年的 64.1%，而同期欧元的比例由 1999 年的 17.9%上升到 2006 年的 25.8%，虽然如此，却仍未撼动美元的核心地位。2008 年金融危机后，美国及时实施了大规模的财政、货币政策救市，经济的复苏早于且优于其他发达经济体。2014 年后美国陆续推出了量化宽松政策并步入加息周期，美元相对全球其他国家货币升值，强势美元周期使美元在国际贸易、投资及储备货币中的地位不降反升。美元在国际货币体系中的比重和 20 年前的差别并不大，与 20 世纪 90 年代相比还有所上升。从交易货币来看，即使欧元作为一种竞争性货币出现，世界外汇市场上以美元为交易货币的习惯并没有实质性改变。

中短期内，美元的国际货币核心地位不会改变，虽然如此，却可以对美元霸权进行约束。作为主要储备货币国家的美国必须承担起国际收支调节的主要责任，采取相对紧缩的财政政策，减少财政赤字；增加高新技术产品出口，减少国际收支逆差。目前的全球金融危机是经济全球化下结构失衡的必然结果。其问题的根源在于美国日益严重的“双赤字”。在次贷危机中，美元的大幅波动不仅导致拥有巨额贸易顺差且以美元为主要储备货币的新兴国家遭受了巨额外汇损失，对美元自身的经济也造成难以摆脱的影响，各国在协定汇率机制上存在着广泛的利益交集。由于各国在这一问题上具有共同的利益，因而具有合作的基础。改变汇率制度完全自由调节的现状，将其置于一定协议管理之下，特别是约束美元汇率的肆意波动，限制美元霸权，是改革国际货币体系的一个重要方面。

当期全球金融危机已经暴露出了国际收支调节机制的重大弊端。如果这种调节机制不改变，就不能避免全球金融危机的再次发生。总之，无论是容忍国际货币的不对称性还是追求国际货币的对称性，都是考虑今后国际货币体制时不可忽视的关键问题。

三、国际货币基金组织的改革

国际货币基金组织成立60多年来，在加强国际货币合作、建立多边支付体系、促进国际汇率稳定、维持国际收支平衡、防止和解决国际债务与金融危机等诸多方面都做出了积极的贡献。随着国际政治、经济形势的发展与变化，IMF对其本身的组织架构、运作模式和监管职能等也作了一系列的调整。但是伴随着20世纪90年代墨西哥金融危机的爆发以及亚洲金融危机，尤其是这一次席卷全球的金融海啸，人们对现存的国际金融体系存在的问题有了更深的认识，普遍感到作为国际金融体系重要协调管理者的国际货币基金组织应该适应新的国际经济环境，增加新的管理职能。

首先，实现治理机制的改革。目前，国际货币基金组织投票权过度集中在发达工业化国家。尤其是美国拥有超过17%的份额和投票权，而根据货币基金组织最重大的18项议题都需要85%的通过率，因此美国拥有对重大事项的实际否决权。最初的集体干预模式逐渐消失。发展中国家在基金中通过重新分配基金份额扩大基础投票权，已经成为国际货币基金组织治理结构改革的重要内容。

其次，进一步加强国际货币基金组织对主要储备货币国家经济政策的监测职能。目前国际货币基金组织的第四条磋商条款尽管包括了主要发达国家，但对这些国家政策方向的实际影响力和约束力十分有限。发达国家的金融体系不稳定对世界经济的影响比新兴市场国家更大。因此，国际货币基金组织有义务对各成员国及公众提出忠告或建议，以便各方做出正确的风险判断。国际货币基金组织应该加强对各国尤其是发达国家金融市场的监管和对跨国资本流动的监控，追踪研究各国金融运行的基本情况，向各国政府提供金融监管措施建议。

再次，国际货币基金组织在提供贷款的决策中应服从中央银行职能的专业准则。IMF也只有通过提供贷款，才能实现其监督职能，因为在向国际收支失衡或处于金融危机中的国家提供贷款时，IMF往往要附带很多苛刻的条件作为前提，这些条件可以概括为“紧缩＋开放”。“紧缩”就是要求受援国紧缩开支、控制信贷，“开放”就是要求受援国开放国内资本市场。对于非受援国来说，IMF的建议不具备强制性，但对接受IMF援助的国家来说，监督与贷款条件就连在一起了。实践表明，许多危机国在接受IMF的贷款条件后，其国际收支状况和危机程度曾一度出现了恶化的倾向。这些国家的金融体系虽然没有完全崩溃，但经济却陷入了严重的衰退之中。虽然国际货币基金组织酝酿对基金组织的贷款框架进行重大改革，包括建立一个新的灵活信贷额度(FCL)。但是提供贷款的改革应力戒政治化，应将帮助危机国走出衰退作为重点，重点也应放在危机的防范而不是补救上。贷款币种也应逐步多样化，避免过分的美元单一化。虽然重建具有稳定的定值基准并为各国所接受的新储备货币可能是个长期才能实现的目标，但是短期内可行的方案选择是扩大SDRs(特别提款权)的发行和分配规模。

由于主要成员国在重要经济金融问题上存在理念上的差异，宏观经济金融调控手段的弱化，加之各成员国的利益出发点和利益预期明显不同，使得在重大问题上难以达成一致意见。然而，席卷全球的金融危机的爆发表明了各国在金融市场以及经济发展上高度的相关性，只有各国认真协商采取有效措施，才能避免因不合作而出现对各国都不利的后果。

专题 13－1

人民币加入SDR的货币篮子及主要影响

特别提款权(SDR)是国际货币基金组织(IMF)在1969年创造的成员国的账面资产,赋予成员国在原来的普通提款权之外的提款权利。特别提款权的价值最初定义等于0.888 671克黄金,即当时的1美元。随着1973年布雷顿森林体系崩溃,特别提款权被定义为一篮子货币。在人民币加入之前,这一篮子货币包括美元、欧元、日元和英镑。2015年12月1日,IMF宣布批准人民币加入特别提款权(SDR)的货币篮子,该决议于2016年10月1日正式生效。此后SDR的价值由五种货币的加权平均值确定,其中美元占41.73%、欧元占30.93%、人民币占10.92%、日元占8.33%、英镑占8.09%。人民币是首个"入篮"的发展中国家货币。

进入21世纪特别是中国加入世界贸易组织以后,我国的对外贸易获得了快速发展,人民币逐渐成为重要的贸易结算货币。中国综合国力的上升以及资本账户的逐步开放,人民币入篮的呼声渐起。但在2010年IMF审议时,以人民币不是完全的可自由兑换货币为由拒绝将人民币加入SDR的货币篮子。经过人民币有条不紊的国际化改革和资本账户的逐步开放,推进了人民币的跨境贸易结算,推动了人民币离岸市场的建设,中国人民银行与多家国外中央银行的互换协议,有力地推动了人民币在国际贸易和金融中的使用。一系列的改革和努力使2015年8月IMF工作组向执行委员会提交的准备文件中,认为人民币已经基本符合了SDR篮子货币的标准:过去5年的商品和服务出口名列世界前列,可自由使用的兑换货币(非自由兑换的含义)。可自由使用的含义包括:广泛使用性,即货币在国际外汇储备中的份额;该货币在国际银行中的借贷额;以该货币计值的国际债券,以及广泛交易的指标等。

人民币加入SDR货币篮子是人民币国际化发展道路上的一个里程碑,将对我国全球的投资和贸易的发展产生重要影响,有利于我国在国际货币体系中发挥更加重要的作用。主要影响包括:

第一,有利于全球金融市场的稳定和安全。自金融危机以来,美元、欧元、日元和英镑的汇率波动不断,人民币的加入使篮子货币种类扩大,有助于提高SDR的稳定性和代表性。未来的国际货币体系可能包括美元继续占据主要地位,多元储备货币体系以及SDR作为主要储备货币,有利于进一步改革和完善国际货币体系。

第二,有利于推进人民币的国际化进程。特别提款权的篮子货币地位是IMF对一种货币流动性和稳定性的认可,相应地会提高世界范围内的交易商对人民币持有的信心,有利于人民币国际化进程的继续推进。同时,也会对人民币跨境结算,人民币金融市场的深化以及资本账户的开放产生倒逼效应,推进人民币从跨境贸易结算货币逐步升级为投资货币,加快人民币国际化的改革。

第三,将推进中国实现更大程度上的对外开放,为我国未来的金融改革提供动力。遵循SDR"可自由使用"的目标,我国可以利用(上海)自贸试验区深化跨境金融改革,进一步放开资本账户的自由化流动管制,大力发展资本市场,使人民币成为真正的"可自由使用"的货币,并逐渐使人民币成为世界外汇储备中的重要组成部分。

人民币被列入SDR篮子是我国在全球贸易、投资与金融地位不断上升的结果,反映了国际货币体系改革的内在要求,与我国不断推进人民币国际化的努力也是分不开的。但是人民币国际化还需要从国内进行制度性改革,遵循从内到外、从国际到国内、先在岸再离岸的顺序与原则,拓展人民币的投资渠道,继续推进人民币汇率形成机制的市场化进程,并努力使人民币逐渐成为国际外汇储备货币。毕竟对于任何一种货币的国际化需求关键还要看市场对该货币走势的判断以及持有该货币的成本与收益的比较,这些都有赖于该国综合实力的提高做支撑。

主要参考资料:

[1]宋科、李昊泽:"人民币、SDR与国际货币体系改革:一个综述",《国际金融》2015年第7期。

[2]张礼卿:"人民币国际化面临的挑战与对策",《金融论坛》2016年第3期。

专题 13-2

入篮 SDR 后人民币国际化面临的挑战

自2009年跨境贸易人民币结算试点以来,人民币国际化顺利推进。根据环球银行金融电信协会(SWIEF)统计,截至2015年12月,人民币在全球贸易融资货币中位列第三,在全球支付货币和外汇交易货币中位列第五。2016年10月1日人民币正式加入特别提款权(SDR)货币篮子。人民币入篮SDR更是人民币国际化路上里程碑似的重要事件,人民币国际化进程由此进入一个新阶段。

2008年中国人民银行公布《中国人民银行主要职责内设机构和人员编制规定》,首次提及"人民币国际化"。2009年《跨境贸易人民币结算试点管理办法》出台,标志着人民币国际化正式启动,人民币国际化进入加速发展的时期。在此期间内,人民币的国际使用主要在以下方面被不断拓展:

第一,跨境贸易使用不断提高。自2009年试点开展跨境贸易人民币结算业务后,2011年该业务扩大至全国,实现跨境贸易项下人民币国际使用的市场化和便利化。

第二,跨境投融资更加便利。2011年中国正式启动境外直接投资人民币结算试点,允许相关银行和企业境外直接投资人民币结算;金融市场的双向开放步伐加快,2009年财政部在中国香港首次发行人民币国债,2015年允许国际商业银行在境内银行间债券市场发行人民币债券;放宽双向投融资的主体资格,允许境外央行、国际金融组织、主权财富基金运用人民币投资境内银行间市场。

第三,人民币离岸市场建设渐呈体系。中国香港和新加坡分别成为全球第一、第二大的人民币离岸中心。以人民币计价的债务、股票、期货、基金、信托、保险、央行票据等金融产品在离岸市场陆续推出。央行已在全球20多个国家和地区建立了人民币清算安排,人民币的跨境支付系统也已成功上线运行。为境内外金融机构的人民币跨境和离岸业务提供了全面的资金清算和结算服务。

第四,人民币参与国际金融合作持续深化。中国央行已与35个境外央行签署了双边本币互换协议。通过"一带一路"倡议,参与筹建亚洲基础设施投资银行、金砖国家开发银行和丝路基金,扩大人民币的跨境使用。通过加强与IMF等国际组织和机构的协调合作,正式加入SDR货币篮子,为人民币最终成为国际储备货币奠定基础。

加入 SDR 货币篮子之后，人民币国际化面临机遇的同时也面临挑战。入篮后的人民币无疑需要将在更加市场化的环境下进行，面临与美元、欧元、日元和英镑的博弈竞争，导致人民币汇率的波动态势加大。2015 年“811”汇改和 2016 年的英国脱欧两次事件，人民币都出现了较大幅度贬值。贬值和贬值预期的存在是国内外多方面因素交织的结果，但会直接影响人民币的国际需求，使人民币的国际化面临挑战，具体包括：

挑战之一是美国经济复苏使美元的国际地位上升，对包括人民币在内的其他国际货币产生的负面冲击。

挑战之二是国内经济增速下行导致的人民币降息对人民币产生的贬值压力。

挑战之三是人民币入篮之后需要承担更多的大国责任和义务，在国际货币体系的改革和全球经济治理中发挥更大的作用，这也将给中国的经济发展、资本流动的管制和国际收支管理带来新的问题和挑战。

因此在美元强势的当前背景下，人民币的“弱走势”将会影响境内外对于人民币作为贸易结算、支付和储备货币的信心。如何保持人民币的相对稳定，是我国金融改革和人民币国际化当前面临的主要挑战。这也使人民币国际化进入波浪式前进发展的新阶段。

主要参考资料：

[1]翁东玲：“国际货币体系变革与人民币的国际化”，《经济学家》2016 年第 12 期。

[2]郑建华：“关于国际货币体系改革的探讨——兼论人民币国际化问题”，《宏观经济研究》2014 年第 7 期。

本章小结

本章首先对国际货币的含义、一国货币国际化的条件以及国际货币的作用与选择等国际货币的基础理论进行了讨论。在此基础上，对国际货币体制的含义和种类、国际货币体制的主要内容和国际货币体制面临的主要问题等进行了简要的介绍。本章还对 19 世纪各国确立的金本位制、第二次世界大战结束以后诞生的以国际协调为基本理念的布雷顿森林体制（Bretton Woods system）和布雷顿森林体制瓦解后的《牙买加协议》展开了较为详细的讨论。最后探讨了国际货币体制改革的相关问题。

主要概念及术语

1. 流动性（Liquidity）
2. 调整（Adjustment）
3. 信任（Confidence）
4. 货币发行利益（Seignior Age）
5. 金铸币本位制（Gold Coin Standard System）
6. 金汇兑本位制（the Gold-Exchange Standard）
7. 布雷顿森林体系（Bretton Woods System）
8. 特里芬两难（Triffin Dilemma）
9. 国际货币体系（International Monetary System）
10. 国际货币基金组织（International Monetary Fund）
11. 史密森协议（Smithsonian Agreement）
12. 牙买加协议（Jamaica Accords）
13. 浮动汇率体制（Floating Exchange Rate System）

14. 特别提款权(Special Drawing Rights,SDRs)

思考讨论题

1. 国际货币的主要功能有哪些?
2. 金本位制可分为几个阶段?每个阶段的基本特征是什么?
3. 布雷顿森林体系的主要内容是什么?
4. 牙买加协议的主要内容及特征是什么?
5. 国际货币体系的改革方向有哪些?

附录 13－1

特别提款权

SDRS 是 IMF 于 1969 年创设的一种记账单位,是 IMF 分配给会员国的一种使用资金的权利。用于会员国之间和会员国与 IMF 之间的支付,因而也是官方储备的一种形式。

一、SDRS 的特点

(1)凭信用发行。(2)无偿分配。(3)任何个人和企业不得持有和使用,不能直接用于贸易或非贸易的支付。成员国拥有的特别提款权可以在发生国际收支逆差时用来向基金组织指定的其他会员国换取外汇,以偿付国际收支逆差或偿还基金组织贷款。特别提款权还可与黄金、自由兑换货币一样充当国际储备。用特别提款权作为统一计价单位时,国际货币基金组织的各成员国货币和特别提款权之间的折算比例也就体现了各成员国货币的汇率情况,同时也能更好地反映一国货币的综合汇率。

二、SDRS 的定价

创始初期 SDRs 的定价是 1 SDRs =0.888 671 克黄金(35SDRS=1 盎司黄金,与 1 美元价值相等),也称纸黄金。经过发展,从 1981 年起 IMF 采取了加权平均的方法来确定 SDRS 的价值。目前的具体做法是:(1)IMF选择 5 个主要货币,即美元、欧元、人民币、日元、英镑。(2)将这 5 个经济体各自对外贸易在总贸易中的比例作为权数,并规定每 5 年对权数修改一次。(3)每天英格兰银行向 IMF 提供伦敦外汇市场上各国对美元的汇价,IMF 将此汇价乘以权数,就求得当天以美元表示的 SDRS 价值,然后再套算出 SDRS 同其他货币的比值。

三、SDRs 的运作

成员国均设有一特别提款权账户,分配到的 SDRS 就记录在该账户上。当一国(A 国)国际收支发生困难需要使用 SDRS 时可向 IMF 提出申请。或者直接协议或者由 IMF 指定外汇储备丰富、国际收支良好的国家(B 国)接受 A 国的 SDRS。B 国接受了 SDRS 后,同时必须向 A 国提供等价数额的可兑换货币。如附图 13－1 所示。

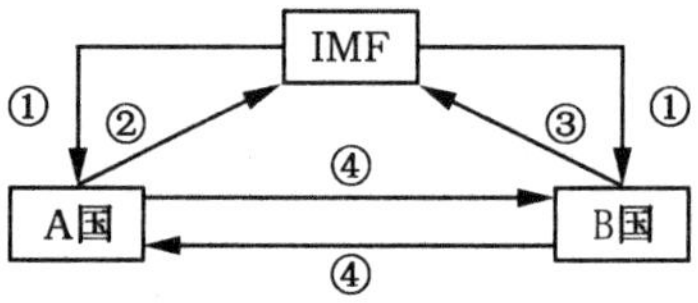

注:①分配;②申请使用;③指定接受;④SDRs 与可兑换货币交换。

附图 13－1 SDRs 的运作

从以上的运作机制可以看出成员国有接受 SDRS 的义务,但并不等于无限制地接受。当一国持有的 SDRS 超过了当初分配额的 3 倍时可以拒绝接受。当然,成员国之间可以自由协商交换 SDRS,可以用借贷的方式,也可以用担保的方式。总之,SDRS 也具有可获得性、流动性和为各成员国政府普遍接受的普遍性,所以它是一国官方储备的组成部分。

四、SDRS 与国际结算

作为国际货币基金组织的计价单位，SDRS 并不是真实的货币，使用时必须先换成其他货币，并且不能直接用于贸易或非贸易的支付。但是由于 SDRS 的价值是透过在国际贸易中所占比例最大的 5 种自由兑换货币组成，具有较强的稳定性，比利用任何一个单个会员国的货币作为标准货币可能给其他会员国造成的风险都小。在越来越多的国际结算领域，都可以看到 SDRS 作为国际统一结算货币记价单位的身影。譬如，在国际长途电话结算、国际航运、国际邮政的费率、赔偿等方面，中国很多企业都使用 SDRS 作为计价标准。

参考文献：

[1]郑甘澍：《国际金融》，高等教育出版社 2006 年。

[2]郑甘澍：《国际金融学》，上海财经大学出版社 2013 年。

专题 13－2

欧洲货币一体化

一、欧共体的问世

1951 年，法国、意大利、荷兰、比利时、卢森堡和联邦德国为了促进第二次世界大战后欧洲的经济复兴，也是为了防止战争的“死灰复燃”，建立了欧洲煤炭钢铁共同体（European Coal and Steel Community）进行煤、钢联营。

1957 年，上述 6 国签订《罗马条约》，决定成立欧洲原子能共同体（European Atomic Energy Community, EURATOM）和欧洲经济共同体（European Economic Community, EEC）。

1967 年，欧洲煤炭钢铁共同体、欧洲原子能共同体、欧洲经济共同体合并为统一的一体化组织——欧洲共同体（EC），简称欧共体。到 20 世纪 80 年代中期，该组织成员国扩大到 12 个（法国、意大利、荷兰、比利时、卢森堡、联邦德国、英国、丹麦、爱尔兰、希腊、西班牙、葡萄牙）。

二、欧洲货币一体化的历史进程

第二次世界大战后西欧各国货币的一体化最早是从 1950 年的欧洲支付同盟开始的。当时只是设立一个信贷基金，为国际收支出现困难的成员国提供融资而已。但是，20 世纪 60 年代欧共体成立，迫切需要货币一体化的支持。为了推动劳动力、资本的自由流动，巩固和推进经济一体化，1969 年欧洲 6 国（法、意、西德、荷、比、卢）决定成立欧洲货币经济联盟。第二年（1970 年）10 月达成一项协议，决定用 10 年时间，即从 1971～1980 年分三个阶段逐步实现完全的货币一体化，逐步实现以下目标。

第一，缩小成员国间汇率波动的幅度。第二，建立共同的储备基金支持成员干预外汇市场，协助成员国解决国际收支困难。第三，实现商品、劳动力、资本的自由流动。第四，发行统一货币，创立共同体的联合中央银行。

从 1972 年开始，欧共体为推行货币联盟，采取了以下措施：

（1）各成员国间实行可调整钉住汇率制，各成员国间货币汇率波动不能超过上下 1.125%。

（2）建立“欧洲货币合作基金”，为逆差国提供平衡国际收支与短期融资的机构。

（3）创立“欧洲记账单位”（European Unit of Account）。该记账单位由“一篮子货币”加权平均而成(以欧共体9国各自贸易值占总贸易的比例作为权数)。它不仅适用于成员间的中央银行的清算,还是汇率机制的钉住中心。

欧洲经济货币联盟计划开始不久,国际金融市场发生急剧动荡,布雷顿森林体系瓦解。该计划不得不暂时搁置。

1978年,欧共体决定首先完成稳定成员国货币汇率的任务。7月,当时的西德总理施密特和法国总统密特朗提出建立"欧洲货币体系"(European Monetary System,EMS)。12月共同体首脑就欧洲货币体系问题达成协议,1979年3月31日协议正式生效,"欧洲货币体系"成立。

1979年3月成立的EMS与布雷顿森林体系极为相似,它实际上是布雷顿森林体系小范围内的重建,不过更具有灵活性。其主要内容如下:

(1)创立欧洲货币单位(European Currency Unit,ECU)取代原有的欧洲计账单位。ECU的定价方式和SDRs基本一样,它是欧洲货币体系的核心,其作用在于:①决定成员国货币中心汇率。②用于官方之间清算和信贷的手段。③是各国的储备资产的一部分。

ECU以互换交易形式分配给各成员国,即当各成员国向"欧洲货币基金"交纳份额时,就可从该基金获得相应数量的ECU作为回报。按欧共体的设想,ECU最终成为共同体成员国的共同货币。

(2)成员国之间实行可调整的固定汇率,对外实行联合浮动。首先,确定每个成员国货币对ECU的中心汇率,各成员国货币的汇率仅能在中心汇率上下2.25%的幅度内波动,个别国家可扩大到上下6%。同时成员国之间的汇率根据套算得出,各国之间的汇率波动幅度也为上下2.25%。

由此可见,EMS的成员国对其货币的汇率具有双重干预义务,一是本国货币对ECU中心汇率偏离时的干预。二是本国货币对其他成员国中心汇率浮动过大时的干预。在特殊情况下,允许放弃原中心汇率,建立新的中心汇率。对非成员国货币,成员国货币实行同升同降的浮动汇率。

(3)建立欧洲货币基金。欧共体决定在1973年设立的"欧洲货币合作基金"的基础上设立欧洲货币基金(European Monetary Fund)。该基金的建立是EMS正常运作的保证。根据EMS的规定,各成员国需缴纳其储备的20%(其中一半为黄金,一半为外汇)作为共同体的共同储备,并以此作为发行ECU的准备。

该基金的作用一方面是加强干预外汇市场的力量,稳定成员国货币之间的汇率和维持汇率联合浮动;另一方面是向成员国提供信贷,平衡国际收支。

欧洲货币体系自建立以来取得了显著的成就。这是因为EMS能够及时地、有弹性地对中心汇率进行调整,以防止汇率体制的僵化。更重要的是,通过EMS,使成员国之间经济政策的协调进一步加强。经济政策的协调,特别是货币政策的协调使它们之间的通货膨胀率和利率等指标差异逐渐缩小,为汇率的稳定提供了基础。

三、欧洲货币一体化的新进展——欧元的诞生

受到欧洲货币体系成就的鼓舞,欧共体各国决定将欧洲货币一体化推入一个新的阶段。

1989年EC委员会向12国财长提出了《关于欧共体经济货币联盟的报告》(又称《德洛尔报告》)。该报告就进一步实现欧洲货币一体化的具体内容及实施步骤作了详细的阐述。

该报告提出欧洲经济货币联盟(Economic and Monetary Union,EMU)的具体实施分三

个阶段。

第一阶段:取消残存的对资本流动的管制,所有成员国货币自由兑换。

第二阶段:建立欧洲中央银行体系。

第三阶段:实行不可改变的固定汇率制,各国官方储备集中到欧洲中央银行,最终采用单一货币。

1990 年 7 月 1 日开始实施第一阶段。主要内容是:第一,区域内实现资本移动和金融服务的自由化。第二,成员国间汇率变动幅度统一。第三,设置各国中央银行总裁会议。

《德洛尔报告》之后,1990～1991 年就有关 EC 内部建立欧洲货币联盟的问题存在不同意见。经过争论,大多数国家赞成设立欧洲经济货币联盟。为进一步加快推进欧洲统一的步伐,1991 年 12 月,EC 首脑又在荷兰的马斯特里赫特召开会议,对 EC 的基本法《罗马条约》进行了修改。签订了有关进一步强化经济、货币同盟的协议,简称《马斯特里赫特条约》。将欧共体 EC 改为欧盟(European Union)。

1.《马斯特里赫特条约》(Maastricht Treaty)

《马斯特里赫特条约》(以下简称《马约》)是在《德洛尔报告》的基础上形成的。《马约》要求最迟在 1999 年建立经济与货币联盟。《马约》标志着欧洲货币一体化的加速发展,是欧洲货币一体化道路上的一个里程碑。其主要内容如下:

(1)从 1994 年开始经济与货币联盟的第二阶段。这一阶段的目标有:第一,避免过度的财政赤字。第二,建立独立的欧洲货币管理体系,设立欧洲货币机构。作为欧洲中央银行的前身,该机构的任务是通过调整各国的货币政策确保物价稳定,强化各中央银行之间的协调。

(2)1997～1999 年 1 月 1 日之间开始第三个阶段。这一阶段的目标是建立一个统一的欧洲货币和独立的欧洲中央银行。第三阶段也是统一货币的最终阶段,《马约》规定了从第二阶段转入第三阶段的具体条件;并规定到 1999 年 1 月 1 日不管有多少国家达标,第三阶段都将开始,没有达标的国家待条件成熟后再加入。

2. 马德里首脑会议

1995 年 12 月,欧盟首脑在马德里举行会议,讨论各国货币向单一货币过渡的具体步骤,也就是说对第三阶段的实施提出一份详尽的、操作性强的时间表。这就是马德里首脑会议的主要议题。马德里会议重申经济与货币联盟的第三阶段将于 1999 年 1 月启动。将未来统一的新货币命名为欧元(EURO),并制定出完成这一阶段的具体时间表:

(1)1998 年初开始检查各成员国经济的达标情况,确定有资格的首批加入 EMU 的国家名单,筹建欧洲中央银行。

(2)1999～2001 年参与 EMU 的国家的货币之间的汇率完全固定。确定各成员国货币与欧元的汇率。欧元开始与各国货币一起流通(无形流通),同时停止使用 ECU。欧洲中央银行制定统一的货币政策。

(3)2002 年 1 月起,欧洲中央银行将发行统一货币(EURO)的硬币和纸币,有形的欧元问世。同时各成员国的货币与欧元开始兑换,为下一步各国货币退出流通做准备。

(4)2002 年 7 月开始,各参加国原有的货币退出流通,欧元成为欧洲货币联盟内唯一的法定货币。至此,欧盟最终实现了单一货币的宏愿。

欧元已启动多年,但之后欧元的汇率也出现了阶段性的波动,尤其受次贷危机和欧债危机的拖累后的持续贬值,对欧盟共同的财政、货币等管理政策的充分协调和欧元未来的发展都提出了新挑战。但是作为仅次于美元的第二大货币,欧元汇率的走势和发展前景都引起人们的密切关注。尤其英镑脱欧后,欧元的前景更加扑朔迷离,也使得欧洲货币一体化的发展前景面临更多的不确定性。

参考文献:

同附录 13—1 。

主要参考文献

[1]蔡宏波:“WTO框架下战略性补贴政策的制约因素与因应策略”,《世界经济研究》2007年第5期。

[2]陈德胜、郑后成:“美元指数影响因素分析及走势研判”,《南方金融》2015年第3期。

[3]陈淑梅、全毅:“TPP、RCEP谈判与亚太经济一体化进程”,《亚太经济》2013年第2期。

[4]陈雨露:《国际金融(第五版)》,中国人民大学出版社2015年版。

[5]冯晓玲,赵放:“美国‘新重商主义’中的‘出口垄断’探析——基于对中美文化贸易冲突的考察”,《世界经济研究》2010年第9期。

[6]胡琨:“战后欧洲货币制度的转型——兼议欧债危机产生的根源”,《欧洲研究》2014年第1期。

[7]黄建忠:“双边FTA发展态势与中国的因应策略”,《中国经济问题》2007年第3期。

[8]姜凌、邱光前:“经济周期与我国国际收支经常账户失衡”,《世界经济研究》2016年第2期。

[9]李向阳:“跨太平洋伙伴关系协定与“一带一路”之比较”,《世界经济与政治》2016年第9期。

[10]刘敏、李颖:“‘三元悖论’与人民币汇率制度改革浅析”,《国际金融研究》2008年第6期。

[11]龙超、张文:“内外部均衡目标下的汇率政策选择”,《国际金融研究》2011年第1期。

[12]卢锋等:“为什么是中国?‘一带一路’经济逻辑”,《国际经济评论》2015年第3期。

[13]沈军、吴晓敏、胡元子:“扩展三元悖论视角下的印度汇率制度改革对中国的启示”,《国际金融研究》2015年第3期。

[14]宋科、李昊泽:“人民币、SDR与国际货币体系改革:一个综述”,《国际金融》2015年第7期。

[15]孙晨旭:“美国的墨西哥移民问题——以20世纪中期美墨季节工计划为中心的考察”,《拉丁美洲研究》2008年第3期。

[16]孙玉红:《全球 FTA 网络化与发展中国家一体化战略》,对外经贸大学出版社 2007 年版。

[17]王爱俭:《国际金融概论》,中国金融出版社 2014 年版。

[18]翁东玲:“国际货币体系变革与人民币的国际化”,《经济学家》2016 年第 12 期。

[19]吴滨源、王亮:“发展中国家贸易条件对经济增长影响的实证研究”,《国际贸易问题》2014 年第 3 期。

[20]伍端翌:“人民币升值压力下的政策搭配——基于 Mundell-Fleming 模型的探讨”,《财经科学》2008 年第 11 期。

[21]姚萱:“日本汇率政策的演变及启示”,《经济问题》2007 年第 2 期。

[22]张礼卿:“人民币国际化面临的挑战与对策”,《金融论坛》2016 年第 3 期。

[23]赵仁康:“全球服务贸易自由化态势研判——以多哈发展议程服务贸易谈判为视角”,《国际贸易问题》2006 年第 9 期。

[24]郑甘澍:《国际金融》,高等教育出版社 2006 年版。

[25]郑甘澍:《国际金融学》,上海财经大学出版社 2013 年版。

[26]郑甘澍:“世贸组织下的贸易自由化与财政支持”,《国际贸易问题》2000 年第 7 期。

[27]郑甘澍:“外汇政策与日本泡沫经济”,《经济问题探索》,厦门大学出版社 2002 年版。

[28]郑建华:“关于国际货币体系改革的探讨——兼论人民币国际化问题”,《宏观经济研究》2014 年第 7 期。

[29]朱孟楠:《国际金融学(第 2 版)》,厦门大学出版社 2013 年版。

[30]朱民:《改变未来的金融危机》,中国金融出版社 2009 年版。

[31]朱有为、张向阳:“价值链模块化国际分工与制造业升级”,《国际贸易问题》2005 年第 9 期。

[32]庄芮:“质疑‘普雷维什-辛格命题’”,《世界经济研究》2006 年第 9 期。

[33][美]道格拉斯·A. 欧文:《备受非议的自由贸易》,中信出版社 2003 年版。

[34][美]多米尼克·萨尔瓦多:《国际经济学(第 10 版)》,清华大学出版社 2011 年版。

[35][美]甘道尔夫:《国际经济学 I:国际贸易理论(第 2 版)》,中国人民大学出版社 2015 年版。

[36][美]克鲁格曼、奥伯斯法尔德:《国际经济学(第 8 版)》,中国人民大学出版社 2011 年版。

[37][美]理查德·M. 莱维奇:《国际金融市场:价格与政策》,中国人民大学出版社 2002 年版。

[38][美]斯坦利·L. 布鲁:《经济思想史(第 6 版)》,机械工业出版社 2005 年版。

[39][英]约翰·穆勒:《政治经济学原理及其在社会哲学上的若干应用(上卷)》,商务印书馆 1991 年版。

[40][印度]阿马蒂亚·森:《伦理学与经济学》,商务印书馆 2003 年版。

[41][日]芦矢荣之助:《黄金与美元》,日本经济新闻社 1963 年版。

[42][日]原信:《国际金融概论》,有斐阁 1998 年版。

[43]Baldwin R. E.,Determinants of the Commodity Structure of U. S. Trade. *American Economic Review*,1971,61(1):126~146.

[44] Barker, E., International Trade and Economic Growth: An Alternative to the Neoclassical Approach, *Cambridge Journal of Economics*, 1977(1): 153～172.

[45] Bastable C. F., Some Considerations on the Industrial Remuneration Conference, *Journal of the Statistical & Social Inquiry Society of Ireland*, 1885.

[46] Douglas A. Irwin, Against the Tide: An Intellectual History of Free Trade, New Jersey: Princeton University Press, 1996.

[47] G. M. Grossman, E. Rossi-Hansberg., Trading Tasks: A Simple Theory of Offshoring, *American Economic Review*, 2008, 98: 5.

[48] Hamilton A., Report on the Subject of Manufactures. Cosimo Inc, 2007.

[49] Hirsch, S. 1967. Location of Industry and International Competitiveness. Oxford: Oxford University Press.

[50] Hirsch, S. Location of Industry and International Competitiveness, Oxford University Press, 1967.

[51] Hummels, D. , J. Ishii, and K. Yi. The Nature and Growth of Vertical Specialization in World Trade, *Journal of International Economics*, 2001, 54(1): 75～96.

[52] I. B. Kravis, "Availability" and Other Influences on the Commodity Composition of Trade. *Journal of Political Economy*, 1956, 64 (Volume 64, Number 2): 143～155.

[53] John Maynard Keynes, The General Theory of Employment, Interest and Money, Macmillan Cambridge University Press, 1936.

[54] Koopman, R., Z. Wang, and Shang-Jin Wei, Estimating Domestic Content in Exports when Processing Trade is Pervasive, *Journal of Development Economics*, 2012, 99 (1): 178～189.

[55] Koopman, R., Z. Wang, and Shang-Jin Wei, Give Credit Where Credit is Due: Tracing Value-added in Global Production Chains, *NBER Working Paper*, 2011, No. 16426.

[56] Leontief W., The Long-Term Effects of Technological Change, *Challenge*, 1995, 38 (4): 57～59.

[57] List F. National System of Political Economy, *General Information*, 1991: 243～246.

[58] Macedo J. B. D., Eichengreen B. J., Reis J., Currency Convertibility: The Gold Standard and Beyond, *Routledge*, 1996.

[59] Michael E. Porter, Competitive Advantage: Creating and Sustaining Superior Performance, *Simon & Schuster Inc*, 1985.

[60] Michael E. Porter, Competitive Strategy: Techniques for Analyzing Industries and Competitors, *Social Science Electronic Publishing*, 1980 (2): 86～87.

[61] Michael E. Porter, Competitive Advantage of Nations, *Competitive Intelligence Review*, 1990, 1(1): 14.

[62] Mill J. S., Principles of Political Economy: With Some of Their Applications to Social Philosophy, *Collected Works of John Stuart Mill*, 1920.

[63] OECD, Participation of Developing Countries in Global Value Chains, *Trade Policy*

Papers N0. 179,2009.

[64]Raymond Vernon,International Investment and International Trade in the Product Cycle. *The Quarterly Journal of Economics*,1966(5),Vol. 80,No. 2:190~207.

[65]USITC. Production Sharing: Use of U. S. Components and Materials in Foreign Assembly Operations,1995~1998. http://dataweb. usitc. gov,1999.

国际经济学

习题集

（第二版）

陈　颂　编著

上海财经大学出版社
SHANGHAI UNIVERSITY OF FINANCE & ECONOMICS PRESS

目 录

第一章 国际贸易的古典学派

同步练习题

一、选择题

1. 下列关于重商主义的基本观点不正确的是(　　)。
A. 国家所拥有的稀有金属是衡量国家财富的标准
B. 一国增加财富的途径是增加贸易顺差
C. 政府应该采取自由放任的经济政策
D. 各国之间的经济利益是根本对立的
2. 重商主义的主要缺陷在于(　　)。
A. 经济的民族主义　　B. 金本位制度下顺差难以长期存在
C. 混淆了货币和资本的区别　　D. 以上都正确
3. 在亚当·斯密的绝对优势理论中(　　)。
A. 在贸易商品上具有绝对成本优势的国家将获得贸易利益
B. 如果一个国家出口本国劳动成本较高的产品,将从贸易中获益
C. 如果一国不用关税壁垒保护本国产业,将丧失绝对优势
D. 在所有贸易商品上都不具有绝对优势的国家同样可以获得贸易利益
4. 对亚当·斯密的绝对优势理论的批判主要是(　　)。
A. 假设条件不现实
B. 不能够解释经济技术水平相当的国家之间的贸易
C. 不能够解释经济技术水平相差很大的国家之间的贸易

D. 对政府贸易政策主张的观点不正确

5. 如果A国一个工人生产一支钢笔需要2小时，生产一张桌子需要4小时。B国一个工人生产一支钢笔需要1小时，生产一张桌子需要3小时。那么下列说法中正确的是（　　）。

A. A国在钢笔上有绝对优势　　B. A国在桌子上有绝对优势

C. A国在桌子上有相对优势　　D. A国在钢笔上有相对优势

6. 根据上题中的条件，一张桌子与钢笔的交换比例在（　　）的范围间，两国才具有互利贸易的基础。

A. 1～2　　B. 2～3　　C. 3～4　　D.　1～4

7. 根据第5题中的条件，如果世界贸易的价格是1张桌子交换3支钢笔，那么（　　）。

A. A国可节省2小时，B国可节省0小时

B. A国可节省1小时，B国可节省2小时

C. A国可节省0小时，B国可节省2小时

D. A国可节省2小时，B国可节省1小时

8. 根据第5题中的条件，对B国最有利的贸易价格是（　　）。

A. 1张桌子换1支钢笔　　B. 1张桌子换2支钢笔

C. 1张桌子换3支钢笔　　D. 1张桌子换4支钢笔

9. 根据第5题的条件，下列关于两国商品相对价格的说法中正确的是（　　）。

A. A国钢笔的相对价格为2　　B. A国桌子的相对价格为1/2

C. B国钢笔的相对价格为1/3　　D. B国桌子的相对价格为1/3

10. 在一个两国、两种产品的世界中，如果瑞典的一个工人可以用10天生产1单位家具，用15天生产1单位铁器；而德国的一个工人可以用12天生产1单位家具或1单位铁器。那么（　　）。

A. 瑞典在铁器上有绝对优势，德国在家具上有绝对优势

B. 瑞典在铁器上有相对优势，德国在家具上有相对优势

C. 贸易前商品相对价格的差异会使德国出口铁器

D. 瑞典国内贸易前相对价格为1单位家具＝1.5单位铁器

11. 比较优势理论认为国际贸易的基础是（　　）。

A. 劳动生产率的差异　　B. 技术水平的差异

C. 产品品质的差异　　D. 贸易政策的差异

12. 下表给出的是两国在生产两种单位商品上所需要的时间。（单位：小时）

表1—1

	钢铁	大米
中国	40	5
美国	20	4

如果给定世界贸易价格为1单位钢铁交换7单位大米，那么中国和美国从每单位的进口中所节省的劳动时间分别为（　　）和（　　）小时。

A. 2和5　　B. 8和5　　C. 5和8　　D. 5和2

13. 在比较成本理论的假设中，如果世界市场的价格等于A国国内市场价格，以下判断正确的是(　　)。

A. A国此时是相对的小国　　B. A国获得所有贸易利益

C. A国此时是不完全分工　　D. 以上都正确

14. 根据相互需求原理，两国均衡的交换比例取决于(　　)。

A. 两国的绝对优势　　B. 两国的比较优势

C. 两国的相对需求强度　　D. 两国的要素禀赋

15. 穆勒的相互需求理论(　　)。

A. 证明了李嘉图比较优势理论的错误性

B. 为亚当·斯密的绝对优势理论提供了新的支持

C. 说明了必须同时考虑需求与供给两方面因素才能决定两国间贸易条件均衡

D. 说明需求和供给因素在很大程度上决定了一国的比较优势和贸易条件

二、辨析题

1. 重商主义者认为每个国家应该努力实现出口等于进口的贸易平衡。

2. 绝对优势和比较优势理论都是从劳动生产率差异的角度来解释国际贸易的起因。

3. 斯密的绝对优势理论指出在贸易中两个国家均能通过出口其比另一国劳动生产率更高的产品获益。

4. 李嘉图比较优势理论指出，与不具备绝对成本优势的国家相比，具有绝对成本优势的国家可以从贸易中获利更多。

5. 一国参与国际贸易后，其出口商品的价格相对于进口商品价格将下降。

6. 贸易收益表明各国只能通过消费比贸易前更少的出口商品换来消费更多的进口商品。

7. 绝对优势学说是比较优势学说的一种特殊形式。

8. 绝对优势理论和比较优势理论都是一种主张国家干预的传统理论。

9. 穆勒用相互需求方程式说明了贸易条件的决定及其对国际贸易利益分配的影响。

10. 根据穆勒的相互需求理论，均衡国际价格的实现要求两个国家的出口供给等于进口需求。

三、简答题

1. 重商主义者对于国家财富的观念和今天的观点有什么不同？为什么重商主义者提倡黄金积累？重商主义者关于贸易的看法与亚当·斯密的观点有什么不同？

2. 亚当·斯密是如何阐述“所有参与贸易的国家都将得到贸易的好处”的论点的？为什么国家一般都会对贸易自由流动施加限制？

3. 为什么说在决定生产和消费时，相对价格比绝对价格更重要？

4. 如果国际贸易发生在一个大国和一个小国之间，那么贸易以后，国际相对价格更加接近于哪一个国家在封闭条件下的相对价格水平？哪个国家在国际贸易中的福利改善程度更明显？

5. 简述穆勒的相互需求理论。

四、综合分析题

1.(1)根据下表说明美国和英国在哪种商品上具有绝对优势?

(2)如果用 6 单位的小麦交换 3 单位的衣服,英国和美国分别得益多少?

(3)如果用 6 单位的小麦交换 6 单位的衣服呢?

表 1—2

	美国	英国
小麦(蒲式耳/劳动·小时)	6	1
衣服(码/劳动·小时)	1	3

2. 参看下表说明:

(1)美国在生产小麦和衣服上面是否有绝对优势或者没有优势?

(2)英国和美国分别在哪种产品上具有比较优势?

(3)如果用 6 单位的小麦交换 6 单位的衣服,那么美国和英国分别得益多少?

表 1—3

	美国	英国
小麦(蒲式耳/劳动·小时)	6	1
衣服(码/劳动·小时)	4	3

3. 根据斯密的贸易观点,下列条件下两国间是否存在贸易的基础?为什么?如果存在的话,两国各应出口哪种产品?

表 1—4

	刀具	小麦
德国	50 小时/套	30 小时/蒲式耳
瑞典	40 小时/套	35 小时/蒲式耳

4. 下表是英国和中国生产计算机和小麦两种商品所需要的劳动时间表。

表 1—5

	计算机	小麦
英国	60 小时/单位	2 小时/单位
中国	80 小时/单位	3 小时/单位

(1)根据比较优势理论的贸易模式是怎样的?

(2)两国发生互利贸易的计算机和小麦交换比的区间是多少?如果 1 单位的计算机交换 30 单位的小麦,哪国获利较多?两国获利各为多少?

5. 一个巴西的普通工人可以用 20 分钟生产 1 单位的大豆，用 60 分钟生产 1 单位的咖啡。而一个秘鲁工人可以用 50 分钟生产 1 单位的大豆，用 75 分钟生产 1 单位的咖啡。

(1)哪一个国家的工人在咖啡生产上具有绝对优势?

(2)哪一个国家的工人在咖啡生产上具有比较优势?

(3)如果两国进行专业化分工并开展贸易，谁将进口咖啡？谁将进口大豆？请解释说明。

(4)假设两个国家开展贸易，而且进口咖啡的国家用 2 单位大豆换取 1 单位的咖啡。请解释为什么两个国家都可以从这种贸易中获益。

6. 假设 A 国和 B 国都生产服装和钢铁，服装的相对价格为 P。A 国国内的供给函数和需求函数分别为 $Q_{sA}=-8+P$，$Q_{dA}=10-2P$。B 国国内的供给函数和需求函数分别为 $Q_{sB}=-3+3P$，$Q_{dB}-5-P$。

请问：在封闭状态下，两国国内的均衡相对价格分别是多少？当两国开始进行自由贸易以后，哪个国家将出口服装？哪个国家将出口钢铁？国际市场上的均衡相对价格为多少?

五、案例讨论题

在现实世界的贸易中，尤其是在发达国家与发展中国家之间的贸易问题上，经常存在着一些不一定正确的观点，试运用本章所学习的相关贸易理论来评价这些观点：

(1)由于发达国家工资水平较高，所以在与发展中国家的贸易中无法受益；

(2)由于发达国家可以在与发展中国家的贸易中控制价格，他们会获得所有的贸易利益；

(3)发展中国家的工资水平比较低是因为国际贸易的缘故。

答案与讲解

一、选择题

1. C	2. D	3. A	4. C	5. C	6. B	7. A	8. A
9. C	10. C	11. B	12. C	13. D	14. C	15. C	

二、辨析题

1. ×	2. √	3. ×	4. ×	5. ×	6. ×	7. √	8. ×
9. √	10. √						

三、简答题

1. (1)对于重商主义者来说，国家的财富是用贵金属的存量，特别是黄金的占有量来衡量的，今天一国的财富是用用于生产的人力和自然资源的存量来衡量的。

(2)重商主义者提倡黄金积累是因为黄金被视为一国的真正财富。从更复杂的角度分析会看到有更多理性的原因：有更多黄金，国君就可以装备更多的军队，购买补给保持他们用来巩固和占领殖民地的海军；更多的黄金意味着流通中有更多的金币和更多的商业活动。为了增加黄金积累，国家不得不鼓励出口同时限制进口，从而刺激本国的产出和就业。

(3)重商主义者提倡政府对贸易严格控制,他们试图说明国家间的目标本质上是冲突的,他们鼓吹经济民族主义。他们的一些观点依然有生命力,并且在今天仍然以新重商主义的形式存在。另外一方面,亚当·斯密(以及其他的古典经济学家)提倡自由贸易才是世界上每个国家的最好政策。自由贸易政策中只有极少数的例外,如对于国家防御非常重要的工业。

2.(1)斯密认为如果每个国家在不同的产品上进行专业分工(或者生产的产品大于国内的消费),将会非常有效率,并且通过交换过剩的产品,那么所有产品的数量都会增加。这些增加的产品将由所有参与贸易的国家共享。因此各国的收益都将会因为专业化分工和贸易而增加。而这种收益只有当政府尽可能不干预国内经济(自由放任)及国际贸易(自由贸易)的时候才能实现最大化。

(2)斯密认为自由贸易一般会带来世界福利最大化,然而大多数国家总是提倡保护本国那些容易受到进口冲击的行业,贸易限制对于国家福利来说似乎是理性的。事实上贸易限制总是让大多数人(他们将会对国内生产的产品支付更高的价格)牺牲而让少数人得益。

3. 当一国在生产可能性边界上进行生产时,表示其资源得到了充分利用,生产效率和充分就业也得以实现。但在生产可能性边界上究竟哪一点生产,还要取决于两种商品的价格,即选择价格线与生产可能性边界的切点。这一价格不是某一产品的绝对价格,而是两种产品的相对价格。在这一点,两种商品在市场上的交换比率即相对价格等于其机会成本,这时生产和消费才达到均衡。所以说,在决定生产和消费时,相对价格比绝对价格更重要。

4. 贸易后,国际相对价格更接近于大国在封闭状态下的相对价格水平。小国在国际贸易中的福利改善程度更明显,因为小国的消费者可以从大国购买到便宜得多的外国有比较优势的产品,而以较高的价格出口本国有比较优势的产品,从而大幅增加本国福利水平。相反,对于大国来说,由于产品相对价格变化较小,从进出口产品中获得的收益也较少。

5. 约翰·穆勒的相互需求理论认为在既定的贸易条件下,一国进行贸易的意愿将由本国最优产量点和最优消费点决定。如果两国的需求模式相似,则贸易前国内价格曲线的斜率由各自供给能力决定;如果贸易双方的大小相近、需求模式相似,贸易条件位于两国贸易前价格比的中间。否则,贸易条件将靠近需求愿望更高的国家,因此在大国与小国模型中,小国能够获得更多的贸易利益。

四、综合分析题

1.(1)美国相对于英国在生产小麦方面更有效率,或者说具有绝对优势,而英国相对于美国在生产衣服方面具有绝对优势。

(2)如果美国用6单位的小麦和英国交换3单位的衣服,美国将会得到2单位的衣服,或者说节约2劳动小时,因为美国在国内只能以6单位的小麦换1单位的衣服。英国从美国得到的6单位的小麦等价于或者说需要英国花费6劳动小时来生产。而这6劳动小时对于英国来说可以生产18单位的衣服。通过用3单位的衣服(只需要1劳动小时)交换6单位的小麦,英国得到了15单位的衣服或者说节约了5劳动小时。

(3)如果美国用6单位的小麦和英国交换6单位的衣服,美国将会得到5单位的衣服,或者说节约5劳动小时。因为在英国6单位的小麦等价于18单位的衣服,并且英国只需要放弃6单位的衣服就可以得到6单位的小麦,因此英国得到了12单位的衣服或者说节约了4劳动小时。

2.(1)美国在生产两种产品上相对于英国来说都具有绝对优势。在这种情况下贸易不可能建立在绝对优势之上。

(2)美国相对于英国来说在小麦上的绝对优势(6:1)比衣服上的绝对优势(4:3)更强。因此美国在生产小麦上相对于英国来说具有比较优势而英国在衣服上具有比较劣势。要注意的是一旦确定美国在小麦上有相对优势,可以直接得到美国在衣服上具有比较劣势而英国在衣服上则有相对优势。这对于两个国家两种商品的世界模型来说都是如此。

(3)如果美国用6单位的小麦和英国交换6单位的衣服,美国将会得到2单位的衣服,或者说节约1/2劳动小时,因为美国在国内只能以6单位的小麦换4单位的衣服。英国则需要用6劳动小时来生产6单位的小麦，或者用6劳动小时来生产18单位的衣服。通过用18单位中的6单位衣服和美国交换6单位的小麦，英国得到12单位的衣服或者说节约了4劳动小时。

3. 根据斯密的绝对优势原理，两国间存在贸易的基础。因为瑞典在生产刀具上的效率比德国高，用40小时的劳动时间就可以生产一套，而德国生产一套需要50小时的劳动时间。相反，在小麦的生产上，德国比瑞典的效率更高，生产1蒲式耳小麦只用30小时的劳动时间，而瑞典需要35小时。这样一来，瑞典在刀具上具有绝对优势，而德国在小麦上具有绝对优势，两国开展贸易的话，瑞典应专业化生产刀具，然后出口刀具，而德国应该专业化生产小麦，然后出口小麦，最终双方都将获利。

4.(1)在英国，计算机和小麦的交换比率为1单位计算机=30单位小麦，而在中国，这一交换比率为1单位计算机=80/3单位小麦。因此，计算机在中国相对便宜，说明中国在计算机的生产上效率更高，具有比较优势。英国就应该在小麦上具有比较优势。两国的贸易模式应该是：中国向英国出口计算机，英国向中国出口小麦。

(2)根据比较优势理论，两国发生互利贸易的交换比率区间应该在各自封闭状态下交换比率之间。那么，互利贸易的交换比率应该为：80/3单位小麦<1单位计算机<30单位小麦。

如果1单位的计算机交换30单位的小麦，交换比率与英国封闭状态下本国的交换比率相等，那么中国获利更多。中国出口1单位的计算机可以换来30单位的小麦，而本国内只能交换80/3单位的小麦，所以获利30－80/3＝10/3单位小麦。英国获利为0。

5.(1)巴西工人在生产咖啡上具有绝对优势。

(2)秘鲁工人在生产咖啡上具有比较优势。

(3)根据比较优势原理，如果两国进行专业化分工并开展贸易，巴西因为在咖啡上不具有比较优势，在大豆上具有比较优势，因此将进口咖啡，专业化生产并出口大豆；而秘鲁在咖啡上具有比较优势，在大豆上有比较劣势，因此将进口大豆，专业化生产并出口咖啡。

(4)巴西用2单位大豆换取1单位咖啡，而其自己生产1单位咖啡需要放弃3单位大豆的生产，因此从贸易中获得了1单位大豆的节约。而秘鲁出口1单位咖啡可以换取2单位大豆，而在本国内只能换取1.5单位大豆，因此获利0.5单位的大豆。所以贸易使两国都获利了。

6. 两国国内的均衡相对价格通过使各自的供给等于需求即可求出，即令A国$-8+P=10-2P$，得到均衡相对价格$P=6$。同理令B国$-3+3P=5-P$，得到均衡相对价格$P=2$。

服装的相对价格在B国较低，说明B国在服装上具有比较优势，因此开展贸易后，B国将出口服装，A国将出口钢铁。

根据穆勒的相互需求理论，国际市场上最终形成的均衡相对价格是使出口国该产品的过剩供给恰好与进口国该产品的过剩需求相等时的相对价格水平。B国的过剩供给为$(-3+3P)-(5-P)$，A国的过剩需求为$(10-2P)-(-8+P)$。令二者相等即可求出国际市场均衡的相对价格$P=26/7$。

五、案例讨论题

提示：

(1)国际贸易的基础及获利来源于一国的比较优势，即使某些国家由于工资水平较高，在几乎所有的商品生产上成本都较高，但依据比较优势原理，仍然可以找到生产成本比较低的产品部门，进行专业化生产和出口，同样可以从贸易中获利。

(2)贸易利益在国家之间的分配取决于国际贸易相对价格与各国封闭状态下国内商品交换比率的关系，二者越接近，该国获利越少，反之则越多。发达国家一定程度上在贸易中控制价格，但不会获得所有的贸易利益。

(3)发展中国家的工资水平比较低是由于其劳动力资源禀赋较丰富、劳动生产率较低等因素造成的，而不是国际贸易。恰恰相反，国际贸易将要素禀赋状况不同的国家相互连通，会促进生产要素在国际范围的流动(隐含在商品中)，使国际范围内要素供求实现平衡，要素价格在各国家之间实现均等。因此，发展中国家原本较低的工资水平通过贸易将会有所升高。

第二章 国际贸易的基础与得益

同步练习题

一、选择题

1. 将机会成本的概念引入国际贸易学的学者是(　　)。

A. 亚当·斯密(Adam Smith)　　B. 赫克歇尔和俄林(Heckscher-Ohlin)

C. 大卫·李嘉图(David Ricardo)　　D. 戈特弗里德·哈勃勒(Gottfried Haberler)

2. 如果中国一个工人生产一码棉布需要10小时,生产一台电视机需要20小时。韩国一个工人生产一码棉布需要5小时,生产一台电视机需要15小时,下列关于每种商品机会成本的说法中正确的是(　　)。

A. 中国一码棉布的机会成本为2台电视机

B. 中国一台电视机的机会成本为1/2码棉布

C. 韩国一码棉布的机会成本为3台电视机

D. 韩国一台电视机的机会成本为3码棉布

3. 下列关于成本递增条件下国际贸易模型的说法中错误的是(　　)。

A. 国家的生产可能性边界将是一条凹向原点的曲线

B. 产品的边际转换率沿生产可能性边界向下递增

C. 两国经济规模不一致时可能出现一国的完全专业化分工

D. 机会成本递增的主要原因之一是生产要素的非匀质性

4. 递增机会成本的标准贸易模型中,关于一国应专业化生产并出口的商品的以下说法中错误的是(　　)。

A. 相对价格高的商品　　B. 比较成本低的商品

C. 相对不偏好的商品　　D. 劳动生产率更高的商品

5. 如果横轴表示X商品，纵轴表示Y商品，则下列关于X对Y的边际转换率(MRT_{XY})的说法错误的是(　　)。

A. 衡量了增加1单位X的生产需要减少的Y的产量

B. 等于生产可能性曲线斜率的绝对值

C. 等于X商品的机会成本

D. 在成本递增情况下沿生产可能性曲线向下递减

6. 在封闭经济中，当$MRS_{XY}>P_X/P_Y$时(　　)。

A. 消费者将增加X的消费，减少Y的消费

B. 消费者将增加Y的消费，减少X的消费

C. 生产者将增加X的生产，减少Y的生产

D. 生产者将减少X的生产，增加Y的生产

7. 生产者均衡意味着(　　)。

A. 社会无差异曲线与预算线相切　　B. $MRS_{XY}=P_X/P_Y$

C. $MRT_{XY}=P_X/P_Y$　　D. 以上都正确

8. 关于社会无差异曲线的如下说法中，正确的是(　　)。

A. 凸向原点，斜率为正，互不相交　　B. 凹向原点，斜率为正，可以相交

C. 凸向原点，斜率为负，互不相交　　D. 凹向原点，斜率为负，可以相交

9. 以下关于边际替代率(MRS_{XY})的说法不正确的是(　　)。

A. X对Y的边际替代率(MRS_{XY})表明当一国对X的消费增加1单位时，为保持在同一条社会无差异曲线上所必须放弃的Y的数量

B. X对Y的边际替代率(MRS_{XY})等于无差异曲线的斜率的绝对值

C. 在同一条社会无差异曲线上，X对Y的边际替代率(MRS_{XY})从上到下递减

D. MRS_{XY}递减意味着社会无差异曲线是凹向原点的

10. 以下关于一般均衡的论述中，错误的是(　　)。

A. 封闭经济中的一般均衡意味着生产者均衡和消费者均衡同时实现

B. 封闭经济中的一般均衡意味着两种商品的产量必然等于该国两种商品的消费量

C. 封闭经济中的一般均衡表达式为：$MRT_{XY}=MRS_{XY}=P_X/P_Y$

D. 以上都不正确

11. 根据比较优势原理，(　　)意味着互惠互利的贸易肯定不可能发生。

A. 两国的生产可能性曲线相同但需求偏好不同

B. 两国的生产可能性曲线不同但需求偏好相同

C. 两国的生产可能性曲线不同并且需求偏好也不同

D. 两国的生产可能性曲线相同并且需求偏好也相同

12. 已知A国国内相对价格为$P_X/P_Y=1/4$，B国国内相对价格为$P_X/P_Y=4$，而且均衡时的国际相对价格为$(P_X/P_Y)=2$。如下说法中正确的是(选项中的P_X/P_Y表示国际相对价格)(　　)。

A. $1/4<P_X/P_Y<2$时，国家A愿意出口的X商品的数量大于国家B愿意进口的X的

数量

B. $1/4<P_X/P_Y<2$ 时，国家 A 愿意进口的 X 商品的数量小于国家 B 愿意出口的 X 的数量

C. $2<P_X/P_Y<4$ 时，国家 A 愿意出口的 X 商品的数量大于国家 B 愿意进口的 X 的数量

D. $2<P_X/P_Y<4$ 时，国家 A 愿意出口的 Y 商品的数量小于国家 B 愿意进口的 Y 的数量

13. 如果一国对其进口产品的需求偏好上升，那么（　　）。

A. 其提供曲线将向进口产品轴旋转，其贸易条件改善

B. 其提供曲线将向进口产品轴旋转，其贸易条件恶化

C. 其提供曲线将向出口产品轴旋转，其贸易条件改善

D. 其提供曲线将向出口产品轴旋转，其贸易条件恶化

14. 下列关于贸易条件的说法中错误的是（　　）。

A. 在两国模型中，一国的商品贸易条件是另一国贸易条件的倒数

B. 当一国进口商品价格相对于出口商品价格上升时表示该国贸易条件改善

C. 一国商品贸易条件获得改善往往意味着其贸易伙伴贸易条件的恶化

D. 一国商品贸易条件是该国出口商品价格指数与该国进口商品价格指数之间的比率

15. 与基期 1995 年情况相比，某国 2005 年的出口价格指数上升 20%，进口价格指数下降 20%。请问，较 1995 年而言，该国 2005 年的贸易条件（　　）。

A. 改善了 20%　　　　B. 恶化了 20%

C. 改善了 50%　　　　D. 恶化了 50%

二、辨析题

1. 封闭状态下，一国的生产可能性边界就是该国的消费可能性曲线。
2. 国际均衡价格一定会处于封闭状态下两国的相对价格水平之间。
3. 机会成本递增情况下的生产必然会出现不完全专业化分工，且 PPF 将凸向原点。
4. 在机会成本递增条件下，比较利益理论不适用。
5. 无差异曲线与预算线相切决定了生产者的均衡。
6. 根据无差异曲线可知，放弃相同数量的 Y 商品所能增加的 X 商品的数量越多，意味着该国越偏好商品 X。
7. 两个国家的贸易三角在任何国际贸易价格水平下都应该是全等三角形。
8. 一个国家的贸易三角一定是等边三角形。
9. 提供曲线的移动既有可能是源自供给条件的变化也有可能是源自需求条件的变化。
10. 运用提供曲线可以进行一般均衡分析。

三、简答题

1. 什么是比较成本理论？它是如何对比较优势原则进行解释的？

1. 请分析两部门经济模型中生产可能性曲线凹向原点的原因。

2. 在机会成本递增的条件下，运用生产可能性曲线和社会无差异曲线表示封闭经济的一

般均衡点，为什么该点是一般均衡点？

3. 提供曲线说明了什么？什么情况下供给曲线可以视为需求曲线？这与一般微观理论中的需求曲线有什么不同？什么情况下供给曲线可以视为供给曲线？这与一般微观理论中的供给曲线有什么不同？

4. 什么是净贸易条件指数？什么是单要素贸易条件指数？什么是收入贸易条件指数？

四、综合分析题

1. 假设某一个国家拥有 20 000 单位的劳动，X、Y 的单位产出所要求的劳动投入分别为 5 单位和 4 单位。

(1)试确定生产可能性边界方程；

(2)若 X 的国际相对价格为 2，该国的进口为 2 000 单位，试确定该国的出口量，并画图标出贸易三角形。

2. 假设中国有 3 000 单位劳动，生产手机的单位劳动投入为 6，生产水果的单位劳动投入为 2；韩国有2 400单位劳动，生产手机的单位劳动投入为 2，生产水果的单位劳动投入为 3。

(1)请在横轴表示水果产量、纵轴表示手机产量的图中画出两国的生产可能性边界。各国手机对水果的边际转换率是多少？

(2)假设没有开放贸易的情况下，中国生产并消费 300 单位手机和 600 单位水果，韩国生产并消费 600 单位手机和 400 单位水果，请在图中标出每个国家的封闭均衡点。

(3)根据比较优势原理，开展贸易后各国应生产什么产品？生产多少单位？

(4)假定两国按照 1∶1 的价格进行贸易，并相互交换 500 单位商品，请在图中画出两国的贸易三角。

3. 下表给出了 A、B 两国在使用其国内所有的生产资源和所能达到的最优技术的情况下分别能够生产的小麦和衣服两种商品的最大数量。根据表格回答以下问题：

表 2—1

	A 国	B 国
小麦(W)	50	120
衣服(C)	150	80

(1)画出两国的生产可能性边界，分别求出两国衣服对小麦的边际转换率，并说明它是否沿着生产可能性边界变动，为什么？

(2)假设封闭状态下 A 国生产 60 单位衣服和 30 单位小麦，B 国生产 40 单位衣服和 60 单位小麦。如果每个国家都完全专业化生产本国比较优势商品，然后用 50 单位该商品与其贸易伙伴进行交换，那么请画出两国贸易后的生产和消费点以及贸易三角形。

(3)计算说明两国在专业化分工前后两种商品的产量及其变化量。

(4)计算说明两国在贸易前后两种商品的消费量及其变化量。

4. 表 2—2 给出了日本和美国采用其所能获得的最好技术和全部资源所能生产的钢铁和汽车的产出组合。

表 2—2

日本		美国	
钢铁	汽车	钢铁	汽车
520	0	1200	0
500	600	900	400
钢铁	汽车	钢铁	汽车
350	1 100	600	650
200	1 300	200	800
0	1 430	0	810

(1)以横轴表示汽车产量，纵轴表示钢铁产量，画出两个国家的生产可能性边界。

(2)在自给自足情况下，日本的生产和消费点被假定为 500 吨钢铁和 600 辆汽车。在图中画出该均衡点。美国的生产和消费点被假定为 200 吨钢铁和 800 辆汽车。同样画出其封闭均衡点。

(3)开放贸易后两国进行专业化生产，直到它们的相对价格或者边际转换率相等为止。假定通过专业化生产两国的边际转换率都达到 $MRT=1$，标出各国此时的生产点。

(4)假定在实现均衡时的国际贸易价格下交换 500 辆汽车，分别画出两国的贸易三角。

5. 假设英国和菲律宾两国大米和钢铁的生产都具有机会成本递增的技术条件。封闭状态下英国大米/钢铁的相对价格为 4，菲律宾大米/钢铁的相对价格为 0.5。假设两国自由贸易的结果使得大米/钢铁的相对价格变为 2。请运用生产可能性曲线和社会无差异曲线说明贸易发生后两国福利的改变，并标示出两国的贸易三角。

6. 画图说明，即使没有分工利益也会有交换利益。

7. 请根据表格填写空余部分的数据，并绘制出该国的提供曲线。

表 2—3

p_C/p_W	布匹(cloth)		葡萄酒(wine)	
	需求	供给	需求	供给
1/4	120	( )	100	120
1/3	110	80	90	( )
1	100	100	( )	50

8. A、B 两国的提供曲线及其变化分别如下图所示：

(1)已知 A 国出口 X 商品，请在图中标示出 A、B 两国的提供曲线。

(2)某一个国家提供曲线发生如图所示的移动。请在图上用$(P_X/P_Y)^{**}$标出新的均衡国际价格。

(3)上题所述提供曲线的移动，导致 A、B 两国的贸易条件发生怎样的变化？

(4)请画出提供曲线发生移动后，在原有国际价格$(P_X/P_Y)^{*}$情况下，A、B 两国的贸易三角，并用文字说明均衡国际价格从$(P_X/P_Y)^{*}$向$(P_X/P_Y)^{**}$的调整过程。

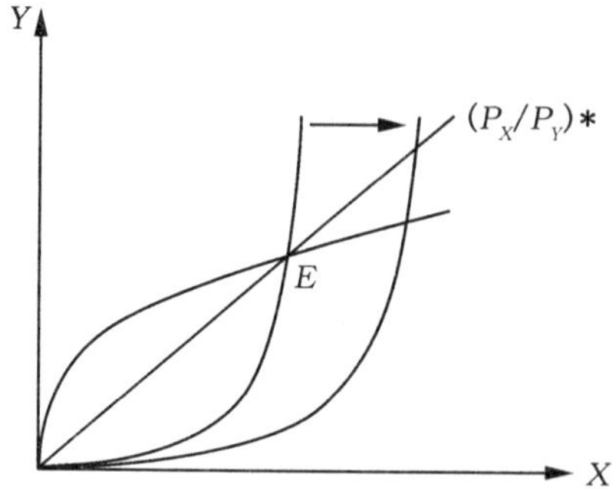

图 2—1

五、案例讨论题

表 2—4 给出了部分国家和地区的贸易条件逐年变化情况。(数据来源：IMF，International Financial Statistics，November，2008，pp. 71—72. A Linking Procedure was Used to Convert Data With 2 000=100 to 1995=100)

表 2—4

	1973～2007 部分国家和地区的贸易条件(1995=100)									
	1973	1974	1979	1980	1985	1990	1995	2000	2005	2007
工业化国家	104	93	93	85	84	95	100	96	97	96
发展中国家	63	85	95	105	99	101	100	98	98	98
亚洲	99	98	100	98	95	100	100	94	86	82
中东	41	103	138	181	177	121	100	146	205	235

计算各类型国家在 1973～1980 期间以及 2000～2007 期间贸易条件的变化值并说明贸易条件在该期间是改善了还是恶化了？试着解释产生这一变化的可能原因。

答案与讲解

一、选择题

1. D　2. D　3. C　4. A　5. D　6. A　7. C　8. C
9. D　10. D　11. D　12. C　13. D　14. B　15. C

二、辨析题

1. √　2. √　3. ×　4. ×　5. ×　6. ×　7. √　8. ×
9. √　10. √

三、简答题

1. 所谓机会成本，指的是多生产 1 单位某产品就必须牺牲另一产品的产量。那么，各国具体应当专业化生产何种商品，即在哪种产品上具有比较优势，并不是由生产商品耗费的劳动量或实际支出成本来决定的，而应该考察物品的机会成本。与他国相比，一国某种产品的机会成本如果偏低，那么它就在该产品上具有比较优势，反之则处于比较劣势。可见，引进了机会成本这一概念，可以使比较优势原理避开李嘉图的劳动价值论这一前提假设，使比较优势理论在解释国际贸易的原因时更加靠近现实。

2. 生产可能性曲线表示两种产品生产的边际转换关系。其上某一点处的斜率是一种商品(X)对另一种商品(Y)的边际转换率，也是这种产品(X)生产的机会成本。凸向原点的生产可能性曲线意味着这种产品生产的机会成本是递增的，因为沿凸向原点的生产可能性曲线向下斜率逐渐增大。

成本递增的产生是由于生产所需的要素或资源具有以下特征：(1)不是匀质的，因此相互之间不能够完全替代；(2)在不同商品的生产中生产要素的比例是不相同的。这意味着一个国家在生产越来越多的某种商品的同时，它必须要利用那些效率较低或不完全适合生产这种产品的资源或要素。这就使得一个国家每多生产 1 单位该种商品，就必须越来越多地放弃另一商品的生产以提供足够的资源。比如，当一国增加 X 产品的生产时，最初可以从 Y 产品部门中释放出高效的，适合生产 X(不适合 Y)的要素，因此较容易把这些要素从 Y 部门转移到 X 部门中来，只需放弃少量 Y 产品的产量即可增加一定量 X 的产量。但随着越来越多地生产 X 产品，就必须将更适合生产 Y(不适合 X)的要素从 Y 部门转移到 X 部门，这种转移是低效的，每提高 1 单位 X 的产量，就需要放弃越来越多的 Y 的产量，来释放出足够多的资源。

3. 封闭状态下的一般均衡需满足生产者利润最大化、消费者效用最大化和市场出清三个基本条件，即 $MRT_{XY}=MRS_{XY}=\dfrac{P_X}{P_Y}$。那么只有生产可能性曲线与社会无差异曲线的切点才是能同时满足这三个条件的点，如图 2—2 中的 A 和 A' 点。因为在该点，价格线与生产可能性曲线相切，边际转换率等于相对价格，实现了生产者均衡；而同时在该点，价格线与无差异曲线也相切，边际替代率等于相对价格，也同时实现了消费者均衡。通过该切点的线段，也是两条曲线的共同切线是该国贸易前的均衡相对价格。

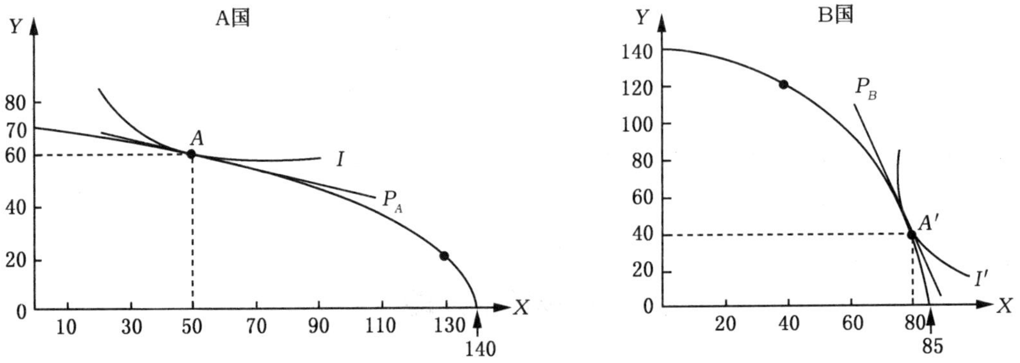

图 2—2

4. 提供曲线表明一国为了进口某一数量的 Y 产品而愿意出口的 X 产品的数量。

当该国对 Y 产品进口数量的需求用不同的以 X 产品表示的总支出来衡量的时候，该国提供曲线可以视为需求曲线。这与一般微观理论中的需求曲线不同，因为微观理论中一种产品的需求是用货币衡量的价格的变化来表示的。

当该国 X 产品出口数量的供给用不同的以 Y 产品表示的总支出来衡量的时候，该国提供曲线可以视为供给曲线。这与一般微观理论中的供给曲线不同，因为微观理论中一种产品的供给是用货币衡量的价格的变化来表示的。

5. 商品贸易条件指数是某一时期一国的出口商品价格指数与进口商品价格指数之比，其上升意味着出口商品价格的相对上涨或进口商品价格的下跌，表示贸易条件向有利的方向发展。要素贸易条件指数表示的是出口商品中每单位国内生产要素得到的进口商品的数量，用商品贸易条件指数乘以出口商品生产部门的要素生产率指数来表示。收入贸易条件指数指一国的出口收入额除以进口商品价格，衡量的是一国的进口能力。

四、综合分析题

1.(1)生产可能性边界方程为：$5X+4Y=20\ 000$，如图2—3所示。

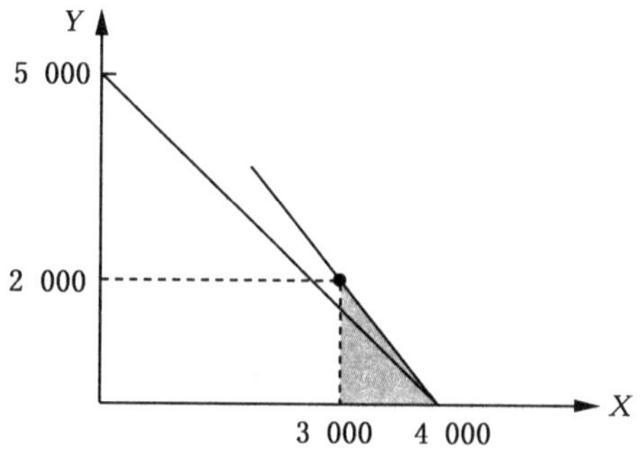

图2—3

(2)X的国际相对价格为2，大于该国封闭状态下X的相对价格(5/4)，因此该国在X上有比较优势，应专业化生产并出口X。按照国际交换价格，进口为2 000单位，那么出口就应该为1 000单位。贸易三角形见图2—3。

2.(1)各国生产可能性边界见图2—4。中国手机对水果的边际转换率为3，韩国手机对水果的边际转换率为2/3。

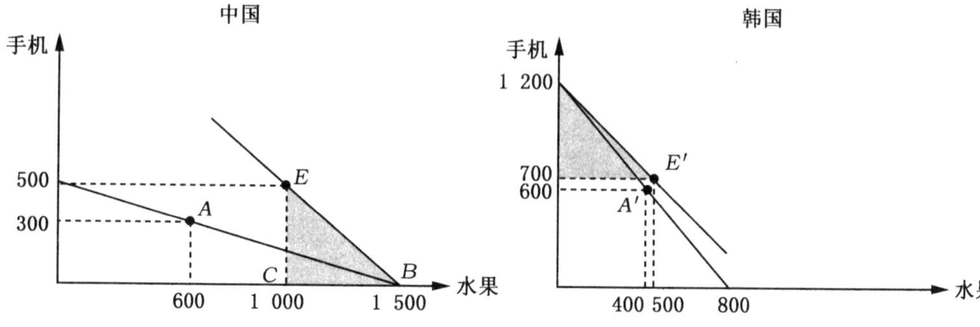

图2—4

(2)中国的封闭均衡点为图2—4中的A点，韩国的为A'点。

(3)中国在水果上有比较优势，因此开展贸易后应该生产并出口水果。在机会成本不变的情况下，各国应该实现完全专业化分工，生产1 500单位水果。韩国在手机上有比较优势，因此开展贸易后应该生产并出口手机，生产1 200单位。

(4)中国开展贸易后的生产均衡点应为图中B点(即生产1 500单位水果)，出口500单位水果，因此本国水果的消费量应为1 000单位(C 点),按照 1∶1 的比率交换手机,那么应换来 500 单位手机,因此本国手机的消费量应为 500 单位,中国开展贸易后的消费均衡点应为图中 E 点。因此中国的贸易三角形为$\triangle BCE$。同理,韩国开展贸易后的生产均衡点和消费均衡点分别为 B'和 C',贸易三角形为$\triangle B'C'E'$。

3.(1)两国的生产可能性边界如图 2—5 所示。A 国衣服对小麦的边际转换率为 $MRT_{CW}=1/3$,B 国衣服对小麦的边际转换率为 $MRT_{CW}=3/2$。两国衣服对小麦的边际转换率都不会沿生产可能性边界变动,因为在机会成本固定情况下,多生产一单位某种产品所需要放弃的另一种产品的数量总是固定不变的,因此两种产品在生产上相互转换的比率总是保持不变的。

(2)A 国封闭均衡点为图 2—5 中 A 点,B 国封闭均衡点为图 2—5 中 A'点。A 国在衣服上有比较优势,开放贸易后应完全专业化生产并出口衣服,因此开放均衡生产点为图中 B 点;相反,B 国在小麦上有比较优势,开放贸易后应完全专业化生产并出口衣服,因此开放均衡生产点为图中 B'点。开展贸易后,两国相互交换 50 单位商品,因此贸易后各自的均衡消费点分别位于图中 E 点和 E'点。两国的贸易三角形分别为$\triangle BCE$ 和$\triangle B'C'E'$。

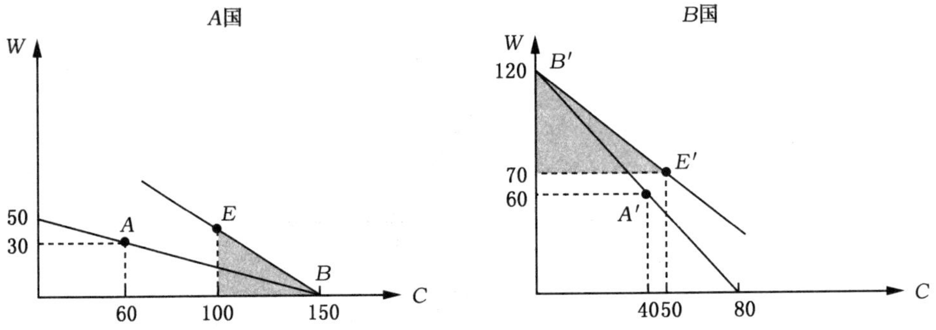

图 2—5

(3)两国在专业化分工前后两种商品的产量及其变化量如表 2—5 中左起第 2～7 列所示,两国在贸易前后两种商品的消费量及其变化量如表 2—5 中左起第 8～13 列所示。

表 2—5

	生产						消费					
	分工前		分工后		变化量		贸易前		贸易后		变化量	
	C	W	C	W	C	W	C	W	C	W	C	W
A 国	60	30	150	0	90	—30	60	30	100	50	40	20
B 国	40	60	0	120	—40	60	40	60	50	70	10	10
世界	100	90	150	120	50	30	100	90	150	120	50	30

4.(1)两个国家的生产可能性边界如图 2—6 所示。

(2)日本的封闭均衡点在图中 A 点,美国的封闭均衡点在图中 A'点。

(3)在图中斜率为 1 的相对价格线与每个国家的生产可能性边界的切点即为各自开放贸易后的均衡生产点。日本为图中的 B 点,美国为图中的 B'点。

(4)两国开放贸易后的均衡消费点分别位于图中的 E 点和 E'点。因此,日本的贸易三角形为图中$\triangle BCE$,美国的贸易三角形为图中$\triangle B'C'E'$。

5. 如图 2—7 所示。英国和菲律宾两国大米和钢铁的生产都具有机会成本递增的技术条件,也就是说两

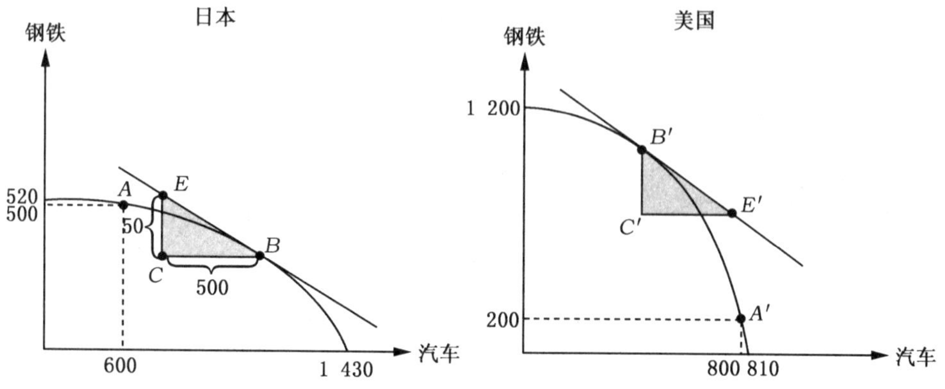

图 2—6

国的生产可能性曲线都是凹向原点的。封闭状态下英国大米/钢铁的相对价格为 4，即在以大米为横轴、钢铁为纵轴的坐标上，英国封闭状态下社会无差异曲线与生产可能性边界相切的切线斜率为 4。而菲律宾大米/钢铁的相对价格为 0.5，说明其封闭状态下社会无差异曲线与生产可能性边界相切的切线斜率为 0.5。这两个切点（A 和 A'）即为两国封闭状态下的生产和消费均衡点，此时两国只能消费该点所表示的两种商品的数量。开放贸易后，两国都相应地向各自具有比较优势的商品方向进行专业化分工，直至其生产该产品的机会成本等于贸易相对价格，即大米/钢铁=2。也就是两国都应该在斜率为 2 的国际相对价格线与其生产可能性边界的切点处进行生产，英国的均衡生产点在 B 点，菲律宾的均衡生产点在 B'。开放贸易后每个国家消费者的均衡应该在各自的社会无差异曲线和国际相对价格线的切点处实现，因此英国开放贸易后的均衡消费点推移到 E 点，菲律宾开放贸易后的均衡消费点推移到 E' 点。与开放贸易前相比，两国的消费点都位于更高的一条社会无差异曲线上，意味着两国的社会福利都比从前有所增加，可以消费更多两种商品。两国的贸易三角分别为：英国$\triangle BCE$，菲律宾$\triangle B'C'E'$。

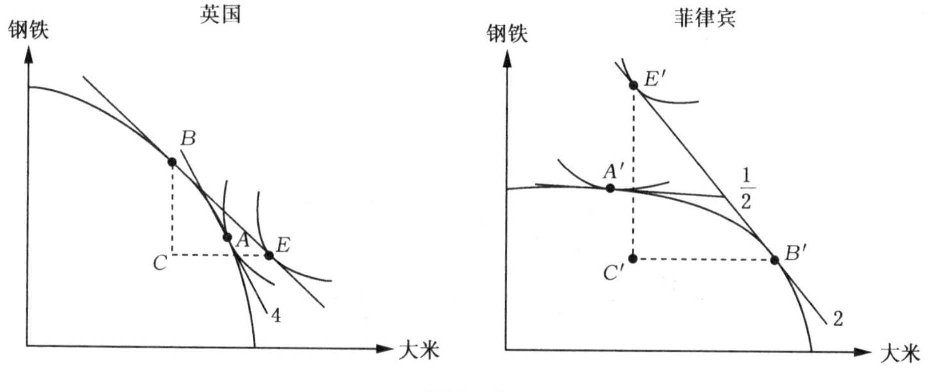

图 2—7

6. 如图 2—8 所示。一国在没有开展专业化分工的情况下，按照封闭状态下的商品数量组合，在国际价格下参与国际贸易同样可以给本国国民带来福利改进。

图中的 A 点是国家Ⅰ在封闭状态下的生产与消费点。在开放贸易之后，在不改变国内两种商品产出数量的情况下，消费者可以沿着国际贸易条件$(P_X/P_Y)^*$移动。在这一国际贸易条件下，国际市场上商品 Y 的相对价格更低，该国将会增加 Y 的消费并减少 X 的消费，即从 A 点沿着国际贸易条件向上移动到 B 点。很显然，过 B 点的福利水平要高于 A 点的福利水平。因此，国家Ⅰ从 A 点到 B 点的福利水平的改进即是单纯

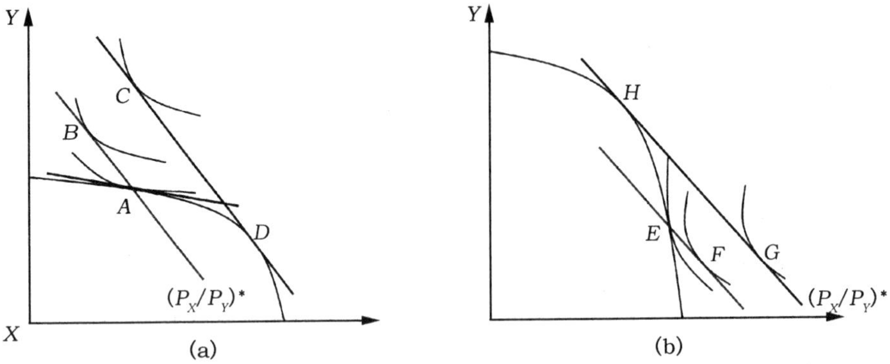

图 2—8

通过交换获得的利益。国家Ⅱ的情形与国家Ⅰ相类似，如图 2—8(b)所示。

7. 表中应填入数量见表 2—6。该国的提供曲线如图 2—9 所示。

表 2—6

p_C/p_W	布匹(cloth)		葡萄酒(wine)	
	需求	供给	需求	供给
1/4	120	(40)	100	120
1/3	110	80	90	(100)
1	100	100	(50)	50

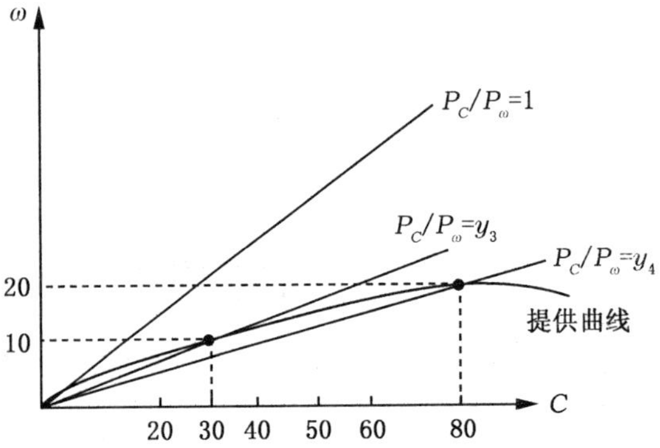

图 2—9

8. (1)A 国出口 X 产品，它的提供曲线应该是凸向 X 轴的那一条，即图 2—10 中标示“A 国”的那一条曲线。同理，B 国的提供曲线是凸向 Y 轴的，为图中标示“B 国”的那一条曲线。

(2)A 国的提供曲线发生移动之后，新的均衡国际价格就应该是移动之后 A 国新的提供曲线与没有发生变化的 B 国提供曲线的交点与原点连线的斜率，即图中标示“$(P_X/P_Y)^{**}$”的射线。

(3)新的国际均衡价格比原国际均衡价格更低，也就是 X 相对于 Y 的价格更低，因此对于 A 国来说，其出口商品价格相对于进口商品价格变得更低，其贸易条件恶化。而 B 国正相反，出口商品相对于进口商品价格更高，贸易条件改善。

(4)在原有国际价格$(P_X/P_Y)^*$下，A国由于提供曲线发生移动，因此其X的出口供给量为OA，Y的进口需求量为AB，贸易三角形为$\triangle OAB$。B国提供曲线没有发生移动，因此其Y的出口供给量还是原来的OC，X的进口需求量也仍为原来的CE，贸易三角形为$\triangle OCE$。在原有国际价格$(P_X/P_Y)^*$下，A国的贸易三角与B国的贸易三角不是全等三角形，说明两国的贸易没有实现平衡。具体而言，A国对X商品的出口供给大于B国对X商品的进口需求，因此X商品的价格应相对下降。同时，A国对Y商品的进口需求也大于B国对Y商品的出口供给，因此Y商品的价格应相对上升。最终，X与Y的相对价格应下降，直至贸易商品的供求平衡为止，即达到$(P_X/P_Y)^{**}$的水平，因为只有在这一价格水平下，A国对X商品的出口供给刚好等于B国对X商品的进口需求，而A国对Y商品的进口需求也刚好等于B国对Y商品的出口供给。

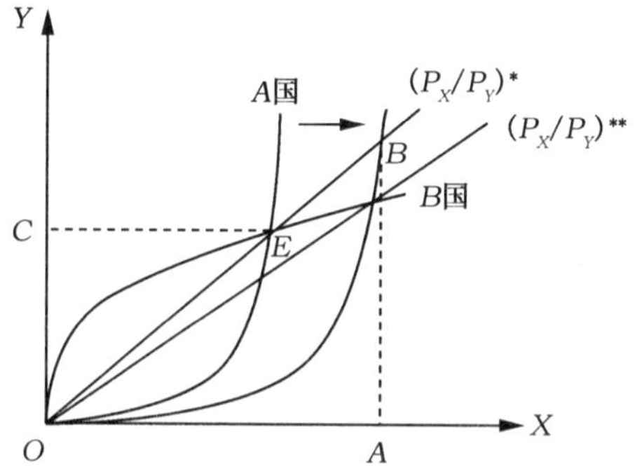

图 2—10

五、案例讨论题

提示：

各类国家或地区贸易条件的变化率如表 2—7 所示：

表 2—7

	各地区贸易条件变化率				
	1973～1974	1974～1979	1979～1980	2000～2005	2005～2007
工业化国家	−0.11	0	−0.09	0.01	−0.01
发展中国家	0.35	0.12	0.11	0	0
亚洲	−0.01	0.02	−0.02	−0.09	−0.05
中东	1.51	0.34	0.31	0.40	0.15

总体来说，在1973～1980年间，工业化国家和亚洲国家的贸易条件是逐年恶化的，而发展中国家和中东地区的贸易条件是逐年改善的。在2000～2007年间，工业化国家和亚洲国家的贸易条件也是恶化的，发展中国家的贸易条件基本保持不变，而中东地区的贸易条件是大幅改善的。

第三章 国际贸易的现代学派

同步练习题

一、选择题

1. H-O 模型的基本假设的如下说法中，错误的是(　　)。

A. 假设商品生产满足规模报酬递增　　B. 假设要素密集度不存在逆转

C. 假设商品生产过程使用两种生产要素　　D. 假设不存在技术进步和运输成本

2. 要素禀赋理论认为产生国际贸易的根本原因是(　　)。

A. 劳动生产率的国际差异　　B. 价格的国际差异

C. 资源的国际差异　　D. 资本生产率的国际差异

3. 下列关于 H-O 定理和在此之前的古典模型之间的异同点的论述中，不正确的是(　　)。

A. 二者都认为商品相对价格是比较优势的体现

B. 二者都认为贸易会带来参与贸易国家的总体福利改进

C. 二者都是基于供给的角度来考察国际贸易发生的基础

D. 以上都不正确

4. 产品 Y 相对于 X 来讲被称为资本密集型产品，当(　　)。

A. Y 的生产中资本的投入量大于 X 的生产中投入的资本量

B. Y 的生产中劳动的投入量小于 X 的生产中投入的劳动量

C. Y 的生产中资本与劳动投入量之比大于 X 的生产中两种要素投入量之比

D. Y 的生产中资本与劳动投入量之比小于 X 的生产中两种要素投入量之比

5. 一个资本丰裕国拥有(　　)。

A. 更多的资本　　B. 更多的货币资金

C. 更多的人均资本存量　　D. 更高的利息-工资比率

6. 赫克歇尔-俄林理论能较好地解释(　　)的贸易现象。

A. 瑞士的巧克力享有世界声誉

B. 美国和日本相互出口汽车

C. 欧盟国家之间的贸易日益增加

D. 中国、印度、土耳其等国家大量出口纺织品

7. 根据俄林的要素禀赋学说,一国从外国进口的应该是(　　)。

A. 该国相对稀缺的生产要素密集型的商品

B. 该国相对充裕的生产要素密集型的商品

C. 外国技术先进、价格较低的商品

D. 本国与外国需求相似的商品

8. 假设A国为劳动充裕的国家,B国为资本充裕的国家,X产品和Y产品分别为劳动密集型和资本密集型产品,那么A、B两国开展贸易后(　　)。

A. A国Y产品的相对价格将上升

B. A国劳动要素市场上新增需求将超过新增供给

C. B国X和Y部门中的资本-劳动比率(K/L)都将上升

D. B国劳动对资本的相对价格(w/r)将上升

9. 如果一个劳动力相对丰裕的国家与一个资本相对丰裕的国家进行贸易,那么将会出现(　　)。

A. 劳动力相对丰裕国的工资水平相对上升

B. 劳动力相对丰裕国的工资水平相对下降

C. 两国的工资水平都会上升

D. 两国的工资水平都会下降

10. 墨西哥拥有丰裕的非技术工人,而美国拥有丰裕的技术工人。在开放贸易后,从长期看,非技术工人的工资将(　　)。

A. 在两国都下降　　B. 在美国上升,在墨西哥下降

C. 在美国下降,在墨西哥上升　　D. 在两个国家都上升

11. 上题中,两类要素所有者对国际贸易所持态度将是(　　)。

A. 两国的所有工人都赞成自由贸易

B. 墨西哥的非技术工人赞成贸易,技术工人反对贸易

C. 美国非技术工人赞成贸易,技术工人反对贸易

D. 两国的所有工人都反对国际贸易

12. 如果加拿大有较高的人均土地存量,而瑞士有更高的人均资本存量,那么当这两国间开展贸易时(　　)。

A. 加拿大土地所有者的实际收入将上升

B. 加拿大劳动所有者的实际收入将上升

C. 瑞士劳动所有者的实际收入将上升

D. 瑞士资本所有者的实际收入将下降

13. 如果一国资本相对充裕，短期内进口部门和出口部门分别使用特定资本，则贸易开始后在短期实际收入低而长期实际收入逐渐提高的群体是（　　）。

A. 进口部门特定资本所有者　　B. 出口部门特定资本所有者

C. 出口部门劳动力　　D. 进口部门劳动力

14. 里昂惕夫的经验研究结果是（　　）。

A. 美国虽然资本丰富，但出口产品比进口产品的劳动密集度更高

B. 美国的长期出口增长速度远远低于 GDP 的增长速度

C. 贸易减少了而不是增加了美国居民的福利

D. 美国主要与其他工业化国家而非发展中国家进行国际贸易

15. 不能用来解释里昂惕夫悖论的观点有（　　）。

A. 美国的出口产品使用了大量的人力资本

B. 美国进口大量自然资源密集型产品

C. 要素密集度颠倒的情况是存在的

D. 各国的需求偏好都相同

二、辨析题

1. 赫克歇尔-俄林要素禀赋论是建立在规模报酬递增基础上的。

2. 如果一种产品的生产中使用的资本多于另一种产品生产中所使用的资本量，那么这种产品是资本密集型的。

3. H-O 理论是从供给的角度分析国际贸易。

4. 如果各国的生产技术不同，贸易便不会使要素价格均等化。

5. 一个部门产品价格水平的上升会使其密集使用的生产要素的价格水平上升。

6. 在赫克歇尔-俄林要素禀赋论中，提供曲线与李嘉图理论相同，都是一条直线。

7. S-S 定理和特定要素模型都是考察国际贸易对收入分配具有的影响。

8. 发达国家的非技术工人会比技术工人更加反对贸易自由化。

9. 从长期来看，国际贸易不仅能使国家间要素的价格和产品的价格达到均等化，也能使两国生产同种产品的要素密集度达到均等化。

10. 要素密集度逆转指的是某种商品在不同的国家具有不同的密集性特征。

三、简答题

1. 当两国的需求偏好不完全相同时，H-O 定理对两国比较优势和贸易模式的预测还会仍然有效吗？如果两国的需求偏好差异很大，会完全消除两国要素禀赋的差异，以至于使两国失去原有的比较优势吗？如果两国的需求偏好差异继续扩大，会导致两国停止出口原本出口的产品吗？

2. 说明国际生产要素价格没有均等化的原因。

3. 简述斯托珀-萨缪尔森定理的主要内容。

4. 什么是里昂惕夫之谜？对它的一些可能解释是什么？人力资本有助于解释这一问题吗？

5. 解释要素密集度逆转的原因。当要素密集度发生逆转时，为什么 H-O 模型在预测贸易模式上就失去了指导意义？

四、综合分析题

1. 请对下列论断进行评论："世界上最贫穷的国家没有什么东西可以出口。它们没有什么资源是丰裕的。它们的资本和土地都不丰裕，在较小的国家，甚至连劳动力也不丰裕。"

2. 假设 A、B 两国生产技术相同且在短期内不变：生产 1 单位衣服需要的资本为 1，需要的劳动力为 3；生产 1 单位食品需要的资本为 2，需要的劳动力为 2。A 国拥有 160 单位劳动力和 100 单位资本，B 国拥有 120 单位劳动力和 80 单位资本。

(1)哪个国家是资本充裕的国家？

(2)哪种产品是劳动密集型产品？

(3)假设所有要素都被充分利用，计算各国每种产品的最大产量。

(4)假设两国偏好相同，两国间进行贸易，各国的贸易模式是什么？

(5)短期内贸易对两国资本所有者和劳动所有者的收入分配产生什么影响？

(6)从长期来看，两国的工人支持这种贸易吗？为什么？

3. 假设①美国和英国生产 1 单位小麦（W）的资本劳动比率（K/L）都比生产 1 单位衣服（C）的资本劳动比高；②美国的总资本和总劳动的比率比英国的高；③两国对小麦和衣服的偏好相同；④每个国家都面临着递增的成本，以及⑤两国可获得的技术相同。

(1)以横轴为小麦、纵轴为衣服，画出两国的生产可能性边界并说明两国的生产可能性边界为什么不同。

(2)哪国的要素相对价格（r/w）更低？为什么？

(3)哪个国家在封闭状态下有更低的均衡商品相对价格 P_w/P_c？为什么？

(4)国际贸易对两国间同质要素的价格差异会产生什么影响？

(5)在什么条件下两国间同质要素的价格差异会由于贸易的开展而完全消除？

(6)如果英国的需求偏好转向其比较劣势的商品，这种变化将如何影响英国的利率/工资比（r/w）？

4. 下图所示的模型中有两个国家，P 和 R。P 国劳动（L）相对充裕，因为其在横轴底部右侧。如果 P 国完全专业化生产劳动密集型产品衣服，它将会在点 4 生产。事实上，它同时生产衣服和食物，即在点 5。P 国自给自足的衣服（C）相对价格（用 F 来衡量）在点 3。R 国在点 6。

(1)如果两国之间展开贸易，哪国将出口衣服？哪国将出口食物？这和赫克希尔-俄林模型所预测的是否一致？

(2)如果两国之间展开贸易，那么世界贸易条件将会落在上图中的什么位置（P_C/P_F 轴）？两国的相对工资（w/r）会相等吗？这和赫克希尔-俄林模型是否一致？

(3)如果用 M 国代替 R 国。那么答案将会与问题(2)中有什么不同？解释出现不同的原因。

(4)P 国自给自足时在点 5 生产。那么开放贸易后，它的生产点将在点 5 的上面还是下

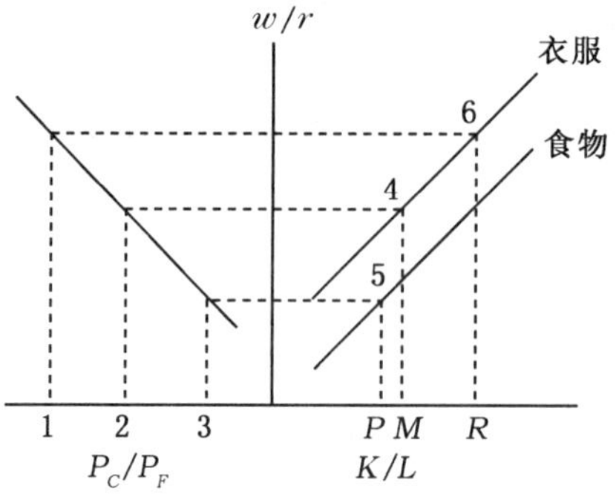

图 3—1

面？为什么？当从自给自足转到自由贸易时，该国每种产品生产中的资本密集度(*K/L*)会出现什么变化？

(5)你猜测 P 国中哪个生产者集团将会进行反对自由贸易的游说？

五、案例讨论题

表 3—1 给出了 2016 年部分国家在几种主要资源方面占世界资源禀赋的份额。根据 H-O 理论，各国家应该在哪些产品上具有比较优势？现实中这些国家的进出口商品情况是否支持了 H-O 理论的观点？

表 3—1　　各国资源禀赋的占有率(%)

国家	可耕种土地	有形资本	研发科学家	高技能工人	中等技能工人	无技能工人	GDP
美国	12.2	22.0	24.1	22.2	7.5	0.4	21.9
日本	0.3	14.1	12.3	10.3	4.2	0.2	7.0
德国	0.8	6.8	4.9	4.4	3.3	0.5	4.5
英国	0.4	2.8	3.2	3.4	2.2	0.1	3.4
法国	1.3	4.4	3.5	3.1	1.9	0.1	3.3
意大利	0.5	3.5	1.4	1.5	2.3	0.3	2.8
加拿大	3.2	3.0	2.2	3.1	0.9	0.1	2.0
中国	10.1	11.1	21.1	5.9	25.6	24.9	10.2
印度	11.2	4.9	1.6	5.9	9.2	21.7	4.5
俄罗斯	8.5	2.3	8.1	2.8	6.6	0.1	3.0
巴西	4.2	2.9	1.5	2.6	3.2	2.9	2.7
韩国	0.1	3.3	3.5	2.6	1.7	1.3	1.7
墨西哥	1.8	2.0	0.8	3.2	1.5	0.2	2.1
其他地区	45.4	16.7	11.7	29.0	1.84	47.2	30.7
全世界	100.0	100.0	100.0	100.0	100.0	100.0	100.0

资料来源：World Bank，World Development Indicators and World Bank Report and OECD and United

Nations Data Bank.

答案与讲解

一、选择题

1. A　2. C　3. D　4. C　5. C　6. D　7. A　8. B
9. A　10. C　11. B　12. A　13. B　14. A　15. D

二、辨析题

1. ×　2. ×　3. √　4. ×　5. √　6. ×　7. √　8. √
9. ×　10. √

三、简答题

1. (1)两国之间的贸易可以建立在不同的要素禀赋、技术或者偏好上。无论是要素禀赋还是技术的差异都会导致每个国家生产可能性边界的不同，即使各国家的偏好完全相同，生产可能性边界的不同也会导致商品价格差异和各自不同的比较优势，从而导致两国间贸易的发生。如果两国的偏好也不同，只要最终会导致商品相对价格的差异，即生产可能性曲线与社会无差异曲线的切线斜率在两国是不同的，那么就仍然可以形成两国各自比较优势和贸易的基础。H-O 定理对两国比较优势和贸易模式的预测就仍然有效。如图 3－2(a)所展示的情形。

(2)一旦两国的需求偏好差异很大，就有可能完全消除两国要素禀赋的差异，以至于使两国失去原有的比较优势。例如，图 3－2(b)所展示的情形。第一个国家由于过于偏好出口产品 X 而致使 X 的相对价格过高，以至于该国在 X 产品上失去比较优势。同样，第二个国家由于过于偏好其出口产品 Y 而使 Y 的相对价格很高，以至于在 Y 产品上失去了比较优势。此时，两国的贸易模式背离了 H-O 定理所预测的结果。

(3)如果两国的需求偏好差异继续扩大，会导致两国停止出口原本出口的产品，转而出口另一种产品，即原本进口的产品。

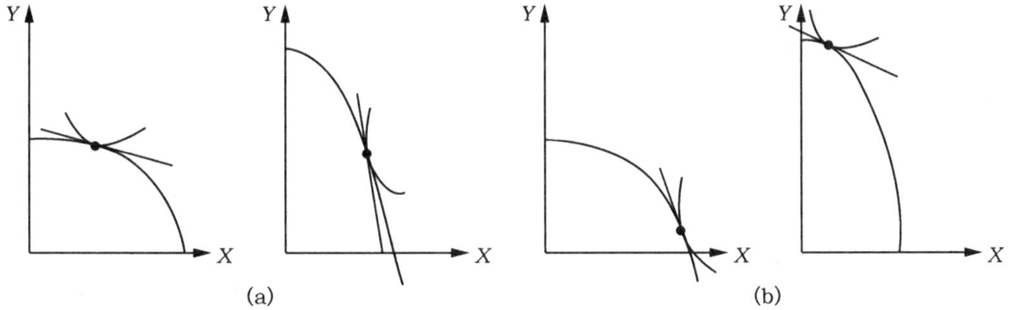

图 3—2

2. 根据赫克歇尔-俄林的要素禀赋理论，要素价格实现均等化需要在理想的假设条件成立的情况下，比如，没有运输成本和贸易壁垒、所有国家可获得的技术相同、没有规模经济效应、完全竞争市场等。而这些在现实世界里无法实现，所以贸易并不会使得同质要素价格的国际差异完全消失。但是它倾向于缩小同质要素价格国际差异的这种趋势仍然是可以在现实中得到验证的。

3. 在 H-O 理论的各项假设成立的条件下，从没有贸易到自由贸易的转变，会使价格上升的产业（出口部门）所密集使用的生产要素的实际价格或报酬提高，而价格下降产业（进口部门）所密集使用的生产要素的实际价格或报酬降低。这一结论被称为斯托珀-萨缪尔森定理（The Stolper-Samuelson Theorem）。

4. 里昂惕夫悖论指的是里昂惕夫测算了美国进出口商品中劳动和资本的含量，得出美国的进口商品资本密集度比出口商品资本密集度多 30%的实证结果。因为美国是一个资本非常充裕的国家，应该出口资本密集型产品，所以这个结果提出了对 H-O 理论能否提供有效的现实贸易模式预测的挑战。

有可能解释这个悖论的观点有：①1947 年与第二次世界大战非常近所以不具有代表性；②一些商品在自然资源方面是密集的，所以像里昂惕夫那样把它们归为资本或者劳动密集型的是不恰当的；③美国对于劳动密集型产品征收的关税比较高，所以扭曲了贸易的模式；④里昂惕夫在衡量资本的时候仅计算了实物资本（机器、建筑等）而完全忽略了人力资本；⑤没有考虑有些商品的生产是有可能发生要素密集度颠倒的。

5. 要素密集度颠倒是由于生产要素替代弹性的差异所造成的。具体地说，在两种产品生产中，劳动对资本的替代弹性差异越大，要素密集度的颠倒就越容易发生。所谓生产要素替代弹性是一种要素价格下降时，这种要素可用来替代另一种要素的程度。

要素密集度的颠倒一旦发生，那么 H-O 理论和要素价格均等化定理均不成立。因为 H-O 理论认为劳动力丰裕的国家生产和出口劳动密集型产品、进口资本密集型产品；而资本丰裕的国家出口资本密集型产品、进口劳动密集型产品。但是如果颠倒发生后，一个国家就有可能出现既出口劳动密集型产品又进口劳动密集型产品（在该产品的出口国该产品是劳动密集型产品）的现象。这样一种贸易模式与 H-O 理论的预测完全不符，所以 H-O 理论这时失去了指导意义。

四、综合分析题

1. 这种说法是错误的。因为对国家的比较优势和贸易模式而言，所谓的丰裕资源并不是指该国拥有该种资源的绝对数量，而是该国拥有的各种资源的相对数量。所以，较小的或者贫穷的国家一定拥有某种相对丰裕的资源，也可以在这种资源密集型的产品上形成相对的优势，再进行出口。比如一个贫穷落后的小国所拥有的资本绝对数量肯定没有一个富裕的大国多，但是小国的人口可能更少，那么其资本一劳动的比率有可能高于大国的比率，因此它反而可以是一个资本相对丰裕的国家，出口资本密集型的产品。

2.（1）A 国的资本与劳动总量的比率为 100/160＝0.625，B 国的资本与劳动总量的比率为 80/120＝0.67，所以 B 国是资本充裕国。

（2）生产衣服的资本劳动比率为 1/3，生产食品的资本拉动比率为 2/2＝1。所以衣服是劳动密集型产品。

（3）A 国生产衣服的最大产量为 53 单位，食品的最大产量为 50 单位。B 国衣服的最大产量为 40 单位，食品的最大产量为 40 单位。

（4）A 国作为劳动充裕国在劳动密集型产品——衣服上有比较优势，开放贸易后应专业化生产并出口衣服；相反，B 国应专业化生产并出口食品。

（5）短期内，劳动是流动要素，资本是特定要素。根据特定要素模型的结论，A 国衣服产业的资本所有者会由于参与贸易而实现收入分配的增加，而食品产业的资本所有者实际收入会降低；相反，B 国食品产业的资本所有者实际收入会上升，衣服产业的资本所有者的实际收入会下降。而两国劳动所有者实际收入的变动是不确定的。

（6）长期来看，根据斯托尔帕-萨缪尔森定理的结论，各国参与国际贸易会有利于其丰裕要素的所有者。因此，A 国作为劳动丰裕国，其工人应该会获得福利的增加，从而支持这种贸易；相反，B 国作为资本丰裕国，其工人的福利会受到损害，因此会反对贸易。

3.（1）两国的生产可能性边界如图 3－2 所示。两国的生产可能性边界不同是因为美国的总资本和总劳动的比率比英国的高，又因为小麦相对于衣服是资本密集型的，所以美国的生产可能性边界应该向表示小麦的坐标轴延伸得更多，而英国的则向表示衣服的坐标轴延伸得更多。

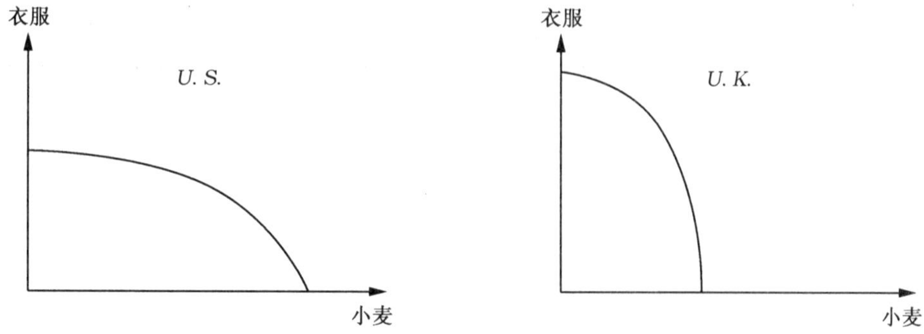

图 3—2

(2)因为美国的总资本和总劳动的比率(即资本相对供给)比英国的高,即美国的资本总供给量相对更多,并且两国对小麦和衣服的需求偏好相同,所以美国的资本与劳动价格比 r/w 要比英国的低。

(3)因为美国的资本与劳动价格比 r/w 要比英国的低并且小麦是资本密集型的,所以在没有贸易的情况下美国的均衡价格 P_w/P_c 比英国的低。这意味着美国在生产小麦方面具有比较优势而英国在衣服方面具有比较优势。

(4)美国在开展贸易后专业化分工生产 W 并出口换取英国的 C。因为 W 是资本(K)密集型产品,而 C 是劳动(L)密集型产品,所以随着美国越来越多地生产 W,对 K 的需求增加得较多,而对 L 的需求增加得较少;同时减少生产 C,释放出来的 L 较多,而释放 K 较较少。于是 K 出现了需求过剩、价格上升,L 则供给过剩、价格下降。英国的情况正相反。贸易的结果是使原本利率低的国家(美国)利率上升,原本利率高的国家(英国)利率下降,所以说贸易缩小了同质要素收入的国际差异。

(5)根据 H-O 理论,国际贸易将使国际同质要素获得完全相同的回报。但是这种过程的发生需要在理想的假设条件成立的情况下,比如没有运输成本和贸易壁垒、所有国家可获得的技术相同、没有规模经济效应、完全竞争市场等。而这些在现实世界里无法实现,所以贸易会在达到要素(商品)价格完全相等之前就停止了。

(6)如果英国的需求偏好转向其比较劣势的商品(即小麦),那么这种商品的生产会由于其需求的增加而增加,从而导致对这种商品密集使用的要素(即资本)的需求增加,同时对其相对优势的商品(衣服)的需求减少将会导致其密集使用的生产要素(即劳动力)的需求降低,最终将使英国的利率/工资比(r/w)上升。

4.(1)国家 R 将出口食物,P 国将出口衣服。这和赫克希尔-俄林模型一致。资本相对充裕的国家出口资本相对密集的产品,劳动充裕的国家出口劳动密集型产品。

(2)贸易条件会落在 P_C/P_F 轴上两国自给自足时的相对价格之间。纵轴上的相对工资(w/r)将会低于最高的相对工资同时高于最低的相对工资,但是不会重合。最后的结果同我们从模型中得出的要素价格均等的预期相矛盾。

(3)除了相对工资将会在两国间重新建立之外,其他都相同。这之所以会发生是因为两国具有非常不同的相对要素禀赋状况,因此与坐标轴交叠的区域允许这个结果存在。

(4)有贸易时生产点在点 5 上方。国家将会改变他们生产的构成,生产更多的劳动密集型产品(衣服)。每一个行业内由于相对工资的上升,生产技术将会更加资本密集,生产的最优点将会沿着等产量向着节约现在比较昂贵的劳动的方向移动。

(5)P 国中,相对稀缺要素的所有者是资本所有者。他们的真实收入将减少,所以他们将会企图为贸易保护主义游说,从而阻止国家转向自由贸易均衡。

五、案例讨论题

从表 3—1 中可以看出,美国在研发科学家和高技能工人方面所占的世界份额超过了其占世界 GDP 的份额，有形资本占世界的份额基本与 GDP 占世界的份额持平，可耕种土地及中等技能和无技能工人占世界的份额均低于 GDP 占世界的份额。因此，可以判断，美国在密集利用研发科学家和高技能工人的最高技术产品方面拥有比较优势，在资本密集型产品方面基本无优势也无劣势，在农产品及其他土地和自然资源密集型产品方面则有相对劣势，在靠中等技能工人和无技能工人生产的产品方面也有相对劣势。

日本在有形资本、研发科学家以及高技能工人方面所占世界份额都超过了 GDP 占世界的份额，说明其在资本密集型产品以及密集使用研发科学家和高技能工人的高科技产品上拥有比较优势。

德国和法国都拥有相对丰富的有形资本和研发科学家，因此在资本密集型产品和高科技产品上有比较优势。英国在要素方面似乎资源并不丰富，相对来说拥有较丰富的高技能工人，比如金融领域。意大利只在有形资本方面要素丰裕，在资本密集型产品上有比较优势。加拿大则拥有相对丰富的可耕种土地、有形资本、研发科学家和高技能工人，在土地及自然资源密集型产品、资本密集型产品以及高科技产品上都相对拥有优势。

中国在劳动力上面的相对优势非常显著，尤其是在中能技能和无技能工人方面的相对丰裕程度最突出，因此在劳动密集型产品上拥有明显的比较优势。

印度则拥有相对丰富的可耕种土地及无技能劳动力，因此在自然资源及劳动力密集型的初级产品上有更大的相对优势。俄罗斯和巴西比较类似，拥有相对丰富的可耕种土地和中等技能的工人。韩国在有形资本、研发科学家以及高技能工人上面都有相对丰裕的拥有量。而墨西哥非常突出的相对丰裕要素则是高技能工人。

第四章 产业内贸易及产品内贸易理论

同步练习题

一、选择题

1.(　　)的假设条件被放松后,需要新的贸易理论来补充 H-O 理论?

A. 规模收益不变　　B. 不完全专业化分工

C. 没有运输成本　　D. 各国使用相同的生产技术

2. 产业内贸易更可能发生在(　　)的情况下。

A. 美国从中国进口纺织品　　B. 中国向美国出口汽车

C. 美国从中国进口大米　　D. 中国向美国出口稀土

3.(　　)更容易形成大规模的产业内贸易。

A. 有较强地域性特征的产业　　B. 高度发达成熟的产业

C. 产业部分划分细致　　D. 初级产品行业

4. 如果某一产业的出口额等于进口额的 1/2,则这个产业的产业内贸易指数为(　　)。

A. 1/3　　B. 2/3　　C. 1　　D. 1/2

5. 不能解释产业内贸易现象的是(　　)。

A. 国家间需求结构相似　　B. 规模经济效应

C. 国家间要素禀赋差异　　D. 不完全竞争市场

6. 基于规模经济发生的贸易中,下列判断错误的是(　　)。

A. 贸易可能发生在潜在比较优势相同的国家之间

B. 先进入的国家往往具有先行者优势

C. 贸易模式根据模型本身是无法判断的

D. 贸易会使本国稀缺要素所有者的利益受损

7. 以下关于外部规模经济说法正确的是(　　)。

A. 企业产量扩大出现的平均成本下降的现象

B. 企业的累计产量增加出现的成本下降的现象

C. 存在外部规模经济时,不具备成本优势的企业也可能成为事实的出口者

D. 行业规模扩大后出现的企业规模报酬递增的现象

8.(　　)最有可能形成内部规模经济。

A. 水泥生产　　B. 电影业

C. 癌症研究　　D. 软件技术支持服务

9. 规模经济基础上国际贸易模式可能基于(　　)。

A. 自然条件　　B. 资源禀赋的差异

C. 劳动生产率的差别　　D. 协议分工

10. 以下对差异化产品基础上的国际贸易描述不正确的是(　　)。

A. 属于产业内贸易

B. 用来解释经济发展水平差异大的国家间贸易

C. 收入水平越接近的国家越可能成为重要贸易伙伴

D. 稀缺和丰裕要素的所有者都可以获益

11. 在垄断竞争的贸易模型中(　　)。

A. 如果两国拥有相同的总资本一劳动比例,它们之间就不会发生贸易

B. 要素禀赋并不能决定产业间贸易的发生

C. 从长期来看,厂商可以获利

D. 贸易导致了商品品种的增多和规模经济效应的扩大,进而可以带来收益

12. 根据产品生命周期理论,下面说法不正确的是(　　)。

A. 发达国家会最终成为原本进口产品的出口国

B. 产品在经历其生命周期的过程中要素密集度会发生变化

C. 发展中国家会在产品的标准化时期具有比较优势

D. 制成品比农产品相对更有可能经历生命周期的变化

13. 根据重叠需求理论,贸易容易产生于(　　)。

A. 产出水平相近的国家　　B. 收入水平相近的国家

C. 投资水平相近的国家　　D. 储蓄水平相近的国家

14. 下列关于产品内分工的叙述中不正确的是(　　)。

A. 这种分工模式产生了大量的中间品贸易

B. 这种分工模式主要通过跨国公司的内部一体化和外部一体化来实现

C. 这种分工模式不适用于传统的比较优势理论

D. 这种分工模式可以在发达国家和发展中国家之间发生

15. 某国汽车产业的总产值为 1 000 亿美元,出口额为 400 亿美元,该产业进口原材料 200 亿美元,进口零部件 300 亿美元,进口其他半成品 200 亿美元,则该产业的垂直专业化水平为(　　)。

A. 700 亿美元　　B. 600 亿美元　　C. 400 亿美元　　D. 280 亿美元

二、辨析题

1. 放松完全竞争市场的假设不会影响 H-O 理论对贸易现象的解释能力。
2. 产业内贸易的发生是因为产品是匀质的。
3. 产业内贸易既可以是某一个行业层面的，也可以是一个国家层面的。
4. 同一产品的出口额与进口额的差额越大，产业内贸易的规模就越大。
5. 基于规模经济的国际贸易意味着两个国家即使 PPF 和无差异曲线完全相同也可以从贸易中获益。
6. 一个产生规模经济效应的行业一定是不完全竞争的。
7. 国际贸易是追求规模经济与产品多样化之间矛盾的最佳解决途径。
8. 产品生命周期是从消费者需求的角度解释国际贸易的起因。
9. 根据重叠需求理论，收入水平差距较大的国家之间产业内贸易较少。
10. 台湾生产并出口大量的笔记本电脑芯片和塑料壳是一种产品内分工。

三、简答题

1. 赫克希尔-俄林贸易理论所依赖的假设条件被放松以后会影响其解释能力吗？需要在哪些重要方面对该理论进行扩展？
2. 产业内贸易与产业间贸易有什么区别？产业内贸易产生的原因有哪些？
3. 为什么商品种类数量的增加被认为可以带来贸易得益？
4. 什么是产品内贸易？这种贸易模式仍然能够用传统的比较优势理论及 H-O 理论来加以解释吗？

四、综合分析题

1. 某国在一年中所有进行贸易的三种产品的进出口值数据如表 4—1 所示，请计算该国这一年度的产业内贸易指数。

表 4—1

产品	出口值(美元)	进口值(美元)
T	100	20
X	300	80
Y	100	300
总计	500	400

2. 下列情况更适合用哪种国际贸易理论来解释？

(1)日本大量出口高端电子产品；

(2)加拿大是主要的新闻纸出口国;

(3)法国和德国相互出口高档家电产品;

(4)中东国家的石油占据了世界石油市场的巨大份额;

(5)中国已经成为电视机的主要出口国;

(6)东南亚国家大量出口运动服装;

(7)英特尔生产了世界上半数以上的CPU;

(8)印度承接了大量世界各国企业的软件编程和后台维护工作。

3. 假定汽车生产是一个垄断竞争的行业,任何一家厂商面临的需求曲线为:

$$Q=S\times\left[\frac{1}{n}-b\times(P-\bar{P})\right]$$

其中 $b=\frac{1}{30\,000}$,假设生产汽车的成本函数为:$C=F+c\times Q$,其中 $F=750\,000\,000$,$c=5\,000$。

假设有两个国家,A国的汽车年销售量为900 000辆汽车,B国的汽车年销量为1 600 000辆,另外两国的生产成本相同。

(1)封闭时,A国的汽车生产商数目及均衡价格分别是多少?

(2)封闭时,B国的汽车生产商数目及均衡价格分别是多少?

(3)国际贸易后,两国市场上的汽车品种数及均衡价格分别是多少?

4. 请根据规模经济的基本内容,绘图说明具有完全相同要素禀赋、技术和偏好的两个国家也可能开展国际贸易并从中受益。

5. 在外部规模经济情况下,各国从国际贸易中所获得的利益并不平衡,这是否跟一些低收入国家经济发展缓慢有关系?

6. 分析说明:

(1)林德的重叠需求理论与要素禀赋理论有何区别?与"需求逆转"又有什么异同?

(2)重叠需求理论可以用来解释发展中国家之间的贸易吗?

(3)根据重叠需求理论预测发展中国家向发达国家出口的前景是怎样的?这种预测是否符合现实?

五、案例讨论题

20世纪70年代后期,大部分运动鞋的生产都从美国的工厂转移到了韩国的工厂。据报道,到了1993年年末,由于工资的上涨,韩国运动鞋厂的工作岗位和运动鞋的销售量都大幅度减少,因为运动鞋的生产地点转移到了印度、印度尼西亚、中国(请参见Steve Glain,"Korea Is Overthrown as Sneaker Champ," *The Wall Street Journal*, October 7, 1993, p. A14)。近年来,孟加拉国、越南、斯里兰卡等国家由于具有更加低廉的劳动力成本而成为耐克、阿迪达斯等世界知名运动服装和运动鞋的主要生产国。

根据上述材料从产品生命周期理论的角度分析运动鞋生产地点的这些变化。赫克歇尔一俄林理论是否能够解释这些变动?为什么?

答案与讲解

一、选择题

1. A　2. B　3. B　4. B　5. C　6. D　7. C　8. A
9. D　10. B　11. D　12. A　13. B　14. C　15. D

二、辨析题

1. ×　2. ×　3. √　4. ×　5. √　6. ×　7. √　8. ×
9. √　10. √

三、简答题

1. 赫克希尔-俄林贸易理论所依赖的假设条件被放松以后大部分情况下都不会影响其解释能力，但是其中几个假设条件（如规模报酬不变、完全竞争市场、无技术进步等）被放松之后它会无法解释部分国际贸易现象，尤其是工业国家之间的产业内贸易以及产品内贸易。国际贸易中不能用赫克希尔-俄林贸易理论来解释的部分就需要进行扩展和补充，比如用规模经济、不完全竞争市场、产品差异化、产品生命周期、重叠需求、垂直化分工模式等理论来解释这些贸易现象。

2. 产业内贸易指一国进口出口同一产业内不同的差异化产品。产业间贸易是一国进口出口不同类产业的产品。

导致产业内贸易产生的原因说到底是规模经济的存在。因为如果只生产少数几种款式的产品，企业就可以为长期持续生产使用更专业化和快速的机器设备，这样可以提高生产率，随着市场规模的扩大，平均成本递减。平均成本的递减为该产品参与贸易提供了基础。所以基于差别产品的产业内贸易的主要原因是规模经济。垄断竞争的最大特征是许多厂商出售同一种差别产品，并且该产业的进入和退出比较容易。这种同一种类的差别产品的交易在当今国际贸易中占有相当大的份额，垄断竞争市场结构也是可以形成产业内贸易的原因之一。产品的生命周期也是产业内贸易的原因之一，或者说用产品的生命周期理论也可以解释部分产业内贸易的产生。当不同产品的生命周期在一国内相互重叠时，就可以出现产业内的贸易形式。从需求方面解释差异化产品贸易的理论如林德的"需求偏好相似理论"，认为两国存在重叠需求是实现贸易的条件，如果两国需求存在重叠的部分，则两国的厂商在利润的驱使下会相互向对方国家出口。还有"多样化偏好"假说也可以用来解释产业内贸易的产生。该理论认为国际贸易是调和消费多样化与厂商规模经济之间存在的两难冲突的有效方法。经济中的消费者喜好多样化消费，而厂商的生产却存在规模经济。由于资源的有限性，多生产商品的品种就意味着商品生产的数量减少，无法获得规模经济。进行国际贸易，尤其是产业内贸易可以扩大市场规模，利用各国在行业内的专业化分工调和上述问题。

3. 在现实生活中，消费活动中存在精神因素以及经济水平的上升，消费者不仅可以通过消费更多数量的商品得到效用的满足，也可以通过消费更多种类的商品获得满足。多样化假设源于商品特色为基础的需求理论。根据这一理论，消费者实际想要的是商品提供的特性，而不是商品本身。比如，消费者并非渴望的是"汽车"本身，而是由各种汽车所体现的诸如安全、舒适、颜色、刹车、速度、转向装置等方面的特性。根据多样性假说，消费者喜欢多样化，当实际收入增长时，消费者能够购买多样化的产品系列，并且由于从国外获得这些额外样式的数目比从本国获得的多，因而对同种类差异化的进口品的需求就会趋于上升。因此，如果把进口品看作是一个整体，需求的进口品数量的增加比率甚至可能高于实际收入的上升比率。

4. 第二次世界大战后在第三次科技革命的推动下，国际分工在全球范围内不断深化和细化，已深化到特定产品生产流程所包含的生产区段或工序层次。这种以生产区段分工为核心的垂直化分工模式大约自20世纪60年代开始盛行。垂直专业化指上下游企业进行分工与合作,各自在产品生产价值链的某个阶段进行专业化生产。这一新型的国际分工模式也被称作"产品内分工"。这种生产格局产生了大量的零部件或中间产品的贸易,这种贸易形式称为产品内贸易。

李嘉图比较优势理论和赫克歇尔-俄林模型的思想仍可以解释产品内分工发生的原因。但是,运用于产品内分工中的比较优势原理对传统的比较优势内涵有了新的拓展。传统贸易理论中的比较优势表现在不同的产品上,而产品内分工理论中的比较优势则表现在产品的不同生产阶段上。按照李嘉图比较优势理论来解释,两国按照相对劳动生产率差异决定的比较优势在产品的不同生产阶段上进行分工;按照赫克歇尔一俄林模型来解释,两国按照相对要素禀赋差异决定的比较优势在产品的不同生产阶段上进行分工,即产品在每一生产阶段上的要素密集度是不同的,每种要素丰裕的国家就会在该要素密集的生产阶段上具有比较优势。

四、综合分析题

1. 根据一国产业内贸易指数的计算公式:

$$T=\sum\left[\left(\frac{X_i+M_i}{\sum(X_i+M_i)}\right)\times IITI_i\right],IITI_i=\left(1-\frac{|X_i-M_i|}{X_i+M_i}\right)\times 100\%$$

该国的产业内贸易指数应为:

$$T=\left(1-\frac{|100-20|}{100+20}\right)\times 100\%\times\frac{120}{900}+\left(1-\frac{|300-80|}{300+80}\right)\times 100\%\times\frac{380}{900}+\left(1-\frac{|100-300|}{100+300}\right)\times 100\%\times\frac{400}{900}=44.44\%$$

2.(1)赫克歇尔-俄林要素禀赋理论。日本拥有相对丰裕的资本、科学研发人员、高技能工人等要素禀赋,因此在密集使用这些要素的高端电子产品上具有比较优势。

(2)赫克歇尔-俄林要素禀赋理论。加拿大拥有丰裕的森林资源,因此在密集使用木材的造纸相关产业上具有比较优势。

(3)产业内贸易理论和相互需求理论。高档家电产品属于差异化及规模经济特征都比较显著的产品,而且该产品市场属于典型的垄断竞争结构,同时德国和法国的收入水平比较接近,消费偏好和模式也比较类似,因此两国之间的贸易将会是一种产业内贸易的模式,相互出口不同的家电类型。

(4)赫克歇尔-俄林要素禀赋理论。石油的出口主要凭借的是中东国家所拥有的巨大石油资源储量。

(5)产品生命周期理论。电视机产品的生命周期已经进入到了大规模标准化生产阶段,其技术已经普及,在此阶段上,主要依赖实物资本、低技能的劳动力等生产要素,因此拥有大量这些生产要素资源的中国就会在电视机产品上拥有比较优势。

(6)赫克歇尔-俄林要素禀赋理论。东南亚国家拥有丰富的廉价劳动力资源,因此在低技能劳动力密集型产品——服装上具有比较优势。

(7)产品生命周期理论。在一些高技术产品生命周期的初始阶段,拥有丰富的研发资源和科技人力资本的发达国家将凭借对技术的垄断占据该产品的相对优势,成为垄断出口国。

(8)赫克歇尔-俄林要素禀赋理论。软件编程和后台维护工作属于中高技能密集型产业,而印度拥有大量训练有素的IT人才和较高技术水平的劳动力,因此在这一领域占据了比较优势。

3. 假设每个厂商都把价格 P 看作是既定的,那么 $Q=S\times\left[\frac{1}{n}-b\times(P-\overline{P})\right]$就可以改写成:$Q=\left(\frac{S}{n}+S\times b\times\overline{P}\right)-S\times b\times P$,其中 b 是衡量各厂商的市场份额对其定价的敏感性参数。将其代入边际收益函数:$MR=P-Q/B$,就可以得到典型厂商的边际收益函数:$MR=P-Q/(S\times b)$,其中 $S\times b$ 代替了 B。因为利润最大化的厂商会让边际收益等于边际成本:$MR=P-Q/(S\times b)=c$,所以,$P=c+Q/(S\times b)$,均衡

时，所有厂商的定价都是一样的，即 $P=\overline{P}$，所以 $Q=S/n$，就可以得到：$P=c+\frac{1}{b\times n}$。

(1)均衡时，$P=AC$，通过两个式子：$P=5\,000+\frac{30\,000}{n}$，$AC=\frac{C}{Q}=\frac{F}{Q}+c=n\times\frac{F}{S}+c=n\times\frac{750\,000\,000}{900\,000}+5\,000$，可以得到 $n=6$，$P=10\,000$，即封闭时，A 国的汽车生产商数目为 6 家，均衡价格为 10 000。

(2)同理可得封闭时 B 国的汽车生产商数目 $n=8$，均衡价格 $P=8\,750$。

(3)国际贸易后，两国市场成为一个统一的大市场，则 $P=5\,000+\frac{30\,000}{n}$，$AC=\frac{C}{Q}=\frac{F}{Q}+c=n\times\frac{F}{S}+c=n\times\frac{750\,000\,000}{900\,000+1\,600\,000}+5\,000$，可以得到国际贸易后均衡时的汽车品种数，即厂商的数目为 $n=10$，均衡价格 $P=8\,000$，说明国际贸易使得参与贸易的国家厂商的市场份额扩大了，等于(1 600 000+900 000)/10=250 000，同时每个国家市场上的商品品种都增加了，价格都下降了，因此国际贸易给厂商和消费者都带来了福利的改善。

4. 两个国家有完全相同的要素禀赋和技术，那么它们的生产可能性边界就会完全相同。而两种产品的生产上都有规模经济效应，或者说都在成本递减的状态下进行生产，所以两国的生产可能性边界都是凸向原点的。如图 4－1 所示，BAB'是两国的生产可能性边界。因为两个国家有相同的偏好，所以它们的无差异曲线也相同，如图中的无差异曲线Ⅰ即为两国的无差异曲线。没有贸易时，两国都在生产可能性边界和无差异曲线Ⅰ的切点 A 上进行生产并消费。尽管在 A 点时两国的相对商品价格相等，但由于规模经济效应的存在使两国仍然有互惠互利贸易的基础。例如，第一个国家可以完全专业化生产 Y(即生产点从 A 点移到 B'点)，由于存在规模经济效应，因此随着生产 Y 的增加成本会逐渐递减，最终该国可以用 60 单位的 Y 和另一国交换 60 单位的 X，从而可以在无差异曲线Ⅱ上的 E 点消费。而另一国则可以完全专业化生产 X(即生产点从 A 点移到 B 点)，由于存在规模经济使得其增加 X 的生产也会带来成本递减，最终可以用 60 单位的 X 和第一个国家交换 60 单位的 Y，所以可以在 E 点消费。通过这样做，两个国家都获得了 20 单位 Y 和 20 单位 X 的得益。因此，只要两国生产中存在规模经济，即使具有完全相同的要素禀赋、技术和偏好，也同样能从贸易中获益。

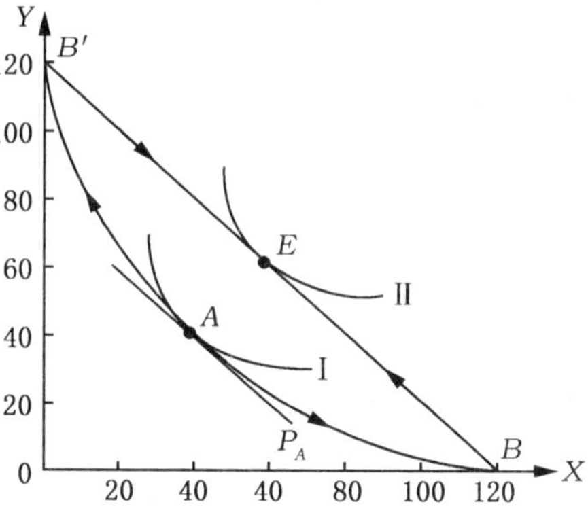

图 4－1

5. 有关系。在外部规模经济的条件下，各国在分工格局中的地位在很大程度上取决于一些历史的、偶然的因素。很多发达国家由于发展起步较早，而在一些具有显著的外部规模经济效应的行业上率先建立和发展起来，占据了所谓的“先行优势”。而强烈的外部规模经济会强化、固化这种优势，使其他具有潜在成本优势的国家越来越难以进入。因此很多低收入国家往往只能从事贸易收益低的行业，即使其市场规模更大、成本上潜在优势更大，但由于初期生产成本过高，也难以和那些具有“先行优势”的国家相竞争。因此，低收入国家容易在国际贸易格局中处于相对不利的地位，导致其经济发展相对缓慢。

6.(1)重叠需求理论与要素禀赋理论:两个理论都解释了国际贸易产生的原因。不过两者区别很大。第一,解释贸易的出发点不同。前者是从需求角度探讨国际贸易的起因,后者则是从供给方面来探讨国际贸易的起因。第二,主要分析解释的贸易现象不同。前者主要解释发生在收入水平相似的国家之间的产业内贸易,比如发达国家之间制造业内部的一种水平式贸易,后者主要解释发生在发达国家与发展中国家之间的产业间贸易,比如工业品与初级产品之间的贸易。

重叠需求理论与"需求逆转":需求逆转是解释要素禀赋理论为什么在有的时候不符合现实情况的原因之一,它强调了需求原因有可能使得贸易方向发生变化,但仍然是主要解释产业间的贸易。而重叠需求理论则是从需求的角度解释产业内贸易发生的原因。

(2)可以。根据林德的重叠需求理论,两国之间对某种产品存在重叠需求是国际贸易的基础,而要出现足以支撑国际贸易的重叠需求,就要求两个国家的人均收入水平不能有太大的差异。发展中国家之中也有人均收入水平相近的国家,因而对某类商品会有相似的需求偏好,即重叠需求。而且不同的发展中国家在不同的产品生产上有优势,虽然这些产品可能都是劳动力密集型的。发展中国家虽然总体上发展水平都较落后,但是在具体产品上却不一样。因此,这个理论可以用来解释一些发展中国家之间产业内发生的国际贸易。

(3)林德理论认为两国存在重叠需求是实现贸易的条件,如果两国需求存在重叠的部分,则两国的厂商在利润的驱使下会相互向对方国家出口。由于发展中国家在收入水平上同发达国家相差较大,因此重叠需求部分较小,发展中国家向发达国家出口的基础很弱。但林德的这种预测在很大程度上是有悖于现实的,因为该理论的这种预测仅仅是就工业品的产业内贸易而言的,而发展中国家和发达国家之间的贸易更主要的是产业间的贸易。由于低廉的劳动力成本和一些自然资源禀赋优势,发展中国家对发达国家进行大量的初级产品和劳动密集型产品的出口。所以,林德的假说虽然被他的祖国瑞士所证明,但是没有得到其他国家的证明。例如,它不能解释为什么韩国在没有国内市场偏好的情况下出口圣诞卡。

五、案例讨论题

提示:

产品生命周期指一种产品从研发到进入市场再到退出市场过程中的不同阶段,需要投入的各种不同要素在成本中所占的比重会不断变化,因而拥有不同要素禀赋的国家在不同阶段可能获得比较优势进行生产和出口,产品在这一过程中的生产和贸易形态的变化就像生物的生命一样,完成从出生到衰落的循环。

运动鞋最先由美国研发并进行投产,因为美国作为科技最发达的国家拥有充足的研发资源、良好的科研条件和掌握专业技术的高素质人才,因此在运动鞋的诞生和设计阶段具有比较优势。但是,当运动鞋这种产品逐渐走向其生命周期的成熟阶段并广为大众接受时,随着生产技术和设计理念向外扩散直至完全标准化和普及化,美国就渐渐失去了比较优势。而其他国家(尤其是东亚的新兴工业化国家)获得了技术和设计后,就可以凭借其较低的劳动力成本和其他丰富的生产资源大规模而且廉价地制造运动鞋了,而且它们最终依靠显著的价格优势占领国外市场,甚至是美国的市场。而当彩电来到了生命周期的成熟阶段时,其技术和设计更加普及和大众化,需要更加标准化、大批量的生产,这就使得一些劳动力成本更加低廉的发展中国家(如中国、印尼等)具有了相对优势。而到了近年,运动鞋这种产品已经基本发展到了其生命周期的衰退阶段,有更加丰富和低廉的原材料和劳动力的发展中国家(类似孟加拉、越南等)就凭借其更强的资源成本优势占据生产国及出口国的地位。而发明国美国本土已经基本不再生产这种产品了,国内的绝大多数消费都是依靠进口,从这些所谓的模仿国进口。

赫克歇尔一俄林理论仍然能够解释这些变动,因为不同国家在产品生命周期的不同阶段上拥有比较优势凭借的仍然是各国的资源禀赋。只不过产品生命周期理论强调了这种资源禀赋在不同阶段上的作用,体现的是一种动态的比较优势状况。

第五章 经济增长与国际贸易

同步练习题

一、选择题

1. 在规模收益不变的条件下,劳动力与资本同时增长一倍,那么(　　)。
A. 劳动密集型产品的产出增长一倍　　B. 资本密集型产品的产出增长一倍
C. 生产可能性曲线的形状保持不变　　D. 以上都正确
2. 在规模收益不变的条件下,只有劳动力增长一倍,那么(　　)。
A. 劳动密集型产品的产出增长少于一倍　　B. 劳动密集型产品的产出增长多于一倍
C. 资本密集型产品的产出增长一倍　　D. 资本密集型产品的产出保持不变
3. 雷布津斯基定理假设,在相对商品价格固定不变情况下,劳动力增长一倍则(　　)。
A. 劳动密集型产品产出增长一倍　　B. 资本密集型产品产出下降
C. 两种产品产出都上升　　D. 以上都正确
4. 使劳动要素生产效率的增加大于资本生产效率的增加的技术进步称为(　　)。
A. 劳动节约型技术进步　　B. 资本节约型技术进步
C. 中性技术进步　　D. 以上任意一项都正确
5. 如果Y部门的生产率提高50%,则(　　)。
A. Y产品的产出增长50%　　B. 对X产品的产出没有影响
C. 生产可能性曲线仅仅向Y轴方向延伸　　D. 以上都正确
6. 一国外资流入时,根据雷布津斯基定理,以下说法不正确的是(　　)。
A. 本国劳动密集型产品的生产减少

B. 本国资本密集型产品的生产增加

C. 两种产品的生产都增加，但是资本密集型产品的生产增加得更多

D. 资本密集型产品与劳动密集型产品的相对价格不变

7.“贫困化增长”表明，生产要素增长可能对国际贸易产生负面影响，但它发生是有条件的，其中不包括(　　)。

A. 经济增长发生在偏向进口竞争的部门

B. 该国的经济增长使世界市场上该产品的价格大幅下降

C. 该产品的需求价格弹性低

D. 该国的经济依赖与此产品的出口收入

8.(　　)不是“幸福的增长”产生的条件。

A. 是一个可以影响国际市场价格的大国　　B. 偏向进口的增长

C. 本国的贸易量增加　　D. 该国的贸易条件改善

9. 一个劳动力相对丰裕的小国，如果其资本存量变为原来的两倍，则(　　)。

A. 是面向出口部门的经济增长　　B. 贸易条件改善

C. 贸易条件恶化　　D. 劳动密集型产品的生产减少

10. 一国劳动力要素相对资本要素更大幅度的增加将导致该国贸易条件的恶化，当该国出口(　　)。

A. 资本密集型产品　　B. 劳动密集型产品

C. 任何类型产品　　D. 无法确定

11. 小国出口部门的技术进步导致的福利效应，不正确的是(　　)。

A. 该国福利总水平上升　　B. 代表性公民的福利水平下降

C. 进口部门的产出水平不受影响　　D. 贸易条件不变

12. 如果某一大国发生了进口部门的技术进步，则(　　)。

A. 本国的贸易条件恶化

B. 本国的提供曲线向具有比较优势的商品轴旋转

C. 经济增长的福利水平因为贸易条件的改善而更为增进 Y

D. 出口部门的生产不会受到任何影响

13. 两国对进口产品的需求偏好都提高将会(　　)。

A. 降低贸易量　　B. 增加贸易量

C. 不影响贸易量　　D. 以上都不正确

14. 如果 A 国对进口产品的需求偏好提高，而 B 国对其出口产品的需求偏好提高，那么(　　)

A. A 国的贸易条件将会恶化　　B. A 国的贸易条件将会改善

C. B 国的贸易条件将会恶化　　D. 以上都正确

15. 如果一国的偏好从其出口产品转向进口产品，那么该国(　　)。

A. 提供曲线向上旋转，贸易条件改进　　B. 提供曲线向上旋转，贸易条件恶化

C. 提供曲线向下旋转，贸易条件改进　　D. 提供曲线向下旋转，贸易条件恶化

二、辨析题

1. 劳动力数量增长相当于劳动密集型产品的相对价格上升。

2. 如果一国劳动力的供给量增加，而资本的供给量和生产技术都保持不变，那么这一国的生产可能性曲线将会仅仅向劳动密集型产品轴的方向扩展。

3. 所谓大国，就是指贸易量大的国家。

4. 根据雷布津斯基定理，一国要素的积累必会导致本国贸易条件的恶化。

5. 一个开放的劳动丰裕大国的劳动力增长将会恶化该国的贸易条件以及降低该国的社会福利。

6. 一国出口产品生产中发生技术进步将降低该国的福利。

7. 设出口产品为劳动密集型产品，劳动节约型的技术进步与出口产品密集使用的要素增长大于另一种产品密集使用的要素增长时具有类似的效应。

8. 贸易条件的恶化并不一定使该国的福利水平恶化。

9. 大国稀缺要素的增加将带来贸易的扩张。

10. 现实中，发展中国家的出口商品大丰收后，有可能出现境况变得比以往更糟糕的情形。

三、简答题

1. 为什么每个国家有不同的生产可能性边界？哪些因素发生变化会影响一国生产产品的能力？

2. 简述雷布津斯基定理的内容。

3. 如何理解"贫困化增长"？在什么情况下会出现"贫困化增长"？

4. 为什么仅依靠劳动力增加实现的经济增长通常会使人们的福利状况变差？

5. 为什么日本在20世纪90年代经济增长缓慢，贸易条件却得到改善？你能解释这种现象吗？

四、综合分析题

1. 以一个资本丰裕国家的生产可能性曲线为基础，画出符合下列条件的新生产可能性曲线。

(1)资本与劳动力均增加一倍；

(2)仅资本增加一倍；

(3)仅劳动力增加一倍；

(4)出现节约资本的技术进步；

(5)出现节约劳动的技术进步；

(6)出现中性的技术进步。

2. 以上题中该国的生产可能性曲线为基础，该国发生中性技术进步使劳动与资本的生产率均增加一倍，画出下列情况下的新生产可能性曲线：

(1)技术进步发生在X和Y两种商品中；

(2)技术进步仅发生在X商品中；

(3)技术进步仅发生在Y商品中。

3. 画图分析下列情形下国家贸易量、贸易条件以及社会福利的变化。

(1)资本丰裕型小国的资本量增加一倍；

(2)劳动丰裕型大国的劳动力增加一倍；

(3)资本丰裕型大国只在资本密集型商品的生产中发生中性技术进步；

(4)劳动丰裕型大国稀缺要素增加一倍；

(5)两个相互进行贸易的劳动丰裕型和资本丰裕型大国，各自的资本量都增加一倍。

4. 假设一个劳动丰裕型国家的偏好从资本密集型商品转向劳动密集型商品，那么(　　)。

(1)该国的无差异曲线将会发生怎样的变化？

(2)画图表示在偏好发生变化前后该国的生产点和消费点。

(3)如果其贸易伙伴国的供给条件和需求条件都没有变化，那么该国的提供曲线将如何变化？

(4)该国的贸易量和贸易条件将会受到什么影响？

五、案例讨论题

1990年10月3日，分裂长达45年之久的德国重新统一。联邦德国(西德)通常被认为是资本丰裕型经济体，而民主德国(东德)通常被归入劳动丰裕型经济体。统一后的新德国与原西德相比较，其在资本密集型产品和劳动密集型产品的相对产出上会有什么不同？生产可能性曲线会发生什么变化？统一后新德国的贸易方式、贸易量、贸易条件及社会福利水平与西德相比又分别会有什么不同？

答案与讲解

一、选择题

1.C	2.B	3.B	4.B	5.D	6.A	7.C	8.D
9.B	10.B	11.C	12.B	13.A	14.D		

二、辨析题

1.×	2.×	3.×	4.×	5.√	6.√	7.×	8.√
9.×	10.√						

三、简答题

1. 因为不同的国家有不同的要素禀赋，同时可能有不同的生产技术，所以就会有不同的生产可能性边界。例如,美国相比像瑞士这样的国家拥有更多的自然资源、物质资本以及人力资本等,它生产两种商品都可能比瑞士生产的多,所以它的生产可能性边界就会比瑞士的要大(更加远离原点)。同样,由于美国比像英国这样的国家有更大比例的要素适合于生产小麦而不是衣服,所以美国的生产可能性边界在表示小麦的坐标轴上更加扩展而英国则在表示衣服的轴上延伸得更远。

一个国家的生产要素会随着时间的变化而变化。例如,一国的人口增加会使劳动供给增加,一国的教育和技能水平(人力资本)也有可能增加。同样,物质资本(工厂和机器的数量、办公楼和设备、发电厂、货车和道路、船只和港口、飞机和机场等)也会增加。另一方面,一些自然资源,如矿物储量和农业用地,有可能会耗竭,而其他资源又有可能被发现或者有新的用途。因此一国可获得的生产要素随着时间会发生变化(一般是增加)。同时,技术同样会随着时间而进步。这些因素的变化都会影响一国生产产品的能力。

2. 雷布津斯基定理说明了在商品相对价格不变的前提下,某一要素供给的增加会导致密集使用该要素的部门生产增加,而另一部门生产则下降。这一定理的重要意义在于它以一种非常简单的方式来分析 H-O 定理的动态化。雷布津斯基定理的动态特点很重要,它是在要素禀赋发生变化的条件下,阐述一国相对价格的变化,并进一步研究比较优势的变化。该定理实质指出了要素积累的动态过程对于一国国际分工地位的动态影响,是对 H-O 理论的深化和发展。

3. 一大国出现了出口偏向型的增长会出现以下结果:贸易条件恶化;贸易量增加;经济增长所带来的利益,一部分被贸易对方所获取。此时,经济增长对增长国的福利影响会产生两种截然不同的效果。一方面,经济增长可以带来福利水平的提高;另一方面,贸易条件的恶化又会对福利产生不利影响。经济增长的净福利效应取决于上述两种相反影响力量的对比。本国贸易条件恶化,表明对方国家的贸易条件将改善,下降的福利实际上作为"转移支付"的形式为贸易伙伴国所享有。如果转移至他国的利益超过了经济增长利益,那么增长国的福利将会出现绝对下降,这种情况就被称为"悲惨地增长"(Immiserizing Growth)或"贫困化增长"。

一般认为,"贫困化增长"并不是经常出现的情形,需要具备以下条件:①经济增长发生在偏向出口的部门;②该国的经济增长使世界市场上该产品的价格大幅下降;③该产品的需求价格弹性低;④该国的经济依赖与此产品的出口收入。

4. 在只使用两种生产要素,并且规模报酬不变的假设条件下,所有投入增长一定比例,产出也会以同样比例增加。如果只有一种投入要素增加,那么产出增加的比例必然小于该种要素增加的比例。因此,如果是依靠劳动力增加来实现经济增长,那么产出增加的比例必然小于劳动力自身增加的比例。如果我们用人均收入来衡量福利水平,那么结论必然是人均收入将下降,那么在其他条件不变的情况下,该国福利水平将下降。

5. 日本在 20 世纪 90 年代劳动力人口增加,即发生了稀缺要素的增长,根据雷布津斯基定理,这会导致进口竞争产品的产出增加,而出口产品的产出减少。这样一来,对于大国而言,这种增长效应就具有超逆贸易偏向的特征,也就是日本会由于出口产品数量减少而降低世界市场该产品的供给,从而推动其价格的上升;同样地,日本的进口竞争产品增加将使其减少进口,降低世界市场该产品的需求,从而对其价格产生下降的压力。因此日本的出口减少、进口增加使其经济增长缓慢,但贸易条件却得到了改善。

四、综合分析题

1.(1)见图 5－1(a)。
(2)见图 5－1(b)。
(3)见图 5－1(c)。
(4)见图 5－1(c)。
(5)见图 5－1(b)。
(6)见图 5－1(a)。
2.(1)见图 5－2(a)。
(2)见图 5－2(b)。
(3)见图 5－2(c)。

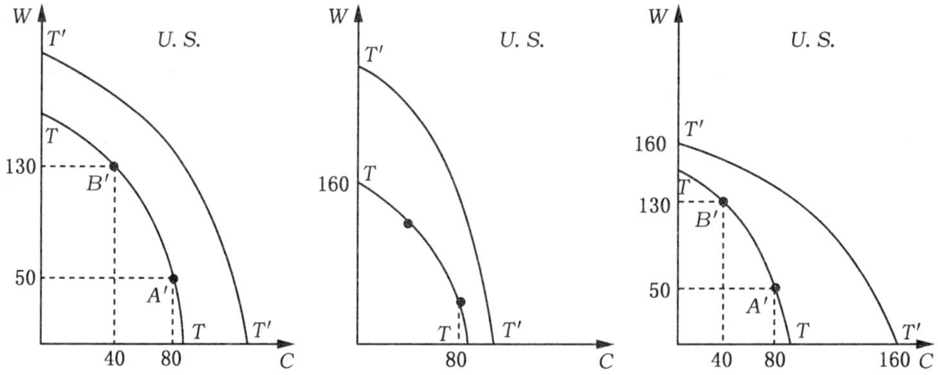

(a)　　　　(b)　　　　(c)

图 5—1

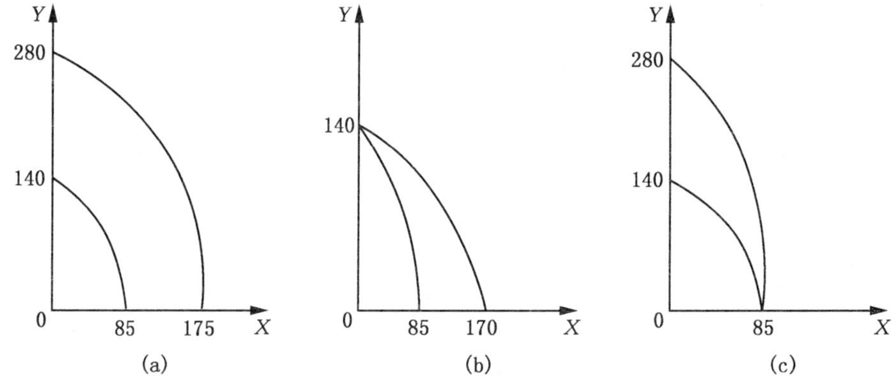

(a)　　　　(b)　　　　(c)

图 5—2

3.(1)参见图 5—3。根据雷布金斯基定理，资本丰裕型国家资本供给量增加的结果，将会是资本密集型产品的产出增加而劳动密集型产品的产出下降。由于出口产品产量增加而进口竞争产品产量降低，因此这种增长是产生贸易的。与此相似，由于商品 X 的消费增长快于 Y 的消费(即 Z 点位于 E 点的右下方)，因而消费的增长也是产生贸易的。生产和消费都是产生贸易的，这种类型的增长带来了贸易量的增加。

因为该国是一个小国，其贸易量的增加不会影响世界市场的价格，因此其贸易条件不会变化。

该国两种产品的总消费量有所增加，但是劳动力数量并没有增加，因此该国“代表性”公民的消费和福利都会增加，从图中其消费点变动到更高的无差异曲线上也可以看出这一点。

(2)参见图 5—4。根据雷布金斯基定理，劳动丰裕型国家劳动供给量增加的结果，将会是劳动密集型产品的产出增加而资本密集型产品的产出下降。由于出口产品产量增加而进口竞争产品产量降低，因此这种增长是产生贸易的。与此相似的，进口商品 Y 的消费增长大于出口商品 X 的消费(即 Z 点位于 E 点的左上方)，因而消费的增长也是产生贸易的。生产和消费都是产生贸易的，这种类型的增长带来了贸易量的增加。

但现在该国是可影响世界市场相对商品价格的大国，伴随着经济增长和贸易，其出口的增加使整个世界市场该产品的供给增加，从而带来价格下降的压力；同时进口的增加使该商品世界市场需求增加，从而价格上升。因此，该国的贸易条件将会恶化。

由于该国即使是小国，福利也将下降(总消费量的增加小于劳动力数量的增加，代表性公民的消费和福利

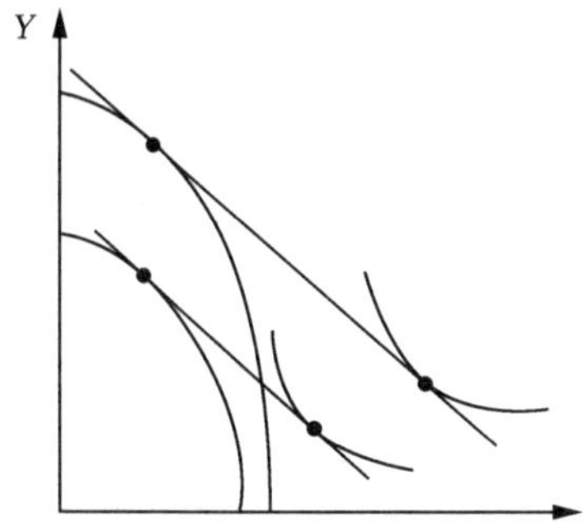

图 5—3

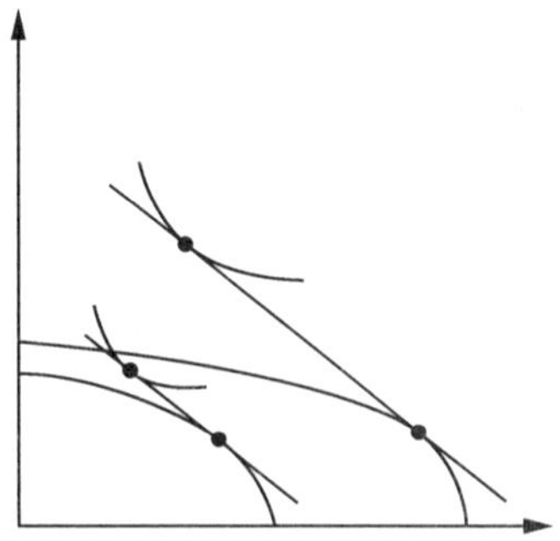

图 5—4

下降)，那么在该国是大国的情况下，其贸易条件也发生了恶化，所以它的福利下降得就更多。

(3)当该国只在资本密集型商品的生产中发生中性技术进步，那么对每一水平的 Y 的产出来说，X 的产出都增加一倍，因此生产可能性曲线将发生如图 5—5 所示的变化。根据雷布金斯基定理，作为资本丰裕型国家发生这一变化的结果，将会是资本密集型产品 Y 产出增加而劳动密集型产品 X 的产出下降。类似(1)的结论，这种类型的增长也将带来贸易量的增加。又由于该国是一个大国，因此其贸易量的增加将导致贸易条件的恶化。增长带来了消费的增加，但是劳动力人口并没有增加，因此该国代表性公民的福利将增加。同时由于贸易条件的下降，该国福利也会受到一定的损失。

(4)劳动丰裕型大国稀缺要素增加一倍，即资本供给量增加一倍，那么生产可能性边界将发生如图 5—6 所示的变化。根据雷布金斯基定理，资本密集型产品产出将增加而劳动密集型产品的产出将下降。由于出口产品产量降低而进口竞争产品产量增加，因此这种增长是反贸易的。与此相似，由于商品 X 的消费增加而 Y 的消费减少(即 Z 点位于 E 点的右下方)，因而消费的增长也是反贸易的。生产和消费都是反贸易的，这种类型的增长带来了贸易量的下降。

大国贸易量的下降将会改善其贸易条件。因此，该国由于消费的增加以及贸易条件的改善，最终福利极大地增加。

(5)综合(1)和(4)的结论。

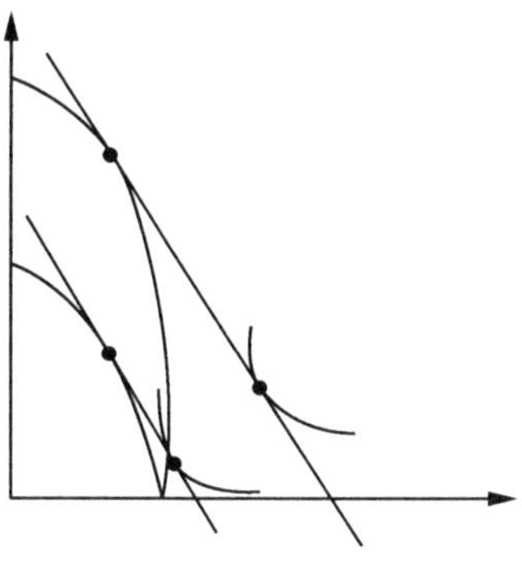

图 5—5

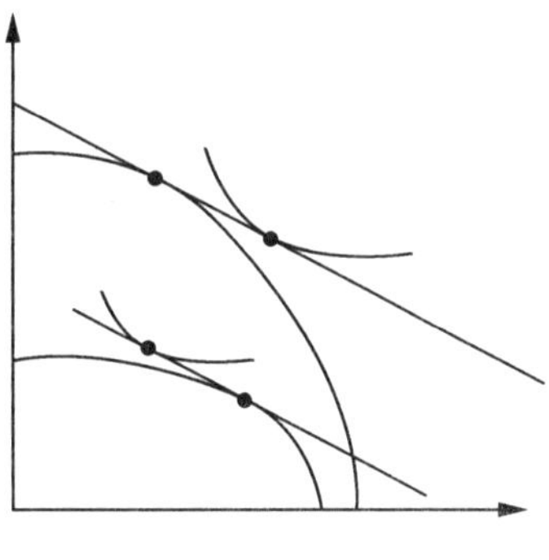

图 5—6

4.(1) 一个劳动丰裕型国家的偏好从资本密集型商品转向劳动密集型商品(其他条件不变)，该国的无差异曲线应该向劳动密集型商品移动，反映出该国消费更多的劳动密集型商品、更少的资本密集型产品，如图 5—7所示，图中无差异曲线由 I 变成无差异曲线 II 。

(2)该国偏好发生变化前生产点和消费点为图中 A 点，偏好发生变化后为变化后的无差异曲线 II 与该国生产可能性曲线的交点 B。

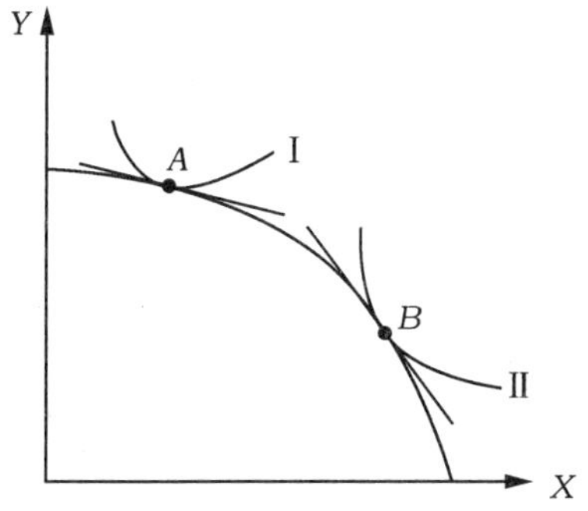

图 5—7

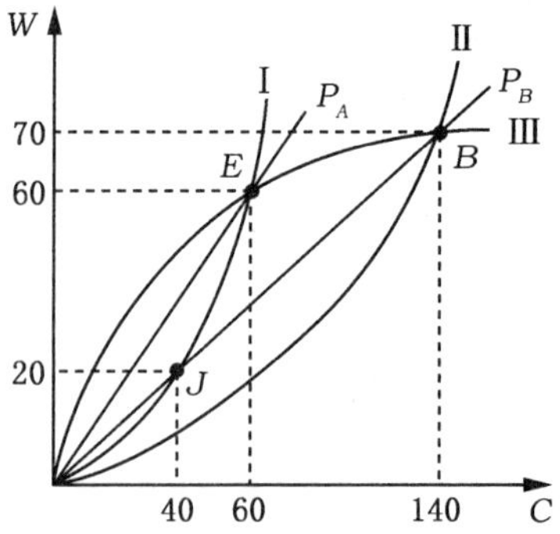

图 5—8

(3)图 5—8 中的提供曲线Ⅰ将会下移或者顺时针方向旋转到提供曲线Ⅱ。之所以会出现这种情况是因为现在该国相对于之前每单位资本密集型产品的进口愿意出口更多的劳动密集型产品，或者说该国相对于之前来说对每单位出口的劳动密集型产品所要求交换的资本密集型产品减少。

(4)偏好发生这样的变化将导致该国的贸易量上升而贸易条件下降。在图 5—8 中，贸易量从 60 单位的 X 换 60 单位的 Y 上升到 140 单位的 X 换 70 单位的 Y，同时该国的贸易条件从 P_B 下降到 P_G。然而，我们不能确定该国现在是否比以前更好(即 R 是否大于、小于或者等于 E)。

四、案例讨论题

提示：

德国统一后，原西德的资本流向原本资本匮乏的东德，而东德丰富的劳动力流向原本劳动力稀缺的西德，使得统一后的新德国与原西德相比，劳动力供给量增长，资本供给量减少，生产可能性曲线会向表示劳动力的坐标轴方向延伸较多，同时也会向表示资本的坐标轴方向延伸，但延伸的较少。根据雷布金斯基定理，在商品相对价格不变的情况下，新德国的劳动密集型产品产出量增加，而资本密集型产品产出量减少。对于原本资本丰裕型的国家而言，其出口产品产出减少，进口竞争产品产出增加，此种变化是反贸易的。德国应属于一定程度上有能力影响商品的世界市场的贸易上的大国，因此其贸易量的减少将导致世界市场资本密集型产品供给的降低，从而价格上涨；劳动密集型产品需求的降低，从而价格下降。德国的贸易条件因此得以改善。最终新德国与西德相比，由于消费量的增加及贸易条件的改善，社会福利水平有所增进。

第六章 国际贸易政策

同步练习题

一、选择题

1. 一个小国提高其某种进口商品的关税将使(　　)。

A. 国内生产者福利增加　　B. 国内消费者福利增加

C. 国内进口商的负担增加　　D. 政府的财政负担增加

2. 大国设置进口关税与小国相比(　　)。

A. 税负都由本国消费者承担　　B. 都会造成社会福利的降低

C. 都会形成贸易条件效应　　D. 都会带来收入的再分配

3. 大国征收进口关税,可能导致该国贸易条件的(　　)和贸易量的(　　)。

A. 不变　不变　　B. 改善　不变

C. 恶化　增加　　D. 改善　减少

4. 一个资本丰裕的国家征收关税将会(　　)。

A. 增加该国劳动要素所有者的真实收入

B. 增加该国资本要素所有者的真实收入

C. 要素所有者的收入情况取决于该国是大国还是小国

D. 信息不完全,无法判别

5. 下列关于有效保护率的说法中,正确的是(　　)。

A. 总是为一个正值

B. 对投入品的名义关税税率越小,有效保护率越小

C. 当产品中没有用到任何的进口投入品的时候，该产业的有效保护率等于名义关税率

D. 以上都不对

6. 一双皮鞋价值的一半是皮革成本，其他所有中间产品占皮鞋价值的 20%。已知皮鞋、皮革和其他中间投入品的关税税率分别为 18%、10% 和 5%。那么，皮鞋的有效保护率为(　　)。

A. 400%　　B. 200%　　C. 100%　　D. 50%

7. 下列关于进口配额的说法中，不正确的是(　　)。

A. 一般认为，进口配额是比进口关税更加严厉的保护措施

B. 对与进口相竞争的国内生产者而言，配额要比关税更受欢迎

C. 一国实施进口配额的时候，避免了关税的再分配效应

D. 该国政府可以通过一定的方式获得相当于同等进口关税情形下的收入

8. 各国政府对配额的青睐程度要高于关税的原因表述中，不正确的是(　　)。

A. 配额比关税更能够有效地控制进口　　B. 配额对国内产业的保护程度更高

C. 配额的实施比关税更灵活　　D. 配额比关税带给政府更多的收入

9. 以下关于自动出口限制的说法不正确的是(　　)。

A. 它常常是在进口国的要求或威胁下加以实施的

B. 它给实施国带来的福利损失小于关税或配额情形

C. 它使租金收入被出口方获得

D. 它本质上是一种出口配额

10. (　　)不属于出口补贴的行为。

A. 日本通过国属外贸银行向国外消费者提供低息贷款

B. 美国微软公司的海外附属公司享受营业利润的部分免税

C. 欧盟政府根据共同农业政策向其农民提供的高额支持价格

D. 中国政府为地震灾区所拨款项

11. 一个小国对本国出口商品进行补贴将会(　　)。

A. 提高本国消费者的福利　　B. 提高本国生产者的福利

C. 提高整个社会的福利　　D. 提高政府的财政收入

12. 下列关于倾销的说法中正确的是(　　)。

A. 出口商进行倾销的唯一目的是占领对方市场以收取垄断价格

B. 对任何公司来说，倾销都是一种亏本的冒险活动，因此只是一种偶然行为

C. 倾销往往是大型垄断企业从国外市场获取最大限度利润的有效途径

D. 倾销被认为是一种扭曲贸易的行为，因此对任何形式的倾销都应该严厉抵制。

13. 以下有关关税与非关税贸易政策的说法中，不正确的是(　　)。

A. WTO 及其前身 GATT 开展多次谈判，力图降低关税税率水平

B. 在世界贸易组织框架下，倾销被视为“不公平竞争”

C. 自动出口限制(VER)被认为是一种非关税壁垒

D. 从进口国角度来看，自动出口限制(VER)带来的福利后果与进口配额完全一样

14. 战略性贸易政策所扶植的产业通常具有(　　)。

A. 内在规模不经济的特征　　B. 正外部性的特征

C. 负外部性的特征 D. 规模报酬不变的特征

15. 下列关于战略性贸易政策的说法中，错误的是(　　)。

A. 它假设一国能够从积极的贸易政策中获利

B. 只有市场超额利润足够大的情况下才能有效实施

C. 在某一产业中推行该政策有可能造成其他产业的损失

D. 它可以使得全世界获得福利的增加

二、辨析题

1. 关税不仅可以从量征收，还可以从价征收，甚至可以从价和从量混合征收。

2. 相比较于发达国家而言，发展中国家关税收入占政府收入的比例要高得多。

3. 征收进口关税的结果一定会降低国家的福利。

4. 如果某产业进口投入品的名义关税低于最终产品的名义关税，则对该产业的有效保护率低于名义关税率。

5. 一个资本丰裕的小国征收关税将会降低其工人的实际收入水平因此遭到工会组织的反对。

6. 当一国政府对某种产品征收进口关税时，若该产品的需求弹性大于供给弹性，则消费者承担的税赋将大于生产者。

7. 就国家整体而言，分配进口配额最好的方法是政府适时分配。

8. 自愿出口限制对进口国国内价格、生产、消费的影响以及消费者、生产者的福利变动都与进口配额相同。

9. 进口国对出口国的劳工标准提出要求是一种新型贸易壁垒。

10. 战略性贸易政策是基于规模经济和不完全竞争市场结果的新贸易政策理论。

三、简答题

1. 什么是关税的贸易保护成本？这种福利的损失如何从生产扭曲和消费扭曲两方面来解释？

2. 支持非自由贸易政策的观点之一是认为通过征收最优关税可以改善一国的贸易条件。这种说法正确吗？

3. 什么是非关税壁垒？非关税壁垒有哪些形式？与关税相比，非关税壁垒有什么特点？

4. 什么是绿色壁垒？其主要内容是什么？

5. 支持贸易保护主义的观点有哪些？

四、综合分析题

1. 假设国家 A 是一个小国。其国内资本密集型产品 X 的供给和需求曲线分别为：$Q^S=20P-40$，$Q^D=-20P+160$。产品 X 的世界价格为每单位 3 美元。如果国家 A 对产品 X 征收 1 美元的从量关税。

(1)分析这一进口关税的消费、生产、贸易和政府收入效应。

(2)分析这一进口关税对国家 A 的消费者剩余、生产者剩余以及政府收入造成的影响，这一进口关税给国家 A 带来的净福利效应是多少？

(3)分析这一进口关税对该国资本和劳动力的收入分配构成的影响。

2. 假设中国对小汽车整车的关税税率为 180%。国内某一汽车制造商的成本构成和部件关税如表 6—1 所示：

表 6—1

	钢板	发动机	轮胎
占汽车售价的比重	20%	30%	10%
部件关税税率	60%	120%	30%

(1)请计算对中国国内小汽车行业的有效保护率。

(2)如果钢板、发动机、轮胎的关税税率分别下降到 30%、60%、15%。计算此时小汽车的有效保护率。

(3)从上面的计算中，可以得出的关于有效保护率的一般性结论是什么？

3. 美国 2010 年食糖的供给和需求曲线如下式所示。

$Q_S=-7.95+0.66P$，$Q_D=29.73-0.19P$

其中，数量 Q 为十亿磅，价格 P 为美分/磅。

(1)计算美国在国际价格为 24 美分/磅时，食糖的进口数量。

(2)当年，美国将食糖的进口以配额的形式限制在 69 亿磅，请计算该配额条件下美国国内食糖价格。

(3)请计算美国政府以拍卖方式处理配额情况下的政府收入和社会福利损失。

4. 配额和关税都可以达到等量的限制进口的目的。请根据图形说明，在下列情况发生时，两种限制进口的方式对国内价格、消费量、生产量、进口量的不同影响。

(1)居民收入水平增加导致国内需求增加；

(2)由于原材料成本下降导致国内供给增加；

(3)由于外来冲击，进口商品的世界市场价格突然下跌。

5. 假设一个小国国内产品 X 的供给曲线和需求曲线分别为：$S_X=20P_X-40$，$D_X=-20P_X+160$，产品 X 的世界价格为 $P_X=6$ 美元。如果该国对产品 X 的出口给予 1 美元的从量出口补贴，请分析这一措施给该国带来的福利效应。

6. 假设在一个双寡头垄断行业中 A 国厂商和 B 国厂商都计划生产一种新产品，两个厂商的收益矩阵如下：

表 6—2

		B 国厂商	
		生产	不生产
A 国厂商	生产	−50　　40	90　　0
	不生产	0　　110	0　　0

请问:A 国厂商会生产这种产品吗？B 国厂商会生产吗？如果 A 国政府希望通过实施一个战略性贸易政策来帮助其厂商占领市场,它应该怎样做？

7. 假设美国通用电气公司向中国出口一种先进的汽车零部件。通用电气的出口成本为：$TC=0.05Q^2+1\,000Q+2\,000$;中国国内尚不能生产这种零部件,但对它有所需求,需求函数为 $P=2\,000-0.2Q$。现在中国政府为了分享通用公司的垄断利润,向这种零部件征收每单位 50 美元的关税,求这时政府从通用公司分享到的垄断利润以及消费者损失。

五、案例讨论题

表 6—3 给出了乌拉圭回合谈判之后,美国、欧盟、日本和加拿大进口原材料、半成品和最终产品的关税税率。从该表可以看出,主要发达国家进口的许多工业商品的关税都具有“瀑布式”结构。随着加工程度的不断加深,进口关税增长最快的是纺织品和布料、皮革、橡胶以及旅游用品。

表 6—3　　2000 年美国、欧盟、日本和加拿大进口工业产品的瀑布式关税结构(%)

产品类别	美国			欧盟		
	原材料	半成品	最终产品	原材料	半成品	最终产品
木材、纸浆、纸张、家具	0.0	0.7	0.7	0.0	1.0	0.5
纺织品、布料	2.8	9.1	9.1	2.6	6.6	9.7
皮革、橡胶、旅游用品	0.0	2.3	11.7	0.1	2.4	7.0
金属	0.8	1.1	2.9	0.0	1.2	2.8
化学品、摄影器材	0.0	4.1	2.3	0.0	5.2	3.4
矿产品	0.6	1.3	5.3	0.0	2.4	3.7
鱼及鱼产品	0.7	1.7	4.0	11.2	13.3	14.1

产品类别	日本			加拿大		
	原材料	半成品	最终产品	原材料	半成品	最终产品
木材、纸浆、纸张、家具	0.1	1.9	0.6	0.2	0.9	1.9
纺织品、布料	2.6	5.9	8.3	2.5	11.1	14.5
皮革、橡胶、旅游用品	0.1	10.4	20.7	0.3	5.7	10.3
金属	0.0	1.0	0.9	0.1	1.7	5.2
化学品、摄影器材	0.0	2.9	1.0	0.0	4.7	3.9
矿产品	0.2	0.5	1.8	2.7	1.0	4.4
鱼及鱼产品	5.2	10.4	7.9	0.6	0.3	4.6

资料来源:WTO,*Market Access: Unfinished Business*, Geneva, WTO, 2001, pp. 36—39.

转载自:多米尼克·萨尔瓦多,《国际经济学(第十版)》,清华大学出版社,第 204 页。

根据表中资料回答:什么是瀑布式关税结构？为什么大多数工业国家都采用这种关税结构？这种关税结构倾向于对哪些人有利？对哪些人不利？

答案与讲解

一、选择题

1. A	2. D	3. D	4. A	5. C	6. A	7. C	8. D
9. B	10. D	11. B	12. C	13. D	14. B	15. D	

二、辨析题

1. √	2. √	3. ×	4. ×	5. ×	6. ×	7. ×	8. √
9. √	10. √						

三、简答题

1. 关税的贸易保护成本也叫社会福利的净损失，是一国对进口商品征收关税人为地造成了市场价格的扭曲，导致资源配置的低效，从而形成该国社会福利的净损失。它由两部分组成，即消费方面的扭曲和生产方面的扭曲。

消费扭曲很容易理解。关税抬高了进口商品的国内价格，消费者面对更高的价格，不得不改变其消费决策，减少该商品的消费量，一部分消费者甚至被排斥在消费行列之外，他们的支付意愿原本是大于自由贸易下的价格的，但是由于关税提高了价格，使他们被迫放弃了消费，这就造成了福利的损失。

生产扭曲是由于关税抬高了进口商品的价格，影响了正常的价格机制，造成社会资源的无效配置而形成的效率的损失。这一国在进口商品上是不具有比较优势的，在自由贸易价格下，本国生产该产品无利可图，但是关税的存在提高了该产品的价格，使得国内厂商生产更多该产品，将原本用于本国比较优势商品生产中的社会资源错误地配置到这个产业中，最终的结果是造成本国实际收入的净损失。

2. 从理论上来说，贸易条件论是所有贸易保护理由中最有力、最难以驳倒的一个。但它的主要问题在于：首先，征收关税带来贸易条件改善的同时，也降低了国家的贸易量，减少了国家从自由贸易和充分的国际分工中获得的好处；其次，能够成功运用关税政策改善贸易条件要求进口国必须是大国；再次，一国改善贸易条件必然以其他贸易伙伴国损失为代价，是一种以邻为壑的政策，很容易招致别国相应的报复措施；最后，即使不遭受贸易报复，大国征收关税也会扭曲国际市场价格，造成资源配置的低效，最终损害所有国家的福利。因此，这种说法是片面的。

3. 所谓非关税壁垒(Non-Tariff Barriers，NTBs)指一国或地区除关税以外的各种限制商品进口的措施。非关税壁垒又可以分为直接的和间接的两大类：前者是由海关直接对进口商品的数量、品种加以限制，其主要措施有进口限额制、进口许可证制、“自动”出口限额制、出口许可证制等。后者是对进口商品制定严格的海关手续或通过外汇管制间接地限制商品的进口，主要措施有实行外汇管制、对进口货征收国内税、制定购买国货和限制外国货的条例、复杂的海关手续、烦琐的卫生安全质量标准以及包装装潢标准等。与关税措施相比，非关税壁垒具有名义上的合理性、形式上的合法性、保护内容的广泛性、保护方式的隐蔽性和实施效果的歧视性等特征。

4. 绿色壁垒是指那些为了保护环境而直接或间接采取的限制甚至禁止贸易的措施，主要包括国际和区域性的环保公约、国别环保法规和标准、ISO14000 环境管理体系和环境标志等自愿性措施、生产和加工方法及环境成本内在化要求等分系统。贸易与环境问题正日益得到国际社会、各国政府及人民的关注，成为国际政治、经济领域的焦点问题之一，是广义的技术壁垒的一种，其限制进口的数量效应和价格效应与技术壁垒相似。

5. 支持贸易保护主义的观点有：保护和增加本国的就业机会，改善本国的贸易条件，改善国际收支，保护幼稚产业，保护国家的安全，保护环境、公共道德、人类及动植物健康安全、维护公平竞争等理由。

四、综合分析题

1.（1）如图 6－1 所示。在 A 国对产品征收关税前，按照世界价格为每单位 3 美元，该国的消费量为 100 单位，生产供给量为 20 单位，进口量为 80 单位。当征收每单位 1 美元的从量关税后，该国国内该商品的价格上升为 4 美元，那么消费量下降到 80 单位，生产供给量上升到 40 单位，进口量减少为 40 单位。这一进口关税的消费效应为消费量减少的 20 单位，生产效应为生产量增加的 20 单位，贸易效应指进口量减少的 40 单位，政府收入效应指政府通过征收关税获得的财政收入，为 40 美元。

（2）这一关税使 A 国家的消费者剩余减少了 90 美元，生产者剩余增加了 30 美元，政府收入增加了 40 美元。因此，关税给 A 国带来的净福利影响为造成了 20 美元的无谓损失。

（3）这一关税的征收提高了进口商品 X 的相对价格，因此导致国内 X 产品的生产增加，而 Y 产品的生产相对减少，又因为 X 是资本密集型产品，增加生产会导致对资本的需求相对于对劳动的需求更多地增加，另一方面 Y 产品的生产下降则会导致对劳动力的供给增加相对高于资本的新增供给，这样就形成了对资本的需求大于供给的状态，从而使资本的报酬即利率相对上升；而对劳动力供过于求，从而工资相对下降。r/w 上升将导致 X 和 Y 两个产业部门的资本－劳动比例（K/L）都下降。在长期中，劳动和资本都能够在产业部门间充分流动的情况下，每个产业部门内都将用 L 替代 K，从而导致了 L 的边际报酬下降而 K 的边际报酬上升，因此，劳动力的实际收入下降而资本所有者的实际收入上升。

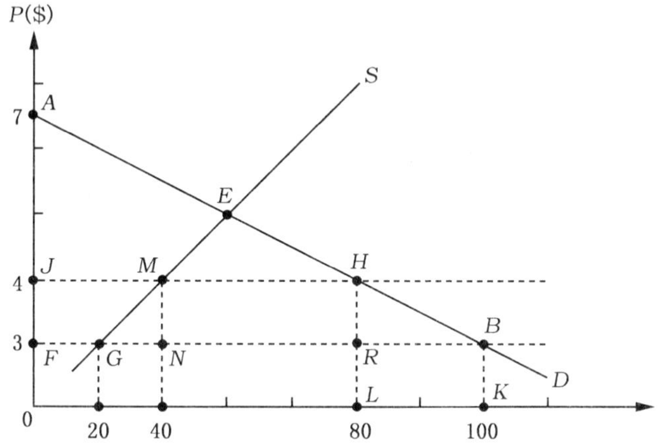

图 6－1

2.（1）中国国内小汽车行业的有效保护率为：

$$f=\frac{t-a_1t_1-a_2t_2-a_3t_3}{1-a_1-a_2-a_3}=\frac{180\%-20\%\times60\%-30\%\times120\%-10\%\times30\%}{1-20\%-30\%-10\%}=322.5\%$$

（2）钢板、发动机、轮胎的关税税率分别下降到 30%、60%、15%，此时小汽车的有效保护率为：

$$f=\frac{t-a_1t_1-a_2t_2-a_3t_3}{1-a_1-a_2-a_3}=\frac{180\%-20\%\times30\%-30\%\times60\%-10\%\times15\%}{1-20\%-30\%-10\%}=386.25\%$$

（3）有效保护率大于名义关税，因为对中间产品和原材料所征收的关税较低，提高了征税前后产品的差价。对中间产品和原材料所征收的关税越低，对产成品的有效保护率越高。

3.（1）在国际价格为 24 美分/磅时，美国食糖的供给量为 79.8 亿磅，需求量为 251.7 亿磅，因此进口数量为 171.9 亿磅。

(2)(29.73－0.19P)－(－7.95＋0.66P)＝6.9,求解上式得 P＝36.21(美分)。

(3)美国政府以拍卖方式处理配额将会得到全部的配额租,即为图中阴影部分的面积(36.21－24)×69＝8.424 9(亿美元)。

社会福利损失应为图中两个三角形的面积(36.21－24)×(17.19－6.9)×1/2＝6.282(亿美元)。

4.(1)如图6－2所示。如果是征收关税,进口商品的世界市场价格以及关税税率都保持不变,因此国内该商品的价格水平保持不变,国内厂商的生产量由于价格保持不变而不改变,因此国内需求增加导致消费量的增加,将会通过进口量的增加得到满足。如果是采取配额管理,进口量将保持不变,国内需求增加将相应地增加消费量,从而导致价格的上升,价格的升高将刺激国内生产商增加生产量,来满足增加的消费量。

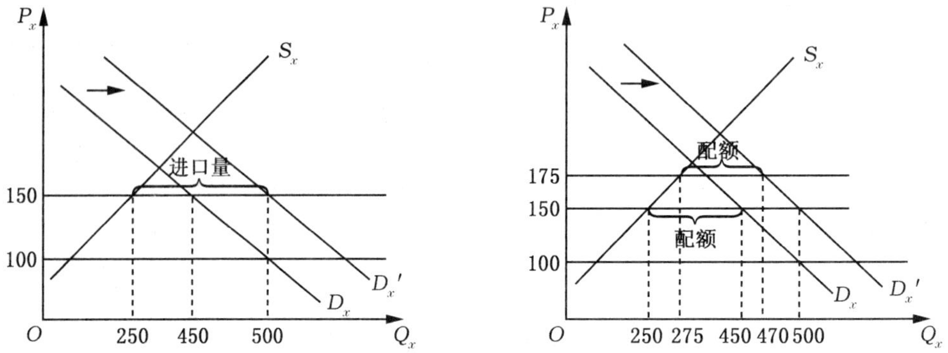

图6－2

(2)如图6－3所示。在关税情形下,进口商品的世界市场价格以及关税税率都保持不变,因此国内该商品的价格水平保持不变,因此国内消费者对该产品的需求也保持不变,国内供给的增加将减少进口量。而在配额情形下,商品进口量保持不变,国内供给量的增加将导致在不变价格水平下总供给量的增加,而需求量保持不变,供给大于需求将最终导致价格的下降。

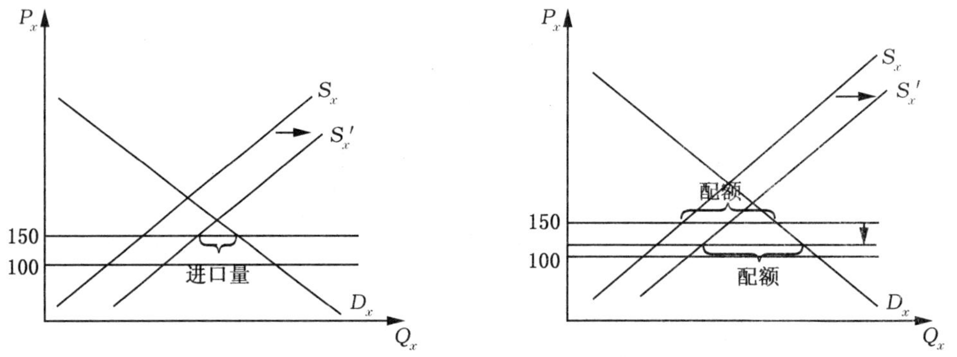

图6－3

(3)在关税情况下,如图6－4所示。该产品国内市场价格相应下降,因为关税税率不变。因此国内需求增加,生产减少,进口量增加。而在配额情况下,进口量不变化,因而国内市场价格不变,国内消费、生产都不变。唯一的变化是配额租金增大了,即国内进口商可以按照更低的价格从国际市场上购入该产品,然后以同样价格在国内出售,可以获得更多的垄断利润。

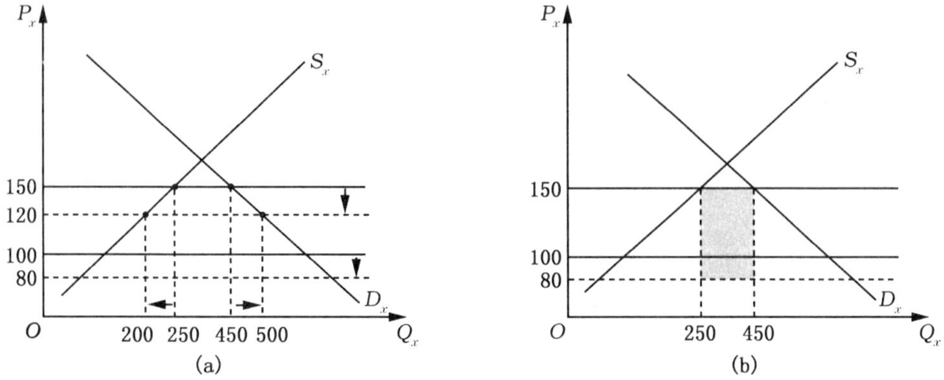

图 6—4

5. 如图 6—5 所示。在给予补贴之前,该国的供给和需求曲线分别为图中的 S_X 和 D_X 图,在世界市场价格 $P_X=6$ 美元的情况下,该国的供给量为 80 单位,需求量为 40 单位,因此出口量为 40 单位。当该国政府给予该产品补贴后将使得产品价格上升到每单位 7 美元,在此价格下,该国供给量为 100 单位,需求量为 20 单位,因此出口量增加到 80 单位。

这一变化使该国消费者剩余因价格的上升而减少 $(20+40)\times1\times1/2=30$ 美元,该国生产者因价格的上涨而获益,生产者剩余增加了 $(100+80)\times1\times1/2=90$ 美元,然而该国政府支付补贴使其财政收入减少了 100 美元,该国最终净福利损失为 40 美元。

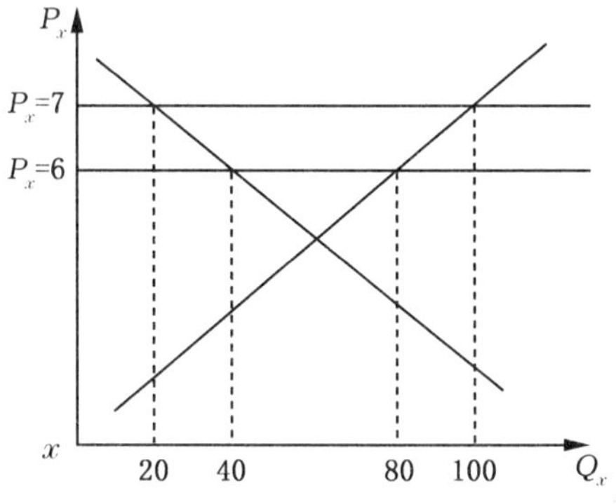

图 6—5

6. 根据两个厂商的收益矩阵,当 A 选择生产时,B 选择生产收益更高(40>0),而当 A 选择不生产时,B 仍然是选择生产收益更高(110>0),因此可以看出,对于 B 来说,其最优策略是选择生产。而在 B 一定会选择生产的情况下,A 选择不生产更优(0>−50)。

A 国政府应给予其厂商大于 50 的补贴,这样就使得 A 能够在无论 B 选择生产还是不生产的情况下都选择生产(生产都比不生产收益更高)。

7. 如图 6—6 所示,在征收关税之前,通用电气在中国市场上的需求曲线为 D,相应的边际收益曲线为 MR,边际收益函数 $MR=2\ 000-0.4Q$。对总成本函数求导得到边际成本函数 $MC=0.1Q+1\ 000$。

根据 $MC=MR$,求均衡产量水平为 $Q=2\ 000$。再代入需求函数,得到均衡价格水平为 $P=1\ 600$。

征收关税导致通用公司的边际成本上升了 50 美元,即 $MC'=0.1Q+1050$。

重新利用 $MC'=MR$ 求均衡产量水平 $Q'=1900$,均衡价格 $P'=1\ 620$。

通用电气由于征收关税而造成的利润损失为图中面积$(CC'AF+ABIH)-PP'IJ$。

消费者损失为图中面积$PP'IJ=20$美元。

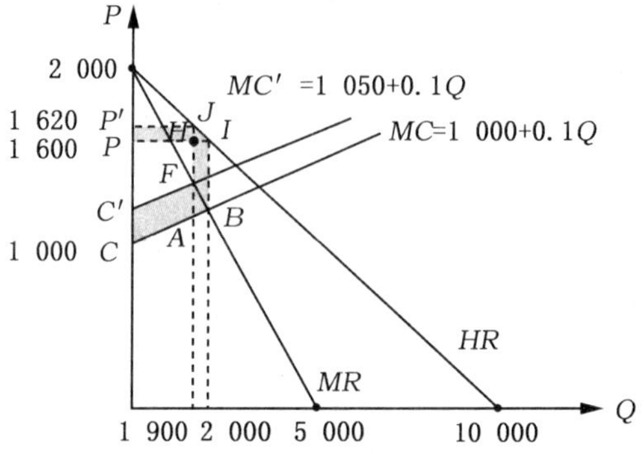

图 6—6

五、案例讨论题

提示：

瀑布式关税结构是指对进口原材料制定非常低或者零的名义税率，而随着国内加工过程越来越深，名义税率就越来越高。这就使得用进口要素生产的最终产品的有效保护率比名义关税率所显示出的要大得多。因此，国内加工程度越深，有效保护率超出名义关税率的比率就越大，呈现出一种瀑布式的结构。

工业化国家制定这种关税结构多数是制造业厂商集团为了获得更高程度的有效保护所带来的高额利润而游说政府的结果。因为进口要素的关税是一项增加国内生产者生产成本的税收，对最终产品给定一个名义关税率，对进口要素的关税将降低有效保护率，对国内生产起抑制作用，因此制造业集团为降低生产成本（进口原材料投入成本）获得更高保护程度而游说政府。

这种瀑布式关税结构的最大受益者当然是本国的生产商集团，而最大的受害集团是发展中国家原材料及零部件的出口商。

第七章
生产要素的国际流动与跨国公司

同步练习题

一、选择题

1.(　　)不属于国际直接投资。
A. 阿里巴巴购买了某外国公司 30%的股权
B. 中石化购买了 10 万美元的美国国债
C. 雀巢在天津设立了一间饮料加工厂
D. 中石油在海外收购一个海上钻井平台下
2. 下列不正确的是(　　)。
A. 一般长期投资比短期投资对利率更敏感
B. 直接投资与间接投资的区别主要在于获得经营管理权
C. 一般谣言对短期投资比长期投资的影响大
D. 直接投资一般相对于证券投资更有利于促进东道国先进技术和管理经验的学习
3. 以下关于国际资本流动的特点的说法中,不正确的是(　　)。
A. 国际直接投资的增长速度超过国民生产总值的增长速度
B. 国际间接投资增长速度超过国际直接投资
C. 国际直接投资的规模超过国际间接投资规模
D. 国际直接投资流入的主要行业是服务业和高新技术产业
4. 下列关于国际劳动力要素流动特点的叙述不正确的是(　　)。
A. 技术性劳动力的流动性加强　　　　B. 流动的方向单一

C. 亚洲国家成为主要的劳动力输出地区　　D. 一些落后国家“人才流失”问题严重

5. 企业对外进行直接投资的目的(　　)。

A. 可能是为了获得一种所需原材料的控制权

B. 可能是为了获得更高的收益

C. 可能是为了避开东道国的高关税壁垒

D. 以上情况都有可能

6. 根据新古典经济理论,中国吸引外资将会(　　)。

A. 降低国内资本所有者的收益　　B. 增加国内资本所有者的收益

C. 减少国内劳动要素所有者的收益　　D. 导致国内 GDP 的下降

7. (　　)不是国际资本流动带来的影响。

A. 恶化输出国的国际收支　　B. 降低输入国的税收收入

C. 挤占输入国企业生存和发展的空间　　D. 传递国际资本市场的风险

8. 根据新古典理论,波兰加入欧盟后大量的波兰人移居法国将会带来(　　)。

A. 法国工人的实际工资下降　　B. 波兰国内总产出减少

C. 法国资本所有者的收益增加　　D. 以上都正确

9. 以下与劳动力移民相关的说法中,错误的是(　　)。

A. 劳动力移民提高了移入国的工资水平

B. 高技能员工的流动问题被称为“brain drain”

C. 国际移民既有经济原因也有非经济原因

D. 扩大了国家间相对资源禀赋的差距

10. 跨国公司是指(　　)。

A. 产品出口到不同国家的企业

B. 在多个国家拥有、控制和管理生产设施的公司

C. 股东来自于不同国家的企业

D. 一般规模都比母国最大的企业小

11. (　　)不属于国际资本流动给输入国带来的影响。

A. 改变了国内居民原有的消费偏好　　B. 减少了国内的就业机会

C. 挤压了国内企业生存和发展的空间　　D. 传递了国外资本市场的风险

12. 跨国公司的全球生产体系发展的主要特征是(　　)。

A. 产品价值链中不同环节的分布在全球范围内进行地理布局

B. 参与主体之间呈现出多样化的合作,不仅包括产权形式还包括非产权形式

C. 强调核心能力的培育、维护和发展

D. 以上都包括

二、辨析题

1. 海尔集团购入某美国公司 15%的股权属于间接投资。

2. 一个发展中国家的资本所有者通常会欢迎来自外国的直接投资。

3. 一个国家向另外一个国家的劳动力转移会降低流出国的工资而提高流入国的工资。

4. 跨国公司存在的最根本原因是其在全球的生产和销售网中有竞争优势。

5. 发展中国家向美国的高技能劳动者移民与低技能生产工人的移民将对贸易产生相同的影响。

三、简答题

6. 国际资本流动有哪些类型?

7. 对外直接投资的动因有哪些?

8. 什么是横向一体化和纵向一体化?

9. 什么是人力流失?有什么危害?有哪些解决办法?

四、综合分析题

1. 请绘图说明,中国改革开放多年以来的资本输入对中国和世界的影响:

(1)对中国总体产出的影响;

(2)对世界总体产出的影响;

(3)对中国国内资本要素和劳动要素边际收入及福利水平的影响。

2. 假设美国和加拿大拥有数量相等的资本和相同的生产技术,两国都使用这两种生产要素生产同一种商品。两国的劳动边际产品价值与所雇用的劳动力数量相关,具体状况见表7—1。

表 7—1

雇佣的劳动数量	最后一个工人的边际产品	产出价格	最后一个工人的边际产品价值
1	10	10 美元	100 美元
2	9	10 美元	90 美元
3	8	10 美元	80 美元
4	7	10 美元	70 美元
5	6	10 美元	60 美元
6	5	10 美元	50 美元
7	4	10 美元	40 美元
8	3	10 美元	30 美元
9	2	10 美元	20 美元
10	1	10 美元	10 美元

假设在最初没有劳动力流动的情况下,美国雇用了 8 名工人,加拿大雇用了 4 名工人。若现在允许劳动力流动,那么这两个国家的就业、生产和工资会发生什么样的变化?

3. 运用赫克歇尔-俄林模型和雷布津斯基定理来解释,发展中国家实际利用外资的增加将如何影响其贸易、收入分配及社会福利。

4. 假设世界上只有A、B两个国家，分别在X和Y两种商品上具有比较优势，在自由贸易情况下，这两个国家的工资水平会有差别吗？当B国对商品X的进口征收关税，这一行为会否带来移民激励？为什么？

五、案例讨论题

2015年夏天，深受战乱、贫穷困扰的中东、北非难民们铤而走险，一路颠沛流离、风餐露宿，前往心中向往的欧洲。到那里找一份工作对于大部分目前食不果腹的难民来说是一件得以让自己和自己的整个家庭生存下去的最佳选择。源源不断的难民主要来自叙利亚、利比亚等中东、北非地区。2015年上半年，这一地区战乱不断、持续动荡，加上“伊斯兰国”极端组织的猖獗活动，使得大批难民外涌，成为这次欧洲难民危机的导火索。截至目前大约有100万难民进入欧盟境内。德国是目前为止接受难民最多的欧洲国家，超过20万难民滞留德国，入境难民超过60万。

另一方面，数量急剧上升的难民潮显然已经超过欧洲各国的收容能力。每一天难民所消耗的金钱和人力物力成本相当于一支集团军队的消耗，本来就经济萎靡的欧洲遭受迎头痛击，显得更加一蹶不振。同时因为难民的过多涌入，大量占用了原本欧洲国民的设施和福利，引起了很多国家的国民强烈的抗议，希腊和意大利作为中东北非难民登陆欧洲的起点，早已不堪重负，丹麦、瑞典更是爆发了反难民冲突。

从国际经济理论的角度你如何看待材料中所述的欧洲难民潮给欧洲各国及全世界带来的影响？欧洲民众都会对移民持有相同的态度吗？

答案与讲解

一、选择题

1. B	2. A	3. C	4. B	5. D	6. A	7. B	8. D
9. A	10. B	11. B	12. D				

二、辨析题

1. ×	2. ×	3. ×	4. √	5. ×

三、简答题

1. 按照资本流动期限的不同，国际资本流动可分为长期资本流动和短期资本流动两大类。长期资本流动是指使用期限在一年以上或未规定期限的资本流动。长期资本流动又有直接投资、证券投资和国际贷款三种类型。国际直接投资(Direct Investment)是指一国的投资者将资本用于他国的生产或经营，并掌握一定的经营控制权的投资行为，是资本要素国际流动的主要方式之一。国际证券投资(Portfolio Investment)也称国际间接投资，是指一国的投资者购买外国企业发行的股票或者外国企业或政府发行的债券等有价证券，并获取一定收益的投资行为。国际贷款主要指政府贷款、国际金融机构贷款、国际银行贷款和出口信贷。短期资本流动是指期限为一年或一年以内的资本流动。根据资本流动的不同动机，短期资本流动的方式可以分为：

贸易性资本流动、金融性资本流动、保值性资本流动和投机性资本流动。贸易性资本流动是指由国际贸易引起的国际资本转移。金融性资本流动指因各国经营外汇的银行和其他金融机构之间的资金融通而引起的国际资本转移，包括逃汇、套利、掉期、头寸调拨、同业拆借等形式，主要为金融机构相互调剂资金余缺服务。保值性资本流动又称为资本外逃，是短期资本的持有者为了保证资本的安全性和盈利性，进行资金调拨转移所形成的短期资本流动。投机性资本流动是投资者利用国际金融市场上利率、汇率、金价、证券和金融商品价格的变化与差异，进行各种投机活动而引起的国际资本转移。

2. 引发国际资本流动的动机是多方面的，概括起来主要有以下几个因素：

(1)资本供求因素。随着资本主义劳动生产率和资本积累率的提高，资本积累获得了迅速增长而产生了大量相对过剩的资本。为追求国外高额利润，大量的过剩资本被输往国外，从而造成资本主义国家之间的资本转移。随着资本主义的发展，资本在国外取得利润也大量增加，这反过来加速了和扩大了资本的对外输出，这又加剧了国际资本流动。另一方面，发展中国家以各种形式利用外资，是发展本国民族经济的一种趋势，也是导致国际资本流动的一个原因。

(2)利用国际的汇率和利率差异，谋求高利润。利率水平的高低直接影响资本的收益率。这样，资本就会在利润机制的驱动下，从利率较低(可能资本比较充裕)的国家或地区流向利率较高(可能资本比较短缺)的国家或地区。汇率的高低与稳定与否也决定着资本的流动尤其是短期资本的流动及其方向。如果一个国家汇率不稳，本国资本所有者可能预期到所持的资本价值将会贬值，就会把手中的资本或货币资产转换成另一种货币资产存于国外，从而使资本向汇率较为稳定的国家或地区流动。如果一国货币真的贬值，同样会使非居民把存放在这个国家的货币资产换成另一国的货币资产而把资本调往国外，以避免可能遭受的汇率波动损失。

(3)财政赤字与通货膨胀的发生。一旦发生严重通货膨胀，居民为避免持有的资产贬值、减少通货膨胀所带来的损失，就会把国内资产转换为外国债权。如果财政赤字是以出售债券或向外国借款来弥补的，也可能导致国际资本流动。因为居民可能预期在将来某个时期，政府又会靠发行纸币来抵偿债务或征收额外赋税来偿付债务，这样又会促使居民把资产从国内转移到国外。

(4)风险防范。政治、经济以及战争风险的存在，也是影响国际资本流动的一个重要因素。一般认为，虽然在发展中国家投资所获得的收益可能比发达国家高，但由于前者很大程度上存在政治、经济风险。因此，投资者宁愿把资本投向低收益而较稳定的发达国家，从而造成战后国际资本长期在发达国家之间流动的现象。

(5)其他因素。关税和非关税壁垒、外汇管制、国际收支调节以及国际金融市场运作等也会对国际资本流动产生影响。

3. 横向一体化(Horizontal Integration)，即通过直接投资的方式在当地生产，同时保留对专有技术和无形资产的控制权。当一个拥有某种垄断优势的企业想通过技术出口或以许可证方式转让其他无形资产优势的方式进入外国市场时，由于专有技术和无形资产具有一定程度公共物品的性质，其传播的边际成本几乎为零，因此很容易产生外溢从而损害所有人的利益。另外由于信息不对称，购买者在购买该项技术之前无法确定其价值，而所有者又不可能在购买前向其透露所有技术细节，因此造成了技术转让的合理价格很难达成。因此，过大的交易成本会造成对外投资的困难。这可以通过横向一体化的方法解决。

纵向一体化(Vertical Integration)，即很多跨国公司会尽量把这种市场交易变为企业内部的资源配置。因为在对于原材料和中间产品有特殊需求的行业，特有原材料或者中间产品的提供者往往会具有要素提供的垄断优势，因此会在市场交易中处于有利地位，通过垄断价格损害下游生产商的利益。加之不确定性的存在，会使得原材料和中间产品的市场交易成本增加。通过纵向一体化，企业就可以获得对所需原材料的控制权，以保证按尽可能低的成本得到不间断供给。

4. 熟练或高技能劳动力的国际移动对劳动的流入国来说将更加有利，而对流出国来说不利。特别是发展中国家资本相对稀缺，这种伴随着人力资本流出引起资本量减少所带来的不利影响可能是巨大的。人们常常将这种情况称为人才流失(Bain Drain)。

由于人力资本价格的效仿作用、人力资本在国际的可流动性，发展中国家对于留学生付薪资报酬若不向发达国家看齐，其人才就有移居发达国家和地区以享受较高待遇的可能；但发展中国家难以恰如其分地评估出这些留学生各自所具有的生产力，只好以归国留学生的平均生产力来计算其报酬，而以平均生产力计酬往往会造成生产力较高的留学生滞留海外。

发展中国家人力资本外流，有微观的经济利益动因，并受母国经济发展的影响，解决的办法有适度限制，如"征收人才外流税"以补偿输出国公共投资的损失等政策。对于原工资水平较低的发展中国家来说，往往是具有特殊技能或受到较多教育的人更容易流出，结果造成所谓的智力流失。这一问题只有在发展中国家的经济发展改善和制度完善不断进行的过程才能得以逐渐解决。

四、综合分析题

1. 图 7－1 中右侧的资本相对稀缺国 B 国相当于中国。在不存在资本流动时，A 国将全部资本 OA 投入本国生产。资本按照边际生产力 OC 获得报酬，资本所有者取得 $OCGA$ 的收入；其他生产要素，如土地、劳动获得 CFG 的收入。国内总产出为二者之和的 $OAGF$，即资本边际价值曲线 MPK_1 下面部分的面积。同理，中国将全部资本 $O'A$ 投于本国生产，资本按 $O'D$ 获得报酬，总产出为 $O'AJH$，其中 $O'AJD$ 为资本所得，HJD 为其他要素所得。

中国实行改革开放以来，逐步放开资本的跨国流动，由于中国作为资本稀缺国的资本报酬比 A 国高，因此就有 AB 量的资本从 A 国流入中国，直至使得两国的资本报酬率相等于 BE（$BE=OM=O'N$）。

中国国由于 AB 量的资本输入，其资本要素的边际收益（即资本价格）下降到 $O'N$，资本所有者的收入（即其福利）下降到 $O'ARN$。相反，劳动要素的边际收益（价格）上升，劳动所有者的收入（福利）增加到 ENH。中国的国内总产出由 $O'HJA$ 增加到 $O'HEB$，其中 $AREB$ 归国外投资者所得。和以前相比，总体产出净增加了 JRE。

从两个国家整体看，总产出从 $OAGF+O'AJH$ 增加到 $OFEB+O'HEB$，净增加 JEG，即图中阴影部分的面积。

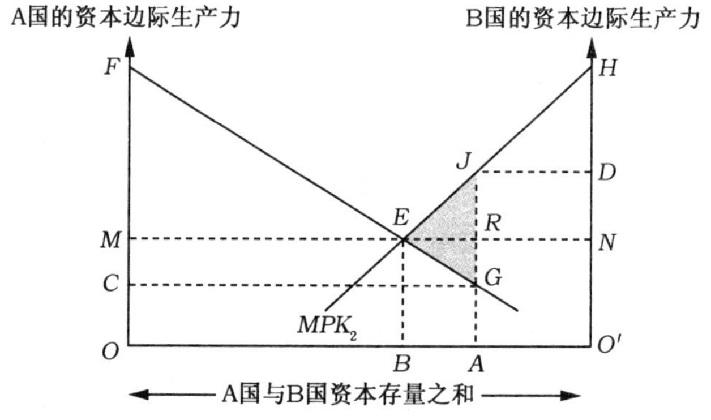

图 7－1

2. 在最初没有劳动力流动的情况下，美国雇用劳动力数量多，劳动力的边际产出价值较低，为 30 美元；而加拿大雇用劳动力数量少，劳动力的边际产出价值较高，为 70 美元。因此，在允许劳动力自由流动后，就会有美国的劳动力流动到加拿大，直至两国的劳动力资源数量相等，也就是有两单位劳动力从美国流到加拿大，两国各雇用 6 单位工人，两国劳动力的边际产出价值（从而工人的工资）也趋于相同，都为 50 美元。根据新古典模型的分析，最终两国的生产都会获得增加。但是，美国劳动力要素所获得的收入增加，而加拿大劳动力要素的收入减少。

3. 发展中国家一般都属于资本相对稀缺的小国。当其引进外资时即增加了本国资本要素的供给量，也就是发生了偏向稀缺要素的增长。如图 7－2 所示。

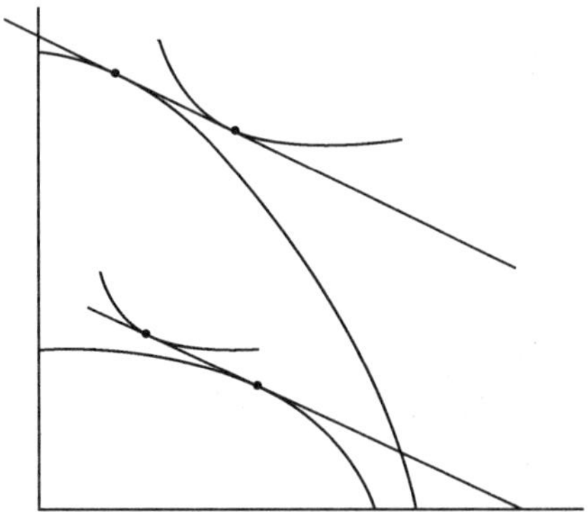

图 7—2

根据雷布津斯基定理，在不变的价格水平下(小国不能影响世界价格)该国资本密集型产品产量增加，而劳动密集型产品产量则会减少。而该国的贸易模式是出口劳动密集型产品、进口资本密集型产品，因此两种产品产量的变化会导致该国进口减少，出口也减少，所以这种增长是反贸易的。

资本密集型产品产量的增加将降低其相对价格，同时劳动密集型产品产量的减少将提高其相对价格，根据斯托尔帕-萨缪尔森定理，劳动要素相对于资本要素的实际收入将提高，会获益。

该国由于发生了要素的增长，生产可能性边界向外推移，再通过贸易，使得消费者在两种产品上的消费量都增加了，又由于该国是小国，不存在贸易条件效应，因此该国整体福利水平也有所提高。

通过赫克歇尔-俄林模型和雷布津斯基定理来进行分析，得出的结论与利用新古典要素流动的模型得到的是一致的。

4. 根据赫克歇尔-俄林理论的要素价格均等定理，如果国际贸易市场是自由竞争状态，政府对贸易也没有人为的干预和壁垒，同时不存在运输成本和交易费用等，那么两国的工资水平会趋于一致。

当 B 国对商品 X 的进口征收关税，商品 X 作为劳动密集型产品在 B 国的价格就会比较高，从而 B 国作为劳动力稀缺国，其劳动力要素相对价格较高的状况就无法通过进口廉价的 A 国 X 产品来抵消，因此其劳动力的工资要比 A 国高，那么如果劳动力要素自身可以在两国间流动的话，A 国的劳动力就会向 B 国流动。

五、案例讨论题

提示：

根据新古典要素国际流动模型，欧洲国家大多数作为劳动稀缺的国家，引进劳动力要素，会对国家作为一个整体带来产出增加、社会福利提高的益处；同时也会给包括这些难民来源国在内的全世界带来整体产出和福利的增加。但是，对于欧洲国家内部不同要素来说，这种影响是不一样的，其稀缺要素劳动力的收入将会降低，而丰裕要素资本的收益将会增加。因此，欧洲的工人阶层应该会非常反对移民潮，而资本所有者们则不会。

第八章 贸易政策的国际协调

同步练习题

一、选择题

1. 甲、乙两国原来对钨矿砂分别征收10%和6%的进口关税，现两国相互间商品进口予以免税，但对第三国进口的钨矿砂统一征8%的关税，这种一体化组织形式是（　　）。

A. 自由贸易区　　B. 关税同盟　　C. 经济联盟　　D. 优惠贸易安排

2. 实现商品、资本、技术和劳动力自由流动的一体化形式是（　　）。

A. 特惠贸易协定　　B. 自由贸易区

C. 关税同盟　　D. 共同市场

3. 如果在北美自由贸易区成立后，美国人会去购买墨西哥的衣服，而不是从中国进口更便宜的衣服，这反映了（　　）。

A. 贸易创造　　B. 贸易转移

C. 政府对市场的干扰　　D. 人们偏好的改变

4. 假设某种商品的价格在国家A是10元，在国家B是8元，在国家C是6元。国家A是小国，对进口的该种商品征收非歧视性的100%的关税，那么国家A与国家B建立关税同盟将会发生（　　）。

A. 贸易创造　　B. 贸易转移　　C. 贸易偏差　　D. 贸易改变

5. 上题中，如果国家A对进口商品征收50%的关税，那么国家A与国家B结成的关税同盟将发生（　　）。

A. 贸易创造　　B. 贸易转移　　C. 贸易偏差　　D. 贸易改变

6. 一个贸易转移关税同盟将会(　　)。
A. 仅仅形成贸易转移效应
B. 仅仅形成贸易创造效应
C. 既形成贸易创造效应也形成贸易转移效应
D. 无法判断
7. 一个贸易创造关税同盟的建立将导致(　　)。
A. 成员国和非成员国的福利都上升　　B. 成员国和非成员国的福利都下降
C. 仅仅成员国的福利上升　　D. 仅仅非成员国的福利上升
8. 一个贸易转移关税同盟的建立将导致(　　)。
A. 成员国和非成员国的福利都上升
B. 成员国和非成员国的福利都下降
C. 成员国的福利上升和非成员国的福利下降
D. 非成员国的福利下降，成员国的福利有可能上升也有可能下降
9. 下列关于关税同盟的说法中正确的是(　　)。
A. 关税同盟的建立可能促成新的垄断的形成
B. 关税同盟的建立不利于吸收来自第三国的直接投资
C. 关税同盟的建立会使同盟国共同的贸易条件趋于恶化
D. 关税同盟的建立将带来同盟内部市场的规模经济效应
10. 选择成立关税同盟的伙伴国时，应尽可能选择(　　)。
A. 地理距离比较远的国家或地区　　B. 经济发展水平接近的国家或地区
C. 从前的贸易壁垒较低的国家或地区　　D. 原本贸易开展困难的国家或地区
11. 根据新区域主义理论，小国积极参与双边和多边自由贸易协定的收益不包括(　　)。
A. 获得市场准入机会　　B. 对后任政府的政策形成约束
C. 获得国际经济规则制定的主导权　　D. 加强对第三方的讨价还价能力
12. 根据“轮轴-辐条”理论，一旦某一国家在区域经济合作中获得“轮轴”地位，则该国将会(　　)。
A. 进入更多更大的市场，获得更大的收益
B. 吸引更多外部资本的进入
C. 不断参与更多的区域经济协定
D. 由于该机制本身具有的自我强化力量而永远保持“轮轴国”地位
13. 发展中国家的经济一体化组织不包括(　　)。
A. 美洲自由贸易区(FTAA)　　B. 东南亚国家联盟(SAEAN)
C. 拉美自由贸易协定(LAFTA)　　D. 北美自由贸易区(NAFTA)
14. GATT 和 WTO 所追求的最终目标是(　　)。
A. 贸易自由化　　B. 贸易公平化　　C. 正当贸易保护　　D. 鼓励发展
15. (　　)不属于乌拉圭回合谈判的内容。
A. 关税减让　　B. 取消政府采购条款
C. 约束与贸易有关的投资措施　　D. 服务贸易领域的市场准入

二、辨析题

1. 多边贸易机制相对单边和区域贸易秩序的制定有许多优势。

2. WTO 的法律体系比 GATT 更加完备、统一。

3. 农业和非农产品市场准入问题是多哈回合谈判中关键的焦点问题。

4. 要求成员国让渡使用宏观经济政策干预本国经济运行的权利，这是经济联盟的特点之一。

5. 无论是自由贸易区还是关税同盟，成员国之间的产品流动都需要实行原产地原则。

6. 低一级的一体化组织必然逐渐向高一级一体化组织升级。

7. 关税同盟在自由贸易区的基础上使贸易自由化及一体化的程度进一步增进，在所有成员之间及与非成员间取消进口关税。

8. 根据非合作博弈模型，同盟最佳共同政策的选择不仅取决于同盟与其他国家的策略行为，还取决于同盟内部成员关于对外政策制定的选择。

9. 小国对大国做出单方面让步或额外支付的现象被认为是新区域主义最重要的特征。

10. 区域经济一体化在消除贸易壁垒方面与贸易自由化是一致的，因此它一定能增进世界福利。

三、简答题

1. 经济一体化的含义是什么？经济一体化经历了哪些阶段？

2. 什么是多边贸易体制？它有什么特征？

3. 区域一体化的实践呈现出什么样的新特征？

4. 除了关税同盟理论以外，还有哪些有代表性的理论对区域经济一体化的形成和影响做出了解释？

四、综合分析题

1. 表 8—1 中给出了葡萄牙对手套的供给和需求，假设葡萄牙是一个小国，不能影响手套的世界价格。

表 8—1

价格(美元)	供给数量	需求数量
0	0	18
1	2	16
2	4	14
3	6	12
4	8	10

续表

价格(美元)	供给数量	需求数量
5	10	8
6	12	6
7	14	4
8	16	2
9	18	0

(1)请画出葡萄牙手套的供给和需求曲线;

(2)假设德国和法国分别以2美元和3美元的价格向葡萄牙出口手套。在自由贸易情况下,葡萄牙会从哪个国家进口手套?葡萄牙生产、消费和进口的手套数量各为多少?

(3)假设葡萄牙对进口手套征收100%非歧视性的关税,那么哪个国家会对葡萄牙出口手套呢?此时葡萄牙生产、消费和进口手套的数量分别是多少?

(4)假设葡萄牙与法国组成关税同盟。关税同盟的贸易创造效应和贸易转移效应分别为多少?关税同盟对葡萄牙福利的总影响是什么?

(5)假设葡萄牙与德国组成关税同盟,这个关税同盟是贸易转移型还是贸易创造型呢?关税同盟是增加还是降低了葡萄牙的福利水平?增加或降低了多少?

2. 分析下列情况下关税同盟的福利效应会受到什么影响。

(1)同盟国共同的对外关税提高;

(2)新成员不断加入;

(3)同盟国有较多高度垄断发展停滞的产业;

(4)同盟国产业相似度高。

3. 1988年,美国和加拿大经过谈判签订了一个涉及广泛经济领域的自由贸易协议,即美-加自由贸易条约;1993年,美国、加拿大、墨西哥经过谈判签署了北美自由贸易协定,旨在促进整个北美地区产品和劳务的自由贸易。但两个条约签订的难度有很大差别:美-加自由贸易条约在美国引起的争议远比北美自由贸易区引起的争议小得多,这是为什么?在北美自由贸易协定中,哪些国家将受益?哪些国家将受损?会受益或受损的行业应该会是哪些?

五、案例讨论题

亚太经济合作组织(Asia-Pacific Economic Cooperation,APEC)成立于1989年,目前拥有21个成员经济体,是亚太地区最具影响的经济合作官方论坛。该组织为推动区域贸易投资自由化,加强成员间经济技术合作等方面发挥了不可替代的作用。贸易投资自由化和经济技术合作是其运行的两个轮子。其显著特点是它具有的非歧视性,即“开放的地区主义”,不属于该组织成员的经济体也可以自动享受该组织成员的贸易自由化待遇。这一创新的开放式合作模式为区域经济一体化路径的选择提供了宝贵的经验。2014年11月,APEC第22次领导人非正式会议在北京举行。通过了《推动实现亚太自贸区北京路线图》是亚太自贸区进程中的实质性的第一步。

由东盟十国发起，邀请中国、日本、韩国、澳大利亚、新西兰、印度共同参加（“10＋6”）的“区域全面经济伙伴关系协定”（Regional Comprehensive Economic Partnership，RCEP），宗旨是通过削减关税及非关税壁垒，建立 16 国统一市场的自由贸易协定。其目标是消除内部贸易壁垒、创造和完善自由的投资环境、扩大服务贸易，还将涉及知识产权保护、竞争政策等多领域，自由化程度将高于东盟与这 6 个国家已经达成的自贸协议。成功后将涵盖约 35 亿人口，占世界总人口的一半，GDP 总和将达 23 万亿美元，占全球总量的 1/3，成为世界最大的自贸区。

除北美自由贸易区（NAFTA）以外，拉美地区最大的区域一体化组织是 1995 年 1 月 1 日正式启动的南方共同市场（South American Common Market，MERCOSUR），是世界上第一个完全由发展中国家组成的共同市场。其他有代表性的还有 1962 年建立的中美洲共同市场和 1969 年建立的安迪斯共同体。2014 年，美国开始两项非常重要的区域一体化谈判：“跨太平洋伙伴关系协议”（Trans-Pacific Partnership Agreement，TPP）和“跨大西洋贸易与投资伙伴协议”（Transatlantic Trade and Investment Partnership，TTIP）。

很多人认为，APEC、RCEP 的发展以及西半球国家一体化的努力将使得区域性贸易协定更有可能推动世界整体贸易走向进一步的自由化，但这种观点也饱受争议。请结合实际谈谈你对区域贸易自由化与多边贸易自由化关系的看法。

答案与讲解

一、选择题

1. B	2. D	3. B	4. A	5. B	6. C	7. A	8. D
9. D	10. B	11. C	12. D	13. D	14. A	15. B	

二、辨析题

1. √	2. √	3. √	4. √	5. ×	6. ×	7. ×	8. √
9. √	10. ×						

三、简答题

1. 经济一体化是指两个或两个以上的国家在现有生产力发展水平和国际分工的基础上，由政府间通过协商缔结条约，建立多国的经济联盟。在这个多国经济联盟的区域内，商品、资本和劳务能够自由流动，不存在任何贸易壁垒，并拥有一个统一的机构，来监督条约的执行和实施共同的政策及措施。

经济一体化经历了单边主义、多边主义、区域主义三个阶段。

2. 多边贸易体制是当今世界多边贸易的组织和法律基础，也是全球贸易治理最主要的平台，与国际货币基金组织和世界银行并列为世界经济三大组织。“多边”是相对于区域或其他数量较少的国家集团所进行的活动而言的。大多数国家，包括世界上几乎所有主要贸易国，都是该体制的成员，但仍有一些国家不是，因此使用“多边（multilateral）”一词，而不用“全球（global）”或“世界（world）”等词。多边贸易体制的最大目的是使贸易尽可能自由流动。

相对单边和区域贸易秩序的制定有许多优势。相对于区域来说，第一，可以节约与不同伙伴国建立不同区域秩序的谈判成本。如果能够通过多边谈判建立国际贸易的合作机制，使国际贸易活动在既定的框架下进行，就可以减少谈判的成本、简化贸易的环节、降低贸易的障碍。第二，从效率角度出发，多边开放显然比区域开放更胜一筹。多边开放不仅可以在更大范围内推行贸易自由化，而且也可以有效地避免区域开放中可能存在的贸易转移负效应。第三，多边谈判使生产要素在全球范围内得到优化配置，会最大限度地增加全球和国家福利。相对于单边来说，可以克服单边自由化中经常面临的利益集团的阻力，用多边的制度和协定保障自由化的成果。

3. 区域一体化的实践呈现出的新特征包括：

第一，参加者类型和经济结构多种多样。

第二，区域化形态主要体现为双边自由贸易协定。

第三，内容上极大地突破了双边 FTA 的传统含义。

第四，在形式上，出现了“轮轴一辐条”式的一体化新格局。

4. 非合作博弈说用博弈论的基本思想解释为何区域一体化安排（FTA）比全球多边谈判（WTO）稳定。新区域主义理论主要解释的是双边和多边自由贸易协定的兴起，以及大国与小国加入区域贸易协定的成本与收益。“轮轴一辐条”理论解释了为什么在区域经济合作中小国有时会成为两个或更多大国缔结区域贸易协定的竞争对象。

四、综合分析题

1. 葡萄牙手套的供给曲线为图 8－1 中 S，需求曲线为图中 D。

（1）在自由贸易情况下，德国会出口手套到葡萄牙。在 2 美元的价格下，葡萄牙生产量为 4 单位，消费量为 14 单位，因此进口量为 10 单位。

（2）征收 100％非歧视性关税的情况下，仍然是德国出口手套到葡萄牙。在 4 美元的价格下，葡萄牙生产量为 8 单位，消费量为 10 单位，因此进口量为 2 单位。

（3）如果葡萄牙与法国组成关税同盟，那么价格从 4 美元下降到 2 美元，造成的贸易创造效应为图中三角形 b 和 d 的面积，为(2＋2)×1×1/2＝2 美元；而造成的贸易转移效应为图中四边形 e 的面积，为 2×1＝2 美元。因此，这个关税同盟最终对葡萄牙福利的净影响为 0，收益和损失刚好相互抵消。

（4）如果葡萄牙与德国组成关税同盟，那么这个关税同盟就是纯贸易创造型的，由于最具成本优势的德国实行免税，价格从 4 美元下降到 2 美元，将会形成贸易创造效应，即图中两个阴影部分的面积(4＋4)×2×1/2＝8 美元。也就是说，该关税同盟增加了葡萄牙的福利水平，增加了 8 美元。

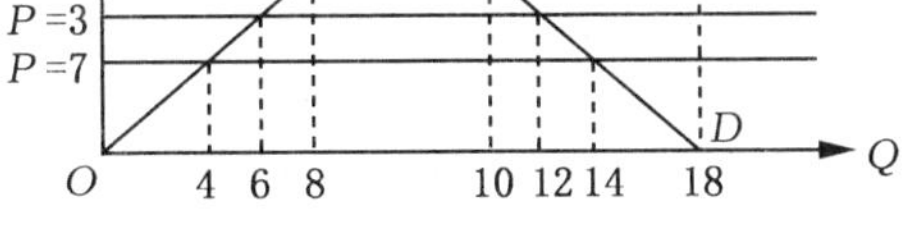

图 8—1

2.（1）同盟国共同的对外关税越高，对同盟外部国家产品的歧视性限制就越强，就使得非同盟国有成本优势的产品越容易被同盟国成本优势弱的产品所替代，因此形成的贸易转移效应就越大。

（2）越多的新成员加入同盟，就越有更大的可能性将产品具有成本优势的国家包括在同盟内，对其实行关税减免，可以使其价格低廉的产品在同盟内更自由地贸易，发挥它在该产品上的比较优势，从而减少贸易转移效应。

(3)同盟国相互之间实行更大程度的市场开放，每个国家都面临着来自其他同盟国同类产品生产厂商的竞争，引入更多竞争的结果是消除原本的高度垄断，激发相关产业的活力。

(4)同盟国之间存在较多的相似产业，那么彼此进行更大程度的市场开放以及要素资源的充分流动，就可以使单个国家的厂商拥有更广阔的市场，也有更多的可能获取更多更好的所需要的资源，进行整合与合作。从而使厂商可以更容易实现规模经济，获得更多收益。

3. 美国和加拿大早在1965年就有了汽车的自由贸易协议，但一个涉及广泛经济领域的自由贸易协议含糊地讨论了一个多世纪。1988年，这样一个自由贸易协定最终谈判成功。条约一生效，加拿大就成为美国最大的贸易伙伴，每年两国间的贸易达1500亿美元。条约要求消除大部分保留的税收及非关税贸易壁垒。由于美加两国都是工业化国家，两国经济属于竞争性而非互补性，签订自由贸易的协议有助于促使两国更好地实行生产专业化，从而形成贸易创造的福利效应。实际上，由于条约的签订，加拿大的经济增长速度加快了5%，美国也加快了1%，在两国边境附近，还新创造出成千上万个就业机会。条约还建立起一整套服务贸易的管理规定，实行国民待遇的原则，同时减少会计、律师、工程师及其他专业人员过境的烦琐手续等，大大促进了两国间要素的自由流动、资源的更有效配置，增加两国福利。

1993年9月，美国、加拿大、墨西哥签署了北美自由贸易协定(North American Free Agreement, NAFTA)，这将最终导致整个北美地区产品和服务的自由贸易。北美自由贸易协定将逐步终止许多贸易壁垒，如进口配额等，并且减少三国间跨国投资的限制。协定的生效使墨西哥每年从美国的进口及向美国的出口均达到400亿美元，成为继加拿大、日本之后美国的第三大贸易伙伴。北美自由贸易协定的主要作用就体现在美国与墨西哥之间的贸易上，加拿大加入只是为了确保自己的福利得到保护。通过增强产品和资源市场的竞争与降低大量美国消费商品的价格这两条途径，北美自由贸易区协定的实施会使美国受益，同时美国与欧洲及亚洲的竞争力也将得到增强。但是，因为美国的经济规模比墨西哥大20多倍，美国从北美自由贸易区中获得的福利占其GDP的份额要比墨西哥小得多。而且，美国与墨西哥的经济属于互补性的，美国的工资比墨西哥高6倍多，所以墨西哥廉价劳动力的冲击引起了美国国内对于北美自由贸易区的建立有可能造成美国工人大量失业的恐慌。的确，美国低工资的地区会受到损失，但是高工资的地区将受益。据估计，由于北美自由贸易区的建立，美国就业将净增长9万～16万人。因此，从整体上来看，北美自由贸易区的建立将会增加所有参与国的福利，但是美国与墨西哥这样两个经济互补型国家间组建的一体化组织及由此带来的自由贸易和要素充分流动会造成美国国内不同要素所有者之间收入的再分配，稀缺要素所有者的福利将受到损失，从而引起这部分利益集团对于北美自由贸易区的异议和排斥。

五、案例讨论题

1. 提示：面对“新区域主义”的生机勃勃的发展态势，多边自由化的建设却停滞不前。两者的关系问题引起了人们的广泛关注和争论。

赞成者认为，首先，从历史发展的趋势看，在全球范围内推广自由贸易既是经济全球化的要求，也是GATT/WTO全球多边自由化贸易体制所极力倡导的宗旨之一。它是一个随着经济发展和相互博弈长期的演化过程。其次，区域性贸易规则对多边贸易体制具有积极的影响。区域性服务贸易规则同样以服务贸易自由化为目标，一定程度上对多边贸易体制起补充作用；区域性服务贸易自由化规则的制定及实施，可以为多边服务贸易规则起到“试验田”的作用。再次，根据对多边贸易体制与区域贸易体制主体关系的考察，世界范围内同为两方成员的情况十分普遍。

反对者的主要观点是，区域贸易体制难以摆脱其根本属性——排他性。区域贸易体制内部实行的贸易优惠政策，并不为区域外的第三方所享受。区域经济一体化组织对内实行贸易自由，对外则采取贸易的限制政策，成为全球贸易中的区域壁垒。

区域贸易优惠安排制度背离多边贸易体制中的最惠国待遇原则。区域经济一体化组织对内取消关税，对外则采取相同的税率或高于经济一体化成员方的税率，这对区域外成员方产品进入区域内必将造成关税上的阻碍；非关税措施的不适当运用日益成为阻碍国际贸易发展的措施。区域经济一体化基本上都实行内外有别的贸易政策，这种歧视性、排他性的做法，也构成了对多边贸易体制的威胁。由于区域经济一体化组织对内推行贸易自由，对区外则实行保护排他的贸易政策，从而使部分贸易从区外转向区内，形成贸易转移效应。尤其在推进内部贸易自由化的初始阶段，贸易转移效应十分明显，其经济统一性越增强，整体的对外排斥性也越明显。还会产生竞争性的区域集团现象，不仅使区域贸易协议林立，区域贸易体制之间的规则协调问题突出，同时，也大大降低了参与多边贸易体制建立的热情，是多边贸易体制建设推进困难的重要原因之一。

第九章 国际金融与外汇汇率

同步练习题

一、选择题

1.(　　)不属于外汇范畴。

A. 外币现钞　　B. 外币存款余额　　C. 货币性黄金　　D. 外币计价股票

2. 以下关于标价法的说法错误的是(　　)。

A. 直接标价法是固定的外币兑换本币的数量

B. 直接标价法下的汇率水平与本币币值反方向变动

C. 本币的购买力越强,直接标价法下的汇率水平越高

D. 直接标价法的汇率水平与间接标价法的汇率水平互为倒数

3. 2016 年 2 月 19 日的 SR：USD/CNY＝6.517 6;2 月 22 日的 SR:USD/CNY＝6.519 6,人民币的币值变化率为(　　)。

A. 0.03%　　B. −0.003%　　C. 0.004%　　D. −0.001%

4. 香港外汇市场上 USD/HKD＝7.786,新加坡外汇市场上 USD/SGD＝1.840 5,则 SGD/HKD＝(　　)。

A. 0.236 4　　B. 4.230 4　　C. 14.330　　D. 2.1536

5. 下列关于实际汇率的说法错误的是(　　)。

A. 反映的是商品之间的交换比　　B. 绝对购买力平价成立时为 1

C. 反映了一国货币汇率变动的趋势　　D. 两国价格水平同比上升时实际汇率不变

6. 能反映一国汇率基本走势的是(　　)。

A. 有效汇率　　B. 交叉汇率　　C. 基本汇率　　D. 实际汇率

7. 谁是英国外汇市场上美元的需求者(　　)。

A. 对美国的出口商　　B. 美国投资者

C. 去美国的留学者　　D. 入境旅游者

8. 外汇市场中大多数的交易为(　　)。

A. 进口商与出口商之间以贸易为目的的货币交易

B. 金融机构之间的外汇交易

C. 国家中央银行之间的货币交易

D. 外汇银行间的同业外汇交易

9. 美国进口商将在 3 个月后付出 10 万英镑的货款,该进口商可以使用(　　)的方式进行套期保值。

A. 在远期外汇市场上购买 10 万英镑,3 个月后交割

B. 在即期外汇市场上出售 10 万英镑,3 个月后交割

C. 在远期外汇市场上出售 10 万英镑,3 个月后交割

D. 在远期外汇市场上出售 10 万美元,3 个月后交割

10. 如果当前 3 个月期的 FR＝＄1.2/￡1,某英国投机者预测 3 个月后 SR＝＄1/￡1,为则该投资者在远期市场上会以(　　)方式进行投机操作。

A. 出售远期英镑　　B. 出售远期美元

C. 购买远期美元　　D. 购买即期英镑

11. 外汇期权(　　)。

A. 具有对购买货币币种的选择权

B. 委托外汇经纪人用一种货币兑换另一种货币

C. 只有套期保值者使用,投机者一般不用

D. 赋予在特定时间内以特定价格买进或卖出某种外汇的权利

12. 看跌外汇期权买方的权利包括(　　)。

A. 不履行合同时收回期权费

B. 当外汇汇率高于合同价时不执行合同

C. 当外汇汇率下跌到低于合同价时不执行合同

D. 如若签订合同则必须执行

13. 某投机者预期美元升值签订期权合同,协议汇率为 1 美元＝6.9 人民币,合同金额为 10 万美元,期权费为 0.2 人民币。如果期权到期日的市场汇率为 1 美元＝7.0 人民币,那么该投机者(　　)。

A. 执行合同,收益 0.1 万人民币　　B. 执行合同,损失 0.1 万人民币

C. 不执行合同,损失 0.2 万人民币　　D. 不执行合同,损失 0.1 万人民币

14. 根据利率平价理论,当远期外汇汇率为贴水时,说明本国利率(　　)。

A. 高于外国利率　　B. 等于外国利率

C. 低于外国利率　　D. 无法确定

15. 如果德国年利率为 8%,美国为 5%,欧元兑美元的年贴水率为 4%,则资金(　　)。

A. 流入美国　　B. 流入德国

C. 不发生流动　　D. 以上答案没有正确的

16. 假设在金本位制下，1盎司黄金被美国货币当局设定为40美元，被英国货币当局设定为20英镑，那么美元与英镑之间的铸币平价为（　　），如果在纽约与伦敦之间运送黄金的运费为所运黄金价值的1%，那么美国的黄金输出点和输入点各是（　　）。

A. 1/2，1.98，2.02　　B. 2，40.4，39.6

C. 2，2.02，1.98　　D. 1/2，39.6，40.4

17. 如果某年巨无霸的澳大利亚价格为3.45澳元，巨无霸的美国价格为3.67美元，则根据购买力平价得出的购买力汇率为（　　）。

A. USD/AUD=1.06　　B. USD/AUD=0.94

C. USD/AUD=1.08　　D. USD/AUD=0.96

18. 如果现实中的汇率水平为USD/AUD=1.00，则上题中澳元相对于美元高估（+）或低估（−）的比例最接近（　　）。

A. 6%　　B. 8%　　C. −6%　　D. −8%

19. 一般而言，相对通货膨胀率持续较低的国家，其货币在外汇市场上将会趋于（　　）。

A. 升值　　B. 贬值　　C. 不变　　D. 变化无常

20. 汇率决定的货币分析法认为（　　）。

A. 汇率的变动从本质上说是一种货币现象

B. 货币供给超过货币需求的国家将面临通货贬值

C. 一国的货币政策在汇率决定中有重要的作用

D. 以上都正确

21. 根据货币主义汇率理论，下列各项中可能导致本币升值的是（　　）。

A. 本国相对于外国的名义货币供应量增加

B. 本国相对于外国的实际国民收入增加

C. 本国相对于外国的实际利率上升

D. 本国相对于外国的预期通胀率升高

22. 资产组合平衡分析法（　　）。

A. 是一种短期的汇率决定理论

B. 认为现实中国内外资产是可以完全替代的

C. 也是一种局部均衡分析

D. 与传统汇率决定理论一样使用流量分析

23. 根据资产组合平衡分析法，外国政府预算赤字带来的外国债券供给增加将导致（　　）。

A. 本国居民增加对外国证券需求，本币升值

B. 本国居民增加对外国证券需求，本币贬值

C. 本国居民减少对外国证券需求，本币升值

D. 本国居民减少对外国证券需求，本币贬值

24. 以下可能导致人民币升值的因素是（　　）。

A. 美国加息　　B. 中国企业对海外的投资增加

C. 贸易顺差扩大　　D. 人民币离岸汇率下跌

25. 一国经济增长率上升(　　)。
A. 导致人们对该国货币信心上升,对该国货币需求上升,本币升值
B. 收入增加导致进口增加,本币贬值
C. 吸引资金流入,本币升值
D. 以上都有可能

二、辨析题

1. 伦敦外汇市场 1 英镑=1.449 5 美元,这是直接标价法。
2. 当用直接标价法表示外汇汇价时,数值越大,意味着本币价值越高。
3. 各国的中央银行在外汇市场上从事外汇交易主要是从干预或稳定金融市场的角度出发。
4. 远期汇率是指买卖双方在未来成交并进行交割时使用的汇率。
5. 套期是指利用不同外汇中心汇率的差价进行低买高卖从中获利的行为。
6. 利率平价理论是一种远期汇率决定理论。
7. 休谟认为金本位具有自动调节国际收支的内在机制。
8. 一价定律是使绝对购买力平价得以实现的经济机制。
9. 资产市场分析法将汇率视为资产价格,认为其波动具有同股票和债券价格变动相同的特征。
10. 一国 GDP 的增长有可能导致本币的升值。

三、简答题

1. 简述外汇市场的主要功能和参与者。
2. 比较外汇远期交易与外汇期权交易的异同。
3. 简述金本位制的特定和主要形式。
4. 早期的国际借贷说和国际收支说是怎样理解汇率的决定和变动的?
5. 纸币本位制下影响汇率变动的主要因素有哪些?

四、综合分析题

1. 下表中给出了 2012 年中国与其主要贸易伙伴国的双边汇率及贸易额,请根据表中数据计算人民币的有效汇率。

表 9—1

国家	双边汇率	贸易额(亿美元)
美国	6.373 7	3 518
欧盟	7.130 9	3 340

续表

国家	双边汇率	贸易额(亿美元)
中国香港	0.822 4	3 235
日本	0.052 9	1 516
韩国	0.005 3	877
印度	0.096 3	477
俄罗斯	0.097 3	441

2. 某中国进口商与英国商人签订进口合同,约定3个月后以英镑支付,金额为1万英镑。当前的SR为:GBP/CNY=7.560,三个月的远期外汇贴水2%。请回答:

(1)如何运用远期外汇交易保值?

(2)如何运用期权保值?假如签订的期权合同协议价格为:GBP/CNY=7.460,期权费为合同金额的1%。3个月后的SR为:GBP/CNY=7.450,请问该进口商是否执行合同?购买1万英镑的人民币成本。

3. 如果三个月远期外汇市场上的FR为:EUR/USD=1.120,某一投机者预测三个月后的SR为:EUR/USD=1.110,那么该投机者如何利用远期外汇交易获益?投资10万欧元的收益是多少?如果三个月后的SR为:EUR/USD=1.125,该投机者的投机收益会如何变化?

4. 假设美国债券的年利率为5%,德国债券的年利率为7%,已知SR:EUR/USD=1.120,三个月FR:EUR/USD=1.126。请问:

(1)是否符合利率平价?

(2)资金如何在两国间流动?

(3)如果一美国居民拥有本金1万美元,应如何套利?获利多少?

5. 假设今年美国的通货膨胀率为3%,同期泰国的通货膨胀率为15%,1月初泰铢兑美元的汇率为38.40。

(1)如果购买力平价成立,则到今年底泰铢的汇率为多少?

(2)如果泰铢的市场汇率到年底仍然保持38.40,请解释是什么原因导致的。

(3)如果将购买力平价汇率作为基准汇率,那么年底38.40的汇率水平是属于高估还是低估?

6. 试运用有关理论分析当出现以下情况时,本国货币币值如何变化:

(1)该国的国内生产总值增长;

(2)该国政府实行紧缩性的货币政策;

(3)国内利率下降;

(4)国外通货膨胀预期上升;

(5)该国国际收支顺差增加。

7. 假定国内的个人和公司在开始时都只持有外国债券,并将以其所期望的比例来管理财富。试依据资产组合平衡模型分析下列情况会发生怎样的资产组合调整以及会如何影响汇率:

(1)一个一次性的外币贬值;

(2)预期国内通货膨胀率上升；
(3)外国政府预算赤字带来的外国债券供给增加；
(4)外国债券风险升水提高。

五、案例讨论题

根据绝对购买力平价理论，如果汇率等于美国与其他国家物价水平之比，那么某一特定产品在世界各地的价格都应该与美国一样。但事实上对于一些特定商品的经验检验结果同理论推断相差很大。

例如，一台标准配置的 iphone6(64GB)在美国的售价是 749 美元，而在其他一些国家的当地货币价格如表 9—2 所示，这些国家货币对美元的汇率也显示在表格中，请根据表中信息回答下列问题：

(1)iPhone6 在这些国家之间满足一价定律吗？
(2)满足一价定律的汇率应该分别是什么？
(3)现实中这些国家的货币是被低估还是高估了？
(4)为什么经验检验的结果与理论推测不符？

表 9—2　　2017 年 4 月 iphone6(64GB)价格与汇率

国家或地区	iPhone6(64GB)当地货币价	实际汇率 (每种货币每单位美元价)
美国	749 美元	—
欧盟	819 欧元	0.926 7
日本	116 999 日元	111.27
中国	3 989 元	6.887 5
俄罗斯	39 990 卢布	57.733 7
英国	599 英镑	0.781 2
澳大利亚	1 079 澳元	1.321 9
加拿大	899 加元	1.3437
中国香港	5 588 港元	7.779 0

答案与讲解

一、选择题

1. C	2. C	3. B	4. B	5. C	6. A	7. C	8. D
9. A	10. A	11. D	12. B	13. B	14. C	15. A	16. C
17. B	18. C	19. A	20. D	21. B	22. A	23. B	24. C

25. D

二、辨析题

1. × 2. × 3. √ 4. × 5. × 6. × 7. √ 8. √
9. √ 10. √

三、简答题

1. 外汇市场的主要功能有：贸易结算、资金转移、提供信贷、提供套期保值和投机的机会等。外汇市场的参与者有：顾客，包括进出口商、国际投资者、旅游者、投机者等；外汇银行；外汇经纪人(Broker)以及中央银行。

2. 外汇远期交易与期权交易有共性：①交易目的相同。从事外汇期权交易与远期外汇交易的目的都是为了防范外汇风险或进行外汇投机。②都是一定时期以后交割，而不是即期交割。③都是通过合同形式把购买或出卖外汇的汇率固定下来。④交易市场互相依赖。外汇期权市场与远期外汇市场虽然分别为两个独立的市场，但由于市场交易的标的物相同，一旦两个市场出现较大差距，就会出现套利行为，因此，两个市场的价格互相影响、互相依赖。

但两种金融工具又有明显的区别：①利用期权交易保值具有灵活性，既可防范汇率不利变动带来的风险，又不会放过汇率有利变动带来的利益；远期交易则只能防范风险。②期权交易的协定汇率具有可选择性，远期交易则没有。③在实际经济交易尚不确定的时候，利用期权交易比较主动；远期交易则不是。④利用期权交易投机，其损失是有限的(最大不会超过期权费支出)；远期交易则不是。⑤期权交易的费用比远期交易高。

3. 金本位制包含金币本位制、金块本位制和金汇兑本位制。

金币本位制的主要特点是一国的货币由法律规定了它的含金量。金与纸币可以自由兑换；作为通货，金币、纸币均可流通。黄金可以自由地进出口。为了提高黄金的使用效率，1925 年英国采用金块本位制。

金块本位制的主要特点是国内使用纸币，但政府不再承担与金币的兑换义务。黄金可以自由地进出口，可以用纸币向政府购买金块。

金汇兑本位制指的是采用金币、金块本位制的国家的货币以及用该国货币表示的该国的各种债务，如汇票、该国的短期证券等。其主要特点是本国将这些金汇作为发行货币的准备。金汇也是对外的支付手段，政府按一定的汇率买卖金汇。

4. 国际借贷说认为汇率取决于外汇的供求。而外汇的供求由国际借贷引起，国际借贷分为固定借贷和流动借贷，固定借贷指尚未进入支付阶段的借贷，流动借贷是进入支付阶段的借贷。流动借贷可分为流动债权和流动债务，当一国流动债权大于流动债务时，外汇贬值；反之则外币升值，当两者相等时，汇率处于平衡。

国际收支说进一步认为外汇的供求源于国际收支，国际收支关系的变化是汇率变动的主要因素。当本国收入增加引起进口增加(或外国收入降低引起本国出口减少)、本国物价水平提高(或外国物价水平降低)、本国利率水平下降(或外国利率水平上升)，以及本币贬值的预期等因素导致对外汇的需求大于外汇供给时，本币都相对贬值；相反本币升值。

5. 现实中的汇率变动并不是由单一的因素所决定的，而是由多种因素交织在一起，最后反映在汇率上。首先，一国的国际收支状况既受汇率变化的影响，又会影响到外汇供求关系的变化进而影响汇率变动，是影响汇率变化最重要的基本因素。通货膨胀率高的本国货币与通货膨胀率低的他国相比，本国货币的购买力相对下降，本国货币会贬值。一国经济实力的强弱是奠定其货币汇率高低的基础。高利率国家将吸引资本流入，从而引起该国货币升值。一国的财政与货币政策通过影响利率、经济增长率和国际收支状况，进而间接影响一国的汇率水平。此外，政府的市场干预、人们对未来的预期以及一些非经济和非市场的因素，如政局不稳、领导人的更替、战争爆发等都会对汇率水平产生影响。

四、综合分析题

1. 根据有效汇率的计算公式：

$$\frac{6.3737\times3518+7.1309\times3340+0.8224\times3235+0.0529\times1516+0.0053\times877+0.0963\times477+0.0973\times441}{3518+3340+3235+1516+877+477+441}$$

$$=\frac{95550.3874}{13404}$$

$$=7.1285$$

2.(1)买入 3 个月远期英镑 1 万。

(2)买入相应份数的英镑看涨期权。三个月后，SR 为：GBP/CNY＝7.450，比期权合同协议价格 GBP/CNY＝7.460 还要低，以现货价格买入英镑更便宜，因此放弃执行期权合同。以 GBP/CNY＝7.450 的即期价格买入 1 万英镑，花费人民币74 500元，但是放弃执行期权合同后损失期权费 7.45×1 万英镑×1%＝745 元人民币，最终成本为 74 500＋745＝75 245 元人民币。

3.(1)该投机者应该卖出三个月远期欧元 10 万。三个月后，SR 为 EUR/USD＝1.110 的话，他就从现货市场上花111 000美元买入 10 万欧元，然后再交割远期合同，以 FR：EUR/USD＝1.120 的价格卖出 10 万欧元，得到112 000美元。共获益1 000美元。

(2)如果三个月后的 SR 为 EUR/USD＝1.125，该投机者将需要以 EUR/USD＝1.125 的价格买入 10 万欧元，花费112 500美元，然后交割远期合同，卖掉 10 万欧元，收入112 000美元。最终损失 500 美元。

4.(1)根据利率平价公式，两国利率差 $i-i^*=-2\%$，而欧元相对于美元的远期年汇水为 $\frac{1.126-1.120}{1.120}\times4=2.14\%$，两国利率差不等于外币远期升贴水率，因此利率平价不满足。

(2)因为德国年利率比美国高出 2%，而且其货币远期又升水，因此资金会从美国向德国流动。

(3)这一美国居民应该将持有的 1 万美元投资于德国资产，按照抛补套利利润率 $|(-2\%)-2.14\%|=4.14\%$，可获利 4.14%×1 万＝414 美元。

5.(1)根据相对购买力平价条件公式，应满足 $\frac{R-38.40}{38.40}=15\%-3\%$，可解得 $R=43.008$。

(2)如果泰铢的市场汇率到年底仍然保持 38.40，是因为满足购买力平价条件所依赖的假设前提在现实中是不能实现的，比如市场是完全自由竞争的、不存在贸易壁垒和运输成本等。

(3)如果将购买力平价汇率作为基准汇率，那么年底 38.40 的汇率水平是属于高估了泰铢的价值。

6. GDP 与汇率的关系。GDP 指标的上升意味着投资效率高，引起海外资本流入，结果是外汇市场上对本币需求上升导致本币的升值。此外，不仅从海外投资的角度，同时还从货币政策的角度把 GDP 与汇率联系起来。如果 GDP 上升说明没有必要采取货币的宽松政策，相反有可能采取紧缩政策，这样将使利率上升导致套利资本流入本国，市场对本币需求增加，本币升值。另外，投资者还很关注 GDP 的具体各项指标。例如，如果 GDP 的增长主要是由出口带动，说明国内需求不足。为了拉动国内需求，本国有可能采取下调利率等宽松的货币政策。其结果可能导致本币贬值。

货币供给量与汇率。根据货币分析法的主要理论观点，货币供给将只能引起价格水平的迅速调整，而不能降低利率、影响产出。而一国的货币需求是相对稳定的。所以当国内货币供给增加时，国内价格水平就会上涨，由于购买力平价成立，以汇率表示的货币相对价格就会下降，即本币贬值。相反，国内货币供给不足时，将会导致本币升值。

通货膨胀与汇率。按照购买力平价理论，通货膨胀率高的本国货币与通货膨胀率低的他国相比，本国货币会贬值。然而从短期来看，购买力平价说并不成立。在当今的外汇市场上，尤其是在发达国家，人们更多地从利率的角度看待通胀率。因为当通货膨胀率上升时，货币当局一般会采取紧缩的货币政策，紧缩的货币政策将导致利率的上升，利率上升意味着将提高资产投资收益，这使海外的资本将流入该国，引起货币的升值。

利率与汇率。根据利率平价理论，当国家具备政治稳定、金融市场完善、资本流动自由的前提条件时，我们可以得到利率与汇率变动的一般关系，即高利率国家→资本流入→购买该国货币→该国货币升值，低利率国→资本流出→抛售该国货币→该国货币贬值。

国际收支与汇率。一国国际收支顺差增加意味着该国贸易收支(经常账户)增加，或者资本账户盈余增加，或者二者兼有。贸易收支增加意味着本国进口需求的增加，继而带来对外币需求的增加，使外币趋向升值；而资本账户收支增加意味着该国资本流入，也会导致对外币需求增加，引起外币升值趋势。

7.(1)一个一次性汇率下降(采用直接标价法)即外币的一次性贬值意味着外国债券的本币价值下降，外国证券对于本国投资者来说更便宜了，因此他们会购买更多外国债券。这种资产组合的调整将会导致购买外国货币(因为购买更多外国债券)的数量发生一个一次性的增长，对外币需求的增长继而会导致外币的升值，部分平衡最初的外币贬值。

(2)根据资产市场模型或者资产组合平衡分析法，一个国内通货膨胀率上升的预期在浮动汇率制度下将会使人们形成本币贬值、外币升值的预期。也就是外币预期升值(EA)将提高，EA 的提高意味着以外币发行的外国证券的预期回报率增加，持有货币的机会成本增加，因此 EA 的提高将导致本国居民对持有货币和本国证券的需求下降，对持有外国证券的需求上升。本国居民将在外汇市场上以本币交换外币用来购买更多外国证券，从而导致本国货币的贬值和外币的升值。同时模型中的其他变量也相应变化，直到所有市场又重新同时实现均衡为止。

(3)外国政府预算赤字带来的外国债券供给增加会提高外国债券利率水平，从而促使本国居民对持有货币和本国证券的需求下降，对持有外国证券的需求上升。本国居民将在外汇市场上以本币交换外币用来购买更多外国证券，从而导致本国货币的贬值和外币的升值。

(4)外国债券供给的增加将提高持有外国证券的风险贴水(RP)。根据无抛补套利平价公式 $i-i^*=EA-RP$，RP 的上升将使等式右边数值下降，在两国间利率差不变的情况下，这将导致外币的贬值和本币的升值，因为本国投资者一定会调整其资产组合，从持有外国证券转向持有本国证券，从而在外汇市场上以外币换取本币。另一方面，如果外国由于政府预算赤字而形成更高的通货膨胀预期，这必然又会加强外币贬值、本币升值的趋势。外币的贬值使得对于本国居民来说外国证券更便宜了，吸引本国居民更多地购买外国证券。资产组合就这样不断进行调整，直到所有市场又重新同时达到均衡。

五、案例讨论题

(1)iPhone6 在这些国家之间不满足一价定律。

(2)根据绝对购买力平价公式，满足一价定律的汇率应该分别为：欧元1.093 5、日元156.206 9、人民币5.325 8、卢布53.391 2、英镑0.799 7、澳元1.440 6、加元1.200 3、港币7.460 6。

(3)现实中这些国家的货币都不同程度地被高估或低估。欧元高估、日元高估、人民币低估、卢布低估、英镑高估、澳元高估、加元低估、港元低估。

(4)经验检验的结果与理论推测不符主要的原因，在于其假设前提如“一价定律”是不现实的；“不存在运输费用或者贸易壁垒”也是不可能满足的，现实中运输费用和贸易壁垒总是存在的，并且有些商品的运输费用可能非常大，以至于任何形式的贸易都是无利可图的，即存在着非贸易品；同时也完全忽略了国际资本流动对汇率的影响。

第十章 国际收支及其平衡表

同步练习题

一、选择题

1. 根据 IMF《国际收支手册》的规定，下列交易应计入本国的国际收支平衡表的是(　　)。

A. 沃尔玛在当地的销售

B. 本国的驻外大使的收入

C. 本国政府对外国政府的援助

D. 本国企业的国外分公司支付购买原材料的货款

2. 下列有关国际收支平衡表的说法错误的是(　　)。

A. 记录的是一定时期内一国所有交易的发生额

B. 每一笔交易都以相同金额分两次记录

C. 一些根据推论而存在的交易也要记录

D. 贷方记录本国居民对外国居民支付的交易

3. 如果一家美国公司进口一批商品，在三个月后支付，则美国的国际收支平衡表中(　　)将出现贷方交易。

A. 经常项目　　B. 单方转移支付

C. 资本金融项目　　D. 官方储备项目

4. 当一个中国旅行者在纽约为了住宿和食物花费了 1 000 美元，用海外存款支付，我国经常项目中借记服务项目(旅游)的同时贷记(　　)。

A. 资本账户　　B. 经常项目中的商品项目

C. 官方储备中的可兑换项目　　D. 以上都不是

5. 美国一家商业银行通过向国外居民发放贷款得到利息收入应记入美国国际收支平衡表(　　)。

A. 资本项目中的贷方交易　　B. 经常项目中的贷方交易

C. 官方储备项目中的贷方交易　　D. 单方转移支付项目中的借方交易

6. 根据 IMF《国际收支手册》规定,下列交易项目中应计入资本金融账户的是(　　)。

A. 服务收入　　B. 股本收入　　C. 债务核销　　D. 侨汇收入

7. 下面关于一国的国际投资头寸,说法正确的是(　　)

A. 它是反映一个国家一段特定时间内对外金融资产和负债的统计报表

B. 它是一个动态的流量概念

C. 按照以交易为基础的原则,赠与、侨汇、战争赔偿等"无偿交易"也都要记录在国际投资头寸表中

D. 它也是 IMF 要求各国定期提交的国际账户体系的一个组成部分

8. 如果用 CA 表示经常项目差额,KA 表示非官方资本金融项目差额,B 表示总差额,EO 表示错误与遗漏项目,那么下面关于国际收支平衡表各账户之间关系的表达正确的是(　　)。

A. $B=CA+KA$　　B. $B+OR=0$

C. $B+OR+EO=0$　　D. 以上都正确

9. 用于衡量国际收支状况的局部差额中,反映实际资源跨国转移状况的是(　　)。

A. 贸易差额　　B. 经常差额　　C. 资本金融差额　　D. 综合差额

10. 国际储备属于国际收支项目中的(　　)。

A. 经常项目　　B. 自发交易项目　　C. 贸易项目　　D. 平衡项目

11. 我国直接投资账户中的净余额为负说明(　　)。

A. 外资对我国直接投资的增加

B. 外资对我国直接投资的减少

C. 我国直接投资账户的资金流出超过资金流入

D. 我国直接投资账户的资金流入超过资金流出

12. (　　)时说明一国的国际收支为逆差。

A. 货物和服务账户净余额为负　　B. 经常账户的净余额为负

C. 资本与金融账户余额为负　　D. 储备资产以外的其他账户余额为负

13. 下列有关国际收支平衡表差额的说法中错误的是(　　)。

A. 经常项目和资本金融项目的净逆差等于一国的国际收支逆差额

B. 自主性交易项目的净逆差等于一国的国际收支逆差额

C. 一国国际收支的逆差额等于官方储备的贷方交易额超过借方交易额的部分

D. 官方储备项目的净借方余额等于该国国际收支的逆差额

14. 国际收支的长期性不平衡是指(　　)

A. 周期性不平衡　　B. 结构性不平衡

C. 价格性不平衡　　D. 收入性不平衡

15. 根据国际收支发展阶段说，当一国经济的发展使贸易收支呈现顺差，而资本项目收支由于发展所需要的长期资本输入而呈现巨额逆差的阶段，该国家被称为(　　)。

A. 未成熟债务国　　B. 成熟债务国

C. 债务偿还国　　D. 成熟债权国

二、辨析题

1. 在国际收支的定义中，"居民"的判断标准是国籍。
2. 跨国公司的内部贸易不能算作国际贸易，因为其受益主体只是跨国公司。
3. 由于国际收支统计采用复式记账法，所以世界各国不会产生国际收支不平衡的问题。
4. 反映一国基本创汇能力的差额是货物与服务账户差额。
5. 对外直接投资不仅影响金融账户，长期中也会影响经常账户。
6. 本国居民持有外国资产增加对本国来说是资本流入。
7. 本国对外投资的盈利应计入本国的资本流出。
8. 一国储备账户借方余额增加说明其储备资产存量减少。
9. 同国际收支平衡表一样，储备资产的增加应计为国际投资头寸表借方余额的增加。
10. 国际收支顺差容易引起他国报复和贸易摩擦，从而也会对一国经济产生不利影响。

三、简答题

1. 国际收支平衡表的基本账户有哪些？各账户记录的内容各是什么？
2. 贸易顺差、经常项目顺差以及综合账户顺差的含义各是什么？
3. 国际收支平衡表和国际投资头寸表的关系和区别是什么？
4. 导致国际收支失衡的原因有哪些？

四、综合分析题

1. 请说明：对中国而言，下列交易中哪些是国际收支平衡表的借方？哪些是贷方？

(1)中国进口商从法国买进一批法国红酒；

(2)一家日本汽车公司在中国上海建了一个组装工厂；

(3)中国用船只运送向英国出口的机器；

(4)中国一名大学生在瑞士学习了一年；

(5)中国的慈善团体向非洲遭受旱灾的地区捐赠食物；

(6)日本投资者因购买中国政府债券而获得利息收入；

(7)一位德国居民向其中国亲戚寄钱；

(8)英国伦敦的劳埃德保险公司向中国一家商业公司出售一份保险单；

(9)一名美国居民因持有中石油公司股票而获得红利。

2. 请问美国的国际收支平衡表应如何记录下列各项交易的会计分录？

(1)美国向印度提供 100 万美元无偿援助，由此产生了印度在美国银行的 100 万美元存款；

(2)美国一个旅行团到印度旅游花费 10 万美元；

(3)一位印度投资者购买了 10 万美元的美国债券，并用其在美国银行的存款支付；

(4)(3)中的债券到期后，该投资者得到本利和 11 万美元，存入其在美国的银行账户。

3. 表 10－1 给出了某个国家在某一特定年份的各项交易额，根据表中内容回答问题。

表 10－1 **某国一年中的国际交易** 单位：10 亿美元

旅游及运输净收入	25
进口商品价值	450
单边转移净值	－20
特别提款权的分配	15
该国在国外的投资收入	20
统计误差	40
雇佣赔偿	－5
该国国外资产的变动净值	－150
出口商品价值	375
其他服务净值	35
外国投资在该国的支付额	－10

请问：(1)这个国家该年度的贸易差额是多少？经常账户余额是多少？资本与金融账户余额为多少？该国的国际收支是盈余还是赤字？

(2)这些交易中哪些项与该国的外国净投资状况有关？这对于该国的国际收支平衡表的余额和国际投资头寸表的余额会有什么不同的影响？

4. 假定下列两笔交易同时发生：

(1)A 国一家企业向 B 国出口了价值 1 000 万美元的商品，得到的 1 000 万美元存在 B 国银行；

(2)A 国一位移民给了他在 B 国的一位亲属 500 万美元的遗产，存入该位亲属在 A 国的银行账户上。

请问：这两个事件将怎样影响 A 国的贸易余额、经常账户余额以及官方储备项目余额？

5. 2015 年，A 国经常项目余额为－2 000，(非官方)资本金融项目余额为 1 500(以 A 国的货币单位衡量)。

(1)A 国 2015 年国际收支状况如何？A 国 2015 年的净投资形势如何？

(2)在浮动汇率制下会有什么情况发生？为什么？

(3)现在假设 A 国实行固定汇率制。如果外国中央银行在 2015 年间不买卖 A 国货币存款，那么该国中央银行的外汇储备会有什么变化？这一变化在 A 国的国际收支平衡表上如何体现？

(4)继续假设 A 国实行固定汇率制。外国中央银行售出了 500 单位 A 国货币存款。这在 A 国的国际收支平衡表上会如何体现？

五、案例讨论题

表 10—2 是我国在 2012～2015 年间的国际投资头寸表。

试讨论下列问题：

(1)这与中国的国际收支平衡表有什么区别?

(2)从表中所列项目来看，中国的国际投资状况如何? 中国是债务国地位还是债权国地位?

(3)在这几年里中国国际投资头寸有哪些变化? 这些变化反映了什么问题?

表 10—2　　2012～2015 年中国的国际投资头寸表　　单位:亿美元

项　目	2012 年末	2013 年末	2014 年末	2015 年末
净头寸	18 665	19 960	16 028	15 965
资产	52 132	59 861	64 383	62 189
1 直接投资	5 319	6 605	8 826	11 293
1.1 股权	3 917	4 693	7 408	9 393
1.2 关联企业债务	1 403	1 911	1 418	1 901
2 证券投资	2 406	2 585	2 625	2 613
2.1 股权	1 298	1 530	1 613	1 620
2.2 债券	1 108	1 055	1 012	993
3 金融衍生工具	0	0	0	36
4 其他投资	10 527	11 867	13 938	14 185
4.1 其他股权	0	0	0	1
4.2 货币和存款	3 906	3 751	4 453	3 895
4.3 贷款	2 778	3 089	3 747	4 569
4.4 保险和养老金	0	0	0	172
4.5 贸易信贷	3 387	3 990	4 677	5 137
4.6 其他	457	1 038	1 061	412
5 储备资产	33 879	38 804	38 993	34 061
5.1 货币黄金	567	408	401	602
5.2 特别提款权	114	112	105	103
5.3 在国际货币基金组织的储备头寸	82	71	57	45
5.4 外汇储备	33 116	38 213	38 430	33 304
5.5 其他储备资产	0	0	0	7
负债	33 467	39 901	48 355	46 225

续表

项　目	2012年末	2013年末	2014年末	2015年末
1 直接投资	20 680	23 312	25 991	28 423
1.1 股权	19 425	22 149	24 076	26 181
1.2 关联企业债务	1 255	1 163	1 915	2 242
2 证券投资	3 361	3 865	7 962	8 105
2.1 股权	2 619	2 977	6 513	5 906
2.2 债券	742	889	1 449	2 200
3 金融衍生工具	0	0	0	53
4 其他投资	9 426	12 724	14 402	9 643
4.1 其他股权	0	0	0	0
4.2 货币和存款	2 446	3 466	5 030	3 267
4.3 贷款	3 680	5 642	5 720	3 293
4.4 保险和养老金	0	0	0	93
4.5 贸易信贷	2 915	3 365	3 344	2 721
4.6 其他	277	144	207	172
4.7 特别提款权	107	108	101	97

资料来源：国家外汇管理局网站。

答案与讲解

一、选择题

1.C　2.D　3.C　4.A　5.B　6.C　7.D　8.D
9.B　10.D　11.C　12.D　13.D　14.B　15.B

二、辨析题

1.×　2.×　3.×　4.√　5.√　6.×　7.×　8.×
9.×　10.√

三、简答题

1.国际收支平衡表一般包括经常账户、资本和金融账户、错误和遗漏账户三大基本账户。经常账户包括货物与服务、收入和无偿转移四个项目。资本账户包括资本转移和非生产、非金融资产的收买和放弃。金融账户包括直接投资、证券投资、金融衍生品和员工股票期权、其他投资、储备资产。记录一经济体对外资产和负债所有权变更的交易。由于某些交易登录错误或遗漏，各种国际经济交易的统计资料来源不一，有的数据甚至来自于估算，加上一些人为的因素，平衡表几乎不可避免地会出现净的借方余额或贷方余额。基于会计上的需要，人为设置一个项目以抵消上述统计偏差，这个账户就是错误与遗漏账户。

2. 贸易顺差是指一定时期内一国商品和服务出口总额大于进口总额，是反映一国国际资源转让、实际发展水平和国际收支状况的重要依据。经常项目顺差是一定时期内一国商品、服务、收入和经常转移项目上贷方总值比同期商品、服务、收入和经常转移项目上借方总值大的状况，反映的是一经济体与其他经济体之间实际资源的转移。综合账户顺差是指除了储备资产之外的账户所形成的余额为正。具体包括经常账户交易、其他资本项目和金融账户交易，以及错误和遗漏项目净额所形成的差额，这个差额最终由官方储备的增减来平衡，因而也称为官方结算余额。该余额为正意味着实际储备资产将可能增加。

3. 它们之间是一对因果关系。一般来说，国际债权债务关系发生后，必然会在其国际收支平衡表上有所反映。但有时，国际收支又反作用于国际借贷，因为国际收支的某些变化会引起国际借贷活动的展开。因此，两者之间相辅相成、互为因果。

两者的区别表现在：

(1)国际投资头寸表示一个国家在一定日期对外债权债务的综合情况，而国际收支则表示一个国家在一定时期对外全部经济交易的综合情况。

(2)国际投资头寸是个静态的概念，表示的是一种存量(余额)；国际收支是个动态的概念，表示的是一种流量(发生额)。

(3)国际投资头寸只包括形成债权债务关系的经济交易，范围小；国际收支反映的是经济交易，无论进出是否抵消均须加以记载，范围大。

4. 导致国际收支失衡的外部原因有：国外的经济周期因素、国外的市场利率变化、外汇投机和不稳定的国际资本流动等。导致国际收支失衡的内部原因有：季节性和偶发性因素、结构性因素、货币性因素、收入性失衡等。

四、综合分析题

1.(1)商品进口应记入借方；

(2)外国居民持有本国资产增加属于资本流入应记入贷方；

(3)商品出口应记入贷方；

(4)本国居民在外国消费服务属于服务进口，应记入借方；

(5)对外进行无偿援助属于单方面转移支付，应记入借方；

(6)外国居民在本国投资赚取的利息收入属于生产要素收益，应记入借方；

(7)外国居民向本国居民进行侨汇属于无偿转移，应记入贷方；

(8)本国居民持有外国资产增加属于本国的资本流出，应记入借方；

(9)外国居民投资于本国获得的要素报酬收入属于要素收益，应记入借方。

2.(1)贷：资本流入(外国人持有本国资产增加)		100 万美元
借：无偿转移	100 万美元	
(2)贷：资本流入(外国人持有本国资产增加)		10 万美元
借：服务进口	10 万美元	
(3)贷：资本流入(外国人持有本国资产增加)		10 万美元
借：资本流出(外国人持有本国资产减少)	10 万美元	
(4)贷：资本流入(外国人持有本国资产增加)		11 万美元
借：资本流出(外国人持有本国资产减少)	10 万美元	
收益	1 万美元	

3.(1)该国的贸易差额应为：25－450＋375＋35＝－15；

该国的经常账户余额应为：－15－20＋20－5－10＝－30；

该国的资本金融账户余额为：15＋150＝165；

该国的国际收支总余额为：－30＋165＋40＝95，国际收支是有盈余的。

(2)这些交易中“该国国外资产的变动净值”与该国的外国净投资状况有关，该项变动净值如果为正，意味着该国在国外新增了投资，即在国际收支平衡表中按照资本流出记入借方交易；而对于该国的国际借贷来说，属于该国在海外的净投资增加，即该国对外资产增加，应记入国际投资头寸表的贷方。

4. 首先，按照国际收支平衡表的记账原则将所涉及的交易分别计入两国的国际收支平衡表。

A 国：贷 商品出口 1 000 万美元

借 资本流出(本国人持有外国资产增加) 1 000 万美元

贷 资本流入(外国人持有本国资产增加) 5 00 万美元

借 无偿转移 500 万美元

B 国：贷 资本流入(外国人持有本国资产增加) 1 000 万美元

借 商品进口 1 000 万美元

贷 无偿转移 500 万美元

借 资本流出(本国人持有外国资产增加) 500 万美元

最终，这两个事件对 A 国的影响为：贸易余额增加 1 000 万美元，经常账户余额增加 500 万美元，官方储备项目余额没有变化。

5.(1)A 国 2015 年国际收支呈现了逆差，并有净投资流入。

(2)在浮动汇率制下该国货币会贬值，因为该国外汇支出大于收入，对外汇需求超过供给量。

(3)如果实行固定汇率制，那么面对本币贬值的压力，该国中央银行就需要抛售外汇，同时收回本币，那么官方外汇储备会减少。这一变化在 A 国的国际收支平衡表上就会表现为官方储备账户余额增加。

(4)外国中央银行售出了 500 单位 A 国货币存款，这属于外国人持有本国资产减少，对于 A 国来说是资本流出，应在国际收支平衡表上记为借方余额的增加。

五、案例讨论题

提示：

(1)一个国家的国际投资头寸衡量了年末时一国在外国的资产和外国在本国的资产的总量和分布情况。因此，国际收支平衡账户是一个流量的概念，一国的国际收支头寸(通常称为债务平衡表)是一个存量概念。

(2)从表中我们可以看出，中国在所列的这些年份当中一直拥有正的净投资头寸，反映了中国是一个大的债权国。

(3)从数据来看，中国在 2012～2013 年间国际投资净头寸是上升的，而从 2014 年开始逐年下降。这反映出中国近年来一直不断累积对外净资产，但是资产净值是逐年下降的。这与中国经济增长放缓、进入新常态以及吸引外资和对外投资的政策调整等因素有关。

第十一章 开放经济下的宏观经济与政策

同步练习题

一、选择题

1. 根据国民收入恒等式,在均衡的国民收入水平下(　　)。

A. 贸易收支出现顺差伴随着储蓄小于投资

B. 贸易收支出现逆差伴随着储蓄大于投资

C. 贸易均衡时,国内储蓄量应等于国内投资量

D. 以上各项都正确

2. 边际进口倾向衡量(　　)。

A. 进口与收入的比率

B. 收入与进口的比率

C. 进口的变化与收入的变化之间的比率

D. 收入的变化与进口的变化之间的比率

3. 一国的自发性消费为100,边际储蓄倾向为0.2,自发性投资为50,自发性出口为100,自发性进口为50,边际进口倾向为0.2,没有政府,那么这个开放经济体的凯恩斯乘数和均衡国民收入是(　　)。

A. 5 和 500　　B. 2.5 和 500　　C. 1.25 和 1 000　　D. 1 和 1 000

4. 以下关于对外贸易乘数的表述正确的是(　　)。

A. 对外贸易乘数表示的是均衡国民收入变动所引起的出口变动倍数

B. 国内投资的增加或出口的增加所形成的乘数效应是一样的

C. 由于开放状态下均衡国民收入的增加会引起进口的增加，所以开放状态下对外贸易乘数大于封闭状态下的乘数

D. 不能确定开放状态下乘数与封闭状态下乘数的大小

5. 考虑国外反应时，(　　)对国民收入的影响最大。

A. 国内投资的增加　　B. 国内出口的增加

C. 国外投资的增加　　D. 国外出口的增加

6. 不考虑他国反应时，同等幅度的国内投资的增加和出口的增加对该国均衡国民收入的影响________，对其收支余额的影响________。(　　)

A. 相同　相同　　B. 相同　不同　　C. 不同　相同　　D. 不同　不同

7. 在其他条件不变的情况下，(　　)不会使一国的 IS 曲线右移。

A. 出口增加　　B. 政府支出增加

C. 本币升值　　D. 预期投资收益率上升

8. 在其他条件不变的情况下，(　　)会使一国的 LM 曲线右移。

A. 货币供应量增加　　B. 物价水平上升

C. 本币贬值　　D. 央行从公开市场购买债券

9. 下列关于一国 BP 曲线的说法中正确的是(　　)。

A. 位于 BP 曲线左侧意味着该国处于贸易收支逆差状态

B. 国际短期资本流动对利率的反应越敏感，BP 线越陡峭

C. 本币贬值将使 BP 曲线向左上方移动

D. 本国出口增加将使 BP 曲线向右下方移动

10. 当一国对资本的跨境流动不设限制，即资本流动的利率弹性无穷大时，该国的 BP 曲线(　　)。

A. 是一条向右上方倾斜的直线　　B. 是一条垂直于 X 轴的直线

C. 是一条水平的直线　　D. 是一条形状不规则的曲线

11. 固定汇率制下，当 BP 曲线比 LM 曲线更陡时，治理失业的内外均衡政策应使用扩张性的财政政策和(　　)。

A. 扩张性的货币政策　　B. 紧缩性的货币政策

C. 不一定　　D. 都可以

12. 在固定汇率制的情况下(　　)。

A. 无论国际资本的流动性如何，财政政策在影响一国国民收入水平方面都是完全无效的

B. 在国际资本具备完全流动性的条件下，财政政策在影响一国国民收入方面最为有效

C. 在国际资本完全不流动的条件下，货币政策在影响一国国民收入方面非常有效

D. 货币政策在国际资本具备完全充分流动性的条件下比国际资本完全不流动时更为有效

13. 在浮动汇率制下(　　)。

A. 在国际资本完全不流动的条件下，财政政策在影响国民收入方面最为有效，在国际资本具备完全流动性的条件下，财政政策在影响国民收入方面完全失效

B. 在国际资本完全不流动的条件下，货币政策在影响国民收入方面比国际资本具备完全流动性时效果更好

C. 在国际资本完全不流动的条件下，财政政策和货币政策在影响国民收入方面都完全失效

D. 无论国际资本的流动性如何，财政政策对国民收入水平都不产生影响

14. 固定汇率制度下，资本完全不流动时，财政政策趋于无效的主要原因是(　　)。

A. 进口增加　　B. 没有配合货币政策

C. 利率变动不能影响国际收支　　D. 发生了完全的挤出效应

15. 资本完全流动时，固定汇率制下，扩张性的货币政策无效，主要是因为(　　)。

A. 利率降低　　B. 利率提高

C. 国际收支逆差导致外汇储备降低　　D. 导致贸易顺差

二、辨析题

1. 开放经济下的均衡收入决定理论要求储蓄等于投资。

2. 当 S 超过 I，那么一个开放经济体会有国际收支赤字。

3. 对于一个投资繁荣，GDP 增长较快，贸易赤字不断增加的国家来说，外国的反应效应会使贸易赤字缩小。

4. 储蓄的自主增加将导致国民收入的上升和贸易收支出现顺差。

5. 若一国国际收支既没有赤字也没有盈余，该国就实现了外部均衡。

6. LM 曲线向右上方倾斜是因为较高的收入水平导致的较高交易需求必须通过提高利率来降低投机需求，以保证货币市场供求相等。

7. BP 曲线以上的点，意味着金融资产的净流入小于商品和劳务的净进口，即国际收支处于逆差。

8. 固定汇率制度下，若国际资本流动对利率变化反应比较敏感的话，财政政策将会失效。

9. 在固定汇率制下，货币扩张将解决一国经济萧条和国际收支逆差问题。

10. IS-LM-BP 宏观模型是一种短期、静态的分析。

三、简答题

1. 开放经济下小国国民收入的均衡条件可以有三种表达：①$I+X=S+M$；②$X-M=S-I$；③$I+(X-M)=S$。如何理解这三种表达式的经济含义？

2. 开放经济中的乘数与封闭经济中的有什么区别？为什么？

3. BP 曲线表示什么？为什么向上倾斜？有哪几种形状？

四、综合分析题

1. 假设某开放经济体的消费函数为 $C=100+0.8Y$，进口函数为 $M=150+0.20Y$，国内投资为 $I=100$，对外出口为 $X=350$：

(1)该经济的对外贸易乘数是多少？

(2)决定该经济的均衡收入水平和贸易收支状况，并用注入—漏出和贸易余额两个图形分

别加以表示。

(3)若本国自主出口增加200,请重新计算该国的均衡收入水平和贸易余额。

(4)若国内投资自主增加200,请再计算该国的均衡收入水平和贸易余额。

(5)根据(4)的结果,若该国处于充分就业状态,画图表示其货币贬值对于Y和X-M的影响。

2. 假设A国和B国都是大国,从A国国民收入均衡水平及国际收支平衡开始,给定A国和B国的边际储蓄倾向分别为0.2和0.15,两国的边际进口倾向分别为0.2和0.1。求在如下条件下A国国民收入的均衡水平及贸易差额的变动。

(1)A国出口自主增长200,替代了B国的国内生产;

(2)A国投资自主增长200;

(3)B国投资自主增长200。

3. 在过去的几十年中,日本一直有巨额的经常项目盈余,美国政府多年来都要求日本政府采用更为扩张的财政政策。假设日本政府不允许日元汇率变化,同时资本具有较强的流动性(BP曲线比LM曲线平缓)。试运用IS-LM-BP模型解释采用这种扩张政策将如何影响日本的国民收入、经常项目、资本项目和货币供给水平。如果BP曲线比LM曲线更陡,结论会怎样?

4. 假设在浮动汇率制下一国经济处于IS、LM和BP曲线的交点,但面临国内失业。如果BP曲线比LM曲线更为平坦,作图说明一国如何运用财政政策来实现充分就业水平下的内外均衡。如果BP曲线比LM曲线更为陡峭,结论会有什么不同?

5. 结合图形分析:

(1)当汇率固定同时资本完全流动时,货币政策为何无效?

(2)在什么样的资本流动性条件下,浮动汇率制度下的财政政策作用最小?什么情况下作用最大?

(3)为什么采用固定汇率制度同时实行外汇管制的发展中国家只能依靠出口增长、外国投资或外国援助才可以实现经济增长?

6. 假设某个国家实行浮动汇率制度,并且对资本的跨境流动不加以限制,该国正处在比较严重的经济萧条状态,失业率急剧增加,当局希望采取一定的政策措施改善这种状况,请画图说明此时应采取货币政策还是财政政策效果更佳。

五、案例讨论题

2007年12月,美国经济在经过6年的持续增长之后达到了顶峰,随之而来的是贯穿2008年与2009年的经济衰退。某些重要信贷市场的崩盘是此次经济危机的主要诱因,这种崩盘给国家的金融体系和宏观经济都造成了极大的风险。

美联储采取了不同以往的应对措施,以便取消对信贷市场的评级以及对融资性资金流动的限制,这种资金流动对于表现良好的经济体至关重要。除了将联邦基金利率目标下调至几乎为零,美联储还通过为银行、其他金融机构以及无法从银行获得足够贷款的企业提供贷款成为最后贷款人。

为了刺激处于衰退之中的美国经济,美国政府发布了2008年的经济刺激法案。该法案的主要内容是对中低收入水平的家庭和个人予以临时性退税补助，而这些纳税人会将获得的税收补助用于消费。最终的退税额约为1 130亿美元，约为GDP的0.8%。政府预想这些税款补助将刺激人们的消费欲望，由此带动总需求的增长。

2009年奥巴马当上美国总统，接手了这个逐渐深陷衰退的经济体。奥巴马政府意识到了消费与投资的减少使经济状况愈加恶化。一个总额高达7 890亿美元的财政刺激计划随之出台，这是美国政府自第二次世界大战以来为应对经济危机采取的最积极的财政刺激政策。该刺激计划分为5 070亿美元的消费计划以及2 820亿美元的减免税计划两部分来刺激总需求的增长。假如人们购买更多的商品和服务，无论是用于建设新高速公路的水泥还是由于对家庭收入进行减税带来的购买支出，都将在一定程度上减少由需求下降造成的企业裁员，而市场就业不充分将造成需求的更大滑坡以及经济更大程度的衰退。

请运用开放宏观经济 *IS-LM-BP* 模型分析：美国政府采取的这一系列经济刺激政策会收到预期的效果吗？为什么？

在宏观经济学课程中，你已经了解"挤出效应"的存在。它是指由于政府支出的增加以及随之而来的预算赤字导致的私人消费和投资支出的减少。由预算赤字引起的利率升高是私人支出减少的主要原因。金融危机后美国政府采取的经济刺激政策引发了人们对于"挤出效应"的争论。然而，这10年间，联邦政府的赤字在不断增加，美国的利率水平却一直保持较低的水平。

你能运用所学的国际经济知识解释这一现象的原因吗？

答案与讲解

一、选择题

1. C　2. C　3. B　4. B　5. A　6. B　7. C　8. A
9. D　10. C　11. B　12. B　13. A　14. D　15. C

二、辨析题

1. ×　2. ×　3. √　4. ×　5. √　6. √　7. ×　8. ×
9. ×　10. √

三、简答题

1. (1)在一个开放的小国经济中，出口(X)和投资(I)同样是对该国国民收入循环体系的注入，也被看作外生变量。而进口(M)和储蓄(S)一样，是代表国民收入循环系统中的漏出。因此，在小国的开放经济中，循环的注入和漏出使国民收入达到均衡的条件为 $I+X=S+M$，所以这种计算均衡国民收入水平的方法又叫注入-漏出法。这一国民收入均衡条件式并不要求出口等于进口，也就是说，以上均衡条件的成立并不必然导致贸易收支平衡。

(2)这一均衡条件又可以改写为 $X-M=S-I$，这一条件式清楚说明了在均衡的国民收入水平上，贸易收支差额和储蓄、投资的关系，因此又叫贸易差额法。贸易收支的顺差(从国外的净注入)等于储蓄超过国内投资的部分(国内的净漏出)。相反，在均衡的国民收入水平下，该国贸易收支的逆差(从国外的净漏出)一定伴随着一个等量的国内投资超过储蓄的部分(国内的净注入)。

(3)将均衡式再稍做变化,可得:$I+(X-M)=S$

$(X-M)$代表净对外投资。上式的左边为一国内外投资的总和,在均衡的国民收入水平下,等于本国的储蓄。如果本国的对内储蓄超过对内投资,这时的国际收支表现为顺差;本国的对内投资超过对内储蓄,国际收支就会表现为逆差。此种表达方式又叫投资-储蓄法。

2. 在开放经济条件下,增加的国内收入将分别漏向储蓄和进口两个部门,所以开放经济乘数$\left(\frac{1}{MPS+MPM}\right)$小于封闭经济时的乘数$\left(\frac{1}{MPS}\right)$。

3. (1)BP 曲线表示在某个给定的汇率下一国的国际收支处于平衡时,利率(r)和国民收入(Y)之间的变化关系。当贸易盈余和等量的资本流出相匹配时(或者正好相反),国际收支处于平衡状态。

(2)BP 曲线一般向上倾斜是因为比较高的利率会导致较高的资本流入(或者比较少的资本流出),同时由于国际收支仍然平衡,所以必然和较高的收入(Y)和进口(M)相均衡。如果资本流动不会随着 r 的变化有任何反应的话,那么 FE 曲线就是垂直的;如果具有完全弹性的话,那么 BP 曲线就是水平的。

(3)BP 曲线的斜率取决于资本国际流动的难易程度,或国际资本流动对利率的敏感程度。资本流动性越强,资本流动的利率弹性越大,BP 曲线越平坦。因为在相同的收入增加导致进口增加、经常账户恶化时,如果资本流动的利率弹性大,国内利率只需提高相对较小的幅度,就可以吸引到足够的资本流入来平衡国际收支。在资本可以完全自由流动时,国内利率稍高于世界利率,就会导致无限的资本流入,此时的 BP 曲线是水平的。而当资本完全不能在国际流动时,即使利率水平提高,国际资本也不能流入本国,所以 BP 曲线是垂直的。

四、综合分析题

1. (1)根据对外贸易乘数的计算公式 $k=\frac{1}{MPS+MPM}=\frac{1}{0.2+0.2}=2.5$。

(2)根据条件,该经济的消费函数为 $C=100+0.8Y$,从而其储蓄函数为 $S=0.2Y-100$,自主投资为 $I=100$,外生的出口为 $X=350$,进口函数为 $M=0.2Y+150$。

根据均衡国民收入条件公式 $S+M=I+X$ 计算得 $Y^*=1\,000$

$S=0.2Y-100=100, M=0.2Y+150=350, CA=X-M=350-350=0$

图形参考教材图 11—2。

(3)现在本国自主出口增加 200,即该国的外生出口增加到 $X'=550$,则根据均衡国民收入条件公式 $S+M=I+X'$重新计算得 $Y'=1\,250$。因此,$M'=0.2Y'+150=400, CA'=X'-M'=550-400=150$。

(4)现在企业的自主投资增加 200,即该国的自主投资现在为 $I''=300$,则根据均衡国民收入条件公式 $S+M=I''+X$ 重新计算得 $Y''=1250$。因此,$M''=0.2Y''+150=400, CA''=X-M''=350-400=-50$。

(5)如图 11—1 所示,在均衡的国民收入水平上该国存在贸易赤字,如果该国处于非充分就业状态,有闲置资源可以利用,那么本币贬值将引导闲置资源流向贸易品生产部门,增加生产,从而增加出口同时减少进口,使贸易余额增加。图形上 X-M 曲线应向右上方移动。然而,当该国已经处于充分就业状态下,那么本币贬值无法引导资源生产更多的出口品和进口替代品,从而无法增加贸易余额,因此图中 X-M 曲线不发生移动。除非该国国内吸收能够相应减少。

2. (1)$K''=\frac{1}{M_PS_1+M_PM_1+M_PM_2(M_PS_1/M_PS_2)}=\frac{1}{0.20+0.20+0.10(0.20/0.15)}=\frac{1}{0.533}=1.88$

$\Delta Y_E=\Delta X\times k''=200\times 1.88=376$

$\Delta M=\Delta YE\times M_PM_1=376\times 0.20=75.2$

$\Delta S=\Delta YE\times M_PS_1=376\times 0.20=75.2$

$\Delta X=\Delta S+\Delta M=75.2+75.2=150.4$

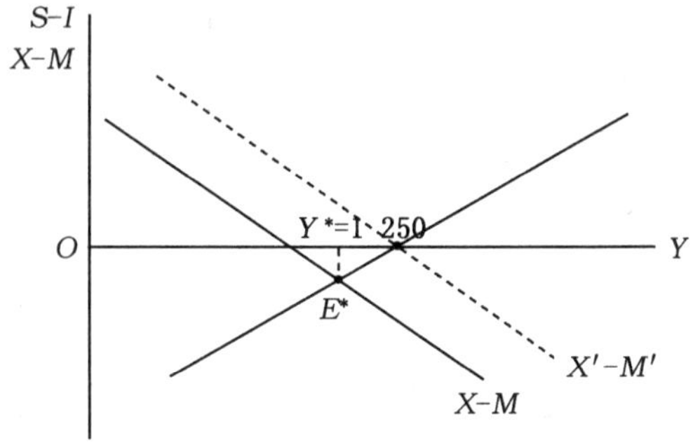

图 11—1

因此 A 国的国际收支盈余为$\Delta X-\Delta M=75.2$。

$$(2)k^{*}=\frac{1+MPM_2/MPS_2}{MPS_1+MPM_1+MPM_2(MPS_1/MPS_2)}=\frac{1+0.10/0.15}{0.533}=\frac{1.667}{0.533}=3.13$$

$\Delta Y_E=\Delta I\times k^{*}=200\times3.13=626$

$\Delta M=\Delta Y_E\times MPM_1=626\times0.20=125.2$

$\Delta S=\Delta Y_E\times MPS_1=626\times0.20=125.2$

$200+\Delta X=125.2+125.2$

$\Delta X=50.4$

因此 A 国的国际收支逆差为$\Delta X-\Delta M=50.4-125.2=-74.8$。

$$(3)k^{**}=\frac{MPM_2/MPS_2}{MPS_1+MPM_1+MPM_2(MPS_1/MPS_2)}=\frac{0.10/0.15}{0.533}=\frac{0.667}{0.533}=1.25$$

$\Delta Y_E=\Delta I^{*}k^{**}\times200\times1.25=250$

$\Delta M=\Delta Y_E\times MPM_1=250\times0.20=50=\Delta S$

$\Delta X=\Delta S+\Delta M=100$

因此，A 国的国际收支顺差为$\Delta X-\Delta M=50$。

3.(1)当资本具有较强的流动性（BP 曲线比 LM 曲线平缓）时，如图 11—2(a)所示，日本政府采取的扩张性的财政政策将使 IS 曲线向右上方移动至 IS′。此时，IS′与 LM 的交点在 BP 曲线的左上方，该国有对外国际收支的盈余，从而引起该国货币升值的压力。因为日本政府不允许日元汇率变化，因此其货币当局会抛出本币，收回外汇，从而导致其外汇储备增加，货币供给量增加，LM 曲线自动向右下方移动，直至最终 IS、LM、BP 三条曲线重新相交于一点，日本重新处于内外均衡的状态为止。这一政策变动使得日本的国民收入水平上升，经常账户余额增加，资本项目余额减少，同时货币供给水平增加。

(2)当资本的流动性较弱（BP 曲线比 LM 曲线更陡）时，结果与前一种情况相反，如图 11—2(b)所示。扩张性的财政政策同样会使 IS 曲线向右上方移动，但此时其与 LM 曲线的交点处于 BP 曲线的右下方，国际收支赤字，日元有贬值压力。日本政府将抛出外汇储备，换回本币，储备的减少使货币供给量降低，LM 曲线向左上方移动，直至三条曲线重新交于一点。最终，日本的国民收入水平仍然会增加，但没有第一种情况下增加的程度大，经常账户余额减少，资本项目余额增加，货币供给水平减少。

4.(1)在 BP 曲线比 LM 曲线更为平坦的情况下：

①如果运用扩张性的财政政策来扩大产出和就业，那么 IS 曲线将向右上方移动，如图 11—3(a)所示。这时 IS 与 LM 曲线的交点处于 BP 曲线的左上方，该国面临对外的国际收支盈余。在浮动汇率制度下，这将引起该国货币的升值，从而使 IS 曲线向左下方回移、BP 曲线向左上方移动、LM 曲线也相应地向右下方移动，直至三条曲线重新在充分就业的产出水平上交于一点。

②如果运用扩张性的货币政策来扩大产出和就业，那么 LM 曲线将向右下方移动，如图 11—3(b)所示。

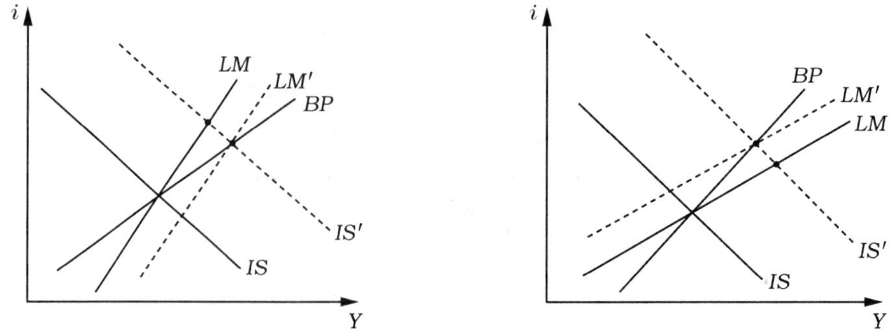

（a）　（b）

图 11—2

这时 *IS* 与 *LM* 曲线的交点处于 *BP* 曲线的右下方，该国面临对外的国际收支赤字。在浮动汇率制度下，这将引起该国货币的贬值，从而使 *IS* 曲线向右上方移动、*BP* 曲线向右下方移动、*LM* 曲线也相应地向左上方移动，直至三条曲线重新在充分就业的产出水平上交于一点。

（2）在 *BP* 曲线比 *LM* 曲线更为陡峭的情况下：

①如果运用扩张性的财政政策来扩大产出和就业，那么 *IS* 曲线将向右上方移动，如图 11－3（c）所示。这时 *IS* 与 *LM* 曲线的交点处于 *BP* 曲线的右下方，该国面临对外的国际收支赤字。在浮动汇率制度下，这将引起该国货币的贬值，从而使 *IS* 曲线进一步向右上方移动、*BP* 曲线向右下方移动、*LM* 曲线也相应地向左上方移动，直至三条曲线重新在充分就业的产出水平上交于一点。

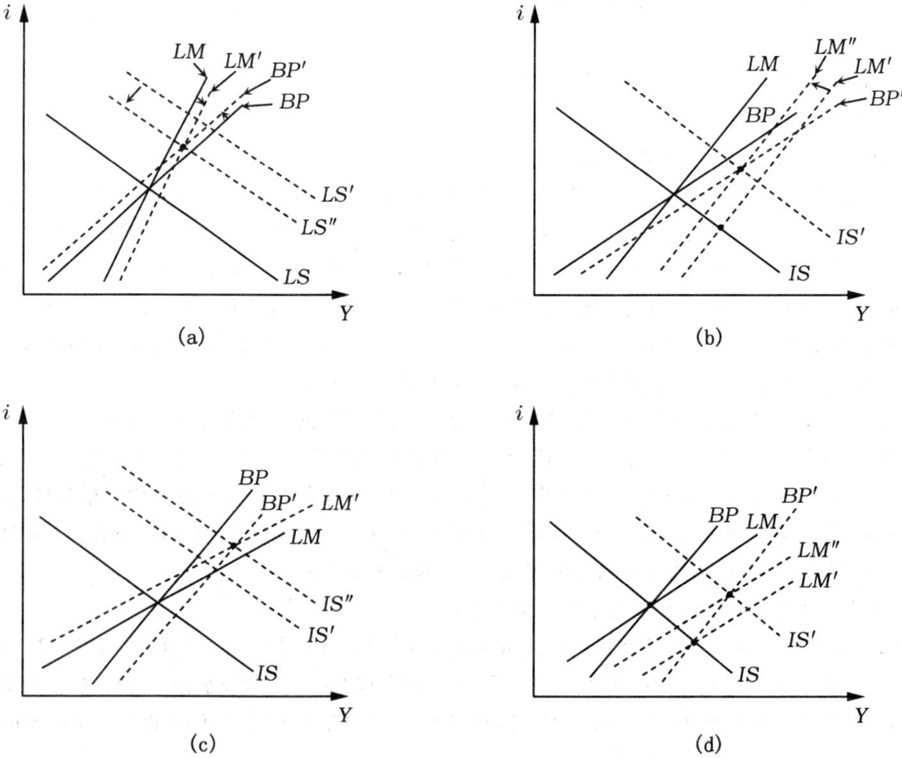

图 11—3

②如果运用扩张性的货币政策来扩大产出和就业，那么 LM 曲线将向右下方移动，如图 11－3(d)所示。这时 IS 与 LM 曲线的交点处于 BP 曲线的右下方，该国面临对外的国际收支赤字。在浮动汇率制度下，这将引起该国货币的贬值，从而使 IS 曲线向右上方移动、BP 曲线向右下方移动、LM 曲线往左上方回移一些，直至三条曲线重新在充分就业的产出水平上交于一点。

5.(1)如图 11－4 所示，扩张性的货币政策使曲线 LM_0 右移至 LM_1，利率下降，资本外流。为维持本币币值的稳定，货币当局必须动用外汇储备，货币供应量重新减少，曲线 LM_1 回移至原先位置，收入水平也重新回复初始状态。因此，固定汇率下单纯的货币政策完全无效。

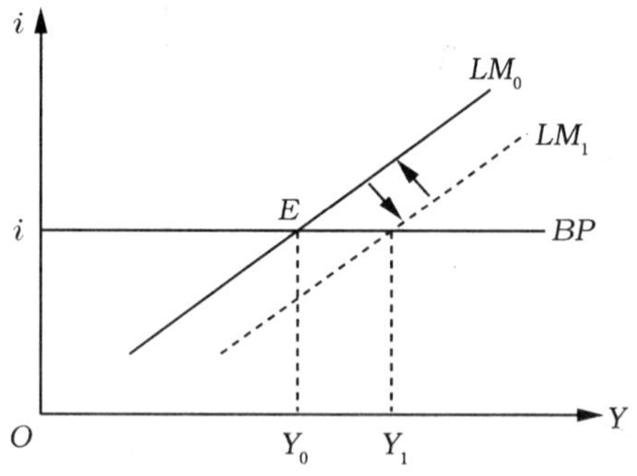

图 11－4

(2)①在资本完全不流动的情况下，财政扩张引起收入增加导致经常账户恶化，但利率上升却不能引起资本的流入，资本账户没有变化，因此国际收支出现初期的赤字，如图 11－5(a)所示，E_1 点位于 BP 曲线的右侧。在浮动汇率制下，国际收支赤字将导致本币的贬值。这将使 BP 曲线向右移动至 BP'，同时本币贬值引起净出口增加，推动 IS 曲线进一步向右移动至 IS''，直至三条曲线重新相交于点 E_2。利率进一步上升(从 i_1 到 i_2)，产出也有更大规模的扩张(从 Y_1 到 Y_2)。可见，在此种情况下，财政政策非常有效，因为财政扩张通过经济对外部门的调整引起了本币贬值和总需求的进一步增加，从而对经济产生了第二波的扩张性刺激。

②资本的流动性相对较差，BP 曲线比 LM 曲线更陡峭，如图 11－5(b)所示。在这种情况下，由于资本流动对利率变动的反应不敏感，所以扩张性财政政策提高利率吸引资本流入形成的资本账户顺差不足以弥补收入上升带来的经常账户逆差，总体国际收支呈现逆差，短期均衡点 E_1 位于 BP 曲线的右边。国际收支逆差引起本币贬值，推动 BP 曲线右移至 BP'，IS 曲线进一步右移至 IS''，最终在 E_2 点实现内外均衡，利率水平和产出都进一步上升。此种情况下，虽然不像资本完全不流动时的效果显著，但财政政策在增加国民收入、扩大就业方面仍然是有作用的。

③资本的流动性相对较高，BP 曲线比 LM 曲线更平坦，如图 11－5(c)所示。在这种情况下，由于资本流动对利率变动的反应比较敏感，所以财政扩张带来的资本账户顺差效应超过经常账户的逆差效应，总体国际收支呈现顺差，E_1 位于 BP 曲线的左边。国际收支顺差导致本币升值，净出口减少，IS 曲线向左下方移动至 IS''，部分抵消了 IS 曲线的初始移动，同时本币升值也使 BP 曲线向左上方移动至 BP'，最终三条曲线相交于 E_2 点，利率和产出都有所回落(从 i_1 到 i_2，从 Y_1 到 Y_2)。此时，财政政策的有效性较低，因为部分财政扩张的效果被本币升值和净出口的减少抵消了，经济对外部门的调整抑制了政策产生的初始扩张效果；而且资本流动性越强，财政政策的作用效果越弱。

④资本完全流动时，BP 曲线是一条固定于世界利率上的水平线，如图 11－5(d)所示。由于资本流动对利率变动的反应具有无限弹性，财政扩张会立即导致国际收支的顺差(E_1 位于 BP 曲线上方)和本币的升值，净出口减少导致国内总需求下降，直至完全抵消初始财政扩张产生的效果为止，IS 曲线移回原位置，利率和产出均没有变化。可见，当资本具有完全的流动性时，财政政策完全无效，产生了完全的挤出效应。但在这种情况下，政府支出的增加并不是挤出了私人投资，因为国内利率始终没有变化，而是挤出了总支出中的净出口

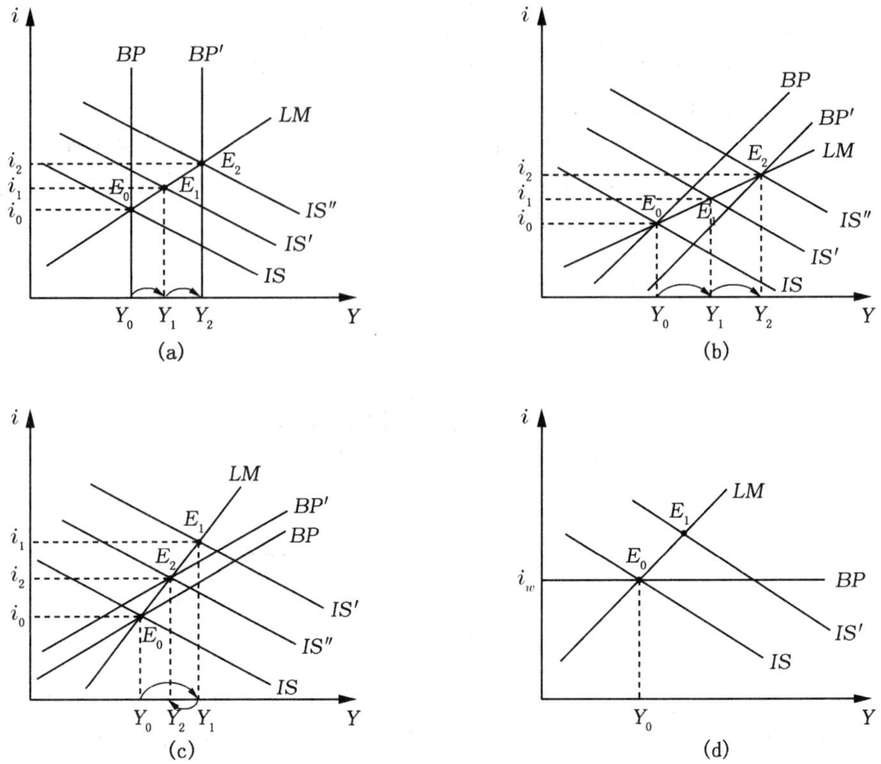

图 11—5　浮动汇率制下财政政策的效果

这一项。

总之，在浮动汇率制度下，财政政策的作用效果取决于国际资本的流动性。当资本完全不流动或者相对流动性低时，财政政策在提高收入和扩大就业方面的效果显著；当资本的流动性越来越高时，财政政策的效果越来越弱；在资本完全流动的极端情况下，财政政策将完全失效，对产出和利率水平不能产生任何影响。

(3)根据(1)的结论，当这些发展中国家采用固定汇率制度时，货币政策是无效的，因此无法依靠扩张性的货币政策来实现经济增长。

同时，当这些发展中国家采用固定汇率制度，又实行外汇管制，也就是使资本完全不能流动，如图 11—6 所示，*BP* 曲线呈垂直状态。此时采取扩张性的财政政策提高收入(从 Y_0 到 Y_1)，从而引起经常账户逆差；但资本流动的利率弹性为零，利率的提高并不能引起资本流入。因此在新的内部均衡点 E_1 上存在国际收支逆差，这可以从 E_1 位于 *BP* 曲线的右侧得到验证。国际收支逆差使本币有贬值的压力，为维持固定汇率，本国货币当局必须出售外币购买本币，外汇储备减少将导致货币供应量下降，即 *LM* 曲线向左移动，直至利率升高到足以使本国投资需求的减少恰好完全抵消掉了政府支出的增加，即发生了政府的公共投资对私人投资的完全挤出效应。*LM* 曲线最终移至 *LM′*，三条曲线交于点 E_2，利率水平进一步上升(从 i_1 到 i_2)，但收入和就业又回到原来的水平 Y_0。可见，在资本完全不流动的情况下，财政政策在扩大就业、提高产出方面也是完全无效的。

综上所述，当这些发展中国家采用固定汇率制度同时实行外汇管制时，无论货币政策还是财政政策，在扩大产出和就业、促进经济增长方面都完全不能起作用，只能依靠出口增长、外国投资或外国援助。

6. 根据第 5 题(2)④的结论，在浮动汇率制度下，在资本完全流动的极端情况下，财政政策将完全失效，对产出和利率水平不能产生任何影响。而在浮动汇率制度下，根据教材本章第三节第二部分(二)的内容，货币政策的作用效果是非常好的。因此，此时应采取货币政策效果更佳。

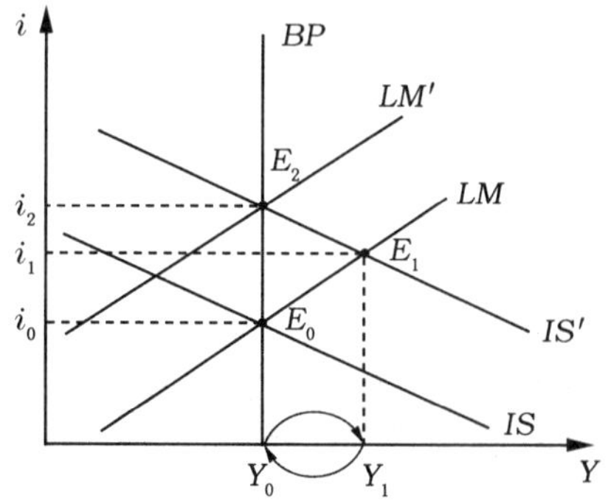

图 11—6

四、案例讨论题

提示：

(1)参考综合分析题第 4 题①的结论。当美国政府采取扩张性的财政政策刺激经济时，将会使 *IS* 曲线向右上方移动。美国所实行的是浮动汇率制度，同时其对资本跨国流动的管制相对比较少，因此资本流动的利率弹性较大，即 *BP* 曲线相对较为平坦。那么 *IS* 曲线的移动将使其与 *LM* 曲线的交点处于 *BP* 曲线的左上方，即扩张性的财政政策引起的利率上升引起大量外部资本的流入，从而使美国外部国际收支出现盈余。同时，这也将会引起美元的大幅升值，而美元升值将不利于其出口贸易，对外净出口的下降将冲抵掉一部分扩张性政策的作用效果，使得其国内产出及就业的增长不会达到如其所预期的程度。

(2)因为外国投资者们始终热衷于大量购买美国政府发行的证券。有分析指出，要是没有这些外国资本的流入，美国的利率水平将比现在高出 1.5 个百分点。但是，一旦外国投资者们开始对美元的可靠性以及美国的还债能力有所质疑，美国的自由消费政策将不得不画上句点。因为投资者们要么会要求美国提高利率，要么会终止对美国的借款。到那时候就很有可能产生明显的挤出效应了。

第十二章 国际收支调节与政策的国际协调

同步练习题

一、选择题

1. 根据“物价-铸币流动机制”，在金本位制下的一个收支逆差国将会(　　)。

A. 黄金流出　　B. 货币供应量下降

C. 价格水平下降　　D. 以上都正确

2. 固定汇率制度下逆差时国际收支自动调节的代价是(　　)。

A. 商品价格上升　　B. 本国利率水平下降

C. 收入水平下降　　D. 通货膨胀

3. 国际收支自动调节机制存在的缺陷有(　　)。

A. 汇率频繁波动干扰国际贸易流动　　B. 对国际收支的调节存在时滞效应

C. 容易引起不稳定的国际资本流动　　D. 以上各项都包括

4. 根据国际收支的弹性分析法(　　)。

A. 一国出口商品的需求弹性越大，汇率变动越易于改善国际收支

B. 一国出口商品的供给弹性越大，汇率变动越易于改善国际收支

C. 一国进口商品的需求弹性越小，汇率变动越易于改善国际收支

D. 汇率变动能否改善国际收支与进出口商品的供求弹性无关

5. 根据马歇尔-勒那条件，升值降低国际收支顺差的条件是(　　)。

A. 进口商品缺乏价格弹性，出口商品富有价格弹性

B. 进口商品富有价格弹性，出口商品缺乏价格弹性

C. 进口商品富有价格弹性,出口商品富有价格弹性

D. 进口商品缺乏价格弹性,出口商品缺乏价格弹性

6. 在(　　)的情况下J曲线效应更显著。

A. 市场上价格信息传递速度快　　B. 企业调整生产规模较容易

C. 厂商拥有存货多　　D. 进出口商品供求弹性较大

7. 如果一国的吸收函数为:$A=300+0.8Y$,该国的Y水平为1 000,根据吸收分析法,此时该国处于(　　)。

A. 贸易收支顺差　　B. 贸易收支平衡

C. 贸易收支逆差　　D. 无法判断

8. 国际收支的吸收分析方法认为当本国不存在闲置资源时,应采取(　　)的措施调节收支逆差。

A. 本币贬值且采取紧缩的货币和财政政策降低国内的吸收量

B. 本币贬值且采取宽松的货币和财政政策提高国内的吸收量

C. 采取紧缩的货币和财政政策降低国内的吸收量

D. 采取宽松的货币和财政政策提高国内的吸收量

9. 根据货币分析方法,一国出现国际收支逆差的原因是(　　)。

A. 国内货币供应量过多引起货币贬值

B. 国内货币供应量超过货币需求量引起人们对国外商品和金融资产的需求增加

C. 国内货币需求量超过货币供应量

D. 国内商品价格上升

10. 根据货币分析方法,一国出现国际收支逆差时(　　)。

A. 本币需要竞相性贬值

B. 本国外汇储备需要减少

C. 国内物价水平需要降低从而增加出口

D. 不需要采取措施国际收支逆差便会自动平衡

11. 下列各项中属于支出转换政策的是(　　)。

A. 增加本国货币供给量　　B. 减少政府支出

C. 提高企业和个人的所得税率　　D. 提高进口关税

12. 在斯旺图中,位于YY曲线以下,EE曲线以上的点代表(　　)。

A. 国内失业,国际收支逆差　　B. 国内失业,国际收支顺差

C. 国内通货膨胀,国际收支逆差　　D. 国内通货膨胀,国际收支顺差

13. 在上题所述的内外经济失衡状况下,实行固定汇率制的一国政府需要采取(　　)来实现内外经济的均衡?。

A. 本币贬值和扩张性的财政货币政策

B. 本币贬值和紧缩性的财政货币政策

C. 本币贬值或升值,并配以扩张性财政货币政策

D. 本币升值,并配以扩张性的财政货币政策或紧缩性的财政货币政策

14. 在(　　)状况下,紧缩性的支出增减政策能同时实现一国经济的内外均衡。

A. 国际收支赤字和高失业率并存　　B. 国际收支盈余和通货膨胀并存

C. 国际收支赤字和通货膨胀并存　　D. 国际收支盈余和高失业率并存

15. 浮动汇率制度下，一国采取扩张性的财政政策对外国的影响不包括(　　)。

A. 使外国国民产出增加　　B. 使外国利率提高

C. 使外国发生资本流入　　D. 使外国货币贬值

二、辨析题

1. 金本位制下的休谟机制能够发挥作用的前提条件是黄金可以自由地输出输入。

2. 在浮动汇率制度下，一国的国际收支逆差将自动引起该国货币的贬值及净贸易余额的增加。

3. 国际收支的弹性分析法和吸收分析法都没有考虑国际收支的资本和金融账户。

4. J 曲线效应产生的原因是商品的短期价格弹性大于长期价格弹性。

5. 吸收分析法认为货币贬值会在一个充分就业的国家中获得成功。

6. 货币分析法认为，政府只有在货币贬值的同时扩大货币供给才能达到缩减贸易赤字的目的。

7. 支出转换政策的主要目的是将国内支出转移到生产率更高的项目上。

8. 本币贬值同时增加货币供给可以帮助一国实现经济复苏和削减国际收支逆差的目的。

9. 在蒙代尔有效市场分类原则模型中，EB 曲线比 IB 曲线更平缓是因为利率变化对外部均衡的作用更强。

10. 国家之间资金流动性越大会使经济政策的溢出效应越强。

三、简答题

1. 简述休谟提出的“物价-铸币流动机制”。

2. 信用货币制度下国际收支的自动调节机制主要有哪几种？自动调节机制在什么环境下才能发生作用？

3. 简述弹性法、货币法和吸收法对国际收支失衡产生的原因及其调整有什么不同的见解。

4. 什么是“米德冲突”？请举例说明。

5. 在蒙代尔的“有效市场分类”模型中，IB 曲线和 EB 曲线分别表示什么？为什么 EB 曲线比 IB 曲线平缓？

四、综合分析题

1. 假设美国以每台 3 000 美元的价格出口 1 000 台计算机，以每台 10 000 英镑的价格进口 150 辆英国汽车。假定美元对英镑的汇率是 2 美元/英镑。

(1)计算以美元表示的美国的出口收入、进口支出以及贸易余额；

(2)假设美元贬值 10%，美国出口商品和进口商品的需求价格弹性分别为 3.0 和 2.0。计算美国的出口收入、进口支出和贸易余额。美元贬值使美国贸易收支状况改善了还是恶化了？

着符合马歇尔-勒纳条件吗？

(3)假设美国出口商品和进口商品的需求价格弹性分别为0.3和0.2，结果又会怎样？

2. 假设一个国家处在充分就业水平并且没有通货膨胀，但是国际收支有赤字。

(1)该国的货币贬值能否修正赤字？为什么？请画图说明。

(2)国内吸收会否由于贬值而自动下降？

(3)国家怎样才能使国内吸收下降从而让贬值更有效？

3. 假定一国的名义GDP＝1 000亿美元，货币流通速度v＝5，货币当局创造的国内信用为20亿美元，国际储备10亿美元，该国法定存款准备金为20%。请问：

(1)该国的货币需求是多少？

(2)该国的货币供给是多少？

(3)该国的国际收支出现盈余还是赤字？数额是多少？

(4)请分析在固定和浮动汇率制下，国际收支会如何恢复平衡。

4. 请在斯旺模型中指出一国内外经济的四个非均衡区域，并讨论从图中A、B、C、D点出发同时实现内外均衡所需要的支出增减政策和支出转换政策。

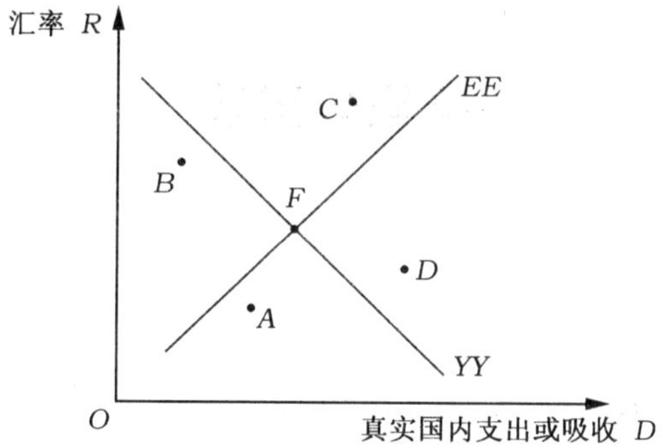

图 12—1

5. 根据蒙代尔的“有效市场分类原则”，结合图形说明：

(1) 如果一个国家同时存在通货膨胀和国际收支赤字，财政政策和货币政策应该如何组合？

(2)试设计一种解决高通货膨胀与国际收支盈余并存的办法；

(3)如果同时存在总需求不足和国际收支盈余，应该采用什么样的解决办法？

6. 假设泰国和马来西亚都想通过贬值来促进出口，但是又害怕导致通货膨胀。两国面临的选择分别是采取扩张性货币政策或者采取不变的货币政策。请运用博弈论模型分析不同政策选择的结果。两国如果进行协商，能否取得比单独行动更好的结果？

五、案例讨论题

表12—1中显示了我国近10年的进出口贸易额和同时期的人民币对美元年平均汇率水平，请将二者作图进行比对分析：

(1)做出的走势图符合汇率变动与国际收支余额关系的预期吗？能否根据所学理论解释

不符合预期可能的原因？

(2)从走势图来看，我国存在“J曲线效应”吗？

表12—1　　2005～2015年中国进出口贸易额及人民币对美元年平均汇率

	2005	2006	2007	2008	2009	2010
出口额(百万美元)	773 339	991 731.4	1 257 053	1 495 317	1 249 723	1 640 972
进口额(百万美元)	648 712.2	782 812.3	949 016.8	1 146 485	1 029 593	1 422 957
人民币对美元汇率(1美元的人民币值)	8.194	7.973	7.608	6.949	6.831	6.77
	2011	2012	2013	2014	2015	
出口额(百万美元)	2 008 853	2 175 092	2 355 595	2 524 238	2 429 294	
进口额(百万美元)	1 826 949	1 943 247	2 120 216	2 261 552	2 044 652	
人民币对美元汇率(1美元的人民币值)	6.461	6.312	6.196	6.143	6.227	

答案与讲解

一、选择题

1.D　2.C　3.D　4.A　5.C　6.C　7.C　8.C

9.B　10.D　11.D　12.B　13.C　14.C　15.A

二、辨析题

1.√　2.√　3.√　4.×　5.×　6.×　7.×　8.×

9.√　10.√

三、简答题

1. 休谟机制又称“物价-铸币流动机制，是18世纪中期由大卫·休谟提出的。这一机制的核心观点是：在金本位制的条件下，一国的国际收支可通过黄金的输出入和物价的涨落自动恢复平衡。根据货币数量公式，当黄金流入一国时将引起该国的物价同比例上升，而黄金的流出则使其物价同比例下降。因为一国的货币供给由黄金本身或由黄金为依据的纸币构成，所以当一国国际收支出现逆差时，由于黄金的外流引起本国货币供应量的下降。货币供应量的下降导致价格的下降，促进出口的增加、进口的减少，其结果使该国的国际收支的逆差趋向调整。因此，国际收支就是这样以黄金的流出和流入为纽带，通过物价的上涨或下降自动地得到调节。

2. 在纸币本位制的条件下，国际收支有以下几种自动调节机制：

(1)物价的自动调节机制

国际收支顺差时，外汇的流入引起国内的信用膨胀，导致一国的货币供应量的增加，引起利率的下降，导致投资、消费的上升。需求增加引起物价水平的上涨，结果是出口产品的价格上涨、进口产品的价格下降，导致出口减少、进口增加，国际收支由顺差转为顺差的减少，向平衡方向收敛(如果是逆差其调节过程正好相反)。

(2)汇率的自动调节机制

国际收支出现逆差时,本国对外汇的需求增加。在浮动汇率制下,外汇市场的需求增加导致本币贬值。这将引起以外币计算的出口商品价格的下跌、以本币计算的进口商品价格的上涨,导致出口增加、进口减少,国际收支(贸易收支)趋于改善。顺差则反之。

(3)国民收入的自动调节机制

国际收支的逆差会引起外汇的流出,导致本国货币供应量的减少。本国利率上升,需求减少,国民收入下降。这将使得该国进口减少。当然,利率的上升也会使资本流入,结果是国际收支逆差的改善。

(4)利率的自动调节机制

国际收支的逆差会引起外汇的流出,导致本国货币供应量的减少。本国利率上升导致外国资本的流入。资本的流入将改善金融资本账户的收支状况。同时,利率的上升使该国社会总需求下降,进口减少。结果是该国的国际收支的逆差趋于改善。

其中必要的条件是这些变量的变化和调整具有充分的弹性和灵敏性,可以根据客观经济环境的变化自发地进行调整,能够如实反映并传导经济环境的变化。这首先要求价格、利率、汇率等关键变量调整的市场化形成的制度基础不能是由国家干预制定的。其次,足够的市场规模和自由竞争的市场环境使这些变量的形成与变化不存在不正常的扭曲。同时,这些变量的反应足够灵敏。最后,实体经济的运行也不存在外部的过度干预,作为市场运行主体的微观企业与个人有充分的自我调整和决策权力,能够对市场信号的变动自主做出相关决策。

3. 弹性分析法(Elasticity Approach)讨论货币的贬值取得成功的条件及其对贸易收支的影响问题,也就是货币的贬值能否改善贸易收支,如果可以,条件是什么。弹性分析法的主要观点是:当一国实行本币贬值后,对其贸易收支会产生什么样的影响,能否改善其贸易收支状况,弹性分析法认为这取决于出口商品的需求弹性和进口商品的需求弹性的大小。

吸收分析法(Absorption Approach)从宏观经济的角度出发将一国经济的整体活动与国际收支相联系,主要考察总收入与总支出对国际收支的影响,并提出调节国际收支的政策主张:如果经济处于充分就业状态,则所有的资源已被充分利用,要使国际收支改善就应注意使用减少支出的政策(即紧缩的财政和货币政策);如果存在闲置资源的话(失业),要注意搭配使用汇率贬值政策。

货币分析法(Monetary Approach)与吸收分析法相比,从更宽的角度来考察国际收支的失衡问题,将这一思维方式进一步扩展,把国际收支作为一种货币现象来加以把握,也就是说以货币的角度来分析国际收支的均衡问题。这是货币分析法的最大特点。它的分析范围不只在于经常收支,而且扩大到了资本账户。

4. 实行固定汇率制度的国家,由于不能轻易变动汇率而使支出转换政策失效,因此只能依赖支出增减政策来实现内外部同时均衡的两个政策目标,政策工具的数量少于政策目标,于是很有可能面临内外均衡目标之间的相互冲突,使政府的宏观调控陷入两难的困境。米德在其1951年出版的《国际收支》一书中最早提出了实行固定汇率制的国家可能面临的内外均衡冲突问题,被称为“米德冲突”(Meade's conflict)。

例如,当一国处于内部失业与外部收支逆差并存的情况下,为修正失业实现经济的内部均衡,政府应该采取扩张性的财政货币政策来增加社会总需求,但这会使国民收入增加,从而增加进口,使原本已存在的国际收支逆差更加恶化。

5. IB(Interior balance)线表示实现对内均衡的财政政策和货币政策的各种组合,EB(Exterior balance)线表示实现对外均衡的财政和货币政策的各种组合。EB线比IB线更平缓,是因为货币政策调节对外均衡比调节对内均衡更加有效。给定同等规模的财政扩张,运用紧缩性货币政策恢复对内均衡只能通过提高利率抑制国内投资、消费,从而降低总需求水平;而对于外部均衡来说,提高利率不仅能够通过降低总需求而减少进口从而改善经常账户,同时还能够引起资本流入改善资本金融账户,也就是说变动利率对国际收支的影响较大。因此恢复对外均衡所需要的利率提高程度比恢复对内均衡所需要的程度更低。而且短期资本流动对利率变动的反应越敏感,*EB* 线就越平缓,运用货币政策恢复对外均衡越容易。

四、综合分析题

1.(1)以美元表示的美国的出口收入:3 000=3 000 000(美元)

以美元表示的美国的进口支出:10 000×2×150=3 000 000(美元)

贸易余额:出口收入－进口支出=0

(2)出口收入:3 000×1 000×(1+30%)=3 900 000(美元)

进口支出:10 000×2×(1+10%)×150×(1－20%)=2 640 000(美元)

贸易余额:3 900 000－2 640 000=1 260 000(美元)

美元贬值使美国贸易收支状况改善了,符合马歇尔－勒纳条件。

(3)出口收入:3 000×1 000×(1+3%)=3 090 000(美元)

进口支出:10 000×2×(1+10%)×150×(1－2%)=3 234 000(美元)

贸易余额:3 090 000－3 234 000=－144 000(美元)

美元贬值使美国贸易收支状况恶化了,符合马歇尔－勒纳条件。

2.(1)一国货币贬值刺激本国的出口和对本国进口产品的替代。然而,除非实际产出能够出现某种程度的扩张以及(或者)国内吸收减少,贬值将导致过度的总需求。由此产生的通货膨胀将抵消贬值所带来的价格优势,赤字依然不会得到改变。

(2)国内吸收会随着一国货币贬值而自动下降是因为实际货币余额效应,货币幻觉效应和重新分配效应。实际货币余额效应的机制如下:当一个国家货币贬值,其国内价格将上升;如果名义货币供给保持不变,那么实际货币余额将下降,并且会进而减少消费以及通过利率升高而抑制投资。货币幻觉效应是指:如果消费者因为价格上升支出减少,即使他们的收入也会随着价格的增加而增加,但他们会错误地感觉工资上涨没有价格上涨快,因此会减少消费支出。最后,贬值通过价格上升将重新在消费者之间分配收入,具有更高储蓄倾向的消费者得到更多收入,那么吸收将会下降。当然这些效应可能不会出现或者不充分。

(3)政府可以通过采用支出减少政策(紧缩性的财政政策或者紧缩性的货币政策)来帮助减少国内吸收,以使得贬值更有效率。

3.(1)该国的货币需求:$M_d=kPY=(1/v)\times P\times Y=(1/5)\times 1\,000=200$(亿美元)

(2)该国的基础货币:$B=D+F=20+10=30$ 亿美元;货币乘数:$m=1/LLR=1/0.2=5$;该国的货币供给量为:$M_s=m\times B=5\times 30=150$ 亿美元。

(3)该国 $M_d>M_s$,当名义货币需求超过了货币供给,在价格不变的情况下,人们必然会减少支出,减少对外国商品和金融资产的需求,最终导致国际收支顺差。又因为 $m=5$,所以为使国际收支恢复平衡需要增加该国基础货币的国外部分(即该国国际储备 F)10 亿美元,由此可以推知该国的国际收支顺差额为 10 亿美元。

(4)在固定汇率制度下,国际收支顺差导致的外汇内流将使该国国际储备增加 10 亿美元,从而使原本不足的国内货币供给增加,达到满足国内货币需求的程度,此时顺差就自动消除了。而在浮动汇率制度下,国际收支的顺差将直接导致该国货币的升值,从而使物价下降,人们减少对货币的需求,最终使货币需求与货币供给重新达到平衡。收支顺差也由于本币的升值而被消除。

4. 图中该国内外经济的四个非均衡区域为:A 是失业与赤字并存,B 是失业与盈余并存,C 是通胀与盈余并存,D 是通胀与赤字并存。

同时实现内外均衡所需要的支出增减政策和支出转换政策:A 点需要扩张性的支出增减政策配合本币贬值,B 点需要扩张性的支出增减政策配合本币升值,C 点需要紧缩性的支出增减政策配合本币升值,D 点需要紧缩性的支出增减政策配合本币贬值。

5.(1)应该用紧缩性的财政政策来降低国内需求,减少通胀;同时采用紧缩性的货币政策提高利率,吸引外资流入,减少国际收支赤字;

(2)应该用紧缩性的财政政策来对付国内的高通胀,同时采用宽松的货币政策来降低国际收支盈余。

(3)应对国内总需求不足应采取扩张性的财政政策,然后同样用宽松的货币政策来修正国际收支盈余,同时宽松的货币政策也可以刺激国内需求,助力扩张性财政政策来拉动国内总需求。

图形参考教材图 12—11。

6. 假定两国都采用浮动汇率制度,而且两国的出口结构相同。根据"以邻为壑"的原理可知,如果采用扩张性货币政策造成本币贬值,则该国的出口增长必然意味着另一国出口减少。两国如果没有协调,两国必然都会采取扩张性的货币政策,可能的结果是造成"竞争性贬值",最终两国的出口都不会得到增加,却带来了国内的高通货膨胀。可以通过下面这个支付矩阵来进行说明:

		马来西亚	
		宽松的货币政策	不变的货币政策
泰国	宽松的货币政策	I:—10, —10	III:—20, —3
	不变的货币政策	II:—3, —20	IV: —5, —5

可见,只有两国进行协调,都保持不变的货币政策才是最好的选择,他们可以采用其他方法来增强自己产品的竞争力,不一定只依靠货币贬值。

五、案例讨论题

提示:

(1)做出的走势图不符合汇率变动与国际收支余额关系的预期,即本国货币升值应该会降低国际收支余额,修正国际收支的顺差状态。但实际二者的走势没有符合这种预期。

可能的原因:首先,一国货币币值的变化能否直接地影响国际收支(主要是贸易收支)的变动是有条件限制的,弹性分析法指出,这要取决于进出口商品的需求弹性的大小。只有满足马歇尔—勒纳条件,即只有当进口需求弹性与出口需求弹性之和大于1时,汇率变化才能改善贸易收支。那么当进出口商品的弹性很小时,在一般情况下,货币升值对贸易收支的影响较小、作用时间也较长。因此,进出口商品结构是影响因素之一。其次,从升值到收支余额降低之间有时滞(time lag)。在现实中,汇率变化引起的进出口价格变化可以立即发生,但随后进出口数量的相应调整是比较迟钝的,通常需要较长的时间。由于存在认知、决策、替代、生产等相应环节的滞后,即使升值能够修正贸易顺差,也需要经过一段时间的进出口调整以后,贸易收支才会开始降低,最终调整到位。再次,我国的国际收支盈余还受到很多其他因素的影响。比如储蓄率的提高,由于过度储蓄、消费不足致使我国必须依靠国外需求来消耗掉本国的产出;储蓄投资关系恶化、储蓄战略转变;等等。

(2)从走势来看,2005~2008 年我国存在较明显的 J 曲线效应,即贸易余额对汇率变化的反应大大滞后(大约达到两年之久)。

第十三章 国际货币与国际货币体制

同步练习题

一、选择题

1. 国际货币在国际范围内具有的功能不包括（　　）。

A. 结算货币　　B. 储备货币　　C. 基准货币　　D. 借贷货币

2. 一种货币要成为国际货币应具备的基本条件有（　　）。

A. 有比较完善和成熟的市场经济环境

B. 有充足的外汇储备及从国外融资的能力

C. 有稳定的货币价值和较低的通货膨胀率

D. 以上都正确

3. 下列关于国际货币发行国的利益与责任的说法中错误的是（　　）。

A. 可以享受超过本国生产额的消费，代价是几乎没有成本的本国货币的支付

B. 可以用本国货币支付国际收支逆差而无须牺牲国内的经济利益

C. 可以更容易地通过调整本国货币的汇率来维持对外的均衡

D. 为满足世界经济贸易发展对国际货币不断增长的需求，国际货币发行国会面临特里芬两难问题

4. 一种国际货币体制的核心内容是（　　）。

A. 汇率制度　　B. 储备体系

C. 国际收支的调节方式　　D. 国际结算原则

5. 下列关于金本位制的说法中错误的是（　　）。

A. 黄金作为本位货币充当国际货币体系的基础
B. 是一种极其严格的固定汇率制度
C. 国际收支可以实现自动调节
D. 由国际货币基金组织来监管其运作
6. 以法定含金量决定各国货币价值，金币可自由铸造、自由兑换、黄金可自由输出入，货币储备和国际结算全部使用黄金，这种货币体制是(　　)。
A. 金币本位制　　B. 金块本位制
C. 金汇兑本位制　　D. 纸币本位制
7. 布雷顿森林体系是一种(　　)。
A. 金本位制　　B. 有管理的浮动汇率制
C. 金汇兑本位制　　D. 蠕动钉住汇率制
8. 布雷顿森林体系的内容有(　　)。
A. 美元等同于黄金作为国际货币
B. 黄金作为储备资产
C. 不允许一国在任何情况下改变其本币的汇率平价
D. 国际收支逆差只能通过向基金组织申请资金融通来调节
9. 布雷顿森林体制与传统金汇兑本位制最主要的区别在于(　　)。
A. 美元是唯一的储备资产　　B. 美元和黄金挂钩
C. 没有国际收支自动调节机制　　D. 规定各国不得进行外汇管制
10. 导致布雷顿森林体系最终解体的最根本缺陷是(　　)。
A. 国际收支调节机制失灵　　B. 黄金在国家间分配不均
C. "特里芬难题"　　D. 缺少权威性金融机构的监管
11. 当前现行的国际货币体系是一种(　　)。
A. 金本位制　　B. 浮动汇率制
C. 有管理浮动汇率制　　D. 目标区汇率制
12. (　　)不是牙买加货币体系的特征。
A. 各国可以自由选择实行固定汇率制度或浮动汇率制度
B. 以黄金和美元作为国际储备资产
C. 扩大对发展中国家的资金融通
D. 有多种调节国际收支的政策方法
13. 在传统钉住基础上按固定预先宣布的比率作较小的定期调整的汇率制度是(　　)。
A. 货币局制度　　B. 水平区间钉住制
C. 爬行钉住制　　D. 管理浮动制
14. (　　)不是浮动汇率制的优点。
A. 能发挥自发调节国际收支的经济杠杆作用
B. 有利于保持政府货币政策的独立性
C. 自动调节短期资金移动能有效防止国际游资冲击
D. 有利于抑制国内通货膨胀和保持经济稳定
15. (　　)是当今世界所面临的最严重的国际货币问题之一。

A. 汇率过于频繁的变动和长期严重的汇率不平衡
B. 不能在主要工业国家间促进更大范围的经济政策协调
C. 在新兴的市场经济国家中未能阻止国际金融危机的发生
D. 以上都有

二、辨析题

1. 目前国际货币主要是美元、欧元、日元、英镑四种，其中美元是“关键货币”。
2. 一国的政治、军事力量越强大，其货币越容易成为国际货币。
3. 在国际贸易中作为各种商品、服务的计价单位以及在国际投资中表示债权债务金额的货币通常被称为“基准货币”。
4. 在国际金本位体系下，各国货币之间汇率将始终保持在铸币平价水平上。
5. 黄金数量不能满足各国国内经济发展的需要是导致国际金本位制瓦解的主要原因。
6. 布雷顿森林体系所确立的所谓“双挂钩”制度是指英镑与美元挂钩及各国货币与黄金挂钩。
7. 布雷顿森林体系规定会员国汇率波动幅度为±2.25。
8. 浮动汇率制合法化及黄金非货币化是牙买加体系的核心内容。
9.《牙买加协议》以后的浮动汇率体制也仍然是以美元为中心的国际货币体制的延续。
10. 所谓“汇率目标区”理念是一种介于固定汇率制和浮动汇率制之间的折中办法。

三、简答题

1. 什么是国际货币？国际货币的基本功能有哪些？
2. 什么叫国际货币体系？有效国际货币体系的关键特征有哪些？
3. 成立 IMF 最初的目的是什么？它的职能发生了什么变化？其监管的理由是什么？
4. 什么是“特里芬两难”？
5. 世界经济当今面临的最严重的货币问题是什么？对于解决这些问题有哪些改革建议？

四、综合分析题

1. 试解释：
(1)金本位制有哪几种形式？什么是狭义的金本位制？
(2)国际金本位体系的特征有哪些？其主要缺陷是什么？
(3)今天与实行金本位制时相比，经济环境有何不同？在当今的经济环境下，还能否重建金本位制？
2. 根据布雷顿森林体系回答：
(1)布雷顿森林体系是哪种类型的汇率体系，它的主要内容是什么？
(2)美元在这一体系中扮演怎样的角色？
(3)在这一体系下国家是如何修正国际收支赤字的？

(4)一国如何通过干预外汇市场来阻止不稳定的国际资本流入本国？在现行的国际货币体系下还能这样做吗？

(5)布雷顿森林体系的作用是什么？其运行效果如何？

(6)这一体系的主要问题是什么？现行的国际货币体系中存在这些问题吗？

3.1973 年建立的以牙买加协议为基础的现行国际货币体系：

(1)主要内容是什么？

(2)基本特征有哪些？

(3)其与布雷顿森林体系相比有何不同？

(4)存在的主要问题是什么？

4.“浮动汇率比固定汇率制度更好。”对这句话进行评析。

五、案例讨论题

表 13—1 是由国际货币基金组织提供的、以特别提款权为单位的国际储备历史数据。国际货币基金组织所包括的黄金储备是按官方价格每盎司 35 特备提款权计算的，表中还给出了特备提款权在年底的美元价格。自 1971 年布雷顿森林体系崩溃以来，外汇储备(主要是美元)和黄金储备的市场价值都迅速增加。特备提款权储备在 1992 年的下降主要是由于国际货币基金组织各成员国将其用于支付各自在国际货币基金组织增加的配额。

问题：

(1)计算 1970、1980、1990、1995、2000、2005、2008 年国际储备总额的美元价值(黄金按市场价计算)对世界进口总额的美元价值的比率；

(2)对于这些年国际流动性的增加，你有何看法？

(3)为什么在目前的国际货币体系下会产生过剩的国际流动性？

(4)为什么 SDR 被称为“纸黄金”？在现行的国际货币体系中它扮演什么角色？

答案与讲解

一、选择题

1.D	2.D	3.C	4.A	5.D	6.A	7.C	8.A
9.C	10.C	11.C	12.B	13.C	14.D	15.D	

二、辨析题

1.√	2.√	3.×	4.×	5.√	6.×	7.×	8.√
9.√	10.√						

三、简答题

1. 国际货币是指在国际往来的支付中被广泛使用的，以及在主要外汇市场上被广泛交易的货币。该货币在国际范围内具有结算货币、储备货币、介入货币、基准货币中的部分或全部功能的货币。所谓结算货币指的是民间和公共部门的经济主体在国际经济交易中所使用的货币。货币当局为了市场介入和货币当局之间的借贷结算而持有的国际货币叫储备货币。作为官方储备有黄金、外汇以及在IMF的储备头寸。货币当局用于干预外汇市场的货币称为介入货币。目前干预外汇市场时大多使用美元。作为各国设定外汇汇率基准的货币称为基准货币。只能发挥上述功能中一部分的货币称为部分的国际货币(International Currency)。

国际货币的基本功能与国内货币类似,国际货币的基本功能主要有三种:计价单位、支付手段和价值储存。国际货币的另一种功能是作为合同货币与媒介货币的功能。合同货币是指进出口商签订合同时所使用的货币。国际货币因为它所具有的信息优势而在整个国际经济交易贸易合同中被广泛使用,在国际贸易中常使用国际货币作为开具发票的货币。媒介货币是指在银行间外汇交易中所使用的货币。此外还有作为储备货币的功能。储备货币按照持有者的不同可以分为两种。一种是各银行持有的定期存款、证券等,称为民间储备货币。另一种是国家拥有的外汇储备,其中除黄金、在IMF的储备头寸(Reserve Position)以及分配给该国的特别提款权(Special Drawings Rights)外,以外汇形式所持有的储备称为公共储备货币。一国货币作为国际储备货币,其本质是执行着价值储藏手段的职能。

2. 国际货币体制(International Monetary System),也称国际货币秩序或国际货币制度,是调节各国货币关系的一整套国际性的规则、惯例、安排和组织形式。它的主要目的是为了协调各个独立国家的经济活动,促进国际贸易和国际支付活动的顺利进行。

评价一个国际货币体制是否有效主要考察以下四个方面:流动性 (Liquidity)、调整(Adjustment)、信任(Confidence)和货币发行利益(Seigniorage)的归属。流动性也叫清偿能力,指的是流动性以何种形式提供的问题,即国际储备的适度性,它是否提供了一个有效的结算和融资中介。调整也称调节效率,指的是各国如何平衡国际收支的问题,包括国际收支不平衡的调节成本大小以及各国调节责任的分布是否公平合理,它的操作成本是否超过必要的限度等。信任也称市场信心,包括交换性问题和国际货币贬值的问题。即国际金融市场对国际储备价值稳定性的相信程度,它是否使交易者避免承受不必要的风险。货币发行利益原本是指铸币面额的价值与生产铸币所需成本的差。而现今货币拥有对商品、服务的支配权,货币发行利益归属于货币发行当局。

3. IMF最初被赋予的主要职能有三项:(1)就汇率政策、与经常项目有关的支付问题、货币的可兑换性问题确立一套行为准则,并实施监督。(2)向国际收支发生困难的成员国提供信用帮助。(3)为成员国在国际货币问题上进行磋商和协作提供场所。随着时间的推移,IMF的贷款年限和金额都有延长和增加趋势。IMF资金融通的基本特征是:第一,IMF发放贷款的对象仅限于成员国的政府。第二,IMF贷款条件的中心原则是贷款必须与国际收支前景相结合。因此,贷款的用途只限于解决因经常项目收支逆差而引发的国际收支暂时性失衡,期限一般在3~5年,最长不超过10年。第三,贷款采取由会员国用本国货币向IMF申请购买外汇的方式,还款时则以外汇购回本国货币。

4. 布雷顿森林体系是建立在黄金一美元本位制基础上的。美国在布雷顿森林体制中既要保证美元按固定官价兑换黄金,维持各国对美元的信心,又要提供足够的国际流动性,即美元。但两个责任同时实现是有矛盾的。美元供应的不断增加,美元就会有不能兑换黄金的危险,使人们怀疑美元同黄金的可兑换性,由此产生信心问题。另一方面,美元供给太少,虽可解决对美元的信心问题,但又不能满足国际经济发展对国际流动性的需求。当美国国际收支顺差时,将引起国际流动性的不足。持续逆差,则出现流动性供给过剩,该国货币信任度下降。在布雷顿森林体系下,绝大部分流动性是由于美国的国际收支逆差导致的世界外汇增长创造出来的。因此只要美国的国际收支逆差继续,就会有更多的美元不断积聚在外国,也就使得美元的可靠性不断下降。这种矛盾最早由美国学者特里芬于1959年提出,故把这种矛盾又称为"特里芬两难"(Triffin Dilemma),或称为"流动性困境"(Liquidity Dilemma)。"特里芬两难"或者说清偿能力和信心之间的矛盾,是导致布雷顿森林体系瓦解的最根本原因。

5. 汇率制度和与之相关的本位货币的选择是国际货币体系最核心的内容。现在国际货币体系的一个重大问题是该体系的稳定取决于美元的稳定,而美元的稳定又取决于美国的国际收支平衡,但全球清偿能力供应又依赖于美国的国际收支逆差，美国的“铸币税特权”又推动美国的经常账户逆差不断扩大，从而形成了全球性失衡。

为解决这一失衡，人们提出了两种解决思路：第一，通过国际合作成立国际中央银行，发行国际货币。1968年特别提款权的设立实际上就是朝着这一方向变化的努力，但由于世界各国经济发展水平的巨大差距，这一尝试已经停止。第二，恢复金本位制。正如前面所讨论的金本位制以及布雷顿森林体制的崩溃原因那样，返回金本位制或金汇兑本位制是不可能的。而且，从本位货币的性质来看，本位货币是对商品的要求权，本位货币实质上也就是信用工具，没有必要坚持货币金属论，非把足值黄金作为真正的货币。此外，还有学者提出介于固定汇率制和浮动汇率制之间的改革建议，即所谓“汇率目标区”的构想。目标区的最初含义是浮动汇率的一个中期合理估计范围。

四、综合分析题

1.(1)国际金本位体系是以黄金作为国际本位货币的制度。按照货币与黄金的联系程度，金本位货币体系可以分为金币本位制、金块本位制和金汇兑本位制三种类型。

金币本位制的内容是：用黄金来规定货币所代表的价值，每一货币都有法定的含金量，各国货币按其所含黄金的重量而有一定的比价；金币可以自由铸造，任何人都可按法定的含金量自由地将金块交给国家造币厂铸造成金币，或以金币向造币厂换回相当的金块；金币是无限法偿的货币，具有无限支付的能力；各国的货币储备是黄金，国际结算也使用黄金，黄金可以自由输出或输入。金币本位制的特点是自由铸造、自由兑换和自由输出/输入。

金块本位制的内容是：由于第一次世界大战后各国黄金分配的极不均衡，已经难以恢复金币本位制。1922年在意大利热那亚召开的世界货币会议上决定采用“节约黄金”的原则。金块本位制又称“生金本位制”，实行该货币制度的国家主要有英国、法国等。货币单位仍然规定含金量，但黄金只作为货币发行的准备金集中于中央银行，而不再铸造金币和实行金币流通，流通中的货币完全由银行券等价值符号所代替，银行券在一定数额以上可以按含金量与黄金兑换。中央银行掌管黄金的输出和输入，禁止私人输出黄金。中央银行保持一定数量的黄金储备，以维持黄金与货币之间的联系。

金汇兑本位制，也是一种节约黄金的货币制度，又称“虚金本位制”。其内容是：国内不流通金币，只能流通有法定含金量的纸币；纸币不能直接兑换黄金，只能兑换外汇。实行这种制度国家的货币同另一个实行金块本位制国家的货币保持固定比价，并在该国存放外汇和黄金作为准备金，通过无限制买卖外汇维持与金块本位国家货币的联系，即“钉住”后者的货币。国家禁止黄金自由输出，黄金的输出/输入由中央银行负责办理。

狭义的金本位制就是指金币本位制。

(2)国际金本位体系的特征包括：

第一，黄金充当了国际货币，是国际货币体系的基础。金币的自由铸造，具有调节货币流通量的作用，因而保证了各国物价水平的稳定；金币的自由兑换，保证了黄金与代表黄金流通的金属铸币和银行券之间的比价相对稳定，从而保持了币值的稳定；黄金的自由输出/输入，保证了各国货币之间的比价相对稳定。因此，国际金本位体系是一种比较稳定的货币制度。

第二，实行的是典型的固定汇率制度。因为各国货币之间的汇率由它们各自的含金量之比(即铸币平价)决定，金本位制度下的自由流动机制将保证外汇市场上的汇率波动维持在铸币平价和黄金运输费用所决定的黄金输送点以内。因此，国际金本位体系是典型的固定汇率制度。

第三，国际收支具有自动调节机制。在金本位制度下，国际收支依靠大卫·休谟于1752年提出的“物价—铸币流动机制”自动调节。

从本质上说，国际金本位体系的缺陷是过分依赖于黄金。主要表现在以下几点：

首先，黄金在各国之间的分配不合理。英国等核心国家利用其工业强国的优势，向一般外围国家输出商品和资本，黄金源源不断流入。到1913年，英、美、法、德、俄五个国家的黄金总量占世界的2/3，动摇了其他国家实行金本位制的物质基础。

其次，货币数量的增长主要依赖黄金产量的增长，黄金的供应跟不上经济增长的需要，这就使得国际金本位体系的物质基础不断削弱。在第一次世界大战爆发前的几年里，国际金本位制便出现了崩溃的苗头。银行券的发行日益增多，黄金的兑换趋于困难，黄金的输出入也受到越来越多的限制。在战争爆发前夕，各国为筹集战争资源又增加了银行券的发行。战争爆发时，各国便终止银行券与黄金的兑换，禁止黄金的出口，国际金本位便宣告瓦解。

第三，缺少国际监管。由于国际金本位制的顺利实施，必须要求各国严格执行“三个自由”的货币规则，但是世界范围内没有一个权威性的国际金融机构对该制度进行监管，所以，维持国际金本位体系的必要条件难以维持下去。

(3)在当今的经济环境下，返回金本位制或金汇兑本位制是不可能的。从本位货币的性质来看，本位货币是对商品的要求权，本位货币实质上也就是信用工具，没有必要坚持货币金属论，非把足值黄金作为真正的货币。事实上，在国际经济交易中用黄金来执行支付手段的情况极少。黄金非货币化本质上是各国独立自主发展在货币金融体系中的重要表现。这种由自然物控制人类经济发展的体制不符合全球经济发展的需要。

2.(1)布雷顿森林体系是金兑换本位制。每个国家把自己国家的币值用黄金或者美元表示，然后积极的干预外汇市场使得汇率的浮动范围保持在它的均值的上下1%以内。

布雷顿森林体系的主要内容包括：①建立两个国际金融机构，即国际货币基金组织(IMF)和国际复兴开发银行(IBRD)，维持布雷顿森林体系的运行；②实行可调整的钉住汇率制度。各IMF成员国确定1934年1月美国政府规定的35美元等于1盎司黄金的官价，美元的黄金平价为0.888 671克黄金，其他成员国按照本国货币平价与美元保持固定比价，这一比价不经基金组织批准不得变动，但当一国出现国际收支极度不平衡时，可向基金组织申请调整，经批准后可进行升贬值，就是所谓的“可调整的钉住汇率制度”。③美元等同于黄金，作为国际主要清算支付工具和储备货币，发挥国际货币的各种职能。美国政府承担美元作为可兑换货币的义务，各国央行可随时申请用美元按官价向美国政府兑换黄金。④通过基金组织和调整汇率来调节国际收支。

(2)通过布雷顿森林体系的这些规定，使美元取得了国际货币体系的中心地位，起着世界货币的职能。

(3)每个国家使用他们的外汇储备以及从IMF借款来填补暂时的赤字——既没有国内的通缩(这是无法被接受的)，也没有货币贬值(可能会导致竞争性贬值)或者进口限制(有可能会遭到报复)。从IMF借款一般是短期(三到五年)以免占用IMF的资源从而变成长期贷款。对于长期发展援助，国际重建和发展银行(The International Bank for Reconstruction and Development)即世界银行(World Bank)和它的附属公司——国际金融公司(The International Finance Corporation)和国际开发机构(The Agency for International Development)来提供。国家汇率的变化通常是被用来纠正基本失衡(fundamental disequilibrium，这个概念从来没有被清楚地定义过，但是我们可以看作大的持续的失衡)。

(4)国家试图通过购入外币期货来减少本币未来的贬值或者增加将来持有外币的贴水以阻碍大规模不稳定的国际资本流动。

这对于今天来说仍然是正确的，不同的是今天的汇率可以比布雷顿森林体系下在更大范围内浮动并且资本也比在布雷顿森林体系下更自由地在国际流动，因此，对于期货市场的干预政策就非常有可能是缺乏效率的。

(5)布雷顿森林货币体系的运转对第二次世界大战后国际贸易和世界经济的发展起着一定作用，这表现在以下方面：

①美元作为关键货币，解决了国际储备短缺的问题。布雷顿森林货币体系所确立的“美元等同于黄金”的地位，在第二次世界大战后黄金产量增长停滞的情形下，美元的供应可以弥补国际清偿力的不足，这在一定程度上缓解了国际储备的短缺问题。

②实行可调整的钉住汇率制度，汇率的波动受到严格约束，汇率的相对稳定有利于国际贸易的发展和国际资本的流通。

③国际货币基金组织在促进国际货币合作和建立多边支付体系方面也起了一定作用，特别是对会员国提供各种类型的短期和中期贷款，可以暂时缓和会员国国际收支逆差所造成的问题，有助于世界经济的增长。

(6)布雷顿森林货币体系存在的主要问题：一方面是“特里芬”难题(Triffin dilemma)，即世界各国储备的增长需要依靠美国国际收支持续出现逆差，这必然会导致美元的过度发行，引起美元失信；而如果美国保持国际收支平衡，美元币值稳定，则又会断绝其他国家国际储备的来源，导致其他国家的国际清偿力不足。

其次，布雷顿森林货币体系下汇率机制缺乏弹性，导致国际收支调节机制失灵。因为该体系下过分强调汇率的稳定，各国不能利用汇率的变动来达到调节国际收支平衡的目的，而只能消极地实行外汇管制，或放弃稳定国内经济的政策目标，这必然阻碍贸易的发展。

这些问题在现行的国际货币体系中已经不复存在。

3.(1)牙买加货币体系的主要内容包括：

①浮动汇率合法化

会员国可以自行选择汇率制度，事实上承认了固定汇率制度与浮动汇率制度的并存。但会员国的汇率政策应该同国际货币基金组织协商，并接受基金组织的监督。

②黄金非货币化

新的条款废除了原协定中所有的黄金条款，并规定黄金不再作为各国货币定值的标准；废除黄金官价，会员国之间可以在市场上买卖黄金；会员国之间及会员国与基金组织之间取消以黄金清算债权、债务的义务；基金组织持有的黄金部分出售，部分按官价退还给原缴纳的会员国，剩下的酌情处理。

③逐渐提高特别提款权的地位

修订特别提款权的有关条款，扩大特别提款权的作用，使其逐步取代黄金和美元成为主要的国际储备资产。协议规定各会员国之间可以自由进行特别提款权交易，而不必征得国际货币基金组织的同意。基金组织与会员国之间的交易以特别提款权代替黄金，基金组织一般账户中所持有的资产一律以特别提款权表示。在特别提款权一般业务交易中扩大特别提款权的使用范围，并且尽量扩大特别提款权的其他业务使用范围。

(2)牙买加货币体系的基本特征有：

①国际储备多元化

黄金非货币化，美元地位削减，欧元、英镑、日元在世界储备中的地位逐渐提高。

②汇率制度多元化

在牙买加体系下，浮动汇率与固定汇率并存，国际汇率体系呈现出两大特点：一是区域内实行稳定的汇率制度，包括欧共体及实行钉住汇率制度的国家；二是主要货币之间的汇率波动剧烈。发展趋势是实行固定汇率制度的国家越来越少、实行灵活的汇率制度的国家不断增多。

③国际收支调节多样化

在牙买加体系下，解决国际收支不平衡主要有以下几条途径：强调利用国内经济政策消除国际收支不平衡；充分利用汇率机制，通过汇率的适度调整来调节国际收支；通过融资来调节国际收支。

(3)牙买加协议后国际货币体制的特征是以美元为中心的多元化国际储备和浮动汇率制度。从布雷顿森林体制向浮动汇率体制的转变，是国际货币与各国国内货币关系的变更，同时也是国际收支调节机制的变更。美元作为国际货币，实质上并没有发生很大的变化，只是对美元的信任基础发生变化。在布雷顿森林体制下，人们对美元的信任基础是美元一黄金的兑换性。而浮动汇率体制下，人们对美元的信任基础则是依赖于美国的经济发展状况和美国在世界政治经济舞台上的能力。因此，牙买加协议后的浮动汇率体制也仍然是以美元为中心的国际货币体制的延续。对这一体制的评价，主要是看美元能否稳定地发挥国际货币的作用，国际收支调节机制能否顺利进行。

(4)现行国际货币体系面临的主要问题：以牙买加协议为基础的现行国际货币体系基本上摆脱了国际本位货币国家与其他国家相互牵连的弊端，其汇率制度的多样化安排使得各国的汇率政策能较灵活和实际地反映不断变化的客观经济情况，在一定程度上解决了布雷顿森林体系中面临的特里芬难题以及国际收支配置机制的失灵。但同时，该体系也存在着消极的一面，它使国际货币格局错综复杂，缺乏统一稳定性，国际金融的动荡加剧，国际贸易和金融市场受到严重的冲击等。

4. 浮动汇率制度和固定汇率制度的优劣不能一概而论，对于两者好坏之争至今存在，两者各有优劣，而且对于不同国家、不同阶段，适用的汇率制度也不相同。

对于浮动汇率制度，支持者们认为：第一，在浮动汇率体系下，国际收支的失衡可以通过货币的升、贬值自动得到修正，因此在国际收支失衡时一国可以平滑地、连续地进行修正。这可以稳定投机活动，阻抑汇率的波动。第二，浮动汇率体系还意味着政府不必太关注其外部收支均衡，可以充分利用政策解决物价稳定、充分就业、经济增长和收入的公平分配等国内问题。第三，浮动汇率体系还可以提高货币政策的实施效率，容许各国按照自己所希望实现的通胀一失业权衡目标来制定国内政策。第四，浮动汇率还可以阻止政府为使经济中的某一部分获益（牺牲其他部分为代价）或实现某种经济目标去制定一个非均衡的汇率水平。第五，浮动汇率体系可以免掉政府在外汇市场中为维持汇率稳定所需的干预成本。第六，浮动汇率能将一国的内部经济与外部的动荡隔离开来，对于常遭受较大外部冲击的国家来说浮动汇率更有吸引力；而国内经济动荡较大的国家则更倾向于固定汇率，因为固定汇率更具稳定性。

而固定汇率的支持者们也提出了一系列充分的理由：首先，这种体系避免了浮动汇率下汇率日复一日的剧烈波动，从而可避免对专业化生产及贸易、资本流动的不利影响，即使贸易和金融中的不确定性变小。其次，投机在浮动汇率制度下比在固定汇率体系下更有可能是不稳定的，在不稳定的投机中，某种货币汇率升高时，投资者预期他会进一步上升从而购买这种货币相反，当某种货币汇率降低时，投资者持相反预期而卖出该货币。在这种投机过程中，由商业循环产生的汇率波动被进一步放大，国际交往中的不确定性和风险增强。再次，在固定汇率体系的压力下，一国一定存在着价格规范，也就是说，一国如果存在比其他国家高的通货膨胀率，则它很可能有国际收支逆差，从而导致国际储备的损失，所以该国必须控制通胀，控制价格。

因此，概括起来可以说，在其他条件不变的情况下，浮动汇率体系可以说更高效一些，它确实给政府以更大的自由度去追求其他的稳定政策目标。但同时，它却比固定汇率更易导致通胀，更加不稳定，无论在导致的投机类型还是在带来的不确定程度方面都比固定汇率猛烈。因此它更适用于面临较大的外部冲击的国家。对于一国的货币当局来说，浮动汇率最大的吸引力是它既能控制货币的发行，又能保持低失业率，这是固定汇率办不到的。浮动汇率最大的缺点是缺少价格规范及汇率反复无常的过度波动。固定汇率体系对于那种只和一个或几个较大的国家有经济往来的开放小国更为合适，在这种情况下，国家的货币容易产生动荡；而浮动汇率更适合一个有着多样化贸易、与其贸易伙伴间存在不同的通胀一失业权衡目标的大国，这样的国家面临的动荡因素主要来自国外。

五、案例讨论题

提示：

(1)通过联合国贸发会、世界银行或 WTO 数据库获得相应年份的世界进口总额数据，然后相应地求出国际储备总额对世界进口总额的占比。

(2)由于黄金非货币化之后，美元取代黄金成为本位货币，世界范围内出现了美元流动性持续增加的现象，在全球范围内造成了美元信用扩张。而全球范围内的流动性过剩是多次金融危机发生的根本原因。

(3)信用扩张的主要原因有：第一，美国的贸易失衡。美国自 1971 年以来，出现了贸易逆差持续扩大的局面。贸易失衡引起美国向全球范围内输出美元，造成全球范围内国际储备规模持续扩大和信用货币比例急剧增加。第二，缺乏金本位制度下的信用扩张约束机制。发行货币不再需要以黄金为保障。通过过多的信用来维持经济增长的动力是巨大的。伴随着美国的政府预算和贸易赤字增加，全球范围内的流动性过剩开始出现。

(4)特别提款权(Special Drawing Right，SDR)最早发行于 1969 年，是国际货币基金组织根据会员国认缴的份额分配的，可用于偿还国际货币基金组织债务、弥补会员国政府之间国际收支逆差的一种账面资产。主要的目的是为了补充全球对黄金的货币性需求，防止对美国黄金储备的挤兑（1944 年至 1971 年布莱顿森林体系解体前，美国承诺各国央行等美元储备机构，可以拿 35 美元到美国兑换 1 盎司黄金）。实际上到 20 世纪

60 年代末 SDR 诞生之初，美国黄金储备已从 1944 年建立布雷顿森林体系时的 2200 万吨，下降到了不足 1 万吨。因此，SDR 的诞生，实际上是创造了一个美元和黄金之间的替代性国际货币单位，它不仅阻止了 20 世纪 70 年代黄金再次取代美元成为全球货币的发展趋势，稳定住了美元的霸权地位，也挽救了其信誉，给美元持续渗透至全球金融体系提供了诸多便利。因此，被称为“纸黄金”。

(5)SDR 的价值目前由美元、欧元、人民币、日元和英镑组成的一篮子储备货币决定。会员国在发生国际收支逆差时，可用它向基金组织指定的其他会员国换取外汇，以偿付国际收支逆差或偿还基金组织的贷款，还可与黄金、自由兑换货币一样充当国际储备，是国际货币基金组织原有的普通提款权以外的一种补充。